बलवन्त सिंह

विजयनगर की राजनर्तकी

लोकभारती पेपरबैक्स

पहला पेपरबैक संस्करण : 2018

लोकभारती पेपरबैक्स : उत्कृष्ट साहित्य के लोकप्रिय संस्करण

लोकभारती प्रकाशन
पहली मंजिल, दरबारी बिल्डिंग, महात्मा गाँधी मार्ग
इलाहाबाद-211 001

वेबसाइट : www.lokbhartiprakashan.com
ईमेल : info@lokbhartiprakashan.com

शाखाएँ : 1-बी, नेताजी सुभाष मार्ग, दरियागंज नई दिल्ली-110 002
अशोक राजपथ, साइंस कॉलेज के सामने पटना-800 006 (बिहार)
36-ए, शेक्सपियर सरणी, कोलकाता-700 017

आस्था पेपर कन्वर्टर
इलाहाबाद द्वारा मुद्रित

मूल्य : ₹ 395

VIJAYNAGAR KI RAJNARTKI
by Balwant Singh

ISBN : 978-93-86863-23-2

मंजु को

पाठकों के लिए कुछ संकेत

प्राय: उपन्यास की भूमिका अनावश्यक होती है, परन्तु अपने इस उपन्यास के सम्बन्ध में कुछ बातें मैं पाठकों के ध्यान में लाना चाहता हूँ।

○

एक पाश्चात्य आलोचक का कथन है कि जो लेखक सफल ऐतिहासिक उपन्यास लिख सकता है, उसके उच्चकोटि के उपन्यासकार होने में तनिक भी सन्देह नहीं। प्रस्तुत उपन्यास इस कसौटी पर खरा नहीं उतरता, क्योंकि यह ऐतिहासिक उपन्यास नहीं है। विजयनगर तथा उसके शासक को छोड़कर इस उपन्यास का कोई भी प्रमुख पात्र पूरी तरह ऐतिहासिक व्यक्ति नहीं है। इसकी पृष्ठभूमि अवश्य ऐतिहासिक है, परन्तु अभिप्राय ऐतिहासिक नहीं है। यों इसका वातावरण प्रामाणिक है। मैंने कल्पना की उड़ान से किसी ऐसी बात की चर्चा नहीं की जो विजयनगर में नहीं होती थी।

○

कुछ प्राचीन दन्तकथाएँ थोड़े-बहुत परिवर्तन के साथ अनेक देशों में प्रचलित हैं। अलिफ़-लैला की कथाओं में सिन्दबाद जहाज़ी अपनी एक यात्रा का विवरण देते हुए एक ऐसी घाटी का वर्णन भी करता है, जो रत्नों से परिपूर्ण थी और जहाँ किसी भी मनुष्य का पहुँच पाना असम्भव था। विजयनगर में भी यह बात प्रसिद्ध थी कि राज्य के उत्तर में इसी प्रकार की एक घाटी है।

○

प्रस्तुत उपन्यास दार्शनिक उपन्यास भी नहीं है। यदि इस शब्द को व्यापक अर्थ में लिया जाये तो इस उपन्यास में एक प्रकार का 'दर्शन' मिल सकता है। परन्तु शास्त्रीय दृष्टि से इसमें दर्शन की खोज करना व्यर्थ होगा। वैसे भी उपन्यास दर्शन का 'थीसिस' नहीं हुआ करता। सर डेसमण्ड मेकार्थी के शब्दों में :

"...प्राय: उपन्यास का कार्य सौन्दर्य, अर्थ तथा अभिप्राय सम्बन्धी हमारी अभिलाषा को सन्तुष्ट करना नहीं वरन् हमारी जिज्ञासा को शान्त करना होता है..."

उपन्यास का क्षेत्र उतना ही विस्तृत है जितना कि स्वयं जीवन विशाल है। उपन्यास घूम-फिरकर इस विषय पर भी आ सकता है कि प्रकृति में मनुष्य का क्या स्थान है।

यहाँ पर मेरा ध्यान क्लोदे लवी-स्त्रॉ की ओर जाता है। आज फ्रान्स और यूरोप के अन्य देशों में लवी-स्त्रॉ के विचार सार्त्र के दर्शन पर छा गये हैं। अस्तित्ववादी मनुष्य-जाति में एक प्रकार की विशेषता का संकेत करते हैं और उनका विचार है कि दर्शन के द्वारा ही इस विशेषता की त्रुटियों को समझा एवं उनका समाधान किया जा सकता है। लवी-स्त्रॉ को इस प्रकार की कोई विशेषता दिखायी नहीं देती। उसके विचार में आदिम मानव-समाज किसी दृष्टि से भी पिछड़ा हुआ नहीं है और न उसकी प्रगति करने की क्षमता शिथिल होकर रह गयी है। अन्तर केवल यह है कि आदिम व्यक्ति सत्य की खोज नहीं करता, अपितु उसे सामञ्जस्य की तलाश होती है। वह सत्य एवं असत्य को समझने की आवश्यकता अनुभव नहीं करता, वरन् वह संसार के सम्बन्ध में केवल ऐसी दृष्टि की अपेक्षा करता है जिससे उसके हृदय को शान्ति की प्राप्ति हो सके। उसके साधन साधारण एवं प्रत्यक्ष दिखायी देनेवाले हैं, परन्तु लवी-स्त्रॉ ने आदिम मानव विचारों और आधुनिक दर्शन की तुलना करते हुए दावा किया है कि मनुष्य जो कुछ आज है, वह पहले भी वही था।

इस उपन्यास के पात्र ऐसे व्यक्ति हैं, जिनमें सोचने-समझने का सामर्थ्य है और उन्हें इसका अवकाश भी है, परन्तु वे यह सब किसी विशेष दर्शन से प्रेरित होकर नहीं करते, वरन् एक आन्तरिक उत्कण्ठा के कारण करते हैं। उपन्यास पढ़ते समय इन बातों को ध्यान में रखा जाये तो अच्छा है।

○

जो पाठक इन उलझनों में नहीं पड़ना चाहते, उनसे मेरा निवेदन है कि यह पुस्तक मूल रूप में उपन्यास ही है, जो उन्हें पूरी तरह स्वस्थ मनोरंजन प्रदान करेगा।

५१७, नेता नगर, इलाहाबाद। —**बलवन्त सिंह**
११ जुलाई, १९६७।

परिचय

विषय : सम्भ्रम! काल : १६वीं शती।

प्रमुख पात्र

विजयनगर :

मुसलमानी शासन-काल का एकमात्र महत्त्वपूर्ण हिन्दू-राज्य, जो अपने अनुपम वैभव एवं धन-सम्पन्नता के कारण पूर्व का रोम कहा जाता है।

बृज :

उत्तर भारत का निवासी एक रूपवान् युवक परिव्राजक, जो अपनी अन्वेषणशील एवं घुम्मकड़ प्रवृत्ति के कारण विजयनगर में जा पहुँचा है। बृज उस चित्र-पटल की तरह है, जिस पर उपन्यास का पूरा कथानक चित्रित है।

कंचन :

विजयनगर की राजनर्तकी। अतुल रूप-गुण तथा धन-सम्पत्ति की स्वामिनी। अगणित प्रेमियों के बीच्च दीप-शिखावत् होते हुए भी स्वयं कोमल कुसुमों के प्रति भ्रमरवत् आकृष्ट।

सुप्रिया :

कंचन की उत्तराधिकारणी एक मुग्धा किशोरी, जो वर्षों की खोज के बाद एक मन्दिर की देवदासी के रूप में प्राप्त हुई। उसका निरावरण रूप पहली बार देखकर कंचन जैसी अद्वितीय सुन्दरी भी एक क्षण के लिए निष्प्रभ हो उठी थी। अपने चंचल स्वभाव के कारण वह बृज जैसे संकोची युवक के लिए एक समस्या बन जाती है।

द्रोण :

एक गृही अगृहस्थ। एक ओर अत्यन्त व्यावहारिक व्यवसायी तो दूसरी ओर संन्यस्त दार्शनिक। उनकी जीवन-पद्धति और विचारधारा किसी भी बन्धन और लीक को नहीं मानती। उनका दर्शन जितना ही सरल है उतना ही दुरूह भी। अपनी

व्यवहारगत सरलता के कारण ही वे अत्यन्त रहस्यमय बन गये हैं। और व्यक्तित्व एवं विचारधारा की यही सरल रहस्यमयता विजयनगर के सभी प्रमुख व्यक्तियों को उन तक खींच लाती है।

रामराय :

विजयनगर के अनधिकारी शासक, जो अत्यन्त वृद्ध होते हुए भी अपने शौर्य एवं पराक्रम के कारण परमप्रतापी कें रूप में विख्यात हैं। न केवल पूरे विजयनगर का जीवन उनके भ्रू-संकेत पर चलता-रुकता है बल्कि आस-पास के राज्यों की सुख-शान्ति भी उनकी कृपा-दृष्टि पर निर्भर करती है।

डॉम-गार्शिया :

उन्मुक्त प्रकृति का एक फ्रान्सीसी व्यवसायी, जिसका भोगवाद में अटूट विश्वास है। अपने आकर्षक व्यक्तित्व एवं तार्किकता के कारण वह अनायास ही दूसरों पर अपनी धाक जमा लेता है। उसके व्यवसाय के सम्बन्ध में कितनी ही किंवदन्तियाँ प्रचलित हैं, लेकिन यह सत्य है कि संसार के लगभग सभी भागों की अनुपम सुन्दरियाँ उसके यहाँ क़े विशाल भोजों की शोभा बढ़ाती हैं। सबसे विचित्र है सुन्दरियों को कोड़ों से पीटकर कामतृप्ति पाने की उसकी अदम्य वासना, जिसके लिए वह स्वर्ण-मुद्राओं का ढेर लगा देता है।

नाक्रना :

एक अफ्रीकी शिकारी, जिसके दुबले-पतले शरीर में सिंह की-सी शक्ति ही नहीं उसके आदिम मस्तिष्क में अभूतपूर्व चिन्तन-शक्ति भी है। उसका विचार है कि मनुष्य के लिए आदर्श स्थिति यह है कि वह प्रकृति के सान्निध्य में रहे और अपनी बुद्धि का प्रयोग आवश्यकता से अधिक न करे।

आह-चाँग :

एक चीनी व्यवसायी, जो जीवन की छोटी-से-छोटी वस्तु को भी सुख का कारण मानता है।

कालाफ़ाम :

एक युवक हब्शी, जो अपने व्यक्तित्व की भव्यता के कारण किसी अफ्रीकी क़बीले का शासक होता लेकिन भाग्य की विडम्बना से राजनर्तकी कंचन का सेवक है।

एक बार हमारे मन की भड़की हुई जिज्ञासा शान्त हो जाती है तो हमें लौटकर अपने इस पृथ्वी तल पर आना पड़ता है, ताकि हम पुनः स्वच्छन्दता एवं चित्त की प्रांजलता प्राप्त कर सकें, जिससे हम अपने संगी तथा साथी मनुष्यों के बीच इस संसार में रहते हुए जीवन के मार्ग को स्पष्टतः देख सकें।

–गुर्जियेफ़ (ले. : लुई पॉवे)

प्रवेश रात ने अपनी लम्बी, कोमल और काली अलकें आकाश के आर-पार बिखरा दीं तो वे यों दमक उठीं मानो एक-एक बाल में मोती पिरो दिये गये हों। सोने के थाल की भाँति चन्द्रमा नक्षत्रों से अलग खड़ा रूठा-रूठा-सा दिखायी देता था।

एक परछाईं पहाड़ी के ऊपर चढ़ने की कोशिश कर रही थी। एकाएक पाँव रपटा और वह परछाईं लुढ़ककर यूँ गिरी कि उसकी लम्बी-लम्बी टाँगें और बाँहें हवा में लहरा गयीं। वह अट्ठारह-उन्नीस वर्ष का युवक था। ज़रा-सा फिसलने से इतना उलटा-सीधा गिर जाने पर उसे बड़ी झेंप-सी लगी। यह भी ग़नीमत थी कि उस समय उसे देखनेवाला चन्द्रमा के अतिरिक्त और कोई नहीं था।

इस छोटी-सी घटना ने एकदम ही उसके निश्चय को बदल दिया और वह घूमकर पहाड़ी के नीचे खेतों में बने हुए उस झोंपड़े की ओर देखने लगा, जो इस समय काले धब्बे की भाँति दिखायी दे रहा था।

कुछ ही समय पहले वह उस झोंपड़े के आगे बैठा कृषक से बातें कर रहा था। युवक ने विजयनगर का मार्ग पूछा था। कृषक ने उत्तर दिया, "वास्तव में इधर से कोई मार्ग है नहीं। टेढ़ी-मेढ़ी पगडण्डी पर चलते हुए उस पहाड़ी की चोटी पर पहुँचे जाओ तो वहाँ से तुम्हें विजयनगर की कुछ बत्तियाँ दिखायी देने लगेंगी। किन्तु नगर तक पहुँचने में पर्याप्त समय लग जायेगा। पतली-पतली पगडण्डियों पर चलना पड़ेगा। रात के समय जंगली जानवर भी नगर के आसपास मँडराने लगते हैं। इसलिए अच्छा यही होगा कि रात यहीं बिताकर कल भोर में ही विजयनगर की ओर चल दो।"

युवक ने इस सुझाव की ओर ध्यान नहीं दिया। एक हाथ से पानी का लोटा ऊपर उठाया और उसमें से गिरती हुई पानी की धारा के नीचे दूसरा हाथ रखकर आठ-दस घूँट पानी पिया और अपनी गीली बाछों को पोंछे बिना ही आगे बढ़ गया।

देखने में वह साधु-सा लगता था। वस्त्र के एक लम्बे-से टुकड़े को बीच में से काटकर उसका अंग-वस्त्र बना लिया था। उसका आधा भाग आगे को लटक रहा था और आधा पीछे को। वस्त्र को शरीर से चिपकाये रखने के लिए उसने कमर में रस्सी का पटका बाँध रखा था। वह देश के इस भाग का रहनेवाला दिखायी नहीं देता था। लम्बा क़द, ऊँची नाक, मोटी-मोटी आँखें, मूर्ति की भाँति गढ़ी हुई ठुड्डी और होंठ। रंग गोरा, जो अब धूप की तीक्ष्णता सह-सह कर ताम्रवर्ण का हो गया था।

जब वह युवक वापस झोंपड़े को लौट रहा था तो वह स्वयं समझ नहीं पाया कि एक बार फिसल जाने के बाद एकाएक ही उसने वापस लौटने का निर्णय क्यों कर लिया। झोंपड़े में रात बिताने के विचार से ही उसे अनुभव हुआ जैसे उसके पाँव के तलुवों से आग की चिनगारियाँ निकल रही हों। उसे अपने अंग-अंग में थकान का आभास होने लगा। उसने जीर्ण-शीर्ण और भद्दे-से चप्पल पहन रखे थे, जिन्हें फटफटाता हुआ वह तेज़ी से ढलान पर नीचे को उतरने लगा। उसके हर क़दम के साथ सोयी हुई धूल जाग उठती और कुछ देर तक वातावरण में अँगड़ाइयाँ लेने के बाद फिर बैठ जातीं।

उसे मालूम नहीं था कि वह झोंपड़े को इतना पीछे छोड़ आया है। अपने इस अधैर्य पर उसे मन-ही-मन हँसी आयी। कहाँ तो विजयनगर पहुँचकर दम लेने का निश्चय कर रखा था और कहाँ झोंपड़े में ही रात बिताने को ठान ली। उसने सोचा कि सम्भवत: मैं न गिरता तो आगे ही बढ़ता चला जाता। यह भी हो सकता था कि चलते-चलते वह किसी ऐसे स्थान पर पहुँच जाता, जहाँ से न तो वह आगे जा सकता और न पीछे को लौट सकता। वास्तव में उसका शरीर थकान के कारण आगे बढ़ने को तैयार नहीं था। केवल हठधर्मी के कारण कृषक के सुझाव की अवहेलना करके वह पहाड़ी की पथरीली छाती पर चढ़ दौड़ा था।

झोंपड़े के निकट पहुँचकर जब उसने कृषक और उसकी पत्नी के प्रफुल्लित मुखड़ों और चमकती हुई दन्त-पंक्तियों को देखा तो उसने सोचा कि अच्छा ही हुआ जो मैं वापस लौट आया। कृषक ने यह भी नहीं कहा कि तुमने मेरा प्रस्ताव पहले ही क्यों न स्वीकार कर लिया और न उसके लौट आने पर पति-पत्नी ने आश्चर्य प्रकट किया। इसीलिए युवक को अधिक झेंपना नहीं पड़ा।

दूसरे दिन सूर्योदय से काफ़ी पहले ही युवक की आँख खुल गयी, परन्तु उसे लगा जैसे वह अभी-अभी सोया हो। वह उठकर खाट पर बैठ गया। पति-पत्नी कुछ दूर पर झोंपड़े में सो रहे थे। उसने उन्हें जगाना उचित नहीं समझा। देखा कि जब वह सोया हुआ था तो उस पर एक चादर उढ़ा दी गयी थी। उसने अपना अंग-वस्त्र उतार दिया, केवल लँगोटी पहने रहा। फिर चादर लपेटकर वह पहाड़ी पर चढ़ने

लगा। पहाड़ी बहुत ऊँची नहीं थी, इसलिए धूप फैलने तक वह पहाड़ी की चोटी पर पहुँच चुका था।

वहाँ जाकर उसने ऐसा दृश्य देखा जो अब तक देखने में नहीं आया था। कोसों तक फैली हुई नंगी पहाड़ियों के बीच वह नगर बसा हुआ था। उसे एक नगर कहना उचित नहीं था, क्योंकि लगता था जैसे बहुत-से नगरों को मिलाकर वह महानगर बसाया गया हो। वह इतना निकट भी नहीं था जितना कि युवक समझता था। दूर पर कृष्णा नदी चाँदी की चौड़ी लकीर की भाँति दिखायी दे रही थी। सड़कें और मार्ग उलझे हुए धागों की भाँति लग रहे थे। नगर के चारों ओर कोसों दूर तक फैली हुई वह ऊँची दीवार दिखायी दे रही थी, जिसने सारे नगर को अपने घेरे में ले रखा था। मिट्टी और फूस के बने हुए झोंपड़ों से लेकर बड़ी-बड़ी अट्टालिकाएँ और प्रासाद दिखायी दे रहे थे। ऊँचे-ऊँचे कँगूरोंवाले मन्दिर गर्वोन्नत-से खड़े थे। ध्यान से देखने पर उसे लगा जैसे वहाँ बहुत चौड़े-चौड़े बाज़ार भी हैं। नगर का जो भाग उसके निकट था वहाँ घोड़े, गधे, बैल, मनुष्य आदि रेंगती हुई छोटी-छोटी चींटियों की भाँति दिखायी दे रहे थे। कोसों तक फैले हुए नगर की सारी धरती बिलकुल समतल नहीं थी। बीच-बीच में छोटी-छोटी पहाड़ियों की भाँति टीले भी दिखायी देते थे, जिन पर हरियाली बहुत कम थी। निकट के उद्यानों में उसे आम, केले और बरगद के पेड़ों के झुण्ड भी दिखायी दे रहे थे।

उसने चादर उतारकर एक ओर रख दी और अपने घुटनों पर कोहनियाँ टेक कर बैठ गया। जैसे उसका चेहरा सुन्दर था, उसी तरह उसका शरीर भी साँचे में ढला हुआ और सुन्दर था। जब ठण्डी-ठण्डी हवा के झोंके उसकी बग़लों में उगे हुए भूरे-भूरे बालों में घुसे तो हलकी-सी गुदगुदी अनुभव करके वह मुस्कराने लगा।

वह बहुत देर तक वहीं बैठा रहा। धूप उसके शरीर को गरमा रही थी, परन्तु यह गर्मी शरीर को कष्ट देनेवाली नहीं थी, बल्कि इससे उसे एक अनजाने आनन्द का आभास हो रहा था। वह सोचने लगा कि वास्तव में विजयनगर की टक्कर का नगर सारे संसार में कोई और नहीं होगा। कैसे-कैसे लोग रहते होंगे वहाँ! किन-किन से मिलने का अवसर मिलेगा उसे। क्या-क्या वस्तुएँ देखने में आयेंगी!—इस प्रकार की बातें सोच-सोचकर उसके मन की उत्सुकता बढ़ी और वह झुरझुरी लेकर उठ खड़ा हुआ।

एक बार फिर उसने चादर लपेटी और पहाड़ी से नीचे उतरने लगा।

झोंपड़े में पहुँचने पर स्त्री ने उसे घास पर फैला हुआ वह वस्त्र दिखाया तो वह चकित रह गया। स्त्री ने उस कपड़े को काट-छाँट करके दो बाँहें निकाल दी थीं, जो सिल भी दी गयी थीं। फिर उसे धोकर सूखने के लिए घास पर फैला दिया था।

पुरुष झोंपड़े के अन्दर खड़ा था और उसने अपनी दोनों कोहनियाँ खिड़की में टिका रखी थीं। वह मुस्कराकर कहने लगा, ''मेरी पत्नी बड़ी चतुर है। देखा तुमने, तुम्हारे वस्त्र के सीधे टुकड़े को काट-छाँटकर उसने अंग-वस्त्र बना दिया है। इधर देखो, उसने लाल कपड़े का एक पटका-सा बना दिया है, जो तुम कमर में बाँध सकते हो।''

युवक मुस्कराया। बोला, ''न जाने कब से यह वस्त्र धुला नहीं था। देखो तो, अब इसका रंग कितना निखर आया है—सच पूछो तो मैं दो-तीन दिन से नहाया भी नहीं। शरीर को हाथ से मलता हूँ तो मैल की बातियाँ छूटने लगती हैं। अब मैं स्वच्छ वस्त्र पहनने लगा हूँ, क्या यह सम्भव नहीं कि इससे पहले नहाकर शरीर की मैल छुड़ा लूँ?''

किसान ने हाथ उठाते हुए कहा, ''उधर पानी का बड़ा अच्छा झरना है। चाहो तो वहाँ जाकर नहा सकते हो...। अकेले चले जाओगे या मैं साथ चलूँ?''

युवक ने अपने बालों में उँगलियों से कंघी करते हुए उत्तर दिया, ''जब अपने गाँव से हज़ारों कोस चलकर यहाँ पहुँच सकता हूँ तो क्या झरने तक नहीं पहुँच पाऊँगा?'' और वह नहाने के लिए चल दिया।

कुछ समय के बाद युवक नहाकर लौट आया। उसने चादर लपेटे-लपेटे जलपान किया। किसी स्त्री के सामने केवल लँगोटी बाँधकर घूमना उसे अच्छा नहीं लगा। जलपान के बाद अंग-वस्त्र पहनकर वह कृषक के साथ चलने को तैयार हो गया।

लगभग आधा कोस चलने के बाद कृषक ने उँगली से संकेत करते हुए कहा, ''वह रहा मुख्य राजमार्ग। तुम पहाड़ी के मार्ग से नगर में कदापि प्रवेश नहीं कर सकते थे। तुम्हें मुख्य द्वार तक जाना ही पड़ता। मेरी समझ में नहीं आता कि तुम सीधा मार्ग छोड़कर पहाड़ी पर क्यों जा चढ़े।''

इस प्रकार की बातें कृषक पहले भी कह चुका था। युवक केवल मुस्करा दिया। यह मुस्कराहट भी झेंप छिपाने के लिए थी। कृषक को भी उसके उत्तर की प्रतीक्षा नहीं थी। अपनी बात पर उसने स्वयं ही क़हक़हा लगाया—और वे बढ़ते चले गये।

कुछ और निकट पहुँचकर कृषक बोला, ''तुम भाग्यशाली हो। वह देखो वट-वृक्ष के नीचे सैकड़ों घोड़े खड़े हैं। इनके साथ पुर्तगाली व्यापारी भी हैं। अब तुम आराम से विजयनगर पहुँच जाओगे। चलकर देखता हूँ, मेरी जान-पहचान का कोई-न-कोई व्यक्ति निकल आयेगा। उसे समझा दूँगा तो वह तुम्हारी थोड़ी-बहुत सहायता भी कर देगा?''

बरगद का वृक्ष बहुत बड़ा था। उसकी छाँव-तले साढ़े तीन सौ से अधिक घोड़े खड़े थे। कुछ पुर्तगाली अपने घोड़ों पर सवार उन्हें इधर-उधर दौड़ा रहे थे। उनमें

से एक सबका सरदार मालूम होता था, क्योंकि वह घोड़े को इधर-उधर दौड़ा-दौड़ाकर हुकुम चला रहा था। उसकी दाढ़ी बिलकुल लाल रंग की थी; चमकती हुई धूप में यूँ लगता था जैसे उसके चेहरे और ठुड्डी पर आग दहक रही हो।

किसान बोला, ''अब ये प्रस्थान करने ही वाले हैं। यदि हमें कुछ देर हो जाती तो ये लोग निकल गये होते। वैसे तो तुम अकेले भी जा ही सकते थे, परन्तु उस तरह तुम्हें पैदल चलना पड़ता, अब घोड़े का प्रबन्ध हो जायेगा। नगर के मुख्य द्वार तक पहुँचकर तुम घोड़ा मालिकों के हवाले कर देना और स्वयं पैदल नगर में जा घुसना।''

विजयनगर के आठ-दस आदमी उन पुर्तगालियों की सेवा में थे। गोवा से विजयनगर तक घोड़े लाने में वे उनकी सहायता करते थे। उन्हीं में से एक को कृषक ने बाज़ू से पकड़ लिया। वे दोनों कुछ देर तक इधर-उधर की बातें करते रहे। इस बातचीत का फल यह हुआ कि युवक को सवारी के लिए घोड़ा मिल गया। उसने मन-ही-मन सोचा—चलो अच्छा हुआ। अब मैं घोड़े की पीठ पर बैठे-बैठे दायें-बायें के दृश्यों को आराम से देखता हुआ चलूँगा। जिस व्यक्ति से कृषक ने उसका परिचय कराया था वह भी एक घोड़े पर सवार होकर उसके साथ-साथ चल दिया।

विदा होने से पहले कृषक ने अपने अतिथि का हाथ थामकर कहा, ''लो, इतनी देर तुम्हारा-हमारा साथ रहा, परन्तु मैं तुम्हारा नाम ही पूछना भूल गया। तुमने भी तो नहीं बताया।''

युवक को बेकार बोलने की आदत नहीं थी, इसलिए जहाँ तक बन पड़ता वह चुप ही रहता। घोड़े को एड़ लगाने से पहले युवक बोला, ''मुझे बृज कहते हैं।''

एकाएक सैकड़ों घोड़े सागर की लहरों की भाँति लहराकर चले तो उनकी टापों की ध्वनि वातावरण में गूँज उठी और धूल के बादल उठ-उठकर आकाश की ओर उड़ने लगे। उस अस्त-व्यस्तता में बृज को पता भी नहीं चला कि उसका मित्र कृषक कहाँ रह गया। टापों के शोर के साथ-साथ पुर्तगालियों की 'होय-होय' और 'ट्र-ड्रा' की आवाज़ें भी गूँज उठीं। परन्तु एक बात अच्छी हुई कि बृज के नये परिचित से उसका साथ नहीं छूटा।

थोड़ी देर बाद जब यह सार्थवाह व्यवस्थित होकर चलने लगा तो उसके नये परिचित ने बातचीत का आरम्भ उन्हीं घिसे-पिटे प्रश्नों से किया, ''तुम यहाँ के रहनेवाले तो नहीं हो। कहाँ से आये हो? क्यों आये हो? क्या नाम है?...''

बृज ने बड़े धैर्य से सब प्रश्नों का उत्तर दिया, क्योंकि ये उत्तर उसे कण्ठस्थ हो गये थे। वह समझ चुका था कि उस प्रकार का परिचय अनिवार्य है।

सब-कुछ पूछ लेने के बाद नये परिचित ने अपने विषय में भी कुछ बातें बतायीं। अन्त में उसने सामान्य विषयों पर बोलना आरम्भ कर दिया। बृज तो वहाँ नया-नया

आया था, इसलिए उसके साथी ने प्रत्येक पहाड़ी, प्रत्येक झील, प्रत्येक उद्यान, प्रत्येक मन्दिर आदि के विषय में उसे रोचक बातें बतायीं। उसने एक ओर संकेत करते हुए कहा, "जब अवसर मिले तो तुम यहाँ के उस मन्दिर में अवश्य जाना। संसार भर में यह एक अनोखा मन्दिर है। मज़े की बात यह है कि केवल एक ही चट्टान को काटकर सम्पूर्ण मन्दिर तैयार किया गया है। अद्भुत मन्दिर है, जिसे देखकर ही तुम उसके गुणों की प्रशंसा कर सकोगे!"

वह मन्दिर तो एक दूर की बात थी, बृज को तो वहाँ की पहाड़ियाँ देख-देखकर आश्चर्य हो रहा था। उसने कहा, "यह जो दायें-बायें पहाड़ियाँ फैली हुई हैं, मैं तो इन्हें देख-देखकर चकित हो रहा हूँ। मैं इतना घूमा हूँ, परन्तु इस प्रकार की पहाड़ियाँ मैंने कहीं नहीं देखीं। ऐसा लगता है जैसे किसी बहुत बड़े देव ने चट्टानों पर चट्टानें धर दी हों। जैसे धरती से इनका कोई सम्बन्ध न हो; ये सीधे आकाश से ही गिरी हों। वृक्ष तो क्या, यहाँ तो कोई झाड़ी तक नहीं दिखायी देती।"

उसका साथी यह सुनकर मुस्कराया, "ठीक कहते हो। यहाँ के मैदानों में भी जो झाड़ियाँ हैं, वे भी तो देखो कितनी छोटी-छोटी हैं। वैसे तो तुमने देखा ही होगा कि यहाँ कोई पहाड़-पहाड़ियाँ हैं नहीं, परन्तु विजयनगर को पहाड़ियों ने घेर रखा है। ये पहाड़ियाँ छत्तीस कोस के घेरे में हैं। विजयनगर की सुरक्षा के लिए ये पहाड़ियाँ अत्यन्त आवश्यक हैं।"

उनकी बातचीत यहीं तक पहुँची थी कि घोड़ों का सार्थवाह रुक गया। थोड़ी देर बाद पता चला कि साठ-सत्तर बैल और गधे, जिन पर सामान लदा हुआ था, मार्ग रोककर खड़े हैं। वास्तव में उन्होंने मार्ग नहीं रोक रखा था, बल्कि घोड़ों के मुक़ाबले में बहुत धीरे-धीरे चल रहे थे। अब या तो घोड़े उनके पीछे-पीछे चलें या बैल और गधे थोड़ी देर के लिए सड़क से हट जायें—परन्तु लाल डाढ़ीवाले सरदार ने उचित यही समझा कि घोड़ों को एक-एक करके किनारे से निकालकर ले जायें। अत: यही किया गया। ऐसा करने में कुछ समय भी नष्ट हुआ।

बृज के साथी ने कहा, "यदि पुर्तगाली चाहते तो इन बैलों और गधों को बलपूर्वक अपने मार्ग से हटा सकते थे। कारण यह है कि ये घोड़े महाराज के लिए जा रहे हैं। परन्तु पुर्तगालियों ने ऐसा नहीं किया, क्योंकि इस प्रकार के बल-प्रयोग से वे नगर के लोगों में कुख्यात हो जाते। चाहे महाराज उनसे कुछ न कहते परन्तु विजयनगर के लोग इन्हें किसी प्रकार का सहयोग न देते। न वे किसी को नौकर रख सकते, न किसी से काम ले सकते। पुर्तगाली घोड़ों के व्यापार में बहुत लाभ उठाते हैं। घोड़े बेचकर वे इनके बदले में हीरे, मोती, सोना और जवाहरात ले जाते हैं। ये विदेशी लोग इन वस्तुओं को बहुत महत्त्व देते हैं और इनके लिए मरने-मारने को प्रस्तुत हो जाते हैं।"

एक बार फिर वे दोनों अपने-अपने घोड़ों पर सवार बग़ल-बग़ल चलने लगे। उस घुड़सवार का यह भी काम था कि वह देखता रहे कि उसकी ओर से कोई घोड़ा अपनी टोली से निकलकर इधर-उधर न भटक जाये। जब कोई घोड़ा अपनी टोली में से निकलकर दूर जाने लगता तो बृज को भी अपने साथी के साथ घोड़ा दौड़ाकर वहाँ पहुँचना पड़ता। घोड़े को हाँककर टोली में ले आने के बाद वे फिर वार्त्तालाप में लग जाते। उसका साथी उसे विजयनगर के विषय में फिर और बातें बताने लगा, ''यह नगर नहीं अपितु अपने-आप में एक छोटा-सा देश है। कोसों तक फैला हुआ है। प्रात: से सायं तक घूमते रहो तो इसका केवल छोटा-सा एक कोना ही देख सकते हो।''

ये सब बातें सुनकर बृज की उत्सुकता और बढ़ी। वह बोला, हमारे उत्तर में तो इसके बराबर क्या, इससे आधा बड़ा नगर भी न होगा। और फिर वहाँ बड़ा अनाचार है। न तो भारत का धर्म, न इसकी सभ्यता और न इसकी परम्पराएँ सुरक्षित हैं। मैंने उत्तर का बहुत बड़ा भाग घूम-फिर कर देखा है। वहाँ पर लोगों को विजयनगर के विषय में कुछ भी ज्ञात नहीं है। एक वर्ष पूर्व जब मैं तीर्थराज प्रयाग के संगम में स्नान करने के लिए गया तो वहाँ पर कुछ लोगों के मुँह से इस नगर के विषय में ऐसी-ऐसी बातें सुनने में आयीं कि मुझे विश्वास नहीं हुआ। इस पर भी मैंने निश्चय कर लिया कि मैं विजयनगर अवश्य देखूँगा। न मेरे पास धन था, न कोई अन्य साधन। करता भी तो क्या करता। वैसे तो मुझे किसी ने बताया कि प्रयाग से भी सीधे विजयनगर तक पहुँच सकते हैं, उड़ीसा से भी जल्दी पहुँचा जा सकता है, परन्तु मार्ग में मुसलमानी राज्य पड़ने के कारण कठिनाई हो सकती है। मुझे बताया गया कि मुसलमान सुल्तान आजकल विजयनगर का अत्यधिक विरोध कर रहे हैं। सुना है कि एक बार विजयनगर की सेना इस्लामी प्रदेश में घुसी तो सैनिकों ने मस्जिदों में मूर्तियाँ स्थापित कीं, वहाँ पूजा-पाठ और कीर्त्तन किये। कहते हैं कि इसी कारण मुसलमान सुल्तान बिगड़ उठे। न जाने यह बात कहाँ तक सत्य है।''

बृज के साथी ने उत्तर दिया, ''यह तो मैं भी नहीं जानता कि ये बातें कहाँ तक सच हैं, परन्तु मैं इतना जानता हूँ कि मुसलमान सुल्तान विजयनगर का कुछ बिगाड़ नहीं सकते। विजयनगर हर तरह इतना सुरक्षित है कि संसार की बड़ी-से-बड़ी सेना भी इसमें प्रविष्ट होने की कल्पना नहीं कर सकती। इसके अतिरिक्त विजयनगर की सेना सागर के उस तूफ़ान के समान है, जिसके आगे शत्रु की सेनाएँ तिनकों की तरह बह जाती हैं। विजयनगर की सेना में सहस्रों हाथी और घोड़े हैं। पैदल सैनिकों की तो कोई गणना ही नहीं हो सकती। हमारे महाराज जब चाहें आठ-दस लाख की सेना रण-क्षेत्र में ले जा सकते हैं। और फिर विजयनगर और मुसलमान सुल्तानों के राज्य के बीच कृष्णा नदी लहरें ले रही हैं। कोई भी सेना इतनी संख्या में कृष्णा नदी को पार नहीं कर सकती कि वह विजयनगर की सेनाओं से टक्कर ले सके।''

बृज ने मुस्कराते हुए कहा, "तुम एक साधारण व्यक्ति हो, परन्तु तुम्हारा ज्ञान असाधारण है।"

उसका साथी नम्रता से बोला, "निस्सन्देह मैं साधारण व्यक्ति हूँ, परन्तु मुझे बड़े-बड़े लोगों की बातें सुनने का अवसर मिलता रहता है और इस तरह कई ऐसी बातों का ज्ञान हो जाता है जो साधारण व्यक्ति को ज्ञात नहीं हो सकतीं—ख़ैर! छोड़ो इन बातों को, तुम अपनी कहो कि फिर यहाँ किस मार्ग से पहुँच पाये।"

"कुछ लोग गोवा जा रहे थे। मैं उन्हीं के साथ हो लिया। परन्तु गोवा पहुँचने के पूर्व ही मैंने उनका साथ छोड़ दिया और पूछ-ताछ करता, घूमता-फिरता इधर चला आया। जब हम गोवा को जा रहे थे तो मार्ग में हमें डाकुओं ने घेर लिया। वे अधिक देर तो नहीं रुक पाये, परन्तु शीघ्रता में उन्होंने हमसे जो बन पड़ा छीन लिया। मेरे पास केवल एक लँगोटी बची। एक धनी व्यापारी ने अत्यन्त उत्तम कोटि के वस्त्र का एक टुकड़ा मुझे दे दिया। अब तो इस वस्त्र का अंग-वस्त्र-सा बन गया है, परन्तु पहले कभी तुम इसे देखते तो अपनी हँसी रोक न पाते।"

बृज का साथी सोचने लगा कि आख़िर इस युवक पर ऐसा क्या संकट पड़ा कि यह अपना घर-बार छोड़कर...सम्भवत: वह इस प्रकार का प्रश्न भी करता, परन्तु इतने में ही दूर से विजयनगर का मुख्य द्वार दिखायी देने लगा, जिसके कलश तेज धूप में चमक रहे थे। उस द्वार को देखकर बृज के मन में गुदगुदी-सी होने लगी। उसने सोचा—यही वह द्वार है जिसके पीछे वह विजयनगर है, जिसके सपने न जाने वह कब से देख रहा था। एकाएक उसके साथी ने एक विशाल सरोवर की ओर हाथ से संकेत करते हुए कहा, "कहते हैं कि यह सरोवर खेतों में सिंचाई करने के लिए बनाया गया था। इसे बनाने के लिए एक पहाड़ी को उड़ाना पड़ा। बीस सहस्र श्रमिक दीर्घ काल तक इसके निर्माण में संलग्न रहे। सरोवर बनकर तैयार हो गया, परन्तु बाद में इसके बाँध दो-तीन बार टूट गये। महाराज अत्यन्त चिन्तित हुए। उन्होंने ब्राह्मणों को बुलाकर पूछा कि आख़िर इसका कारण क्या है। ब्राह्मणों ने परस्पर विचार-विमर्श के पश्चात् बताया कि ज्ञात होता है कि देवी किसी कारण कुपित हो गयी हैं। महाराज ने पूछा कि देवी को शान्त कैसे किया जा सकता है। ब्राह्मणों ने कहा कि देवी बलि देने से ही प्रसन्न हो सकती हैं; उन्हें मनुष्यों, भैंसों और घोड़ों के रक्त की आवश्यकता है। अतएव महाराज की आज्ञानुसार अनेक मनुष्यों, घोड़ों और भैंसों की बलि दी गयी; तब जाकर देवी शान्त हुईं।"

यह सुनकर बृज को बड़ा आश्चर्य हुआ और वह बड़े ध्यान से उस विशाल सरोवर को कुतूहलपूर्वक देखने लगा।

थोड़ी देर बाद वे लोग मुख्य द्वार में प्रविष्ट हो गये। वहाँ पहुँचकर बृज के साथी ने कहा, "लो भाई, अब हम नगर की सीमा में प्रविष्ट हो गये हैं, यद्यपि

नगर के भीतर पहुँचने के लिए अभी अन्य द्वारों में से गुज़रना पड़ेगा। हम तो न जाने कितनी देर वहाँ रुके रहें, इसलिए यदि तुम चाहो तो पैदल नगर में जा सकते हो।''

बृज उसका संकेत समझ गया। उसने यही उचित समझा कि घोड़ा उन्हें सौंपकर वह आगे बढ़ जाये। अत: वह घोड़े से उतरा और उसकी लगाम अपने साथी के हाथ में थमाकर बोला, ''बन्धु, मैं तुम्हारा अत्यन्त आभारी हूँ। तीन कोस की यह दूरी बड़े आराम से कट गयी।''

जब बृज विदा होकर चलने लगा तो उसके साथी ने कहा, ''तुम्हारे पास न तो वस्त्र हैं, न कोई पूँजी। आख़िर तुम करोगे क्या?''

बृज ने हलका-सा क़हक़हा लगाकर कहा, ''अब मैंने इन बातों के विषय में सोचना छोड़ दिया है। चार वर्षों से अधिक हो चुके, मैं इसी तरह उन्मुक्त विचरण कर रहा हूँ। फिर भी मैं इतना कह सकता हूँ कि भूखों मरने की नौबत नहीं आयी। कहीं-न-कहीं से पेट भरने को रोटी और तन ढाँकने को वस्त्र मिल ही जाता है।''

वह व्यक्ति पल-भर, बृज की ओर देखता रहा। फिर बोला, ''इस नगर में भोजन की कोई कमी नहीं है। यहाँ कई ऐसे मन्दिर हैं, जहाँ तुम्हें पेट-भर खाने को मिल जायेगा। कई जगह तुम एक हाथ ऊँची चौड़ी दीवार पर पत्थर की खुदी हुई थालियाँ देखोगे। समझ लेना कि यहाँ खाना मिलत्ता है। खाना खाकर उन पत्थर की थालियो पर दो-चार लोटे पानी फेंक देना और उन्हें हाथ से मल-मल कर साफ़ कर देना।''

''बहुत अच्छा, मैं ऐसा ही करूँगा।''

यह कहकर बृज ने नमस्कार के लिए हाथ उठाया और चलने को क़दम बढ़ाया तो वह आदमी फिर बोला, ''ज़रा रुको, मेरी थैली में कुछ चक्रम (एक छोटा-सा सिक्का) हैं। लो, तुम अपने पास रख लो। यह कोई बड़ी राशि तो नहीं है, परन्तु एक मित्र का उपहार समझकर स्वीकार कर लो। बृज को उस साधारण व्यक्ति से चक्रम स्वीकार करते हुए झिझक-सी लग रही थी, परन्तु उसने चक्रम आगे बढ़ाते हुए फिर कहा, ''ले लो, तुम परदेसी हो, तुम्हारे काम आ जायेंगे। मैं स्वयं निर्धन व्यक्ति हूँ, परन्तु मेरा मन निर्धन नहीं है। निश्चिन्त रहो, इतने से चक्रम दे देने से मुझे कोई घाटा नहीं पड़ जायेगा—यदि तुमने यह छोटी-सी राशि लेने से इनकार कर दिया तो मुझे अत्यन्त दु:ख होगा।''

अब बृज अस्वीकार न कर सका। वह चक्रम लेते हुए बोला, ''मेरे पास तो इस छोटी-सी राशि को रखने के लिए भी जगह नहीं है।''

इस पर उस व्यक्ति ने वस्त्र के एक लम्बे से टुकड़े में चक्रम बाँधकर दो-तीन गाँठें लगा दीं। फिर वह पोटली बृज की ओर बढ़ाते हुए बोला, ''अब चाहो तो अपने अंग-वस्त्र के नीचे इस पोटली को लँगोटी में बाँध लो।''

बृज ने हलका-सा क़हक़हा लगाते हुए पोटली थाम ली। उस व्यक्ति ने घोड़े पर बैठे-बैठे बृज के कन्धे पर हलकी-सी थपकी देते हुए कहा, "तुम्हारे जैसा सुन्दर युवक मैंने आज तक नहीं देखा। तनिक बचकर रहना, इस नगर में आखेटक स्त्रियों की कोई कमी नहीं है।"

बृज ने कुछ उत्तर नहीं दिया, केवल उस अपरिचित का हाथ दबाकर वह नगर की ओर चल दिया।

वह आदमी तो घोड़ा बढ़ाकर अपने मालिकों के पास पहुँच गया और बृज कुछ क़दम आगे जाकर रुका, और फिर अपने आसपास के दृश्यों का आनन्द लेने के लिए सड़क के किनारे रुक गया। मुख्य द्वार में उस समय केवल घोड़े-ही-घोड़े दिखायी दे रहे थे। उनसे दृष्टि हटाकर उसने द्वार के दोनों ओर उठे हुए कँगूरों को देखा, जो उसे बड़े भले लग रहे थे। उनके कारण वह द्वार न केवल सुन्दर दिख रहा था वरन् उनसे उस द्वार की रक्षा भी होती थी। अन्दर प्रवेश करते ही दो छोटे-छोटे मन्दिर थे। उनमें से एक दीवार से घिरा हुआ था और वहाँ कई प्रकार के वृक्ष दिखायी दे रहे थे। नगर की यह पहली दीवार भी ऐसे ढंग से बनी हुई थी जैसी कि उसने पहले कभी नहीं देखी थी।

थोड़ी देर वहाँ खड़े रहने के बाद बृज चल दिया। कुछ दूर जाकर एक और चौड़ी और ऊँची दीवार दिखायी दी, जिसमें दूसरा द्वार बना हुआ था। यहाँ से एक बहुत चौड़ा मार्ग राजमहल तक जाता था। महल के आसपास साफ़-सुथरी गलियों का जाल-सा फैला हुआ था। वहाँ अत्यन्त सुन्दर भवन सीधी पंक्तियों में बने हुए थे। इन भवनों में उच्च अधिकारी, धनी व्यापारी तथा अन्य प्रतिष्ठित नागरिक रहते थे। उन भवनों के आगे से गुज़रते समय बृज ने वहाँ अत्यन्त सुन्दर-सुन्दर मूर्तियाँ देखीं, और स्तम्भों पर ऐसे-ऐसे बेल-बूटों से सजावट की गयी थी कि देखनेवाला मन्त्र-मुग्ध रह जाये। महाराज के महल के आगे से कई चौड़ी-चौड़ी गलियाँ इधर-उधर निकल गयी थीं। इन गलियों में से अत्यन्त सुन्दर बहलियाँ निकलतीं, जो महल के आगेवाले खुले मैदान से होती हुई किसी दूसरी गली में विलुप्त हो जाती थीं। इस खुले मैदान से सामान से लदी हुई बैलगाड़ियाँ, ठेले, बोझ से लदे हुए बैल और कुम्हारों के गधे तक गुज़र रहे थे। महल के चारों ओर सुदृढ़ प्राचीर थी, जिसने बहुत अधिक जगह घेर रखी थी। भीतर जाने के लिए मार्ग बने हुए थे, और प्रत्येक द्वार पर द्वारपाल खड़ा दिखायी देता था। सेनापति और नायकों को छोड़कर बिना आज्ञा के कोई व्यक्ति अन्दर नहीं जा सकता था।

उस खुले मैदान में आने-जानेवाले सभी प्रकार के लोग थे। उन गलियों में लोग भरे पड़े थे। ब्राह्मण सिर पर पगड़ी रखे, कन्धे पर चादर डाले और ललाट पर भस्म या चन्दन का तिलक लगाये घूम रहे थे। वैश्य लोग कमर से ऊपर का शरीर नंगा रखे थे और उनके मटियाले शरीर धूप में चमकते दिखायी देते थे। पुर्तगाली और

मुसलमान भिन्न प्रकार के वस्त्रों के कारण साफ़ पहचाने जाते थे। उत्तरी भारत में मुसलमानों का जो दबदबा था, वह यहाँ दिखायी नहीं देता था। वे लोग चूड़ीदार पाजामे और शरीर पर सफ़ेद वस्त्र पहने थे—सिर पर लम्बी तुर्की टोपी, पाँव में जूते। लगता था कि उन्हें मुर्ग़े लड़ाने का बड़ा शौक है। एकाध जगह तो कुछ बेकार मुसलमान, गली के नुक्कड़ पर मुर्ग़े लड़ाते दिखायी दिये। कुछ और लोग भी घेरा डाले तमाशा देख रहे थे।

वहाँ कोई भी व्यक्ति ऐसा नहीं था जिसके कानों में कुण्डल न लटक रहे हों। सामान्यजन सोने के कुण्डल पहने दिखायी देते थे, परन्तु धनी लोगों के कुण्डलों में बहुमूल्य हीरे भी जड़े होते थे। बृज के प्रदेश में भी पुरुषों में कानों की बालियाँ पहनने का रिवाज था, परन्तु यहाँ के लोग कमर में करधनी भी पहने थे। उसके अपने देश में करधनी का रिवाज नहीं था, वहाँ के लोग गले में सोने के कण्ठे पहना करते थे।

आती-जाती स्त्रियाँ भी सोने के आभूषणों से लदी दिखायी देती थीं। गले में चौड़ी पट्टी की मालाएँ, बाज़ुओं में बाज़ूबन्द और कलाइयों में कड़े। कमर में जड़ाऊ करधनी, उँगलियों में कई-कई अँगूठियाँ चढ़ी हुईं और कानों में लटकते हुए कुण्डल।

वहाँ की गहमागहमी और व्यस्तता को देखकर बृज को लगा जैसे आज उसके सभी स्वप्न साकार हो गये हैं। बृज को अनुभव हुआ कि वह सपनों के नये देश में आ गया है। इस समय उसके हाथ में एक बेडौल-सी लाठी थी, जो उसे गली में पड़ी मिल गयी थी। उसने लाठी को हाथ में तौला और नगर-भ्रमण के उद्देश्य से एक ओर को चल दिया।

१

एक | कुछ ही समय पूर्व विजयनगर के महाराज, जो राय कहलाते थे, महल के अन्दर अपनी कुछ प्रिय रानियों के साथ सरोवर में स्नान कर रहे थे। विजयनगर की सुप्रसिद्ध गणिका कंचन, अन्य गायिकाओं के साथ मधुर स्वरों में गीत गा रही थी। यह राजमहल का रिवाज था कि जब राय जी महल के अन्दर बने हुए सरोवर में स्नान करते तो स्त्रियाँ गीत गाया करतीं। कभी-कभी इन गायिकाओं में महल की राजकुमारियाँ भी सम्मिलित हो जातीं। कंचन राजमहल में बिना रोक-टोक आ-जा सकती थीं। उसका मुख्य कर्त्तव्य तो यह था कि राजकुमारियों को नृत्य और संगीत की शिक्षा दे, परन्तु वह राजमहल के अन्य क्रिया-कलापों में भी भाग लिया करती थीं। राय जी को कंचन के लगाये हुए पान अत्यन्त प्रिय थे। स्नान के बाद वह प्राय: पान की फ़र्माइश किया करते।

इस समय कंचन झरोखे में अकेली बैठी थी। उसके साथ आयी हुई कम आयु की गणिकाएँ अब भी महल के अन्दरवाले कक्ष में राजकुमारियों के स्वर-में-स्वर मिलाकर गाने का यत्न कर रही थीं। परन्तु ज्यों ही स्वर ऊपर उठते तो सरगम के बाहर चले जाते। इस बेसुरेपन पर सभी लड़कियाँ खिलखिलाकर हँस पड़तीं, और फिर कितनी ही देर तक हँसती रहतीं। मानो उनकी रुचि संगीत में नहीं वरन् हँसी में थी। थोड़ी देर तक कंचन इसी विचार में खोयी रही कि न जाने वय-सन्धि के समय इतनी हँसी क्यों आती है! बात-बेबात लड़कियाँ खी-खी करती फिरती हैं। जब उसने युवावस्था में क़दम रखा था, वे दिन उसे अब भी भली-भाँति स्मरण थे। वह यह तो भूल चुकी थी कि उसे हँसी क्यों आती थी, परन्तु इतना स्मरण था कि उसे इतनी हँसी छूटती थी कि वह मुँह में कपड़ा ठूँस लेती थी, इधर-उधर मुँह छिपाती फिरती—यहाँ तक कि हँसते-हँसते उसकी आँखों में आँसू आ जाते...।

कंचन इस प्रतीक्षा में थी कि राय ज़ी महल के दूसरे भाग में चले जायें तो वह भी वहाँ से विदा हो ले। आज उसे जाने की शीघ्रता थी। अपने घर जाने से पूर्व वह विट्ठल स्वामी के मन्दिर तक भी जाना चाहती थी। आनेवाले उत्सव के सम्बन्ध में पुजारियों से कुछ बातचीत करनी थी। उसने सोचा कि साथवाली छोटी आयु की गणिकाओं को वह सीधे अपने भवन को भिजवा देगी और स्वयं कालाफ़ाम और कुछ अन्य सेवकों सहित विट्ठल स्वामी के मन्दिर को चल देगी।

कालाफ़ाम अफ्रीका का रहनेवाला था। वह अभी बारह ही वर्ष का था कि एक पुर्तगाली व्यापारी उसे विजयनगर ले आया। उस व्यापारी के दिन तो राय जी के साथ, लाये हुए अरबी घोड़ों का भाव-ताव करने में बीतते और दिन ढले वह कंचन के भवन पर आ जाता। कंचन उस समय पाँच-छह वर्षों की बच्ची थी और घर की देख-रेख उसकी माँ ही करती थी। कालाफ़ाम अपने पुर्तगाली स्वामी के साथ आया करता था। कंचन की माँ को वह काला-कलूटा लड़का बहुत पसन्द आया। एक दिन उसने व्यापारी से कहा, "आप अपने सब घोड़े राय जी के हाथ बेच डालिये, पर इस काले बुत को मुझे दे दीजिये। कहिये क्या मूल्य आँकते हैं आप इसका?"

व्यापारी ने उत्तर दिया कि वह कालाफ़ाम को बेच नहीं सकता, चाहे कोई उसके आगे हीरों और मोतियों के ढेर ही क्यों न लगा दे।

इस पर कंचन की माँ निराश हो गयी। मधु-पान से बेसुध पुर्तगाली ने कहा, "परन्तु तुम्हारी उदासी भी मुझसे देखी नहीं जाती, इसलिए मैं यह लड़का बिना मूल्य तुमको भेंट करता हूँ।"

इस पर वह इतनी प्रसन्न हुई कि सारी रात पुर्तगाली के आगे नृत्य और संगीत होता रहा।

वह लड़का यूँ दिखायी देता था जैसे काले संगमरमर को गढ़कर बनाया गया हो। सिर से पाँव तक उसका शरीर स्फटिक की भाँति चमकता था। कंचन को स्मरण था कि घर के सब लोग उस हब्शी लड़के को कालाफ़ाम के नाम से पुकारने लगे। एक बार कंचन की माँ के पास एक अरबी सौदागर आया, जिसने बताया कि अफ्रीका के सभी लोग स्याहफाम होते हैं। जब स्याहफाम का मतलब पूछा गया तो उसने बताया कि इसका अर्थ है काला रंग। उसी दिन से कंचन की माँ ने लड़के को कालाफ़ाम के नाम से पुकारना आरम्भ कर दिया। जब कालाफ़ाम बड़ा हुआ तो सारे नगर में उसके बराबर ऊँचा और शक्तिशाली एक भी युवक नहीं था। उसे देखकर तो राय जी के मुँह में भी पानी भर आया। यदि वह कंचन का दास न होता तो राय जी उसे अपने महल में रख लेते। अब कालाफ़ाम की आयु अड़तीस-उन्तालीस वर्ष की होगी और दास होने पर भी वह कंचन के यहाँ परिवार के एक सदस्य की भाँति रहता था।

इस समय कालाफ़ाम महल के नीचे खड़ा एक द्वारपाल से बातें कर रहा था। वह शिकारी कुत्ते की भाँति सतर्कतापूर्वक सदा कंचन के साथ-साथ रहता था। बचपन

से ही कंचन अद्वितीय सुन्दरी थी। उस समय भी कालाफ़ाम ही उसे घुमाने-फिराने के लिए ले जाता और उसकी देख-भाल किया करता था। परन्तु जब वह युवा होने लगी तो उसकी माँ की आज्ञानुसार उस पर कालाफ़ाम का पहरा और भी कड़ा हो गया। यहाँ तक कि जब वह सो भी जाती तो कालाफ़ाम उसके कक्ष के बाहर बैठा ऊँघता रहता। कालाफ़ाम को भी अपनी अनुपम स्वामिनी की रखवाली करने का गर्व था। उसने इस काम को अपने जीवन का एकमात्र ध्येय बना लिया था। अब तो वह विजयनगर में बोली जानेवाली सामान्य भाषा में बिलकुल उसी तरह बातचीत कर सकता था, जिस तरह कि नगर का और कोई व्यक्ति।

एकाएक कंचन को सूचना मिली कि राय जी महल के दूसरे भाग में चले गये हैं। यद्यपि कंचन का कार्य बहुत पहले समाप्त हो चुका था, फिर भी वह एकदम घर को नहीं जाती थी। जब तक राय जी महल के इस भाग में रहते तो कोई बात करने के लिए कभी भी कंचन को बुला सकते थे।

दूसरी गणिकाएँ अपने-आप ही कंचन के पास चली आयीं। कंचन ने कहा, ''तुम लोग घड़ी-दो-घड़ी रुको, मैं रानी जी से आज्ञा लेकर आती हूँ।''

कंचन को लौटने में कुछ देर नहीं लगी। वह गणिकाओं की टोली के आगे-आगे महल से नीचे उतरी। उन्हें देखते ही कालाफ़ाम एकदम आगे बढ़ा। कंचन ने कहा, ''देखो कालाफ़ाम, तुम इन लड़कियों को वापस मेरे घर भेजने का प्रबन्ध कर दो। तुम्हें मेरे साथ विट्ठल स्वामी के मन्दिर चलना होगा।''

कालाफ़ाम मुँह से कुछ नहीं बोला, क्योंकि बेकार की बात करना उसे अच्छा नहीं लगता था। वह लड़कियों को लेकर महल के चारों ओर बनी हुई प्राचीर की ओर बढ़ा। हर द्वारपाल उसे भली-भाँति पहचानता था। कंचन उसे द्वार से बाहर जाते देखती रही और वह स्वयं महल की फुलवारी में बहुत धीमे क़दमों से इधर-उधर भ्रमण-सा करती रही। कभी वह किसी पौधे के निकट रुक जाती, उसकी कोमल पत्ती को तोड़ती, खोयी हुई आँखों से उस पत्ती को उलट-पलटकर देखती और फिर अनजाने में ही उसे मसलकर परे फेंक देती। कुछ देर तक वह इसी प्रकार की क्रियाएँ करती रही कि इतने में कालाफ़ाम फिर द्वार से आता दिखायी दिया। वह झट उसकी ओर चल दी।

जब वह द्वार में से निकलकर महल की सीमा के बाहर पहुँची तो उसकी सफ़ेद बैलोंवाली बहली, जो नववधू की भाँति सुसज्जित थी, ठुमक-ठुमककर उसके आगे पहुँचकर रुक गयी।

सूर्य अस्त हो चुका था और अँधेरा यूँ फैल रहा था जैसे आकाश से काजल की वर्षा हो रही हो। लोगों का क्रिया-कोलाहल अब भी कम नहीं हुआ था। कंचन ने एक दृष्टि अपने सामने चलते-फिरते लोगों पर डाली, फिर उसे आभास हुआ कि लम्बे क़द का कालाफ़ाम अपने चौड़े-चकले हाथ से बहली का पट-वस्त्र हटाये

उसके अन्दर बैठने की प्रतीक्षा कर रहा है। कंचन अपने वस्त्रों को सँभालती हुई बहली के अन्दर प्रविष्ट हो गयी।

कालाफ़ाम ने पट-वस्त्र फिर नीचे छोड़ दिया और उसका भ्रू-संकेत पाकर दुबले-पतले गाड़ीवान ने बैलों को हाँक दिया। दोनों बैलों का रंग बिलकुल सफ़ेद था और नये चन्द्रमा की भाँति उनके सींग बड़ी सुन्दर मुद्रा बनाते हुए ऊपर को उठे हुए थे। इन सींगों पर सोने के तार मढ़े हुए थे। गले में चाँदी की घण्टियाँ थीं और ज्यों ही वे भागे, उन घण्टियों के संगीत से वातावरण झूम उठा। कालाफ़ाम काले अरबी घोड़े पर सवार अपनी स्वामिनी की बहली के पीछे-पीछे घोड़े को दुलकी चाल से दौड़ाये जा रहा था।

बहली के आगे चलने-फिरनेवाला जनसमूह उन घण्टियों की ध्वनि सुनकर काई की भाँति दायें-बायें को फट जाता।

कंचन को विट्ठल स्वामी के मन्दिर में काफ़ी समय लग गया। पुजारियों की यह आदत थी कि वे छोटी-सी बात को भी ख़ूब घसीटते थे। मन्दिर के दूसरे कर्मचारी फिर भी समझदार थे, परन्तु उन पुजारियों के कारण कुछ बातें निश्चित हुईं, और कुछ निश्चित नहीं हो सकीं। अन्त में कंचन ऊब गयी और उसने सुझाव दिया कि शेष बातें अब कल पर उठा रखें।

जब कंचन विट्ठल स्वामी के मन्दिर से निकली तो गाड़ीवान बहली के निकट ही एक वेदी पर बैठा ऊँघ रहा था। केवल कालाफ़ाम अपने घोड़े पर सीना ताने बिलकुल सीधा बैठा था।

जब उसने स्वामिनी को मन्दिर से निकलते देखा तो तुरन्त घोड़े से उतरकर गाड़ीवान के निकट पहुँचा और अपनी गम्भीर मुद्रा में उसने प्यार से उसके सिर पर लहराती हुई चोटी को पकड़कर हलका-सा झटका दे दिया।

दूसरे ही पल गाड़ीवान सतर्क होकर उठा और बैलों के पीछे अपनी गद्दी पर जा बैठा। कालाफ़ाम ने अपने स्वभाव के अनुसार बहली के पट-वस्त्र का कोना पकड़कर उसे ऊपर उठा दिया।

बहली फिर चल दी।

अब बाज़ार में वैसी गहमागहमी नहीं रही थी, तो भी लोग-बाग घूम-फिर रहे थे। विट्ठल स्वामी के मन्दिर के आगेवाला बाज़ार बहुत चौड़ा था। कंचन बहली के फड़फड़ाते हुए पट-वस्त्र में से अपनी खोयी-खोयी दृष्टि इधर-उधर दौड़ा रही थी। एकाएक गाड़ीवान ने अपनी पीठ पर छड़ी का हलका-सा स्पर्श अनुभव किया। वह जानता था कि उसकी स्वामिनी अपने हाथ में सोने की मूठवाली चाँदी की बनी हुई छड़ी पकड़े रखती है। यह छड़ी बहली के अन्दर ही पड़ी रहती थी, और जब उन्हें बहली रुकवानी होती थी तो उस छड़ी से गाड़ीवान की पीठ को छू देती।

बहली रुक गयी।

इसके साथ ही कालाफ़ाम ने चौंककर घोड़े की लगाम को एक झटके से खींचा तो घोड़ा लगाम को मुँह में चबाता हुआ अगली दोनों टाँगें उठाकर खड़ा हो गया और बड़े ज़ोर से हिनहिनाया। अन्ततः जब उसने अगले पाँव धरती पर रखे तो कुछ दूर तक पीछे-ही-पीछे सरकता गया—जैसे नृत्य कर रहा हो।

घोड़े की यह हरकत देखकर कालाफ़ाम को यूँ झल्लाहट हुई जैसे घोड़े से नहीं बल्कि स्वयं उसी से अशिष्टता हो गयी हो। उसने आँखें चमकाते हुए घोड़े को ज़ोर से फटकारा। घोड़ा अपने स्वामी की डाँट सुनकर कनपटियाँ हिलाता हुआ और आड़ा चलता हुआ बहली के निकट पहुँच गया। कंचन पट-वस्त्र हटाकर उसके निकट आने की प्रतीक्षा कर रही थी। उसने अपने कोमल हाथ की पतली-सी तर्जनी से संकेत करते हुए कहा, "कालाफ़ाम, वह देखो तो पत्थर के रथ के निकट दायें घोड़े के पास एक युवक खड़ा है...क्या तुमने पहले कभी उसे देखा है।"

कालाफ़ाम ने आँखें सिकोड़कर और मुँह खोलकर उधर को देखा, फिर भारी स्वर में बोला, "स्वामिनी! इस नगर में लाखों लोग रहते हैं और लाखों ही व्यापार के सम्बन्ध में या अपने दूसरे कामों के सिलसिले में यहाँ आते-जाते रहते हैं, भला..."

कंचन ने बीच में ही बात टोकते हुए तीव्र स्वर में कहा, "तुम भी विचित्र हो। यह युवक साफ़ पहचाना जाता है कि न तो यहाँ का रहनेवाला है और न आने-जानेवालों से मिलता-जुलता है। तुम्हारी दृष्टि मन्द तो नहीं हो गयी...? मशालों के तीव्र प्रकाश में उसका रंग-रूप, नाक-नक़्शा और क़द-काठ साफ़ दिखायी दे रहा है। मैं तो समझती हूँ कि अभी अवयस्क होने पर भी वह ऊँचाई में तुमसे कुछ ही कम होगा।"

स्वामिनी की फटकार सुनकर कालाफ़ाम कुछ सहम गया। उसने अपने चौड़े नथुनों को फड़फड़ाते हुए फिर उस युवक की ओर देखा। कंचन का स्वर फिर गूँजा, "मूर्ख की भाँति क्या देख रहे हो। जाओ उसे बुला लाओ।"

कंचन के मुँह से ये शब्द निकलने की देर थी कि कालाफ़ाम ने सम्पूर्ण शक्ति से घोड़े को एड़ लगायी। घोड़े की पिछली टाँगें काँपीं, सिमटीं और फिर वह तड़पकर आगे को दौड़ा तो उसकी टापों के नीचे से कंकड़ियाँ तड़तड़ाकर इधर-उधर उड़ निकलीं।

पलक झपकते में कालाफ़ाम युवक के पास पहुँच गया। उसने एकदम लगाम खींची तो घोड़ा फिर चकफेरियाँ लेने लगा। कालाफ़ाम ने अपने मोटे होंठों में से भारी स्वर निकालते हुए पूछा, "तुम कौन हो?"

युवक ने बेपरवाही से उसकी ओर देखा, परन्तु मुँह से कुछ नहीं कहा।

घोड़े का दम फूला हुआ था। इधर उसके नथुने फड़क रहे थे और उधर सवार के। वह फिर बोला, "मैं तुम्हीं से पूछ रहा हूँ...कौन हो तुम?"

इस पर युवक ने पत्थर के घोड़े से पीठ लगाकर अपनी बाँहें उसके पथरीले शरीर पर फैलाते हुए धीमे से उत्तर दिया, "तुमसे प्रयोजन!"

कालाफ़ाम ने विस्फारित नेत्रों से युवक की ओर देखा। उसके काले चेहरे में उसके सफ़ेद-सफ़ेद नेत्र और भी चमक उठे। उसने अपने-आपको नियन्त्रण में रखते हुए प्रश्न किया, "तुम्हारा नाम?"

युवक ने मुस्कराते हुए कहा, "भले आदमी! तुम्हें इस संसार में और कोई काम नहीं है? तुम्हें मुझसे क्या लेना है। जाओ अपना रास्ता नापो।"

कालाफ़ाम अत्यन्त उग्र स्वभाव का व्यक्ति था। एक बार तो उसके मन में आया कि लगाम खींचकर घोड़े को पिछली टाँगों पर खड़ा कर दे और फिर अगली टापों से उस युवक की खोपड़ी अखरोट की तरह चकनाचूर कर दे, परन्तु फिर स्वामिनी के भय से उसने अपने-आपको नियन्त्रित करते हुए कहा, "मेरी स्वामिनी तुमसे बात करना चाहती हैं। वह देखो बहली में बैठी हैं।"

युवक ने बहली की ओर देखे बिना पूछा, "कौन हैं वह?"

कालाफ़ाम ने अपने माथे पर गहरे बल डालते हुए उत्तर दिया, "यदि तुम इस नगर के रहनेवाले होते तो ऐसी बेतुकी बात मुँह से न निकालते।"

युवक के मन पर इस बात का कुछ प्रभाव नहीं पड़ा। पल-भर चुप रहने के बाद वह बोला, "सुनो भाई काले ख़ाँ! राजा और संन्यासी किसी की धौंस नहीं सहते।—यदि तुम्हारी स्वामिनी वहाँ तक आ सकती हैं, तो यहाँ तक क्यों नहीं आ सकतीं?"

इस पर कालाफ़ाम ने दाँत पीसते हुए अत्यन्त कुपित दृष्टि से युवक की ओर देखा और फिर जिस तेज़ी से आया था उसी तेज़ी से लौट गया। बहली के निकट पहुँचकर बोला, "स्वामिनी, वह तो अत्यन्त अशिष्ट ज्ञात होता है। पूछने पर न तो उसने अपना अता-पता बताया और न नाम। मैंने आने को कहा तो उत्तर दिया कि तुम्हारी स्वामिनी वहाँ तक आ सकती है तो यहाँ तक क्यों नहीं आ सकतीं।"

यह सुनकर एक बार तो कंचन के स्वाभिमान को बड़ा गहरा धक्का लगा और उसका गुलाबी रंग पीला पड़ गया। कालाफ़ाम को युवक की अन्तिम बात का एक टुकड़ा स्मरण हो आया तो फिर बोला, "वह कहता था कि राजा और फकीर किसी की धौंस नहीं सहते।"

यह सुनकर कंचन की गुलाबी रंगत फिर उसके चेहरे पर लौट आयी। कालाफ़ाम बोला, "आप कहिये तो मैं अभी उसे सिर के बालों से पकड़कर घसीटता हुआ यहाँ ले आऊँ।

कंचन ने चुपचाप निचला होंठ दाँतों तले दाबा और धीरे-धीरे उसे छोड़ा तो वह बीर-बहूटी की भाँति दमक उठा। वह मुस्करायी, फिर सिर हिलाते हुए बोली, ''गाड़ीवान से कहो कि बहली उसी के पास से चले।''

बहली और कालाफ़ाम का घोड़ा बग़ल-बग़ल चलते हुए युवक के निकट पहुँच गये। वह ज्यों-का-त्यों अपनी बाँहें फैलाये एक टाँग पर खड़ा था। दूसरा पाँव पीछे की ओर पत्थर के घोड़े की टाँग पर पड़ा था और उसका घुटना आगे को बढ़ा हुआ था।

कंचन ने बहली के रुकते ही पर्दा उठाया तो देखा कि एक अत्यन्त सुन्दर युवक, जिसके चेहरे से लड़कपन की कोमलता दूर हो रही थी और हलके-हलके रोयें फूट निकले थे, मानो आग बुझ रही थी और धुआँ उठ रहा था, अड़ियल टट्टू की भाँति फैले हुए एक हाथ से टेढ़ी-मेढ़ी छड़ी थामे खड़ा था। उसने पट-वस्त्र को पूर्णरूप से हटाकर अपनी मुख-श्री दिखाते हुए मधुर स्वर में कहा, ''युवक! मैंने ही तुम्हें बुलाया था।''

युवक ने देखा कि इकत्तीस-बत्तीस वर्ष की एक अत्यन्त रूपवती स्त्री अपनी मोटी-मोटी अनखभरी आँखों से उसकी ओर निहार रही है। उसके सिर पर ऐसा वस्त्र था जो उसने किसी और स्त्री के सिर पर नहीं देखा था। वैसे तो उसके सारे वस्त्र ही अत्यन्त उत्तम कोटि के थे, परन्तु आभूषणों की तो भरमार ही थी। सिर के बालों में स्वर्ण-पुष्प, नाक में नथ, कानों में कुण्डल, गले में मूँगे और मोतियों की मालाएँ, बाज़ूबन्द, कड़े और लगभग सभी उँगलियों में अँगूठियाँ। उसकी करधनी दिखायी नहीं दे रही थी।

कंचन को एक बार नज़र-भर देखते ही युवक का चेहरा खिल उठा। वह एक धचके से सीधा खड़ा हो गया। फिर धीरे-धीरे नपे-तुले क़दमों के साथ कंचन के पास पहुँचा और अत्यन्त मधुर स्वर में बोला, ''क्षमा कीजिये, मैं समझ नहीं पाया कि मुझे आप बुला रही हैं।''

यह सुनकर कंचन प्रसन्न हुई। युवक ने और भी निकट पहुँचकर इतने धीमे से कहा कि कोई और न सुन सके, ''आप कहीं मेरे स्वप्न में भी आतीं और मुझे संकेत से बुलातीं, तो मैं संसार के दूसरे कोने तक आपकी तलाश में पहुँचने से संकोच न करता।''

कंचन हँसी, ''और मैं तो तुम्हें क्रोधी और उजड्ड समझी थी। परन्तु तुम कवियों की भाँति बोलते हो। बात करते हो तो मुँह से फूल झरते हैं।''

युवक को कंचन के दाँतों से चमेली की कलियों का धोखा हो रहा था। वह फिर बोली, ''तुम कोई परिव्राजक मालूम होते हो—इस नगर में कब आना हुआ, कहाँ से आये?''

"मुझे यहाँ आये आज चौथा दिन है। मेरी जन्मभूमि उत्तर-पश्चिमी भारत है।"

कंचन ने उसकी बातें नहीं सुनीं, क्योंकि वह सोच रही थी कि उस युवक के हिलते हुए कोमल अधर समुद्र की गहराइयों में तड़प-तड़पकर तैरती हुई मछलियों की भाँति हैं।

युवक ने फिर कहा, "मेरा नाम बृज है—आप मुझे इस तरह क्यों देख रही हैं, क्या आपका क्रोध अभी शान्त नहीं हुआ—मैंने बचपन में सुन रखा था कि हब्शी लोग ऐसे होते हैं कि वे युवकों को पकड़कर ले जाते हैं, उस्तरे से उनके सिर मूँड़ डालते हैं और खोपड़ी के बीचोबीच एक मोटी-सी कील ठोंककर उन्हें उलटा लटका देते हैं। सिर के नीचे लोहे की कड़ाही रख देते हैं, जिसके नीचे आग जला दी जाती है। इस भाँति सिर की चर्बी पिघल-पिघलकर उस कील के सिरे से बूँद-बूँद करके कड़ाही में टपकती रहती है। इसे मोमियाई कहते हैं—आपके इस काले भुजंग घुड़सवार के साथ आने के लिए मैं इसीलिए तैयार नहीं हुआ..."

ये सब बातें बृज बहुत धीरे से कह रहा था। कंचन ने एकदम सिर को पीछे की ओर फेंककर ठहाका लगाया और युवक की बाँह थामकर बोली, "आओ, बहली में चले आओ।"

पहले तो युवक को झिझक-सी हुई, फिर वह उचककर बहली में बैठ गया। पट-वस्त्र गिरा दिया गया। बृज ने अनुभव किया कि बहली के अन्दर का वातावरण अनोखी सुगन्ध से बोझिल हो रहा है। वह कुछ सिमटकर बैठ गया तो कंचन ने पूछा, "यह क्या?"

बृज मुस्कराकर बोला, "मैं डर रहा हूँ कि कहीं मेरे पसीने की दुर्गन्ध से यहाँ का वातावरण ही दूषित न हो जाये।"

कंचन अर्द्ध-निमीलित नेत्रों से उसकी ओर निहारकर हँसी तो उसकी घनी पलकें एक-दूसरे के निकट पहुँचकर यूँ काँपीं जैसे इत्र की फुहार पड़ रही हो।

बहली एक बार फिर ठुमक-ठुमककर चल दी और चाँदी की घण्टियों के स्वर में घोड़े की भारी टापों की ध्वनि घुल-मिल जाने की असफल चेष्टा करने लगी।

कंचन के मस्तिष्क में बृज के अन्तिम शब्द गूँज रहे थे। वह उनका उत्तर सोच रही थी। धीरे से बोली, "तुम्हारे शरीर से दुर्गन्ध नहीं आती, बल्कि उस धरती की सुगन्ध है, जो अपनी छाती चीरकर नाना प्रकार के अनाजों के अतिरिक्त कई तरह के रंगीन और सुगन्धित पुष्पों को भी जन्म देती हैं।" इस प्रकार की प्रशंसा से बृज संकुचित-सा हो उठा।

कंचन को बृज एक नये ही संसार का व्यक्ति प्रतीत हुआ। उसे दूर देश के रहनेवाले लोग सदा ही अपनी ओर आकर्षित कर लेते थे। पहले भी वह प्रायः परदेसी यात्रियों को अपने यहाँ अतिथि के रूप में रख लेती थी। बृज उसे कई तरह से अत्यन्त

अनोखा लगा। अनजाने देशों से आनेवाले यात्रियों के साथ बैठकर बातचीत करना उसे अत्यन्त प्रिय था। बृज तो अभी किशोर ही था, फिर भी बातचीत में वह काफ़ी कुशल था। उसकी कुशलता भोंडी नहीं लगती थी। वह किसी अच्छे वंश का व्यक्ति लगता था।

उधर बृज को इस बात की आदत पड़ चुकी थी कि अपरिचित नगरों में लोग उसे अपने घर ले जाते, खिलाते-पिलाते और अत्यन्त प्रेमपूर्ण व्यवहार करते। जिसने घर-बार त्याग दिया हो और एक प्रकार से संन्यास ले लिया हो, उसको ऐसे ही लोगों का सहारा होता है। परन्तु वह सचमुच ही रमता जोगी था। कभी किसी के यहाँ स्थायी रूप से डेरा न जमाता, कभी किसी के स्नेह और विश्वास का अनुचित लाभ न उठाता। यही कारण था कि जो कोई भी उसे अपना अतिथि बनाता, उसे अत्यन्त प्रसन्नता होती।

कंचन ने तनिक-सा सिर को झुकाकर कहा, "क्या नाम बताया था तुमने अपना?"

"मेरा नाम बृज है।"

"बृज!...ओह, हाँ, अब स्मरण आया।"

बृज ने झिझकते हुए कहा, "मैं सोच रहा हूँ कि आप व्यर्थ मेरे लिये इतना कष्ट क्यों उठा रही हैं?"

"इसमें कष्ट की क्या बात है? तुम हमारे नगर में आये हो, इसलिए हमारे अतिथि हो। तुम्हें इस नगर की सैर करनी है तो उसका अच्छा तरीक़ा तो यही है कि तुम मेरे पास रहो। तुम्हें खाने, रहने और पहनने की सब सुविधाएँ मिल जायेंगी। घबराओ नहीं, इसके बदले में मैं तुमसे कुछ माँगूँगी नहीं।"

बृज मुस्कराकर बोला, "यदि आप इसके बदले में कुछ चाहेंगी तो मेरे पास क्या रखा है। मैं वास्तव में संन्यासी नहीं हूँ, न अपने-आपको साधु-संन्यासी समझता ही हूँ, क्योंकि जब तक मनुष्य का मन संन्यासी न हो तो वस्त्रों से क्या होता है। परन्तु मेरी दशा किसी संन्यासी से अच्छी नहीं है। मेरे पास दो-चार फालतू वस्त्र थे, वे भी बटमारों ने छीन लिये...!"

कंचन की उत्सुकता को देखते हुए बृज ने अपनी यात्रा की सम्पूर्ण कथा कह सुनायी। उसने यह भी बताया कि वह किस मार्ग से विजयनगर पहुँचा। कंचन मुस्कराकर बोली, "मुसलमान सुल्तानों के देश में से तो तुम्हें फिर भी आना ही पड़ा। इतना लम्बा चक्कर लगाने के स्थान पर यदि तुम प्रयाग से सीधे ही चले आते तो अच्छा रहता।"

बृज ने उत्तर दिया, "गोवा जानेवाले व्यापारी विशेष आज्ञा से वहाँ जा रहे थे। इसलिए मैं उनके साथ अधिक सुरक्षित अनुभव कर रहा था। तभी उस मार्ग से आया। फिर भी सुरक्षा तो नहीं ही हो सकी।"

"अब बीती बातों का शोक मनाने की आवश्यकता नहीं—उन बातों को भूल जाओ, अब तुम्हें किसी वस्तु की कमी नहीं रहेगी।"

बृज बोला, "मैं आपका आभारी हूँ। आप तो जानती ही होंगी कि मेरे जैसे यायावर को हर प्रकार से निर्वाह करना पड़ता है। यदि आपकी कृपा-दृष्टि न होती तो मैं इसी तरह नगर की सैर कर लेता। परन्तु जब मैं इस नगर से जाने लगूँगा तो आपकी प्रत्येक वस्तु वापस कर दूँगा। फिर मेरा यही अंग-वस्त्र मेरे शरीर पर होगा।"

कंचन धीरे-से नाक पर उँगली रखकर बोली, "तुमने अभी-अभी बताया कि तुम चौदह ही वर्ष की आयु में घर से निकल गये थे, परन्तु अपनी बोलचाल से तुम काफ़ी बुद्धिमान् एवं व्यवहार-कुशल लगते हो। वैसे भी पर्याप्त चतुर हो। मेरी बातों का उलटा अर्थ मत निकालना। मैं यह सब-कुछ बुरे अर्थों में नहीं कह रही हूँ। यदि तुम मुझे अच्छे व्यक्ति प्रतीत न होते तो मैं तुम्हें अपने साथ घर न ले जाती।"

बृज मुस्कराया और एक हाथ से अपने बिखरे हुए बालों को सँवारते हुए बोला, "हमारे यहाँ कहा जाता है कि एक तो होता है पढ़ना और दूसरा गुढ़ना। पढ़ना तो आप समझती ही हैं, परन्तु गुढ़ना वह होता है जो मनुष्य घूम-फिरकर अपने अनुभव से सीखता है—सो, मैं बहुत पढ़ा हुआ तो नहीं हूँ, परन्तु गुढ़ा हुआ अवश्य हूँ।"

यह सुनकर कंचन खिलखिलाकर हँस दी। बृज फिर बोला, "आपको यह कैसे पता चला कि मैं भला आदमी हूँ—इसका अर्थ यह नहीं है कि मैं अपने-आपको भला समझता हूँ, परन्तु चूँकि आपने यह समझा है, इसीलिए मैं जानना चाहता हूँ कि आपने यह अनुमान कैसे लगाया।"

कंचन अपनी लम्बी-लम्बी पलकें झपकाती हुई बोली, "सम्भवतः तुम्हें ज्ञात नहीं कि मैं इस नगर की सुप्रसिद्ध गणिका हूँ। कहो, तुम्हें किसी गणिका का अतिथि बनने में कोई आपत्ति तो नहीं है?"

"जिस व्यक्ति को भिक्षाटन से निर्वाह करना हो, भला वह ऐसी बातों को क्या सोचेगा?"

"हाँ तो मैं बता रही थी कि मैं गणिका हूँ। हम लोगों का हर प्रकार के मनुष्यों से पाला पड़ता है। इसीलिए हमें मनुष्यों की पहचान करने में कोई कठिनाई नहीं होती। और फिर मुझे चूँकि तुमसे कुछ लेना नहीं है, इसलिए तुम्हारे व्यवहार से मुझे असुविधा या निराशा नहीं हो सकती। मेरे लिये इतना ही पर्याप्त है कि मैं तुम्हारी यात्रा की रोचक घटनाएँ सुन सकूँगी। मैं तो विजयनगर में ही पैदा हुई और अपने जीवन की अन्तिम साँस तक यहीं रहूँगी। दूर-दूर के देशों और नगरों की यात्रा करना मेरे भाग्य में नहीं है, इसलिए मैं तुम्हारे-जैसे यात्रियों की बातें सुनकर अपना मन बहलाया करती हूँ। मुझे आशा है कि मेरी इस स्वार्थपरता के लिए तुम मुझ पर दोष नहीं धरोगे।"

आप इस साधारण-सी स्वार्थपरता का जो मूल्य चुका रही हैं, भला उसे देखते हुए आप पर कौन दोष धर सकता है?''

घर पहुँचने तक ऐसी ही अनौपचारिक बातें होती रहीं। चाहे कंचन गणिका थी, फिर भी वह हर किसी से बिना झिझक सम्बन्ध नहीं स्थापित करती थी। वह अपने मन में सोचने लगी कि जब हम किसी परदेसी से मिलते हैं तो कई बार वह झिझक नहीं अनुभव करते तो अपने नगरवालों या परिचितों से अनुभव करते हैं।

बहली रुकी और बृज ने पट-वस्त्र हटाया तो देखा कि कालाफ़ाम का घोड़ा लगाम चबा-चबाकर दायें-बायें सिर हिला रहा है। बृज कूदकर बाहर आ गया और फिर हाथ का सहारा देकर कंचन को भी उसने उतारा। बृज ने चारों ओर दृष्टि दौड़ाकर देखा कि वे एक खुले से उद्यान में खड़े हैं, जिसके बीचोबीच तीन मंज़िला एक भव्य भवन बना हुआ है। भवन के अलिन्दों में मशालें जल रही थीं। उद्यान में फूलों की क्यारियाँ बनी हुई थीं। आम, नींबू और दूसरे कई पेड़ों के झुण्ड भी दिखायी दे रहे थे। भवन के सामने उद्यान की हरी-भरी घास में एक फ़व्वारा भी लगा हुआ था। फ़व्वारे के बीचोबीच तीन राजहंस एक सुन्दर स्त्री को अपनी चोंचों पर सहारा दिये हुए थे। कूल्हे की बड़ी ही आकर्षक मुद्रा बनाये स्त्री की मूर्ति के सिर पर छोटा-सा घट रखा था। घट के पीछे से पानी का फ़व्वारा छूटकर ऊपर को उठता था और फिर मशालों के प्रकाश में झिलमिलाता हुआ नीचे गिर रहा था।

ज्यों ही वे बहली से उतरे, त्यों ही तीन-चार सुन्दर युवतियाँ रंगीन वस्त्र पहने आगे बढ़ीं। लगता था जैसे वे उनका स्वागत करने के लिए पहले से ही तैयार थीं।

कालाफ़ाम एक ओर को चल दिया और उसके घोड़े के पीछे-पीछे बहली भी चली। कंचन ने बृज की बाँहों को हलके से छूकर कहा, ''आओ अन्दर चलें।''

जब वे अन्दर पहुँचे तो कक्षों की सजावट देखकर बृज की आँखें चौंधिया गयीं। दीवारों और विशेषतः छतों पर बड़े ही सुन्दर बेल-बूटे बने हुए थे। द्वारों पर पट वस्त्र, फ़र्श पर गलीचे और अधिकांश कक्षों में सजे-सजाये दीवान। अनेक कक्षों में से होकर वे भवन के अन्दरवाले अलिन्दों में पहुँचे। अलिन्दों के आगे इतना बड़ा प्रांगण था कि उसमें उतना ही बड़ा एक और भवन बन सकता था। प्रांगण के कोने में आम, नींबू और सन्तरों के पेड़ थे। यूँ पूरे का पूरा प्रांगण संगमरमर का बना हुआ था। लगता था कि कुछ ही देर पहले प्रांगण को ख़ूब अच्छी तरह पानी डालकर धोया गया था, क्योंकि बृज को अपने पाँव के तलुवों पर नमी-सी अनुभव हो रही थी।

प्रांगण में हर ओर ख़ूब प्रकाश हो रहा था। बृज वहाँ इतनी सारी लड़कियों के झुण्ड देखकर चकित रह गया। इतने में कंचन एक-दो लड़कियों से कुछ बात करने लगी तो बृज प्रांगण के एक ओर बने हुए पत्थर के आसन पर बैठ गया।

जब से वह इस नगर में आया था तभी से पैदल घूम रहा था। खाने को जो कुछ रूखा-सूखा मिलता उसी से पेट भर लेता। आज सारा दिन भी घूमते-फिरते ही

व्यतीत हुआ था। अतएव इस समय उसे भूख भी बड़े ज़ोर की लगी हुई थी और थकान भी अनुभव हो रही थी। बैठा-बैठा वह प्रांगण की चारदीवारी पर दृष्टि दौड़ाने लगा। हर दीवार के ऊपर और नीचे बेलों के हाशिये बने हुए थे। इन बेलों की मुड़ी-तुड़ी पत्तियाँ और फलों के गुच्छे कला का सर्वोत्तम नमूना प्रस्तुत करते थे। दोनों हाशियों के बीच में स्त्रियों के झुण्ड-के-झुण्ड दिखायी दे रहे थे। कोई नहा रही थी, कोई वस्त्र उतार रही थी और कोई वस्त्र पहन रही थी, कोई श्रृंगार कर रही थी, कोई नृत्य कर रही थी, कोई मदिरा-पान कर रही थी, कोई मदिरा पिला रही थी...यह सब देखकर सम्भवतः कोई और होता तो उसका हृदय उद्वेलित हो उठता, परन्तु दुनिया का पर्याप्त ऊँच-नीच देख लेने के बाद बृज इतना गम्भीर हो चुका था कि वह ऐसे दृश्यों को अत्यन्त शान्त हृदय से देख सकता था।

कंचन अपनी बात समाप्त कर चुकी तो चौंककर इधर-उधर देखने लगी। मानो अनायास ही अपना अतिथि स्मरण आ गया हो। उसे पत्थर के आसन पर बैठे देखकर उसकी ओर बढ़ी और मुस्कराकर बोली, "तुम अवश्य थक गये होगे। भूख भी लगी होगी। मेरा विचार यह है कि नहा-धोकर खाना खा लो। मुझे तो इतनी जल्दी सोने की आदत नहीं है, परन्तु आज रात तुमसे कोई बातचीत नहीं होगी। कल तक तुम्हारी थकान दूर हो जायेगी, फिर हम लोग ख़ूब बातें करेंगे।"

बृज के होंठों पर मुस्कराहट फैलती चली गयी। उसने उत्तर दिया, "आपने जो बातें कहीं हैं उनका एक-एक शब्द ठीक है और मैं आपसे पूरी तरह सहमत हूँ।"

कंचन को अपने अतिथि का यह ढंग अत्यन्त प्रिय था कि जो बात उसके मन में होती थी वह बिना लाग-लपेट के कह डालता था।

थोड़ी देर बाद जब बृज को स्नान-कक्ष में पहुँचाया गया, तो उसने देखा कि एक छोटा-सा सरोवर पानी से लबालब भरा है और सिंहमुखी नलिका में से उसमें पानी गिर भी रहा है। दो छोटी-छोटी नालियाँ ऐसी भी थीं जिनके द्वारा अतिरिक्त जल बहकर बाहर निकल रहा था। वहाँ दो लड़कियाँ स्नान में उसकी सहायता करने के लिए तैयार खड़ी थीं, परन्तु बृज ने उन्हें बाहर भेज दिया।

नहा-धोकर जब उसने स्वच्छ वस्त्र पहने तो उसे लगा जैसे उसका नया जन्म हुआ हो। इसके साथ ही उसकी भूख चमक उठी। थोड़ी देर बाद जब वे भोजन के लिए बैठे तो बृज को अनुभव हुआ कि वैसे तो कभी-कभी उसे अत्यन्त धनी लोगों का आतिथ्य ग्रहण करने का अवसर मिला था, परन्तु इतना अच्छा भोजन जीवन में पहली बार ही उसके सामने रखा गया है। अन्य पदार्थों के अतिरिक्त चावल, शक्कर, मक्खन और कई प्रकार के मांस सामने रखे थे। पत्थर के एक बहुत ही सुन्दर पात्र में भीनी-भीनी सुगन्ध और सुनहरी रंगतवाला मधु भी रखा था। एक थाली में उसने मांस के बहुत बड़े-बड़े टुकड़े देखे तो उसने पूछा, "यह क्या है?"

कंचन बोली, "यह भैंस का मांस है, वह बकरी का, और वह मछली...।"

बृज ने आज तक भैंस का मांस कभी नहीं खाया था, इसलिए उसने वह थाली अपने से तनिक दूर हटा दी। भोजन समाप्त हो चुका तो सूखे अंजीर, बादाम, काजू, किशमिश और पिस्ता उसके सामने रखा गया।

इसके पश्चात् कंचन बृज को प्रांगण में ले आयी। बोली, "यहाँ सोने में अच्छा रहेगा। कभी आँख खुल भी जाये तो आकाश के झिलमिलाते तारों को देखकर मन प्रसन्न हो जायेगा।"

किसी छोटे बच्चे की भाँति बृज की आँखों में निद्रा भरी हुई थी। वह तन्द्रा ही में हलके-से मुस्कराया और फिर बिस्तर पर लेटते ही सो गया।

दूसरे दिन कंचन उसे भवन के ऊपर ले गयी और तीसरे खण्ड का कोनेवाला कक्ष दिखाते हुए बोली, "लो, यह तुम्हारे रहने का कक्ष है।"

बृज ने पहले तो उस लम्बे-लम्बे कक्ष की सजावट पर दृष्टि डाली और फिर वे दोनों छज्जे पर निकल आये। वहाँ से बहुत दूर तक फैला हुआ नगर दिखायी दे रहा था। काफ़ी दूरी पर राजमहल का प्राचीर और महल का ऊपरवाला भाग भी दृष्टिगोचर हो रहा था। अब, इतनी ऊँची जगह से देखने पर, बृज को पता चला कि वहाँ के सभी विशाल भवनों के चारों ओर सुन्दर उद्यान हैं, जिनमें वृक्षों के झुण्ड भी दिखायी दे रहे थे।

कंचन ने पूछा, "कहो, अपना कक्ष पसन्द आया?"

"मुझे लगता है कि कोई सुन्दर सपना देख रहा हूँ।"

"तो फिर वचन दो कि जब तक तुम इस नगर में रहोगे तब तक मेरे यहाँ ही टिकोगे।"

बृज को मन में यह भी स्वीकार करना पड़ा कि इतने वर्षों में जो भी आतिथेय उसे मिले, उनकी कंचन से तुलना हो ही नहीं सकती। उसने कंचन को धन्यवाद देते हुए इतना ही कहा, "यदि आप ऐसा ही चाहती हैं तो मैं अवश्य आपके पास टिका रहूँगा, अपितु इसे अपना सौभाग्य समझूँगा।"

एकाएक कंचन ने विषय बदलते हुए कहा, "तुम यहाँ घूमने-फिरने के लिए आये हो, इसलिए मेरा सुझाव यह है कि जलपान के पश्चात् तुम नगर-भ्रमण को निकल जाओ। यह नगर कोसों तक फैला हुआ है, इसलिए पैदल चलकर अधिक कुछ नहीं देखा जा सकता। इस समय तुम्हें घोड़ा मिल जायेगा और कालाफ़ाम तुम्हारे साथ जायेगा। वह इस नगर के कण-कण से परिचित है, इसलिए उससे तुम्हें बहुत-सी बातों का पता चल जायेगा और नगर की जानकारी भी हो जायेगी।"

धनिकों-जैसे वस्त्र पहने जब बृज भवन के बाहर निकला तो कंचन भी उसके साथ आयी। आगे कालाफ़ाम दो घोड़े लिये खड़ा था। एक तो उसका अपना था, जो नख से शिख तक बिलकुल काला था—और उसके साथ जो दूसरा घोड़ा था वह

बिलकुल सफ़ेद था। लगता था जैसे सफ़ेद घोड़ा बादलों को काटकर बनाया गया हो—ऐसा बादल, जिस पर सूर्य की तीव्र और जगमगाती किरणों का प्रकाश पड़ रहा हो।

कंचन मुस्करा दी और कहने लगी, ''आनन्द आया कुछ? जितना वह काला है, उतना ही यह सफ़ेद है। उसमें तिल-भर सफ़ेदी नहीं और इसमें तिल-भर कालिख नहीं।''

कालाफ़ाम अपने सशक्त हाथों में दोनों घोड़ों की लगामें थामे खड़ा था, परन्तु वे दोनों जानवर इतने मुँहज़ोर थे कि पल-भर भी उनकी टापें धरती पर नहीं टिकती थीं। कालाफ़ाम उन्हें बड़ी कठिनाई से वश में रखे हुए था।

ऐसे बलिष्ठ घोड़े देखकर बृज बोला, ''कंचन जी! मैं कोई बहुत अच्छा घुड़सवार नहीं हूँ। मैं तो सीधे-सादे घोड़े की सवारी कर सकता हूँ। कहीं ऐसा न हो कि आपका यह घोड़ा आपके प्रिय अतिथि को उछालकर किसी नाली में फेंक दे, जहाँ उसकी हड्डी-पसली बराबर हो जाये।''

कंचन के उत्तर देने से पहले ही कालाफ़ाम बोला, ''ये घोड़े केवल बलिष्ठ हैं, बदमाश या अड़ियल नहीं हैं। वास्तव में बड़े असील घोड़े हैं। एक बार इन्हें पता चल जाये कि इनकी पीठ पर कोई मर्द बैठा है तो फिर ये कान भी नहीं फटकाते।''

बृज ने अपनी ठुड्डी पर उगी नाम-मात्र की रोमिल दाढ़ी को खुजाते हुए उत्तर दिया, ''पूरा न सही, थोड़ा-बहुत मर्द तो मैं भी हूँ।''

कंचन ने बृज के कन्धों पर धीरे से थपकी दी और उसे आगे धकेल दिया।

जब बृज घोड़े पर बैठा तो यह भी अच्छा हुआ कि घोड़े ने अपनी दोनों टाँगें ऊपर नहीं उठायीं, परन्तु मुँह में लगाम चबाते हुए वह दायें-बायें चकफेरियाँ लेने लगा। कालाफ़ाम भी अपने घोड़े पर सवार हो गया और बृज के निकट रहते हुए उसने उसे कन्धे पर हाथ रखकर सँभाले रखा।

फिर एकाएक ही दोनों घोड़े मानो एकमत हो उछलकर बगटुट भागे—धूल के बादल उड़ते रह गये।

कंचन ने ताली बजाकर क़हक़हा लगाया और जब दोनों सवार आँखों से ओझल हो गये तो वह भवन के अन्दर चली गयी।

यूँ तो बृज भी घोड़े पर डटा रहा, क्योंकि वह घुड़सवारी के मामले में निरा अनाड़ी नहीं था। वैसे कालाफ़ाम की बात भी ठीक ही थी; बृज का घोड़ा शक्तिशाली अवश्य था, परन्तु अड़ियल नहीं, बल्कि असील था। जब वह एक बार अपनी चाल पर आ गया तो फिर बृज को कोई असुविधा नहीं हुई। जहाँ तक कालाफ़ाम का सम्बन्ध था, वह वास्तव में बहुत अच्छा घुड़सवार था। वह घोड़े की पीठ पर इतनी सुविधा से बैठा दिखायी देता था जैसे अत्यन्त निश्चिन्तता से बैठा हो। घोड़ा उसके हलके-से-हलके संकेत को समझता था। कालाफ़ाम ने प्रशंसा की दृष्टि से बृज की

ओर देखते हुए कहा, "आप तो कहते थे कि आप अच्छे घुड़सवार नहीं हैं, परन्तु मुझे तो ऐसा नहीं लग रहा है।"

बृज ने मुस्कराकर उत्तर दिया, "मैं बिलकुल अनाड़ी भी नहीं हूँ और अपने-आपको अच्छा घुड़सवार भी नहीं समझता। मेरे विचार में तुम्हारी वही बात ठीक है, जो तुमने चलते समय कही थी कि यह घोड़ा बलिष्ठ अवश्य है, परन्तु अड़ियल या बदमाश नहीं है।"

"सो तो है, फिर भी ऐसे बलिष्ठ घोड़े की पीठ पर जमे रहना कोई सरल बात नहीं है।"

बृज ने झटके के साथ अपना सिर पीछे की ओर फेंकते हुए क़हक़हा लगाया और बोला, "अर्थात् तुम कहना चाहते हो कि घोड़े को अनुभव हो रहा है कि उसकी पीठ पर कोई मर्द बैठा है।"

कालाफ़ाम बृज के परिहास को समझ गया और उसके नथुने प्रसन्नता से फड़फड़ा उठे। उसने अपना हाथ पीछे हटाकर एक धप सफ़ेद घोड़े की पीठ पर मारा, जिससे वह और भी वेग से भाग निकला, इसके साथ ही कालाफ़ाम ने अपने घोड़े को भी एड़ लगायी और वह भी हवा से बातें करने लगा। एक बार फिर वे राजमहल के प्राचीर के सामनेवाले मैदान से गुज़रने लगे। उनके घोड़ों की टापों का कोलाहल सुनकर कुम्हारों के गधे और धोबियों के बैल इधर-उधर भाग-भागकर मार्ग छोड़ने लगे। प्राचीर के द्वारों में खड़े सभी द्वारपाल कालाफ़ाम को पहचानते थे, इसीलिए जहाँ से वह गुज़रता वहीं का द्वारपाल दोनों हाथ जोड़ देता।

कालाफ़ाम ने अपना घोड़ा बृज के निकट लाकर कहा, "वह सामने आप उन आदमियों को देख रहे हैं, जो कमर से ऊपर नंगे हैं और जिनके सिर पर पगड़ियाँ बँधी हैं?"

"वे, जिनकी कमर से तलवारें लटक रही हैं और जिनके साथ कुछ सिपाही जा रहे हैं?"

"जी हाँ।"

"हाँ, देख रहा हूँ।"

"ऐसे दो आदमी प्रतिदिन महाराज की उपस्थिति में नंगी तलवारों से लड़ते हैं।"

"ओह!...अर्थात् अपने कौशल दिखाते हैं।"

"केवल यही नहीं, बल्कि इनमें से जब तक एक जान से न मारा जाये, तब तक दोनों का युद्ध होता रहता है।"

बृज को बड़ा आश्चर्य हुआ। वह कहना चाहता था कि यह तो बड़े अत्याचार की बात है, परन्तु वह चुप रहा। उसने सोचा, न जाने कालाफ़ाम और यहाँ के लोगों के इस विषय में क्या विचार हैं। आख़िर यह राय जी की इच्छा से होता है। सम्भवतः

इस सम्बन्ध में कुछ कहना उचित न हो। उसने केवल इतना ही कहा, ''मेरे लिये यह नयी बात है। किसी और नगर में मैंने ऐसा नहीं देखा, और न सुना।''

कालाफ़ाम ने सपाट स्वर में उत्तर दिया, ''यहाँ प्रतिदिन इसी तरह एक आदमी जान से मारा जाता है।''

इसके पश्चात् इस विषय पर दोनों में से कोई नहीं बोला। थोड़ी ही देर बाद वे एक गली से घूम गये। गली कम चौड़ी थी और उसमें भीड़-भाड़ अधिक थी, इसलिए उन्होंने घोड़ों की गति बिलकुल धीमी कर दी।

मार्ग में कालाफ़ाम बृज को कई छोटी-मोटी बातें बताता रहा। इससे बृज ने अनुमान लगाया कि चाहे कालाफ़ाम को ऊँचे स्तर के लोगों के ज्ञान या साहित्यकारों की साहित्यिक कृतियों के विषय में कुछ भी ज्ञात न हो, परन्तु वह नगर की प्रत्येक गली, प्रत्येक जाति, बिकनेवाली प्रत्येक वस्तु, प्रत्येक त्योहार, हर मनोरंजन, प्रत्येक मन्दिर आदि के विषय में पूरा-पूरा ज्ञान रखता है। वह यह भी समझता था कि बृज के साथ आने का उसका उद्देश्य है कि वह अतिथि को नगर के सम्बन्ध में, जहाँ तक बन पड़े, सब-कुछ बताये। उस समय वे अनाज की मण्डी में से गुज़र रहे थे और कालाफ़ाम उसे बता रहा था कि विजयनगर के आसपास चावल, कपास और कई प्रकार की दालों की खेती ख़ूब होती है। फिर वह बोला, ''आप तो दूसरे प्रदेश से आये हैं, आपके प्रदेश के वस्त्र यहाँ के वस्त्रों से भिन्न होंगे।''

''तुम ठीक कहते हो। लेकिन कल जो कुछ मैंने पहन रखा था उससे हमारे देश के वस्त्रों का अनुमान मत लगाना।''

इस पर कालाफ़ाम ज़ोर से हँसा और सिर हिलाते हुए बोला, ''नहीं, नहीं।''

''इसमें भला क्या सन्देह है कि यहाँ के लोगों का पहनावा हमारे यहाँ के लोगों के पहनावे से बिलकुल भिन्न है। जहाँ तक मैं जान सका हूँ, यहाँ गर्मी बहुत पड़ती है और सर्दी बिलकुल नहीं पड़ती है। हमारे प्रदेश में गर्मी भी पड़ती है और सर्दी भी पड़ती है, इसीलिए वहाँ ऋतु के अनुकूल वस्त्र पहनने पड़ते हैं। मुझे और भी उत्तर की ओर हिमालय के पहाड़ों में भी जाने का अवसर मिला है। वहाँ बारहों महीने कड़ाके की सर्दी पड़ती है और वहाँ के लोग जानवरों की खाल के वस्त्र बनाकर भी पहनते हैं।''

''आपने ठीक कहा। यहाँ अधिकतर गर्मी पड़ती है और मौसम को देखते हुए वस्त्र बदलने की आवश्यकता नहीं पड़ती। परन्तु यहाँ के वस्त्रों से यहाँ की जातियाँ पहचानी जाती हैं। इनमें मुसलमान तो सबसे अलग दिखायी देते हैं। वे चूड़ीदार पायजामा, ऊपर बन्द गले की कबा और सिर पर तुर्की टोपी पहनते हैं। वैसे ये लोग अरब के रहनेवाले हैं, परन्तु अरब देश का पहनावा भी भिन्न है। पुर्तगाली तो साफ़ पहचाने जाते हैं, क्योंकि कपड़ों के अतिरिक्त उनके शरीर का रंग भी तो भिन्न होता है। यहाँ के लोगों में, जो ब्राह्मण होते हैं वे अधिकतर बारीक़ मलमल के वस्त्र पहनते

हैं, कन्धे पर चादर रखते हैं और सिर पर पगड़ी बाँधे रहते हैं। वैश्य कमर से ऊपर कुछ नहीं पहनते। यूँ तो सामान्य लोग कम-से-कम वस्त्र पहनते हैं। राय महाराज केवल रेशम के वस्त्र पहनते हैं और जो वस्त्र एक बार उतार दें उसे फिर से नहीं पहनते। पाँव से नंगे रहते हैं...।''

अपने अन्तिम वाक्य के बाद कालाफ़ाम ने बृज पर एक विशेष दृष्टि डाली, जिसका अर्थ कुछ तो वह समझा और कुछ नहीं समझा; परन्तु दोनों में से किसी ने इस विषय पर और कोई बात नहीं की। बृज को अच्छी तरह स्मरण था कि कालाफ़ाम की स्वामिनी, कंचन पाँव में ख़ूबसूरत चमड़े के जूते पहने हुए थी।

कालाफ़ाम ने अपनी बात को आगे बढ़ाते हुए कहा, ''इन व्यापारियों को देखिये, सिर पर लम्बे-लम्बे बाल, उस पर पगड़ी, दाढ़ी घुटी हुई, और माथे पर तिलक लगाये हैं।''

बृज सभी प्रकार के वस्त्र घूम-फिर कर देख चुका था और अब उसे इस विषय में कोई रुचि नहीं अनुभव हो रही थी। सम्भवत: उसके मन की बात को भाँपकर कालाफ़ाम ने वस्त्रों का विषय छोड़ दिया और वहाँ की जातियों और उनके काम-काज के विषय में बताने लगा। यह विषय नया था और बृज को रुचिकर भी लगा। कालाफ़ाम कह रहा था, ''वैश्यों में एक जाति सेठी कहलाती है। ये बड़े विद्वान् माने जाते हैं। ये गणित-विद्या ख़ूब जानते हैं। छोटे-छोटे लड़के भी अपनी उँगलियों पर ऐसा हिसाब लगाते हैं कि देखनेवाला दंग रह जाता है। शूद्रों में कम्बलतर चपरासी का काम करते हैं। केकी कोलर जाति के लोग कपड़े बुनने का काम करते हैं। डम्बर जाति के लोग नट होते हैं। नाइयों को तो आप पहचानते ही हैं...देखिये न, हर सड़क और हर गली के किनारे बैठे खुल्लम-खुल्ला लोगों की हजामत करते हैं।''

इस पर दोनों ख़ूब हँसे।

साधुओं की एक टोली को देखते ही कालाफ़ाम बोला, ''ये योगी कहलाते हैं। नंगे घूमते हैं। भीख माँगते हैं। भभूत लगाये रहते हैं। जब मन्दिरों में बकरों की बलि दी जाती है तो यही लोग शंख बजाकर घोषणा करते हैं कि देवता ने बलि ग्रहणकर ली।''

कुछ घनिष्ठता तो हो ही गयी थी, इसलिए बृज ने पूछ ही लिया, ''कालाफ़ाम! तुम तो यहाँ के निवासी नहीं हो, न अरब के हो न पुर्तगाल के। तुम तो अफ़्रीका के रहनेवाले हो। फिर यहाँ कैसे पहुँचे?''

कालाफ़ाम ने बिना किसी संकोच के अपने विषय में सब-कुछ बता दिया। अन्त में बोला, ''मैं बारह वर्ष की आयु के बाद से इसी नगर में रह रहा हूँ, परन्तु यहाँ आने से पहले मैं जहाँ-जहाँ घूमा, वे सब जगहें और वहाँ के लोग मुझे अब भी याद हैं...।''

बृज ने बीच में ही टोकते हुए उससे पूछा, ''तो क्या यहाँ ग़ुलाम या दास बनाने का भी प्रचलन है?''

''जी हाँ। यहाँ का रिवाज यह है कि यदि मैंने आप से कुछ क़र्ज़ लिया है और बाद में वह क़र्ज़ा चुका नहीं पाता तो मुझे आपका दास बनना पड़ेगा। दास युद्ध में भी भेजे जाते हैं, अन्यथा अपने मालिक का काम करते हैं। वैसे यहाँ दासों की दशा ख़राब नहीं है। उनके स्वामी उन्हें दूसरों के यहाँ काम करने की भी अनुमति दे देते हैं। बचपन की बातें मुझे याद हैं कि कुछ और देशों में तो दासों की दशा बहुत ख़राब होती थी।

अब फिर बृज ने स्त्रियों का विषय चला दिया, ''मैं देखता हूँ कि यहाँ पर स्त्रियाँ भी पर्याप्त स्वतन्त्र हैं।''

''जी हाँ, यहाँ पर स्त्रियों का बड़ा आदर होता है। घर की स्त्रियाँ घरेलू काम करती हैं, परन्तु यहाँ स्त्रियाँ व्यापार भी करती हैं और खेती-बारी भी। ये पिण्डदान भी कर सकती हैं। यहाँ पर स्त्रियाँ पहलवानी भी करती हैं। बड़े-बड़े मन्दिरों में तो देवदासियाँ भरी पड़ी हैं। मैं तो पढ़ा-लिखा नहीं हूँ, परन्तु मैंने सुना है कि यहाँ ऐसी स्त्रियाँ भी हैं जो कविता लिखती हैं और साहित्यिक रचना करती हैं।''

अब वे ऐसे बाज़ार में से गुज़र रहे थे जहाँ कई प्रकार के पक्षी और पशु बिक रहे थे। पक्षियों में कबूतर और तोते अधिक संख्या में दिखायी दे रहे थे। सुअर और बकरे-बकरियाँ भी दिख रहे थे। मिट्टी के चौड़े मुँह के बर्तनों में जीवित मछलियाँ लायी जाती थीं, जो बर्तन में भरे पानी में तैरती रहती थीं। इस तरह मछलियाँ पालनेवालों तक बिलकुल ताजा माल पहुँच जाता था।

बृज ने अनुभव किया कि कालाफ़ाम यों ही बुद्धू ग़ुलाम नहीं है। वह अच्छी-ख़ासी सूझ-बूझवाला आदमी है। सम्भवत: यह सब-कुछ कंचन के पास रहने के कारण ही है। अब बृज को भी किसी विषय पर बात करने में संकोच नहीं हो रहा था। वह बोला, ''मैं देखता हूँ कि यहाँ पर वेश्याओं को भी बड़ा सम्मान दिया जाता है।''

''जी हाँ, वे गणिका कहलाती हैं। बड़ी पढ़ी-लिखी और काम-कला में कुशल होती हैं। राजमहल में राजकुमारियों को नृत्य एवं संगीत की शिक्षा देती हैं। मन्दिरों में प्रत्येक शनिवार को इनके नृत्य होते हैं। बड़े-बड़े त्योहारों के अवसर पर—जैसे रामनवमी एवं विजयदशमी—ये बहुत सज-धज कर नृत्य करती हैं।''

''मुझे लगता है कि कंचन जी इस नगर की...।''

कालाफ़ाम ने बीच में ही बात काटते हुए कहा, ''आपका विचार बिलकुल ठीक है। इस समय गणिकाओं में जो स्थान इनका है, उस पर किसी और को नहीं बैठाया जा सकता।''

बृज ने तनिक निस्संकोच होकर कहा, "इसमें सन्देह नहीं कि तुम्हारी स्वामिनी अब भी अत्यन्त सुन्दर हैं, परन्तु...।"

कालाफ़ाम फिर उसके मतलब को पा गया और मुस्कराकर बोला, "थोड़े ही दिनों में—सम्भवत: दो-चार दिनों के भीतर—स्वामिनी अपनी उत्तराधिकारिणी चुन लेंगी।"

यह सुनकर बृज ने प्रश्नात्मक दृष्टि से उसकी ओर देखा। वह इसके सम्बन्ध में कुछ और भी जानना चाहता था, परन्तु यह सोचकर रुक गया कि न जाने कालाफ़ाम इस विषय में अधिक कुछ कहना उचित समझे या न समझे। कालाफ़ाम ने भी उसकी ओर देखा। उसका चेहरा इतना काला था कि उस पर उतार-चढ़ाव के चिह्न बहुत सरलता से दिखायी नहीं देते थे, परन्तु अबकी उसने अपना निचला होंठ बढ़ाकर आगे को लटका दिया और भारी कन्धों को उचकाकर बृज को जता दिया कि इस सम्बन्ध में और आगे कुछ कहना उसके लिए उचित नहीं होगा। इसलिए बृज का कुछ पूछना व्यर्थ ही है।

उस समय बृज को कालाफ़ाम अत्यन्त सुन्दर लगा। माना कि उसका रंग चिकने तवे की भाँति था, परन्तु पुरुषों के दूसरे गुण तो उसमें ऐसे थे जो बहुत कम पुरुषों में पाये जाते हैं। उसका चेहरा यों दिखायी देता था जैसे किसी ने चन्द्रमा के मुखड़े पर कालिख पोत दी हो। उसके उज्ज्वल नेत्र और चमकते हुए दाँत चेहरे की कालिख में और भी उज्ज्वल होकर कितने सुन्दर दिखायी देते थे।

उस समय वे ऐसी गलियों में से गुज़र रहे थे जो पत्थरों की बनी हुई थीं। वहाँ घोड़ों की टापों के फिसल जाने का भय था, इसलिए ये बहुत धीमे-धीमे चल रहे थे। जब कभी पत्थर से टकरा जाने के कारण चिनगारियाँ उड़ने लगतीं तो गली-कूचों के नन्हें-मुन्ने बच्चे उन्हें आँखें फाड़-फाड़कर देखने लगते।

कालाफ़ाम ने अतिथि को नगर की लगभग सभी प्रकार की बस्तियाँ दिखा दीं। ऊँचे-ऊँचे कई खण्डों की अट्टालिकाएँ, सामान्य वर्ग के लोगों के छोटे भवन और ग़रीबों के झोंपड़े, सभी कुछ बृज ने देखा। राजा की टकसाल, कपड़े बनाने के करघे, बर्तन बनाते हुए कुम्हार, बेकार घूमनेवाले भिखारी, तात्पर्य यह कि बृज ने उस नगर के हर रंग को देखा। फिर भी कालाफ़ाम बोला, "अभी आपने इस नगर का एक भाग ही देखा है। चिन्ता की कोई बात नहीं, कुछ और दिनों के अन्दर-अन्दर आप बहुत-कुछ देखेंगे। आपको तो ज्ञात होगा कि यह नगर कोसों तक फैला हुआ है। आप आनन्द ले-लेकर इसकी सैर कीजिये। आख़िर ऐसी जल्दी भी क्या है?"

यह कहकर कालाफ़ाम ने बृज के चेहरे का निरीक्षण करने के लिए उसकी ओर देखा। बृज अपने विचारों में खोया हुआ था। वह एकदम चौंककर बोला, "हाँ-हाँ,

जल्दी कैसी! यदि हो सका तो मैं इस नगर में कुछ महीनों तक अवश्य टिकूँगा। केवल नगर घूम लेने से मेरा उद्देश्य पूर्ण नहीं होगा; मुझे तो यहाँ हर प्रकार के छोटे से लेकर बड़े लोगों से मिलकर यहाँ की संस्कृति और यहाँ के लोगों की विचारधारा को समझना होगा।''

कालाफ़ाम बोला, ''जहाँ तक नगर का सम्बन्ध है, आप यहाँ के दो बड़े मन्दिर अवश्य देखियेगा। एक तो विट्ठल स्वामी का मन्दिर और दूसरा हजाराराम का मन्दिर। विष्णु का ही दूसरा नाम विट्ठल है। यह बहुत बड़े भूमि-खण्ड पर बना हुआ है। यहाँ का महा-मण्डप, अर्द्ध-मण्डप तथा कल्याण-मण्डप देखकर आप चकित रह जायेंगे।''

''जिन दिनों मैं पैदल घूमता रहा, उन्हीं दिनों विट्ठल स्वामी का मन्दिर मैंने बाहर-ही-बाहर से देखा था। अब अवसर मिला तो भीतर जाकर भी देखूँगा।—अच्छा तो हजाराराम के मन्दिर में क्या है?''

''इस मन्दिर का बड़ा महत्त्व है। यहाँ राजवंश के लोग पूजा करने आते हैं। मन्दिर में राम की मूर्ति है, छत पर अत्यन्त सुन्दर बेल-बूटे बने हुए हैं। दीवारों पर रामलीला के विभिन्न दृश्य चित्रित हैं।''

''अच्छा तो यहाँ पर विजयादशमी भी मनायी जाती है?''

''यहाँ की विजयादशमी बस देखने लायक़ ही होती है। अभी तो विजयादशमी में कई महीने बाक़ी हैं, परन्तु उससे पहले आप रामनवमी का त्योहार कुछ ही दिनों में देख लेंगे। फिर रथ-यात्रा का उत्सव होना है। इसके बाद ग्रहण-स्नान भी देखने योग्य होगा। उसके बाद विजयादशमी और दीपावली—मैं तो समझता हूँ कि कम-से-कम आपको यहाँ एक वर्ष तक टिके रहना चाहिए, तभी आप पूरा आनन्द पा सकेंगे।''

बृज बोला, ''इतने बड़े नगर और राज्य में घूमने के लिए एक वर्ष कुछ अधिक तो नहीं, परन्तु मैं अतिथि बनकर इतने लम्बे समय के लिए कैसे रह सकता हूँ—कंचन जी ने भी तो मुझसे वचन ले लिया है कि जब तक विजयनगर में हूँ, उन्हीं का अतिथि रहूँगा।''

कालाफ़ाम ने बेपरवाही से कहा, ''इस बात की आप चिन्ता न कीजिये। आप एक वर्ष की बात करते हैं, मैंने ऐसे अतिथि भी देखे हैं जो दो-दो वर्षों तक यहाँ टिके रहे हैं, परन्तु मालकिन के माथे पर एक भी बल नहीं आया। वास्तव में मालकिन के पास धन-सम्पत्ति और खाने-पीने की कोई कमी नहीं है। इसलिए आपके रहने में उन्हें कोई कमी नहीं हो जायेगी। मैं आपनी मालकिन को बहुत अच्छी तरह जानता हूँ। जब उन्होंने आप से यह कहा कि जब तक आप इस नगर में रहें, उनके अतिथि बनकर रहें, तो उन्होंने अच्छी तरह समझ लिया होगा कि कम-से-कम आपको यहाँ पर दो वर्ष लग जायेंगे।''

बृज मन-ही-मन कालाफ़ाम की अपनी स्वामिनी के प्रति यह सद्भावना देखकर प्रसन्न हुआ। बोला, "वह सब ठीक है, परन्तु कालाफ़ाम, हमारे देश की एक कहावत है कि यदि बर्तन का मुँह चौड़ा हो तो कुत्ते को लाज लगनी चाहिए।"

"वह कहावत यहाँ लागू नहीं होती और अगर कोई ऐसी ही बात है तो एक वर्ष के बाद आप चाहेंगे तो मालिकन आपको यहाँ कोई व्यवसाय आरम्भ करवा देंगी, जिससे आपकी निजी आय होने लगेगी। यह मैं इसलिए कह रहा हूँ कि एक बार आपको इस नगर से प्रेम हो गया तो फिर आप यहाँ से जा नहीं पायेंगे। यहाँ पर टिके रहने का मैंने ऐसा उपाय भी बता दिया है जिससे आपकी आत्मा की शान्ति भी बनी रहेगी।"

यह सुनकर बृज ने क़हक़हा लगाया। फिर उसने आकाश में चमकते हुए सूर्य की ओर देखते हुए कहा, "मेरे विचार में अब हमें वापस लौटना चाहिए, क्योंकि कंचन जी प्रतीक्षा में होंगी।"

कालाफ़ाम ने पहले तो घोड़े की लगाम खींचकर उसे घुमाया और फिर बोला, "अब मैं आपको अत्यन्त निकट के मार्ग से घर ले चलूँगा।"

घोड़े मानो हवा में तैरने लगे। उनकी गति जान-बूझकर तेज़ नहीं की गयी, परन्तु उनकी चाल ऐसी समतल थी कि एक बार तो बृज को घुड़सवारी का आनन्द आ गया।

घर पहुँचे तो सूर्य उनके सिर पर चमक रहा था और घोड़े पसीने से नहा गये थे। दूसरे खण्ड के छज्जे में से कंचन ने मुस्कराते हुए पूछा, "कहो बृज! सैर कैसी रही?...अच्छी ही रही होगी, क्योंकि मैं देखती हूँ कि तुम जिस तरह घोड़े की पीठ पर बैठे यहाँ से गये थे, वैसे ही, घोड़े की पीठ पर टिके-टिकाये वापस लौट आये हो।"

बृज ने क़हक़हा लगाकर उत्तर दिया, "आपका अनुमान बिलकुल ठीक है, सैर बहुत अच्छी रही। सच पूछिये तो मेरी भूख भी चमक आयी है।"

"बहुत ख़ूब!...इससे लगता है कि तुमने वास्वत में काफ़ी देर घोड़े की सवारी की है।"

अन्दर पहुँचकर बृज ने फिर स्नान किया, खाना खाया और तब कंचन के कक्ष में बैठकर काफ़ी देर तक मनोरंजक बातें होती रहीं। अन्त में कंचन ने कहा, "तुम थक गये होगे, इसलिए अच्छा होगा कि कुछ देर के लिए अपने कक्ष में जाकर लेटे रहो। मैं भी थोड़ा-सा विश्राम करूँगी, क्योंकि इसके पश्चात् मुझे राजमहल में जाना होगा।"

"तो क्या आप प्रत्येक सन्ध्या को राजमहल जाती हैं?"

"हाँ, राजमहल में तो लगभग प्रतिदिन जाना पड़ता है, परन्तु राजदरबार में कभी-कभी ही मेरी उपस्थिति होती है। आज तो मैं प्रात: के समय भी राजमहल का चक्कर लगाने गयी थी।

इतनी बातों के बाद बृज अपने कक्ष में आकर सुकोमल बिछावन पर लेटा रहा।

२

तीन दिन और बीत गये। अब बृज को सोने के लिए बड़े प्रांगण में नहीं जाना पड़ता था; वह अपने कक्ष के आगे बढ़े हुए विशाल छज्जे में ही सोया करता था।

एक दिन प्रात:काल कंचन की बहली भवन के आगे पहुँचकर रुकी तो उसमें से कंचन के स्थान पर ढेर सारे वस्त्रों में लिपटी हुई चौदह वर्ष की एक बालिका उतरी। उस समय बहली के साथ कालाफ़ाम के अतिरिक्त दो और घुड़सवार भी थे, जो बहली के साथ-साथ आये थे।

लड़की ने सब वस्त्रों के ऊपर एक रेशमी चादर, जिसके किनारों पर फूल कढ़े हुए थे, कुछ इस तरह लपेट रखी थी कि उसमें से केवल उसकी दो आँखें और नासिका का अग्र भाग ही दिखायी दे रहा था। बहली से उतरकर खड़ी हुई तो सन्त्रस्त दृष्टि से इधर-उधर देखने लगी। तब कालाफ़ाम ने अपने घोड़े की लगाम उछालकर दूसरे घुड़सवार के हाथ में फेंक दी और लड़की की पीठ पर बड़े हलके से अपना हाथ रखते हुए बोला, "भीतर चलो।"

लड़की छोटे-छोटे क़दम उठाती हुई द्वार की ओर बढ़ी। उसने देहरी के अन्दर पाँव रखा ही था कि एक अन्य युवती, जिसका नाम चन्द्रिका था, ने उसका स्वागत किया। कालाफ़ाम वहीं से वापस लौट आया और चन्द्रिका नयी लड़की को भीतर ले गयी।

कुछ कक्षों में से गुज़रने के बाद उस लड़की ने देखा कि वह एक विशाल कक्ष में खड़ी है, जिसके बीचोबीच एक छोटा-सा, सुन्दर नहाने का तालाब है। तालाब के चारों ओर लाल पत्थर का फ़र्श है, परन्तु तालाब का फ़र्श संगमरमर का बना हुआ है, जिसकी सफ़ेदी और कालिख पानी की मोटी चादर में से दिन और रात की झलक दिखा रही है। सूर्य अभी उदित नहीं हुआ था, परन्तु उसके माथे की जगमगाहट से सारा आकाश उज्ज्वल हो उठा था। भोर का तारा बताशे की भाँति दूधिया आकाश में घुल चुका था। एक दीवार की पथरीली जाली में से उज्ज्वल आकाश का प्रकाश छन-छनकर उस नयी लड़की पर पड़ रहा था।

एकाएक लड़की अत्यन्त भयभीत हो गयी। अब उसने देखा कि तालाब के तीनों ओर दीवारों के साथ-साथ आसन लगे हुए हैं; और उन आसनों पर लम्बी-लम्बी मूँछोंवाले, पगड़ियाँ बाँधे, रेशमी वस्त्र पहने कई पुरुष बैठे हैं। बीचवाला आसन सबसे बड़ा था। उस पर जो पुरुष बैठा था उसकी पगड़ी में क़लगी झूल रही थी, उसके गले में अत्यन्त मूल्यवान् मोतियों, हीरों और मूँगों की मालाएँ थीं।

लड़की ने अत्यन्त सहमी हुई दृष्टि से उन सब को देखा। उसकी समझ में नहीं आ रहा था कि उसे वहाँ क्यों लाया गया है। वह जानना चाहती थी कि इतने पुरुषों के सामने उसे बिलकुल अकेली लाने का अर्थ क्या है। वह इन्हीं विचारों में खोयी हुई थी कि पास खड़ी चन्द्रिका ने उसकी रेशमी चादर उतारकर अलग कर दी। नीचे उसने बन्द गले का लम्बा-सा अँगरखा पहन रखा था। चादर उतार देने से एकदम ही उसके काले बाल फ़ौव्वारे की बौछार की तरह बिखरकर गिरे तो उसकी कोमल गर्दन हलका-सा झटका खा गयी। उसने आभूषण नहीं पहन रखे थे। केवल कानों में बहुत नन्हें कुण्डल थे। फिर भी उसका सौन्दर्य फूटा पड़ता था।

लड़की ने देखा कि बड़े आसन पर बैठे महाराज ने उँगली से संकेत किया तो चन्द्रिका ने उसके गले का बटन खोलकर अँगरखा भी उतार दिया।

लड़की को घबराहट होने लगी। अब वह कुछ-कुछ समझ गयी कि महाराज के संकेत पर ही यह सब-कुछ हो रहा है। अँगरखे तक तो ठीक था, अब प्रश्न यह था कि इसके आगे क्या होनेवाला है।

कक्ष में मौन छाया हुआ था। उसने दबी-दबी दृष्टि से हर चेहरे को पढ़ने की चेष्टा की, परन्तु वे ऐसे दिखायी देते थे जैसे पत्थर की मूर्तियाँ हों।

महाराज ने फिर संकेत किया तो उसके शरीर का एक और वस्त्र उतार दिया गया। अब नीचे केवल एक और वस्त्र रह गया था, जो उसके वक्ष के सौन्दर्य को छिपा भी रहा था और उभार भी रहा था।

लड़की सिर से पाँव तक काँपने लगी। उसके चेहरे पर जो गुलाबी रंग उदित हुआ वह अंग-प्रत्यंग में फैलता जा रहा था।

उसकी यह दशा देखकर महाराज गम्भीरता से बोले, "बालिके! घबराने की कोई बात नहीं। यह सब हमारी आज्ञा से हो रहा है। तुम घबराओ मत, तुम्हें किसी प्रकार की हानि नहीं होगी। परन्तु यह रीति तो पूरी करनी ही होगी।"

अब फिर महाराज ने उँगली से संकेत किया। चन्द्रिका ने उसका अन्तिम वस्त्र उतारने को हाथ बढ़ाया तो वह बुरी तरह सिमट गयी। महाराज की गम्भीर वाणी गूँजी, "बालिके!"

उस स्वर में क्रोध नहीं था, फिर भी लड़की ने अनुभव किया कि आज्ञा का पालन करना ही होगा। उसने अपनी ठुड्डी दाहिने कन्धे की ओर घुमाकर आँखें बन्द कर लीं।

दूसरे ही पल जल-तल पर दो-दो नृत्य करते हुए चन्द्रमाओं की किरणों की झंकार पानी को हिचकोले देने लगी।

सबकी आँखें एकटक उस पर जमी हुई थीं।

तब लड़की ने अनुभव किया कि चन्द्रिका की उँगलियाँ अब उसकी कमर तक पहुँच चुकी हैं। आग की लपटों की भाँति उसके मन में विचार उठा कि क्या उसका नीचे का वस्त्र भी उतार दिया जायेगा?

वह यह सोच ही रही थी कि कमर से नीचे पाँव तक का शरीर प्रात:काल की ठण्डी वायु के झोंको में नहा उठा।

लड़की ने निचला होंठ दाँतों तले दबा लिया और उसकी आँखों से आँसू बह निकले।

अब भी सब लोग उसी की ओर देखे जा रहे थे। तब महाराज ने साथियों की ओर देखकर पूछा, "क्या मत है आपका?"

सब ने एक स्वर में कहा, "स्वीकार!"

अब सब लोग आसनों से उठकर लड़की की ओर बढ़े। वह विद्युत्-वेग से महाराज के चरणों में जा गिरी और सिसकियाँ भरने लगी, "महाराज! मेरी रक्षा कीजिये...।"

महाराज सिंहासन से उठकर खड़े हो गये। उन्होंने एक हाथ से अपनी भारी मूँछें खींचकर अलग कर दीं।

कंचन!

अब तो सभी की मूँछें इधर-उधर विलुप्त हो गयीं और वह लड़की यह देखकर चकित रह गयी कि उन सब में एक भी पुरुष नहीं है।

चन्द्रिका, जो अब तक बड़ी गम्भीरता से उसके वस्त्र उतार रही थी और जो बड़ी कठिनाई से अब तक अपनी हँसी दबाये हुए थी, एकदम फूट पड़ी। उसके क़हक़हे से सारा कक्ष गूँज उठा। दूसरी युवतियाँ भी हँसने लगीं। कंचन ने मुस्कराकर उस नयी लड़की के आँसू पोंछते हुए कहा, "घबराओ मत, तुम तो मेरी बिटिया हो। आओ अब हम सब एक साथ स्नान करें, इसके बाद तुम सबके साथ मिलकर जल-पान करोगी।"

एक के बाद एक—इस तरह कई जगमगाती अग्नि-शिखाओं ने सरोवर के जल में आग लगा दी।

चन्द्रिका तालाब में नहीं घुसी, अपितु दूध के गिलास में मधु मिलाकर बृज के कक्ष की ओर बढ़ी। वह सीढ़ियाँ चढ़ती जा रही थी और ज़ोर-ज़ोर से हँसती जा रही थी।

जब वह बृज के पास पहुँची तो भी मारे हँसी के दोहरी होती जा रही थी। बृज ने कहा, ''क्या बात है? आज निचले भाग में एकाएक क़हक़हों का वह तूफ़ान उठा कि मेरी नींद ही टूट गयी। अब तुम दूर से आती हुई ऐसे लगीं जैसे उन क़हक़हों के अम्बार में से एक क़हक़हा छूटकर इधर चला आ रहा हो।''

चन्द्रिका ने हँसी रोककर बड़ी कठिनाई से पूरी कथा सुनायी। अब उसके पेट में हँस-हँसकर पीड़ा होने लगी थी। फिर पेट पकड़कर बोली, ''आज तो स्वामिनी ने ऐसा रास रचाया कि उस बेचारी लड़की की तो जान ही निकाल दी। पुरुषों को प्रवेश की अनुमति नहीं दी जा सकती थी अन्यथा आप यह कौतुक देखते तो जीवन भर न भूल सकते।''

कुछ ही दिन पहले कालाफ़ाम की बतायी हुई बात बृज को स्मरण आ गयी, वह बोला, ''कहीं आज कंचन जी की उत्तराधिकारिणी का निर्वाचन तो नहीं हुआ?''

''जी हाँ, आप ठीक समझे। न जाने कितनी लड़कियों का निरीक्षण-परीक्षण किया गया, परन्तु कोई भी कसौटी पर पूरी नहीं उतरी! आज लगभग दो वर्षों के बाद एक मत होकर सब ने इस लड़की को चुना है—आज वास्तव में बड़े उत्सव का दिन है।''

उस दिन भी बड़ी ख़ुशी मनायी गयी, रात के समय आतिशबाज़ी का कार्यक्रम हुआ। परन्तु इसके लिए एक बड़े भोज का प्रबन्ध किया गया, जिस पर चार-पाँच दिन और लग गये।

बृज को बताया गया कि अब इस उत्तराधिकारिणी को गणिका-धर्म सम्बन्धी हर प्रकार की शिक्षा दी जायेगी और अगले ढाई-तीन वर्षों में कंचन जी सारा काम इसी को सौंप देंगी।

२

दो बृज को कंचन के यहाँ रहते हुए दो सप्ताह बीत गये। कंचन वैसे तो अपने कार्यों में भी पर्याप्त व्यस्त रहती, परन्तु अवकाश के समय भी उसे इस बात का विशेष ध्यान रहता था कि उसके कारण उसके अतिथि को व्यर्थ असुविधा न हो। इससे बृज को बहुत सुविधा हुई। उसका अपना अनुभव यह था कि उसके आतिथेय उसका काफ़ी समय ले लिया करते थे, परन्तु यहाँ उसने देखा कि कंचन आदर्श आतिथेय है। खाने-पीने, सोने-जागने तथा घूमने-फिरने की उसे पूर्ण स्वतन्त्रता थी। उसे वह सफ़ेद घोड़ा बहुत पसन्द आया। लगभग प्रतिदिन वह घोड़े पर बैठकर घूमने निकल जाता। इतने दिन में उसने नगर का कोना-कोना देख डाला। जब कभी कालाफ़ाम को अवकाश होता तो वह भी उसके साथ चला जाता। कालाफ़ाम के साथ घूमने में गप-शप करने का आनन्द भी मिलता रहता था, परन्तु उससे जहाँ तक बन पड़ता वह अकेले ही बाहर जाता, जिससे कालाफ़ाम की अनुपस्थिति के कारण कंचन के काम का हर्ज़ न हो।

वैसे चाहे उनकी भेंट न हो, परन्तु भोजन के समय, दोनों वक़्त अतिथि और आतिथेय की भेंट अवश्य हो जाती थी। भोजन समाप्त हो जाने के बाद कुछ समय तक उनकी आपस में गप-शप भी चलती रहती थी। चार वर्षों की लम्बी घुमक्कड़ी में बृज ने घाट-घाट का पानी पिया था, भाँति-भाँति के लोगों से वह मिला था, अपनी आँखों से उसने कई मनोरंजक और भयंकर घटनाएँ देखी थीं; इसलिए उसके पास विषयों की कोई कमी नहीं थी। घर से बाहर रहने के कारण वह बातें करने में भी पर्याप्त चतुर हो गया। था। छोटी-से-छोटी घटना को भी वह इतने आकर्षक ढंग से सुनाता कि सुननेवाला उस पर मोहित हो जाता। कंचन को पहले तो वह अपने रूप-

रंग से ही बहुत अच्छा लगा, फिर उसकी बातचीत ने तो उस पर जादू ही कर दिया। भगवान् ने कंचन के मन में संसार-भर की वस्तुओं के विषय में जानने और उन्हें समझने की इतनी तीव्र इच्छा उत्पन्न कर दी थी कि वह कभी बृज की बातें सुनते ऊबती नहीं थी।

एक दोपहर के भोजनोपरान्त इधर-उधर की बातें होने लगीं तो एकाएक कंचन बोल उठी, जैसे उसे अनायास ही कोई बात स्मरण आ गयी हो, "कहो बृज, एक बार तो तुमने पूरा विजयनगर घूम लिया होगा?"

"जी हाँ, अब तो सम्भवतः इस नगर का कोई भी कोना मैंने देखे बिना नहीं छोड़ा।"

"परन्तु, तुम यह भी स्वीकार करोगे कि विजयनगर केवल वही नहीं है जो दिखायी देता है।"

बृज ने दो पल कंचन की बात को गहराई तक समझने का प्रयास किया और फिर उत्तर दिया, "आप बिलकुल ठीक कहती हैं—वैसे मुझे प्रतीत होता है कि आपने अपनी बात अधूरी छोड़ दी है। सम्भवतः आप कुछ और भी कहना चाहती हैं।"

"देखो, मेरी बात से घबराओ मत। मेरी इच्छा तो यही है कि तुम जिस प्रकार तुम्हारा मन चाहे रहो। जब चाहो सो जाओ, जब चाहो जागो; जब इच्छा हो घूमने चले जाओ और जब मन में आये अपने कक्ष में घुसे रहो। आतिथेय होने के नाते मेरा कर्त्तव्य तुमको सुविधाएँ देना है; बाधाएँ उपस्थित करना नहीं।"

"आप तो व्यर्थ मुझे लज्जित कर रही हैं। जो सुख-आराम मैंने यहाँ पाया है, वह तो मुझे अपने घर में भी नहीं मिला था। आपको जो कहना हो निश्चिन्त होकर कहिये।"

"मुझे कहना कुछ नहीं, केवल एक सुझाव देना है।"

"हाँ-हाँ, आप अत्यन्त प्रसन्नता से सुझाव दीजिये।"

"इस नगर में, मेरे विचार से कई ऐसे व्यक्ति हैं जिनसे मिलकर तुम्हें प्रसन्नता होगी। अकेले घूमते-घूमते तुम शीघ्र ही ऊब जाओगे। यदि कुछ लोगों से घनिष्ठता हो जाये तो तुम्हारा मन लम्बे समय तक बहला रहेगा।—मैं कहना यह चाहती हूँ कि घूमने-फिरने से ऊब जाओ तो मुझे बताना। मैं तुम्हारा बहुत-से लोगों से परिचय करा सकती हूँ। उनमें से तुम अपनी रुचि के मित्र चुनकर उनके साथ अपना समय आनन्दपूर्वक व्यतीत कर सकोगे।"

"मैं आपके सुझाव का स्वागत करता हूँ! मैं तो यह भी कहता हूँ कि मैं काफ़ी घूम-फिर चुका और अब ऐसा अनुभव करता हूँ कि नगर के कुछ विशिष्ट व्यक्तियों से मेरा परिचय हो जाये तो अच्छा ही है।"

"जहाँ तक मेरा सम्बन्ध है, मैं राय जी से लेकर सबसे नीची जाति के लोगों तक सबको जानती हूँ और वे भी मुझे पहचानते हैं। अब तो यह तुम्हारे हाथ में है कि तुम किस प्रकार के व्यक्तियों से मिलना पसन्द करोगे। हमारा नगर साहित्यकारों, चित्रकारों तथा विद्वानों से भरा पड़ा है। अब तुम्हीं बताओ कि पहले तुम किन लोगों से भेंट करना पसन्द करोगे।"

बृज ने नम्रता से मुस्कराकर उत्तर दिया, "मैं इस योग्य तो नहीं हूँ कि ऐसे महान् व्यक्तियों के साथ बैठकर बातचीत भी कर सकूँ, परन्तु फिर भी मैं यह आप ही पर छोड़ता हूँ कि आप जिससे चाहें मेरी भेंट करा दें।"

"चाहे तुम पढ़े-लिखे या विद्वान् हो या नहीं, परन्तु अपने अनुभव से मैं कह सकती हूँ कि तुम हर प्रकार के व्यक्तियों में चल सकते हो—ख़ैर! छोड़ो इन बातों को। यदि तुम चाहो तो आज मैं तुम्हें एक विचित्र व्यक्ति से मिला सकती हूँ।"

"विचित्र?"

"हाँ, विचित्र और अद्‌भुत! वैसे तो कुछ लोग उन्हें पाखण्डी भी समझते हैं, परन्तु इस नगर में ऐसे लोगों का भी अभाव नहीं जो उन्हें महात्मा मानते हैं। यहाँ तक कि महाराज स्वयं भी कभी-कभी उनसे भेंट करने चले जाते हैं।"

"वैसे तो मैं बहुत-से संन्यासियों, साधुओं तथा महात्माओं से मिल चुका हूँ—यहाँ तक कि मेरा मन ही ऊब चुका है...।"

"मैं तुम्हारा अर्थ समझ गयी, परन्तु मैं फिर भी यही कहूँगी कि तुम कम-से-कम एक बार अवश्य उनसे भेंट कर लो। यदि फिर कभी तुम्हारा उनसे मिलने को मन न चाहे तो तुम्हें कोई भी नहीं कहेगा।"

बृज को महात्मा लोग आकर्षित नहीं करते थे, इसलिए उसे यह सुझाव बहुत पसन्द नहीं आया। परन्तु वह अपनी आतिथेय को भी किसी प्रकार का दु:ख नहीं पहुँचाना चाहता था। उसने धीमे स्वर में पूछा, "क्या नाम है उनका?"

"लोग उन्हें द्रोण के नाम से पुकारते हैं।"

"उनका कोई मठ होगा?"

"नहीं, उनका मठ-वठ कोई नहीं है। न उनके शिष्य आदि ही हैं। घर में काम-काज करने के लिए उन्होंने सेवक रख छोड़े हैं, क्योंकि वे गृहस्थ भी नहीं हैं...।"

बृज को कुछ उत्सुकता अनुभव हुई और वह कंचन की ओर ज़रा ध्यान से देखते हुए बोला, "कोई मठ भी नहीं, शिष्य आदि भी नहीं, वे गृहस्थ भी नहीं...तो फिर धन कहाँ से आता है? उनकी जीविका कैसे चलती है?"

"द्रोण जी उद्योगी व्यक्ति हैं। मालाबार में उनका समुद्र की तह से मोती निकालने का काम है। पहले यह कार्य अरब लोगों के हाथ में था, परन्तु विजयनगर के महाराजा ने उनसे अधिकार छीनकर यह काम अपनी सरकार को सौंप दिया। द्रोण

जी राय जी की आज्ञा से ही यह काम करते हैं। इसके अतिरिक्त कुछ और छोटे-मोटे कामों में भी वे रुचि लेते रहते हैं।

''फिर वे अपने-आपको महात्मा कैसे कहते हैं?''

''वे अपने-आपको महात्मा नहीं कहते; अपितु दूसरे लोग कहते हैं।''

''अब तो मुझे कुछ-कुछ उत्सुकता होने लगी है...।''

कंचन ने हलका-सा क़हक़हा लगाते हुए कहा, ''परन्तु तुम इस भूल में भी न रहना कि उनका कोई शिष्य ही नहीं है...।''

''ओह!''

''चाहो तो मुझे भी उनकी शिष्या ही समझो।''

इस पर बृज ने क़हक़हा लगाया और बोला, ''कहते हैं कि हाथी के पाँव में सबका पाँव। यदि आप उनकी शिष्या हैं तो फिर और कई बड़े-बड़े लोग भी होंगे।''

''अवश्य हैं—मैं यह भी बता देना चाहती हूँ कि जो उन्हें अपना गुरु मानते हैं वे धन और सम्पत्ति से उनकी सेवा भी करते हैं।''

बृज की आँखों में चंचलता की चमक उत्पन्न हुई, वह बोला, ''बात घूम-फिर कर वहीं पहुँच रही है। वे महात्मा नहीं हैं, परन्तु हैं; वे गृहस्थ नहीं हैं, परन्तु हैं; उनके शिष्य आदि नहीं हैं, परन्तु हैं; उनकी व्यक्तिगत आय है और उन्हें दक्षिणा लेने की आवश्यकता नहीं, परन्तु लेते हैं—ऐसे व्यक्ति के तो दर्शन अवश्य ही करने चाहिए।''

कंचन ने मुस्कराकर उत्तर दिया, ''मैं नहीं चाहती थी कि तुम उन्हें ग़लत रूप में समझो, परन्तु तुम उन्हें ग़लत रूप में ही समझे; फिर भी मेरा पूर्ण विश्वास है कि एक बार तुम उनसे मिल लोगे तो फिर उनके सम्बन्ध में कोई भी मत इतनी सरलता से नहीं बना सकोगे।''

''मैं तो केवल एक ही बात जानता हूँ, वह यह कि आप मुझे जहाँ भी ले चलेंगी मैं आँखें बन्द करके आपके साथ चला जाऊँगा।''

''इतनी-सी बात मेरी भी मानो कि चाहे मेरे कहने से ही मेरे साथ चलो, परन्तु अपने नेत्र खुले रखना।''

इतना कहकर कंचन ने उसका हाथ अपने हाथ में लेकर हलके से दबा दिया।

सन्ध्या हुई तो कंचन की बहली द्वार के सामने आकर रुक गयी। कुछ ही देर बाद कालाफ़ाम काले घोड़े पर सवार आता दिखायी दिया और उसके पीछे-पीछे सफ़ेद घोड़ा भी था जिसकी लगाम उसने अपने हाथ में थाम रखी थी।

कंचन ने कक्ष के भीतर से यह दृश्य देखा तो मुस्कराकर बोली, ''क्यों बृज, लोगों को तो कुछ विचित्र-सा लगेगा जब वे काले घोड़े पर कालाफ़ाम जैसा काला भूत और सफ़ेद घोड़े पर तुम्हारे जैसे सुन्दर युवक को देखेंगे।''

''कंचन जी, सम्भवत: आपको मेरी बात कुछ विचित्र-सी लगे, परन्तु कालाफ़ाम मुझे तो पर्याप्त सुन्दर दिखायी देता है। रंग की बात छोड़िये, नाक-नक़्शा तो वही है जो उसके देश में होता है। यह अलग बात है कि हमारे दृष्टिकोण से उसका नाक-नक़्शा सुन्दर न हो। परन्तु वैसे तो देखिये कि कैसा सजीला जवान है। आपके सारे विजयनगर में अच्छे-से-अच्छे नायक, पहलवान और युवक देखने में आये, परन्तु उनमें से कोई भी कालाफ़ाम के जोड़ का नहीं है।''

''इसमें सन्देह नहीं—मुझे देखो कि मैं कितनी भाग्यवान हूँ!—-मेरे एक ओर प्रात: और दूसरी ओर सन्ध्या होंगे।''

कंचन की इस चंचलता पर बृज के मन में गुदगुदी हुई।

थोड़ी देर बाद कंचन की बहली रंगीन पट-वस्त्र उड़ाती हुई, घण्टियों की झंकार बिखेरती चली जा रही थी; और उसके साथ दाहिने हाथ प्रात: और बायें हाथ सन्ध्या!

शीघ्र ही वे नगर के एक सूने मार्ग पर चल दिये। आकाश में चन्द्रमा उदित हो चुका था और उसके प्रकाश में प्रशस्त मार्ग साफ़ दिखायी दे रहा था।

बृज ने अपना घोड़ा बहली के निकट ले जाकर कहा, ''मैंने सुना था कि दिन ढले इस मार्ग पर चलना ठीक नहीं...।''

''क्यों?'' कंचन ने माथे पर गिरी हुई लट को हाथ से उठाते हुए पूछा।

''मुझे बताया गया था कि कभी-कभी लोग इस मार्ग पर लुट भी जाते हैं।''

कंचन ने भौंह से कालाफ़ाम की ओर संकेत करते हुए कहा, ''तुम इसे किस रोग की दवा समझते हो?''

बृज मुस्कराया, ''वह तो ठीक है, परन्तु यदि कहीं से सशस्त्र घुड़सवार डाकू निकल आयें तो क्या होगा?''

''तुम्हारे इस तरह सोचने का कारण केवल यह है कि तुमने कालाफ़ाम को कभी लड़ते नहीं देखा। तुम्हें ज्ञात होना चाहिए कि दूर-दूर के क्षेत्रों के डाकू भी कालाफ़ाम की आकृति और उसकी शक्ति से भली-भाँति परिचित हैं।''

बृज ने मुँह आगे को बढ़ाकर कहा, ''मैं तो केवल आपके कारण चिन्तित हो रहा था—अन्यथा मैं भी कुछ ऐसा शक्तिहीन नहीं हूँ।''

कंचन ने दोनों नेत्र बन्द करके सिर हिलाते हुए कहा, ''मैं जानती हूँ—तुम्हारी धमनियों में भी तो उत्तरी भारत के आर्यों का रक्त प्रवाहित हो रहा है।''

बृज का घोड़ा एक बार फिर बहली से दूर हट गया। जब बहली कुछ क़दम आगे निकल गयी तो कालाफ़ाम बृज के निकट चला आया और कुछ गम्भीर स्वर में बोला, ''स्वामिनी ने कोई ख़ास बात कही है?''

बृज ने उसे आरम्भ से अन्त तक सारी बात सुना दी। यह जानकर कि उसकी स्वामिनी को उसकी भुजाओं पर इतना विश्वास है, उसने अपना वक्ष और भी तान लिया और उसके चौड़े नथुने फड़क उठे।

थोड़ी देर बाद कालाफ़ाम ने हाथ उठाकर संकेत करते हुए कहा, "वह दूर का टीला आप देख रहे हैं?"

नगर के चारों ओर ही पर्वतों की श्रेणियाँ फैली हुई थीं, इसलिए कालाफ़ाम का संकेत समझने को उसने अपना घोड़ा बिलकुल उसके साथ सटा दिया और तब उसे पता चला कि वह किस दिशा की ओर संकेत कर रहा है।

"हाँ देख रहा हूँ...वही स्थान, जहाँ बहुत-सी दीप-शिखाएँ झिलमिला रही हैं।"

"जी हाँ—वही है हमारा गन्तव्य।"

"तो क्या द्रोण जी उसी स्थान पर रहते हैं?"

कालाफ़ाम ने उत्तर में सिर हिला दिया।—फिर उन दोनों में से कोई नहीं बोला।

कुछ और दूर बढ़े तो बृज को मिट्टी का कच्चा प्राचीर दिखायी देने लगा। उसने कहा, "यह तो पूरा दुर्ग दिखायी देता है।"

कालाफ़ाम ने उत्तर दिया, "राय महाराज की आज्ञा से ही यह प्राचीर बनाया था। इस प्राचीर के भीतर की सारी भूमि महात्मा द्रोण की है।"

"इस देश में मैंने प्राय: नगरों के चारों ओर कच्ची दीवार बनी हुई देखी है। मैं समझ नहीं पाया कि नागरिकों ने कच्ची की जगह पक्की दीवार क्यों नहीं बनायी?"

"चारदीवारी चाहे कच्ची हो या पक्की, बिना राय महाराज की आज्ञा के बनायी नहीं जा सकती। राय महाराज पक्की चारदीवारी की आज्ञा कम ही देते हैं, क्योंकि इस तरह किसी भी नगर के शक्तिशाली हो जाने का भय है। जिन जगहों पर राय महाराज ने उचित समझा, वहाँ पक्की चारदीवारी बनी हुई है।"

इतना कहकर कालाफ़ाम ने घोड़े को एड़ लगायी और चलते-चलते बोला, "मैं ज़रा पहले से जाकर द्वारपाल को सावधान कर दूँ, जिससे मुख्य द्वार से बहली के जाने में कोई बाधा न पड़े।"

कालाफ़ाम घोड़ा दौड़ाता हुआ आगे निकल गया। बृज ने मद्धिम प्रकाश में देखा कि प्राचीर के बीच में ख़ूब चौड़ा और ऊँचा द्वार है, जिसके दोनों ओर सुन्दर मीनारें बनी हुई हैं। यह कोई साधारण बात नहीं थी। इससे अनुमान लगाया जा सकता था कि द्रोण जी का राय महाराज की दृष्टि में कितना ऊँचा स्थान है और वे स्वयं कितने धनी हैं।

जैसा कि पहले बताया जा चुका है, द्रोण जी का निवास-स्थान पहाड़ी जैसे एक ऊँचे से टीले पर था। आसपास कुछ दूर तक तो केवल कृषकों और दूसरे निर्धनों के झोंपड़े थे, और उनसे भी परे नगर की बस्ती दिखायी देती थी। अब मार्ग के दोनों

पार्श्वों पर विचित्र-विचित्र बेढंगी चट्टानें थीं जिन्हें प्रकृति ने ही अपने हाथों से रचा था। हर ओर सुनसान होते हुए भी वहाँ के दृश्यों में एक आकर्षण था। कुछ स्थान भयंकर से प्रतीत होते थे। बृज ने अनुमान लगाया कि दिन में वहाँ घूमने से एक-से-एक बढ़कर दृश्य दिखायी देते होंगे।

चढ़ाई पर भी कालाफ़ाम का घोड़ा ऐसे उड़ा जाता था जैसे उसके शरीर में पारद भरा हुआ हो। और फिर कालाफ़ाम इतना पारंगत अश्वारोही था कि दूर से देखनेवालों को भी आनन्द आ जाता। कुछ देर तक बृज उसे जाते हुए देखता रहा, यहाँ तक कि वह मद्धिम प्रकाश में दूर पहुँचकर हवा में उड़ते हुए धब्बे की भाँति दिखायी देने लगा। अन्त में जब बहली द्वार के निकट पहुँची तो बृज ने देखा कि अपने घोड़े पर बैठा कालाफ़ाम हाथ हिलाकर मार्ग साफ़ होने का संकेत कर रहा है। जब वे द्वार के अन्दर चले गये तो बृज ने देखा कि अब मार्ग समतल हो गया है और उसके दोनों ओर हर पन्द्रह-बीस पग पर पत्थर के हाथी खड़े हैं। वातावरण में पुष्पों और जड़ी-बूटियों की सुगन्ध बसी हुई थी। चौथाई कोस से कुछ ही कम दूरी पर बना हुआ तीन खण्डों का भवन दिखायी देने लगा, जो अपने आप में भी पर्याप्त विशाल था।

भवन से कुछ इधर ही एक लम्बी अश्वशाला-सी बनी हुई थी, जिसमें कोई कक्ष नहीं था, केवल छत थी और बीसियों स्तम्भ थे। वैसे वह अश्वशाला चारों ओर से खुली थी। बहली अश्वशाला के बाहर ही रोक दी गयी और बृज घोड़े से उतरा तो लगाम कालाफ़ाम ने सँभाल ली। कंचन बहली से नीचे उतरी और बृज की ओर देखकर बोली, ''आओ, अब अन्दर चलें।''

अश्वशाला में बहुत-से घोड़े बँधे थे, कुछ और रथनुमा गाड़ियाँ भी थीं, जिनसे पता चलता था कि वहाँ काफ़ी अतिथि आये हुए हैं। बृज ने कंचन से पूछा, ''आज यहाँ कोई उत्सव है क्या?''

कंचन मुस्कराकर बोली, ''यहाँ प्रतिदिन ही उत्सव होता है।''

बृज आश्चर्य से बोला, ''आप परिहास तो नहीं कर रहीं? आपका आशय है कि यहाँ प्रतिदिन इतने अतिथि आकर भोजन करते हैं?''

''दिन को तो नहीं परन्तु रात के समय तो सदा ही इतने अतिथि आ जाते हैं। उनमें ऐसे भी होते हैं, जो पहले से अनुमति लेकर आते हैं और कुछ पुराने मित्र या शिष्य या जो कुछ भी तुम कहो, बिन बुलाये भी आ जाते हैं।''

''इसका अर्थ तो यह हुआ कि द्रोण जी बड़े धनवान हैं...।''

''वे धनी भी हैं, परन्तु इसके साथ ही उन्हें इधर-उधर से भी धन प्राप्त हो जाता है। मैं यह कहना चाहती हूँ कि कुछ धन तो वे अपने व्यवसाय से कमाते हैं और कुछ उन्हें माननेवाले बिना माँगे दे देते हैं। इसी तरह यह ख़र्च चलता रहता है या यूँ समझो कि नदी का एक बहाव आता है, चला जाता है।''

भवन का द्वार-प्रकोष्ठ प्रकाश से जगमगा रहा था। ज्यों ही इन दोनों ने अलिन्द में क़दम रखा त्यों ही कुछ लोग कंचन को पहचानकर उनका स्वागत करने के लिए बढ़े।

कंचन ने मुस्कराकर पूछा, "आप लोग क्या बाहर ही खड़े हैं? भीतर गये ही नहीं या अन्दर का चक्कर लगा आये हैं?"

"एक चक्कर तो लगा आये थे, परन्तु द्रोण जी अभी भीतरवाले कक्ष में थे, इसलिए हम बाहर चले आये। अन्दर बहुत भीड़ है। हमारा सुझाव मानिये तो आइये सरोवर तक घूम आयें।"

कंचन ने मुँह से कुछ उत्तर नहीं दिया और वे सब बहुत ही मन्दगति से क़दम उठाते सरोवर की ओर बढ़े, जो भवन के निकट ही उद्यान में बना हुआ था। दूर से सरोवर ऐसे दिखायी दे रहा था जैसे लाल रंग के चौखटे में अत्यन्त सुन्दर-सा चित्र जड़ा हो। सरोवर के किनारे लाल पत्थर की सिलों के बने हुए थे और सरोवर के नितान्त स्थिर जल में नक्षत्रों और चन्द्रमा का प्रतिबिम्ब दिखायी दे रहा था। एक ओर से सरोवर वृक्षों से घिरा हुआ था, जिनकी शाखाएँ सरोवर के तटों पर झुकी हुई थीं। उनके पहुँचने से पहले ही वहाँ कुछ और लोग भी उपस्थित थे। उनमें एक चीनी को देखकर बृज को आश्चर्य हुआ। उसे शीघ्र ही ज्ञात हो गया कि वहाँ दूर-दूर देशों के निवासी आये हुए हैं। उन सबसे कंचन ने उसका परिचय कराया। इसमें सन्देह नहीं कि वे सब-के-सब अत्यन्त धनी थे।

सरोवर के किनारे खड़े चीनी ने अपने दोनों हाथ आस्तीनों में डालकर और सिर काफ़ी नीचे झुकाकर कंचन का स्वागत किया। उसकी पतली मूँछें चूहे को दुम की तरह नीचे को लटकी हुई थीं। आँखें ऐसे दिखायी देती थीं जैसे उलटी हाँडी पर कोयले से दो रेखाएँ खींच दी गयी हों। नाक की हड्डी न होने के बराबर थी। एक गाल से दूसरे गाल तक उसका हाथ बिना किसी विशेष रुकावट के पहुँच सकता था। आकृति से चाहे वह कुछ विचित्र-सा लग रहा था, परन्तु अपने प्रत्येक आचरण से वह अत्यन्त सभ्य दिखायी दे रहा था। कंचन ने बृज का परिचय कराते हुए बताया, "ये हैं श्री आह-चाँग। चीन देश के निवासी हैं और वहाँ से रेशम के वस्त्र लाकर यहाँ बेचते हैं। इनका माल जलपोतों पर लदकर आता है और हमारे राय महाराज इनके कपड़ों को बड़े शौक से पहनते हैं—और ये हैं मेरे अतिथि श्री बृज। ये उत्तर से आये हैं। सम्भवत: यह बताने की आवश्यकता नहीं थी, क्योंकि अपने रंग-रूप तथा डील-डौल से ही ये इधर के रहनेवाले दिखायी नहीं देते।"

अब आह-चाँग ने बृज की ओर देखकर अपना सिर झुकाया। पहले तो बृज की समझ में नहीं आया कि वह क्या करे, परन्तु फिर उसने जल्दी से दोनों हाथ जोड़ दिये।

उन्हीं लोगों में एक अन्य सज्जन दिखायी दिये, जो फ्रान्स के रहनेवाले थे और अपने व्यवहार से वे भी बड़े सभ्य दिखायी दे रहे थे। उनकी आयु पैंतीस एवं चालीस वर्ष के बीच में होगी। अपनी वेष-भूषा से वे भी बहुत धनी लग रहे थे।

कंचन ने उनसे परिचय कराते हुए कहा, "बृज! आपको हम सब आन्द्रे के नाम से पुकारते हैं।...ओह! क्षमा कीजिये मैं श्री आन्द्रे कहना भूल गयी। हमारे घनिष्ठ मित्र हैं, इसीलिए तो इस बात का ध्यान नहीं रहा।"

इस तरह बातचीत चल रही थी, इतने में ही तीस-बत्तीस वर्ष के एक बाँके युवक ने आगे बढ़कर कंचन का स्वागत किया। कंचन उसे देखते ही बोली, "अरे डॉम-गार्शिया, आप विजयनगर कब लौटे?"

डॉम-गार्शिया के चेहरे पर लज्जा के कारण गुलाबी रंग फैल गया। उत्तर दिया, "छह दिन पहले आया था।"

कंचन ने शिक़ायत करते हुए कहा "बड़े ख़राब हैं आप! इतने दिन हो गये, फिर भी दिखायी नहीं दिये।"

मैं अत्यन्त लज्जित हूँ, देवी कंचन! झूठा बहाना नहीं बनाना चाहता। इधर-उधर के कामों में ऐसा व्यस्त रहा कि आपकी सेवा में उपस्थित नहीं हो सका। क्षमा चाहता हूँ।"

इतना कहकर डॉम-गार्शिया ने एक ओर क़दम हटाया तो उसके पीछे अधछिपे एक अन्य यूरोपियन सज्जन दिखायी दिये। डॉम-गार्शिया ने कहा, "ये मेरे मित्र ब्रूनो हैं। हमारी भेंट पुर्तगाल में हुई। ये भी घूमने-फिरने के विचार से अपने देश जर्मनी से निकले हैं। पुर्तगाल में इनसे भेंट हुई तो मैंने ही विजयनगर चलने का सुझाव दिया।"

कंचन ने दोनों हाथ जोड़कर कहा, "आपके दर्शन करके बड़ी प्रसन्नता हुई।"

ब्रूनों ने टूटी-फूटी तेलुगू में उत्तर दिया, "आप बड़ी सुन्दर हैं।"

इस पर सब ने बड़े ज़ोर का क़हक़हा लगाया। कंचन ने भी हँसते हुए कहा, "ब्रूनो जी, यदि आप ऐसा समझते हैं तो मैं आपको धन्यवाद देती हूँ।"

इतने में एक अन्य सज्जन ने आगे बढ़कर कहा, "सलाम अलैकुम।"

बृज ने इस ज़ोरदार स्वर में बोलनेवाले पुरुष की ओर देखा, जिसकी आयु पचास वर्ष के लगभग होगी। उसने सिर पर दुम्बे की खाल की बनी हुई रोयेंदार टोपी पहन रखी थी। गले में चोंगा, जिस पर सोने के तार के बड़े ही सुन्दर बेल-बूटे बने हुए थे। पाँव में जूते, जिनके ऊपर भी कुछ कढ़ाई का काम दिखायी दे रहा था। वह ख़ूब मोटा था और उसका चेहरा गोरा और लाल था; परन्तु वह बहुत ही हँसमुख दिखायी देता था।

बृज ने अपना मुँह कंचन के कान के समीप ले जाकर फुसफुसाते हुए पूछा, ''ये कौन महाशय हैं?''

कंचन ने ऊँचे स्वर में कहा, ''आप हमारे पुराने मेहरबान श्री अमीन हैं। आप ईरान के वासी हैं और वहाँ से यहाँ गलीचे लाकर बेचते हैं।''

बृज ने दोनों हाथ जोड़कर नमस्कार किया।

इस तरह एक-दूसरे को थोड़ा-बहुत जान लेने के बाद वे हलके-फुलके वार्त्तालाप में मग्न हो गये। बृज ने देखा कि वे सब कंचन का अत्यन्त आदर करते हैं। उसे आज इस बात का ज्ञान हुआ कि कंचन नगर की महत्त्वपूर्ण महिला है और कदाचित् ही वहाँ का कोई बड़ा आदमी ऐसा हो जो उसे न जानता हो या उसका आदर न करता हो।

कुछ देर तक इधर-उधर घूमने-फिरने के पश्चात् किसी ने अन्दर चलने का सुझाव दिया तो सब लोग चुपचाप अलिन्द की ओर चल दिये। अलिन्द के बाद दो कक्षों में से होकर वे एक खुले प्रांगण में पहुँच गये, जहाँ कई लकड़ी तथा पत्थर के आसन पथरीले फ़र्श पर रखे जा चुके थे; उन पर गद्दे और गद्दों पर उजली चादरें बिछ रही थीं। बृज ने अनुमान लगाया कि आज का भोज यहीं पर होगा।

वे सब ड्योढ़ी के किनारे-किनारे बने हुए अलिन्द में से होकर एक अन्य कक्ष में पहुँचे। यह कक्ष वैसे तो पर्याप्त विशाल था, परन्तु वहाँ इतनी भीड़ थी कि कुछ स्त्रियों को छोड़कर सभी लोग खड़े हुए थे। कहीं और इतने लोग एकत्रित होते तो कोलाहल से सारा भवन सिर पर उठा लेते, परन्तु वहाँ साधारण भुनभुनाहट के अतिरिक्त और कोई शोर सुनायी नहीं दे रहा था। कुछ विदेशी लोग हाथों में मदिरा-पात्र लिये खड़े थे। विजयनगर के कुछ धनिक भी उनका साथ दे रहे थे।

कंचन तो अपने कुछ परिचितों के गुट में खड़ी होकर बातें करने लगी और बृज चारों ओर दृष्टि दौड़ाकर अतिथियों का निरीक्षण-परीक्षण करने लगा। उसने कल्पना भी नहीं की थी कि यहाँ उसे इतने प्रकार के लोग मिलेंगे। उन सबको देखकर विजयनगर की महत्ता का कुछ अनुमान लगाया जा सकता था। इसके साथ ही बृज का ध्यान उस व्यक्ति की ओर भी गया, जिससे मिलने के लिए वे सब वहाँ पहुँचे हुए थे। अवश्य ही ऐसे व्यक्ति में कोई-न-कोई विशेषता तो होगी ही जिसके कारण इतने लोग वहाँ एकत्र हो रहे थे। एकाएक ही बृज को ध्यान आया कि कहीं महात्मा द्रोण इन्हीं लोगों में तो नहीं खड़े हुए हैं।

अपने मन की दुविधा दूर करने के लिए उसने चुपके से कंचन के कान में कहा, ''द्रोण जी आये हैं या नहीं।''

कंचन ने बिना इधर-उधर देखे उत्तर दे दिया, ''अभी नहीं।''

बृज को पल-भर के लिए ध्यान आया कि कंचन ने इधर-उधर देखने की आवश्यकता अनुभव नहीं की।

मानो उसके मन की बात को भाँपते हुए कंचन ने मुस्कराकर कहा, ''तुम निश्चिन्तता से बैठे रहो, जब द्रोण जी आयेंगे तो मेरे बताये बिना ही तुम्हें पता चल जायेगा।''

बृज लगभग सभी लोगों से ऊँचा था या कम-से-कम नीचा तो किसी से भी नहीं था। उसने इधर-उधर सिर घुमाकर देखा कि द्रोण जी उस कक्ष में किधर से आ सकते हैं। कक्ष के दूसरे सिरे पर एक बड़ा-सा द्वार दिखायी दे रहा था, जो गहरे रंग के किसी उत्तम काष्ठ का बना हुआ था और जिस पर बड़े सुन्दर बेल-बूटे बने हुए थे। बृज ने सोचा कि द्रोण जी या तो उसी ओर से आ सकते हैं, जिस ओर से वे अब आये हैं, या उस सुन्दर द्वार में से कक्ष में प्रवेश करेंगे...।

इतने में ही द्वार के दोनों पट खुल गये। उनके खुलने की ध्वनि सुनते ही सब लोग बातें बन्द करके उसी ओर देखने लगे। पहले एक दास अन्दर आया। बृज की आँखें खुले द्वार पर लगी हुई थीं। वह यह जानने के लिए उत्सुक हो उठा था कि देखें तो कि द्रोण जी कैसे व्यक्ति हैं।

फिर एकदम ही द्रोण जी द्वार की चौखट में खड़े दिखायी दिये। वे इस तरह अचानक वहाँ आये कि बृज को लगा जैसे किसी ने पत्थर की मूर्ति द्वार के बीचोबीच गढ़कर खड़ी कर दी हो।

वह एकटक द्रोण जी को देखने लगा और देखता ही चला गया।

जब हम किसी व्यक्ति के विषय में कुछ सुन पाते हैं तो अनजाने में ही मन में उसका एक काल्पनिक चित्र बन जाता है। बृज ने कोई ऐसा चित्र तो नहीं बनाया था, जिसका नाक-नक़्शा एवं आकार उसके मन की आँखों के समक्ष स्पष्ट होता, फिर भी वह अपने मन के धुँधले चित्र की वास्तविक व्यक्ति के साथ तुलना करने लगा। परन्तु यह तुलना भी स्पष्ट नहीं थी और शीघ्र ही वह धुँधला काल्पनिक चित्र उसके मानस-पट से मिट गया और वास्तविक चित्र ने, अपितु वास्तविक व्यक्ति ने उसका स्थान ले लिया।

पहली बात जो बृज ने समझनी चाही वह यह थी कि द्रोण जी कितने आयु के हो सकते हैं?—परन्तु द्रोण जी उन व्यक्तियों में से थे जिनकी आयु का अनुमान लगाया ही नहीं जा सकता। द्रोण जी की आयु पचास से सौ वर्ष तक, कुछ भी हो सकती थी। उनका क़द ऊँचा था, परन्तु उन्हें बहुत लम्बे व्यक्तियों में नहीं गिना जा सकता था। रंग विजयनगर के लोगों से भिन्न था। उनका सारा शरीर आग में तपे हुए ताँबे की भाँति था। उनकी गर्दन से ऊपर सबसे पहली चीज जो देखनेवाले को आकर्षित करती थी, उनका सिर था। दोनों कानों और घनी भँवों तथा चौड़े माथे के ऊपर सिर का गुम्बद असाधारण ऊँचाई तक पहुँचा हुआ था। दूसरी वस्तु उनकी घनी और लम्बी सफ़ेद मूँछें थीं, जो कबूतर के परों की भाँति दिखायी दे रही थीं। तीसरी वस्तु उनकी आँखें थीं। सम्भवतः यह कहना उचित था कि बृज ने जीवन-भर ऐसी

आँखें नहीं देखी थीं। वे न बहुत बड़ी थीं, न छोटी थीं, परन्तु ऐसे लगती थीं जैसे वे अपने सामने खड़े लोगों को आर-पार देख रही हों। इस प्रकार की आँखों के विषय में बृज ने बहुत-कुछ सुन रखा था। परन्तु वास्तव में आज पहली बार वह ऐसी आँखें देख रहा था। आँखों का रंग बिलकुल काला था और भँवों में काले और सफ़ेद बाल दिखायी दे रहे थे। नाक की बनावट बहुत अच्छी थी। होंठ जैसे गढ़कर बनाये गये हों। ठुड्डी और गालों पर दाढ़ी के छोटे-छोटे बाल दिखायी दे रहे थे, जो तीन-चार दिन हजामत न बनाने से दिखायी देने लगते हैं। लगता था जैसे बासी रोटी पर सफ़ेद-सफ़ेद नन्हीं-नन्हीं चींटियाँ रेंग रही हों। गले में चोगानुमा कुर्ता था, जिस पर सफ़ेद रेशमी धागे से केवल गले के आसपास पतली-सी बेल कढ़ी हुई थी। कमर में धोती कुछ ऐसे ढंग से बँधी हुई थी कि वह तंग पायँचों की शलवार दिखायी देती थी।

कंचन भी एकदम चुप हो गयी। बृज ने फुसफुसाकर कहा, "द्रोण जी!"

कंचन उसका हाथ दबाकर बोली, "देखा?...अब तुम्हीं मुझे बता रहे हो।"

द्रोण जी दो-चार पल तक द्वार पर ही रुके रहे, फिर कक्ष में खड़े लोग दो भागों में बँट गये और बीच में द्रोण जी के लिए आगे बढ़ने को मार्ग छोड़ दिया। इस पर द्रोण जी बहुत धीरे-धीरे एक-एक पग उठाते हुए चलने लगे। अपने परिचितों से वे मुस्करा-मुस्कराकर बातें भी कर रहे थे। बीच-बीच में बड़े ज़ोर का क़हक़हा भी छोड़ देते थे।

बृज को द्रोण जी असाधारण व्यक्ति प्रतीत नहीं हुए। यह भी नहीं लग रहा था कि वे अपना महात्मापन जतलाने के लिए विनम्र बनने का प्रयास कर रहे हों। यदि उनकी आर-पार देखनेवाली आँखें न होतीं तो वे एक सीधे-सादे, धनी और खाते-पीते व्यापारी के अतिरिक्त और कुछ दिखायी न देते।

अब वे धीरे-धीरे उन्हीं की ओर बढ़ रहे थे। जब बिलकुल निकट पहुँच गये तो उन्होंने कंचन को देखते ही खुलकर हँसते हुए कहा, "कहो कंचन! बहुत दिनों के बाद आयी तुम।"

कंचन अपने सुन्दर माथे पर हलका-सा बल डालकर बोली, "बहुत दिनों के बाद?—एक सप्ताह पूर्व तो मैं आयी ही थी आपके पास।"

द्रोण जी ने कंचन की ठुड्डी को अपनी उँगली से ऊपर उठाते हुए कहा, "एक सप्ताह! प्यार करनेवालों के लिए यह समय एक वर्ष से कम नहीं है। हम तुम्हें चाहते हैं, तुम हमें चाहती हो, इस बात का भी तो ख़याल किया करो—बेटी!"

अपनी बातों के अन्त में जो उन्होंने बेटी शब्द का प्रयोग किया तो सब हँसने लगे और स्वयं द्रोण जी ने ताली बजाकर बड़े ज़ोर से क़हक़हा लगाया। तब उन्होंने कंचन के सिर पर लाड़ से हाथ फेरते हुए कहा, "आओ।"

एकाएक ही उनकी दृष्टि बृज पर पड़ी, तो चंचल बालक की तरह उनका मुँह खुले का खुला रह गया। बोले, "इसे कहाँ से पकड़ लायी हो?"

द्रोण जी का यह वाक्य सुनकर बृज के मन में उनके प्रति बचा-खुचा सन्देह भी दूर हो गया। उनका इस तरह सरलता से सामान्य लोगों के ढंग से वार्त्तालाप करना बृज को बहुत ही भला लगा।

कंचन ने धीरे से द्रोण जी के कान में कहा, "इसका नाम बृज है...क्या इतना ही जंगली दिखायी देता है?"

द्रोण जी की मूछों तले होंठों पर मुस्कराहट फैल गयी और वे बोले, "यदि जंगली हो भी तो तुम्हें भूलना नहीं चाहिए कि जंगली हिरन पालतू हिरन से अधिक सुन्दर लगता है—परन्तु यह कहते समय जंगलीवाली बात मेरे मन में नहीं आयी थी।"

बृज के कान बड़े तेज़ थे। वह कंचन की बात तो नहीं सुन पाया था, परन्तु उसने द्रोण जी की बात सुन ली और उससे यह भी अनुमान लगा लिया कि कंचन ने क्या बात कही होगी।

द्रोण जी फिर बोले, "मैंने इसलिए कहा था क्योंकि इस लड़के पर दृष्टि पहुँचकर कुछ देर रुकी रह जाती है। अभी तक तो मैं यही समझता था कि तुम्हारी सुन्दर किशोरियों के विषय में परख बहुत अच्छी है, परन्तु आज पता लगा कि तुम तो...।"

द्रोण जी ने जान-बूझकर अपना वाक्य अधूरा छोड़ दिया। कंचन अपने कन्धों पर पड़ी हुई चादर का पल्ला मुँह में ठूँसकर लजा भी रही थी और मुस्करा भी रही थी। उस समय उसकी काजल लगी आँखें बड़ी ही प्यारी दिखायी दे रही थीं।

बृज द्रोण जी के घुटे हुए सिर को देख रहा था। यह कहना कठिन था कि उनका सिर कहाँ तक गंजा था और कहाँ तक घुटा हुआ था; परन्तु इसमें सन्देह नहीं कि ताँबे की तरह दमकते हुए गुम्बद की भाँति यह सिर अपने-आप में अद्भुत था। आज से पहले बृज ने कभी कल्पना भी नहीं की थी कि किसी व्यक्ति का सिर इतना भरपूर, इतना सुडौल, इतना सुदृढ़ तथा इतना सुन्दर भी हो सकता है। वह उनके सिर को ही देखे जा रहा था।

एकाएक द्रोण जी ने पलटकर उसकी ओर देखा और बोले, "बृज!"

बृज ने सिर और कन्धों को तनिक-सा झुकाकर उत्तर दिया, "जी!"

"कहाँ से आये हो?"

बृज ने संक्षेप में अपना परिचय दिया। वह जानता था कि विस्तृत बातें करने का यह कोई अवसर नहीं है। उसका उत्तर सुनकर द्रोण जी ने उसके कन्धे पर हलकी-सी थपकी दी और आगे बढ़ गये।

एक बार फिर भीड़ में पलटकर उन्होंने इन दोनों की ओर देखा और फिर चंचलता से मुस्कराते हुए बोले, "कंचन! बृज में एक बहुत बड़ा दोष है या कहना चाहिए कि तुम्हारी दृष्टि से इसमें एक भारी ख़राबी है।"

कंचन ने आँखें झपकाते हुए अपना निचला होंठ क्षण-भर को दाँतों तले दबाकर छोड़ दिया। फिर किसी वाद्य-यन्त्र की भाँति गूँजते स्वर में बोली, "क्या?"

द्रोण जी ने हाथ उठाकर उँगली बृज की ओर तानते हुए कहा, इसमें सब गुण हैं, पर ख़ेद है यह लड़की नहीं है।—मैं अपनी दृष्टि से नहीं, तुम्हारी दृष्टि से कह रहा हूँ।"

इस पर इतने ज़ोर के क़हक़हे उठे कि सम्पूर्ण कक्ष गूँज उठा।

बृज ने जो वातावरण देखा, उसकी उसने कल्पना भी नहीं की थी, न उसने सोचा था कि यहाँ पर इस प्रकार की बातें होंगी। वह यही समझा था कि द्रोण जी एक प्रकार के महात्मा होंगे, लोग जाकर उनके चरण छुयेंगे और वे उन्हें हाथ उठाकर आशीर्वाद देंगे। परन्तु यहाँ ऐसी कोई बात न देखकर उसे आश्चर्य भी हुआ और प्रसन्नता भी।

निस्सन्देह द्रोण जी किसी भी ऐसे महात्मा की भाँति नहीं निकले जिनकी कल्पना बृज कर सकता था, परन्तु प्रश्न यह उठता था कि इतने बड़े-बड़े विद्वान्, धनवान और दूसरे महत्त्वपूर्ण लोग क्यों उनके पास आये हुए हैं। एकाएक बृज ने अनुभव किया कि इस प्रश्न का उत्तर जानने के लिए उसे किसी से पूछताछ करने की आवश्यकता नहीं। यह भी ठीक था कि वह स्वयं भी इस प्रश्न का उत्तर नहीं दे सकता था। फिर भी, न जाने कैसे, बृज को कोई भी बात अनहोनी नहीं लग रही थी। उसने अनुभव किया कि द्रोण जी जो थोड़े समय तक उनके निकट खड़े रहे, उसका एक ऐसा गहरा प्रभाव उसके मन पर पड़ा था जिसे वह जीवनपर्यन्त मिटा नहीं सकता था। यह अवश्य समझने की बात थी कि द्रोण जी के व्यक्तित्व में ऐसा क्या रहस्य था, या क्या आकर्षण था कि जिसके कारण हर किसी का मन अनायास उनकी ओर खिंचा जाता था।

बृज ने अभी इसकी ओर अधिक ध्यान देने की आवश्यकता नहीं समझी। इस समय उसका जी चाहता था कि वह भी बहाव में बहता चला जाये। वह द्रोण जी को देखे जा रहा था जो उस समय तक दूसरों से बातें करते हुए दूर चले गये थे। उसे उनकी बातें सुनायी नहीं दे रही थीं, परन्तु उनकी बातों पर उठनेवाले क़हक़हों को वह भली-भाँति सुन रहा था।

धीरे-धीरे सब लोग द्रोण जी के निकट खिसक रहे थे। सम्भवत: वह अकेला होता तो भीड़ को चीरकर आगे न पहुँच सकता; परन्तु सब लोग कंचन के लिए मार्ग छोड़ते जा रहे थे। इस तरह वे दोनों सबसे आगे पहुँच गये। दूसरी स्त्रियाँ भी सब-की-सब पुरुषों के आगे ही खड़ी थीं।

द्रोण जी दीवार के निकटवाली छोटी-सी वेदी पर खड़े थे, जिससे सब उन्हें सरलता से देख सकें। उन्होंने अपनी थोड़ी-सी उभरी हुई तोंद पर हाथ फेरते हुए कहा, "मैं आप सज्जनों के समक्ष एक सुझाव रखता हूँ। वह यह कि हम सब का

उदर बड़ा बलवान् है, इसलिए सबसे पहले इसी की पूजा होनी चाहिए। अन्यथा आप जानते ही हैं...।''

लगता था कि द्रोण जी जब यह समझते कि उनकी बात सबकी समझ में आ जायेगी, तो वे वाक्य अधूरा ही छोड़ देते और अन्तिम शब्द हवा में लटके रहने देते।

सब लोग हँसे, द्रोण जी की मूँछें फड़फड़ायीं और वे सब को आने का संकेत करके दूसरे द्वार से प्रांगण की ओर निकल गये। प्रांगण फैले हुए विशाल मैदान की भाँति था। वहाँ पहुँचते ही लोग इधर-उधर बिखर गये। किसी को कोई शीघ्रता नहीं थी, न वहाँ वह अस्त-व्यस्तता थी जो ऐसे अवसरों पर प्राय: दिखायी देती है। द्रोण जी एक स्थान पर नहीं टिक पाते थे। सम्भवत: अपने प्रत्येक अतिथि तक पहुँचना वे अपना कर्त्तव्य समझते थे। फिर उनकी यह भी विशेषता थी कि वे प्रत्येक व्यक्ति को प्रसन्न करने की चेष्टा करते, और उन्हें इस बात का अनुमान लगाने में भी देर नहीं लगती थी कि कौन किस बात से प्रसन्न होगा। चूँकि बृज उनकी प्रत्येक क्रिया-प्रतिक्रिया को बड़े ध्यान से देख रहा था, इसलिए उसे उनके विषय में एक और विशेष बात भी दिखायी दी। उसने देखा कि द्रोण जी के प्रत्येक आचरण के पीछे एक बड़ी शक्ति का अनुभव होता है। उनके बोलने या चलने का ढंग ढीला-ढाला नहीं था, बल्कि उनकी प्रत्येक बात और प्रत्येक क्रिया में उनके शरीर व उनकी बुद्धि की पूरी शक्तिमत्ता का आभास होता था।

कुछ लोग बैठे थे, कुछ अधलेटे हो रहे थे, कुछ खड़े थे। बृज ने धीरे से कंचन के कान में कहा, ''कंचन जी, ऐसा भोज तो मैंने पहले कभी नहीं देखा।''

''वास्तव में न देखा होगा। अन्य भोजों में तो लोग झटपट खा-पीकर छुट्टी पा लेते हैं, परन्तु यह भोज आधी रात तक चलेगा।''

''तो क्या उस समय तक लोग खाते-पीते रहेंगे?''

''हाँ, खाते-पीते भी रहेंगे और बीच-बीच में लोग द्रोण जी से अनुमति लेकर खिसकते भी रहेंगे। वैसे तुम निश्चिन्त रहो, जब हम यहाँ से लौटेंगे तो और बहुत-से लोग हमारे साथ रहेंगे। मार्ग में किसी प्रकार का भय नहीं होगा।''

यह कहकर कचंन ने मुस्कान भरी दृष्टि से बृज की ओर देखा। बृज का हाथ अनजाने में ही कंचन की पीठ पर हलके से टिक गया और वह दूसरी ओर देखते हुए बोला, ''मुझे अपने लिये कोई भय नहीं है। जैसा मैंने पहले कहा था कि मुझे चिन्ता इस बात की है कि आपको कोई कष्ट न हो।''

कंचन ने अपना गोल, सुडौल और भरपूर कन्धा बृज की बाँह से छुआते हुए कहा, ''धन्यवाद!''

इतने में तनिक दूर से द्रोण जी की वाणी सुनायी दी। वे दोनों हाथ तनिक-सा ऊपर को उठाये खड़े थे और कह रहे थे, ''सज्जनो! आज मैं आपके मनोरंजन के लिए एकाध गीत सुनाऊँगा।''

प्रसन्नता से भरे कई स्वर वातावरण में गूँज गये। इतने में सेवक ने एक वाद्य-यन्त्र द्रोण जी के हाथ में थमा दिया। पहली दृष्टि में ही बृज ने पहचान लिया कि यह वाद्य-यन्त्र विजयनगर का नहीं है, बल्कि इस देश का ही नहीं है। बृज को स्मरण था कि छुटपन में अफ़गानिस्तान की ओर से कुछ ग़रीब पठान मज़दूरी के लिए उसके प्रदेश में आया करते थे। लोग उनसे प्रायः कच्चे भवनों की दीवारें बनवाया करते थे। दिन-भर के परिश्रम के बाद रात हो जाने पर वे लोग भोजन करके अवकाश पा लेते, तो उनमें से कोई पठान अपने हाथ में इसी प्रकार का वाद्य-यन्त्र लेकर बैठ जाता। उन पठानों को वे राशा के नाम से पुकारते थे और राशे अपने इस बाजे को रबाब कहते।

द्रोण जी ने रबाब हाथ में लेकर जब उँगलियों से उसके तारों को झंकृत किया तो बृज को राशों की उन रातों का स्मरण हो आया। परन्तु द्रोण जी का बजाने का ढंग बिलकुल अपना ही था।

पूरे प्रांगण में मौन छा गया। द्रोण जी की उँगलियाँ रबाब के तारों पर थिरकने लगीं। थोड़ी ही देर में समा बँध गया। इसके साथ ही द्रोण जी ने किसी अनोखी भाषा में गाना आरम्भ कर दिया।

कहते हैं कि मनुष्य के स्वर से भी उसकी आयु का अनुमान लगाया जा सकता है। परन्तु द्रोण जी के सम्बन्ध में ऐसा अनुमान लगाना असम्भव था। जिस तरह उनका शरीर सुदृढ़ था, उसी तरह उनके स्वर में एक भरपूर शक्ति एवं स्फूर्ति थी। उनका स्वर एक रंग-बिरंगे परन्तु आहत पक्षी की भाँति वातावरण में उड़ानें ले रहा था। बृज उस गीत का एक शब्द तक नहीं समझ रहा था, फिर भी उन स्वरों में एक अनुपम आवेग था, पीड़ा थी, रहस्य था, कोमलता थी...।

उसने कंचन से पूछा, "कंचन जी, मेरी समझ में तो एक शब्द नहीं आ रहा है; परन्तु फिर भी अत्यन्त अद्‌भुत आनन्द का आभास हो रहा है।"

"जिस भाषा में गीत ये गाते हैं, वह यहाँ पर हममें से कोई भी नहीं समझता। कभी-कभी तरंग में आते हैं तो अपने गीतों का अर्थ भी समझाने लगते हैं। वैसे चाहे अर्थ समझ में आये या न आये, आनन्द सबको मिल जाता है।"

जब गीत समाप्त हो गया तो सबने बड़ी प्रशंसा की। इसके तुरन्त बाद भोजन परोसा जाना आरम्भ हो गया। शाकाहारी अतिथियों के लिए भोजन अलग था और मांसाहारी अतिथियों का अलग। परन्तु, जैसा कि कंचन ने बताया था, खाना-पीना बड़े इत्मीनान से चल रहा था। एक ओर भोजन करनेवाले अलग-अलग पंक्तियों में बैठे विभिन्न प्रकार के व्यंजनों का स्वाद ले रहे थे और दूसरी ओर कुछ लोग अपनी-अपनी अलग-अलग टोलियाँ बनाये गप-शप कर रहे थे। द्रोण जी घूमते-फिरते थोड़े समय के लिए हर टोली के पास पहुँचते और फिर आगे बढ़ जाते। कभी-

कभी द्रोण जी किसी व्यक्ति को लेकर एक ओर को सबसे अलग चले जाते और थोड़ी देर बातें करके लौट आते।

इस तरह बृज को पता ही नहीं चला कि कैसे इतना लम्बा समय बीत गया। उन्हें चीनी, पुर्तगाली, फ्रान्सीसी और जर्मन अतिथियों से भी ख़ूब गप हाँकने का अवसर मिला, जिनसे उनकी पहले ही भेंट हो चुकी थी। बृज को आह-चाँग और डॉम-गार्शिया की बातें अत्यन्त रोचक लगीं। उन्होंने काफ़ी बल देकर कहा कि बृज किसी दिन उनके पास अवश्य मिलने के लिए आये। बृज की अपनी इच्छा भी यही थी कि उन लोगों से जी भरकर वार्त्ता हो।

जैसा कि कंचन ने कहा था आधी रात तक बहुत-से अतिथि चले गये। फिर भी विजयनगर को जानेवाले अतिथि पर्याप्त संख्य में बच रहे। इस बड़ी टोली को विदा करने के लिए द्रोण जी बाहरवाले द्वार-प्रकोष्ठ तक आये। विदा होते समय उन्होंने बृज से कहा कि जब कभी अवकाश मिले वह उनके पास चला आये।

अन्ततोगत्वा यह अन्तिम टोली विजयनगर की ओर चल दी। अधिकतर पुरुष घोड़ों पर सवार थे और कुछ रथनुमा गाड़ियों में अपनी पत्नियों सहित सवार थे।

मार्ग में कंचन ने पूछा, ''क्यों बृज! तुम्हें द्रोण जी के भोज में जाकर निराशा तो नहीं हुई?''

''नहीं कंचन जी! अब तो मैं सोचता हूँ कि यदि मैं यहाँ न आता तो मेरा बड़ा दुर्भाग्य था।''

''अब तुम समझे कि कैसे महात्मा हैं वे?''

''हाँ समझा। अत्यन्त विचित्र महात्मा हैं। अर्थात् महात्माओंवाला उन्होंने एक भी आचरण नहीं किया।''

''इसका अर्थ यह भी तो हुआ कि लोग उन्हें व्यर्थ ही महात्मा कहते हैं।''

''नहीं कंचन जी, यह बात नहीं है। मैंने अनुभव किया है कि मनुष्य का मन बरबस ही उनकी ओर खिंचा जाता है। वैसे तो ऐसा आकर्षण अनेक व्यक्तियों में होता है, परन्तु उनके यहाँ यह आकर्षण एक शक्ति के रूप में अनुभव होता है।''

''बिलकुल ठीक! यह बात तो प्रत्येक व्यक्ति ने अनुभव की है कि जब द्रोण जी किसी को अपनी शक्ति का आभास करना चाहें, तो तुरन्त करा देते हैं। उनकी विशेषता यह है कि उन्होंने कभी अपनी इस शक्ति से अनुचित लाभ नहीं उठाया। कोई और होता तो इस शक्ति के बल पर अपने-आपको महात्मा कहने लगता।''

''सचमुच उनसे एक बार मिल लेने के बाद बार-बार मिलने को जी चाहता है।''

''मैं एक बात और भी बता दूँ कि इतने बड़े-बड़े लोग केवल उनकी इस शक्ति के कारण ही उनकी ओर नहीं आकर्षित होते अपितु उनका एक सम्पूर्ण जीवन-दर्शन

भी है। उसी दर्शन को समझने, सीखने और अपनाने के लिए बड़े-बड़े विद्वान् उनके पास जाते हैं।''

''मैं भला उनका दर्शन क्या समझूँगा, फिर भी मैं यह स्वीकार करता हूँ कि मैं उनसे भेंट करने अवश्य जाया करूँगा।''

''अनावश्यक विनम्र मत बनो, तुम अपनी आयु से कहीं अधिक प्रौढ़ हो और बहुत-कुछ समझ सकते हो।''

ये बातें करते-करते वे घर तक पहुँच गये। शय्या पर लेटते ही बृज को नींद आ गयी।

२

दूसरे दिन बृज काफ़ी देर तक सोया रहा। कंचन का तो स्वभाव था कि वह रात को कभी-कभी बहुत देर से सोती परन्तु प्रातः बहुत जल्दी ही जाग जाती। किसी ने बृज को जगाया नहीं। कंचन ने स्वयं मना करते हुए कहा कि रात बहुत देर तक जागता रहा इसलिए सोने दो।

जब बृज जागा तो उस समय तक कंचन जलपान करके राजमहल जा चुकी थी। देर तक सोने पर भी बृज को लगा जैसे उसकी निद्रा पूरी नहीं हुई। वह उठकर नहाया-धोया, जलपान से निवृत्त होकर वह सरोवरवाले कक्ष में फ़र्श पर लेट गया। सरोवर का जल ठण्डा था और इससे छूकर आनेवाली वायु में भी ठण्डक थी, इसलिए बृज को फिर नींद आ गयी। भोजन के समय तक वह जाग उठा, परन्तु कंचन अभी राजमहल से नहीं लौटी थी।

दोपहर को बृज ऊब-सा गया। न वह जाग रहा था न सो रहा था। वह बीती बातें सोचता रहा। सन्ध्या हो गयी तब भी कंचन नहीं लौटी। कालाफ़ाम अपनी स्वामिनी के साथ था। बृज ने मुँह-हाथ धोया और दासी से कह गया कि कंचन जी आयें तो वह उन्हें बता दे कि मैं भ्रमण के लिए गया हूँ, भोजन के समय तक लौट आऊँगा।

भवन के बाहर, उसकी आज्ञानुसार, उसका सफ़ेद घोड़ा काठी एवं लगाम सहित तैयार खड़ा था। बृज ने सेवक के हाथ से लगाम थामकर घोड़े के सिर पर हाथ फेरा, गर्दन के बालों में उँगलियों से कंघी की, पीठ पर हलकी-सी थपकी दी और फिर उचककर उस पर आरूढ़ हो गया। अब घोड़ा उसे पहचानने लगा था। उसे अपनी पीठ पर ले जाने का अभ्यस्त हो चुका था। जब घोड़ा और उसका सवार एक-दूसरे को समझने-बूझने लगें तो फिर उन दोनों को ही इकट्ठे घूमने में आनन्द आने लगता है।

आज उसका नदी की ओर जाने का मन हो रहा था। एकाध बार दिन के समय उसने नदी का चौड़ा पाट देखा था, परन्तु आज उसने सोचा कि सन्ध्या का सारा समय नदी के किनारे ही बिताया जाये। इसी विचार से वह विट्ठल स्वामी के मन्दिर की ओर बढ़ा, जिसके पीछे की ओर काफ़ी दूर जाने पर नदी दिखायी देती थी।

सदा की भाँति मार्ग में काफ़ी भीड़-भाड़ और व्यस्तता थी। घोड़े, बैल, गधे, साँड़, मनुष्य, सभी एक-दूसरे से कन्धे भिड़ाते घूम रहे थे। विट्ठल स्वामी के मन्दिर के इधर ही एक और छोटा-सा परन्तु अत्यन्त सुन्दर मन्दिर था। उग्के द्वार अत्यन्त प्रशस्त थे और उनके दोनों ओर गोल-गोल स्तम्भ थे। इन स्तम्.. क प्रत्येक भाग में चित्र उत्कीर्ण थे। उनमें कई प्रकार के दृश्य दिखाये गये थे। कहीं साँड़ सींग लड़ा रहे हैं, कृषक खेतों में काम कर रहे हैं, स्त्रियाँ कुश्ती लड़ रही हैं, राजा के अधिकारी जंगली हाथी को सधाने के लिए उसे जीवित ही पकड़ने की चेष्टा कर रहे हैं आदि। बृज कुछ देर तक घोड़े पर बैठा-बैठा उन स्तम्भों को नीचे से ऊपर तक देखता रहा। इतने में उसका ध्यान कुछ बालकों की ओर खिंच गया। आज उसने एक नयी बात देखी। कुछ बड़े-बड़े बकरे थे जिन पर घोड़े की भाँति काठी डाले बच्चे उनकी सवारी कर रहे थे। बृज को बड़ा आश्चर्य हुआ। उसने इतने बड़े-बड़े बकरे पहले नहीं देखे थे। पूछने पर लोगों ने बताया कि वहाँ भेड़ें भी बहुत बड़े-बड़े होते हैं और बच्चे उन पर भी काठी डालकर सवारी करते हैं।

बृज कुछ देर तक वहीं पर रुका इन अद्‌भुत सवारों को देखता रहा, फिर उसने मुस्कराकर घोड़े को एड़ लगायी और आगे बढ़ गया।

कुछ देर के बाद वह विट्ठल स्वामी के मन्दिर के विशाल प्राचीर के साथ-साथ चला जा रहा था। उस समय घोड़ा दुलकी चाल पर था। इतने में ही उसे एक पतली-सी आवाज़ सुनायी दी, जैसे कोई उसी को पुकार रहा हो। यह सोचकर कि वहाँ उसे जाननेवाला भला कौन हो सकता है, वह अपने ध्यान में मग्न बढ़ता ही चला गया। इतने में फिर वही बारीक़-सा स्वर पुकारता हुआ सुनायी दिया, "ए घुड़सवार!"

उसने तुरन्त लगाम खींची, घोड़ा रुक गया और उसकी टापों तले भुरभुरी मिट्टी मचलने लगी। उसने घूमकर दृष्टि दौड़ायी, परन्तु कोई दिखायी नहीं दिया। वह समझा कि सम्भवत: उसके कानों को भ्रम हुआ है, वह एड़ लगाने को ही था कि फिर आवाज़ आयी, "मैं पुकार रही हूँ।"

अब तो उसे विश्वास हो गया कि चाहे पुकारनेवाली की आकृति दिखायी नहीं दे रही है, फिर भी उसे कोई बुला अवश्य रहा है।

इतने में ही मन्दिर के भीतर से प्राचीर के कुछ ऊपर एक छोटी-सी नासिका और बहुत बड़ी-बड़ी आँखें पलकें झपकाती हुई दिखायी दीं। उसने घोड़े को पीछे

की ओर मोड़ना चाहा तो घोड़ा उलटे क़दम उठाता हुआ दीवार के बराबर पहुँच गया। इतने में वह लड़की भी दीवार तक चढ़ आयी।

बृज ने देखा कि एक अत्यन्त सुन्दर लड़की उसके सामने खड़ी है। वह अभी बिलकुल बच्ची ही लगती थी। उसकी आयु तेरह-चौदह वर्ष से अधिक नहीं होगी। उसने बाल बड़े सुन्दर ढंग से सँवार रखे थे और उनमें सोने के फूलों से सजावट कर रखी थी। कानों में लटके हुए नन्हें-नन्हें कुण्डल उसे और भी सुन्दर बना रहे थे। गले में मूँगे और मोतियों की मालाएँ थीं। पतली लचकती कटि में करधनी, पाँव में पायल। वह छम् से चौड़ी दीवार पर पाँव मारकर बोली, ''ए घुड़सवार! मुझे नदी तक पहुँचा दे।''

उसकी सुन्दरता देखकर बृज की आँखें झपक गयीं। उसकी समझ में न आया कि इस लड़की को नदी तक ले जाना उचित होगा या नहीं। परन्तु लड़की की बड़ी-बड़ी काली आँखों में न जाने कैसा आकर्षण था कि वह अस्वीकार न कर सका। उसने सोचा कि सम्भव है यह किसी नाविक की कन्या हो। उसने एक हाथ लड़की की ओर बढ़ाकर कहा, ''आओ मेरे पीछे बैठ जाओ।''

लड़की उसके हाथ का सहारा लेकर रंगीन पक्षी की भाँति फुर्र से उड़कर उसके पीछे आ बैठी। बृज ने फिर घोड़े को दुलकी चाल पर डाल दिया। लड़की ने उसे अपनी बाँहों के घेरे में ले रखा था और उसकी गोरी-गोरी मेंहदी लगी उँगलियाँ तड़पती हुई नन्हीं-नन्हीं मछलियों की भाँति नृत्य-सी करती दिखायी दे रही थीं। जब कहीं ऊबड़-खाबड़ धरती आती तो लड़की और भी ज़ोर से उसकी पीठ से लिपट जाती। अपनी पीठ पर उसके वक्ष के दबाव से उसने अनुभव किया कि लड़की वास्तव में इतनी छोटी नहीं है जितनी देखने में लगती है। बृज का हृदय ज़ोर-ज़ोर से धड़कने लगा। इस पर उसे घबराहट हुई, क्योंकि लड़की के दोनों हाथ उसके हृदय के ऊपर ही रखे थे। उसने सोचा कि वह अपने हाथों से उसके अन्दर की धड़कन अच्छी तरह सुन रही होगी।

इस बात से उसे बड़ी परेशानी हुई। अब तक उसने अपने-आपको जान-बूझकर स्त्रियों से बचाकर रखा था। वह जानता था कि कहीं वह प्रेम-व्रेम की दलदल में फँस गया तो उसकी सारी योजनाएँ धरी-की-धरी रह जायेंगी। अब वह शीघ्रातिशीघ्र अपने इस सुन्दर बोझ से छुटकारा पाना चाहता था।

इसी विचार से उसने घोड़े को और भी तेज़ भगा दिया, जिस पर लड़की और भी ज़ोर से लिपट गयी। उसने झुंझलाकर अपने कन्धे के ऊपर से कहा, ''इतनी भयभीत क्यों हो रही हो! क्या कभी पहले घोड़े की सवारी का अवसर नहीं मिला।''

लड़की ने कुछ उत्तर नहीं दिया। यहाँ तक कि वे नदी के रेतीले तट पर पहुँच गये, जहाँ टापें रेत में धँसने के कारण घोड़े की गति अत्यन्त धीमी हो गयी। बृज ने भारी स्वर में पूछा, ''कहाँ उतरोगी तुम?''

''कहीं भी।'' पीछे से बारीक़ स्वर सुनायी दिया।

बृज ने कुछ दूर और आगे बढ़कर अपना हाथ पीछे की ओर बढ़ाते हुए कहा, ''लो, उतर जाओ।''

लड़की उसके हाथ का सहारा लेकर नीचे उतर गयी और किसी ओर को जाने के स्थान पर छम-छम करके दो क़दम चलकर रुक गयी। बृज ने घोड़े की लगाम खींचकर उसे नदी के किनारे-किनारे डाल दिया। आज वह नदी-तट की सैर करना चाहता था। थोड़ी ही दूर जाकर उसे ध्यान आया कि वह लड़की किसी नाविक की कन्या भी नहीं हो सकती। भला नाविक की कन्या के पास इतने मूल्यवान् आभूषण कहाँ से आ सकते हैं।

धीमे-धीमे चलते हुए घोड़े की लगाम उसने अनजाने में ही खींची तो वह रुक गया। उसने मुँह घुमाया तो पता चला कि लड़की अपने दोनों हाथ पीठ पर बाँधे, कन्धों को धीरे-धीरे हिलाती हुई उसी की ओर देख रही है। लड़की के पीछे, बहुत दूर, सूर्य देवता क्षितिज पर ठुड्डी टिकाये नीचे को गोता मारने की तैयारी कर रहे थे। बृज पल-भर को रुका रहा, फिर उसने सोचा कि कहीं यह मूर्ख लड़की अपनी सुन्दरता के कारण किसी संकट में न फँस जाये। इस समय तो वहाँ थोड़ी-बहुत चहल-पहल थी। कुछ नाविक तट पर घूम-फिर रहे थे। कुछ गोल-गोल नौकाएँ चक्कर खाती हुई नदी के वक्ष पर आर-पार आ-जा रही थीं। परन्तु थोड़ी ही देर बाद प्रत्येक वस्तु पर अन्धकार छा जानेवाला था।

बृज फिर लौटा। उसे देखकर लड़की की आँखें ऐसे मुस्कराने लगीं जैसे कह रही हों, ''लौट आये न!''

बृज को मन-ही-मन बड़ा क्रोध आया और उसने स्वर को कठोर बनाने की चेष्टा करते हुए कहा, ''ए लड़की! तुम्हारा नाम क्या है?''

''सुप्रिया!''

''अब तुमं यहाँ क्यों खड़ी हो?''

उसने भौंहों पर बल डालकर और होंठ बिचकाकर कहा, ''तुम्हें क्यों क्रोध आ रहा है?''

''कुछ देर में अन्धकार छा जायेगा—आख़िर तुम्हें जाना कहाँ है?''

''मैं नदी पार जाऊँगी।''

''वहाँ क्या है?''

''हमारा गाँव।''

''विचित्र लड़की हो। अकेली कैसे जाओगी?''

''तो तुम्हीं पार पहुँचा दो।''

लड़की ने यह बात इतने विश्वास से कही जैसे उसका बृज पर विशेष अधिकार हो। बृज के मुँह से निकल गया, "और मेरा यह घोड़ा?"

"किसी भी नाविक को दो-चार चक्रम दे दो, वह तुम्हारे घोड़े को सँभाले रखेगा।"

बृज ने कुछ सोचकर कहा, "नाव मिलेगी?"

"क्यों नहीं...गाँठ में शुल्क हो तो नौकाओं का क्या अभाव है।"

इसके बाद सम्भवतः लड़की को कुछ ध्यान आया तो वह अनायास ही बोल उठी, "चिन्ता मत करो, मेरे पास नौका-शुल्क के लिए चक्रम हैं।"

यह कहकर लड़की ने अपनी कमर के बायीं ओर करधनी हटाकर वस्त्र को नीचे खिसकाया तो बृज ने मुँह दूसरी ओर करके कहा, "रहने दो! रहने दो! नौका-शुल्क की कोई बात नहीं। कोई नाव तो आने दो।"

"इससे पहले किसी नाविक को अपना घोड़ा सौंप दो।"

बृज ने ताली बजाकर एक नाविक को अपनी ओर बुलाया। सुप्रिया ने जल्दी-जल्दी उससे कुछ बातें कहीं और उसने घोड़े की लगाम थाम ली।

बृज ने नदी के वक्ष पर सन्तरण करती नौकाओं को देखते हुए कहा, "यहाँ की नौकाएँ भी विचित्र हैं; टोकरी की तरह गोल, और फिर चक्कर खाती हुई चलती हैं।"

"हाँ यह अन्दर से बेंत की बनी होती हैं और बेंत के ढाँचे पर चमड़ा मढ़ा होता है। इसे नाविक एक चप्पू से चलाते हैं।"

बृज चुपचाप चक्कर खाती हुई नौकाओं को देखता रहा। लगता था जैसे कोई बहुत ही बड़ा हाथ उन्हें ज़ोर से चक्कर देकर नदी में फेंक देता है और वे घूमती हुई दूसरे तट तक पहुँच जाती हैं। एकाएक उसने देखा कि एक नाव में एक गाय और उसका बछड़ा लदे हुए हैं। उसे आश्चर्य हुआ, "क्या इन नौकाओं में पशु भी पार चले जाते हैं?"

"हाँ, यह तो एक गाय है, बड़ी नौकाओं में घोड़े और बैल भी आर-पार पहुँचाये जाते हैं।—परन्तु सदा ही ऐसा नहीं होता। प्रायः पशु स्वयं तैरकर नदी पार करते हैं।

यही बातें हो रही थीं कि एक नौका तट पर पहुँचकर खाली हुई। सुप्रिया दौड़ती हुई उसके पास पहुँची और कुछ देर तक जल्दी-जल्दी नाविक से बातें करती रही। तब सिर से संकेत करके बृज को बुलाया, "आओ, शुल्क निश्चित हो गया।"

बृज के वहाँ पहुँचने से पहले ही सुप्रिया उछलकर नौका में बैठ गयी। बृज की टाँगें बहुत लम्बी थीं, इसलिए नौका पर चढ़ते समय उसे उछल-कूद नहीं करनी पड़ी। सवारियों के आ जाने पर नाविक ने अपना इकलौता चप्पू उठाया। पहले तो उसको उलटी ओर से पानी के नीचे धरती में फँसाकर नाव को किनारे से दूर ले गया, फिर चप्पू सीधा करके चलाना आरम्भ कर दिया। थोड़ी ही देर में टोकरी की

तरह गोल नाव फिरकी की भाँति चक्कर खाने लगी। लड़की उछल-उछलकर आनन्द लेने लगी। उसने बृज का हाथ दबाकर कहा, "क्यों, आनन्द आ रहा है न?"

बृज ने बिना मुस्कराये उत्तर दिया, "अभी तक तो कोई विशेष आनन्द नहीं आया। सारा संसार घूमता हुआ दिखायी दे रहा है। ऐसी नौका में चढ़ने का मुझे अभ्यास नहीं है।"

इस पर सुप्रिया ख़ूब खिलखिलाकर हँसी, जैसे उसे बृज की उलझन से और भी आनन्द आ रहा हो। जब बृज फिर भी मौन खड़ा रहा तो सुप्रिया अपने बालों को छू-छूकर देखने लगी कि उसके सोने के फूल जहाँ के तहाँ हैं या नहीं।

बृज, टकटकी बाँधे लड़की को देख रहा था, परन्तु उसके विचार इधर-उधर घूम रहे थे। उसने सोचा कि इतनी सुन्दर लड़की इतने बहुमूल्य आभूषण पहने इस तरह निश्चिन्तता से क्यों घूम रही है। नगर के बाहर चोर-डाकू भी हैं जो इस लड़की को देखते ही उठाकर ले जा सकते हैं। उसके मन में कुछ प्रश्न उठे, परन्तु नाविक की उपस्थिति में उसने लड़की से व्यक्तिगत प्रश्न करना उचित नहीं समझा। क्योंकि नाविक तो यही सोच रहा होगा कि उन दोनों का परस्पर कोई विशेष सम्बन्ध है। सुप्रिया की जीभ पल-भर को नहीं रुकती थी। वह लतर-लतर बातें बनाये जा रही थी, चाहे उन बातों का कुछ भी महत्त्व नहीं था। बृज उसकी बातों की ओर ध्यान न देकर यह देख रहा था कि कैसे उसकी भौंहें हिलती हैं, कैसे उसकी आँखें मटकती हैं, कैसे उसके होंठ काँपते हैं, कैसे उसके दाँत तारों को मुँह चिढ़ाते हैं...।

इस तरह वे नदी के पार जा उतरे। सूर्य अस्त हो चुका था, केवल उसके शीश पर टिके हुए मुकुट का स्वर्णिम प्रकाश पश्चिम में फैला हुआ था।

नौका से उतरकर बृज दो-चार क़दम आगे खेतों की ओर बढ़ गया। उसने दूर-दूर तक दृष्टि दौड़ायी, परन्तु कोई बस्ती दिखायी नहीं दी। तब उसने घूमकर लड़की की ओर देखा जो भागी चली आ रही थी। उसके पाँव के बिछुए बज रहे थे। वहाँ की काली मिट्टी में धँस-धँस कर उभरते हुए उसके गोरे-गोरे पाँव और भी सुन्दर लग रहे थे। बृज ने पूछा, "तुम्हारा गाँव कहाँ है?"

सुप्रिया ने बाहें फैलाकर हाथ ऊपर उठा दिया, "वह रहा।"

इतना कहकर वह आगे-आगे भागने लगी और उसकी ओर देखे बिना बोली, "अब तुम्हें मुझको गाँव तक छोड़कर आना होगा।"

बृज चुपचाप लम्बे-लम्बे डग भरता हुआ उसके पीछे-पीछे चल दिया। बीच-बीच में उसे यह ध्यान भी आ जाता कि आख़िर वह कर क्या रहा है। एक अपरिचित, सुन्दर और चंचल किशोरी के साथ वह किस गन्तव्य की ओर चला जा रहा है?

लड़की भागती हुई काफ़ी दूर निकल गयी तो उसने घूमकर बृज की ओर देखा और फिर रुक गयी। जब वह कुछ निकट पहुँचा तो वह ठुड्डी पर उँगली रखकर बोली, ''हाय! तुम वृद्धों की भाँति क्यों चलते हो?''

बृज ने ऊँट की तरह सिर को तनिक नीचे झुकाकर लड़की की ओर देखते हुए आश्चर्य में आकर कहा, ''वृद्धों की भाँति?''

''हाँ, देखने में तो तुम किशोर ही दिखायी देते हो, फिर इस तरह झुककर क्यों चलते हो?''

''मेरा क़द कुछ अधिक लम्बा है, इसलिए नाटे लोगों से बात करने के लिए मुझे झुकना पड़ता है—परन्तु, तुम्हारा गाँव कहाँ है?''

सुप्रिया फिर आगे को भागती हुई बोली, ''चले आओ।''

कुछ देर तक चलने के बाद भी जब बृज को कोई बस्ती दिखायी नहीं दी तो वह एक जगह अड़कर खड़ा हो गया।

आगे-आगे भागती हुई सुप्रिया पहले ठिठकी, ठिठककर रुकी और फिर विचित्र नृत्य करने की मुद्रा में छम-छम करती उसके पास चली आयी। फिर अपने दोनों हाथ पीठ पर बाँधकर आँखें तरेरती हुई बोली, ''हैं! तुम फिर रुक गये?''

बृज ने अड़ियल टट्टू की तरह उसी जगह जमकर कहा, ''इतनी दूर चले आये, तुम्हारा गाँव तो अभी दिखायी ही नहीं दिया। मैं पूछता हूँ कि तुम्हें गाँव का मार्ग ज्ञात भी है या नहीं?''

सुप्रिया ने दोनों हाथ वक्ष पर रखते हुए अपनी लम्बी-लम्बी पलकें झपकायीं, ''हाय! भूल गयी।''

''क्या भूल गयी?''

''गाँव का मार्ग।''

''आख़िर गाँव का नाम क्या है? किसी से मार्ग पूछ ही लें।''

यह कहकर बृज इधर-उधर दृष्टि दौड़ाने लगा कि सम्भवत: कोई पथिक दिखायी दे जाये।

''हाय! गाँव का नाम भी भूल गयी।''

बृज चकित रह गया। आश्चर्य की बात है कि वह अपने गाँव का नाम तक कैसे भूल गयी...उसने कुछ कहने के लिए सिर घुमाया तो देखा कि सुप्रिया दोनों हाथों की उँगलियाँ एक-दूसरे में फँसाये और उन पर ठुड्डी रखे हँस रही है।

बृज उलझन में पड़ गया। क्या यह लड़की उसे छल रही है? सम्भव है उसके कुछ साथी भी हों, जो आसपास छिपे हों? क्या यह सचमुच की कोई लड़की है या वह स्वप्न देख रहा है? या वह केवल एक भोली-भाली लड़की है, जो उससे खिलवाड़ कर रही है?

बृज ने गम्भीर होकर कहा, ''तुम अत्यन्त विचित्र लड़की हो...।''

''हूँ न?'' लड़की ने एकदम झपटकर उसका हाथ पकड़ लिया और नदी की ओर खींचते हुए बोली, ''आओ चलें।''

''कहाँ?''

''वापस नदी को।''

अब आकाश में कुछ तारे भी झिलमिलाने लगे थे। बृज ने नर्मी से अपना हाथ छुड़ाते हुए कहा, ''जब तुम्हें कहीं आना-जाना नहीं था तो फिर व्यर्थ में नदी पार क्यों आयीं? मेरा समय भी नष्ट कर दिया।''

लड़की ने रुककर अपने दोनों हाथ कानों की ओर ले जाते हुए कहा, ''कान पकड़ती हूँ—फिर कभी ऐसा नहीं करूँगी।''

बृज ने अपने होठों पर आती हुई हँसी को रोक लिया। उसने सोचा कि यदि मैं हँस पड़ा तो यह लड़की और चंचलता दिखायेगी। वह चुपचाप उसके पीछे-पीछे हो लिया।

नदी से कुछ इधर ही लड़की रुककर बोली, ''हाय! कितनी कोमल घास है! आओ, थोड़ी देर यहीं बैठें।''

अपना वाक्य समाप्त करते ही सुप्रिया घास पर फैलकर बैठ गयी। बृज पास ही खड़ा रहा। लड़की ने उसकी उँगलियाँ पकड़कर खींचते हुए कहा, ''बैठो न।''

बृज ने मानो अपने-आप से कहा, बड़ा मूर्ख बनाया इस लड़की ने!—''अब हम वापस कैसे जायेंगे?''

''देखते नहीं, हमारी नौका भी खड़ी है और नाविक भी।''

इतनी दूर से बृज अपने नाविक को पहचान नहीं सका, उसने लड़की से पूछा, ''नाविक को शुल्क देने की बात ही भूल गया।''

''वह तो हम लौटकर देंगे।''

एकाएक ही बृज की समझ में आ गया कि न कोई गाँव था, न कोई मार्ग और न लड़की को कहीं जाना था। तभी तो वह नाविक को रोक आयी थी कि वह उन्हें वापस भी ले जाये।

अब बृज हँसी रोक न सका। उसने बड़े ज़ोर का क़हक़हा लगाया। फिर धरती पर बैठते हुए बोला, ''लड़की! तूने आज की सारी सन्ध्या ख़राब कर दी। मैंने सोच रखा था कि आज नदी के किनारे-किनारे घोड़ा दौड़ाता हुआ दूर तक निकल जाऊँगा। ख़ूब भ्रमण करूँगा।''

''तो क्या हुआ। तुम नदी के किनारे-किनारे भ्रमण करना चाहते थे, मैंने तुम्हें नदी के आर-पार भ्रमण करा दिया।''

"मेरी समझ में तो यह नहीं आया कि तुमने व्यर्थ में एक परदेसी को इतनी कठिनाई में क्यों डाला!"

"तो तुम्हें लग रहा है कि मैंने तुम्हें कठिनाई में डाला और तुम्हारा समय नष्ट किया?"

"हाँ, नहीं तो क्या...!"

"हाय! मुझे तो नहीं लग रहा है कि तुमने मेरा समय नष्ट किया है, या कठिनाई में डाला है।"

लड़की की चतुरता देखकर बृज के होठों पर मुस्कान फैलती चली गयी। उसने मन-ही-मन कहा : ऐ मूर्ख और चंचल लड़की! मैं वह नहीं हूँ जो तू समझ रही है। मुझ पर अपनी अलकों के जाल फेंकना बिलकुल व्यर्थ होगा। मुझ पर नयनों के बाण चलाने का कोई परिणाम नहीं निकलेगा। माना तुझ जैसी सुन्दरी मैंने पहले कभी नहीं देखी, परन्तु मेरे लिये यह सब व्यर्थ है। हमारे देश में एक कहावत है कि जिस गाँव में जाना नहीं, वहाँ का मार्ग पूछने से क्या लाभ...मुझे प्रेम करने का अवकाश नहीं है। मैं एक जगह टिकनेवाला भी नहीं हूँ। सम्भव है कि मैं सारी आयु घर ही न बसाऊँ।

यह सब-कुछ उसने अपने मन में सोचा, परन्तु मुँह से कुछ न बोला। आख़िर उस लड़की से कुछ कहने का लाभ क्या?—क्यों न लड़की को अपना चंचल खेल खेलने का अवसर दिया जाये।

बृज घास पर कोहनी टेककर अधलेटा-सा हो गया। फिर मुस्कराकर बोला, "सुप्रिया, तुम कौन हो?"

"मैं देवदासी हूँ।"

"ओ! तुम रहती कहाँ हो?"

"विट्ठल स्वामी के मन्दिर में।"

"आख़िर इतना तो बता दो कि तुम इधर-उधर व्यर्थ घूमने क्यों चली आयीं?"

"मन मन्दिर की चारदीवारी में ऊब गया था—इसलिए।"

फिर सुप्रिया ने उससे प्रश्न करने आरम्भ कर दिये। वही पुराने घिसे-पिटे प्रश्न थे, वही घिसे-पिटे उत्तर थे।

एकाएक सुप्रिया ने नदी के विशाल प्रवाह को टकटकी बाँधकर देखते हुए कहा, "देखो तो ऐसा लगता है जैसे नदी में असंख्य बताशे बहते चले जा रहे हैं।"

नदी के जल में नक्षत्रों के साथ-साथ चन्द्रमा भी तैर रहा था।

बृज भी कुछ समय तक इस दृश्य को देखता रहा, फिर वह वस्त्र झाड़कर उठ खड़ा हुआ, "आओ सुप्रिया, वापस चलें।"

यह कहकर बृज ने अपना हाथ बढ़ाया तो सुप्रिया ने अपना हाथ उसके हाथ में दे दिया। जब दोनों के हाथ एक-दूसरे के सम्पर्क में आये तो एकाएक बृज को अनुभव हुआ कि यह उसने क्या किया।

कुछ ही देर बाद वे दोनों नाव में बैठकर वापस जा रहे थे। दूर नाविकों ने गीत गाने आरम्भ कर दिये। तारे नृत्य करने लगे। सोने की थाली की भाँति पूरा चन्द्रमा क़हक़हे लगाने लगा।

बृज आँखें मूँदे चुपचाप बैठा रहा और सुप्रिया बातें करती चली गयी।

दूसरे किनारे पहुँचे तो बृज के टोकने पर भी सुप्रिया ने शुल्क नाविक के हाथ में दे दिया। जिस नाविक ने घोड़े की इतनी देर तक देखभाल की थी, उसे भी सुप्रिया ने पाँच चक्रम दे डाले।

पहले तो बृज घोड़े की लगाम पकड़कर पैदल चला, जब रेत समाप्त हो गयी तो घोड़े को कठोर धरती पर रोककर उसने सुप्रिया से पूछा, "अब तुम्हें कहाँ ले जाना होगा?"

"वहीं, जहाँ से लाये थे।"

अबकी बृज ने सहारा देकर पहले सुप्रिया को घोड़े पर बैठाया और फिर स्वयं उसके आगे बैठ गया। एक बार फिर घोड़ा दुलकी चाल पर चल दिया। एक बार फिर लड़की ने उसे अपनी भुजाओं में जकड़ लिया—भीत खग-शावक की भाँति।

मार्ग में कोई बात नहीं हुई। बृज ने अनुभव किया कि लड़की ने अपना कपोल भी उसकी पीठ पर रख दिया है।

मन्दिर के प्राचीर के बराबर पहुँचकर बृज ने अपना हाथ पीछे की ओर घुमाया, जिसका अवलम्ब लेकर सुप्रिया फिर प्राचीर पर चढ़ गयी। प्राचीर की दूसरी ओर उतरकर वह उस समय रुकी जब कि प्राचीर की ओट से केवल उसके होंठों का ऊपरवाला भाग ही दिखायी दे रहा था। वह अपनी बड़ी-बड़ी आँखों से कुछ देर तक बृज को निहारती रही, फिर बोली, "एक बात बताऊँ?"

घोड़े पर बैठे-बैठे बृज ने सिर हिला दिया।

"अब मैं तुमसे कभी नहीं मिलूँगी।"

इस वाक्य के साथ ही सुप्रिया प्राचीर की ओट में डूब गयी, फिर नहीं उभरी!

बृज घोड़े को एड़ देकर बड़बड़ाया, "मूर्ख!"

फिर अनायास ही उसे ध्यान आया कि उसने मूर्ख किसे कहा—सुप्रिया को, या अपने-आपको?

३

सुप्रिया से जो भेंट हुई, उसमें कोई विशेष बात न होते हुए भी, बृज को लग रहा था जैसे कुछ-न-कुछ हुआ हो। वह क्या था?

प्रेम?—नहीं, उसका प्रश्न ही नहीं उठता था। उसके प्रदेश में कुछ चित्रकार भवनों की दीवारों पर विभिन्न रंगों से चित्र बनाया करते थे। उसने उन चित्रकारों को काम करते कई बार देखा था। कैसे वे मिट्टी की कुठालियों में अलग-अलग रंग घोलते, फिर आवश्यकता पड़ने पर उनमें से कुछ को परस्पर मिला देते। वह दीवार जिस पर कुछ ही समय पूर्व रंग का एक धब्बा भी नहीं होता था, देखते-ही-देखते रंगों के लगाने से उस पर कई चित्र उत्पन्न हो जाते।

साफ़-सुथरी और कोरी दीवार के आगे खड़ा चित्रकार बृज को बड़ा ही रहस्यमय व्यक्ति दिखायी देता था। वह सोचता कि थोड़ी ही देर बाद यही चित्रकार अपने हाथ से रंगीन चित्र बना देगा। दीवार पर प्रस्तुत होने से पूर्व वह चित्र कहाँ रहता है? क्या चित्रकार के मन में? उसकी कल्पना में? जब वह चित्र कल्पना की कोख में होता है तो क्या चित्रकार भी उस समय उसको अच्छी तरह देख सकता है।

बृज ने मन-ही-मन कहा कि आख़िर वह इस विषय पर क्यों सोचने लगा है?—अनायास ही उसकी आँखों के आगे एक फुलझरी-सी छूटी और उसने अनुभव किया कि सुप्रिया से भेंट होने से पूर्व उसका मन नितान्त कोरी दीवार की भाँति था। सुप्रिया ने उस पर कोई चित्र तो नहीं बनाया है, परन्तु न जाने कौन से रंग की एक रेखा अंकित कर दी है।

बचपन में ही उसने संसार, स्त्री और पुरुष, राजा और रंक...सभी के विषय में बहुत-कुछ सीख लिया था, बहुत-कुछ समझ लिया था। उसका विचार था कि वह जीवन की साधारण या असाधारण घटनाओं से बहुत अधिक डाँवाँडोल नहीं हो सकता। अपने मार्ग से भटक नहीं सकता। वैसे तो अब भी वह डाँवाँडोल नहीं हुआ था, परन्तु जैसे आकाश से टूटा हुआ तारा अपने पीछे प्रकाश की एक रेखा-सी छोड़ जाता है, उसी भाँति सुप्रिया भी ऐसी ही रेखा छोड़ गयी थी।

वह जानता था कि सन्ध्या समय जीवन का जो वह छोटा-सा अध्याय आरम्भ हुआ था, अब वह समाप्त भी हो चुका है। यदि सुप्रिया ने यह सोचा हो कि कल, परसों या कभी मैं विट्ठल स्वामी के मन्दिर में जाकर उसके विषय में पता लगाये बिना नहीं रह सकूँगा, तो यह उसका भ्रम है—रही चित्रकारवाली रंगीन या टूटे हुए तारे द्वारा दीपित रेखा...!

इतने में ही उसके घोड़े का सिर एकदम ऊपर को उठ गया, जैसे किसी ने उसका मार्ग रोक लिया हो। बिना सोचे बृज ने एक झटके से लगाम खींच ली और देखा कि उसके सामने एक घुड़सवार खड़ा मुस्करा रहा है।

उस व्यक्ति का चित्र पहले तो बृज की आँखों के आगे ऐसे झिलमिलाया जैसे वह हिलते हुए पानी में किसी का प्रतिबिम्ब देख रहा हो।

थोड़ी देर में पानी के हिचकोले बन्द हो गये, चित्र स्थिर हो गया, एक आवाज़ सुनायी दी, "आपने पहचाना मुझे?"

"पहचाना!" बृज ने खुलकर मुस्कराते हुए कहा, "कल रात ही तो द्रोण जी के यहाँ आपके दर्शन हुए थे, भला मैं इतनी जल्दी ही आपको भूल सकता हूँ—आप आह-चाँग जी हैं?"

"जी!" आह-चाँग ने अपनी फैली-फैली बाँहों में हाथ डालकर सिर को तनिक झुकाते हुए उत्तर दिया।

बृज को ध्यान आया कि इस समय आह-चाँग ने घोड़े की लगाम को बिलकुल ही छोड़ रखा है। कहीं घोड़ा तनिक-सा उछल पड़े तो आह-चाँग बाँहों में हाथ डाले-डाले सिर के बल धरती पर आ रहें। लेकिन घोड़ा बिलकुल शान्त एवं स्थिर खड़ा था।

आह-चाँग फिर बोला, "आप कुछ सोच रहे हैं क्या?"

बृज ऐसे चौंका जैसे आह-चाँग ने उसे चोरी करते पकड़ लिया हो। जो कुछ वह सोच रहा था वह आह-चाँग को नहीं बताया जा सकता था।

आह-चाँग फिर बोला, "कोई बात नहीं...युवावस्था में भी कुछ क्षण ऐसे आते हैं जब मनुष्य सोचने पर विवश हो जाता है—या सोच में डूब जाने पर विवश हो जाता है।"

अब वे दोनों बग़ल-बग़ल चलने लगे। आह-चाँग बड़ी तीक्ष्ण बुद्धिवाला व्यक्ति ज्ञात होता था और वह एक प्रकार का दार्शनिक भी था। सम्भवत: वैसा दार्शनिक नहीं जो दूसरे दार्शनिकों से अपना सिर खपाता रहता है, बल्कि ऐसा दार्शनिक जो जीवन की छोटी-छोटी वस्तुओं के विषय में सोचता है और उन वस्तुओं या नन्हीं-मुन्नी घटनाओं में ऐसा सन्तुलन स्थापित करता है कि स्वयं उसके अपने जीवन में भी एक ठहराव आ जाता है। पचास वर्षों का होने पर भी जीवन के हलके-फुलके पहलुओं पर हलके-फुलके ढंग से बातचीत करने में उसे कुछ संकोच नहीं होता था।

आह-चाँग ने बताया, "मैं अनाज के आढ़तियों से भेंट करने गया था। मेरे यहाँ एक बड़ा भोज होनेवाला है, जिसके लिए पर्याप्त मात्रा में चावल और दालों की आवश्यकता है। मैं इसी सम्बन्ध में बातचीत करने गया था। वहीं पर मेरे एक सेवक ने बताया कि उसने आपको विट्ठल स्वामी के मन्दिर के निकट एक लड़की के साथ नदी की ओर से आते देखा है...।"

बृज के माथे पर पसीना छलक पड़ा। सम्भवत: उसकी आँखों में कुछ व्याकुलता-सी भी दिखायी दी। आह-चाँग ने एक उड़ती हुई दृष्टि उस पर डाली और बोला, "मैंने सेवक से कहा कि इस आकाश के नीचे इससे और अधिक स्वाभाविक बात क्या हो सकती है कि एक सुन्दर युवक एक सुन्दर युवती को घोड़े पर बैठाये लिये जा रहा हो।"

बृज ने तनिक-सा खाँसकर गला साफ़ करते हुए उत्तर दिया, "मैं उस लड़की को नहीं जानता। नदी की ओर से आ रहा था तो वह लड़की मिली। उसके

कथनानुसार वह नदी पार के किसी गाँव से नौका में आयी थी। उसने कहा, मुझे विट्ठल स्वामी के मन्दिर जाना है। मैंने उसे पीछे बिठा लिया और मन्दिर के प्राचीर तक...।''

''जब मैं आपकी आयु का था तो मुझे एक युवती से अत्यन्त प्रेम हो गया। मेरा स्वभाव सदा से यही रहा है कि जो बात करने को मेरा मन चाहता है वही करता हूँ। इतना अवश्य बता देना चाहता हूँ कि जीवन में कभी कोई महान् कार्य करने को मन नहीं चाहा और न मैंने ऐसे कार्य करके अपना समय और दूसरों का जीवन नष्ट करने की चेष्टां की है।''

आह-चाँग ने अपनी प्रेम-गाथा ऐसे सुनानी आरम्भ कर दी जैसे जो कुछ बृज ने लड़की के विषय में कहा था वह उसके एक कान में प्रवेशकर दूसरे कान से उड़ गया हो। अपने गले में लटकी हुई मूँगों की माला को हाथ से स्पर्श करते हुए आह-चाँग ने अपनी बात जारी रखी, ''हाँ तो मैं कह रहा था कि मैंने जीवन में छोटे-छोटे ही काम किये हैं। जैसे, मुझे भूख लगती है तो मैं खाता हूँ, प्यास लगती है तो पीता हूँ; लेटने को मन चाहता है, तो लेट जाता हूँ; नींद आती है, तो सो जाता हूँ—इसी तरह जब उस उम्र में मेरे मन में प्रेम की भावना उठी तो मैंने प्रेम करना आरम्भ कर दिया। उस युवती का नाम आई-टसू था—अच्छा यह मैं पहले ही बता दूँ कि इस समय आई-टसू मेरी पत्नी है। उसने मुझे चौदह सन्तानें दीं, जिनमें से पाँच मर गयीं नौ शेष हैं...यह बात मैंने इसलिए बता दी कि जब भी कोई प्रेम-कहानी सुनता है तो उसके मन में उत्सुकता होती है कि वह प्रेम सफल रहा या असफल—क्यों, मैंने ठीक कहा न?''

बृज हँसे बिना न रह सका, ''आह-चाँग जी, आपने बिलकुल ठीक कहा।''

''हाँ तो प्रेम का सफल होना एक बात है और विवाह का सफल होना दूसरी बात है। जिस दिन आई-टसू वधू बनकर मेरे घर में आयी, तो प्रेम उसी रात समाप्त हो गया। देवताओं को धन्यवाद देता हूँ कि इसके बाद मेरा विवाह भी सफल रहा।''

यद्यपि बृज समझ नहीं पाया कि सुप्रिया और उसकी बात छेड़ने के बाद आह-चाँग ने अपनी जीवन-गाथा सुनानी क्यों आरम्भ कर दी, फिर भी उसे आनन्द आ रहा था।

आह-चाँग ने फिर कहना आरम्भ किया, ''हाँ तो मेरा प्रेम काफ़ी दिनों तक चलता रहा। एक दिन जब मैं अपनी प्रेमिका से भेंट करने के लिए गया तो देखा कि वह खेतों में काम कर रही है। उसके पाँव और टखनों के अतिरिक्त गालों, नाक तथा भँवों पर भी मिट्टी लगी हुई थी। बाल उलझे हुए थे। बग़लों और गर्दन से पसीने की नदियाँ बह रही थीं। उस समय मुझे आई-टसू बड़ी ही सुन्दर लगी। मैंने उसी क्षण निश्चय कर लिया कि अब मैं उससे और अधिक समय तक प्रेम नहीं कर सकता; अब तो उसे शीघ्र-से-शीघ्र अपनी पत्नी बनाना पड़ेगा। जब मैंने आई-टसू

से मन की बात कही तो उसने लजाकर फावड़े के पीछे मुँह छिपा लिया और बारीक़ स्वर में बोली, 'मेरे पिता से कहो न, मुझसे क्या कहते हो...।' मैं उसके पिता के पास पहुँचा, जिसके चेहरे पर झुर्रियों का जाल फैला हुआ था और जो धरती पर बैठा गन्ना चूस रहा था। मैंने दोनों हाथ बाँहों में घुसेड़कर अपना सिर इतना नीचे झुकाया कि मेरा पेट बुरी तरह दब गया। जब आई-टसू के पिता को पता चला कि मैं क्यों आया हूँ तो उसने गन्ना मुँह से निकालकर दो-चार छोटे-छोटे टुकड़ों को थूककर मेरी ओर फेंका और खड़खड़ाते स्वर में पूछा, 'आह-चाँग! भला मुझे कैसे पता चले कि तुम मेरी लाड़ली बेटी को आराम से रख सकोगे?' मैंने उसी तरह झुके-झुके कनखियों से आई-टसू की ओर देखा जो दूर खेतों में अब फिर फावड़ा चलाने लगी थी—फिर मैंने उत्तर दिया, 'आई-टसू के मान्यवर पिता जी! मैं आपको विश्वास दिलाता हूँ कि मुझमें इतनी क्षमता है कि मैं सूर्योदय से लेकर सूर्यास्त तक गधे की तरह काम कर सकता हूँ।' इस पर उस घाघ ने प्रसन्न होकर मेरी ओर देखा और फिर बोला, 'आह-चाँग! बेटा, सिर ऊपर उठाओ। मैं अपनी लाड़ली बेटी का हाथ तुम्हारे हाथ में देने को प्रस्तुत हूँ—वैसे तुम्हें पूरा विश्वास है न कि तुम बिलकुल गधे...।' इस तरह से मेरी प्रेम-कथा का उपसंहार आरम्भ हुआ।''

कितनी विचित्र बात थी कि आह-चाँग की यह कहानी सुनकर बृज का एक बार तो मन चाहा कि वह सीधा विट्ठल स्वामी के मन्दिर जाये और सुप्रिया का हाथ थामकर कहे कि मैं तुमसे विवाह करना चाहता हूँ।

इस समय तक दोनों घुड़सवार राय जी के प्रासाद के प्राचीर के आगेवाले विशाल मैदान में पहुँच चुके थे। आह-चाँग ने अपने छोटे कोमल हाथ से एक गली की ओर संकेत करते हुए कहा, ''अब मैं इधर को जाऊँगा!''

बृज समझ नहीं पाया कि उसे क्या कहना चाहिए। विदा होने से पूर्व आह-चाँग ने कहा, ''बृज जी, क्या यह सम्भव नहीं कि कल प्रातःकाल आप मेरे यहाँ जलपान करें?''

''क्यों नहीं—मैं बेकार आदमी हूँ। मुझे तो जो भी बुलाये मैं प्रसन्नता से जाने को तैयार हूँ...परन्तु आपका निवास स्थान कहाँ है?''

''उसकी चिन्ता मत कीजिये। मेरा सेवक कंचन जी के भवन पर प्रातःकाल पहुँच जायेगा और आप उसके साथ मेरे यहाँ आ सकेंगे।''

''बहुत अच्छा, कल मैं प्रातःकाल ही तैयार रहूँगा।''

इसके पश्चात् वे विदा होकर अपने-अपने मार्ग पर चल दिये।

घर पहुँचकर बृज ने कंचन को सुप्रिया के विषय में तो कुछ नहीं बताया, परन्तु आह-चाँग से जो बातें सुनी थीं, वह बता दीं।

कंचन आह-चाँग और आई-टसू की प्रेम-कहानी सुनकर देर तक हँसती रही। बोली, ''आह-चाँग बड़े रोचक व्यक्ति हैं। तुम्हें उनसे मिलकर बड़ी प्रसन्नता होगी।''

"कल उन्होंने मुझे प्रातः जलपान के लिए निमन्त्रित किया है। चला जाऊँ?"

"अरे! इसमें मुझसे पूछने की क्या बात है! अवश्य जाओ।"

"मैं सोचने लगा हूँ कि किसी भी नगर के व्यक्ति भी तो गली-कूचों की भाँति नगर का भाग ही होते हैं। उनसे मिलना और उनसे बातचीत करना, नगर ही से और अधिक परिचित होना है।"

"इसमें क्या सन्देह है—मुझे तो प्रसन्नता है कि तुम्हारी इस नगर में रुचि बढ़ती जा रही है। जितने अधिक लोगों के सम्पर्क में आओगे, उतनी ही तुम्हारी टाँगें इस नगर के सुनहले दलदल में फँसती जायेंगी।"

कंचन की यह बात सुनकर बृज चौंका। फिर धीरे से बोला, "सुनहले दल-दल!—आपके इन दो शब्दों से मेरी मज्जा तक काँप गयी है, परन्तु इसके साथ ही मुझे अनजाना-सा आनन्द भी अनुभव हुआ है।"

कंचन देर तक टकटकी बाँधे उसकी ओर देखती रही। वह मुँह से कुछ नहीं बोली। सम्भवतः वह कुछ सोच भी नहीं रही थी।

बृज जब से विजयनगर में आया था तब से उस पर एक विचित्र-सी क़ैफ़ियत छायी हुई थी! विजयनगर अपनी विभिन्न विशेषताओं सहित उसके मन पर छाया हुआ था। उसका व्यक्तित्व ऐसा तो नहीं था जो बड़ी सरलता से किसी भी वस्तु या मनुष्य से प्रभावित हो सके, फिर भी इस नगर का कुछ ऐसा इन्द्रजाल था जिसने उसे अपनी लपेट में ले लिया था।

दूसरे दिन प्रातः आकाश पर हलके-हलके बादल छाये हुए थे, जिन्हें देखकर सूर्य देवता को अत्यन्त क्रोध आया और उन्होंने अपने चमकते हुए माथे पर बल डालकर किरणों के भाले फेंकने आरम्भ किये, जिनसे बादल छिन्न-भिन्न हो गये।

मीठी-मीठी धूप में बृज अपने घोड़े पर सवार आह-चाँग के सेवक के साथ-साथ उसके स्वामी के निवास स्थान की ओर बढ़ रहा था। सेवक का चेहरा छिले हुए शलगम की भाँति गोल-मोल-सा था और लगता था कि वह किसी भी प्रभाव के कारण उसके चेहरे पर जैसे न कोई चिह्न उभरता है और न लुप्त होता है। वह घोड़े जैसे गधे, या गधे जैसे घोड़े पर सवार था! जब यह टट्टू भागता तो उसकी टाँगों को देखकर यह अनुमान लगाना बड़ा कठिन था कि वह आगे बढ़ रहा है या पीछे को हट रहा है। उस गोल-मोल चीनी चेहरे और उसके टट्टू को देखकर बृज के होंठों पर अनायास मुस्कराहट उत्पन्न हुई। उसने उससे बातचीत करनी चाही, परन्तु या तो वह चीनी इधर की बोली नहीं समझता था, या अपने स्वामी के अतिथि के प्रति अत्यधिक सम्मान-भाव के कारण कुछ बोल नहीं पा रहा था। इसलिए बृज की प्रत्येक बात का उत्तर केवल टट्टू ने ही हिनहिनाकर दिया। बृज का घोड़ा सामान्य चाल से चल रहा था और वह टट्टू ऐसे टाँगें चला रहा था कि उसके लिए सरपट दौड़ने के अतिरिक्त और किसी शब्द का प्रयोग नहीं हो सकता था।

आह-चाँग का भवन भी नगर के बाहरवाले भाग में था। यद्यपि बड़े-बड़े धनी व्यक्तियों, नायकों तथा उच्च कर्मचारियों के भवनों की अलग ही बस्ती थी, फिर भी कुछ लोगों ने अपने लिये अलग-अलग भवन बनवाये थे।

जब बृज ने दूर से आह-चाँग का भवन देखा तो उसकी वास्तुकला दूसरे भवनों से नितान्त भिन्न दिखायी दी। ढालू छतें नीचे तक पहुँचकर फिर ऊपर को घूम गयी थीं। भवन के आगे बड़ा-सा उद्यान था जिसमें छोटी-सी नहर बनी हुई थी। नहर पर छोटी-छोटी पुलियाँ भी थीं जिनकी बनावट अपने ही ढंग की थी। सम्पूर्ण विजयनगर में बृज ने इस ढंग का कोई भी भवन नहीं देखा था। उसे पूरे-का-पूरा वातावरण ही अनोखा लग रहा था।

आह-चाँग अपने भवन के अलिन्द में खड़ा अतिथि की प्रतीक्षा कर रहा था। अभी बृज भवन की सीमा से बाहर ही था कि आह-चाँग ने अलिन्द में खड़े-खड़े ही बाँहों में हाथ छुपा लिये और सिर झुका दिया। जब वह घोड़े से उतरा तो आह-चाँग अलिन्द से बाहर निकल आया, और फिर उसने पहले की भाँति सिर झुकाया। इस प्रकार बृज के पास पहुँचते-पहुँचते वह इतनी बार झुका कि बृज अपने-आपको एक बार भी झुकाना भूल गया।

आह-चाँग ने अविलम्ब बृज के हाथ से लगाम लेकर सेवक के हाथ में थमा दी और माथे पर बल डालकर घूरते हुए उससे चीनी भाषा में कुछ कहा। फिर आतिथेय और अतिथि भवन की ओर बढ़े।

बृज ने देखा कि उद्यान में कई प्रकार के शावक घूम रहे हैं : मुर्ग़ी के चूज़े, ख़रगोश के बच्चे, हिरन के बच्चे—बृज ने सोचा कि न जानें यहाँ गधे के बच्चे क्यों नहीं हैं। उसने इतने बच्चों को देखकर आह-चाँग से आँखें मिलायीं, तो आह-चाँग के चेहरे पर हँसी पटाखे की तरह फूट पड़ी, बोला, "बच्चे!—मुझे बच्चों से बहुत प्यार है।"

बृज ठण्डी साँस भरने को ही था, फिर उसने अपने-आपको रोककर पूछा, "आपके अपने कितने बच्चे हैं?...आपने कल बताया तो था, पर मैं भूल गया।"

लगता है कि बृज की इस भूल पर आह-चाँग के मन को धक्का लगा, परन्तु उसने अपने चेहरे से यही प्रकट होने दिया कि वह धक्का काफ़ी हलका है। फिर उसने अपने दोनों हाथों की उँगलियाँ दिखाते हुए कहा, "नौ!"

अलिन्द के निकट पहुँचकर आह-चाँग रुका, नीचे को झुका और अपने दोनों हाथों से उसने अन्दर चलने का ऐसा संकेत किया जैसे बृज गृह-स्वामी हो और आह-चाँग अतिथि...बल्कि उसका दास।

वे दोनों एक बड़े से कक्ष में पहुँचे जहाँ फ़र्श पर ही बैठने का प्रबन्ध था। यद्यपि विजयनगर के राय महाराज तक प्राय: नंगे पाँव ही घूमते थे, परन्तु बृज को जूता पहनने की ऐसी आदत पड़ चुकी थी कि वह इस नगर में आकर भी छोड़ नहीं सका।

उसने जूते द्वार के निकट ही उतार दिये और एक अत्यन्त मूल्यवान् चटाई पर चलता हुआ दीवार के पास बैठ गया।

कक्ष की सज्जा भी दूसरे भवनों से भिन्न थी। बर्तन, छोटी-छोटी मेजें, फूलदान, मूर्तियाँ, दीवारों से लटकी हुई चित्रोंवाली लम्बी और पतली चटाइयाँ, सभी कुछ नये प्रकार का था। सजावट के लिए बहुत बड़े-बड़े थाल दीवारों के साथ टिके हुए थे। ताँबे या पीतल के इन थालों में कई प्रकार के बेल-बूटे बने हुए थे।

नीचे, बृज के पास, बैठते ही आह-चाँग ने एक छोटी-सी छड़ी उठाकर चौखटे में लटकी हुई ताँबे की थाली पर दे मारी। उसकी ध्वनि बहुत ऊँची तो नहीं थी, परन्तु लम्बे बल खाते साँप की तरह कितनी ही देर तक वातावरण में गूँजती रही। उसकी गूँज समाप्त भी न होने पायी थी कि नौ बच्चे एक क़तार में आये—पहले उनके सामने बिलकुल सीधे खड़े हो गये, फिर बाँहों में हाथ छुपाकर सब-के-सब एक साथ झुके और एक साथ ही सीधे हो गये। सबसे बड़े लड़के की आयु चौबीस वर्ष के लगभग होगी और सबसे छोटी लड़की थी, जिसकी आयु साढ़े-चार साल होगी।

"आह-चाँग ने अत्यन्त गर्व से पाँचों उँगलियाँ फैलाकर अपना हाथ ऊपर उठाया, "मेरी सन्तानें।"

यह कहते-कहते उसकी आँखें चमक उठीं। बच्चे मुस्कराने लगे। तब आह-चाँग ने कुछ कहा तो बच्चे एकदम गम्भीर हो गये। फिर उन्होंने चेहरे घुमाये और जिस प्रकार अन्दर आये थे; उसी प्रकार टिप-टिप करते हुए द्वार से बाहर निकलकर दूसरे कक्ष में चले गये।

बृज सबसे पीछेवाली छोटी बच्ची की दायें-बायें हिलती हुई चुटिया को अभी देख ही रहा था कि पैंतालीस-छियालीस वर्ष की एक चीनी स्त्री छोटे-छोटे पाँव हिलाती हुई अन्दर आयी। उसके वस्त्र और शृंगार विजयनगर की स्त्रियों से बिलकुल भिन्न थे। वह भी सामने पहुँचकर झुकी, सीधी हुई, मुस्करायी, गम्भीर बनी, घूमी और वापस चली गयी।

बृज को वे सब काठ के बने हुए लगे। जैसे उनके भीतर कोई कल हो, जिसके बल पर वे सारी क्रियाएँ कर रहे हों। वे प्रशिक्षित पशुओं की भाँति थे और लगता था जैसे अतिथि के पहुँचने से पहले ही आह-चाँग ने उन्हें अच्छी तरह से समझा दिया था कि उन्हें क्या करना है और फिर इस छोटे से नाटक का पूर्वाभ्यास भी ख़ूब अच्छी तरह करा दिया था।

आह-चाँग अतिथि का अपने बच्चों और पत्नी से परिचय करा चुका तो उसने हलकी-फुलकी बातचीत आरम्भ कर दी। फिर एकाएक अपनी छोटी-छोटी आँखों में से एक को बन्द करके उसने बृज से पूछा, "आपने आई-टसू को देखा?"

"जी हाँ।" बृज ने जल्दी से उत्तर दिया।

इसके बाद आह-चाँग कुछ देर तक अतिथि से इस सम्बन्ध में कोई और बात सुनने की प्रतीक्षा करता रहा, परन्तु बृज को सूझा ही नहीं कि उसे कोई बात कहनी चाहिए। फिर जब आह-चाँग को मौन देखकर उसे अपनी भूल का अनुभव हुआ तो पानी सिर से गुज़र चुका था।

सम्भवत: उसने कुछ हड़बड़ाकर अपने आतिथेय की ओर देखा, परन्तु आह-चाँग के पतले-पतले होंठों पर फिर पटाखा छूटा, "आज मैं जलपान में एक ऐसी वस्तु प्रस्तुत करूँगा जो आपने पहले कभी चखी भी न होगी।"

वैसे तो दिखाने के लिए बृज मुस्करा दिया, परन्तु इसके साथ उसका चेहरा उतर गया। उसे ज्ञात था कि विजयनगर में कुछ छोटी जाति के लोग ऐसे भी हैं जो चीनियों की तरह जंगली छिपकलियाँ, चूहे और बिल्लियाँ खा जाते हैं लेकिन उसके अपने प्रदेश में तो इनका खाना कल्पनातीत था। इसलिए वह भयभीत हुआ कि कहीं आह-चाँग उसे साँप या मेढक आदि खाने को न दे दे।

परन्तु शीघ्र ही उसका यह भय दूर हो गया। उसके सामने एक टोंटीदार बर्तन में गर्म-गर्म रंगीन पानी लाया गया। साथ छोटी-छोटी प्यालियाँ थीं। एक युवा चीनी सेविका ने विशेष ढंग से वह पानी प्यालियों में उँड़ेला। आह-चाँग ने एक प्याली अपनी उँगलियों में पकड़ी और उसका संकेत पाकर बृज ने दूसरी प्याली उठा ली। तब आह-चाँग ने प्याली से होंठ लगाकर हलकी-सी चुस्की ली और फिर पल-भर को आँखें मूँद लीं।

बृज ने पूछा, "यह क्या है?"

"इसे चाय कहते हैं।"

"ओह!"

तब एकाएक आह-चाँग को कुछ स्मरण हो आया तो बोला, "आपने चाय पहले कभी नहीं पी, इसलिए सम्भवत: आपको इसका फीका-फीका स्वाद अच्छा न लगे। आप इसमें थोड़ा-सा मधु मिला लीजिये।"

बृज ने ऐसा ही किया। जब उसने चाय की घूँट भरा तो उसे बहुत स्वाद तो नहीं मिला, फिर भी ग़नीमत थी कि उसे उसका स्वाद बुरा भी नहीं लगा।

आह-चाँग ने बताया, "हमारे देश में सहस्रों वर्षों से चाय का प्रयोग हो रहा है। इसको पीने से थकान दूर होती है और शरीर में स्फूर्ति आती है।"

"आह-चाँग जी, चाय किस वस्तु से बनायी जाती है?"

"एक प्रकार के पौधे होते हैं जिनकी कोंपलें तोड़ ली जाती हैं। उन्हीं से यह चाय तैयार होती है।"

बृज रुचि लेने की मुद्रा में सिर हिलाये जा रहा था। आह-चाँग चाय के रहस्य पर से पर्दे उठाये जा रहा था, "मैंने सुना है कि अब तो अरब लोग चाय विलायत

तक ले गये हैं। मैं समझता हूँ कि कुछ ही वर्षों में सब देशों में इसको पीने का रिवाज चल निकलेगा। हमारे देश चीन में दो प्रकार की चाय होती है—एक काली और दूसरी हरी। चाय का स्वाद और सुगन्ध कई बातों पर निर्भर होता है। यह कि इसके पौधे कैसी मिट्टी में रोपे गये हैं, पौधों की देखभाल कैसे हुई? किस समय पत्तियाँ तोड़ी गयीं? कैसी जलवायु में पौधे बढ़े? कैसे पत्तियों को सुखाया गया—और फिर अन्त में इन पत्तियों से पीने की चाय तैयार करने की भी कला होती है...।''

वैसे तो ये बातें उकता देनेवाली थीं, परन्तु बृज को उनमें भी आनन्द आने लगा था। आह-चाँग पहले ही बता चुका था कि उसने सदा छोटे-छोटे कामों में ही रुचि ली है और उसे बड़े कामों को करने की न इच्छा है न अवकाश।—इस विषय पर तनिक गहराई से सोचा तो बृज को इसमें कोई बुराई नहीं दिखायी दी। उसने अपने आतिथेय को प्रसन्न करने के लिए कहा, ''आह-चाँग जी, मुझे यह देखकर अत्यन्त प्रसन्नता हुई कि आप जीवन की इतनी छोटी-छोटी बातों में भी रुचि लेते हैं। संसार में सहस्त्रों ऐसे धनी व्यक्ति हैं, जो खाना ऐसे खाते हैं जैसे कोई व्यर्थ का काम विवशता से कर रहे हैं।''

आह-चाँग का यह अत्यन्त प्रिय विषय था। बृज को प्रभावित होते देखकर उसे अत्यन्त प्रसन्नता हुई। वह कुछ कहने ही को था कि इतने में सेविकाएँ उनके सामने विभिन्न प्रकार के व्यंजन परोसने लगीं। केवल इस कारण आह-चाँग को चुप होने की कोई आवश्यकता तो नहीं थी, परन्तु वह ध्यान से देख रहा था कि प्रत्येक वस्तु ठीक ढंग से परोसी जा रही है या नहीं।

जब सब-कुछ परोसा जा चुका और उन्होंने बहुत ही धीरे-धीरे जलपान आरम्भ कर दिया तो बृज को पता चला कि उसका आतिथेय अपने विषय को भूला नहीं है। आह-चाँग ने कहना आरम्भ किया, ''आजकल हमारे देश में एक सज्जन हैं जिनका नाम ली-लिवेंग है, लिखते हैं कि जीवन का आनन्द लेने के बहुत-से ढंग हैं। जैसे बैठने का आनन्द, टहलने का आनन्द, खड़े रहने का आनन्द, सोये रहने का आनन्द...।''

ये बातें सुनकर बृज के विचार कहीं-के-कहीं पहुँच गये। पहले वह समझा था कि आह-चाँग अपने देश के ली-लिवेंग के बहुत ही गहरे विचार बताने जा रहा है। फिर उसे आह-चाँग के शब्द सुनकर बड़ा आश्चर्य हुआ और ध्यान से सोचा तो उसे लगा जैसे कोई दुखते हुए अंग पर लेप लगा दे।

आह-चाँग कहता जा रहा था, ''...जिन लोगों को सोने, टहलने, बैठने और खड़े होने की कला नहीं आती वे अपना जीवन नष्ट कर देते हैं। बहुत कम लोगों को इस बात का ज्ञान होता है कि इन छोटी-छोटी क्रियाओं को किसी कलात्मक ढंग से करने में जीवन में कितना रस और कितनी मिठास आ जाती है। बड़े ख़ेद की बात है कि

संसार के लोग अपनी नाक के आगे रखे हुए पदार्थ तो देख नहीं पाते और टकटकी बाँधे दूर की वस्तुओं को देखते रहते हैं। जिनकी वास्तविकता वैसी ही होती है जैसी मृगमरीचिका—जो वास्तव में आँख का धोखा होती है। प्यास का मारा मनुष्य उसे ठण्डे पानी की लहरें मारती हुई नदी समझकर उसकी ओर बढ़ता है तो उसे पता चलता है कि वहाँ भी तपती हुई रेत के अतिरिक्त कुछ नहीं है।''

बृज ने मछली का एक टुकड़ा मुँह में डालते हुए कहा, ''आपकी बातें बड़ी रोचक हैं। इनमें जीवन का, एक प्रकार का, दर्शन भी है। परन्तु आपने कभी उन शक्तियों के विषय में भी सोचा है जो मनुष्य के अन्दर दबी रहती हैं। यदि मनुष्य चाहे तो अभ्यास द्वारा उन प्रसुप्त शक्तियों को न केवल जगा सकता है, वरन् उन्हें बढ़ा भी सकता है। मैंने कुछ हठयोगी देखे हैं जिनमें असाधारण शक्तियाँ थीं। इसी प्रकार जब मैं उत्तर के हिमालय पर्वतों में घूमता रहा तो मुझे पता चला कि हिमालय की ऊँची-ऊँची चोटियों पर, जो बारहों महीने बर्फ़ से ढंकी रहती हैं, हठयोगी समाधि लगाकर बैठे रहते हैं। वे न कुछ खाते हैं न पीते हैं। वे वायुमण्डल से ही अपने लिये शक्ति खींच लेते हैं और वर्षों तक ज्यों-के-त्यों समाधि में खोये रहते हैं। कुछ लोगों का कहना है कि उनमें से कुछ दो-दो सौ और तीन-तीन सौ वर्षों से जीवित हैं। उनके सम्बन्ध में आपका क्या विचार है?''

यह सुनकर आह-चाँग हँसा और फिर बोला कि आपकी इस बात के उत्तर में मैं ली-लिवेंग की कहानी सुनाता हूँ, उन्होंने इस विषय पर अपने विचार इस प्रकार प्रकट किये हैं:

एक योगी घूमता-फिरता मेरे पास आया। उसका दावा था कि मनुष्य की प्रसुप्त शक्तियों को जगाकर उसका जीवन बहुत लम्बा किया जा सकता है। योगी ने यह भी कहा कि यदि आप चाहें तो मैं इसकी शिक्षा दे सकता हूँ। मैंने पूछा कि लम्बी आयु के लिए मुझे क्या करना होगा। यदि आपके विचारों से मैं सहमत हुआ तो अवश्य ही आपकी शिक्षा से लाभ उठाने का प्रयत्न करूँगा। तब योगी ने बड़ी लम्बी-चौड़ी योजना बतायी कि आयु बढ़ाने के लिए कैसे स्वास्थ्य पर नियन्त्रण पाना होगा। और मन की शान्ति प्राप्त करने के लिए किन-किन बातों का अभ्यास करना होगा। योगी की ये बातें सुनकर मैंने कहा कि आपके बताये हुए सिद्धान्त कृत्रिम हैं, और इन्हें अपनाने के लिए मुझे अपने-आप से ज़बरदस्ती करनी पड़ेगी। मेरी ख़राबी यह है कि मैं अत्यन्त सुस्त हूँ, घूमना-फिरना मुझे पसन्द है, और मुझे जीवन की छोटी-छोटी बातों में भी आनन्द मिलता है। इसलिए मैं आपकी शिक्षा और सिद्धान्तों से कोई लाभ नहीं उठा पाऊँगा। इस पर योगी ने पूछा कि आपके क्या सिद्धान्त हैं? मैं भी तो सुनूँ। तब मैंने उसे बताया कि मैं समझता हूँ कि इस सृष्टि में मनुष्य का यह उद्देश्य होना चाहिए कि वह अपना आधा समय काम करने में व्यतीत करे और आधा विश्राम करने में। दिन के समय वह उठता, बैठता, घूमता-फिरता और अपना काम करता

है तथा रात में विश्राम। यदि कोई मनुष्य दिन में तो परिश्रम करे और रात को विश्राम न करे तो थोड़े ही दिन में उसकी अर्थी निकल जायेगी। मैं अपना स्वास्थ्य ठीक रखने के लिए आधे समय काम और आधे समय विश्राम करता हूँ। यदि किसी चिन्ता के कारण मुझे रातभर नींद न आया करे तो मैं शीघ्र ही मृत्यु से भेंट करने के लिए तैयार हो जाऊँगा। सीधे-सादे शब्दों में अच्छी और गहरी नींद में ही स्वस्थ रहने का भेद छिपा हुआ है। स्फूर्ति-प्राप्ति के लिए गहरी नींद से अच्छी कोई ओषधि नहीं है। मेरी इस प्रकार की बातें सुनकर योगी महाराज क्रुद्ध होकर चले गये।

ली-लिवेंग की यह कथा सुनाने के बाद आह-चाँग ने बताया, "टहलना, बैठना, और खड़े होना—इन सबको भी कला समझना चाहिए। जो लोग इन छोटी-छोटी बातों में आनन्द लेना सीख जाते हैं, उन्हें यह विचार कभी दु:ख नहीं देता कि संसार में वे अमुक काम कर डालें या अमुक पद पर पहुँच जायें। जब कोई मनुष्य अपने गन्तव्य को आगे-ही-आगे बढ़ाता जाता है, एक इच्छा पूरी हो जाने के बाद दूसरी इच्छा को जन्म देकर उसे पूरा करने में लग जाता है, तो फिर ऐसा आदमी सारी आयु चलता ही रहता है, वह कभी विश्राम नहीं कर पाता। एक दिन मौत ही आकर उसे अपने चंगुल में दबोच लेती है और उसे सदा के लिए विश्राम करना पड़ता है। जीवन के बाद क्या है, इसके विषय में हम निश्चित रूप से कुछ भी नहीं जानते। मेरे विचार में जब तक हम इस संसार में हैं, तब तक इसे ही अपना लक्ष्य समझना चाहिए। जहाँ तक मृत्यु का सम्बन्ध है, उससे डरने की भी कोई आवश्यकता नहीं। माना आपकी आयु अठारह या बीस वर्ष की है। आप सोचिये या कल्पना कीजिये कि आज से बाईस वर्ष पूर्व आप कहाँ थे? आपको बिलकुल स्मरण नहीं; परन्तु आप यह भी तो कह सकते हैं कि आज से बाईस वर्ष पहले आप जहाँ भी थे वहाँ दु:खी नहीं थे। सम्भवत: न दु:खी थे न सुखी, क्योंकि आपको कुछ स्मरण ही नहीं। जीवन चाहे कितना भी लम्बा हो, अन्त में मृत्यु है ही। इसलिए जो काम होकर ही रहेगा उसके विषय में चिन्ता करने का परिणाम इसके अतिरिक्त और क्या हो सकता है कि आप अपना वर्तमान भी नष्ट कर लें।"

बृज को लगा कि इस दृष्टिकोण में भी एक प्रकार का सत्य तो है, परन्तु इसमें त्रुटियाँ भी बहुत हैं। बृज ने अपनी ओर से यह निष्कर्ष निकाला कि सम्भवत: आह-चाँग यह चाहते हैं कि मनुष्य अपने आगे धन और सम्पत्ति, राजदरबार में पद, अपनी मुक्ति आदि के उद्देश्य रखे तो जीवन का आनन्द भोगने की कला बिलकुल ही न भूल जाये। कुछ लोग सोचते हैं कि वे बहुत-सा धन प्राप्त कर लें तो उन्हें जीवन का आनन्द भी मिल जायेगा। परन्तु धन की प्राप्ति का उद्देश्य पूरा होते-होते वे स्वयं वृद्ध हो जाते हैं, यहाँ तक कि जीवन का कोई भी आनन्द भोग नहीं सकते। इसलिए अपने उद्देश्य की ओर बढ़ते समय भी मनुष्य को बिना किसी को दु:ख दिये जीवन की छोटी-छोटी वस्तुओं में आनन्द लेते रहना चाहिए।

बृज के चेहरे पर उतार-चढ़ाव तथा चिन्ता के चिह्न देखकर आह-चाँग ने फिर कहा, "बृज जी, हमारा दुर्भाग्य यह है कि हम अपने दु:खों को तो रोते रहते हैं, परन्तु अपने सुखों को नहीं देखते। परेशानी की बात यह है कि हम आसपास की इन छोटी-छोटी बातों को इतना तुच्छ और तत्त्वहीन समझते हैं कि हमें कभी इस बात का ध्यान ही नहीं आता कि हम उन सुखों से, जो हमें प्रकृति की ओर से प्राप्त हैं, कितना लाभ उठा सकते हैं और कितना आनन्द ले सकते हैं।"

बृज ने सिर हिलाकर कहा, "निस्सन्देह आपकी इन बातों में सार है।"

आह-चाँग ने अपने दृष्टिकोण को कुछ और भी स्पष्ट करने के लिए कहा, "चीन के बुद्धिमान् लोग सदा अपने सुखों को गिना करते थे। और वे सुख उस प्रकार के नहीं होते थे जिस प्रकार के सामान्य लोग सोचा करते हैं। मैं उन्हीं महापुरुषों के सुखों की सूची अपने सम्मुख रखते हुए अपने सुखों की एक छोटी-सी सूची प्रस्तुत करता हूँ। मेरे सुख का पहला कारण तो यह है कि मैंने चीन जैसे देश में जन्म लिया। यदि मैंने वहाँ जन्म न लिया होता तो मुझे वहाँ के बुद्धिमानों का दर्शन कैसे प्राप्त होता। मेरे सुख का दूसरा कारण यह है कि मुझे विजयनगर में रहने का सौभाग्य मिला; क्योंकि जहाँ तक मैंने देखा है और सुना है, उसके अनुसार सारे संसार में विजयनगर जैसा एक भी नगर नहीं है। मेरा तीसरा सुख यह है कि मुझे शतरंज खेलना नहीं आता; इसमें बहुत अधिक समय नष्ट हो जाता है। मेरा चौथा सुख यह है कि मेरी पत्नी यह जानती है कि उसे किस समय बिलकुल चुप रहना चाहिए और किस समय कितना बोलना चाहिए। मेरा पाँचवाँ सुख यह है कि मुझे मदिरा का स्वाद बिलकुल पसन्द नहीं है। यदि मुझे मदिरा पसन्द होती तो मेरा सारा धन उसी में बह जाता। मेरा छठाँ सुख यह है कि मुझे कोई रोग नहीं है। मेरा सातवाँ सुख यह है कि मेरे पास बहुत-सी पुस्तकें हैं।—ये हैं मेरे सुख, जिनको मैं सचमुच महत्त्व देता हूँ, और मैं किसी भी उद्‌देश्य के लिए अपने इन सुखों का आनन्द भोगना छोड़ नहीं सकता।"

बृज को आह-चाँग की ये बातें सुनकर मन की शान्ति का अनुभव हुआ। विभिन्न व्यक्तियों के विभिन्न विचारों के सम्पर्क में आना उसका स्वभाव बन चुका था। वह हर किसी का दृष्टिकोण समझने का प्रयास करता और फिर वह दूसरे के विचारों को मन के एक खाने में टिका देता।

बृज ने कुछ सोचकर कहा, "कुछ लोगों का विचार है कि जीवन एक संघर्ष है...।"

आह-चाँग ने बात काटकर उत्तर दिया, "निस्सन्देह! परन्तु इसका यह अर्थ नहीं कि मनुष्य का संघर्ष मनुष्य के ही विरोध में हो। जब व्यक्तियों और जातियों में संघर्ष चले और चलता ही जाये तो फिर मनुष्य के जीवन का क्या अर्थ समझा जाये। मनुष्य का जीवन तो अर्थहीन हो जायेगा। यह संघर्ष किसी के विरोध में नहीं होना चाहिए। यह संघर्ष इसलिए होना चाहिए कि प्रत्येक व्यक्ति तथा प्रत्येक जाति, अपितु सारे

संसार के मनुष्य अपने सुखों को जानें और समझें; अपने दुःखों को बाँटें और हलका करें। जब हम अपने संघर्ष का लक्ष्य अपने पड़ोसी के विरोध को बनाते हैं तो मनुष्यता के दृष्टिकोण से उसे संघर्ष नहीं कहा जा सकता, इसे हम आत्महत्या कह सकते हैं—मनुष्य-जाति की आत्म-हत्या। जब मनुष्य मनुष्य से लड़ता है, तो मरता कौन है? मनुष्य! जब मनुष्य मनुष्य को दुःख देता है, तो दुःखी कौन होता है? मनुष्य! जब मनुष्य मनुष्य को पराजित कर देता है तो, पराजय किसकी होती है? मनुष्य की!...''

इतना कहकर आह-चाँग के होंठों पर एक अत्यन्त मधुर मुस्कान फैल गयी और माथे पर दुःख और करुणा के चिह्न दिखायी देने लगे। उसने अपने दोनों गोल-मटोल हाथ ऊपर को उठाकर कहा, ''यह है हमारे देश के प्राचीन बुद्धिमानों का दृष्टिकोण, जिसे मैं, और मेरे करोड़ों देशवासी स्वीकार करते हैं—भविष्य में क्या होनेवाला है, यह मैं नहीं कह सकता।''

जलपान धीरे-धीरे चल रहा था। इतनी बातचीत के बाद वे दोनों मौन हो गये और सामने के खुले वातायन में से बाहर की ओर देखने लगे। पहाड़ी की ओट से ऊपर तक आकाश में ऐसी छिदरी बदलियाँ छायी हुई थीं जैसे समुद्र का विशाल रेतीला तट—जिसे नहलाकर अभी-अभी समुद्र की लहरें वापस लौटी हों। कुछ छोटे-बड़े पक्षी हवा में उड़ रहे थे। छोटे पक्षी ऐसे जल्दी-जल्दी अपने पंख हिला रहे थे जैसे ठण्डी-ठण्डी हवा के झोंकों के कारण उनकी बग़लों में गुदगुदी हो रही हो। उनकी चहचहाहट ऐसी लग रही थी मानो वे अनोखे स्वरों में क़हक़हे लगा रहे हों।

इतने में खुले द्वार से एक बत्तख 'कक्-कक्' करती हुई अन्दर घुस आयी, उसके पीछे उसके बच्चे थे और उन बच्चों के पीछे भी आह-चाँग की सबसे छोटी लड़की थी।

आह-चाँग ने पुत्री से कुछ बातें कीं और फिर वह बच्ची बत्तख और उसके बच्चों को खदेड़ती हुई उद्यान की ओर ले गयी।

आह-चाँग ने मुस्कराकर अतिथि की ओर देखा और बोला, ''मेरी बच्ची पूछ रही थी कि यदि बत्तख के बच्चे को पानी में डाल दिया जाये, तो क्या वह डूब जायेगा। मैंने कहा, नहीं डूबेगा। बच्ची बोली, मैं एक को पानी में डालकर देखूँगी। मैंने उत्तर दिया, निस्सन्देह देख लो।''

बृज चुप रहा, आह-चाँग भी चुप हो गया। भाँति-भाँति की हलकी-हलकी ध्वनियाँ ऐसे सुनायी दे रही थीं जैसे कोई नये प्रकार का वाद्य-संगीत वातावरण में गूँज रहा हो। फिर अचानक आह-चाँग ने प्रश्न किया, ''क्यों बृज जी, क्या मनुष्य का बच्चा जीवन रूपी सरोवर में इसी सरलता से नहीं तैर सकता जिस सरलता से बत्तख का बच्चा बिना किसी के सिखाये तैर लेता है?''

बृज कुछ देर तक वातावरण से बाहर देखता रहा, फिर आह-चाँग की ओर मुँह घुमाकर बोला, "कुछ इसी प्रकार का प्रश्न मेरे मन में भी उठ रहा था। अब मैं यह सोचने लगा हूँ कि जो बुद्धि मनुष्य को मिली है उसे वरदान समझा जाये या अभिशाप?"

इस पर आह-चाँग ने जल्दी से कानों को हाथ लगाकर कहा, "बस मेरी सीमा यहीं तक है। इससे आगे क़दम बढ़ाना मेरे वश की बात नहीं है—अरे! बातों-बातों में आप खाना तो भूल ही गये। मेरे पास जब कोई अतिथि आता है तो मैं उसके साथ भोजन करते समय भोजन के विषय में बातें अवश्य करता हूँ। परन्तु आपके साथ तो कुछ और ही बातें चल पड़ीं—ख़ैर जो हुआ सो हुआ, अब आप भोजन की ओर ध्यान दीजिये। स्मरण रखिये कि हमारा देश अपने वैविध्यपूर्ण भोज्य-पदार्थों के लिए सुप्रसिद्ध है।"

"इसमें क्या सन्देह है—परन्तु मुझे आपकी यह चाय बहुत पसन्द आयी...।"

"यह बात आप मुझे केवल प्रसन्न करने के लिए कह रहे हैं।"

"नहीं-नहीं...।"

"ठहरिये, एक झूठ को छिपाने के लिए दूसरा झूठ बोलने की कोई आवश्यकता नहीं।"

"आपको कैसे ज्ञात हुआ कि मैं सच नहीं बोल रहा हूँ?"

आह-चाँग की आँखों में विचित्र-सी चमक उत्पन्न हुई, "यदि आप झूठ बोल रहे हैं तो इसमें कोई बुराई नहीं है। अतिथि आतिथेय के व्यंजनों की प्रशंसा करके उसे प्रसन्न करना चाहता है—इसमें कोई बुराई नहीं है। लेकिन चाय एक ऐसी वस्तु है, जो केवल मुँह और जीभ को ही पसन्द नहीं आती, अपितु शरीर की नस-नस को पसन्द आती है। और नस-नस में पसन्द आनेवाले इस सोपान तक मनुष्य देर में पहुँचता है। इसलिए जो व्यक्ति एक प्याला पीते ही उसकी आवश्यकता से अधिक प्रशंसा करने लगे तो समझ लो कि वह सच नहीं बोल रहा है।"

इस पर दोनों के क़हक़हों से वातावरण गूँज उठा।

बृज ने सोचा कि आह-चाँग का भी एक जीवन-दर्शन है। परन्तु इस दर्शन में विद्वानोंवाला बोझिलपन नहीं है। जहाँ तक उसके जीवन का सम्बन्ध है, इसमें कोई सन्देह नहीं कि वह संसार की तुच्छ-से-तुच्छ वस्तु, और जीवन के छोटे-से-छोटे पल का आनन्द ले रहा है। आख़िर ऐसे दर्शन से भी क्या लाभ कि जिसके होते हुए मनुष्य का जीना ही व्यर्थ हो जाये। एकाएक बृज ने पूछा, "आह-चाँग जी, आपका द्रोण जी के विषय में क्या मत है?"

आह-चाँग ने अपनी छोटी-छोटी आँखों से बृज की ओर देखा और फिर बहुत ही धीरे से कहा, "आपका प्रश्न सुनने में जितना सरल है, उसका उत्तर देना उतना

ही कठिन है। मैंने कभी किसी के विषय में मत नहीं बनाया। मेरा अनुभव यह है कि मत बनाने का अभ्यास पड़ जाये तो फिर स्वयं अपने-आपको बड़ी कठिनाई का सामना करना पड़ता है। मान लीजिये कि किसी व्यक्ति के विषय में एक-दो भेंटों के बाद आपने एक मत बना लिया। अब आप अपना व्यवहार उस मत के अनुसार ढाल लेंगे। फिर उस व्यक्ति में आपके मत के नितान्त विपरीत कोई बात निकल आये तो भी आप अपने व्यवहार को परिवर्तित नहीं कर पायेंगे, क्योंकि आप अपने मत के चंगुल में फँस चुके होंगे।''

बृज को आह-चाँग के मुँह से यह बात कुछ विचित्र-सी लगी। उसके सरल दर्शन को देखते हुए उससे इस विश्लेषण की आशा नहीं की जा सकती थी। उसे ध्यान आया कि आह-चाँग के विषय में उसने वही भूल की है जिसकी ओर उसके आतिथेय ने संकेत किया है। उसने एक मत बना लिया और अब वह उस मत के चंगुल में फँसा जा रहा था।

आह-चाँग ने अपनी बात जारी रखते हुए कहा, ''किसी के विषय में मत बनाते समय हमें एक और भ्रम भी हो जाता है। वह यह कि हमें इस बात का पता नहीं चलता कि उस मत में हमारे अपने व्यक्तित्व का कितना अंश है। हमारी समझ में यह बात नहीं आती कि दूसरे के विषय में जो मत बनाया है वह वास्तव में एक ऐसा दर्पण है, जिसमें हम अपनी ही आकृति देखते हैं, परन्तु पहचानते नहीं।''

बृज चुपचाप इन शब्दों की गहराई और अर्थ को समझने का प्रयास करता रहा। आह-चाँग मुस्कराकर बोला, ''आप मेरे पुत्र की आयु के हैं, इसलिए यदि मैं कोई ऐसी बात भी कह दूँ जिससे मेरी वरिष्ठता टपकती हो तो आप बुरा न मानें। यह मैं इसलिए भी कह रहा हूँ कि किसी को सीख देने के सिद्धान्त में मेरा बिलकुल कोई विश्वास नहीं है। सीख केवल उसी को देनी चाहिए जो आप से इस बात की अपेक्षा रखे और आपको इसके योग्य समझे। वरन् दूसरे को सीख देना अपने पाँव पर स्वयं कुल्हाड़ी मारनेवाली बात है।—यह तो बात-में-बात निकल आयी, मैं वास्तव में यह कह रहा था कि मैं किसी के विषय में अपना मत नहीं बनाता। मुझ पर किसी के व्यक्तित्व का जो प्रभाव पड़ता है उसे मैं अपने मन में अलग-अलग स्थान देता जाता हूँ, परन्तु उन सबको अपने सम्मुख रखकर कोई भी मत बनाना उचित नहीं समझता। इस ढंग से मुझे जीवन में सदा ही सुख मिला है।''

''मैं आपका हृदय से आभारी हूँ कि आपने मुझे कुछ ऐसी बातें बतायीं जो मेरे लिये नयी थीं।—बात द्रोण जी से चली थी। अब आपका दृष्टिकोण समझ लेने के बाद मैं द्रोण जी के विषय में आपका मत जानने की चेष्टा नहीं करूँगा, परन्तु इतना तो मैं पूछ सकता हूँ कि आपके मन पर द्रोण जी का जो प्रभाव पड़ा है, वह क्या है। मैं स्वीकार करता हूँ कि ऐसे प्रश्न का उत्तर देना या न देना पूर्णत: आपके हाथ

में है। यदि आप अपने विचार प्रकट न भी करना चाहें तो मुझे आपसे कोई शिकायत नहीं होगी।''

''मेरा स्वभाव यही है कि या तो मैं इस विषय पर कुछ कहूँगा नहीं, और अगर कहूँगा तो कुछ छिपाऊँगा नहीं—मैं यह स्वीकार कर लेना चाहता हूँ कि मुझे द्रोण जी के सिद्धान्तों को समझने या जानने की आवश्यकता कभी अनुभव नहीं हुई। जिस प्रकार की बातें मैंने अब तक की हैं, उनके प्रकाश में आप समझ सकते हैं कि मैं उनके सिद्धान्तों से क्यों दूर-दूर रहा। फिर भी मैं उन्हें प्यार करता हूँ, उन्हें मान देता हूँ, और उनके पास अधिक जाया करता हूँ। अब मैं आपसे जानना चाहूँगा कि आपने द्रोण जी के विषय में क्या सुना है?''

''मैंने बहुत कम सुना है, और जो कुछ भी सुना उससे प्रभावित होकर द्रोण जी के पास जाने की आवश्यकता अनुभव नहीं की। मुझे उनके पास न जाने का भी कोई आग्रह नहीं था। इसलिए जब कंचन जी ने सुझाव दिया कि उनके दर्शन करने में कोई हानि नहीं, तो मैं उनके साथ चला गया।—हाँ, मैं इतना अवश्य कहूँगा कि उनके दर्शन करके मैं बहुत प्रभावित हुआ। यदि आप मुझसे पूछें कि मैं उनकी किस बात से प्रभावित हुआ, तो मेरे लिये इसका उत्तर देना असम्भव होगा! फिर भी, न जाने क्यों, मैं उनसे प्रभावित हुआ। यह तो था मेरा अपना अनुभव; अब जो कुछ मैंने सुना वह थोड़े से शब्दों में बताता हूँ। मुझे पता चला है कि द्रोण जी को अनेक व्यक्ति अपना गुरु मानते हैं। उनके पास गूढ़ और अलौकिक ज्ञान भी है। उनके अन्दर असाधारण शक्ति या शक्तियाँ भी हैं।''

आह-चाँग ने अपने चिकने सिर पर हाथ फेरते हुए कहा, ''मैं गूढ़ और अलौकिक ज्ञान की बात छोड़ देता हूँ, क्योंकि इस विषय में उनसे कभी कोई बातचीत नहीं हुई। जैसा कि आपने स्वीकार किया है, उनके व्यक्तित्व में एक प्रकार का आकर्षण है। उनका वह आकर्षण प्राकृतिक है। जहाँ तक उनकी शक्ति या शक्तियों का सम्बन्ध है, मुझे उनका कुछ अनुभव अवश्य है। मैं जानता हूँ कि जब वे चाहें तो किसी को भी अपनी शक्ति का अनुभव करा सकते हैं। यदि आप उनसे मिलते रहे तो स्वत: एक दिन उनकी इस शक्ति का अनुभव कर सकेंगे। इस सम्बन्ध में मैं केवल इतना कहना चाहता हूँ कि उन्हीं के कथनानुसार यह शक्ति या शक्तियाँ असाधारण नहीं हैं। वे कहते हैं कि प्रत्येक मनुष्य में कुछ कम या कुछ अधिक इस प्रकार की शक्ति होती है जिसे बढ़ाया जा सकता है। वे यह भी कहते हैं कि कुछ लोगों में प्रकृति की ओर से ही बहुत अधिक अंश में ऐसी शक्ति होती है। बिलकुल उसी तरह जैसे किसी व्यक्ति की पाचन-शक्ति अत्यन्त प्रबल होती है और वह दूसरों की अपेक्षा अधिक भोजन सरलता से पचा सकता है।''

''मैं देश-विदेश में घूम रहा हूँ और इसके साथ-ही-साथ मैं कुछ अनुसन्धान भी कर रहा हूँ। मैंने अपने आगे इस प्रकार का कोई उद्‌देश्य नहीं रखा है कि मैं पुण्य

और पाप के अन्तर को समझ सकूँ, जीवन के छिपे हुए अर्थ को खोज सकूँ, या ईश्वर को पा सकूँ। फिर भी मैंने अपनी बुद्धि के द्वार बन्द नहीं रखे। दूसरे शब्दों में कहूँगा कि बिना अपना कोई मत बनाये मैं हर प्रकार के ज्ञान को ग्रहण करने की चेष्टा कर रहा हूँ। यह बिलकुल सम्भव है कि मेरे जीवन में एक दिन ऐसा भी आये जब मैं अपना मत बना लूँगा। परन्तु मुझे इसकी कोई जल्दी नहीं है।

"इसका अर्थ तो यह हुआ कि आप द्रोण जी से मिलकर ज्ञान प्राप्त करने की इच्छा रखते हैं।"

"जी हाँ। आपके विचार में इसमें कोई हानि तो नहीं?"

"यदि आपके मन में ऐसी कोई तीव्र इच्छा है तो आपके लिए कोई हानि नहीं है।—मैं समझता हूँ कि मनुष्य के मन में चाहे जैसी भी जिज्ञासा उत्पन्न हो, उस जिज्ञासा को शान्त करना ही चाहिए। हर मनुष्य का व्यक्तित्व दूसरे से भिन्न होता है, इसलिए उसकी इच्छाएँ भी भिन्न होती हैं। यदि उन इच्छाओं या किसी प्रकार की जिज्ञासा का कोई सन्तोषजनक समाधान न मिले तो ऐसे व्यक्तित्व के अधूरे रह जाने का भय है।"

बृज ने आकाश में ऊपर को उठते हुए सूर्य का अनुमान करते हुए कहा, "आह-चाँग जी, मैंने आपका बहुत अधिक समय ले लिया।"

"बिलकुल नहीं—मुझे ऐसे लग रहा है जैसे आपने मेरा समय नहीं लिया, अपितु अपना समय दिया है। मुझे हलका-सा ख़ेद इस बात का अवश्य है कि विभिन्न प्रकार के खाद्य-पदार्थों के विषय में वार्त्तालाप नहीं हो सका।"

बृज ने मुस्कराकर उत्तर दिया, "मैं यह स्वीकार करता हूँ कि खाद्य-पदार्थों के सम्बन्ध में बहुत अच्छी बातचीत हो सकती है, परन्तु मैं यह कहे बिना नहीं रह सकता कि जो आनन्द भोजन करने में है, वह उस विषय पर वार्त्तालाप में नहीं है।"

आह-चाँग को बृज की यह बात बहुत अच्छी लगी। वह ज़ोर से हँसा, फिर बोला, "यदि आपको ये खाद्य-पदार्थ पसन्द आये हैं, तो मैं आपसे एक वचन लेना चाहता हूँ।"

"अवश्य।"

"आप वचन दीजिये कि एक दिन आप मेरे यहाँ भोजन करेंगे और भोजन के विषय पर वार्त्तालाप भी करेंगे।"

बृज ने क़हक़हा लगाया, "मैं वचन देता हूँ—यदि अब अनुमति हो तो मैं चलूँ?"

"बृज जी, दो मित्रों का इस प्रकार मिलकर बैठना और ऐसी निःस्वार्थ बातचीत करना मुझे बहुत भला लगता है। इसलिए यदि आपको कोई आवश्यक काम न हो तो थोड़ी देर के लिए और बैठ जाइये।"

बृज उठते-उठते फिर बैठ गया और इधर-उधर की गपशप होने लगी।

एकाएक आह-चाँग ने कहा, "आपको स्मरण है कि द्रोण जी के यहाँ एक पुर्तगाली सज्जन भी आये हुए थे।"

"जी हाँ, उनका नाम डॉम-गार्शिया है। क्यों, आप उनके सम्बन्ध में कुछ कहना चाहते हैं?"

"केवल इतना कि आप उनसे अवश्य मिलिये। उनका भी एक जीवन-दर्शन है, परन्तु ऐसा कि आपने न तो कभी सुना होगा, न उसकी कल्पना ही की होगी।"

बृज ने उत्सुक होकर पूछा, "इस विषय पर कुछ प्रकाश तो डालिये।"

"मैं कुछ भी कह दूँगा तो सारा आनन्द ही जाता रहेगा। आप सीधे उन्हीं के मुँह से सुनियेगा। मैं यही कह सकता हूँ कि उनके दर्शन में उँचे-ऊँचे शिखर भी हैं और अत्यन्त गहरे गर्त भी; अथाह सागर भी और अँधेरी गुफाएँ भी; प्रेतिनियों और चमगादड़ों की चीख़ें भी और पीड़ा में डूबा हुआ संगीत भी...वे भी अपने प्रकार के अद्‌भुत व्यक्ति हैं। आपका उनसे मतभेद हो सकता है, आप उनसे घृणा भी कर सकते हैं, आप उन्हें विक्षिप्त भी समझ सकते हैं...परन्तु आप उन्हें आजीवन भुला नहीं सकते।"

१

तीन आह–चाँग के निवास–स्थान से लौटते समय बृज ने घोड़े को उसकी इच्छा पर छोड़ दिया। उसने इस ओर ध्यान ही नहीं दिया कि घोड़ा तेज़ चल रहा है या धीरे चल रहा है; घर की ओर जा रहा है या इधर–उधर मटरगश्ती कर रहा है। इस पर भी घोड़ा जानता था कि अब उसे घर पहुँचना है और वह धीमी गति से सीधे मार्ग पर चला जा रहा था। पहले जब वह बाहर निकलता था तो अपने चारों ओर प्रत्येक वस्तु को ध्यानपूर्वक देखता था, परन्तु आज वह अपने ही विचारों में खोया हुआ था। उसके विचार क्या थे, यह कहना भी कठिन है; क्योंकि उसके विचार एक धारा पर नहीं चल रहे थे। सम्भवतः इसीलिए, यह कहना अधिक उचित होगा कि वह एक विशेष मन:स्थिति में मग्न था—यहाँ तक कि जब घोड़ा कंचन के भवन के आगे जाकर रुका तो भी कुछ देर तक वह खोया-खोया-सा दिखायी देता रहा।

इधर दास ने आकर घोड़े की वल्गा थामी, उधर कंचन के मधुर हास का स्वर सुनायी दिया तो बृज चौंका। चौंककर घोड़े से उतरा तो सामने कंचन खड़ी मुस्करा रही थी। दोनों की आँखें मिलीं तो कंचन बोली, ''क्या बात है? लगता है जैसे आज किसी को अपना हृदय दे आये हो।''

द्वार–प्रकोष्ठ में क़दम रखते हुए बृज मुस्करा दिया, ''आपने ठीक ही कहा। हृदय तो दे आया हूँ, परन्तु यदि आप यह पूछें कि किसको, तो मेरा उत्तर होगा कि यह मैं भी नहीं जानता।''

अब कंचन हँसी तो उसकी लम्बी पलकें एक–दूसरे के निकट आकर ऐसे झिलमिलायी जैसे हलकी–हलकी फुहार पड़ रही हो। बृज ने पूछा, ''क्या आपको

मेरी बात पर विश्वास नहीं हो रहा? आप समझती हैं कि मैं कुछ छिपा रहा हूँ आप से?''

''बिलकुल नहीं। मन की बात छिपाने के लिए चेहरे पर झुर्रियाँ होनी चाहिए या कम-से-कम कुछ रेखाएँ ही हों। परन्तु तुम्हारा चेहरा तो बिलकुल सपाट है।''

''तब तो आप यह भी बता सकेंगी कि मैंने अपना हृदय कहाँ खो डाला है?''

''निस्सन्देह बता सकती हूँ—तुमने हृदय खोया है विजयनगर की गलियों में। मेरी भविष्यवाणी स्मरण रखना कि यह नगर तुमको अपना बनाकर छोड़ेगा। इसीलिए इसका नाम विजयनगर है।''

बृज ने कंचन का हाथ छूकर कहा, ''आपने मेरी समस्या हल कर दी। यदि आप न बतातीं तो मैं इसी उलझन में रहता कि मेरा हृदय खोया तो कहाँ खोया...?''

बृज ने देखा कि कंचन अपने फूल की शाखाओं जैसी बाहें फैलाकर उसका मार्ग रोके खड़ी है। उसे आश्चर्य हुआ तो वह बोली, ''इधर से अन्दरवाले सरोवर को मार्ग जाता है। वहाँ आज घर की लगभग सभी युवतियाँ स्नान कर रही हैं। जलपरियों के इस झुरमुट में तुम्हारे जैसे अधूरे पुरुषों को भी जाने की आज्ञा नहीं दी जा सकती।''

''मैं आपको विश्वास दिलाता हूँ कि मैं स्वयं भी इस अग्नि-सरोवर से दूर ही रहना चाहूँगा।''

कंचन ने परिहासपूर्ण मुद्रा में पूछा, ''फिर भी सावधानी तो रखनी ही चाहिए न?''

बृज हँस दिया, ''अच्छा मैं ऊपर अपने कक्ष में जाता हूँ।''

''चन्द्रिका तुम्हारे कक्ष की सफ़ाई कर रही होगी। किसी वस्तु की आवश्यकता हो तो उसी से कह देना।''

''अवश्य।''

बृज सोपानों पर चढ़ने लगा तो कंचन ने पुकारकर कहा, ''स्नान के पश्चात् भोजन मिलेगा। कहो बहुत भूख तो नहीं लग आयी है?''

''नहीं कंचन जी! आज तो मैं बहुत-कुछ खाकर आया हूँ!''

''भविष्य में ऐसी भूल नहीं होनी चाहिए।''

''अर्थात् ?''

''किसी के यहाँ इतना जलपान तो नहीं करना चाहिए कि दोपहर के भोजन की भूख ही न रहे।''

''बहुत अच्छा, भविष्य में इस बात का ध्यान रखूँगा—वैसे लगता है कि आज भी भोजन के कारण नहीं अपितु आह-चाँग की बातों के कारण मेरा पेट इतना भर गया है।''

इस पर कंचन सिर पीछे को फेंककर हँसी तो उसका ढीला-ढाला जूड़ा खुल गया और लम्बे घने बाल फ़व्वारे की तरह नीचे को गिरे।

जब बृज ऊपर पहुँचा तो चन्द्रिका झाड़न से कक्ष की वस्तुओं को साफ़ कर रही थी। उसने बृज को देखा तो भौंहों पर गिरी हुई लट को मुँह से ज़ोर की फूँक मारकर एक ओर हटा दिया।

बृज ने अन्दर घुसते ही पूछा, ''कहो चन्द्रिका! आज तुम अप्रसन्न-सी क्यों हो?''

चन्द्रिका खिलखिलाकर हँस पड़ी, ''थी—कहिये न!''

बृज ने भौंहें तरेरकर चन्द्रिका की ओर देखा, ''ओह! तो अप्रसन्नता लुप्त भी हो गयी?''

''आपको देखा और अप्रसन्नता लुप्त हो गयी।''

''क्या मेरे सिर पर सींग उगे हुए हैं कि जिन्हें देखकर तुम्हारी हँसी निकल जाती है।''

यह बात सुनकर चन्द्रिका ने हँसते-हँसते अपना पेट थाम लिया।

बृज गम्भीर मुद्रा बनाये एक चौकी पर बैठ गया। उसकी समझ में नहीं आया कि उसने ऐसी क्या बात कह दी कि जिससे चन्द्रिका को इतनी हँसी आ गयी। वह थी ही बड़ी हँसोड़। पल में क्रोध आता था और पल में हँसी। बृज से सभी दासियाँ आवश्यकता से कुछ अधिक ही मुक्त थीं। उसका सबसे बड़ा कारण तो यही था कि बृज अपने-आपको उनका स्वामी नहीं समझता था और न उनसे दासियों का-सा व्यवहार करता था। उसने अपने कन्धों पर रखा हुआ रेशम का पटुका उतारकर एक ओर रख दिया, ''चलो, मुझे देखकर तुम हँस दीं, परन्तु यह तो मानती हो कि इससे पहले तुम्हें क्रोध चढ़ा हुआ था। क्या बात थी?''

चन्द्रिका हँसमुख युवती होते हुए भी यह भली-भाँति जानती थी कि उसे स्वामिनी की कौन-सी बात कहनी है और कौन-सी नहीं कहनी। और फिर अपने विषय में वह यह भी तो जानती थी कि उसे छोटी-सी बात पर ही क्रोध आ जाता है। क्रोध और हँसी चलती-फिरती घटाएँ थीं, दिन-भर में न जाने कितनी बार आतीं और कितनी बार विदा हो जातीं। कभी-कभी तो उसे यह भी स्मरण न रह जाता था कि उसे किस बात पर क्रोध आया था...।

बृज बोला, ''सुना है आज अन्दर के सरोवर में सब लोग ख़ूब नहा रहे हैं।''

''सो तो है ही, आप हास-परिहास और उछल-कूद का हलका-हलका शोर नहीं सुन रहे हैं क्या?''

''सुन तो रहा हूँ—अरे! कहीं यही बात तो नहीं है?''

''क्या बात?''

''यही कि सब स्नान कर रही हैं, और तुम...।''

"दुर!...भला दासियाँ भी स्वामिनी के साथ स्नान करेंगी? आपने पहले कब हमको इकट्ठे स्नान करते देखा है। हम तो इस बात की कल्पना भी नहीं कर सकते हैं। कल्पना करनी भी नहीं चाहिए।"

बृज उठकर पलँग पर अधलेटा-सा सो गया और बोला, "अच्छा चन्द्रिका, उस दिन जो एक लड़की लायी गयी थी, मैं उसी के विषय में कभी-कभी सोचने लगता हूँ।"

"अभी तो आपने उसे देखा भी नहीं फिर सोचते क्या हैं?"

"अरे मैं ग़लत बात कह गया। भला अनदेखी लड़की के विषय में कोई व्यक्ति क्या सोच सकता है। वास्तव में उस बात के बारे में सोचने लगता हूँ जो तुमने बतायी थी।"

"कौन-सी बात?"

बृज ने कुछ हिचकिचाते हुए कहा, "वही, वस्त्र उतारनेवाली बात। तुम्हीं ने तो उसके वस्त्र उतारे थे।"

"हाँ, परन्तु मैं कौन होती हूँ वस्त्र उतारनेवाली। मुझे तो जो स्वामिनी ने कहा था सो कर दिया।"

"वही तो—मैं सोचता हूँ कि स्त्री होकर भला कंचन जी ने ऐसा क्यों किया?"

"अब इसका उत्तर मेरे पास कोई नहीं है।"

"तो फिर मुझे इसका उत्तर कौन देगा?"

"स्वामिनी! और कौन?"

इतना कहते ही चन्द्रिका को मानो कोई बात एकदम ही स्मरण आ गयी। दोनों हाथ कनपटियों पर रखकर बोली, "हाय भगवान्! मैं तो भूल ही गयी। नीचे काम अधूरा पड़ा है। बातों-बातों में कुछ भी स्मरण नहीं रहा।...अच्छा मैं चलती हूँ।"

द्वार से निकलते समय चन्द्रिका ने रुककर बृज की ओर देखा, और सिर को तनिक-सा दाहिनी ओर झुकाकर बोली, "आपको कोई काम तो नहीं है?"

"नहीं—बस थकान-सी लग रही है। कुछ देर लेटा रहूँ तो...।"

चन्द्रिका ने बात काटकर कहा, "थकान का एक उपाय मैं बताऊँ?"

"वह क्या?"

"दूध में मधु डालकर पीजिये, थकान एकदम दूर हो जायेगी।—ले आऊँ?"

बृज ने अपना पेट थपथपाते हुए उत्तर दिया, "नहीं चन्द्रिका, आज मैंने आह-चाँग के घर बहुत-कुछ खा लिया था। अभी कुछ देर रुककर कंचन जी के साथ भोजन भी तो करना पड़ेगा।"

"यह उपाय राजवैद्य जी का बताया हुआ है।"

"वह मैं स्वीकार करता हूँ, परन्तु इस उपाय की परीक्षा और किसी दिन करेंगे।"

चन्द्रिका ने अपनी नाक पर उँगली रखते हुए कहा, ''उँह, हमसे प्रयोजन।''

यह कहकर वह वहाँ से चली गयी—अप्रसन्नता का कृत्रिम भाव प्रकट करती हुई।

बृज कुछ तन्द्रा की दशा में उसे देखता रहा और जो मुस्कराहट उसके होंठों पर उत्पन्न हुई थी, उसी को लिये-लिये वह नींद की गहराइयों में उतर गया।

वह काफ़ी देर तक सोया रहा। बीच में कंचन ने एक बार चन्द्रिका को भेजा कि सो रहे हों तो मत जगाना, जाग रहे हों तो बुला लाना।

वह सो रहा था। चन्द्रिका लौट गयी।

भोजन का समय बीतने लगा तो कंचन स्वयं उसके कक्ष में गयी। उसे सोया देखकर शय्या पर बैठ गयी और उसके बालों में मेंहदी लगे हाथों से कंघी करने लगी।

दो पल बाद बृज हड़बड़ाकर उठने लगा तो कंचन को देखकर वह शान्त हो गया। फिर सहज रूप से कोहनियों का सहारा लेकर उठते हुए नींद भरे स्वर में बोला, ''आप? क्षमा कीजियेगा।''

''तो क्या करती? सब लोग भूखे-प्यासे बैठे हैं। अतिथि देव सोये पड़े हैं। पहले चन्द्रिका को भेजा। तुम सो रहे थे, उसने नहीं जगाया! क्योंकि मैंने मनाकर दिया था कि सोये हों तो जगाना नहीं!''

बृज ने बाँहें फैलाकर अँगड़ाई लेते हुए कहा, ''मेरे कारण आपको जो कष्ट हुआ उसके लिए क्षमा चाहता हूँ। अभी मुँह-हाथ धोकर आपके साथ चलता हूँ।''

''लाओ मैं पानी डालती हूँ, तुम मुँह-हाथ धो लो!''

''नहीं, नहीं, नहीं! यह तो दासी का काम है!''

''दासी को बुला दूँ?''

''जी नहीं, यह कौन भारी काम है। मैं ठहरा जंगली आदमी, क्या आपके महल में पहुँचकर अपना मुँह धोना भी भूल जाऊँगा?''

यह कहकर बृज लम्बे आकार के एक पात्र से जल उँड़ेलकर मुँह धोने लगा। फिर भीगे हाथ बालों और कानों पर फेरे।

शय्या पर बैठी-बैठी कंचन बोली, ''आज तुमको एक नयी लड़की से मिलाऊँगी।''

''नयी लड़की? क्या वही जिसके वस्त्र उतरवाकर आपने स्नान करवाया था।''

कहने को तो बृज यह बात कह गया, परन्तु उसने मन में सोचा कि कहीं कंचन बुरा न मान जाये। यदि पूछने लगे कि तुम्हें कैसे पता चला तो बड़ी कठिनाई होगी। अगर उसने अनुमान लगा लिया कि चन्द्रिका ने ही यह बात बतायी होगी तो उस बेचारी पर संकट आ जायेगा।

परन्तु ऐसी कोई बात नहीं हुई। कंचन ने ज़ोर का क़हक़हा लगाते हुए कहा, ''अच्छा तो तुम्हें भी पता चल गया।''

बृज ने उत्तर सोच रखा था। शीघ्रता से बोला, ''कंचन जी, अब तो मैं आपके घर का सदस्य बन चुका हूँ। यह कैसे हो सकता है कि ऐसी-ऐसी रोचक घटनाएँ इस घर में घटें और मुझे पता न चले।''

कंचन हँसती ही रही ''हाँ, मैं उसी लड़की की बात कह रही हूँ। आज उसी से तुम्हारा परिचय होगा!''

''तो क्या यह लड़की...?''

''वह मेरा स्थान लेगी। उसे प्रत्येक उस कला की शिक्षा दी जायेगी। जो गणिकाओं के लिए आवश्यक है। पिछले कुछ वर्षों से मैं अपनी पसन्द की लड़की ढूँढ़ रही थी, परन्तु कोई भी तो जँची नहीं। अब जाकर मैंने इस लड़की को चुना है।''

बृज तैयार हो गया और जब वे सोपानों के पास पहुँचे तो उतरने से पहले बृज ने कहा, ''कंचन जी, यदि आप बुरा न मानें तो मुझे यह जानकर प्रसन्नता होगी कि उस दिन लड़की के साथ आपने जो परिहास किया उसका कारण क्या है?''

कंचन ने अपने बालों के कसे हुए जूड़े को तनिक ढीला करते हुए कहा, ''मैंने डॉम-गार्शिया से बाबुलवासियों की देवी इश्तर के विषय में एक कथा सुनी थी। कुछ उसी से प्रभावित होकर मैंने उस दिन वह परिहास किया था।''

''अच्छा तो वह कथा क्या थी?''

इस पर कंचन ने लाड़ से बृज के गाल पर हलकी-सी थपकी देते हुए कहा, ''अब तुम यह कथा डॉम-गार्शिया से ही सुनना। जो आनन्द उसके मुँह से सुनने में आयेगा वह मुझसे सुनकर नहीं आ सकता।''

यह कहकर कंचन बृज का हाथ थामकर सोपानों से उतर पड़ी, उसके पीछे-पीछे बृज भी उतरता गया।

आज भोजन का प्रबन्ध बड़े कक्ष में किया गया था। दीवारों पर बने हुए बेल-बूटे ख़ूब अच्छी तरह धोकर साफ़ कर दिये गये थे। कुछ चित्र भी दीवारों पर बने थे, जिन्हें गीले कपड़े से पोंछ दिया गया था, इसीलिए वे चित्र दमक रहे थे। कक्ष के हर कोने में पीतल के छोटे-छोटे सुन्दर पात्रों में धूप जल रही थी। सारे वातावरण में तेज़ सुगन्ध फैली हुई थी। प्रतिदिन तो सब लोग एक साथ भोजन नहीं करते थे—कंचन, बृज और कुछ विशिष्ट गणिकाएँ या कोई अतिथि एक साथ भोजन करते, परन्तु आज घर की सभी गणिकाएँ इकट्ठी ही भोजन करने जा रही थीं। जान-बूझकर इस भोज में किसी भी अतिथि को सम्मिलित नहीं किया गया था। बृज के अतिरिक्त उनमें कोई और पुरुष भी नहीं था।

बृज ने देखा कि सभी गणिकाएँ अपने अच्छे-से-अच्छे आभूषण और वस्त्र धारण किये हुए हैं। बृज ने कंचन से कहा, ''आज तो लगता है जैसे कोई उत्सव होने जा रहा है।''

अपनी आँखों पर झूलते हुए बालों को कंचन ने अत्यन्त आकर्षक भंगिमा से पीछे हटाते हुए कहा, "हाँ बृज, हमारे लिये तो यह एक उत्सव से कम नहीं।"

"इसलिए कि आज आपकी उत्तराधिकारिणी भोजन करने आ रही हैं।"

कंचन ने अपने मोतियों के-से दाँतों का प्रदर्शन करते हुए कहा, "वाह! क्या सुन्दर शब्द है—उत्तराधिकारिणी! परन्तु इसमें सन्देह भी क्या है।"

अपनी बात अधूरी छोड़कर कंचन ने बृज को फ़र्श पर बिछे हुए आसन की ओर घसीटते हुए कहा, "यहाँ बैठ जाओ, इस आसन पर।"

"इस आसन की कोई विशेषता है क्या?"

"मैं तुम्हें ऐसी जगह बैठा रही हूँ जहाँ से तुम मेरी उत्तराधिकारिणी को ख़ूब अच्छी तरह देख सकोगे।"

बृज ने परिहास करते हुए कहा, "क्या उन्हें बहुत अच्छी तरह देखना आवश्यक है?"

कंचन उसके निकट ही ख़ूब फैलकर बैठते हुए बोली, "और नहीं तो क्या?...अब तुम देखोगे कि वह एक दुबली-पतली, भोली-भाली अत्यन्त सुन्दर-सी किशोरी है। फिर धीरे-धीरे तुम यह भी देखोगे कि मैं कैसे उस पर नया-से-नया रंग-रूप चढ़ाती हूँ। चार वर्षों तक तुम पहचान भी नहीं पाओगे कि यह वही कमला देवी है।"

"आप समझती हैं कि मैं चार वर्षों तक यहीं बैठा रहूँगा?"

"हाँ, मैं बिलकुल यही समझती हूँ।"

"मैं तो रमता जोगी हूँ, कुछ समय तक, चाहे चार-छह महीनों में, या अधिक-से-अधिक एक वर्ष तक मैं यहाँ से चल दूँगा।"

कंचन ने बच्चों की तरह सिर हिलाकर कहा, "नहीं, तुम नहीं जा पाओगे।"

"भला मुझे कौन रोक लेगा।"

"विजयनगर!"

"आपको अपने विजयनगर पर बड़ा गर्व है!"

"है तो...परन्तु क्या मेरा यह गर्व ग़लत है?"

"ग़लत कौन कहता है—फिर भी कंचन जी, रमते जोगी के मन को भला टिकाव कहाँ?"

"तुम जोगी-वोगी नहीं हो। व्यर्थ की बातें मत बनाओ।"

"न सही, फिर भी मेरा विचार यही है कि मैं यहाँ से चला जाऊँ, जिससे और देश, और नगर भी देखूँ।"

"तुम विजयनगर जैसा देश, विजयनगर जैसा नगर कहीं न पाओगे।

इतने में ही दासियाँ विभिन्न खाद्य-पदार्थों के थाल हथेलियों पर उठाये अन्दर चली आयीं। घण्टियों की तरह बजते हुए उनके स्वरों से वातावरण गूँज उठा। कोई गोरी थी, कोई श्यामवर्णा थी, कोई चंचल थी, कोई गम्भीर थी...परन्तु सबके होंठों पर मुस्कराहट खेल रही थी और उनकी आँखों से यौवन की मादकता छलक रही थी।

एकाएक बृज का ध्यान कंचन के आभूषणों की ओर गया, बोला, "कंचन जी, आज तो मैं कुछ हीरे-मोती ऐसे देख रहा हूँ जो पहले कभी देखने में नहीं आये।"

कंचन ने झट से अपने दोनों हाथ वक्ष पर रखकर कहा, "हाय! इन्हें कहीं नज़र न लगा देना!"

"आप किसी को दिखाती तो हैं नहीं, भला नज़र कैसे लगेगी?"

"इसीलिए तो! अरे! बुरा न मानना। तुम ठहरे जोगी, भला जोगी की नज़र कैसे लग सकती है? तुम्हें इस संसार के हीरे-मोतियों से क्या लेना! ठीक कहती हूँ न जोगी जी?"

"बिलकुल ठीक! लेकिन इन्हें देखकर मेरी आँखें चौंधिया गयी हैं। मुझे इस बात की भी प्रसन्नता है कि इस नगर में मैंने किसी और के पास ऐसे अनमोल रत्न नहीं देखे—ये सचमुच अनुपम हैं।"

कंचन प्रसन्न होकर बच्चों की तरह बोली, "हैं न अनमोल?...अब यदि तुम्हें मैं यह बताऊँ कि ये कहाँ से आये तो तुम मेरी बात का विश्वास नहीं करोगे।"

ऐसे अनुपम रत्नों के विषय में आप जो कुछ भी बतायेंगी मुझे उस पर विश्वास करना ही पड़ेगा।"

"दस वर्ष पहले की बात है, जब कि मेरे पास तुम्हारे जैसा एक यात्री आकर ठहरा था। मेरा आशय है कि वह तुम्हारी तरह घूमता-फिरता यहाँ आ निकला, परन्तु न वह तुम्हारी तरह गोरा-चिट्टा था, न सुन्दर, न प्यारा-प्यारा—वैसे बुरा भी नहीं था देखने में। उसकी आयु तीस वर्ष के लगभग होगी। उसी ने मुझे ये रत्न दिये।"

"ओह!"

"जानते हो, उसने क्या कहकर ये हीरे-जवाहरात मुझे दिये?"

"क्या कहकर?"

"उसने कहा कि जैसे ये हीरे और जवाहरात अनमोल और बेजोड़ हैं, इसी तरह आपकी सुन्दरता भी अनमोल और बेजोड़ है। इसीलिए मैं समझता हूँ कि आप दोनों का मिलन हो जाये तो इससे अच्छी बात क्या हो सकती है।"

बृज ने अपनी नाक उँगली से खुजाते हुए कहा, "जिस प्रकार वह आदमी हीरों और जवाहरात की परख रखता था, उसी प्रकार स्त्रियों की सुन्दरता को भी जानता था।"

कंचन सिर पीछे को फेंककर हँसी और बृज की बाहों पर हाथ रखकर बोली, "तुम्हारी बातों का भी कोई जवाब नहीं।"

"जी हाँ, अब मैं भी यह समझने लगा हूँ कि मेरी किसी भी बात का कोई जवाब नहीं—अगर होता तो आप मुझसे यह बात न छिपातीं कि उस पुरुष ने इन्हें कहाँ से प्राप्त किया था।"

कंचन ने हाथ आगे बढ़ाकर दोनों उँगलियों के बीच बृज की नाक दबाते हुए कहा, "नटखट कहीं के—मैं तो अभी भूमिका बाँध रही थी...।"

"तब तो ठीक है। मैं भी सोच रहा था कि अभी तक आपने ऐसी कोई बात नहीं कही कि जिस पर मैं विश्वास न कर सकूँ।"

"लो तो अब वह भी सुन लो—उसी आदमी ने मुझे बताया कि विजयनगर के उत्तर में पन्द्रह दिन का मार्ग तय करने के बाद बहुत ऊँचे-ऊँचे पहाड़ आते हैं, जिनकी चोटियाँ आकाश से बातें करती हैं। उन्हीं पहाड़ों में एक ऐसी घाटी है जो इस प्रकार के रत्नों से अटी पड़ी है; परन्तु वहाँ कोई पहुँच नहीं सकता।"

"तो फिर वहाँ से ये रत्न कैसे आये?...ये उसी घाटी के हैं न?"

"हाँ उसी घाटी के हैं। जो भी व्यक्ति जंगल, पहाड़ और नदियाँ पार करके उस घाटी तक पहुँच जाता है तो वह किसी वन्य पशु को मारकर उसके मांस के बड़े-बड़े टुकड़े घाटी में फेंक देता है। जवाहरात के कुछ दाने उन टुकड़ों के साथ चिपक जाते हैं। तब बाज़ और उकाब उस मांस पर झपटते हैं और उन्हें उठाकर पहाड़ों में बनी हुई अपनी छोटी-छोटी गुफाओं में ले जाते हैं। वे मांस खा जाते हैं और रत्नों को छोड़ देते हैं। तब वह व्यक्ति खोह में जाकर रत्नों को एकत्रकर ले आता है।"

"वास्तव में बड़ी आश्चर्यजनक कहानी है, परन्तु बिलकुल ऐसी भी नहीं कि जिस पर विश्वास न किया जा सके...मैं तो कहूँगा कि वह आदमी भी अद्‌भुत रहा होगा, क्योंकि वह सारी आफतें झेलकर इसी ढंग से ये रत्न लाया होगा।"

"अद्‌भुत?...हाँ, इसमें क्या सन्देह है...।"

अब दासियाँ भोजन परोस चुकी थीं और उनमें अधिकतर अपने स्थान पर बैठ भी चुकी थीं।

कंचन ने अनायास ही बृज का हाथ दबाकर कहा, "अरे हाँ, ख़ूब स्मरण आया। यह तो बताओ कि तुम फिर द्रोण जी से मिलना चाहते हो या नहीं?"

"मैंने तो उसी दिन कह दिया था कि मैं उनके दर्शन अवश्य करूँगा। परन्तु आपको अचानक ही इस बात का ध्यान क्यों आ गया?"

"द्रोण जी यात्रा पर जा रहे हैं।"

"कहाँ?"

"विजयनगर के पूर्व की ओर कारोमण्डल समुद्र का तट पड़ता है, वे वहीं जायेंगे।"

"कितने दिन रहेंगे वहाँ?"

"यही कोई पाँच-छह दिन तक—उन्होंने मुझे सन्देशा भेजा था कि यदि मैं चाहूँ तो उनके साथ इस यात्रा पर जा सकती हूँ। परन्तु मुझे तो राजमहल में कुछ ऐसे काम रहेंगे कि जिनके कारण मैं न जा सकूँगी। इसीलिए पूछ रही थी कि यदि तुम्हें कोई आपत्ति न हो तो निस्सन्देह उनके साथ चले जाओ।"

"भला मुझे क्या आपत्ति हो सकती है। परन्तु, प्रश्न तो यह है कि उन्हें मेरे साथ चलने पर कहीं कोई आपत्ति न हो।"

"इस बात से निश्चिन्त रहो। वैसे भी उन्हें कोई आपत्ति नहीं हो सकती, परन्तु जब मैं तुम्हें उनके साथ भेजूँगी तो वे अत्यन्त प्रसन्नता से तुम्हें ले जायेंगे।"

"कंचन जी, मैं सोचता हूँ कि यह अवसर तो बहुत अच्छा है उनके साथ रहने का। क्योंकि आगे-पीछे तो वे अधिकतर लोगों से घिरे ही रहते हैं। इस यात्रा में वे अधिक लोगों को नहीं ले जायेंगे—मेरा ऐसा विचार है।"

"तभी तो कहती हूँ कि एक चक्कर लगा आओ। इस यात्रा में तुम इस देश का भली-भाँति भ्रमण भी कर सकोगे।"

"बहुत अच्छा, तो आप कहलवा दीजिये कि मैं उनके साथ चलूँगा।"

इतने में बृज की दृष्टि उठी तो उसने देखा कि द्वार में से कुछ दासियाँ एक लड़की को घेरे में लिये हुए चली आ रही हैं। बृज ने कंचन की ओर झुककर धीरे से पूछा, "यही हैं वह?"

"हाँ।"

कंचन ने हाथ से संकेत करते हुए कहा, "कमला देवी को इधर ले आओ।"

अब कंचन बृज की बग़ल से उठकर पाँच-छह क़दम दूर दूसरे आसन पर बैठ गयी और नयी लड़की को अपने साथवाले आसन पर बैठा लिया।

बृज ने विजयनगर में किसी स्त्री को घूँघट निकाले नहीं देखा था, परन्तु इस लड़की का सिर एक दुपट्टे से ढँका हुआ था, जिसका अगला सिरा उसके चेहरे पर नीचे तक खिंचा हुआ था; यहाँ तक कि उसकी ठुड्डी भी दिखायी नहीं दे रही थी।

लड़की के गले में चौड़ी पट्टी की मालाएँ थीं, जिनमें अनमोल हीरों, मोतियों और मूँगों आदि की लड़ियाँ भी थीं। कमर से नीचे तक उसने हर रंग का वस्त्र लपेट रखा था और उसके पाँव बैठते समय उसके वस्त्रों के नीचे ही छिप गये थे। उसका गोरा-चिट्टा, इकहरा परन्तु सुडौल शरीर आभूषणों से लदा और ढँका हुआ था। बाज़ूबन्द, कड़े, मालाएँ, झुमके, करधनी आदि सभी कुछ तो था। यदि उसके शरीर

का कोई अंग बिलकुल स्पष्ट दिखायी दे रहा था तो वह उसका पेट था, जिसमें छोटी और गहरी नाभि यूँ लग रही थी जैसे कोई अनमोल मोती रखने की डिबिया हो।

कक्ष में मौन छाया हुआ था। सब गणिकाएँ, दासियाँ, कंचन और बृज सभी मौन थे। अन्त में कंचन ने नयी लड़की की पीठ पर हाथ रखते हुए कहा, ''पहली बात तो यह है कि ऐसी सुन्दर लड़की का नाम कमला देवी मुझे अच्छा नहीं लगा। मैं सोचती हूँ कि इसका कोई सुन्दर-सा नाम रखा जाये और इसका निर्णय भोजन आरम्भ करने से पूर्व ही हो जाना चाहिए...।''

यह कहते-कहते कंचन ने बृज की ओर देखा और भौंहों के संकेत से लड़की का नाम सुझाने के लिए कहा।

इस पर बृज ने संकेत-ही-संकेत में बताया कि बिना रूप देखे नाम कैसे सोचा जा सकता है।

कंचन ने झट से निचला होंठ दाँतों तले दबा लिया, जैसे भूली हुई बात अचानक स्मरण आ गयी हो और फिर उसने लड़की के चेहरे से घूँघट उलट दिया...!

बृज ने लड़की का चेहरा देखा तो वह स्तम्भित रह गया। लड़की की आँखें झुकी हुई थीं और उसकी पलकों की सुरमई परछाइयाँ उसके गुलाबी गालों पर थिरक रही थीं। बृज को वह सन्ध्या एकदम ऐसे स्मरण आयी जैसे वर्षों पहले की बात हो—अब उसे पता चला कि विट्ठल स्वामी के मन्दिर के प्राचीर पर मिलनेवाली वह किशोरी उसके हृदय पर गहरा चिह्न छोड़ गयी थी। उसने अपनी संकल्प-शक्ति से काम लेकर इस चिह्न को हृदय की अँधेरी गहराइयों में खो देना चाहा था, परन्तु...।

बृज को लड़की का अन्तिम वाक्य स्मरण हो आया तो उसके होंठों पर मुस्कान फैलती चली गयी। वह ऊँचे स्वर में बोला, ''मेरे विचार में इनका नाम सुप्रिया होना चाहिए।''

उसका स्वर कान में पड़ते ही सुप्रिया की पलकें ऐसे उठीं जैसे पक्षी हवा में उड़ने लगें और उसकी फैली-फैली आँखें बृज के चेहरे पर जमी रह गयीं।

२

एक पहर रात बाक़ी थी, जब द्रोण जी के दास ने बृज को जगाया, तो एक बार बृज समझ ही नहीं पाया कि वह कहाँ है। वह अपने कक्ष में नहीं था और उसे जगानेवाली चन्द्रिका या कोई अन्य दासी नहीं थी, अपितु एक अपरिचित व्यक्ति था। आँख खुलते ही उसने अपने आसपास दृष्टि दौड़ायी तो पल-भर में स्मरण आ गया कि आज उसे द्रोण जी के साथ कारोमण्डल की यात्रा पर जाना है। वह सन्ध्या को

ही द्रोण जी के निवास-स्थान पर आ गया था। उस रात भी बहुत-से अतिथि उपस्थित थे; किन्तु बृज अलग से भोजन करके जल्दी ही बिस्तर पर जा लेटा, जिससे दूसरी सुबह वह जल्दी जाग सके।

दास बोला, "स्वामी ने कहा है कि आप स्नान करके तैयार हो जायें।"

लौटते हुए दास को रोकते हुए बृज ने पूछा, "क्या द्रोण जी ने अतिथियों के साथ ही भोजन किया था?"

"जी।"

"सब अतिथि रात किस समय विदा हुए?"

"आधी रात के बाद।"

"द्रोण जी तो उनके जाने के बाद ही सोये होंगे?"

"जी।"

"और अब वे जाग रहे हैं क्या?"

"जी हाँ, कुछ देर से जाग रहे हैं और साथ ले जाने के लिए पकवान तैयार करवा रहे हैं।"

बृज को मन-ही-मन आश्चर्य हुआ। उसे कंचन ने बताया था कि द्रोण जी लगभग नित्य आधी रात को सोते हैं और रात के चौथे पहर में उठ बैठते हैं। वह इतने में ही स्फूर्ति-युक्त हो जाते हैं। लोग इसमें भी उनकी गुप्त शक्ति का अनुभव करते हैं। चाहे इसमें असाधारण शक्ति का हाथ न हो तो भी किसी व्यक्ति का इतना कम सोकर भी इस तरह स्फूर्तिपूर्ण रहना कोई साधारण बात नहीं है...।

बृज की दृष्टि दास पर पड़ी, जो अपने दोनों हाथ पेट पर रखे और सिर झुकाये बृज की आज्ञा की प्रतीक्षा कर रहा था। बृज ने जल्दी से हाथ हिलाकर कहा, "अरे! तुम अभी तक खड़े हो! तुम जा सकते हो, मुझे अब कोई काम नहीं है।—मैं अभी स्नान करके तैयार हो जाता हूँ।"

बृज ने लकड़ी के छोटे से सन्दूक की ओर देखा, जिसमें कंचन ने उसके लिए कुछ वस्त्र रख दिये थे। उसने ढक्कन उठाकर नये वस्त्र निकाले। नमक और फिटकरी के चूर्ण में थोड़ा सरसों का तेल मिलाकर उँगली से दाँतों पर मला और फिर दो-चार कुल्लों के बाद स्नान करने चला गया। ज्यों ही उसने नये वस्त्र पहने तो फिर वही दास दिखायी दिया, बोला, स्वामी ने कहा है कि यदि आप तैयार हो गये हों तो आइये जलपान कर लें।

"मैं तैयार हूँ, चलो।"

अब उस बड़े प्रांगण में जलपान करने का प्रश्न ही नहीं उठता था। दास द्रोण जी के विशाल भवन में कई कक्षों में से होता हुआ जा रहा था—और उसके पीछे-पीछे बृज था। अन्ततोगत्वा अनेक कक्षों से निकलकर वे एक अलिन्द में पहुँचे,

जिसके आगे काफ़ी जगह खाली छूटी हुई थी, परन्तु वहाँ कोई वाटिका नहीं थी। खुले मैदान के दूसरे किनारे पर कुछ झाड़ियाँ और पेड़ दिखायी दे रहे थे। अलिन्द के फ़र्श पर एक लम्बी-चौड़ी चादर बिछी हुई थी, जिसके नीचे मोटा-सा गद्दा था और ऊपर एक-दूसरे के सामने दो आसन बिछे थे। परन्तु अभी वहाँ कोई बैठा नहीं था।

जब बृज अलिन्द में पहुँचा तो उस समय द्रोण जी पीठ पर दोनों हाथ बाँधे दूर के वृक्षों और झाड़ियों की ओर देख रहे थे। उनके पीछे की ओर छोटी-सी वेदी पर एक ऊँचा-सा दीवट था, जिस पर एक साथ चार दीपक जल रहे थे और उनके फड़फड़ाते प्रकाश में द्रोण जी के सिर का उभरा हुआ चिकना गुम्बद झिलमिला रहा था। उनकी घूमी हुई घनी मूँछ का एक सिरा ऊपर को उठा दिखायी दे रहा था। बृज की पदचाप द्रोण जी के कानों में पड़ी तो वे एकदम पलटकर बृज की ओर देखने लगे। बृज ने शीश नवाकर नमस्कार करने के बाद जब सिर उठाया तो उसकी आँखें द्रोण जी की आँखों से मिलीं। एकाएक उसे इस बात का अनुभव हुआ कि द्रोण जी की आँखें सामान्य व्यक्तियों से बहुत भिन्न हैं। पहले तो उसे लगा कि उन आँखों में कोई ख़राबी है, परन्तु उसे जल्दी ही विश्वास हो गया कि उनमें कुछ भी ख़राबी नहीं है, वे केवल भिन्न हैं। देखते-ही-देखते वे दो आँखें क्षण-भर में कोसों दूर चली गयीं और फिर एकदम लौट आयीं। यह देखकर बृज के शरीर में एक बार तो सनसनी की लहर दौड़ गयी। द्रोण जी की लम्बी घनी मूँछों तले हँसी फैली तो इस आयु में भी उनके दृढ़ दाँत अपनी दमक दिखाने लगे, "कहो बृज! निद्रा तो अच्छी तरह आयी?"

"जी जब मुझे दास ने जगाया तो लगा जैसे मैं केवल दो घड़ी पहले ही सोया हूँ।"

द्रोण जी हँसे, "तरुणावस्था की निद्रा ऐसी ही होती है।"

आँखें—और अब स्वर!

बृज ने ऐसा स्वर भी कभी नहीं सुना था। रात तो द्रोण जी से कोई बात ही नहीं हो सकी, वह उनके यहाँ पहुँचा, दास ने भोजन कराया, दूर से—जबकि द्रोण जी लोगों के जमघट में खड़े थे, दोनों की आँखें मिलीं, दोनों एक-दूसरे को देखकर मुस्कराये और फिर बृज शय्या पर लेटकर सो गया। पहली रात की भेंट में चूँकि बहुत-से लोग एकत्र थे, इसलिए सम्भवतः वह उनकी आँखों और स्वर की ओर इतना ध्यान नहीं दे सका, जितना कि आज दे रहा था। यह भी सम्भव है कि उस रात द्रोण जी ने जान-बूझकर अपनी आँखों और स्वर का यह रूप छिपा रखा हो। उसने यह भी सुना था कि द्रोण जी भिन्न-भिन्न व्यक्तियों को भिन्न-भिन्न रूप में दिखायी देते हैं—उनका स्वर ऐसे लगता था जैसे उनके कण्ठ से न निकलकर उनके वक्ष की गहराइयों से निकल रहा हो। उस स्वर में शक्ति थी, दृढ़ता थी, प्रवाह था तथा घन-गर्जन का अंश भी उसमें घुला-मिला सुनायी देता था।

द्रोण जी आसन की ओर संकेत करते हुए कह रहे थे, "बैठो बृज। उदर बड़ा बलवान् है। प्रत्येक देवता, प्रत्येक देवी, गुरु या भगवान् की पूजा से पूर्व इसकी पूजा होनी आवश्यक है...।"

बृज को स्मरण आया कि उस रात भी उन्होंने उदर को बलवान् बताया था। ज्ञात होता है कि यह वाक्य उनका तकियाकलाम है। परन्तु एक आध्यात्मिक गुरु के मुख से उदर और उदर-पूजा के सम्बन्ध में ये शब्द कितने विचित्र से लगते हैं। यदि कंचन ने द्रोण जी के विषय में इस प्रकार की कई छोटी-छोटी बातें न बता दी होतीं तो बृज अवश्य धोखा खा जाता। कंचन ने समझा रखा था कि द्रोण जी के मन की गहराई तक पहुँचने के लिए कोई सीधा या सरल मार्ग नहीं है। जो लोग उन्हें समझते हैं वे गन्तव्य तक पहुँच जाते हैं और जो नहीं समझते वे मार्ग में ही भटक जाते हैं।

जिस ओर द्रोण जी ने संकेत किया था, बृज उसी आसन पर जाकर खड़ा हो गया और इस बात की प्रतीक्षा करने लगा कि द्रोण जी पहले बैठें तो वह भी बैठे। उन दोनों के बैठते ही दास ने जलपान परोस दिया। जलपान में बड़े पेटवाली पत्थर की एक बोतल भी थी, जिसे द्रोण जी ने पीछे हटाते हुए कहा, "इस समय इसकी आवश्यकता नहीं। स्मरण रखो, इसे केवल रात के भोजन के समय ही मेरे आगे रखा करो।"

नव-नियुक्त दास ने अपनी त्रुटि अनुभव करते हुए दबे स्वर में कहा, "जो आज्ञा।"

द्रोण जी बोतल को गर्दन से थामकर दास को पकड़ाने लगे तो उनकी आँखें बृज की आँखों से मिलीं। मुस्कराते हुए बोले, "मदिरा है! तुमने ऐसी मदिरा कभी नहीं चखी होगी।"

यह कहकर उन्होंने बोतल का ढक्कन हटाया और उसका गोल मुँह बृज की नाक की ओर बढ़ा दिया। बृज के मस्तिष्क तक एक बोझिल और मोहक सुगन्ध पहुँची। द्रोण जी ने रहस्यमय स्वर में कहा, "रात को थोड़ी-सी चखकर देखना।"

बृज के मन में गढ़े-गढ़ाये गुरुओं की जो कल्पना थी, वह छिन्न-भिन्न हो गयी। कम-से-कम द्रोण जी वैसे नहीं है। परन्तु क्या द्रोण जी आध्यात्मिक गुरु हैं या ऊँचे स्तर के चमत्कार दिखानेवाले ऐन्द्रजालिक?

एक बात और जो बृज को अनोखी लगी, वह यह थी कि द्रोण जी प्रायः अभिनय करने लगते थे। सम्भवतः पहली भेंट में इस अभिनय पर वास्तविकता का भ्रम होता था, परन्तु जब नाना प्रकार के अभिनय करते दिखायी देते तो द्रोण जी अभिनेता दिखायी देने लगते। अब फिर प्रश्न उठता है कि वे अभिनेता हैं या इस अभिनेता के रूप के पीछे उनका कोई अन्य रूप भी है?

बृज को घूम फिर कर और कई प्रकार के व्यक्तियों से मेल-जोल रखकर इस बात का अभ्यास हो गया था कि वह किसी भी व्यक्ति को परखते समय न तो

उतावली से काम लेता था और न अपने व्यक्तित्व का रंग चढ़ने देता था। यही वह बात थी जिसकी ओर आह-चाँग ने भी संकेत किया था। आह-चाँग ने जिस बात को स्पष्ट किया था, वही गुण बृज के भीतर पहले से ही वर्तमान था। चाहे उसने इसे अपना सिद्धान्त मानकर नहीं अपनाया था। इसी गुण के बल पर वह बिना डगमगाये द्रोण जी की बातें सुन रहा था और उन्हें समझने की चेष्टा भी कर रहा था।

जलपान में बहुत-से छोटे-मोटे खाद्य-पदार्थ थे, परन्तु बृज को लगा कि द्रोण जी को मधु बहुत प्रिय है और वे मुक्त हृदय से इसका प्रयोग करते हैं। उन्होंने कहा भी कि शुद्ध मधु से आयु लम्बी होती है और शरीर की सभी शक्तियाँ ज्यों-की-त्यों बनी रहती हैं।

आकाश पर धुले-धुलाये तारे टिमटिमा रहे थे। दूर झाड़ियों में से झींगुरों के स्वर आ रहे थे।

इतने में द्रोण जी के दास दो घोड़े लेकर अलिन्द के सामने आये, उनके हाथों में मशालें थीं। घोड़ों में से एक बृज का था। द्रोण जी बोले, "बृज, मेरा सामान तो रात ही दो घोड़ों पर लदकर चला गया। वह तुम्हारे आने से पहले ही भिजवा दिया गया था। मैंने सोचा कि तुम्हारे पास अधिक सामान तो होगा नहीं, केवल पहनने के कुछ वस्त्र होंगे, जिन्हें हम अपने साथ भी ले जा सकते हैं।"

"जी हाँ, लकड़ी के एक छोटे से सन्दूक में मेरे वस्त्र हैं। चाहे वह सन्दूक यहाँ मँगवा लीजिये या दास उसमें से वस्त्र निकालकर ले आये।"

"चिन्ता न करो, वस्त्र ही मँगवा लेते हैं। कुछ लोग हमारे साथ घोड़ों पर सवार होकर चलेंगे, उन्हीं के थैलों में तुम्हारे वस्त्र रखवा दिये जायेंगे।"

"आप जो ठीक समझें।"

द्रोण जी थोड़ी देर के लिए भवन के भीतर चले गये। बृज अलिन्द से नीचे उतरकर अपने घोड़े के पास पहुँचा। घोड़े का पेट भरा हुआ था, और वह अत्यन्त चुस्त और फुर्तीला दिखायी दे रहा था। और किसी से तो नहीं, परन्तु अपने इस घोड़े से बृज को अवश्य काफ़ी प्रेम हो गया था। घोड़ा भी उसे पहचानने लगा था और जब वह बृज को देखता तो धीरे-धीरे हिनहिनाकर अपनी प्रसन्नता का प्रदर्शन करता।

बृज ने घोड़े के सिर पर, उसकी अयाल पर हाथ फेरा और फिर उसकी पीठ थपथपाने लगा। इस तरह अपने घोड़े से स्नेह जताते समय उसे सुप्रिया का ध्यान आ गया। वह चंचल किशोरी कैसे अचानक ही उसे मिली, छलकर उसे पहले नदी तक और फिर नदी के पार ले गयी। विदा होते समय उसने कैसे मुँह फुलाकर कहा था कि अब मैं तुमसे कभी नहीं मिलूँगी—और फिर अगला दिन बीतने भी न पाया था कि वह उसी छत के नीचे सदा के लिए रहने को चली आयी, जिसके नीचे वही पुरुष रह रहा था, जिससे न मिलने का निश्चय एक ही दिन पहले उसने किया था।

स्त्रियाँ जो काम न करने को कहती हैं, उसी को कर डालती हैं। परन्तु उस बेचारी को कब पता था कि मैं कंचन के घर में ही उसे मिल जाऊँगा। यदि उसे इसका ज्ञान होता तो वह मेरा स्वर सुनते ही एकदम चौंककर मेरी ओर न देखती। कितना आश्चर्य भरा था उसके नेत्रों में!

आश्चर्य?—केवल आश्चर्य? नहीं आश्चर्य ही नहीं, उसके नेत्रों में प्रसन्नता की चमक भी थी। परन्तु इसमें प्रसन्न होने की क्या बात थी। उसके आगे जो पुरुष बैठा था, वह उसके सौन्दर्य और यौवन को देखकर चकित नहीं रह गया था, अपितु वह तो अनयास ही दूसरी भेंट हो जाने के कारण स्तम्भित रह गया था।

फिर बृज ने अपने मन से पूछा कि क्या उसके चकित रह जाने का मात्र यही कारण था? यह प्रश्न उसके मन में बार-बार और उच्च-से-उच्च स्वर में उठता ही जा रहा था...मात्र यही कारण था?...मात्र यही कारण था?

बृज ने एकदम मुँह दूसरी ओर फेर लिया। मानो सुप्रिया उसके आगे खड़ी यह प्रश्न कर रही हो। चिल्ला-चिल्लाकर पूछ रही हो कि उसके चकित रह जाने का क्या यही कारण था?...उसने अपना ध्यान दूसरी ओर हटाते हुए सोचना आरम्भ कर दिया कि कमला देवी ने उसे अपना नाम सुप्रिया क्यों बताया था? क्या उसे पुराना नाम स्वयं भी पसन्द नहीं था? कंचन ने बताया था कि वह बाल्यावस्था से ही मन्दिर में रह रही है। यदि वह उसे अपने साथ न ले आती तो वह कमला देवी के नाम से आजीवन मन्दिर में देवदासी बनी रहती।—हो सकता है कि कल्पना में कमला देवी ने अपने-आपको सुप्रिया के नाम से पुकारा हो। यह भी सम्भव है कि मन्दिर के किसी विज्ञ पुजारी ने कभी कह दिया हो कि इस लड़की का नाम तो सुप्रिया होना चाहिए। इन बातों के अतिरिक्त यह भी सम्भव है कि जिस दिन उसे वह मिली, उसने अपना वास्तविक नाम बताना उचित न समझकर जो मन में आया अपना नाम बता दिया।

ये बातें सोच-सोचकर बृज अपने-आप ही मुस्कराने लगा। उसने सोचा कि चलो जो हुआ सो अच्छा ही हुआ, क्योंकि इसमें तो कोई सन्देह ही नहीं कि सुप्रिया कमला देवी की तुलना में बहुत ही अच्छा नाम है...और फ़िर ऐसी सुन्दर लड़की का नाम भी तो सुन्दर होना चाहिए...।

इतने में तेज़-तेज़ चलने की आवाज़ बृज के कानों में पहुँची तो उसने आँख उठाकर देखा कि द्रोण जी युवकों की भाँति खट्-खट् करते हुए अलिन्द में आये और बृज की ओर देखते हुए बोले, "लो भाई, सारा प्रबन्ध हो गया। तुम्हारे वस्त्र भी बिलकुल सुरक्षित हैं...।"

"तुम्हारे वस्त्र!'—इन शब्दों को सोच-सोचकर बृज मन-ही-मन मुस्कराने लगा। वह कुछ बोला नहीं, परन्तु वह कहना चाहता था कि मैं, अर्थात् बृज तो एक

पक्षी की भाँति है, जिसके न वस्त्र हैं, न ओढ़ना न बिछौना; यहाँ तक कि उसका छोटा-सा घोंसला भी नहीं है।

इतने में द्रोण जी ने पीछे से आकर ज़ोर की थपकी देते हुए कहा, "चलो, अब अश्वारोहित हो जाओ।"

उनके स्वर से बृज को लगा जैसे वे कहना चाहते हों कि क्यों व्यर्थ के विचारों में डूबे हुए हो...!

द्रोण जी धरती से उछलकर घोड़े की पीठ पर बैठ गये तो बृज देखता ही रह गया। इसमें प्रश्न घुड़सवारी का नहीं, शारीरिक बल का था। द्रोण जी उससे नाटे भी थे और आयु में भी कहीं अधिक थे, फिर भी जिस प्रकार उचककर, बिना रकाब पर पाँव रखे, द्रोण जी घोड़े पर सवार हो गये थे, बृज अपनी युवावस्था और लम्बी टाँगों के होते हुए भी उस ढंग से घोड़े पर सवार होने की कल्पना भी नहीं कर सकता था। कालाफ़ाम तक को उसने ऐसी फुर्ती दिखाते हुए नहीं देखा था।

बृज ने कुछ झेंपकर रकाब में पाँव रखा और फिर एकदम ही घोड़े की पीठ पर सवार हो गया। द्रोण जी का घोड़ा अरबी घोड़ा था और अत्यन्त फुर्तीला, बलिष्ठ एवं अड़ियल था। सवार को अपनी पीठ पर अनुभव करते ही घोड़े ने उलटे क़दमों से चकफेरियाँ लेनी आरम्भ कर दीं, जैसे पहले दिन बृज के घोड़े ने किया था। निस्सन्देह द्रोण जी का घोड़ा बहुत अधिक अड़ियल था, परन्तु द्रोण जी अपनी घनी मूँछों तले मुस्करा-मुस्कराकर घोड़े की इन अठखेलियों का आनन्द ले रहे थे....बृज को लगा जैसे उसके साथ चलनेवाला यात्री उसी की आयु का चंचल युवक हो।

जब द्रोण जी का घोड़ा उछलने-कूदने के बाद भी सवार को अपनी पीठ से नहीं गिरा सका तो सीधी चाल पर आ गया। पूरे निवास-स्थान और उसके साथ कुछ अन्य भवनों का चक्कर काटते हुए वे उस मार्ग पर पहुँचे जो द्रोण जी के मुख्य द्वार को जाता था। उन दोनों को देखकर द्वारपाल ने बड़ा फाटक खोल दिया। बृज को द्वार पार करते समय अपने पीछे कुछ शोर सुनायी दिया। उसने घूमकर देखा कि द्रोण जी के कुछ आदमी घोड़ों पर सवार चले आ रहे हैं।

अभी नक्षत्रों का सार्थवाह आकाश पर डेरा जमाये हुए था और अभी भोर के तारे ने उनके कूच का बिगुल नहीं बजाया था कि द्रोण जी का सार्थवाह अपनी यात्रा पर चल दिया।

कुछ देर तक वे चुपचाप चलते रहे, फिर बृज ने पूछा, "हम पाँच-छह दिन तक तो लौट आयेंगे न?"

"यह किसने कहा तुमसे?"

बृज ने सोचा कि सम्भवत: उसे यह बात नहीं कहनी चाहिए थी। उसने बता दिया, "कंचन जी ने कहा था!"

इस पर द्रोण जी हँस पड़े, ''पगली। छह दिन तो हमें वहाँ पहुँचने में लग जायेंगे। कुछ दिन रहना भी होगा। लगभग तीन सप्ताह लगेंगे।''

निस्सन्देह मार्ग में उन्हें इतने दिन ही लगे, परन्तु यह यात्रा अत्यन्त रोचक रही। बृज का पल-भर को भी मन नहीं ऊबा। उसने अनुभव किया कि द्रोण जी को किसी भी व्यक्ति के साथ घुल-मिल जाने की कला ख़ूब आती है; चाहे वह युवा हो, वृद्ध हो या बालक हो; चाहे अत्यन्त बुद्धिमान् हो या साधु हो, व्यापारी हो या कृषक हो। मार्ग में द्रोण जी हर प्रकार के लोगों से मिलते रहे। सचमुच यदि वे चाहते तो बड़े अच्छे अभिनेता बन सकते थे। बृज तो उनका अभिनय देख-देखकर ही चकित होता रहा।

अन्ततोगत्वा एक दिन सन्ध्या समय वे अपने गन्तव्य तक जा पहुँचे। बृज को तो आनन्द आ ही रहा था, उसे अधिक दिन लग जाने का भी भय नहीं था, जबकि कंचन ने ही ग़लत अनुमान लगाया था तो इसमें उसका क्या दोष?

जिस स्थान पर वे रुके, वह कोई नगर नहीं था अपितु बड़ा-सा गाँव था। वहाँ कच्ची मिट्टी की दीवारों और खपरैलवाले घर थे। द्रोण जी ने भी वहाँ अपने रहने और कामकाज करने के लिए एक भवन बनवा रखा था। वह भी मिट्टी की दीवारों का, परन्तु ख़ूब बड़ा था। यह विजयनगर के भवनों के ढंग पर ही बना हुआ था; अर्थात् भवन के बाहर भी अलिन्द और अन्दर भी अलिन्द थे। एक बड़ा-सा प्रांगण छोड़कर भवन के पिछवाड़े का भाग भी ख़ूब बड़ा था।

द्रोण जी ने बताया कि उन्होंने मोती निकालने के काम पर अभी तक मुसलमान श्रमिक ही रखे हुए थे। उन लोगों को इस काम का पर्याप्त अनुभव था। यह तो बृज को पहले ज्ञात हो चुका था कि विजयनगर के राय जी ने अरबों से यह उद्योग छीन लिया है; अब थोड़ा-बहुत काम द्रोण जी के हाथ में है, जिससे वे व्यक्तिगत रूप में पर्याप्त लाभ उठा रहे हैं।

गाँव का नाम मलकानगुड़ी था। चारों ओर ऊँचे-ऊँचे नारियल के झुण्ड थे। वहाँ पहुँचकर बृज ने जीवन में पहली बार समुद्र देखा। उसने कभी कल्पना नहीं की थी कि कोई ऐसा स्थान भी हो सकता है जहाँ सैकड़ों कोस तक पानी-ही-पानी फैला हो। वह रेतीले तट पर बैठकर घण्टों समुद्र की लहरों की क्रीड़ा देखा करता था। मलकानगुड़ी गाँव पहाड़ी पर तो नहीं, परन्तु काफ़ी ऊँचे स्थान पर बसा था। गाँव से भी दूर तक रेतीला तट और फिर समुद्र की चंचल लहरें दिखायी देती थीं। वहाँ के लोगों का पहनावा विजयनगर से भिन्न और नितान्त साधारण था। वे जिधर जाते वहाँ के लोग हाथ जोड़कर खड़े हो जाते।

वहाँ बृज के दिन बड़े आनन्द से बीत रहे थे। द्रोण जी का बहुत-सा समय व्यवसाय के सिलसिले में लोगों से सिर खपाने में बीत जाता था। बृज को आश्चर्य होता था कि द्रोण जी जैसे ज्ञानी व्यक्ति अपने व्यवसाय में इतनी लगन से काम क्यों

करते हैं। इस बात का ज्ञान उसे बाद में हुआ कि द्रोण जी का यह केवल स्वभाव ही नहीं अपितु सिद्धान्त है कि छोटे-से-छोटा काम भी करो तो उसे पूरी लगन और शक्ति के साथ करो। बृज के लिए यह नितान्त नयी बात थी। उसने ऐसे ज्ञानी और महात्मा तो देखे थे जो तिनका भी तोड़कर दोहरा नहीं करते थे और सहस्रों की संख्या में ऐसे साधु भी देखे थे जिन्हें न तो किसी प्रकार का ज्ञान था, न वे समाज को किसी प्रकार का लाभ पहुँचाते थे, फिर भी हराम का खाना खाते थे; परन्तु उसने द्रोण जी जैसा ज्ञानी नहीं देखा था, जो किसी भी सांसारिक व्यक्ति तथा किसी भी व्यापारी से बढ़-चढ़कर परिश्रम करता हो। उनका कहना था कि किसी भी काम में कोई व्यक्ति हाथ डाले तो उसे सफल बनाकर मनुष्य को अपनी शक्ति का आभास होता है और इस प्रकार उसका व्यक्तित्व अपने-आप में सम्पूर्ण होता जाता है। इसी ढंग से द्रोण जी अपना समय व्यतीत करते थे और बृज इधर-उधर घूम-फिर लेता था।

द्रोण जी से पता चला कि हो सकता है उन्हें वहाँ पर एक सप्ताह से भी अधिक रहना पड़े। पहले चार-पाँच दिन तो द्रोण जी अत्यन्त व्यस्त रहे, फिर दिन ढलते ही वे अवकाश पा जाते। रात अच्छी तरह भीगने से पहले द्रोण जी बृज के साथ घूमने निकल जाते। वे समुद्र के किनारे-किनारे दूर-दूर का चक्कर लगाते। कोई सुन्दर स्थान देखकर वे बैठ भी जाते। इतने दिन एक साथ रहने के कारण बृज द्रोण जी से पर्याप्त उन्मुक्त हो गया था। द्रोण जी एक युवक की भाँति बातें करने में भी अत्यन्त पटु थे। बृज चाहता था कि अवसर मिले तो वह किसी गम्भीर विषय पर उनसे वार्त्तालाप करे।

जब वे एक साथ सैर को जाने लगे तो बृज ने सोचा कि अब उसे कोई अच्छा अवसर मिल सकता है। उसने यह भी समझ लिया कि द्रोण जी अनावश्यक रूप से किसी पर अपने विचार लादने की चेष्टा नहीं करते। उनसे वार्त्तालाप करने के लिए बृज को स्वयं नये विषय को छेड़ना पड़ा। उस सन्ध्या को वे समुद्र के निकट ही एक ऊँचे और चौड़े से टीले पर बैठे थे। द्रोण जी अपना छोटा-सा आसन बग़ल में दबाकर ले आये थे। वह उसी पर एक टाँग नीचे दबाकर और दूसरी टाँग नीचेवाली पर ख़ूब अच्छी तरह चढ़ाकर बैठ गये। हवा के हलके-हलके झोंकों के कारण उनकी बड़ी-बड़ी मूँछें किसी पक्षी के परों की भाँति फड़फड़ा रही थीं। डूबते हुए सूर्य के प्रकाश में बृज बड़े ध्यान से द्रोण जी की ओर देखने लगा। वह मन में सोच रहा था कि वैसे तो द्रोण जी सदा ही सुन्दर रहे होंगे, परन्तु उनके शरीर का सबसे सुन्दर अंग उनके सिर का गुम्बद है, जो भौंहों और कानों के बहुत ऊपर तक उठा हुआ है। बृज को बार-बार यही ध्यान आता कि आज तक उसने ऐसा सुडौल सिर पहले कभी नहीं देखा था। उनका सबसे अधिक प्रभावशाली अंग उनके नेत्र थे जो न छोटे थे, न बड़े फिर भी अपने अन्दर जादू का प्रभाव रखते थे। उनमें से एक शक्ति-सी निकलती हुई अनुभव होती थी...।

बृज इन्हीं विचारों में डूबा खड़ा था कि द्रोण जी ने डूबते हुए सूर्य से दृष्टि हटाकर उसकी ओर देखते हुए कहा, "बृज, खड़े क्यों हो, बैठ जाओ न।"

बृज ने अपनी कमर से बँधे हुए अँगोछे को खोलकर उसे द्रोण जी के आगे तनिक दूर हटकर बिछा दिया और स्वयं उस पर पालथी मारकर बैठ गया। उसे इस तरह बैठे देखकर मानो द्रोण जी आश्वस्त हो गये और वे फिर डूबते हुए सूर्य की ओर देखने लगे।

उस समय सूर्य ऐसे लाल हो रहा था जैसे किसी ने उसकी गर्दन में फन्दा डालकर कस दिया हो। आकाश में आग-सी लगी हुई थी—और वातावरण के गहरे लाल रंग में उड़ते हुए पक्षी छोटे-छोटे अग्नि-पिण्डों की भाँति दिखायी दे रहे थे।

"द्रोण जी! मैंने सुना है कि आप में कुछ असाधारण शक्तियाँ हैं; यह बात कहाँ तक सत्य है?"

जब ये वाक्य बृज के मुँह से निकल गये तो उसे ध्यान आया कि उसने अत्यन्त भोंडे ढंग से इस विषय को छेड़ा है। परन्तु द्रोण जी के चेहरे पर कोई भी ऐसा चिह्न दिखायी नहीं दिया जिससे यह लगता कि उन्हें यह बात पसन्द नहीं आयी। उनका मुखमण्डल ज्यों-का-त्यों दमकता रहा, केवल उनके हाथों की उँगलियाँ सहज रूप में एक-दूसरे में फँस गयी। वे भारी स्वर में बोले, "किसी प्रकार की शक्ति असाधारण नहीं होती। चूँकि सामान्यत: लोगों में वैसी शक्ति नहीं होती, इसलिए उसे असाधारण मान लिया जाता है। बिलकुल ऐसे ही जैसे एक सहस्त्र व्यक्तियों में से केवल एक को तैरना आता हो, तो यह उसकी असाधारण शक्ति समझी जायेगी। परन्तु सहस्त्रों में से आधे लोग तैरना जानते हों, तो इसे कोई असाधारण बात नहीं समझा जायेगा। इसमें जो ध्यान देने की बात है वह यह है कि इस संसार में किसी भी शक्ति को रहस्यमय न बनाया जाये और न उसे रहस्यमय समझा जाये। मैं स्वीकार करता हूँ कि कभी-कभी प्रकृति किसी एक व्यक्ति में किसी विशेष प्रकार की शक्ति दूसरों की अपेक्षा अधिक मात्रा में भर देती है। ऐसी शक्ति नितान्त व्यर्थ एवं अर्थहीन भी हो सकती है। जैसे किसी व्यक्ति की पाचन-शक्ति इतनी बलवती हो कि वह हमसे आठ या दस गुना अधिक एक समय में खा जाये, तो निस्सन्देह हमें आश्चर्य होगा, परन्तु इससे क्या लाभ—हमें या उस व्यक्ति को? इसी प्रकार किसी व्यक्ति में ऐसी स्थूल शक्ति की अपेक्षा सूक्ष्म शक्ति भी हो सकती है। तात्पर्य यह कि सब शक्तियाँ इस प्रकृति के अन्दर ही हैं, इससे बाहर कुछ नहीं। यदि सारी प्रकृति को एक प्रकार की शक्ति मान लिया जाये, तो वैयक्तिक शक्ति को उसी का एक अंश समझना चाहिए।"

बृज बड़ी तीव्र सूझ-बूझवाला युवक था। वह कुछ देर तक मौन रहा, जिससे उसकी मेधा द्रोण जी के शब्दों की गहराई को अच्छी तरह ग्रहण कर सके। वह यह भी जानता था कि यदि उसने द्रोण जी की बात समाप्त होते ही कोई दूसरा प्रश्न कर

डाला, तो वे उसके सम्बन्ध में कोई अच्छा मत स्थापित नहीं करेंगे। यह अपने-आप में भी अशिष्टता है। वैसे बृज वास्तव में द्रोण जी की बातों को समझना चाहता था। जो कुछ उन्होंने कहा उसका सबसे महत्त्वपूर्ण पक्ष यह था कि उन्होंने अपनी किसी भी शक्ति को रहस्यपूर्ण बनाने का प्रयास नहीं किया।—एकाएक बृज के मस्तिष्क में चिनगारी-सी उड़ी; वह सोचने लगा कि द्रोण जी ने यह भी तो स्वीकार नहीं किया कि उनमें कोई शक्ति है भी या नहीं। उसने धीमे स्वर में कहा, "आपने यह नहीं बताया कि आप में कोई शक्ति है या नहीं?"

द्रोण जी ने एक छिछलती हुई दृष्टि बृज पर डाली—और दूर क्षितिज पर दृष्टि जमाते हुए उत्तर दिया, "यदि तुमको मुझमें किसी शक्ति का आभास होता है, तो मुझमें शक्ति है, यदि नहीं होता, तो नहीं है।"

"परन्तु द्रोण जी! शक्ति तो शक्ति ही है, दूसरा न माने तो शक्ति अपना लोहा मनवा कर छोड़ती है!"

"मुझे ज्ञात नहीं था कि तुम स्थूल शक्तियों की बात कह रहे हो।"

बृज सतर्क हो गया, उसने अनुभव किया कि उससे कितनी बड़ी भूल हो गयी है। द्रोण जी फिर एकदम बोल उठे; जैसे वह बृज को पछताने का अवसर न देना चाहते हों, "जल के तल पर उँगली से या किसी प्रकार की लेखनी से रेखा नहीं खींची जा सकती। शक्ति ग्रहण करने के लिए भी एक प्रकार की 'शक्ति' का होना अनिवार्य है।"

इतने थोड़े दिनों में ही द्रोण जी बृज को तुम कहने लगे थे। बृज नहीं जानता था कि उन्होंने किस कारण से यह ढंग अपनाया, परन्तु जहाँ तक उसका सम्बन्ध था, वह इस प्रकार के सम्बोधन से अपने-आपको द्रोण जी के निकट अनुभव करने लगा था। अब भी द्रोण जी के स्वर की अपनी ही एक विशेषता थी, जिसे बताया नहीं जा सकता—अनुभव किया जा सकता है। बहुत सोचने पर बृज को लगा कि अन्य गुणों के अतिरिक्त द्रोण जी के स्वर में बड़ी गहरी सहानुभूति का आभास होता है।

बृज मौन था। अब उसकी समझ में नहीं आ रहा था कि वह बात को आगे कैसे बढ़ाये। पहले कभी बृज की ऐसे ही किसी पुरुष से बात चलती तो एक बार छेड़ देने पर वह बाजे की तरह बजने लगता। बातों का उफान आ जाता। परन्तु द्रोण जी न केवल संक्षेप में बात करते थे, अपितु आवश्यकता से आगे भी नहीं बढ़ते थे। इसके साथ ही सम्भवत: वे यह भी चाहते थे कि सुननेवाला भी कुछ सोचे और समझे। वे यह भी देखते थे कि बात पूछनेवाला उनकी कही हुई बातों को समझ लेने के बाद कुछ कह रहा है या अपनी धुन में बके जा रहा है। बृज को धीरे-धीरे ज्ञात हुआ कि द्रोण जी व्यर्थ प्रश्न करनेवालों को, उन्हें दु:ख पहुँचाये बिना बड़ी सफ़ाई से ऐसी जगह छोड़ देते, जहाँ वे दलदल में फँस जाते। वे समझ भी न पाते, कि द्रोण जी

से बातचीत कैसे चलाते रहा जाये। फिर भी द्रोण जी के भीतर अहंकार दिखायी नहीं देता था। वे जिसको जिस योग्य समझते उसे वहीं पर छोड़ देते हों, ऐसी बात नहीं थी, बल्कि जो कोई जिस योग्य होता था वहीं तक पहुँचकर अपने-आप ही रुक जाता। तब द्रोण जी उस व्यक्ति की ओर देखकर मुस्कराते और उसकी पीठ पर हलकी-सी थपकी देकर कोई ऐसा विषय छेड़ देते जो उस व्यक्ति के लिए बिलकुल सरल होता।

इन थोड़ी-सी बातों से बृज ने अनुमान लगा लिया कि भविष्य में द्रोण जी से उसकी बातचीत किस ढर्रे पर चलेगी। इसमें सन्देह नहीं कि द्रोण जी के मुँह से निकले हुए शब्द तथा स्वर के पीछे एक ऐसी शक्ति थी, जिसका आभास बृज को आज तक किसी के स्वर और शब्दों में नहीं हुआ था। उनका स्वर ऐसा नहीं था जो सुननेवाले के कानों तक अपने शब्द पहुँचाकर मर जाता है, बल्कि ऐसा था कि बहुत देर तक केवल कानों में ही नहीं बल्कि सुननेवाले की आत्मा में वे शब्द गूँजते रहते थे।

जितनी बातें बृज सुन चुका था, उससे अनुभव किया कि आज के लिए उतनी ही पर्याप्त हैं। द्रोण जी ने भी उसकी ओर कुछ ध्यान नहीं दिया और न उन्होंने कोई बात की। ऐसा भी नहीं लगता था कि वे आगे बातचीत करने के लिए प्रस्तुत नहीं हैं, परन्तु बृज को उनकी उतनी-सी बातों में ही पर्याप्त आनन्द प्राप्त हुआ। उसने सोचा कि यदि चिन्तन के लिए कोई संकेत मिल जाये तो उसके लिए इतना ही पर्याप्त है। वह नहीं जानता था कि द्रोण जी के मन में क्या विचार आ रहे हैं, परन्तु उसे ऐसा लग रहा था जैसे वह किसी नये नगर के ऊँचे द्वार की चौखट पर खड़ा हो। कुछ समय पहले वह विजयनगर के पहले द्वार पर खड़ा हुआ था तो उसे ऐसे ही रोमांच का आभास हुआ था। अन्तर केवल यह था कि वह नगर इस संसार का था—पत्थरों, मिट्टी, लकड़ी तथा अन्य अनेक मसालों का बना हुआ; परन्तु यह दूसरा नगर और भी अधिक रहस्यमय था—यह आत्मा, बुद्धि और ज्ञान का नगर था।

वे दोनों बहुत देर तक चुपचाप बैठे रहे, परन्तु इस मौन में भी वे एक-दूसरे के निकट आते चले गये। समुद्र की चंचल लहरें उछल-उछलकर कैसे-कैसे आकार बना-बनाकर मिटा रही थीं, मिटा-मिटाकर बना रही थीं। धीरे-धीरे दिन के पक्षी आकाश से लुप्त होने लगे। सूर्य अस्त हो गया तो गंजे चाँद ने अपनी खोपड़ी ऊपर उठायी। हवा और ठण्डी हो गयी, उसके हलके-हलके झोंकों में समुद्री पानी की नमकीन-सी गन्ध मिली हुई थी।

रेतीले तट पर दूर-दूर तक चाँद के प्रकाश की पतली-सी तह जम गयी। दूर नारियल के वृक्ष पत्तों के मुकुट पहने हुए ऐसे सिर हिला रहे थे जैसे बड़े-बड़े देव मस्ती में आकर झूम रहे हों। द्रोण जी ने गहरे, धीमे स्वर में कहा, "चलें?"

"जो आपकी इच्छा।"

द्रोण जी ने उठते हुए अपना आसन छोटे से बिस्तर की भाँति लपेटा और बग़ल में दबा लिया। बृज ने चाहा कि वह उस आसन को अपने हाथ में थाम ले, परन्तु उसे लगा कि सम्भवत: द्रोण जी आसन स्वयं ले जाने पर ही बल दें, इसलिए वह चुप हो रहा। उसने अपना अँगोछा पहले की तरह तह करके अपनी कमर में लपेट लिया। द्रोण जी आगे-आगे चलने लगे और वह पीछे-पीछे।

रेतीला भाग समाप्त हो गया तो वे नारियल के झुण्डों में से चलने लगे। उनके पत्तों में सरसराती हुई वायु का स्वर किसी अनोखे संगीत की भाँति बृज के कानों में पहुँच रहा था।

वे दोनों आगे-पीछे चलते गये।

जब द्रोण जी का भवन सामने दिखायी देने लगा तो वे एकदम रुक गये जैसे एकाएक ही उन्हें कोई बहुत ही आवश्यक बात स्मरण आ गयी हो। उन्होंने घूमकर उसकी ओर देखे बिना कहा, "बृज!"

"जी!"

"मैं तुम्हें एक व्यक्ति से मिलाना चाहता हूँ—मिलोगे?"

बृज ने हिचकिचाते हुए कहा, "क्या उनसे मिलना बहुत आवश्यक है?"

"हाँ—उनसे न मिलना पाप है...चूँकि मैं पाप और पुण्य को साधारण रूप में स्वीकार नहीं करता इसलिए अपने शब्दों में भी मैं इतना अवश्य कहूँगा कि उनसे न मिलना तुम्हारी बड़ी भारी भूल है।"

बृज को लगा कि जब द्रोण जी ऐसा समझ रहे हैं तो अवश्य उससे कोई बहुत बड़ी भूल हो रही है। वह नम्रता से बोला, "यदि आप ऐसा समझते हैं तो फिर मैं उन सज्जन से अवश्य मिलूँगा—क्या मैं जान सकता हूँ कि वे कौन हैं, और उनका नाम क्या है?"

अब द्रोण जी ने चेहरा घुमाया और उसकी आँखों में आँखें डालकर बोले, "उन सज्जन का नाम बृज है!"

३

रात बिछावन पर लेटे-लेटे बृज की आँखों के आगे फिर वही दृश्य आ गया जब कि द्रोण जी ने उससे कहा था कि वे उसे एक व्यक्ति से मिलाना चाहते हैं। जब उसने द्रोण जी के मुँह से अपना ही नाम सुना तो वह चकित रह गया। द्रोण जी तो इतना कहकर घर की ओर बढ़ गये और वह जहाँ-का-तहाँ खड़ा रह गया। बाद में बहुत धीरे-धीरे पग उठाते हुए वह भवन तक पहुँचा। भोजन के समय भी

बृज ने इस विषय में उनसे कोई बात नहीं कही। द्रोण जी भी ऐसे गप्पे हाँक रहे थे जैसे उन्हें यह घटना स्मरण ही न हो। कुछ अरब भी उन्हीं के साथ भोजन कर रहे थे। वे अपने देश से द्रोण जी के लिए खजूरों का उपहार लाये थे। इन खजूरों का रंग काला था और वे पाँच या छह अंगुल लम्बी थीं। बृज को कुछ चुप-चुप देखकर द्रोण जी बार-बार उसे उकसाते और कहते, "तुम चुप क्यों हो। ऐसी लम्बी, मोटी, स्वादिष्ट खजूरें देखकर भी तुम मुँह लटकाये बैठे हो?...सच कहो तुम्हें ये खजूरें पसन्द नहीं हैं क्या? देखो मेरे अतिथियों का दिल न तोड़ देना कहीं।"

इस पर वह हँस पड़ा था। इसी तरह भोजन धीमी गति से चलता रहा, लेकिन उसके मन में बार-बार वही दृश्य दिखायी देने लगता। यहाँ तक कि बिछौने पर लेटते समय भी वह उसे भुला नहीं सका।

आज उसे लगा कि द्रोण जी ने अपने रहस्यमय व्यक्तित्व से आवरण हटाकर उसे छोटी-सी झाँकी दिखा दी है।

इसी प्रकार की बातें सोचता हुआ वह गहरी नींद की गोद में चला गया। दूसरे दिन जब वह जागा तो फिर वही कार्य-व्यस्तता थी, जो वह इतने दिनों से देखता आ रहा था। द्रोण जी अपने कामों में व्यस्त नितान्त भिन्न दिखायी देते थे। आँखों को विश्वास नहीं होता था कि वे कल सन्ध्यावाले द्रोण जी हैं।

सारा दिन द्रोण जी अपने काम में लगे रहे और बृज कुछ न करने में व्यस्त रहा। ज्यों-ज्यों दिन ढल रहा था त्यों-त्यों उसके हृदय में एक गुदगुदी-सी अनुभव हो रही थी। वह सन्ध्या की प्रतीक्षा करने लगा। आज वह फिर द्रोण जी के साथ घूमने जायेगा और आज फिर नयी बातें चलेंगी...।

इतने में ही उसे दूर से द्रोण जी का स्वर सुनायी दिया, "बृज!...कहाँ हो तुम!"

द्रोण जी उसके पास ही आ रहे थे। वह लेटा हुआ था, द्रोण जी का स्वर सुनकर एकदम उठकर खड़ा हो गया और अपने वस्त्रों की सिकुड़नें ठीक करने लगा।

द्रोण जी द्वार की चौखट पर खड़े होकर उच्च स्वर में बोले, "देखो तो, कौन आये हैं!"

वे अपने हाथ से बाहर की ओर संकेत कर रहे थे। बृज आगे बढ़ा, द्वार से झाँककर देखा तो वहाँ एक पुरुष खड़ा हुआ था। वह अपने गोरे रंग से ही पहचाना जाता था कि विदेश का रहनेवाला है। उसका हँसता हुआ चेहरा अपरिचित नहीं था, फिर भी बृज को उसे पहचानने में दो-चार पल लग गये। उसने उसे देखा है...परन्तु कहाँ? इस प्रश्न के साथ ही उत्तर भी मिला, द्रोण जी के निवास-स्थान पर।

अरे, यह तो डॉम-गार्शिया है!

बृज उसका स्वागत करने के लिए आगे बढ़ा तो डॉम-गार्शिया ने ज़ोर से हँसते हुए कहा, "पहचाना मुझे?"

बृज ने उसी तरह हँसते हुए उत्तर दिया, "भला आपको एक बार देखकर भुलाया जा सकता है कहीं?"

तब बृज अपने अतिथि को भवन के अन्दर ले आया। द्रोण जी भी भीतर चले गये।

डॉम-गार्शिया बड़ा ही हँसमुख और मिलनसार था। उसका चेहरा लम्बूतरा, गाल कुछ पिचके हुए और गालों की हड्डियाँ कुछ उभरी हुई थीं। वह हँसता तो उसका मुँह कानों तक चिर जाता, आँखों के कोनों में मानो किसी पक्षी के पंजे बन जाते, नाक के दोनों ओर गहरी-गहरी रेखाएँ दिखायी देने लगतीं। फिर भी वह कुरूप या बुरा नहीं लगता था। उसके बाल तपे हुए सोने के तारों की भाँति दिखायी देते थे। बोला, "मैं द्रोण जी की धरोहर देने आया था...।"

इस पर द्रोण जी ने जल्दी से बृज की जाँघ पर हाथ रखते हुए एक आँख बन्द की और बोले, "इनका आशय मदिरा से है। ये कल ही विजयनगर से यहाँ पहुँचे हैं। इन्हें ज्ञात था कि मैं भी यहीं पर हूँ, इसलिए मेरी धरोहर भी अपने साथ ले आये। यहाँ से चार-पाँच कोस दूर एक ओर बस्ती है, जहाँ ये व्यवसाय के सिलसिले में आते रहते हैं।"

डॉम-गार्शिया बात करते-करते चुप हो गया था, जिससे द्रोण जी उसके विषय में जो कुछ बृज को बताना चाहते हों बता लें। अब द्रोण जी की बात समाप्त हुई तो उसने फ़िर अपनी बात का सूत्र पकड़ लिया, "...हाँ तो जब मैं इनकी धरोहर लेकर यहाँ पहुँचा तो मुझे पता चला कि आप भी यहाँ आये हुए हैं। तब मैंने सोचा कि क्यों न आपको एक रात के लिए अपने साथ ले चलूँ। साथ-साथ भोजन करेंगे और थोड़ी गप-शप रहेगी।"

बृज ने हड़बड़ाकर कहना आरम्भ किया, "मैं समझता हूँ कि मेरे लिये आपके साथ...।"

"द्रोण जी ने उसकी बात बीच में ही काटकर कहा, "बृज, मैंने अपनी अनुमति दे दी है। आज तो मैं काफ़ी रात तक व्यस्त रहूँगा, इसलिए यहाँ ऊबने की बजाय डॉम-गार्शिया के साथ ही चले जाओ।"

अब बृज के लिए अस्वीकार करने की कोई गुंजाइश ही नहीं रही थी। वैसे भी उसने सोचा कि सम्भवत: द्रोण जी की इच्छा भी यही हो। वे समझते हों कि अभी लड़का ही तो है, घूम-फिर आयेगा और कुछ उसका मनोरंजन भी हो जायेगा। उसने डॉम-गार्शिया की ओर देखते हुए पूछा, "क्या मैं भोजन के बाद लौट आ सकूँगा?"

"ऐसा हो तो सकता है; आजकल शुक्ल-पक्ष की रातें हैं। परन्तु अभी से ऐसा बन्धन क्यों? हो सकता है कि खाते-पीते और गप हाँकते देर हो जाये। यदि तुम्हारा वापस पहुँचना बहुत ही आवश्यक है, तो मैं अपने दो घुड़सवार साथ भेज दूँगा।"

"नहीं, ऐसी कोई बात नहीं। मैं तो केवल इसलिए पूछ रहा था कि यदि मुझे वहीं रहना है तो अपने साथ कुछ वस्त्र लेता चलूँ।"

"हाँ-हाँ कुछ वस्त्र ले ही जाओ। कल प्रातः भी लौट आओगे तो कोई हानि नहीं।" द्रोण जी ने अपना सुझाव दे डाला।

यह बात निश्चित हो गयी तो डॉम-गार्शिया ने अपने दो घुड़सवार सेवकों को बुलाया और उनसे कहा, "तुम लोग घोड़े दौड़ाते हुए जाओ और मेरे रसोइये से कह दो कि आज मेरे अत्यन्त सम्मान्य मित्र भोजन करने आ रहे हैं, इसलिए वह उत्तम-से-उत्तम और स्वादिष्ट-से-स्वादिष्ट भोजन तैयार करे।"

एक सवार ने पूछा, "आप बाद में आयेंगे?"

"हाँ, मेरे साथ मेरे मित्र होंगे। सोच रहा हूँ कि जब आया ही हूँ तो थोड़ी देर द्रोण जी से भी गप-शप रहे तो क्या हानि है।"

वे दोनों सवार तुरन्त ही चल दिये और डॉम-गार्शिया ने कहा, "मुझे समुद्र का तट अत्यन्त प्रिय है। मेरा निवास-स्थान समुद्र से पर्याप्त दूर पड़ जाता है। बैठे-बैठे ध्यान आया कि कुछ देर समुद्र-तट पर टहला जाये, फिर हम दोनों चल देंगे।"

द्रोण जी बोले, "अच्छी बात है। आज तो पूर्णिमा की रात है, चाँद की चाँदनी में आपको अपने निवास-स्थान तक पहुँचने में कुछ अधिक समय नहीं लगेगा!"

वे तीनों भवन से निकलकर टहलते हुए समुद्र-तट तक पहुँच गये। वहाँ एक टीले पर बैठकर वे काफ़ी देर तक इधर-उधर की गप हाँकते रहे। बृज ने देखा कि द्रोण जी की बातचीत का ढंग बिलकुल ही बदला हुआ है। उसने अनुभव किया कि द्रोण जी जान-बूझकर अभिनय करने लगते हैं और ऐसा करने में उन्हें आनन्द भी आता है।

सूर्यास्त गया और चाँद की चाँदनी ने धरती की प्रत्येक वस्तु पर दूधिया प्रकाश का छिड़काव कर दिया तो डॉम-गार्शिया बोला, "अब हमें चलना चाहिए।"

वे उसी समय लौट आये और फिर बृज तथा डॉम-गार्शिया घोड़ों पर सवार होकर वहाँ से चल दिये।

यद्यपि वे पगडण्डियों पर होकर जा रहे थे, फिर भी उन्हें अपना मार्ग बिलकुल स्पष्ट दिखायी दे रहा था। आसपास झाड़ियों में झींगुर बोल रहे थे। कहीं दूर से गीदड़ों के चिल्लाने की आवाज़ें आ रही थीं। चाँदनी में उन्होंने दो साँप भी देखे जो उनका मार्ग काटते हुए घास में विलुप्त हो गये। कहीं-कहीं कोई गाँव भी दिखायी दे जाता था, जिसके पास हरी-भरी खेतियाँ लहलहाती दृष्टिगोचर होती थीं।

घोड़े धरती के वक्ष पर ऐसे चले जा रहे थे जैसे तेज़ कैंची कपड़े को काटती हुई निकल जाती है। डॉम-गार्शिया के पास बातों का भण्डार था। उसके पास कोई गम्भीर विषय नहीं था, फिर भी छोटे-छोटे विषयों पर बड़ी रोचक बातचीत करना

जानता था। उसने अपने जीवन की कुछ हलकी-फुलकी मनोरंजक घटनाएँ सुनायीं। बृज को कम-से-कम इतना आराम रहा कि डॉम-गार्शिया ने उसे बात करने का अवसर ही नहीं दिया और न उससे उलटे-सीधे प्रश्न पूछे।

इस तरह चलते-चलते बृज ने सुप्रिया के विषय में वह घटना सुनायी जो घर के सरोवर के तट पर घटी थी और कंचन ने धीरे-धीरे उसके वस्त्र उतरवाये थे। यह बात सुनाकर बृज ने कहा, ''यह घटना मनोरंजक तो है ही, परन्तु मेरी समझ में नहीं आया कि कंचन जी को यह बात सूझी कैसे और इसमें उनका उद्‌देश्य क्या था।''

डॉम-गार्शिया ने अपने स्वभाव के अनुसार सिर पीछे फेंककर ज़ोरदार क़हक़हा लगाया और घोड़ा उसके निकट लाकर रहस्यपूर्ण स्वर में कहने लगा, ''आपकी कंचन जी उन स्त्रियों में से हैं जिन्हें पुरुषों से इतना प्रेम नहीं होता जितना स्त्रियों से...कुछ समझे आप?''

बृज कुछ नहीं समझा। उसकी यह दशा देखकर डॉम-गार्शिया ने फिर कहा, ''कोई बात नहीं; अभी आपकी आयु ही कितनी है, धीरे-धीरे सब-कुछ समझ में आ जायेगा—अरे हाँ! आपको स्मरण है कि जिस रात हम लोग द्रोण जी के यहाँ एकत्र हुए थे, द्रोण जी ने कंचन जी पर कटाक्ष किया था। उन्होंने कहा था कि कंचन जी की दृष्टि से आपमें एक बात की कमी है कि आप लड़की नहीं है—स्मरण आया?''

बृज ने 'हाँ' में सिर हिला दिया, परन्तु उसे यह विषय अत्यन्त विचित्र-सा लगा। उसे डॉम-गार्शिया की बात पर विश्वास भी नहीं हुआ। इसीलिए उसने रुख़ पलटकर कहा, ''मुझे पता चला है कि कंचन जी को आपकी सुनायी हुई एक कथा से प्रोत्साहन मिला था।''

''मेरी सुनायी हुई कथा?''

''जी हाँ, किसी देवी इश्तर की कथा थी वह।''

''ओह! स्मरण आया...'' यह कहते-कहते डॉम-गार्शिया के शब्द एक ऊँचे क़हक़हे में खो गये। उसने फिर कहना आरम्भ किया, ''सम्भव है, सम्भव है।''

''तो देवी इश्तर की कथा क्या है?''

''आपने कंचन जी से कुछ नहीं पूछा?''

''पूछा तो था, परन्तु उन्होंने कहा कि यह कथा सुनने का आनन्द लेना हो तो डॉम-गार्शिया जी से ही सुनो।''

''आहा! तो यह बात है! इसका अर्थ तो यह हुआ कि मैं अच्छा कथावाचक भी समझा जाता हूँ।''

बृज ने मुस्कराकर कहा ''लगता तो ऐसा ही है।''

ज्ञात होता था कि डॉम-गार्शिया अपने सम्बन्ध में यह बात सुनकर अत्यन्त प्रसन्न हुआ। उस रात उसके पास टिके रहने से बृज को ज्ञात हुआ कि डॉम-गार्शिया

को स्त्रियों के विषय में वार्त्तालाप करना अत्यन्त प्रिय है। यह विषय चल निकले तो उसकी जिह्वा पर सरस्वती आ बैठती है—डॉम-गार्शिया ने उत्तर दिया, "अच्छा, आज यह कथा भी सुना डालूँगा। पहले तो घर पर चलकर देखें कि किस-किस प्रकार के व्यंजन तैयार हो रहे हैं। फिर थोड़ी-सी मदिरा का चक्र चलेगा...आप मदिरा से भागते तो नहीं हैं?"

बृज ने मदिरा चखी तो थी, परन्तु उसे इसका व्यसन नहीं था। जब से वह द्रोण जी के साथ था, प्रत्येक सन्ध्या को द्रोण जी के साथ वह भी चार-छह घूँट पी लेता था। द्रोण जी का कहना था कि संसार में न तो किसी वस्तु से भागना चाहिए और न किसी के चंगुल में फँसना चाहिए। उसने उत्तर दिया, "थोड़ी-बहुत पीने में मुझे कोई आपत्ति नहीं होगी, वैसे मुझे इसका व्यसन नहीं है।"

"मुझे तो इसका व्यसन है। पीता हूँ—और पी-पीकर जब तक उन्माद में डूब न जाऊँ तब तक मुझे आनन्द नहीं आता। परन्तु मैं आपको विवश नहीं करूँगा कि आप बहुत अधिक पियें। जितनी पीकर आप तरंग में आ जायें, उतनी ही ठीक रहेगी—हाँ तो मैं कह रहा था कि थोड़ा-सा मदिरा का चक्र चलेगा। आज मैंने कुछ धीवर युवतियों को बुला रखा है, जो हमारे सामने नृत्य भी करेंगी और गीत भी गायेंगी। उनके गीत ठीक ढंग से समझ में तो नहीं आते, परन्तु होते अत्यन्त सुन्दर हैं।"

जब वे घर पर पहुँचे तो बृज ने देखा कि हर जगह कई-कई दीपक जल रहे हैं, जिसके कारण घर जगमगा रहा है। जाते ही डॉम-गार्शिया ने रसोइये को बुलाया। रसोइया एक गोवानी था। अधेड़ आयु, आगे को लटकी हुई तोंद, बड़ा ही ढीला-ढीला, माथे के ऊपर बाल, चँदिया गंजी, चेहरे पर शीतला के इतने गहरे-गहरे दाग़ कि कम-से-कम बकरे की आधी रान का क़ीमा उनमें समा सकता था। ऐसे रूप-रंग के साथ उसकी फैली हुई भद्दी नाक के ऊपर एक बड़ा-सा मस्सा भी था। डॉम-गार्शिया ने बृज के कान में फुसफुसाकर कहा, "मेरा रसोइया जितना कुरूप है, उतना ही पाक-कला में निपुण भी है।"

तब उसने रसोइये की ओर देखकर कहा, "कहो कुछ रींधना आरम्भ किया है या नहीं।"

रसोइये ने खरखराते स्वर में कई पकवानों के नाम सुना दिये। तब आतिथेय ने कहा, "हम पिछवाड़वाले प्रांगण में बैठते हैं, तुम केकड़े के चटपटे पकौड़े भिजवाओ...।"

रसोइया चला गया तो आतिथेय ने अतिथि की ओर सिर झुकाकर कहा, "मदिरा के साथ केकड़े के पकौड़े बहुत आनन्द देते हैं।"

डॉम-गार्शिया अतिथि का हाथ थामे कुछ कक्षों में से होता हुआ पिछवाड़े के प्रांगण में पहुँचा। उसके रंग-ढंग से बृज ने अनुमान लगाया कि डॉम-गार्शिया पर्याप्त

धन पैदा कर रहा है। उसने सोचा कि जब इसका यहाँ पर यह हाल है तो विजयनगर में न जाने कितने ठाठ से रहता होगा!

प्रांगण के एक सिरे पर लगभग एक हाथ ऊँची वेदी बनी हुई थी, इतनी बड़ी कि उस पर तीस-पैंतीस व्यक्ति ख़ूब फैलकर बैठ सकते थे। वेदी पर बड़े-बड़े गद्दे बिछे थे और उन पर सफ़ेद चादरें, जिन पर तकिये रखे थे। डॉम-गार्शिया ने विजयनगर के धनिकों का-सा ठाठ अपना रखा था। वेदी के आगे एक खुला-सा मैदान था, जिसकी घास खुदी हुई थी और धरती की नर्म मिट्टी साफ़ दिखायी दे रही थी। उस टुकड़े के चारों ओर मशालें जल रही थीं।

डॉम-गार्शिया ने आँखों-ही-आँखों में अनुमान लगाया और फिर एक दास से पूछा, "वो धीवर युवतियाँ अभी तक नहीं पहुँचीं क्या?"

दास ने सिर झुकाकर उत्तर दिया, "आती ही होंगी, स्वामी।"

"आज मेरे अतिथि के मनोरंजन के लिए यदि वे युवतियाँ न पहुँचीं तो स्मरण रखो कि मैं कोड़े मार-मारकर तुम लोगों की चमड़ी उधेड़ दूँगा।"

तब उसने अतिथि का हाथ पकड़कर कहा, "आइये, पहले मुँह-हाथ धोकर तनिक थकान दूर कर लें।"

जब वे मुँह-हाथ धोकर लौटे तो देखा कि उस वेदी पर मधु-पान का पूरा सामान रखा है और एक बड़ी थाली में केकड़े के पकौड़े भाप उड़ा रहे हैं और दूसरी थाली में सिरके में डूबी हुई छोटी-छोटी मछलियाँ सुगन्ध छोड़ रही हैं। वे दोनों वेदी पर बैठ गये तो डॉम-गार्शिया ने पात्रों में मदिरा उँड़ेली और एक मधु-पात्र बृज की ओर बढ़ाते हुए वह बोला, "अरब लोगों के साहित्य में हम पढ़ते हैं कि किसी व्यक्ति के हाथ ऐसा गलीचा लग जाता है जिस पर बैठो तो वह हवा में उड़ने लगता है।...आज ऐसे गलीचे पर बैठे बिना ही मैं आपको हवा में उड़ाकर आकाश की सैर कराऊँगा।"

बृज ने सोचा कि यह तो बिना पिये ही बहकने लगे और वह मुस्कराते हुए बोला, "कैसे?"

डॉम-गार्शिया ने बृज के हाथ में थमे हुए मदिरा-पात्र को अपनी उँगलियों का सहारा देकर उसके होंठों तक पहुँचाते हुए उत्तर दिया, "ऐसे।"

इसके बाद वे लोग मदिरा की चुस्कियाँ लेने लगे और थोड़ी ही देर में दोनों पर मादकता छा गयी। डॉम-गार्शिया की उँगली में अँगूठी का एक हीरा देखकर बृज ने पूछा, "आपकी बातों से पता चलता है कि आप कई देशों में भ्रमण कर चुके हैं। मुझे किसी ने बताया था कि विजयनगर के उत्तर में बहुत दूर जाकर पर्वतों की एक श्रेणी है जिसके भीतर एक ऐसी घाटी है जो उत्कृष्ट रत्नों से अटी पड़ी है, परन्तु वहाँ कोई व्यक्ति पहुँच नहीं सकता...।"

डॉम-गार्शिया ने उसकी बात बीच में ही काटते हुए कहा, "मैंने भी यह बात सुनी है, परन्तु मुझे इस पर विश्वास नहीं है—वास्तव में कई देशों के लोग ऐसी कहानियाँ सुनाया करते हैं। अरबी साहित्य में एक चरित्र है जो सिन्दबाद जहाज़ी के नाम से प्रसिद्ध है। उसके विषय में कहा जाता है कि उसने जीवन में सात बड़ी-बड़ी यात्राएँ कीं। अपनी एक यात्रा में वह भी इसी प्रकार की एक घाटी का उल्लेख करता है। मैं समझता हूँ कि वह कथा भी काल्पनिक ही है। धन का लोभी मनुष्य अपनी कल्पना में इस प्रकार की नयी-नयी कहानियाँ गढ़ता रहता है। यूनान, मिस्र, बाबुल और असीरिया के देशों में अद्भुत लोककथाएँ प्रचलित हैं! उन्हें सुनिये तो बस चकित रह जाइये...।"

बृज शीघ्रता से बोला, "इश्तर भी तो इन्हीं में से किसी देश की देवी मानी जाती है।"

"जी हाँ, वह भी बाबुलवासियों की देवी मानी जाती हैं। वह आनू की बेटी थी और यह माना जाता है कि सारे संसार में धान्यों, वृक्षों तथा शस्यों की उत्पत्ति इसी देवी के कारण होती है। वह प्रेम और युद्ध की देवी भी मानी जाती हैं।"

डॉम-गार्शिया बृज की अपेक्षा बड़ी जल्दी-जल्दी मदिरा के प्याले अपने कण्ठ में उँड़ेल रहा था और काफ़ी तरंग में दिखायी देता था। अवसर देखकर बृज ने कहा, "आख़िर देवी इश्तर की कथा क्या है—मैं उसे सुनने के लिए उत्सुक हो रहा हूँ।"

डॉम-गार्शिया ने नशे में डूबी हुई आँखें बृज की आँखों में डाल दीं और एक मस्त क़हक़हा लगाते हुए बोला, "आहा! तो मुझे देवी इश्तर की कहानी सुनानी ही पड़ेगी!...अधिक सही शब्दों में उसके प्रेम की कहानी...।"

"प्रेम?"

"जी हाँ...मित्र, एक वह भी युग था कि देवी और देवता आज की तरह संसार और यहाँ के रहनेवालों से दूर-दूर नहीं रहते थे, अपितु वे हमारे संसार में आते थे, लोगों से मिलते-जुलते थे, अपने भक्तों का उत्साह बढ़ाते थे—या कम-से-कम प्रेम करने के लिए तो उन्हें अवश्य ही आना पड़ता था। कभी किसी देवता का यहाँ कि किसी युवती से प्रेम हो जाता था; जैसे यूनानियों के एक देवता फीबस अपालो को डैफनी से प्रेम हो गया था। अपालो पुंजातीय सौन्दर्य का देवता था, फिर भी डैफनी के हृदय को जीत न सका। अपालो का काम यह था कि वह प्रात: काल सूर्य देवता का रथ हाँकता हुआ पश्चिम तक ले जाता और फिर सन्ध्या होते ही वह डैफनी की प्रतीक्षा में कहीं-न-कहीं छिपकर बैठ जाता। डैफनी ने कभी उसकी प्रेम की बातों की ओर ध्यान नहीं दिया, यहाँ तक कि एक दिन जब अपालो ने उसे अपनी बाँहों में ले लिया तो डैफनी ने एक वृक्ष का रूप धारण कर लिया—देवियों में अरोरा का धरती के एक युवक टिथॉनस से प्रेम हो गया। देवी अरोरा का काम यह था कि वह हर सुबह सूर्य के रथ के लिए पूर्व का फाटक खोल देती। उस समय, प्रतिदिन,

उसकी दृष्टि टिथॉनस पर पड़ती। वह उस पर मोहित होकर उसे ओलिम्पस के पहाड़ पर देवलोक में ले गयी और उसके लिए उसने अमृत प्राप्त करके पिला दिया। टिथॉनस अमर तो हो गया परन्तु उसका बुढ़ापा न रुक सका, यहाँ तक कि वह इतना बूढ़ा और निकम्पा हो गया कि अरोरा ने उसे झींगुर बनाकर धरती पर भेज दिया और आज तक वह झींगुर प्रातःकाल देवी अरोरा के आने पर बोलता रहता है...।''

बृज डॉम-गार्शिया की एक-एक क्रिया-प्रतिक्रिया को बड़े ध्यान से देख रहा था। उसके होंठ कैसे बल खाते हैं, उसकी भौहों पर कैसे उतार-चढ़ाव आते हैं, उसके नेत्र कैसे कभी बन्द हो जाते हैं, कभी अधखुले रह जाते हैं, कभी पूरी तरह खुलकर चमक उठते हैं और लम्बी मोटी उँगलियोंवाले उसके हाथ हर वाक्य के साथ कैसी-कैसी मुद्राएे बनाते हैं।—बातें करते-करते डॉम-गार्शिया रुका, उसने मधु-पात्र को मदिरा से भरा और आधा पात्र कण्ठ में उँड़ेलकर कहने लगा, ''इसी तरह आनू की पुत्री इश्तर को भी तामूज़ से प्रेम हो गया। तामूज़ गड़ेरिया था, परन्तु बरबत बजाने में अत्यन्त निपुण था। पहाड़ियों की ढलानों पर जब उसकी भेड़ें इधर-उधर फैली हुई घूम-घूमकर घास चरा करती थीं तो सुन्दर युवक तामूज़ किसी टीले पर बैठा बरबत बजाया करता था। उसके बरबत के संगीत से वातावरण में मादकता-सी छा जाती और उड़ते हुए पक्षी रुक जाते। एक बाधा यह उत्पन्न हुई कि पाताल की देवी अलातो भी तामूज़ पर मोहित हो गयी। इस प्रकार दोनों देवियों में खींच-तान चल पड़ी...।''

रात के सन्नाटे में डॉम-गार्शिया की बहकी-बहकी आवाज़ में जादू का आभास हो रहा था। बृज ने एक तकिये पर कोहनी टिकाकर पूछा, ''अच्छा तो फिर क्या हुआ?''

डॉम-गार्शिया ने दोनों हाथ आकाश की ओर उठाये, उसके चेहरे पर दुःख और पीड़ा के चिह्न उभर आये और वह भारी स्वर में बोला, ''तामूज़ मर गया।''

बृज के हृदय को जैसे धक्का-सा लगा। वह डॉम-गार्शिया के शब्दों और स्वर के ताने-बाने में उलझकर रह गया था। उसकी भौंहें ऊपर को उठ गयीं। आतिथेय ने फिर कथा आरम्भ कर दी, ''हर किसी को मरने के बाद पाताल में जाना पड़ता था। वहाँ अँधेरा-ही-अँधेरा था और खाने को कीचड़ मिलती थी। तामूज़ भी पाताल में पहुँच गया तो देवी इश्तर विरह में विक्षिप्त-सी होकर उसे संसार के कोने-कोने में खोजती हुई अन्ततोगत्वा पाताल में पहुँची, जहाँ अलातो का राज्य था। द्वारपाल ने देवी इश्तर को रोका और बताया कि किसी को भी बिना अलातो की आज्ञा के राज्य में प्रवेश नहीं करने दिया जाता। इश्तर ने बताया कि वह कौन है। अब द्वारपाल अलातो के पास पहुँचा। अलातो मन में प्रसन्न हुई कि इश्तर से बदला लेने और उसका निरादर करने का यह अच्छा अवसर है। उसने द्वारपाल को आज्ञा दी कि

इश्तर केवल बिलकुल निर्वस्त्र होकर ही मेरे समक्ष आ सकेगी। विरह की मारी इश्तर वापस कैसे लौट जाती...?''

यहाँ तक पहुँचकर डॉम-गार्शिया मौन हो गया। अब वह नशे में काफ़ी बहक चुका था। वह अपना लड़खड़ाता हुआ हाथ उठाकर बोला, ''यदि आप इससे आगे की कथा सुनना चाहते हैं तो आपको हर बार पूछना पड़ेगा कि पहले फाटक से लेकर सातवें फाटक तक क्या हुआ, नहीं तो हम कथा नहीं सुनायेंगे...।''

बृज ने देखा कि उसकी आँखें चढ़ी हुई हैं और उस पर शराबियोंवाली धुन सवार है, तो वह मुस्कराकर बोला, ''अच्छा तो पहले फाटक पर क्या हुआ?''

इस पर डॉम-गार्शिया प्रसन्न होकर हँसा। उसका स्वर खड़खड़ा रहा था और हँसी उसके वश से बाहर होती जा रही थी, ''मित्र, पहले फाटक पर द्वारपाल ने उसके सिर पर रखा हुआ मुकुट उतार लिया। मुकुट के हट जाने से उसके बोझिल, घने और लम्बे बाल ऐसे नीचे गिरे जैसे भूचाल आ जाने पर बड़े-बड़े पहाड़ों की चोटियों से मानों बर्फ़ गिरती है...केवल रंग का अन्तर था।''

''दूसरे फाटक पर क्या हुआ?''

''दूसरे फाटक पर इश्तर के कानों की बालियाँ उतार ली गयीं। उसके कानों की लवें ऐसी थीं जैसे घी के दीपक की लौ, जिनमें बालियाँ द्वितीया के चन्द्रमा की-सी मुद्रा बनाये हुए थीं और उन बालियों में नक्षत्रों की भाँति छोटे-छोटे सच्चे मोती थे। बालियों के उतर जाने का परिणाम यह हुआ कि कानों के आसपास अँधेरा छा गया। और यह अँधेरा बालों की घटाओं के कारण और भी गहरा हो गया।''

''अच्छा तो तीसरे फाटक पर क्या हुआ?''

''देवी इश्तर के कण्ठ से रत्नों की माला उतार दी गयी। नीचे दूधिया सरोवर दिखायी देने लगा। जो रत्न उसके उज्ज्वल वक्षस्थल पर बेसुध पड़े रहते थे, जब उन्हें वहाँ से अलग होना पड़ा तो वे सटपटाकर रह गये।''

''चौथे फाटक पर क्या बीती?''

''उसके कण्ठ के बचे-खुचे आभूषण भी उतर गये। पहले देवी की ठुड्डी पर उन आभूषणों के रंग-बिरंगे रत्नों की रंगीन परछाइयाँ आँख मिचौनी खेला करती थीं, परन्तु अब नग्न वक्ष के चौंधिया देनेवाले प्रकाश में ठुड्डी दूध से भरे प्याले की भाँति जगमगा उठी।''

''बेचारी इश्तर देवी का पाँचवें फाटक पर क्या हुआ?''

''अत्याचारियों ने उसका जड़ाऊ कटिबन्ध उतार फेंका। इसी कटिबन्ध ने उसके लम्बे अंगवस्त्र को समेट रखा था, जब यह ही न रहा तो अंग-वस्त्र भी खुलकर इधर-उधर उड़ने लगा और रह-रहकर उसकी नाभि यूँ झलक दिखाने लगी जैसे झीने बादलों के पीछे भोर का तारा अपनी झलक दिखाता है।''

"छठे फाटक पर क्या हुआ?"

"देवी की कलाइयों के कंगन उतारे गये। ये वे कंगन थे जिनकी झंकार का स्वर सुनकर बड़े-बड़े वीर सिर झुका देते थे। फिर उसके पाँवों के नूपुर भी अलग कर दिये गये। जब देवी ये नूपुर पहनकर धरती के वक्षस्थल पर हलके-फुलके क़दमों से चलती थी तो जहाँ तक नूपुरों की छनन्-छनन् का स्वर पहुँचता, वहाँ तक हरियाली-ही-हरियाली हो जाती, फूल-ही-फूल खिल जाते।"

बृज ने गहरी साँस लेकर पूछा, "जब देवी इश्तर सातवें फाटक पर पहुँची तो?"

"तो उसका अधोवस्त्र भी उतार दिया गया। साँचे में ढला हुआ उसका वह शरीर, जिसे देखने के लिए चाँद और सितारों की आँखें तरसती थीं, अब उस पर पाताल के अँधेरे में रहनेवाले कलुषित जीवों की कुत्सित आँखें पड़ रही थीं। सम्भवत: इसी कारण से या अलातो की दुष्टता से इश्तर के शरीर में अनेक रोग उत्पन्न हो गये—मित्र! यह है देवी इश्तर के पाताल में पहुँचने की कथा।"

बृज ने कुछ उत्सुक होकर पूछा, "तो क्या देवी इश्तर की तामूज़ से भेंट नहीं हो सकी?"

"यह तो मैं नहीं जानता, परन्तु इश्तर की यह दुर्दशा देखकर 'ए' और 'सिन' जैसे शक्तिशाली देवताओं ने नादू शूनामर को पाताल में भेजा और अलातो के विरोध करने पर भी इश्तर को छुटकारा मिल गया। यदि इश्तर को न छुड़ाया जाता तो संसार की सारी हरीतिया, अन्न, पेड़-पौधे और रंग-बिरंगे फूल सदा के लिए समाप्त हो जाते और फिर कभी न उगते।"

उस स्तब्ध रात में जब कि आकाश पर तारे जुगनुओं की भाँति फैले हुए थे और चाँद सोने के थाल की तरह दिखायी देता था, दूर नारियल के झुण्डों में से हवा सायँ-सायँ करके चल रही थी—यह कथा सुनकर बृज एक नये ही संसार में पहुँच गया। अनोखा, अछूता, अतीत की धुन्ध में खोया हुआ यह संसार बृज के मन को बड़ा अच्छा लगा।

इतने में दूर से हलके-हलके क़हक़हों के स्वर आने लगे थे। जिस दास को डॉम-गार्शिया ने चमड़ी उधेड़ देने की धमकी दी थी, वह भागा-भागा आया और हाँफते हुए बोला, "श्रीमान, वे धीवर युवतियाँ आ गयी हैं।"

डॉम-गार्शिया ने अपने मधु-पात्र पर से सिर उठाया और रक्ताभ नेत्रों से दास की ओर देखा, फिर स्वर लटकाकर नशे में धुत्त बोला, "आ गयीं?"

"जी।"

"चलो अच्छा हुआ, तुम्हारी चमड़ी बच गयी।"

बृज ने देखा कि दूर से चाँदनी में नहायी हुई कुछ किशोरियाँ चली आ रही हैं जो एक-एक बात पर चार-चार क़हक़हे लगाती हैं। कमर में उन्होंने उज्ज्वल वस्त्र लपेट रखे थे और कमर से ऊपर आभूषणों के सिवा और कोई वस्त्र नहीं था।

करधनी, बाज़ूबन्द, कड़े, मालाएँ, कुण्डल आदि सभी आभूषण थे, परन्तु वे सस्ते प्रकार के थे। श्रृंगार की दो वस्तुएँ ऐसी थीं जो बृज ने पहले नहीं देखी थीं; एक तो चाँदी की बनी हुई हँसलियाँ जो उनकी साँवली सलोनी गर्दनों पर अजब बहार दिखा रही थीं, और दूसरे उन्होंने अपने बालों में जूड़े के ऊपर एक ऐसा फैला हुआ आभूषण पहन रखा था, जो सिर के पीछे एक आला-सा बनाता था, और ऐसा लगता था जैसे सिर में से सूर्य की किरणें फूट-फूटकर इधर-उधर फैल रही हों। उनके वक्ष ऐसे दिखायी देते थे जैसे वहीं की काली मिट्टी के छोटे-छोटे, गोल-गोल, सुडौल प्याले उलटे रखे हुए हों। उनके साथ चार पुरुष भी थे, जिनमें से दो डफ बजानेवाले थे, एक नफीरी बजानेवाला और चौथा एक प्रकार का तारोंवाला वाद्य-यन्त्र बजाता था।

जब वे बिना घासवाले मैदान में पहुँचे तो दास ने तनिक आगे बढ़कर धीमे स्वर में कहा, ''तुम लोगों ने बहुत देर लगा दी—स्वामी क्रुद्ध हो रहे थे।''

उन सबों ने सिर झुकाकर नमस्कार किया—और फिर दो व्यक्ति डफलियों पर अपनी उँगलियों को ताल के अनुसार पटकने लगे। युवतियों ने एक साथ क़दम उठाये, झिझक-झिझककर कभी आगे बढ़ीं, कभी पीछे को हटीं; उन्होंने कभी धरती की ओर देखकर, कभी तारों से आँखें लड़ाकर हलके-फुलके गीत गाने आरम्भ कर दिये। स्वर और ताल और लड़कियों की चकफेरियों से ऐसा समाँ बँधा जैसे संगीत की फुलझरी छूट रही हो।

यह महफ़िल काफ़ी देर तक जमी रही। फिर डॉम-गार्शिया ने आज्ञा दी कि इन सबको अच्छे-से-अच्छा खाना खिलाया जाये और इन्हें पुरस्कार देकर विदा किया जाये।

इसके बाद वे दोनों एक कक्ष में गये जहाँ भोजन परोसा जा चुका था। 'न न' करते भी बृज ने इतनी पी ली थी कि उसे अच्छा-खासा नशा हो गया था। पकवान अनोखे और स्वादिष्ट थे, कुछ इस कारण और कुछ नशे की झोंक में वह आवश्यकता से अधिक ही खा गया। जिसका परिणाम यह निकला कि जब वह बिछौने पर लोट-पोट हुआ तो उसकी आँख उस समय खुली जब सूर्य काफ़ी ऊँचा चढ़ आया था।

वह जल्दी से उठा, नहा-धोकर तैयार हुआ तो दास ने जलपान उसके आगे रख दिया। उसने डॉम-गार्शिया के विषय में पूछा तो वह बोला, ''स्वामी बहुत देर से उठते हैं।''

बृज ने चुपचाप जलपान कर लिया। फिर वह डॉम-गार्शिया के जागने की प्रतीक्षा करता रहा। अन्त में उसने दासों से कहा तो किसी को इतना साहस नहीं हो सका कि स्वामी को जगा दे।

बृज ने सोचा कि बिना आतिथेय से मिले विदा हो जाना बड़ी अशिष्टता की बात होगी। वह दासों को भी विवश नहीं कर सकता था कि अपने स्वामी को जगायें। अन्त में उसने यह उत्तरदायित्व अपने ऊपर ले लिया और डॉम-गार्शिया के कक्ष में घुसा तो देखा कि वह अभी तक गहरी नींद या बेहोशी में बिछौने पर पड़ा है। बृज ने बिछौने

के किनारे पर बैठते हुए उसे कन्धे से पकड़कर हिलाया। काफ़ी हिलाने-डुलाने के बाद डॉम-गार्शिया ने लाल-लाल आँखों से उसकी ओर देखा तो बृज बोला, ''मैं वापस जा रहा हूँ। मुझे पता चला कि आप काफ़ी देर तक विश्राम करते हैं, इसलिए आपको कोई जगाता नहीं। परन्तु आप से मिले बिना यहाँ से चले जाना मुझे अच्छा नहीं लगा...।''

डॉम-गार्शिया मुस्कराता हुआ उठ बैठा। उसके बाल उलझे हुए थे और उसका स्वर लड़खड़ा रहा था, ''देखो बृज, आज से हम मित्र हुए। अब 'आप' के बजाय 'तुम' चले तो तुम्हें इस पर क्या आपत्ति हो सकती है?''

बृज ने उसके कन्धे को थपथपाते हुए कहा, ''मुझे कोई आपत्ति नहीं होगी।''

डॉम-गार्शिया ने लड़खड़ाता हुआ क़हक़हा लगाया, ''देखो, अब द्रोण जी वापस जायेंगे तो तुम उनके साथ कदापि नहीं जाओगे। तुम अपने प्यारे बुड्ढे के पास काफ़ी दिन रह चुके हो, अब कुछ दिनों के लिए मेरे साथ रहना होगा। जब हम वापस विजयनगर पहुँच जायेंगे तो फिर हम दोनों अपने प्रिय और आदरणीय बुड्ढे...अर्थात् द्रोण जी के दर्शन करने चलेंगे।—देखो अस्वीकार मत करना, नहीं तो तुम्हारे मित्र का हृदय भंग हो जायेगा—।''

बृज ने उसका हाथ अपने हाथ में लेते हुए कहा, ''मैं तो रमता जोगी हूँ, जो प्रेम से बुलाये उसी के पास रह जाता हूँ, परन्तु कहीं द्रोण जी यह न सोचें कि आया मेरे साथ था...।''

डॉम-गार्शिया ने बीच में ही बात काटकर कहा, ''इस बात की चिन्ता न करो। यदि तुम्हें कोई आपत्ति नहीं है तो द्रोण जी से अनुमति मैं प्राप्त कर लूँगा...अच्छा, यात्रा सुखद हो!''

इतना कहकर डॉम-गार्शिया फिर शय्या पर लुढ़क गया और बृज अपने घोड़े की ओर बढ़ा जो इस समय दमकते हुए मेघ-खण्ड की भाँति दिखायी दे रहा था।

४

आकाश में मानो एक अनोखा कौतुक हो रहा था। दर्शकों के समक्ष जैसे एक अत्यधिक विशाल रंगमंच सजा हुआ था। बादल दूर-दूर से आते और कई प्रकार के रूप धारण करते और फिर घुल-मिल जाते। कभी झील बन जाती, कभी ऊँटों का सार्थवाह, कभी युद्ध को प्रयाण करती हुई सेना, कभी नर्तकियों की मण्डली...इस तरह असंख्य आकृतियाँ बनतीं, फिर बिगड़तीं तो उन्हीं आकृतियों में से नयी आकृतियाँ जन्म ग्रहण करतीं और कभी प्रकृति के हाथ सब-कुछ मिटाकर नये-नये चित्र बनाने लगते...।

द्रोण जी और बृज चुपचाप बैठे यह कौतुक देख रहे थे। आज प्रात:काल बृज डॉम-गार्शिया के यहाँ से लौटा था। सारा दिन द्रोण जी अत्यन्त व्यस्त रहे, सन्ध्या हुई तो वे दोनों घूमने के लिए निकल पड़े। समुद्र के निकट एक टीला पसन्द आया तो उस पर चढ़कर बैठ गये। अस्ताचल को जाते हुए सूर्य के प्रकाश में द्रोण जी के सिर का गुम्बद ऐसे दमक रहा था जैसे उनके कपाल के अन्दर सहस्त्रों दीप लौ दे रहे हों।

बृज ने धीरे-धीरे रात की बात सुनानी आरम्भ की, तो द्रोण जी बोल उठे, ''अरे हाँ, बृज आज सारा दिन तो सिर खुजाने का भी अवकाश नहीं मिला सका। बताओ तो सही कि वहाँ कैसी बीती। यद्यपि मैं कल्पना कर सकता हूँ कि वहाँ क्या-क्या हुआ होगा, फिर भी तुम्हारे मुँह से सुनना चाहता हूँ।

बृज ने आरम्भ से अन्त तक सब-कुछ कह सुनाया। फिर उसने प्रात: की बात बतायी, ''विदा होते समय डॉम-गार्शिया ने इच्छा प्रकट की कि मैं आपके साथ लौटने का विचार छोड़ दूँ और जब आप विजयनगर चले जायें तो मैं कुछ दिन उनके साथ व्यतीत करूँ—मैंने तो आपका नाम लेकर टालना चाहा, परन्तु उन्होंने...।''

''कहा होगा कि हम अपने प्यारे बूढ़े से आज्ञा ले लेंगे...।''

द्रोण जी बृज का वाक्य पूरा करके मुस्कराये और कहने लगे, ''मेरा मत यह है कि तुम अवश्य उसके साथ कुछ दिन व्यतीत करो। ऐसे व्यक्ति की शिक्षा और उसके अनुभव सदा ही अधूरे रह जाते हैं जो दूसरों से कतराता है।''

''जी नहीं, कतराने की कोई बात नहीं, परन्तु मुझे ऐसा लगा कि हम दोनों में कोई ऐसी बात नहीं है जो समान हो। हमारे अनुभव नितान्त भिन्न हैं।''

''केवल अपने अनुभवों में खोये रहना भी किसी रोग से कम नहीं है। इस प्रकार मनुष्य अपने अनुभवों का बन्दी बनकर रह जाता है। मेरी इच्छा है कि जब उसने बुलाया ही है तो तुम उसका निमन्त्रण स्वीकार कर लो—तुम दोनों के अनुभवों में जो अन्तर है उसका अनुमान मैं लगा सकता हूँ, परन्तु इसका यह परिणाम नहीं होना चाहिए कि तुम दोनों मिलकर इकट्ठे बैठ ही न सको। जिस प्रकार तुम्हें डॉम-गार्शिया विचित्र व्यक्ति दिखता है, यही धारणा उसे तुम्हारे विषय में भी हो सकती है। परन्तु फिर भी वह तुम्हारे साथ कुछ दिन व्यतीत करने के लिए उत्सुक हो रहा है। इसका अर्थ यह है कि उसके दृष्टिकोण में अधिक नमनीयता है और बिना नमनीयता के कोई भी दृष्टिकोण अभिशाप का रूप धारण कर लेता है।''

बृज चुप रहा। वह चाहता था कि द्रोण जी की बात को बीच में न टोके, ताकि वे बोलते चले जायें। वही बात हुई, द्रोण जी ने कहना आरम्भ किया, ''एक बात सदा स्मरण रखो कि प्राय: लोग उस व्यक्ति की भाँति होते हैं जो नहीं जानता कि वह अनेकों कक्षोंवाले विशाल भवन में रह रहा है। वे जिस कक्ष में होते हैं, उसी को सम्पूर्ण भवन समझते हैं। भवन के अन्य कक्षों की ओर उनका ध्यान ही नहीं

जाता। उन्हें कभी ध्यान नहीं आता कि एक दिन दायें या बायें हाथवाले, या पिछवाड़े के द्वार को खोलकर देखें कि आख़िर उसमें क्या है। यह अन्वेषण बहुत कम लोगों में होती है। इसीलिए वे पूरे भवन से मुँह मोड़कर या उससे उदासीन होकर एक ही कक्ष में सारा जीवन व्यतीत कर देते हैं...।''

द्रोण जी ने अपनी बात अधूरी छोड़ दी, जिससे बृज उनके शब्दों में निहित अर्थ को ग्रहण कर सके।

बृज में इस बात की क्षमता भी थी। वह कुछ देर तक चुप रहा, उनके शब्दों पर विचार करता रहा और इस बात की प्रतीक्षा भी करता रहा कि सम्भवत: वे आगे भी कुछ कहें। परन्तु जब वे कुछ नहीं बोले तो बृज ने कहा, ''प्रत्येक मनुष्य के व्यवहार में कितना अन्तर दिखता है। कभी-कभी मुझे यह प्रश्न अत्यन्त व्याकुल कर देता है कि क्यों एक व्यक्ति एक विशेष ढंग से ही सोचता और कर्म करता है।''

बृज ने कर्म के विषय में कई साधुओं तथा महात्माओं को वाद-विवाद करते सुना था। वह इस सम्बन्ध में द्रोण जी के विचार भी जानना चाहता था।

द्रोण जी ने उत्तर दिया, ''कोई कुछ नहीं कर रहा है। सब-कुछ स्वत: हो रहा है। मनुष्य को ऐसा लगता है कि अपने विवेक से कुछ कर रहा है, अपनी संकल्प-शक्ति से या अपने दृष्टिकोण के अनुसार सब-कुछ कर रहा है। परन्तु यह उसका भ्रम है। सब-कुछ अपने-आप हो रहा है। बिना सोचे-समझे हो रहा है। बिना किसी दृष्टिकोण के और बिना संकल्प-शक्ति के सब-कुछ हो रहा है।''

बृज के मन में उलझन पैदा हुई। उसे ऐसे लगा जैसे द्रोण जी एक बात कहकर, फिर स्वयं ही उसके विपरीत कह रहे हैं। उसने पूछा, ''सम्भवत: आपका आशय यह है कि सारी शक्ति भगवान् के हाथ में है या प्रकृति के हाथ में है, इसलिए जो भगवान् या प्रकृति चाहे वही कुछ होता है। मनुष्य के हाथ में कुछ भी नहीं। यह केवल माया है कि मनुष्य यह समझता है कि वह स्वयं सब-कुछ कर रहा है, सब-कुछ सोच रहा है।''

द्रोण जी ने कहा, ''नहीं, यह बात नहीं है। भगवान् और प्रकृति की बातें बीच में लाने की कोई आवश्यकता ही नहीं है। भगवान् या प्रकृति की ओर से जो कुछ हमें मिलना चाहिए था सो मिल चुका है। अब उनका इसमें कोई हाथ नहीं है।''

बृज को आश्चर्य हुआ, वह बीच में ही बोल उठा, ''आप यह कहना चाहते हैं कि भगवान् है ही नहीं और प्रकृति का हम पर कुछ वश नहीं?''

''मैं भगवान् और प्रकृति के सम्बन्ध में केवल इतना कह रहा हूँ कि उनसे जो कुछ हमें मिलना था, मिल चुका। जहाँ तक मनुष्य का सम्बन्ध है, इसके बाहर की या भीतर की उन्नति बहुत-कुछ मनुष्य पर ही निर्भर करती है। मनुष्य जंगल में उगी हुई घास नहीं है। प्रत्येक वृक्ष एवं पौधे को प्रकृति की इच्छानुसार बढ़ना, फूलना और

फलना पड़ता है; परन्तु मनुष्य की यह स्थिति नहीं है। और जब मनुष्य जान-बूझकर अपनी यह स्थिति बना लेता है तो वह घास-फूस से भी अधम हो जाता है।''

बृज ने कहा, ''क्षमा कीजिये, मेरी समझ में यह बात बिलकुल नहीं आयी। यह मान लिया कि मनुष्य पेड़-पौधों से भिन्न है, परन्तु भगवान् और प्रकृति के आशीर्वाद एवं सहायता के बिना मनुष्य कुछ कर सकता है, इसमें मुझे सन्देह है।''

''मैं बता चुका हूँ कि यदि कोई भगवान् है या प्रकृति का हाथ है तो केवल इतना कि उनसे जो हमें मिल सकता था सो मिल चुका। यह बात यहीं पर समाप्त हो जाती है। मनुष्य की स्थिति एक यन्त्र की-सी है। यह बड़े उच्च स्तर का यन्त्र है। तुमने सरल प्रकार के यन्त्र देखे हैं, जैसे रुई से बिनौले को अलग करनेवाला बेलन या गन्ने में से रस निकालनेवाला बेलन, या कपड़ा बुनने का यन्त्र। बिलकुल इसी प्रकार मनुष्य एक यन्त्र है। यह यन्त्र सरल नहीं, अत्यन्त जटिल है। परन्तु है केवल यन्त्र। हम सभी जानते हैं कि यन्त्र में न तो संकल्प-शक्ति होती है, न अपना दृष्टिकोण बनाने की शक्ति होती है और न अपने-आप कुछ करने की शक्ति होती है। इसी प्रकार मनुष्य का अद्‌भुत यन्त्र समझता यही है कि उसमें सोचने-समझने, कुछ करने या न करने की शक्ति है; परन्तु जब तक यन्त्र है तब तक उससे कुछ नहीं हो सकता।''

बृज को यह बात ठीक ढंग से समझ में नहीं आयी। उसके चेहरे से ही द्रोण जी को इसका पता चल गया। उन्होंने कहा, ''यदि इस समय मेरी यह बात तुम्हारी समझ में नहीं आ रही तो इसमें चिन्ता की कोई बात नहीं। जो बात मैं एक बार कहूँगा, उसे बार-बार कहूँगा। जिस विषय को हम एक बार छू लेंगे, उस पर फिर लौटकर आयेंगे। जिस मार्ग पर हम एक बार चलेंगे, उस पर बार-बार आयेंगे-जायेंगे। इसलिए चिन्तित होने के बजाय एक और बात की ओर ध्यान दो।''

इतना कहकर द्रोण जी टीले से नीचे उतर आये। उन्होंने रेत पर अपनी उँगली से एक वृत्त बना दिया। फिर उसी की सीमा के अन्दर-अन्दर एक-दूसरे के समानान्तर रेखाएँ खींच दीं। जब एक ओर से रेखाएँ खींच चुके, तो दूसरी ओर से उसी प्रकार की रेखाएँ खींच डालीं। फिर कहना आरम्भ किया, ''इस वृत्त की सीमा के अन्दर बहुत-से छोटे-छोटे वर्ग बन गये हैं। मान लो यह पूरा वृत्त बृज है। परन्तु स्मरण रखने की बात यह है कि इसके भीतर बने हुए ये बीसियों वर्ग भी बृज हैं। चाहे वे बृज का एक अंश हों, परन्तु उनकी विशेषता यह है कि उनमें से प्रत्येक अपने-आपको पूरे-का-पूरा बृज समझता है। ये सब-के-सब बृज एक-दूसरे से भिन्न नहीं हैं। वे एक-दूसरे को जानते या पहचानते नहीं हैं। उनका एक-दूसरे से तीव्र विरोध है। इनमें से प्रत्येक का अपना व्यक्तित्व है। जब भी इनमें से किसी एक की शक्ति बढ़ती है तो वह दूसरे अंशों के साथ शत्रुओं का-सा व्यवहार करता है। आवश्यकता पड़ने पर वह दूसरों को कोड़े मार-मारकर गिरा देता है, यहाँ तक कि दूसरे व्यक्तित्व या तो बिलकुल मर जाते हैं या न होने के बराबर रह जाते हैं।—

यह तो स्वीकार करना ही पड़ेगा कि इनमें से प्रत्येक व्यक्तित्व अपने प्रकार का बृज ही है। अर्थात् एक बृज में अनेकों बृज विराजमान हैं। अब फिर प्रश्न उठता है कि इन सब में हम किसे वास्तविक बृज समझें? दूसरों की बात जाने दो, तुम स्वयं इस बात का निर्णय करो कि इनमें से वास्तविक बृज कौन-सा है?''

बृज को अपने सामने बना हुआ मानचित्र अत्यन्त रोचक लगा परन्तु द्रोण जी का प्रश्न ऐसा नहीं था, जिसे वह अच्छी तरह समझ पाया हो और जहाँ तक वह समझ पाया था उसी को सम्मुख रखते हुए वह अपने-आपको कोई भी उत्तर देने के योग्य नहीं समझता था।

उसे उलझन में देखकर द्रोण जी ने फिर कहना आरम्भ किया, ''मेरे बनाये हुए इस मानचित्र को फिर से समझने का प्रयत्न करो। इनमें से एक बृज वह है, जिसे मदिरापान अच्छा लगता है; दूसरा वह है, जिसे मदिरापान बिलकुल पसन्द नहीं है। एक बृज वह है जो कमाकर बहुत-सा धन एकत्र करना चाहता है; दूसरा वह है जो धन से दूर भागता है। फिर एक ऐसा बृज भी है जिसकी न धन में रुचि है न सम्पत्ति में, उसे सुन्दर युवतियों में रुचि है। इस प्रकार अनेक बृज गिनवाये जा सकते हैं। अब बताओ कि इनमें वास्तविक बृज कौन-सा है? किस बृज का स्थान सर्वोच्च होना चाहिए? किस बृज के सम्मुख अन्य सब बृजों को नत-मस्तक होना चाहिए? यदि तुम इनमें से एक बृज पर उँगली रखकर कह दो कि इस बृज का सबसे ऊँचा स्थान होना चाहिए, तो केवल कहने से बात बनेगी नहीं। फिर कई अन्य प्रश्न उत्पन्न हो जायेंगे। यह जानते हुए कि किस समय किस बृज के हाथ में शक्ति आ गयी वह अन्य बृजों को मार-मारकर उनका सत्यानाश कर देगा। यह सोचना पड़ेगा कि उस बृज को जिसे तुम चाहते हो, कैसे सबसे ऊँचा स्थान दिलाया जाये। और क्या प्रबन्ध किया जाये कि अन्य बृजों में से कोई किसी दिन उस बृज को ऊँचे सिंहासन से घसीटकर गहन गर्त में फेंक दे।—स्मरण रखो ये बृज, जो परस्पर नितान्त भिन्न हैं, हर समय एक-दूसरे से जूझते रहते हैं। वैसे देखने में बात साधारण प्रतीत होती है, परन्तु यह बड़ा भारी रहस्य है कि कैसे एक बुरा या भला बृज ऐसे स्थान तक पहुँच जाता है जहाँ से वह अन्य बृजों को तहस-नहस कर सकता है—तुम्हें स्मरण होगा कि परसों ही मैंने तुमसे कहा था कि किसी दिन बृज से भेंट करो। मेरे कहने का यही अर्थ था।''

''अब यह बात कुछ-कुछ मेरी समझ में आने लगी है।''

''जैसा कि मैं पहले संकेत कर चुका हूँ कि हम एक ही विषय पर फिर लौटकर आयेंगे; तब वह विषय और स्पष्ट हो जायेगा। क्योंकि बात केवल बुद्धि से समझने की नहीं है। सुनते हैं कि एक ऐसा जीव होता है कि जिसके शरीर को जहाँ से भी थोड़ा-सा काट दिया जाये, वहीं पर उसका मुँह बन जाता है। जब खाने की कोई वस्तु सामने आती है तो वे सब मुँह आपस में छीना-झपटी करने लगते हैं। उनमें से किसी भी मुँह को इस बात का ज्ञान नहीं होता कि खाद्य-पदार्थ जिस भी मार्ग

से जाये, पहुँचेगा उसी पेट में। कहने का तात्पर्य यह है कि ये सभी बृज भले ही अपने-आप में एक-दूसरे से अलग हों परन्तु उन सबके पीछे, एक मध्यस्थ बृज भी है। जो बुरा-भला ये बृज करते हैं, उसका प्रभाव उस मध्यस्थ बृज पर पड़ता है। जब तक हम उस मध्यस्थ बृज को नहीं जानते, उसे नहीं पहचानते तथा उसे उसका उच्च स्थान नहीं देते, तब तक हम यन्त्र नहीं तो और क्या हैं?...इतनी बात समझ लेने के बाद तुम कई व्यक्तियों की कल्पना कर सकते हो जो किसी विशेष ढंग से सोचते हैं और विशेष ढंग से ही कार्य करते हैं। अच्छी तरह समझ लो कि उनमें से प्रत्येक केवल एक यन्त्र है। वह विवश है। उसका अपने-आपको स्वतन्त्र समझना, उसका यह अनुभव करना कि वह अपनी संकल्प-शक्ति से काम लेकर स्वतन्त्र रूप में प्रत्येक कार्य कर रहा है, केवल उसका भ्रम है, अज्ञानता है और यही असत्य का आवरण है जिसे हटाकर या फाड़कर वह वास्तविकता को स्पष्ट रूप में नहीं देख पाता। हमारे भीतर का संसार इतना विशाल है कि उससे आँखें मोड़कर हम चाहे संसार के कैसे भी पदार्थ प्राप्त कर लें, हमें शान्ति नहीं मिल सकती। अपने-आप में खींचतान करता हुआ, एक-दूसरे पर वार करता हुआ व्यक्तित्व कभी शान्त नहीं हो सकता, स्थिर नहीं हो सकता। उसका प्रत्येक कार्य उसकी अपनी प्रेरणा से नहीं होता, अपितु उसके भीतर जिस समय जो व्यक्तित्व बलवान् होता है, उस समय का काम उसी की प्रेरणानुसार होता है। इस प्रकार इस मानचित्र के उदाहरण को सम्मुख रखते हुए, एक वर्ष में, एक मास में, एक सप्ताह में या एक दिन में भी बृज जो-जो कार्य करता है वे एक ही बृज की प्रेरणा से नहीं होते; उन्हें करने में अलग-अलग बृजों का हाथ होता है।—सम्भवत: तुम मेरा तात्पर्य समझ गये या अधिक उचित शब्दों में मैं पूछना चाहूँगा कि मैं तुम्हें अपना आशय समझा सका या नहीं?''

पल-भर चुप रहने के उपरान्त बृज ने मुस्कराकर उत्तर दिया, ''मुझे लगता है कि मैं बहुत-कुछ समझ गया हूँ...।''

''जब हम और आगे बढ़ जायेंगे, और तुम फिर से इस विषय पर ध्यान दोगे तो तुम्हें पहले की सुनी हुई बातों में कुछ नये अर्थ समझ में आने लगेंगे। जो-जो कोण इस समय अँधेरे में डूबे हुए हैं, वे धीरे-धीरे प्रकाशमान हो जायेंगे।''

द्रोण जी की बातों में एक प्रवाह था, स्वर में गम्भीरता थी और कहने का ढंग ऐसा था कि उनके मुख से सुनकर सामान्य शब्द भी नया रूप धारण कर लेते थे। यह सब-कुछ होते हुए भी बृज को लगा कि द्रोण जी कोई बड़ी ऊँची बात नहीं कह रहे हैं। उनका तर्क अपने-आप में ठीक होते हुए भी मनुष्य के विचारों की ऊँचाई को नहीं छूता था। और फिर उसे ऐसा भी लगा कि द्रोण जी अपने तर्क की सीमा से बाहर जाना भी नहीं चाहते। इसके दो ही कारण हो सकते हैं; एक तो यह कि द्रोण जी को स्वयं उन ऊँचे विचारों का ज्ञान ही नहीं है, या वे किसी ऐसे दर्शन की शिक्षा दे रहे हैं, जो सबसे भिन्न हैं। उनके सिद्धान्त तो अभी उसके समक्ष आये ही

नहीं। उसने अन्य ज्ञानियों, पण्डितों तथा महात्माओं को इस ढंग से बातचीत करते कभी नहीं सुना था...।

एकाएक बृज को लगा जैसे उसका शरीर पारदर्शी हो गया है और द्रोण जी उसके आर-पार देख रहे हैं। उसका यह अनुभव इतना तीव्र था कि पल-भर को वह विह्वल हो उठा, अशान्त हो उठा और उसने कुछ इस प्रकार अनुभव किया कि वह द्रोण जी से तनिक दूर हट जाये। परन्तु शीघ्र ही उसका शरीर या अपने शरीर के विषय में उसका अनुभव अपनी सहज अवस्था में आ गया। तब उसने पूछा, "क्या आपका इस बात में विश्वास नहीं है कि प्रत्येक मनुष्य को मुक्ति प्राप्त होनी चाहिए और मुक्ति बहुत-कुछ कर्मों पर निर्भर होती है?"

"किसकी मुक्ति? किस बृज की मुक्ति? क्या तुम यह तो नहीं कहना चाहते कि इस वृत्त के भीतर जिस प्रकार के बुरे-भले बृज हैं उन सब की मुक्ति होनी चाहिए? या तुम यह समझते हो कि इस वृत्त के भीतर जो बृज अपने मार्ग से भटके हुए हैं, पहले उन्हें सीधे मार्ग पर आना चाहिए या कम-से-कम मध्यस्थ बृज को उनसे छुटकारा पा लेना चाहिए, तब शुद्ध बृज को मुक्ति की ओर बढ़ना चाहिए। मैं फिर अपनी बात को दोहराऊँगा कि किसकी मुक्ति की समस्या है तुम्हारे सामने? किस पुरुष? किस स्त्री की? किस बृज की?—व्यक्तिगत रूप से मैं मुक्ति की कोई आवश्यकता नहीं समझता। मुक्ति की इच्छा, अनुचित इच्छा है। इसकी जड़ें निर्बल हैं, इसकी आधारशिलाएँ टेढ़ीं हैं। मुक्ति की इच्छा उसी समय प्रबल होती है जब इसकी इच्छा करनेवाला किसी प्रकार भी मुक्ति के योग्य नहीं होता। मुक्ति की इच्छा के पीछे व्यक्तित्व की कोई-न-कोई भयंकर त्रुटि काम करती रहती है। निर्बल, कायर, भयभीत मनुष्य की सान्त्वना के लिए मुक्ति का पाखण्ड रचा गया है। मेरा अनुभव यह है कि जब हम अन्दर से स्थिर हो जाते हैं तो हमें मुक्ति की इच्छा नहीं रहती। सम्भवत: यह कहना अधिक उचित होगा कि मुक्ति की इच्छा का मिट जाना ही जैसे मुक्त हो जाना है।"

"मनुष्य की आत्मा के सम्बन्ध में आपके क्या विचार हैं?"

"मैं आत्मा को नहीं मानता। हममें कोई आत्मा नहीं है, न हमारे भीतर कोई ऐसी वस्तु है, जिसे हम अमर कह सकें। मृत्यु का भय अत्यन्त प्रबल है। मैंने कुछ अरब लोगों से सुना है कि प्राचीन मिस्र में लोग मृत शरीर सुरक्षित रखने के लिए उनकी ममियाँ बनवाते थे; अर्थात् मृत शरीर का उदर चीरकर अन्दर के सारे अंग बाहर निकाल दिये जाते थे, फिर शरीर के भीतर और बाहर कुछ ऐसे रसायन लगाये जाते थे जिनसे शरीर गलने-सड़ने से बचा रहे। वहाँ के सम्राट् तो बड़ी-बड़ी समाधियाँ भी बनवाते रहे, जिनके भीतर उनकी ममियाँ तथा उनकी आवश्यकता की सभी वस्तुएँ रखी जाती थीं। उनका भी विश्वास था कि एक दिन वे पुन: जीवन प्राप्त कर लेंगे और फिर उन्हें खाने-पीने तथा पहनने की सभी वस्तुओं की आवश्यकता पड़ेगी।

तात्पर्य यह कि सभी जातियों में अमर रहने की इच्छा पायी जाती है। इसी इच्छा के कारण कई प्रकार के सिद्धान्त साधारण मनुष्य के समक्ष रखे गये। मुझे इनमें विश्वास नहीं है।—सबसे बड़ी बात यह है कि हमें इस प्रकार के विषयों की ओर ध्यान देने की आवश्यकता ही नहीं। कितने आश्चर्य की बात है कि हम निकट की वस्तुओं की ओर ध्यान दिये बिना दूर की वस्तुओं के पीछे भागते फिरते हैं।

अब बृज को अनुभव हुआ कि द्रोण जी का क्षेत्र दूसरों से नितान्त ही भिन्न है। चाहे उनके दर्शन में किसी को शान्ति प्राप्त न भी हो, परन्तु अपने-आप में वह दर्शन सम्पूर्ण हो सकता है। उसने फिर पूछा, ''तो आप बड़े-बड़े पण्डितों, प्राचीन ग्रन्थों एवं वेदों के विषय में क्या सोचते हैं?''

''इस समय मैं तुमसे केवल इतना ही कहूँगा कि जब तुम्हारे अन्दर कुछ समझने की योग्यता आ जायेगी तो बिना मेरे बताये ही ये सब बातें तुमको समझ में आ जायेंगी। इसका यह अर्थ नहीं है कि मेरे पास इनका कोई उत्तर नहीं है...अपितु इस समय तुम्हारे लिये केवल इतना समझ लेना ही पर्याप्त है कि मैं इन विषयों पर जो कुछ भी कह दूँ उससे तुम्हें कोई लाभ नहीं पहुँच सकता। भैंगी आँखें एक-दूसरे का सहयोग प्राप्त नहीं कर सकतीं, इसी तरह अपने भीतर कटा-फटा या छिन्न-भिन्न व्यक्तित्व किसी भी तर्कसंगत विवरण को उस कोण से देख ही नहीं सकता जिस कोण से देखना आवश्यक है। यदि तुम मुझसे यह अपेक्षा रखते हो कि मैं कहूँगा कि अपनी आत्मा शुद्ध करो, अपने कर्म ठीक करो, पुण्य और पाप को समझो, ईश्वर के चरणों तक पहुँचने की चेष्टा करो, मुक्ति प्राप्त करो, अमर हो जाओ आदि...तो मैं केवल इतना ही कहूँगा कि तुम ग़लत द्वार पर खड़े हुए हो। तुम्हें किसी अन्य के द्वार पर जाकर ज्ञान की भिक्षा माँगनी चाहिए।''

''जहाँ तक मैं समझ पाया हूँ आपने अब तक यह बात समझाने का प्रयास किया है कि मनुष्य कई कक्षों के भवन में रहते हुए भी यही समझता है कि वह केवल एक कक्ष में रह रहा है। मनुष्य अपने भीतर कई भागों में बँटा हुआ है; उनमें से बुरे या भले, जिस भाग के हाथ में शक्ति आ जाती है, वह दूसरों का कुछ भी विचार नहीं करता, वरन् उन्हें सदा के लिए मिटा देने का प्रयत्न करता है। अब यह जानने की आवश्यकता है कि उनमें से वास्तविक या मध्यस्थ व्यक्तित्व कौन-सा है?...''

''बिलकुल ठीक।''

''और उस मध्यस्थ व्यक्तित्व को कैसे समझा जा सकता है और कैसे मनुष्य की पूरी शक्ति मध्यस्थ व्यक्तित्व को सौंपी जा सकती है...।''

''अभी नहीं, अभी नहीं...।''

''अभी न सही, परन्तु कोई ऐसा मार्ग या रीति तो होगी जिसके द्वारा हम अपने गन्तव्य तक पहुँच सकें?''

"ठीक है, यदि मार्ग ही न हो तो फिर ये समस्त प्रश्न उठाने की आवश्यकता ही क्या है?"

"मैं सोच रहा था कि आपकी मान्यताओं के अनुसार बुरे और भले कर्म भी होते होंगे।"

"अभी मैं केवल इतना ही कहूँगा कि बुरे और भले कर्म नहीं होते। किसी सामान्य मनुष्य के लिए बुरे और भले कर्म में अन्तर देखना किसी-न-किसी सीमा तक, अर्थात् सीमित रूप में लाभदायक हो सकता है। परन्तु जिस स्तर पर हम वार्त्तालाप कर रहे हैं वहाँ बुरे और भले कर्म की बात चलाने से हम अपने मार्ग से भटक जायेंगे। हम तो सीधे ही मध्यस्थ व्यक्तित्व पर उँगली रखते हैं—जब मध्यस्थ व्यक्तित्व अपना स्थान प्राप्त कर लेता है तो बुरे-भले की परिभाषा दिये बिना ही वह बुरे-भले में अन्तर देखने लगता है। संसार में अनेक ऐसी वस्तुएँ हैं, जिन्हें यदि शब्दों का रूप दिया जाये तो वे अपना अर्थ खो देती हैं या फिर उनमें से इतने अर्थ निकल आते हैं कि उन अर्थों या परिभाषाओं पर ही विवाद उठ खड़े होते हैं।..."

बृज ने कुछ सोचकर कहा, "द्रोण जी, अब मैं आपसे केवल एक ही प्रश्न करना चाहता हूँ।"

"अवश्य करो। परन्तु मैं इस बात का वचन नहीं देता कि मैं उसका उत्तर देना उचित समझूँगा या नहीं।"

"मैं यह पूछना चाहता हूँ कि आपके सिद्धान्तों के अनुसार या संसार के अन्य सिद्धान्तों को लेकर अपने-आप में परिपूर्ण समाज का ढाँचा तैयार हो सकता है या नहीं?"

"नहीं।"

बृज ने एक शब्द में, इतनी शीघ्रता से द्रोण जी का उत्तर सुना तो वह चौंक पड़ा। द्रोण जी ने फिर कहा, "यह मेरा दृढ़ विश्वास है कि न तो मेरे सिद्धान्तों से और न किसी प्राचीन शास्त्र या ग्रन्थ के सिद्धान्तों का सहारा लेकर किसी परिपूर्ण समाज के ढाँचे की रचना की जा सकती है...।"

"यह सुनकर मुझे दुःख हुआ है और मैं अत्यन्त दुःख ही से पूछता हूँ कि ऐसा न हो सकने का कारण क्या है?"

इस पर द्रोण जी ने दाहिने हाथ की उँगली बृज के नेत्रों के समक्ष खड़ी करते हुए कहा, "तुम्हें दुःख नहीं होना चाहिए। इस विषय पर दुःख अनुभव करना और दुःख प्रकट करना मनुष्य-जाति की परम्परा बन चुकी है। यह परम्परा खोखली है।—परिपूर्ण समाज की रचना इसलिए नहीं हो सकती, क्योंकि हम जानते ही नहीं कि परिपूर्ण समाज होता क्या है। यह ठीक है कि समय-समय पर कुछ लोग इस बात का दावा करते हैं कि परिपूर्ण समाज का ढाँचा ऐसा होना चाहिए। कई बार लाखों-करोड़ों लोग उनके इस काल्पनिक परिपूर्ण ढाँचे में विश्वास भी करने लगते

हैं। परन्तु वह परिपूर्ण समाज का ढाँचा अभी पूरा रूप धारण भी नहीं कर पाता कि उसे खोखला करनेवाली शक्तियाँ उससे जूझ जाती हैं। किसी विशेष प्रकार के परिपूर्ण सामाजिक ढाँचे में विश्वास रखनेवालों के हाथों से मनुष्य-जाति पर ऐसे-ऐसे अत्याचार हुए हैं, जिन्हें सामान्य शब्दों में, मनुष्य जाति के माथे पर कलंक का टीका भी कह सकते हैं। परिपूर्ण समाज में विश्वास रखनेवाले प्रत्येक युग में मनुष्य-जाति के रक्त से हाथ रँगते रहेंगे—इससे अच्छा तो यही है कि परिपूर्ण समाज की कल्पना करना ही छोड़ दिया जाये।—कई बड़े-बड़े कार्य बिना बल का प्रयोग किये सहज रूप से हो जाते हैं। भोजन का पचना कोई साधारण-सी बात नहीं है, परन्तु इसके लिए हमें कितना सोचना पड़ता है, कितनी शक्ति लगानी पड़ती है?—हमारे श्वास की गति का चलते रहना कितना आवश्यक और महत्त्वपूर्ण है! परन्तु हमें साँस लेने के लिए कितना सोचना पड़ता है, कितनी शक्ति लगानी पड़ती है?''

''हम सोचें न, तो नियम कैसे बनें। नियम न बनें...।''

''...तो तोड़े कैसे जायें। बस यही तो दुश्चक्र है। नियम बनते हैं और टूटते रहते हैं।''

''तो द्रोग जी, इसका अर्थ यह हुआ कि इस दुश्चक्र में से निकलने की कोई विधि नहीं है?''

''विधि हो या न हो, परन्तु एक बात स्पष्ट है कि कोई भी सामाजिक ढाँचा परिपूर्ण नहीं हो सकता। सबसे पहले तो हमें त्रुटियों और अधूरे सामाजिक ढाँचे में रहने का अभ्यास डालना होगा—रही इस दुश्चक्र से निकलने की बात या उपाय...।''

बृज के कान खड़े हो गये। वह द्रोण जी के मुँह से निकला हुआ एक-एक शब्द पूरे ध्यान से सुनना चाहता था। उन्होंने कहा, ''जैसे स्वस्थ हृदय के होते हुए हम कभी यह अनुभव भी नहीं करते कि हमारे वक्षस्थल के अन्दर हृदय है या शरीर के किसी भी अंग के स्वस्थ होने पर हमें उसके अस्तित्व का आभास नहीं होता, बिलकुल इसी प्रकार जब एक मनुष्य का व्यक्तित्व परिपूर्ण सीमा तक उन्नति कर लेता है तो वह प्रकृति का इतना स्वस्थ अंग बन जाता है कि उसे विभिन्न प्रकार के उलटे-सीधे प्रश्न कदाचित् नहीं सताते। ऐसा मनुष्य सोच-विचार की कई उलझनों से बच जाता है। परन्तु यह बात स्मरण रखनी चाहिए कि हमारा उद्देश्य केवल व्यर्थ की उलझनों से बचना ही नहीं है, क्योंकि इन उलझनों से तो ऐसा मनुष्य भी बच निकलता है, जिसकी विचार-शक्ति अत्यन्त निर्बल होती है। उद्देश्य यह होना चाहिए कि मनुष्य अपनी सम्पूर्ण चेतना के बल पर प्रत्येक संकट से बचा रहे! अपितु यह कहा जाये कि आनन्द अपने-आप में कोई वस्तु नहीं वरन् जिन दुःखों से बचा जा सकता है, उनसे बच निकलना ही आनन्द का कारण हो सकता है।''

"जिसे हम सच्चिदानन्द कहते हैं या आत्मा और परमात्मा का मिलन कहते हैं या भक्ति-मार्ग आदि पर चलते हुए जिसे हम मुक्त हो जाना कहते हैं, उसके सम्बन्ध में आपका क्या विचार है?"

"मेरे विचार में तुम यह प्रश्न दोहराकर पूछ रहे हो, फिर भी मेरा उत्तर यह है कि मैं इन बातों में विश्वास नहीं करता। इसका कारण यह है कि ऐसे मार्गों पर चलनेवाले अपने आन्तरिक व्यक्तित्व को सुधारकर और उसके सहारे आगे बढ़ने के स्थान पर, किसी बाह्य साधन से अपने खोखले गन्तव्य तक पहुँचना चाहते हैं। आनन्द के लिए किसी मार्ग पर चलना अपने समय को नष्ट करना है। आनन्द-प्राप्ति की इच्छा अपने-आप में ही अस्वस्थ है। हमारा उद्‌देश्य केवल यह होना चाहिए कि मनुष्य का रूप धारण कर लेने के बाद हमें भीतर से भी मनुष्य बन जाना चाहिए। परन्तु मनुष्य का मनुष्यता से कोई सम्बन्ध नहीं है। क्योंकि जब हम मनुष्यता की बात लायेंगे तो फिर मान्यताएँ भी बनानी एवं स्वीकार करनी पड़ेंगी। परन्तु हमें अपने-आप पर से कार्य करने से पूर्व प्रत्येक शर्त हटा देनी चाहिए—मैं जानता हूँ कि मेरे ये शब्द पर्याप्त उलझन पैदा करनेवाले हैं, लेकिन जैसा कि मैंने पहले कहा था कि हम फिर इन प्रश्नों की ओर लौटेंगे। मैं अपने-आपको बार-बार दोहराने में संकोच का अनुभव नहीं करता। बस इतना ध्यान रखो कि प्रत्येक अगली बात पिछली बात को कुछ और स्पष्ट कर देगी।"

बृज उठकर खड़ा हो गया और वह अपने पाँव के अँगूठे को रेत में प्रविष्ट करने का प्रयत्न करने लगा—सम्भवत: इसलिए कि उसका मस्तिष्क भी द्रोण जी के कई उलझा देनेवाले विचारों में प्रविष्ट होने का प्रयत्न कर रहा था।

द्रोण जी कुछ देर तक उसे ऐसे निहारते रहे, जैसे वह कोई छोटा-सा बालक हो। फिर कहने लगे, "बृंज, भविष्य में मेरी कही हुई बातों पर सोचना और जो कुछ मैं अब कहने जा रहा हूँ उसका भी ध्यान रखना।—तुम आसपास के लोगों को देखते रहो! चाहे वे विद्वजन हों, चाहे नायक हों, चाहे दास एवं कृषक हों...तुम देखोगे कि वे सब प्रसुप्त हैं। मैं जानता हूँ कि मैं कोई बिलकुल नया विचार तुम्हारे समक्ष नहीं रख रहा हूँ, परन्तु मैं तुम्हारा ध्यान इस विचार की ओर आकर्षित करना चाहता हूँ कि एक ऐसा रोग भी होता है जिसमें प्रसुप्त मनुष्य ऐसे कार्य करता है जैसे वह जाग रहा हो। ऐसी स्त्रियाँ सोयी-सोयी घर के सब कामकाज कर डालती हैं। जब सैनिक कई-कई दिनों तक पैदल चलते रहते हैं और उन्हें पूरी नींद नहीं मिलती, तो वे सोये-सोये ही चलते रहते हैं। इसी प्रकार जीवन भी एक ऐसा रोग है, जिसमें लोग यह समझते हुए कि वे जाग रहे हैं, वास्तव में सोये होते हैं। सोये-सोये उनका लड़कपन बीत जाता है, फिर सोये-सोये वे प्रेम करते हैं, घृणा करते हैं, लड़ते-झगड़ते हैं, सन्तानोत्पत्ति करते हैं, मर जाते हैं।"

बृज का रेत में घुसता हुआ अँगूठा रुक गया और उसने द्रोण जी की ओर देखते हुए कहा, "मनुष्य जागता हुआ भी वास्तव में सोया रहता है—यह बात मैंने पहले भी सुनी है। कहनेवाले कहते हैं कि जब मनुष्य को प्राय: माया रूपी संसार का ज्ञान हो जाये या जब उसके मन में अपने सृष्टिकर्ता के प्रति प्रेम की भावना जाग उठे तो समझो कि वह वास्तव में जाग उठा।—क्या आप भी इसी अर्थ में यह बात कह रहे हैं?"

"नहीं।"

बृज ने जल्दी-जल्दी पलकें झपकाते हुए कहा, "तो—?"

"मैं जो बात कह रहा हूँ वह इसके नितान्त विपरीत है।"

"अर्थात् ?"

"जब हम इस संसार की वास्तविकता को समझ लेते हैं, पहचान लेते हैं, स्वीकार कर लेते हैं तो हम जाग उठते हैं। संसार को माया का रूप समझना उस निद्रा को, जिसका अभी मैंने उल्लेख किया है, और भी गहरा करना है। सृष्टिकर्ता के प्रेम में तन्मय होना ऐसा ही है जैसे मदिरा पीकर मदमत्त हो जाना। यह स्थिति उस सुषुप्तावस्था से भी अधम है, जिसका उल्लेख मैंने अभी-अभी किया था। सृष्टिकर्ता से हमारा कोई सम्बन्ध नहीं है। सृष्टिकर्ता का हमसे कोई सम्बन्ध हो तो हो, परन्तु हम इस सम्बन्ध को नहीं जानते, क्योंकि सृष्टिकर्ता ने हमारे मन में ऐसी चेतना उत्पन्न ही नहीं होने दी। जो लोग दायें-बायें घुमाकर अपनी नाक पकड़ते हैं, सृष्टिकर्ता से सम्बन्ध स्थापित करते हैं, वे केवल अपने-आपको छलते हैं। जिस प्रकार अभ्यास करने से हम दूसरों को मोहित करने की शक्ति बढ़ा सकते हैं, उसी प्रकार अभ्यास से हम स्वयं अपने-आपको भी मोहित करने की शक्ति बढ़ा सकते हैं। अपने-आपको मोहित करके किसी बात में विश्वास रखना केवल आत्मवंचना है।"

अब बृज को द्रोण जी की प्रत्येक बात पर एक धक्का-सा लग रहा था। क्योंकि जो कुछ वे कह रहे थे वह उन विचारों के नितान्त विरुद्ध था, जो उसने आज तक ग्रहण किये थे या ग्रहण नहीं भी किये थे तो कम-से-कम वह उनसे भली-भाँति परिचित अवश्य था। वह चाहता था कि द्रोण जी की बातचीत समाप्त हो जाये तो अच्छा है। इसका कारण केवल यह था कि वह कुछ और सुनने से पूर्व इन विचारों पर शान्त चित्त से ध्यान देना चाहता था। उसने धीमे स्वर में कहा, "आप अपने इस विचार को तनिक और स्पष्ट कर दें तो मैं आपका आभारी होऊँगा।"

"समय बीतने पर मेरे विचार अपने-आप ही तुम पर स्पष्ट होते जायेंगे, परन्तु इस समय मैं एकाध बात और कहकर इस विषय को समाप्त कर दूँगा—सोने और जागने का सम्बन्ध हमारी चेतना से है। हम अपनी चेतना से बहुत कम काम लेते हैं। जितनी-सी चेतना से हम काम लेते हैं उससे सौ गुना अधिक चेतना आयु भर व्यर्थ पड़ी रहती है। ऐसा भी हो जाता है कि आठ पहरों में केवल क्षण-भर के लिए

हमारी चेतना दमकती है, परन्तु केवल एक उड़ते हुए स्फुलिंग की भाँति। यह भी सब में नहीं होता। जो व्यक्ति अपनी चेतना से जितना कम काम लेगा, उतना ही वह निद्रा की सीमा के निकट रहेगा।—इस समय मैं इससे आगे और कुछ नहीं कहूँगा। आज जितनी बातें हुई हैं उन्हें सम्मुख रखकर तुम भले ही इस बात का अनुभव न कर सको कि मनुष्य का वास्तविक स्थान कहाँ है, परन्तु इस बात का अनुभव किस सीमा तक कर सकते हो कि इस समय मनुष्य पतन के किस गर्त में है। स्मरण रखो कि ऊपर उठना सम्भवत: प्रत्येक मनुष्य के वश की बात न हो, परन्तु अपने-आपको पतन से रोकने की चेष्टा तो वह कर ही सकता है—कम या अधिक। अर्थात् हमारा पहला चरण यह होना चाहिए कि हम सर्वप्रथम यह समझें कि मनुष्य कहाँ पर है। उसे कहाँ होना चाहिए और वह वहाँ कैसे पहुँच सकता है, यह बाद की बातें हैं। मैं स्वीकार करता हूँ कि संसार की वास्तविकता से कतराकर मनुष्य ने अनेक काल्पनिक दुर्ग बना लिये हैं, जिनमें बैठकर वह अपने-आपको भुला देना चाहता है। परन्तु अपने-आपको भुला देने से काम नहीं चलेगा। सबसे पहले हमारी समस्या आत्मा-परमात्मा, पाप-पुण्य, भगवान् या सृष्टिकर्ता, मुक्ति या मोक्ष आदि नहीं है। अपितु सर्वप्रथम हमें अपनी सम्पूर्ण चेतना से काम लेकर अपने पाँव के नीचे उस धरती का अनुभव करना है जिस पर सृष्टिकर्ता या प्रकृति ने हमें खड़ा कर दिया है। अनावश्यक रूप से अपने-आपको मोहित करके मनुष्य को सृष्टिकर्ता या भगवान् का रूप बताना केवल अपने-आपको छलना है। जैसे आकाश में प्रत्येक नक्षत्र अपने स्थान पर है, ऐसे ही प्रत्येक मनुष्य को इस धरती पर अपने वास्तविक स्थान तक पहुँचना चाहिए। इसका महत्त्व समझना चाहिए—उस स्थान तक पहुँचे कैसे? यह बाद की बातें हैं?''

यह कहकर द्रोण जी उठ खड़े हुए। जब वे लौट रहे थे तो द्रोण जी ने कहा, ''मैं आज से चौथे दिन विजयनगर की ओर चल दूँगा। इस बीच डॉम-गार्शिया हमारे पास आयेगा ही—तुम जब चाहो उसके पास चले जाओ।—अब इस विषय पर, यदि तुम चाहोगे, बातचीत विजयनगर में ही होगी।''

१

चार | उस सन्ध्या के विस्तृत वार्त्तालाप के पश्चात् प्रत्येक सन्ध्या को वे दोनों टहलने के लिए समुद्र के तट तक जाते रहे, परन्तु उन दोनों में से किसी ने भी कभी इस विषय पर वार्त्तालाप नहीं किया। बृज पहले की बतायी हुई बातों पर सोच-विचार कर रहा था और कभी आगे नहीं बढ़ना चाहता था। सम्भवत: द्रोण जी भी अपनी जगह अनुभव कर रहे थे कि बृज अभी किशोर ही है। इसलिए उसे आवश्यकता से अधिक ही बताया जा चुका है। कभी-कभी उनके साथ दो-चार अरब भी भ्रमण के लिए निकल आते या वे दोनों किसी टीले पर बैठे होते तो वे पीछे से आ मिलते थे। सम्भवत: यह द्रोण जी की अनुमति से ही हो रहा था, क्योंकि पहले जब कभी वे भ्रमण को निकलते तो न कोई उनके साथ-साथ चलता और न बाद में उनके पास पहुँचता। अरब लोग बड़े हँसमुख थे। वे इस्लाम धर्म में विश्वास रखते थे, जिसकी मोटी-मोटी और आवश्यक बातों को वे भली-भाँति जानते थे। परन्तु वे इस प्रकार के गम्भीर ज्ञान पर वाद-विवाद नहीं करते थे। सम्भव है कि उनकी जाति के विद्वान् परस्पर विभिन्न समस्याओं पर वाद-विवाद करते हों। जो अरब द्रोण जी के यहाँ कार्य करते थे, उनके साथ बैठकर बृज का मन प्रसन्न रहता था। वे निम्नस्तर की बातें एवं आचरण नहीं करते थे, परन्तु वे हलके-फुलके विषयों पर ही बातचीत करते थे। और फिर एक-एक बात पर वे जी खोलकर क़हक़हे लगाते।

उनमें बैठकर द्रोण जी बिलकुल ही बदल जाते। अब बृज के लिए यह कोई नयी बात नहीं रही थी। वह जानता था कि इस कला में भी द्रोण जी पारंगत हैं।

ज्यों-ज्यों द्रोण जी के जाने का समय निकट आता गया, त्यों-त्यों वे और भी अपने काम में व्यस्त रहने लगे। वे अपने विशिष्ट कर्मचारियों को समझाते रहते कि उनके चले जाने के बाद उन्हें क्या करना होगा।

द्रोण जी के विदा होने से एक दिन पहले, प्रात:काल ही डॉम-गार्शिया वहाँ आ पहुँचा। वह अपने चंचल घोड़े पर सवार था, जिसका एक-एक अंग फड़क रहा था। डॉम-गार्शिया स्वयं घोड़े का ही अंग दिखायी देता था। बृज घोड़े की टापों का शोर सुनकर अपने कक्ष से बाहर निकला तो डॉम-गार्शिया को सामने खड़ा पाया। आँखें मिलते ही अश्वारोही ने कहा, ''कहो बृज, आनन्द से तो हो?''

''हाँ, आनन्द से हूँ। तुम अपनी सुनाओ—भीतर चले आओ न।''

अश्वारोही को अपने यहाँ आते देखकर एक दास भागता हुआ वहाँ पहुँच गया। सवार ने उतरकर घोड़े की लगाम पहले तो अपने हाथ में ली, फिर उछालकर दास की ओर फेंक दी।

बृज ने दो-चार क़दम आगे बढ़कर अपने अतिथि का स्वागत करते हुए कहा, ''तुम ख़ूब आये।''

''क्यों?''

''द्रोण जी कल जा रहे हैं। मेरा अनुमान है सूर्योदय से पूर्व ही चल देंगे। अच्छा हुआ जो तुम आज पहुँच गये।''

''मैं तो शंकित था कि कहीं मुझे विलम्ब तो नहीं हो गया। सोचा क़ि कहीं आज प्रात: ही द्रोण जी चले न गये हों...।''

वे दोनों बातें करते-करते कक्ष के भीतर पहुँच गये। डॉम-गार्शिया ने बृज की शय्या पर टाँगें पसारकर लेटते हुए बृज की ओर अर्थपूर्ण दृष्टि से देखते हुए कहा, ''मित्र हुआ य़ह कि मैं सुन्दरियों के चक्कर में फँसा रहा।''

''सुन्दरियाँ?...सुन्दरियों का चक्कर कैसा।''

''मैं इधर आता हूँ तो अपनी पसन्द की कुछ-न-कुछ किशोरियाँ क्रय करके ले जाता हूँ।''

बृज को यह बात विचित्र-सी लगी, उसने पूछा, ''ये किशोरियाँ आती कहाँ से हैं?''

''कुछ तो दूर-दूर के धीवरों की कन्याएँ होती हैं और कुछ बाहर से भी लायी जाती हैं।''

''बाहर से कौन लाता है?''

''किसी से बताना नहीं, यह काम खुले रूप में नहीं हो रहा है। सुन्दरियों को बाहर से लाने का व्यवसाय कुछ अरब़ व्यापारी करते हैं। परन्तु यह सारा व्यापार

भीतर-ही-भीतर होता है। कुछ अन्य देशों में युवतियाँ खुले हाट में बिलकुल ऐसे ही बेची जाती हैं जैसे विजयनगर में मुर्ग़ियाँ और बकरियाँ।''

डॉम-गार्शिया अत्यन्त गम्भीरता से ये बातें कह रहा था। परन्तु बृज मुस्कराते हुए बोला, ''तुम इतनी सारी युवतियों को क्या करते हो?''

''विजयनगर ले जाता हूँ।''

''फिर, वहाँ क्या इनका अचार डालते हो?''

यह सुनकर डॉम-गार्शिया ने ज़ोर का क़हक़हा लगाया, ''तुम स्वयं ही देख लोगे।—यहाँ, द्रोण जी कहाँ हैं?''

''वे भवन के दूसरे भाग में होंगे। क्षमा करना मैं तुमसे जलपान की बात पूछना ही भूल गया।''

''पहली किरण के फूटते ही मैं यहाँ पहुँच गया, भला इतनी जल्दी कौन जलपान करता है। अपने समय पर वह भी हो ही जायेगा।''

बृज को कुछ स्मरण आया तो वह बोला, ''आश्चर्य की बात तो यह है कि आज तुम इतने सबेरे कैसे जाग पड़े?''

डॉम-गार्शिया कुछ संकुचित होकर बोला, ''बन्धु, उस दिन के लिए क्षमा करना। मुझसे बड़ी अशिष्टता हुई कि इतनी देर तक पड़ा सोता रहा। न तुम्हारे साथ जलपान किया और न तुम्हें ठीक ढंग से विदा कर सका।''

''मेरे साथ ऐसी औपचारिकता की कोई आवश्यकता नहीं...मुझे बताया गया था कि तुम प्रतिदिन बहुत देर तक सोते हो।''

''तुमने ठीक ही सुना परन्तु आज प्रातः मुझे इधर आना था, इसीलिए मैंने रात बहुत कम पी। मुझे चिन्ता इस बात की थी कि कहीं तुम द्रोण जी के साथ ही न चले जाओ। कहो तुमने द्रोण जी से मेरे सुझाव का उल्लेख किया था?''

''किया था...।''

''तो वे क्या बोले?''

''उन्होंने न केवल अनुमति दे दी, अपितु बल देकर कहा कि तुम्हें डॉम-गार्शिया का निमन्त्रण स्वीकार करना ही चाहिए।''

प्रसन्न होकर डॉम-गार्शिया ने अपनी मूँछ का एक सिरा घुमाकर दाँतों में दबा लिया और आँखें बन्द कर लीं। फिर झट से आँखें खोलकर बोला, ''फिर भी मुझे तो उनसे बात करनी ही पड़ेगी।''

बृज ने उसका हाथ दबाकर कहा, ''निस्सन्देह तुम्हें भी उनसे पूछ लेना चाहिए।''

''अरे इसीलिए तो मैं यहाँ आया हूँ।''

''बुरा न मानना, उनसे पूछ लेने में कोई हानि नहीं। मुझे कंचन जी ने उनके साथ भेजा था। वे समझती थीं कि हम छह-सात दिन तक लौट आयेंगे, परन्तु यहाँ तो अभी

से ही तिगुना समय लग चुका है। कंचन जी कोई आपत्ति उठायें तो उन्हें सन्तुष्ट करने का दायित्व द्रोण जी पर है। अब इससे भी आगे जो दिन लगेंगे उनका दायित्व तुम पर होगा।''

डॉम-गार्शिया ने बड़े ज़ोर का क़हक़हा लगाकर कहा, ''और तुम जो इतना आनन्द लूट रहे हो, बिलकुल साफ़ बच जाओगे।''

''लगता तो ऐसा ही है—कहो तो द्रोण जी के पास चलें।''

वे दोनों भवन के दूसरे भाग की ओर बढ़े, तो मार्ग में बृज ने पूछा, ''आज तुम अकेले चले आये। अपने साथ किसी को नहीं लाये।''

''वैसे तो श्रेष्ठि जन कहीं आते-जाते हैं तो अपने साथ कुछ दास लेकर चलते हैं, मैं भी ऐसा करता हूँ, परन्तु कभी-कभी अकेले ही भ्रमण के लिए निकल जाता हूँ। सच पूछो तो अकेले में मुझे अधिक आनन्द आता है। दूसरों का साथ हो, विशेषत: सेवकों को तो बहुत ही सावधान रहना पड़ता है। उनके सामने कोई ऐसा-वैसा आचरण नहीं होना चाहिए। परन्तु जब अकेला होता हूँ तो अपने-आपको आकाश में उड़ते हुए पक्षी की भाँति मुक्त अनुभव करता हूँ...।''

इतने में वे भवन के दूसरे भाग के अलिन्द में पहुँच गये। द्वार पर द्वारपाल खड़ा था, जो हर किसी को अन्दर नहीं जाने देता था। उसने इन दोनों को नहीं टोका, क्योंकि बृज तो घर का ही व्यक्ति था और वह पुराना द्वारपाल डॉम-गार्शिया को भी अच्छी तरह पहचानता था।

दो कक्षों में से गुज़रकर वे अन्दर के अलिन्द में पहुँचे, जिसके आगे प्रांगण था। द्रोण जी अलिन्द के एक ओर छोटी-सी वेदी पर बैठे मुद्राओं की गणना कर रहे थे। वेदी के ऊपर उनके चारों ओर सोने और ताँबे की मुद्राओं की छोटी-छोटी ढेरियाँ बनी हुई थीं और कुछ अरब उनके निकट पत्थर के फ़र्श पर बिछी चटाई पर बैठे थे।

इन दोनों को देखकर द्रोण जी ने अत्यन्त हर्ष प्रकट किया और उच्च स्वर में बोले, ''आओ डॉम-गार्शिया, पधारो।''

डॉम-गार्शिया चलता हुआ ऐसे दिखायी देता था, जैसे बहुत ही इतरा-इतरा कर चल रहा हो, परन्तु वह जान-बूझकर ऐसा नहीं करता था, अपितु यह उसका स्वभाव बन चुका था। वे दोनों द्रोण जी के पार्श्व में बैठ गये और डॉम-गार्शिया ने कहा, ''मैं इस प्रकार अचानक चले आने के लिए क्षमा चाहता हूँ।''

''अचानक?...नहीं-नहीं, तुम अचानक तो नहीं आये। मैं तो प्रतिपल तुम्हारे यहाँ पहुँचने की आशा कर रहा था। वरन् मैं तो कहूँगा कि तुमने बड़ी प्रतीक्षा करायी। भले आदमी, यह भी तो सम्भव था कि अब तक हम यहाँ से चल दिये होते।''

डॉम-गार्शिया ने कुछ संकुचित होकर उत्तर दिया, "अभी-अभी हम दोनों की भी आपस में यही बातचीत हो रही थी। क्या कहूँ, मैं कुछ व्यावसायिक कार्यों में ही ऐसा फँस गया था...।"

"व्यावसायिक कार्य!" द्रोण जी ने युवकोचित चंचलता से भरे नेत्रों से उसकी ओर देखते हुए कहा, "तुम्हारे व्यावसायिक कार्यों को मैं भली-भाँति समझता हूँ। मैं ही क्या विजयनगर के धनिकों में से तो शायद ही कोई ऐसा हो जिसे तुम्हारे व्यावसायिक कार्यों का कुछ पता न हो!"

ज्ञात होता है कि यह जानकर डॉम-गार्शिया को असुविधा होने के बजाय अत्यन्त प्रसन्नता अनुभव हुई। वह बोला, "दूसरे लोग जिन कार्यों को स्वप्नों में करते हैं, उन्हें मैं जीते-जागते करता हूँ।"

द्रोण जी ने कनखियों से बृज की ओर देखा और अर्थपूर्ण स्वर में बोले, "डॉम-गार्शिया के इन दो शब्दों 'जीते-जागते' पर तनिक ध्यान देना।"

डॉम-गार्शिया उनके इस संकेत को बिलकुल नहीं समझा, क्योंकि उसे उनके सिद्धान्तों का कोई गहरा ज्ञान नहीं था। वह केवल उनके सिद्धान्तों की मोटी-मोटी बातों को जानता था, जिनमें वह उनसे सहमत नहीं था। वह अपनी बात पर बल देते हुए बोला, "मैं सच कहता हूँ द्रोण जी।"

"और मैं सच मानता हूँ, डॉम-गार्शिया जी।" द्रोण जी ने तुरन्त उत्तर दिया।

आसपास बैठे हुए अरब लोग भी मुस्कराने लगे, यद्यपि वे यह नहीं जानते थे कि अन्दर-ही-अन्दर किस पर क्या चोट हो रही है।

डॉम-गार्शिया ने कहा, "आपसे बृज ने इस बात का उल्लेख किया होगा कि मैं उसे...।"

"हाँ, और मैं अनुमति दे चुका हूँ। सम्भवतः उसने भी तुम्हें बताया होगा कि मैंने उसे बल देकर कहा है कि वह तुम्हारा निमन्त्रण स्वीकार कर ले। इसका कारण...।"

द्रोण जी ने अपना वाक्य अधूरा ही छोड़ दिया। यह भी उनकी विशिष्ट भंगिमा थी।

डॉम-गार्शिया तुरन्त बोला, "आप कहते-कहते रुक क्यों गये?"

"मैं तुमसे डरता हूँ...गार्शिया।"

इस पर डॉम-गार्शिया एक ज़ोर का क़हक़हा लगाकर मौन हो गया। वह जानता था कि द्रोण जी उससे डरते नहीं हैं...और फिर उसे यह भी ज्ञात था कि वह अधिक-से-अधिक उसके सम्बन्ध में क्या कह सकते हैं। लोग उसके विषय में क्या सोचते हैं, इसकी उसने कभी चिन्ता ही नहीं की; और जब कोई उसके मुँह के सामने उसके विषय में कोई बात खुलकर भी कह देता तो वह अत्यन्त गर्व का अनुभव करता ।

द्रोण जी हाथ से संकेत करते हुए बोले, "मैं इन बातों से अभी अवकाश पा जाऊँगा—फिर हम इकट्ठे जलपान करेंगे। तुमने अभी जलपान तो नहीं किया होगा गार्शिया?"

डॉम-गार्शिया ने कुछ उत्तर देना चाहा तो उन्होंने बीच में ही टोककर कहा, "उत्तर देने की आवश्यकता नहीं। भद्र पुरुष मुझसे कम-से-कम इतनी सीख तो ले लो कि प्रत्येक बात का उत्तर नहीं दिया जाता—तुम चाहो तो इसके साथ ही एक क़हक़हा भी लगा सकते हो—परन्तु स्मरण रखो कि यदि तुम बृज को अपने साथ ले जाना चाहते हो तो मेरी भी एक शर्त पूरी करनी होगी।"

डॉम-गार्शिया ने उत्तर देना चाहा तो द्रोण जी ने फिर हाथ उठाकर उसे रोक दिया। अपनी ऐसी ही छोटी-छोटी बातों से द्रोण जी स्वयं भी प्रसन्न होते और दूसरों को भी प्रसन्न कर लेते। अब उन्होंने बृज की ओर देखते हुए कहा, "गार्शिया ने हमारी शर्त स्वीकार कर ली है। रसोइये से कह देना कि आज वे हमारे साथ ही भोजन करेंगे...और यही मेरी शर्त भी है।"

इतना कहकर द्रोण जी ने अपनी जीभ की नोक से अपनी मूँछ को स्पर्श किया...और शीघ्रता से पुतलियाँ घुमाते हुए सब पर एक दृष्टि डाल गये।

थोड़ी देर बाद जब वे तीनों वहाँ से चले तो द्रोण जी ने बृज की पीठ पर हाथ रखकर कहा, "न जाने मैंने तुम्हें बताया कि नहीं बताया...गार्शिया के कुछ अपने ही सिद्धान्त हैं, अपना ही तर्क है...मैं सुनी-सुनायी बात कह रहा हूँ, वैसे गार्शिया ने मुझे कभी इस योग्य नहीं समझा—परन्तु मेरी आयु भी तो देखो, मेरी भारी-भरकम सफ़ेद मूँछों पर भी तो एक दृष्टि डालो...।"

द्रोण जी इस प्रकार की बातें करके हँसते-हँसाते रहे।

जलपान एक साथ किया गया। मध्याह्न-भोजन के पश्चात् यह विचार-विमर्श होने लगा कि उनके जाने का समय कौन-सा होना चाहिए। द्रोण जी अगले दिन मुँह-अँधेरे ही प्रस्थान करनेवाले थे, बृज की इच्छा थी कि जब तक द्रोण जी वहाँ से चले नहीं जाते, वह उन्हीं के पास रहे। अन्ततोगत्वा डॉम-गार्शिया ने इस समस्या का समाधान यह निकाला कि अगले प्रातः बृज भी द्रोण जी के साथ चल दे और चूँकि उनका मार्ग उसके निवास-स्थान से आधा कोस निकट से ही जाता है, इसलिए वह उन्हें वहीं पर मिल जायेगा। तब द्रोण जी अपने मार्ग पर बढ़ते चले जायेंगे और बृज को वह अपने साथ ले जायेगा।

यह बात सभी को पसन्द आयी। डॉम-गार्शिया बोला, "इस प्रकार एक बार फिर द्रोण जी के दर्शन भी हो जायेंगे।"

डॉम-गार्शिया ने थोड़ी देर विश्राम करने के बाद विदा होने की अनुमति माँगी।

उस सन्ध्या द्रोण जी इतने व्यस्त रहे कि भ्रमण का भी अवकाश नहीं मिला। रात के भोजन के समय उनकी आपस में बातचीत होती रही। बृज ने कुछ शंका प्रकट करते हुए कहा, "पता नहीं मुझे और कितने दिन लग जायें।"

''तुम ठीक कहते हो। जाना अपनी इच्छा से, आना आतिथेय की इच्छा से।''

''मुझे तो कंचन जी की चिन्ता लगी है। कहीं वे सचमुच ही रुष्ट न हो जायें। अब तक उनकी मुझ पर अत्यधिक कृपादृष्टि रही है, जिसका मैं उन्हें कुछ भी बदला नहीं दे सकता, परन्तु मेरी यह इच्छा अवश्य है कि मैं कोई ऐसा आचरण न करूँ कि जिससे उन्हें दु:ख हो।'''

''यदि ऐसी बात है तो मैं कंचन को तुम्हारी स्थिति और विवशता अच्छी तरह समझा दूँगा!''

''आपकी बड़ी कृपा होगी।''

''अवश्य होगी।'' इतना कहकर द्रोण जी मुस्कराये। बृज भी मुस्करा दिया!

दूसरे दिन कार्य-व्यस्तता के शोर में बृज एकाएक ही जाग उठा। उसने समझा था कि जो इतना शोर हो रहा है तो अवश्य ही दिन चढ़ आया होगा। परन्तु आँखें खोलकर देखने पर पता चला कि अभी तो तारे आकाश में झिलमिला रहे हैं। भोर के तारे का कुछ भी पता नहीं था। फिर भी बहुत शोर मचा हुआ था। ऊँटों पर सामान लद रहा था। और वे होंठ लटका-लटकाकर बिलबिलाये जा रहे थे।

द्रोण जी अत्यन्त व्यस्तता से इधर-उधर घूम-घामकर सारा प्रबन्ध कर रहे थे और हर प्रकार की जाँच-पड़ताल भी कर रहे थे। जब अलिन्द में खड़े होकर बृज इस दृश्य को देख रहा था तो द्रोण जी की दृष्टि उस पर पड़ी, बोले, ''बृज, अब तुम अविलम्ब तैयार हो जाओ। हम शीघ्र ही जलपान करेंगे।''

बृज ने अपने घने बालों की तह में दो-चार उँगलियाँ घुसेड़कर खोपड़ी खुजाते हुए कहा, ''आप मुझे पहले से ही जगा देते तो मैं भी आपकी सहायता करता।''

''वत्स, पहले तुम स्वयं अपनी सहायता करना सीखो...परन्तु इसका यह अर्थ नहीं है कि मैं तुम्हारे इस सुझाव के लिए तुम्हारा आभारी नहीं हूँ—जाओ, शीघ्रता करो।''

थोड़ी ही देर में जलपान से मुक्त होकर वे दोनों घोड़ों पर सवार हो गये और एक बार फिर यात्रा पर चल दिये। मार्ग में द्रोण जी इधर-उधर की बातें करते रहे। बृज बोला, ''देखें डॉम-गार्शिया अपने वचन के अनुसार मार्ग में हमें मिलता भी है या नहीं।''

''परन्तु यह तो स्वीकार करना पड़ेगा कि उसने योजना बड़ी अच्छी सुझायी। क्योंकि यदि अब वह तुम्हें नहीं मिलता तो तुम सीधे मेरे साथ अपनी यात्रा जारी रख सकोगे और वह तुम पर दोष भी नहीं धर सकेगा—परन्तु इसका यह अर्थ नहीं है कि वह सचमुच हमें मार्ग में नहीं मिलेगा।''

बृज थोड़ी देर तक चुपचाप इस प्रतीक्षा में रहा कि सम्भवतः द्रोण जी डॉम-गार्शिया के विषय में कुछ और भी कहें! परन्तु वातावरण में केवल घोड़ों की टापों का स्वर गूँजता रहा। फिर बृज ने स्वयं ही पूछ लिया, "मुझे डॉम-गार्शिया जी कुछ असाधारण-से व्यक्ति लगते हैं।"

"परन्तु मैं उसके विषय में तुमसे कुछ नहीं कहूँगा। क्योंकि मैं चाहता हूँ कि उसके सम्बन्ध में तुम स्वतः ही अनुभव प्राप्त करो।"

अब इस विषय पर कुछ कहना ही व्यर्थ था।

जब वे निश्चित स्थान के निकट पहुँच रहे थे तो दूर से ही एक घुड़सवार दिखायी दिया। बृज ने एक ही दृष्टि में पहचान लिया कि वह डॉम-गार्शिया के अतिरिक्त कोई और नहीं हो सकता। घुड़सवार ने भी दूर ही से हाथ ऊँचा करके, उसे हिलाते हुए उनका स्वागत किया।

जब वे एक-दूसरे के नितान्त निकट पहुँच गये तो डॉम-गार्शिया ने द्रोण जी की ओर देखते हुए कहा, "आप तो यही समझे होंगे कि मैं यहाँ नहीं पहुँच पाऊँगा।"

इस बात का उत्तर बृज ने दिया, "द्रोण जी को तो नहीं, परन्तु मुझे अवश्य कुछ सन्देह था। द्रोण जी तो तुम्हारे इस सुझाव की प्रशंसा कर रहे थे। कहते थे कि यदि गार्शिया मार्ग में न मिला तो तुम मेरे साथ ही अपनी यात्रा जारी रख सकोगे...और गार्शिया तुम पर कोई दोष भी नहीं धर सकेगा।"

इस पर वे सब हँसने लगे।

फिर द्रोण जी बोले, "लो बन्धु, अब विदा होने का समय आ गया। खड़े-खड़े हमारी यात्रा बाधित हो रही है। तुम लोग भी चलो। अब विजयनगर में भेंट होगी।"

पहले द्रोण जी अपने साथियों सहित वहाँ से चल दिये। बृज और डॉम-गार्शिया उन्हें देर तक देखते रहे। और जब वह सार्थवाह अपनी ही उड़ायी हुई धूल के बादलों में धुंधला गया तो डॉम-गार्शिया ने घोड़े को एड़ देकर उसकी लगाम खींचते हुए कहा, "आओ बृज, अब चलें।"

यह जानते हुए भी कि द्रोण जी के दर्शन कुछ दिनों तक फिर विजयनगर में हो सकेंगे, बृज का मन बोझिल-सा हो गया। वह चुपचाप अपने आतिथेय के साथ-साथ हो लिया।

डॉम-गार्शिया अपने स्वभाव के अनुसार क़हक़हे लगा-लगाकर बातें किये जा रहा था, परन्तु बृज को वह कुछ विचित्र-सा लग रहा था। वह दूसरों से भिन्न था, परन्तु नये ही ढंग से।

धीरे-धीरे बृज द्रोण जी के बनाये हुए वातावरण से निकलकर डॉम-गार्शिया के ताने-बाने में प्रवेश करने लगा।

थोड़ी देर बाद डॉम-गार्शिया का निवास-स्थान दिखायी देने लगा।

उस समय तक सूर्य देवता आकाश पर सम्भवत: नक्षत्रों को पकड़ने के लिए किरणों का जाल फेंक चुके थे, नक्षत्र चतुर थे, वे तो बच निकले, परन्तु संसार की प्रत्येक वस्तु जगमगा उठी। डॉम-गार्शिया का सुन्दर निवास-स्थान भी पूर्व से बरसती हुई किरणों के प्रकाश में जगमग-जगमग कर रहा था, परन्तु तीसरे पहर जब एकाएक आकाश पर घटाएँ छा गयीं तो निवास-स्थान के रंग फीके पड़ गये। परन्तु वह फिर भी सुन्दर दिखायी दे रहा था। अन्तर केवल इतना था कि देखनेवाले को लगता था जैसे वह स्वप्न में कोई छोटा-सा महल देख रहा हो।

देखते-ही-देखते आकाश का रंग-रूप बदल गया। एक ओर अप्सराओं ने बाल बिखराकर झूले डाल दिये और दूसरी ओर मानो हाथियों के दल चिंघाड़ते चले जा रहे हों। बिजली अलग नयन चमका रही थी। घटाओं ने जल से भरे विशाल मटके कूल्हों पर धर रखे थे और दिख रहा था कि किसी भी पल धरती से आकाश तक धुआँधार हो सकता है, जब कि सारा वातावरण जलतरंग के स्वरों से गूँज उठेगा और आकाश पर बादल लहरा-लहराकर मृदंग बजायेंगे...।

बृज भोजन करने के पश्चात् गहन निद्रा में सो रहा था कि डॉम-गार्शिया ने उसका कन्धा हिलाकर उसे जगा दिया, "क्षमा करना मित्र, जबकि आकाश से मादक मधु बरसने को हो तो मैं सो नहीं सकता और न यह सहन कर सकता हूँ कि तुम्हारे जैसा प्रिय मित्र बेसुध पड़ा रहे...।"

बृज काफ़ी देर तक सो चुका था, इसलिए जब वह जागा तो अपने-आपको बिलकुल हलका-फुलका अनुभव करने लगा। पहले उसने अधखुले नेत्रों से वातायन में से बाहर की ओर झाँका। उसकी दृष्टि नारिकेल के झूमते हुए वृक्षों को पार करके क्षितिज तक पहुँच गयी, जो बहुत निकट दिखायी दे रहा था और जहाँ काले-काले बादलों की धूल उड़ रही थी।

डॉम-गार्शिया ने धीरे से उसका हाथ पकड़कर उसे ऊपर उठाया। और बृज दूसरे हाथ से अपने फैले-फैले और उलझे हुए बालों को थपथपाता हुआ उसके साथ-साथ हो लिया। अलिन्द में पहुँचकर उसने देखा कि उसी रातवाली वेदी पर पीने का सामान रखा है। डॉम-गार्शिया ने अपनी लम्बी बाँहें फैलाकर हाथ को लहराते हुए कहा, "देखो तो, आकाश पर बादलों का कैसा सुन्दर तम्बू तना हुआ है। अप्सराएँ झूला झूल रही हैं। नट अपने कौतुक दिखा रहे हैं। बादलों पर न जाने कैसी मदिरा की मत्तता छायी हुई है कि उनका कोई भी क़दम सीधा नहीं पड़ता। तुम्हीं बताओ कि जब प्रकृति का यह हाल हो तो किसी भी पुरुष का होश में रहना और लड़खड़ाकर न चलने की शपथ खाना कहाँ की बुद्धिमत्ता है।"

बृज ने कहा, "मैं मुँह पर पानी के छींटे डाल लेता तो अच्छा था, कम-से-कम आँखें तो अच्छी तरह खुल जातीं।"

"लो और सुनो, तुम आँखों को खोलने की सोच रहे हो और मैं इस चिन्ता में हूँ कि खुलते हुए पपोटे नीचे को झुक जायें, टूटती हुई नींद फिर लौट आये...परन्तु ऐसी नींद भी नहीं कि सुध-बुध ही न रहे—जैसी नींद में तुम सो रहे थे...।"

वे दोनों वेदी पर बैठ गये। बृज ने पहले से ही निश्चय कर रखा था कि जब उसे डॉम-गार्शिया के साथ कुछ दिन बिताने ही हैं, तो मधु-पान में थोड़ा-बहुत सहयोग भी देना पड़ेगा, अन्यथा उसके आतिथेय का मन खिन्न हो जायेगा! वैसे उसने पहली बार में डॉम-गार्शिया को अच्छी तरह समझा दिया था कि मधु-पान के विषय में वह नितान्त अनाड़ी है। उसके मन में पीने की कोई लालसा भी नहीं है। आतिथेय ने भी उसको वचन दिया था कि वह उसके दृष्टिकोण का पूरा-पूरा ध्यान रखेगा।

मदिरा की एक-एक चुस्की ले चुके तो बृज ने कहा, "इसमें कोई सन्देह नहीं कि इस उन्मुक्त वातावरण में ही एक नशा-सा छाया हुआ है, परन्तु यदि एकाएक वर्षा होने लगी तो फिर भागना पड़ेगा।"

"भागने की क्या आवश्यकता है?" वर्षा होने लगेगी तो हम झूमते-झामते हुए अलिन्द में चले जायेंगे। वह देखो कोने में हमारे बैठने का अभी स प्रबन्ध किया जा रहा है।"

बृज ने अलिन्द की ओर देखा तो कुछ दासियाँ वास्तव में उनके बैठने का प्रबन्ध कर रही थीं।

बृज होंठ तक मधु-पात्र ले जाकर केवल एक चुस्की लेता—इस तरह जितनी देर में उसने गिनती के कुछ छोटे-छोटे घूँट पिये, उतनी देर में डॉम-गार्शिया ने दो प्याले कण्ठ में उँड़ेल भी लिये। बृज ने कहा, "तुम गटागट क्यों पीते हो? माना कि तुम अधिक ही पीने के अभ्यस्त हो, परन्तु फिर भी बहुत धीरे-धीरे भी तो पी सकते हो।"

"मेरे पीने का ढंग यह है कि पहले तो मैं तीन-चार मधु-पात्र जल्दी-जल्दी पी जाता हूँ, फिर हर मधु-पात्र काफ़ी देर तक खींचता हूँ। अब तुम कारण पूछोगे तो वह भी सुनो। यदि मैं तुम्हारी तरह दो-चार चुस्कियाँ ले लूँ तो मेरे भीतर एक ज्वाला-सी भड़क उठती है, जिसकी उष्णता से मेरी नस-नस जल उठती है। इसीलिए मैं एकदम अधिक मात्रा में पी लेता हूँ। तुम कहोगे कि जो कुछ मैं पीता हूँ वह भी तो तरल अग्नि ही है—बिलकुल ठीक। मैं अग्नि-से-अग्नि को बुझाता हूँ। जब यह तरल अग्नि अन्दर पहुँचती है तो इसकी लपटें पहली अग्नि की लपटों से जूझ पड़ती हैं। जिसका परिणाम यह होता है कि मेरी जलती हुई शिराएँ शीतल हो जाती हैं और मैं अलग बैठकर मुस्कराता हुआ लपटों के इस द्वन्द्व-युद्ध का कौतुक देखता रहता हूँ।

बृज मुस्कराकर बोला, "अच्छा, तो यह बात है। मैं अब समझा।"

इस पर डॉम-गार्शिया हवा में मधु-पात्र लहराते हुए बोला, "तुम कुछ नहीं समझते, बृज तुम कुछ नहीं समझते...जो व्यक्ति इस तरल अग्नि की सरिता में से होकर नहीं गुज़रा, भला वह प्रज्वलित रागिनियों को क्या समझेगा—परन्तु, कोई बात नहीं, मैं तुम पर कोई दोष नहीं धर रहा हूँ।"

इतना कहकर डॉम-गार्शिया ने अपनी झूला झूलती हुई आँखें बृज के चेहरे पर स्थिर रखने की चेष्टा की, फिर बोला, "जानते हो कि हमारे विजयनगर में लोग भगवान् से किस वस्तु की याचना करते हैं?"

"मनुष्य स्वार्थी तो है ही, इसलिए अपने लिये कंचन, कामिनी आदि जैसी वस्तुओं के लिए प्रार्थना करता होगा...।"

"निस्सन्देह मनुष्य स्वार्थी है। यदि वह स्वार्थी भी न हो तो इस संसार में जन्म लेने का क्या लाभ?"

बृज ने सहज रूप से कहा, "मनुष्य अपनी इच्छा से जन्म नहीं लेता है, उसे संसार में लाया जाता है।"

डॉम-गार्शिया ने एक हाथ से अपना कान छूते हुए कहा, "जीसस!...यह मेरा क्षेत्र नहीं है। मुझसे भूल हुई। मैं पहले से ही स्वीकार कर चुका हूँ कि निस्सन्देह मनुष्य स्वार्थी है, परन्तु वह ईश्वर से क्या माँगता है, यह तुम नहीं बता सके।"

"तब तो तुम्हीं को बताना पड़ेगा।"

इस पर डॉम-गार्शिया ने एक हाथ वक्ष पर रखकर सिर को तनिक-सा नीचे झुकाया और बोला, "विजयनगर के लोग ईश्वर से पुत्र और मित्र के लिए प्रार्थना करते हैं।"

"ओह।"

"मैंने यह सब-कुछ यह जतलाने के लिए बताया कि मुझे तुम जैसा एक ऐसा व्यक्ति मिल गया, जिसे पहली भेंट में ही मैंने अपना मित्र स्वीकार कर लिया था। इस रहस्य को कोई नहीं समझ सकता कि क्यों हम वर्षों किसी के साथ रहकर भी उससे मित्रता स्थापित नहीं कर सकते, नहीं करना चाहते; परन्तु किसी को पहली ही भेंट में सदा के लिए अपना लेते हैं...देखो, कहीं तुम यह न समझना कि मैं सब-कुछ मदिरा की तरंग में कह रहा हूँ...समझे?"

मदिरा की तरंग में डूबा हुआ उसका अन्तिम शब्द काफ़ी लम्बा खिंच गया। बृज ने उत्तर दिया, "नहीं मैं यह नहीं समझता कि तुम केवल मदिरा की तरंग में ही बिना सोचे-समझे यह बात कह रहे हो, क्योंकि मदिरा तुम्हारे लिये कोई नयी या अनोखी वस्तु नहीं है कि जिसमें खोकर तुम्हें यह भी सुध न रहे कि तुम क्या कह रहे हो।"

"तुम पर बलिहार जाऊँ, तुमने कितने सुन्दर ढंग से मेरे पक्ष को अपने शब्दों में उजागर किया है! यह काम कोई मित्र ही कर सकता है...।"

"तुम्हें मित्र तो मिल गया, परन्तु पुत्र?"

डॉम-गार्शिया ने हवा में अँगूठा हिला दिया, "पुत्र, नहीं है।"

"क्यों?"

"कभी उसके लिए भगवान् से प्रार्थना ही नहीं की। अपितु किसी भी वस्तु के लिए प्रार्थना नहीं की। तुम भी बिना प्रार्थना के ही मिल गये। संसार में मुझे जो कुछ मिला वह बिना प्रार्थना के ही मिला।"

"तो कहना चाहिए कि तुम वास्तव में अत्यन्त भाग्यशाली हो।"

डॉम-गार्शिया ने फिर अँगूठा हिलाते हुए उत्तर दिया, "मैं भाग्यशाली नहीं हूँ। अपितु स्वार्थियों का भी स्वार्थी हूँ। मुझमें इतना धैर्य और क्षमता नहीं है कि मैं पहले प्रार्थना करूँ, फिर इस बात की प्रतीक्षा करूँ कि कब ईश्वर मेरी इच्छा पूर्ण करता है...स्वार्थियों का स्वार्थी जब किसी वस्तु की कामना करता है तो हाथ बढ़ाकर उसे पकड़ भी लेता है।"

अब तक बृज का एक मधु-पात्र खाली हो चुका था, और डॉम-गार्शिया का पाँचवाँ मधु-पात्र छलक रहा था। एकाएक आतिथेय की दृष्टि खाली मधु-पात्र पर पड़ी तो मदिरा की छोटी-सी मटकी ठुमककर हवा में लहरायी और फिर बृज के मधु-पात्र पर अत्यन्त मादक भंगिमा से झुक गयी।

बृज भी कुछ-कुछ मदिरा की तरंग में बहने लगा था। उसने छलकते हुए मधु-पात्र से दृष्टि हटाकर डॉम-गार्शिया की ओर देखा, फिर होंठ बटुवे की तरह बनाकर बोला, "परन्तु मित्र, पुत्र प्राप्त करने के लिए भगवान् से प्रार्थना की आवश्यकता नहीं, अपितु पहले स्त्री प्राप्त करने की आवश्यकता होती है...।"

डॉम-गार्शिया ने अपना मधु-पात्र हवा में उठाकर हिलाया और कहा, "और स्त्री प्राप्त करने के लिए स्त्री की इच्छा मन में उत्पन्न होनी आवश्यक है...।"

बृज उसकी इस बात का कोई अर्थ नहीं निकाल सका। क्योंकि जहाँ तक उसका अनुभव था, वह जानता था कि स्त्री के लिए डॉम-गार्शिया के मन की इच्छा आवश्यकता से पर्याप्त अधिक थी...कम होने का प्रश्न ही नहीं उठता था—इसलिए उसकी यह बात अर्थहीन होकर रह जाती है। उसने यही बात अपने आतिथेय से कही तो उसने जंगलियों की तरह एक क़हक़हा लगाया, "तुम समझे नहीं, स्त्री से मेरा ऐसा सम्बन्ध ही नहीं हो पाता—अब तुम समझ गये न?"

इस बात के भी कई अर्थ निकाले जा सकते थे। वह समझ नहीं पाया कि वास्तव में डॉम-गार्शिया कहना क्या चाहता है। वह बोला, "परन्तु गार्शिया, यह भी तो समझाओ कि तुमने जो इतनी युवतियाँ तथा किशोरियाँ एकत्रित कर रखी हैं, उनका...क्या तात्पर्य है?"

"तात्पर्य वही है जो प्रत्येक पुरुष का होता है।"

"इसका अर्थ अगर कुछ निकलता है तो केवल यही कि तुम इस विषय में आवश्यकता से कुछ अधिक ही स्वस्थ हो।"

"मेरे स्वास्थ्य में कोई दोष नहीं है, परन्तु अधिक स्पष्ट शब्दों में यह समझ लो कि मुझे प्रसन्न करने के लिए...या मुझे तृप्त करने के लिए स्त्री को इस बात की आवश्यकता नहीं पड़ती कि वह मेरी अंकशायिनी बने...।"

बृज काफ़ी देर तक आँखें झपका-झपकाकर डॉम-गार्शिया की ओर देखता रहा। फिर सिर दायें-बायें हिलाते हुए बोला, आज मुझे अनुभव हो रहा है कि मैं संसार का सबसे मूर्ख व्यक्ति हूँ। कुछ समझ में नहीं आता कि तुम्हारी बातों का क्या अर्थ हो सकता है।"

तुम मूर्ख नहीं हो, अभी अबोध बालक हो।"

बृज ने मधु-पात्र को होंठों तक लाते हुए पूछा, "क्या तुम इस अबोध को सदा अबोध ही रहने दोगे?"

"नहीं—बिलकुल नहीं। जहाँ तक मेरे वश में है मैं अबोध बालक को इस बात का अवसर दूँगा कि वह मेरा भी पिता बन जाये।"

"धन्यवाद।"

"मार्ग-दर्शन मेरा कार्य है और उस दिशा की ओर क़दम बढ़ाकर गन्तव्य तक पहुँचना, तुम्हारा कार्य होगा।"

"इसमें क्या सन्देह है। परन्तु मैं इस बात का वचन देता हूँ कि मैं अवश्य ही तुम्हारे बताये हुए मार्ग पर चलना पसन्द करूँगा।"

इस पर डॉम-गार्शिया ने सिर के बजाय मधु-पात्र को अस्वीकृति के रूप में दायें-बायें हिलाते हुए कहा, "बिलकुल नहीं, बिलकुल नहीं—जब तुम्हारे इस गुरु ने आज तक किसी के बताये हुए मार्ग पर चलना स्वीकार नहीं किया, तो भला वह यह कैसे सह सकेगा कि...नहीं-नहीं, कहने में कुछ त्रुटि हो गयी। वास्तव में मेरा तात्पर्य यह है कि यदि तुम्हें मेरा मार्ग पसन्द आये तो अपना एक साथी पाकर मुझे अत्यन्त प्रसन्नता होगी। परन्तु, यदि तुमने अपना कोई नया ही मार्ग ढूँढ़ निकाला तो इससे मुझे कोई शिकायत नहीं होगी—हाँ, देखो न, अब निकली मुँह से ठिकाने की बात।"

बृज ने चंचलता से मुस्कराते हुए कहा, जब मनुष्य की बुद्धि ही ठिकाने पर हो, तो उसके मुँह से बात भी ठिकाने की ही निकलती है।"

यह सुनकर डॉम-गार्शिया ज़ोर-ज़ोर के क़हक़हे लगाने लगा, "हा... हा हा हा! हा...हा हा हा!"

उसी समय आकाश में बादल गरजने लगे, तो डॉम-गार्शिया ने बाहें सीधी करके मधु-पात्र आकाश की ओर उठाते हुए कहा, "देखो, देवता भी मेरे साथ-साथ

क़हक़हे लगा रहे हैं।—क्या विचार है तुम्हारा, इस समय आकाश में तो घनघोर वर्षा हो रही होगी। अपालो ने सूर्य देवता का रथ रोक दिया होगा, और स्वयं वर्षा से बचने के लिए किसी घने वृक्ष के नीचे खड़ा अपने भीगे हुए वस्त्र निचोड़ रहा होगा। ये बादल भी कितने बलवान् हैं! देखते-ही-देखते सूर्य देवता के उजले चेहरे पर कालिख पोत देते हैं, यहाँ तक कि उसकी एक किरण भी संसारवालों को दिखायी नहीं देती। माना कि ये बादल छँट जायेंगे और सूर्य देवता का चेहरा इन बादलों की बूँदों से ही धुल जायेगा, और एक बार फिर सूर्य देवता अपनी चमकती हुई आँखें धरती पर गाड़ सकेंगे; परन्तु तनिक सोचो तो कि कम-से-कम एक बार ये बादल कैसा चमत्कार दिखाते हैं। कहाँ तक इनका हाथ पहुँचता है। वह सूर्य, जिसकी गर्मी से इस धरती का अन्न पकता है, जिसे खाकर संसार के प्राणी जीवित रहते हैं, उसी का मुँह एक बार ये बादल काला भी करते हैं, और फिर धो भी डालते हैं—यदि मुझे कभी देवताओं की पूजा करने की अकांक्षा हुई तो मैं सबसे ऊँचा स्थान इन बादलों को ही दूँगा।''

एकाएक तड़ित की टेढ़ी-मेढ़ी रेखा बल खाये हुए कोड़े की भाँति आकाश के इस सिरे से उस सिरे तक पहुँच गयी और इसके साथ ही वर्षा की बहुत बड़ी-बड़ी बूँदे इतने वेग से पड़ने लगीं जैसे वे नारिकेल के वृक्षों के पत्तों को छलनी कर डालेंगी। बृज के शरीर पर जहाँ-जहाँ बूँदें पड़ीं वहाँ-वहाँ हलकी-सी ठण्डक के साथ गुदगुदी की अनुभूति हुई। यही अनुभव डॉम-गार्शिया का भी था। उसने मुँह खोलकर आकाश की ओर देखते हुए कहा, ''आह, यदि मैं अपना वक्ष चीरकर खोल सकता—जिससे वर्षा की हर बूँद मेरे तप्त हृदय पर गिर सकती।...''

इतने में कई दासियाँ वेदी पर से सामान उठाने के लिए भागी-भागी आयीं। बृज पहले वेदी से उतरा, फिर उसने डॉम-गार्शिया की बाहें थामकर उसे खड़ा किया, परन्तु डॉम-गार्शिया को सहारे की कोई आवश्यकता नहीं थी। अब तो उसकी नस-नस में रक्त के स्थान पर मदिरा ही दौड़ रही थी। इसलिए बहक जाने पर भी—आवश्यकता पड़ने पर, वह बिलकुल चैतन्य हो सकता था।

वे दोनों झूमते-झामते अलिन्द में आकर बैठ गये, जहाँ पहले से ही उनके लिए सारा प्रबन्ध हो चुका था। बैठते ही डॉम-गार्शिया ने कहा, ''अब देखो वर्षा की बहार! जहाँ तक दृष्टि जाती है वहाँ तक मोतियों की वर्षा हो रही है।''

बृज ने कोई उत्तर नहीं दिया और वे दोनों इस दृश्य को देखते रहे। दो-तीन दासियाँ, कुछ-कुछ भीगी-सी, तनिक अलग, अपने स्वामी की आज्ञा की प्रतीक्षा में खड़ी थीं।

डॉम-गार्शिया ने एक तकिये पर कोहनी टिकाते हुए कहा, ''जानते हो मैंने वापस जाने की क्या योजना बनायी है?''

"मैं तो यही समझे बैठा हूँ कि यहाँ पर कुछ दिन और टिककर हम लोग उसी मार्ग से विजयनगर लौट चलेंगे, जिस मार्ग से द्रोण जी गये हैं।"

"ग़लत...दोनों बातें ग़लत।"

"कम-से-कम पहले तो तुम्हारी यही योजना थी।"

"थी—परन्तु अब नहीं है।"

"तो भी मैं यह सोचने का अधिकार रखता हूँ कि तुम्हारी नयी योजना पहली योजना से अधिक ही अच्छी होगी।"

"निस्सन्देह!"

"तो क्या मैं जान सकता हूँ कि अब हमारी योजना क्या है?"

"अवश्य जान सकते हो—योजना यह है कि हम यहाँ बहुत दिनों तक नहीं टिकेंगे। कारण यह कि हमारा यहाँ का काम पूरा हो चुका। इसलिए दो दिन के बाद हम लोग यहाँ से चल देंगे। हमारा मार्ग बिलकुल दूसरा रहेगा। तुमने विट्ठल स्वामी के मन्दिर के उत्तर में बहती हुई नदी देखी है...?"

यह सुनकर बृज का कलेजा धक् से होकर रह गया। वह भला उस अनोखी सन्ध्या को कैसे भूल सकता था।...फिर एकाएक ही उसे अपने-आप पर क्रोध-सा आ गया। चाहे वह झूठा ही क्रोध रहा हो। चाहे वह कितना भी प्रयत्न करे परन्तु उस श्यामल सन्ध्या में जो गुलाबी रंग सुप्रिया ने घोल दिया था, वह कैसे मिटाया जा सकता था!

डॉम-गार्शिया ने बिना क्रोध के लाल-लाल मत्त नेत्रों से बृज की ओर देखते ही पूछा, "तुम चुप क्यों हो गये?"

बृज हड़बड़ाकर चौंका, उसने सोचा कि कहीं डॉम-गार्शिया की तीव्र दृष्टि ने उसके हृदय को आहत पक्षी की भाँति फड़फड़ाते तो नहीं देख लिया।—परन्तु वह आहत कहाँ था?...बोला, "हाँ, स्मरण आया, एक बार मैं वहाँ गया था।"

डॉम-गार्शिया ने भृकुटियों को खींचकर एक-दूसरे के निकट लाते हुए कहा, "मैं तुम्हें एक काम की बात बताता हूँ। जब किसी को इतनी-सी बात स्मरण आने में इतना समय लग जाये, तो समझ लो कि दाल में कुछ काला अवश्य है। यद्यपि मैं जानता हूँ कि तुम रमते जोगी हो, न तुम्हारे पास दाल है और न उसमें काला—हाँ, तो बात यह है कि हम एक नये मार्ग पर चलते हुए उस नदी के तट पर पहुँच जायेंगे और फिर कई कोस की लम्बी यात्रा नदी के किनारे-किनारे ही पूरी करेंगे। दिन-भर यात्रा करने के पश्चात् सन्ध्या को, धीवरों के किसी गाँव के समीप, डेरा जमा देंगे। उधर नदी में नौकाएँ चक्कर खायेंगी, इधर हमारे मदिरा-पात्र ठुमक-ठुमक कर नाचेंगे, उधर धीवरों की अछूती कन्याएँ लहरा-लहराकर चकफेरियाँ लेंगी। ऐसी दशा में तुम चाहोगे कि हमारी यात्रा का अन्त कभी न आये; नदी के तट से कभी

अलग न होना पड़े, और धीवर-कन्याओं के तलुवों से उड़ते हुए रज-कण और मछलियों की सुगन्ध सदा ही हमारे नासिका-रन्ध्रों तक पहुँचती रहे।''

बृज के होंठों पर एक कोने से दूसरे कोने तक मुस्कान फैल गयी, ''गार्शिया, तुमको कवि होना चाहिए था।''

''बल्कि यह कहो कि मुझे कवि नहीं होना चाहिए था। मेरा हृदय कवि है, परन्तु मैं कविता कर नहीं सकता।''

वर्षा अत्यन्त वेग से हो रही थी। वातावरण में एक अनोखा जल-तरंग बज रहा था। आकाश में मृदंग के भारी स्वर गूँज रहे थे।

२

जिस दिन उन्हें जाना था उससे एक दिन पहले जलपान के समय मछली की बातचीत चल निकली। डॉम-गार्शिया खाने का बड़ा शौकीन था। चटखारा लेते हुए बोला, ''मित्र, जब हम नदी के किनारे-किनारे चलेंगे तो धीवरों से ताज़ी मछलियाँ लेकर तुम्हें खिलाऊँगा, तो तुम चटखारे लेते रह जाओगे। उँगलियाँ काट लोगे।''

बृज केवल मुस्करा दिया।

डॉम-गार्शिया ने उसकी मुस्कराहट का कुछ और ही अर्थ समझा—और अपनी बात पर बल देते हुए बोला, ''सम्भवत: तुम सोच रहे हो कि तुमने बहुत बार मछली खायी है, इसलिए मैं जो दावा कर रहा हूँ, उसमें सार ही क्या है। परन्तु मैं तुम्हें बताता हूँ कि किसी वस्तु को रींधने का भी ढंग होता है। एक ही प्रकार की मछली को दस रसोइये बनायें, तो हर मछली का स्वाद अलग-अलग होगा। तुम नहीं जानते कि स्वयं मुझे भोजन रींधने का भी बड़ा शौक है। कभी-कभी केवल अपने मित्रों को अपने हाथों से कोई वस्तु बनाकर खिला देता हूँ तो वे मेरे हाथ चूम लेते हैं। अपनी इस बात के प्रमाण के रूप में मैं तुम्हें तुम्हारी आँखों के सामने एक विशेष ढंग से मछली बनाकर खिलाऊँगा। उसके बाद ही मैं तुमसे तुम्हारा मत पूछूँगा।''

''मित्र, मुझे अधिक सुख-सुविधा से रहने का अभी तक कोई अवसर नहीं मिला। मैं तो इधर-उधर भटकनेवाला व्यक्ति हूँ। धन-सम्पत्ति की तो बात ही छोड़ो, मेरी तो दो बार भूख मिटाने की ही बड़ी भारी समस्या है। मेरे जैसे व्यक्ति को जो मिलता है सो खा लेता है। यदि मैं भोजन के स्वाद पर बल देने लगूँ तो फिर मुझे भूखों ही मरना पड़े। यदि विजयनगर में कंचन जी की मुझ पर कृपा-दृष्टि न हो जाती, तो अब तक मैं गली-कूचों और बाज़ारों में घूम-घूमकर या तो किसी दानी पुरुष के दान से खाना खाता या किसी मन्दिर के सदाव्रत से पेट भर लेता। इसलिए यदि मैं इन बातों को अच्छी तरह समझ न पाऊँ तो तुम अन्यथा न मानना।''

यह सुनकर डॉम-गार्शिया को थोड़ी-सी झेंप लगी, और वह बृज का हाथ दबाते हुए बोला, "नहीं मित्र, मैं तो कहता हूँ कि यदि मुझसे कोई भूल-चूक हो जाये तो तुम मुझे क्षमा कर देना—हाँ, मैं मछली की बात कर रहा था। इसी नदी के तट पर एक स्थान पर बड़ी ही विचित्र मिट्टी पायी जाती है। वहीं से मछली पकड़कर, वहीं की गुँधी हुई मिट्टी में उसे लपेट दिया जाता है। मछली की सफाई पहले ही कर ली जाती है और उसके भीतर मसाले भर दिये जाते हैं। मछली को गुँधी हुई मिट्टी में लपेटने से पूर्व उस पर घी या चर्बी की मोटी-सी तह जमा दी जाती है। मिट्टी में लिपटी हुई मछली को सूखे उपलों की आग में दबा दिया जाता है। उपलों की आँच अत्यन्त धीमी होती है। इस धीमी-धीमी आँच में मिट्टी के भीतरवाली मछली धीरे-धीरे पकती रहती है। जब मिट्टी का रंग गहरा भूरा हो जाता है, तो उसे बाहर निकालकर मिट्टी का खोल तोड़कर अन्दर से मछली निकाल ली जाती है। उस मछली के टुकड़े को मुँह में रखो तो बताशे की तरह घुल जाती है। मछली के अणु-अणु में बसी हुई मसालों की सुगन्ध खानेवाले के अंग-अंग में समा जाती है—अब तुम मेरे साथ चलोगे तो स्वयं ही सारी बात समझ जाओगे...।"

इतने में एक दासी अन्दर आयी, जिसे देखते ही डॉम-गार्शिया चुप हो गया। दासी की आयु चालीस वर्ष के लगभग होगी। उसने स्वामी के कान तक मुँह ले जाकर फुसफुसाते हुए कुछ कहा। डॉम-गार्शिया ने फुसफुसाते स्वर में ही उसकी बातों का उत्तर दिया। फिर वह दासी चली गयी।

डॉम-गार्शिया अपने ही विचारों में कुछ खो-सा गया। बृज यही समझा कि दासी जो बात उससे कह गयी है, वह उसी के सम्बन्ध में सोच रहा है। कुछ समय के बाद डॉम-गार्शिया को एकाएक ही इस बात का आभास हुआ कि वह अपने विचारों में डूबकर अपने अतिथि को तो भूल ही गया है। यह तो अशिष्टता की बात है। अत: उसने फिर बात आरम्भ कर दी, "बृज!"

"हाँ!"

"तुम तो ऐसे देश में घूमते रहे हो जहाँ बड़े-बड़े योगी, महात्मा और धर्म-ग्रन्थों के ज्ञाता पाये जाते हैं...।"

"परन्तु मैं न तो योगी हूँ, न महात्मा और न विद्वान् ...।"

"वह मैं समझता हूँ, परन्तु तुम इस बात से अस्वीकार नहीं कर सकते कि तुम इस प्रकार के लोगों से मिलते-जुलते रहे हो और तुम्हें बहुत-सी बातों का ज्ञान भी है।"

"सम्भवत:!" बृज ने एक ही शब्द में उत्तर दे दिया। अभी उसने यही निश्चय कर रखा था कि वह केवल दूसरों की बातें सुनेगा और अपने मुँह से कुछ नहीं कहेगा।

डॉम-गार्शिया के मन में कुछ ऐसी बातें उभर आयी थीं जिन्हें कहे बिना वह नहीं रह सकता था। उसने कहना आरम्भ किया, "मैं किसी धर्म को नहीं मानता,

किसी ग्रन्थ को नहीं मानता, भगवान् को नहीं मानता, पाप और पुण्य को नहीं मानता, मैं यह नहीं मानता कि मुनष्य एक के बाद दूसरा जन्म भी ले सकता है, मैं यह नहीं मानता कि किसी दिन हम लोग अपनी कब्रों से जी उठेंगे और हमें अपने अच्छे या बुरे कर्मों का फल मिलेगा।...क्या तुम इन बातों में विश्वास रखते हो?''

बृज ने पल-भर सोचने के बाद उत्तर दिया, ''परन्तु इससे अन्तर क्या पड़ता है। मैं क्या मानता हूँ और क्या नहीं मानता, इससे तुम्हें चिन्तित होने की क्या आवश्यकता। यदि किसी बात पर विश्वास रखने या न रखने का तुम्हारे पास कोई कारण है, तो फिर तुम्हारे लिये वही पर्याप्त होना चाहिए।''

''मैं तुमसे सहमत हूँ, परन्तु तुमसे इस बात की आशा रखना ग़लत तो नहीं कि तुम्हारे भी कुछ विश्वास होंगे, कोई दृष्टिकोण होगा।''

''यह सम्भव है, और सम्भव नहीं भी है—वास्तविक बात यह है कि अभी मैंने अपना सिद्धान्त यह बना रखा है कि सुनो अधिक और बोलो कम। मैं समझता हूँ कि अभी मुझे अपने मस्तिष्क एवं हृदय को ऐसी स्थिति में रखना चाहिए कि इस पर प्रत्येक विचार का प्रतिबिम्ब पड़ सके। यदि मैं अभी से ही अपने सिद्धान्त और अपना दृष्टिकोण बना लूँ तो फिर मैं औरों के विचारों को पहले से ही अस्वीकृत कर दिया करूँगा। परन्तु अभी मैं ऐसा नहीं करना चाहता। सम्भव है कि जब मैं तुम्हारी आयु तक पहुँच जाऊँगा तो मेरा भी एक दृष्टिकोण बन जायेगा।''

''तुमने अपनी बात अत्यन्त तर्कसंगत रूप में मेरे सम्मुख रखी है। इसलिए तुम्हारे विचार और दृष्टिकोण जाने बिना ही अपनी बात कहना चाहता हूँ। मैं बता चुका हूँ कि किन-किन बातों में मेरा कुछ भी विश्वास नहीं है। मैं केवल प्रकृति को मानता हूँ। मैं प्रकृति को ईश्वर नहीं मानता, परन्तु यह स्वीकार करता हूँ कि हम सब को प्रकृति ने ही यह रूप दिया है। जन्म से लेकर मृत्युपर्यन्त हमारी एक चेतना रहती है और जब हमारी आँखें सदा के लिए बन्द हो जाती हैं, तो हम फिर प्रकृति में ही घुल-मिल जाते हैं। हमारी चेतना भी सदा के लिए समाप्त हो जाती है। इस बीच में हमें कई समस्याओं का समाधान नहीं सूझता, कई प्रश्नों के उत्तर नहीं मिलते, यह स्वीकार करने को हमारा मन नहीं चाहता कि एक दिन हमें इस संसार से सदा के लिए विदा होना पड़ेगा। इसके साथ ही असीम सृष्टि की तुलना में अपने-आपको इतना छोटा और इतना हेय पाकर हमारा हृदय काँप उठता है। जैसे सुनसान स्थान पर एक भयभीत व्यक्ति कुछ गुनगुनाने लगता है और अपना ही स्वर सुनकर उसका साहस बढ़ता है, इसी तरह मनुष्य भी अपने मन को बहलाने के लिए और अपने-आपको झूठी सान्त्वनाएँ देने के लिए बड़ी दूर की कौड़ी लाता है। कभी भगवान् की रचना करता है, कभी असंख्य देवताओं की, कभी मुक्ति की बातें कहता है, कभी आत्मा की अमरता के दावे करता है। मैं कोई दार्शनिक नहीं हूँ, विद्वान् या महात्मा नहीं हूँ, मैं यह भी जानता हूँ कि इस प्रकार के लोग मेरी इन बातों को बचकाना

समझकर परिहास करेंगे, परन्तु मैंने गहन चिन्तन के बाद जो निष्कर्ष निकाले हैं उन्हें जल्दी से झुठलाया नहीं जा सकता है। आपके शास्त्रों ने तो ऐसा रंग जमाया है कि मनुष्य को लगभग प्रत्येक बात का उत्तर मिल जाता है। परन्तु मनगढ़न्त उत्तर देकर और उन उत्तरों से सन्तुष्ट हो जाने से काम नहीं चलता। अपने सिद्धान्तों की पुष्टि के लिए उनके पास कोई ऐसा प्रमाण नहीं है जिसकी कसौटी पर सत्य और असत्य को परखा जा सके। दूध-का-दूध और पानी-का-पानी किया जा सके...।''

बृज ने धीरे से कहा, ''द्रोण जी के विचार भी तुम्हारे विचारों से मिलते हैं।''

''नहीं, बिलकुल नहीं मिलते।''

''अभी तक तुमने जो कुछ कहा है उसमें से एक-दो बातें निकालकर शेष ऐसी हैं जो द्रोण जी भी कहते और स्वीकार करते हैं!''

''द्रोण जी और मेरे सिद्धान्तों में अन्तर यह है कि वे समझते हैं कि प्रत्येक मनुष्य, यदि वह चाहे तो, अपने भीतर की प्रसुप्त शक्तियों को जगा सकता है। मैं यह बात नहीं मानता, परन्तु इसे स्वीकार कर भी लिया जाये, और प्रसुप्त शक्तियाँ बढ़ाना सम्भव भी हो, तो इससे क्या लाभ?...मैं समझता हूँ कि इस मार्ग पर चलना भी एक प्रकार से अपने-आपको धोखा देना है। प्रसुप्त शक्तियाँ बढ़ भी जायें तो भी मनुष्य का जो अन्त है उसमें तो कोई परिवर्तन नहीं हो सकता। जो व्यक्ति अपनी शक्तियाँ बढ़ा भी लेगा, उसे भी एक दिन मरना पड़ेगा, उसे भी एक बार फिर प्रकृति में घुल-मिल जाना होगा। तो तुम्हीं बताओ कि इन शक्तियों को जगाने और बढ़ाने से क्या लाभ?''

''मैंने तो पहले ही कह दिया है कि मैं किसी विवाद में नहीं पड़ना चाहता, हाँ, मुझे तुम्हारा दृष्टिकोण जानने में रुचि अवश्य है।''

''और मुझे बताने में आपत्ति नहीं है।'' डॉम-गार्शिया ने सिर को तनिक-सा झुकाकर उत्तर दिया, जब हमने यह स्वीकार कर लिया कि प्रकृति हमें अपनी कोख से जन्म देती है, और फिर हम इसी प्रकृति में समा जाते हैं, तो प्रकृति ही हमारी गुरु हुई। हम इसी से प्रेरणा ले सकते हैं। जन्म से मृत्युपर्यन्त प्रकृति हमें अपने और हमारे रहस्यों के विषय में कुछ नहीं बताती। यदि हम अपनी विचार-शक्ति से प्रकृति के कुछ भेद पा भी जायें तो उससे थोड़ा-बहुत लाभ उठा सकते हैं, परन्तु अपने अन्त को बदल नहीं सकते। बहुत-कुछ विचार करने के बाद भी मेरी समझ में नहीं आया कि प्रकृति का कोई उद्‌देश्य भी है। प्रकृति बिलकुल निश्चिन्त है और उसे किसी बात की चिन्ता नहीं। एक पशु दूसरे को खा जाता है, एक मनुष्य दूसरे मनुष्य को मार डालता है, तो प्रकृति इसमें हस्तक्षेप नहीं करती। प्रकृति में बुरे-भले का भी कोई विवेक नहीं है। पाप-पुण्य प्रकृति की दृष्टि में एक ही-सा स्थान पाते हैं। प्रकृति में दया नहीं है, वरन् निर्ममता है।...यद्यपि तुमने विवाद में पड़ने से

अस्वीकार कर दिया है, परन्तु क्या तुम यह कह सकते हो कि मेरी बतायी हुई सब बातें निस्सार हैं?''

''इस बात को छोड़ ही क्यों न दें। मुझे तो इसमें रुचि है कि प्रकृति के इस रूप को स्वीकार कर लेने के पश्चात् तुम्हें प्रकृति से कैसी प्रेरणा मिलती है?''

''पहली बात तो यह है कि हम कभी यह न भूलें कि हमारा अन्त होकर रहेगा, और इससे हम किसी तरह भी बच नहीं सकते। दूसरी बात यह कि हमारा भी कोई उद्देश्य नहीं होना चाहिए। यहाँ पर मैं एक छोटी-सी बात समझा दूँ, वह यह कि मैं काल्पनिक उद्देश्यों का विरोधी हूँ। जैसे यह कि सत्कर्म करो तो अगले जन्म में उसका सुफल मिलेगा। या यह कहना या सोचना कि भीतर से मनुष्य अच्छा ही है और प्रत्येक के भीतर परमात्मा की ज्योति है। इस प्रकार के कई उद्देश्य मनुष्यों ने बना रखे हैं, जिनका वास्तविकता से कुछ भी सम्बन्ध नहीं है...!''

''तुम्हारी बातों से यह निष्कर्ष निकाला जा सकता है कि मनुष्य जो कर्म करे उसमें बुरे-भले को न सोचे, पाप-पुण्य की उलझनों में न पड़े। प्रकृति की तरह निष्काम रहे। आसपास जो कुछ हो रहा है उसकी चिन्ता न करे।''

''तुमने बिलकुल ठीक कहा, परन्तु जब मैं यह कहता हूँ कि बुरे-भले की चिन्ता न करे तो इसका तात्पर्य यह है कि वह केवल अपने ही बुरे-भले को अपने सम्मुख रखे। यदि वह ऐसा नहीं करेगा तो प्रकृति से दूर चला जायेगा! और प्रकृति से दूर जाकर वह कभी प्रसन्न नहीं रह सकता, सदैव दुःख पायेगा!''

''तुम्हारी बातें सुनने में अत्यन्त कठोर-सी लगती हैं। फिर भी रोचक अवश्य हैं।''

''मैं मूल रूप से जीवन को यही कुछ समझता हूँ।''

''तुमने कभी सोचा है कि यदि तुम किसी के केवल एक दास होते तो तुम्हारी क्या दशा होती और तुम्हारे सोचने का ढंग क्या होता?''

''तुम्हारा प्रश्न रोचक है किन्तु उसका उत्तर यह है कि दास होने की स्थिति में मेरी दशा वास्तव में बहुत शोचनीय होती और मेरे सोचने का ढंग भी भिन्न होता, परन्तु मुझे इस बात का कुछ भी अनुभव नहीं है कि उस स्थिति में मैं कैसा अनुभव करता। यहाँ पर मैं केवल इतना कहना चाहता हूँ कि तुम जैसे लोगों का सोचने का यह ढंग बिलकुल ग़लत है। दास, दास है; डॉम-गार्शिया, डॉम-गार्शिया है। दास डॉम-गार्शिया नहीं हो सकता और डॉम-गार्शिया दास नहीं हो सकता—।''

''परन्तु यदि हो जाये तो?'' बृज ने बात काटते हुए पूछा।

''यदि ऐसा हो जाये तो दास दास नहीं रहेगा, और डॉम-गार्शिया डॉम-गार्शिया नहीं रहेगा।''

''बस?'' बृज ने भौंहें उठाकर पूछा।

"बस।"

बात यहीं तक पहुँची थी कि वही दासी फिर द्वार में खड़ी दिखायी दी। वह अन्दर नहीं आयी, उसने दूर से ही कुछ संकेत किया और फिर विलुप्त हो गयी।

डॉम-गार्शिया तुरन्त खड़ा हो गया और बोला, "बृज, तुम मेरे साथ चलोगे?"

"कहाँ?"

"ऊपरवाले कक्ष में।"

"वहाँ क्या है?"

"बताने की बात नहीं है, केवल देखने की बात है।"

"क्या मेरा वहाँ जाना आवश्यक है?"

"नहीं—परन्तु मेरी इच्छा है कि तुम मेरे साथ चलो।"

"बृज सोच में डूब गया। डॉम-गार्शिया ने पूछा, "तुम कहाँ खो गये?"

"मैं सोच रहा हूँ कि जिस वस्तु के विषय में तुम कुछ बताना नहीं चाहते, उसे देखूँ या न देखूँ।"

"यही नहीं, मेरी एक और शर्त भी है।"

"वह क्या?"

"मेरी इच्छा यह है कि ऊपर चलकर तुम जो कुछ भी देखो, उसमें हस्तक्षेप न करो। मैं जो कुछ भी करूँ, तुम मुझे रोकने की चेष्टा न करो।"

बृज मुस्कराकर बोला, "अब तो मेरी भी उत्सुकता बढ़ती जा रही है। यह जानने की इच्छा हो रही है कि ऊपर क्या है और तुम वहाँ क्या करने जा रहे हो!"

"तो चलो।"

"वैसे तो यहाँ भी बड़ा अच्छा विषय चल पड़ा था...।"

"ये बातें अभी तो आरम्भ ही हुई हैं। तुम्हें यह नहीं समझना चाहिए कि आज के विषय पर फिर कभी वार्त्ता ही नहीं हो सकेगी।"

बृज ने कुछ चंचलता भरे स्वर में कहा, "यह भी तो सम्भव है कि ऊपर पहुँचकर कोई नया ही विषय हमारे हाथ लग जाये।"

"तुम सचमुच बड़े समझदार व्यक्ति हो, तुमने जो कुछ सोचा है बिलकुल वही होगा—आओ चलें।"

भवन के अन्दर से ही एक सँकरा-सा सोपान छत तक पहुँचता था, जहाँ केवल एक बड़ा-सा कक्ष था। यह सोपान कक्ष में नहीं अपितु छत पर ही पहुँचता था। कक्ष के चारों ओर चौड़ा-सा अलिन्द था और इस अलिन्द में ही आवरण-पट लटके हुए थे, जिनके कारण भवन के बाहर से भी देखा जाये तो कक्ष का भीतरी भाग दिखायी नहीं देता था। जिस जगह सोपान छत पर पहुँचता था वहीं एक चौड़े काष्ठ-पट का

द्वार लगा हुआ था जो बन्द हो जाने पर छत के तल के बराबर दिखायी देता था और फिर नीचे से कोई भी ऊपर नहीं आ सकता था।

छत पर पहुँचकर डॉम-गार्शिया ने द्वार बन्द कर दिया, फिर वे अलिन्द के पट हटाकर भीतर चले गये। पट महीन कपड़े के बने हुए थे जिनके भीतर से बाहर की प्रत्येक वस्तु दिखायी देती थी, परन्तु कक्ष में कम प्रकाश होने के कारण बाहर से भीतर की कोई वस्तु दिखायी नहीं देती थी। कक्ष में घुसने पर पहले तो बृज को लगा जैसे वहाँ उन दोनों के अतिरिक्त और कोई न हो, फिर उसे एक छोटी-सी वेदी पर एक स्त्री बैठी दिखायी दी। उसके सिर की चुँदरी कुछ ऐसे ढंग से रखी थी कि उसका चेहरा ठीक से दिखायी नहीं दे रहा था। डॉम-गार्शिया ने एक ओर वेदी पर बृज को बैठा दिया। वेदी पर कोमल गद्दा बिछा हुआ था, तकिये लगे हुए थे, और वह ख़ूब आराम से बैठ गया। उसने डॉम-गार्शिया से पूछा, "तुम नहीं बैठोगे क्या?"

"नहीं!"

डॉम-गार्शिया का स्वर इतना बदला हुआ था कि बृज ने एकदम उसके चेहरे पर दृष्टि डाली। उसका चेहरा भी बिलकुल बदल गया था। उसकी नाक जड़ से दोनों ओर उभरी हुई हलके नीले रंग की शिराओं का अब और भी गहरा रंग हो गया था, और वे काफ़ी फूल आयी थीं। उसके चेहरे पर मानो विचित्र-सी धूल की परत जम गयी थी। बृज के मन में बार-बार प्रश्न उठता था कि आख़िर अब क्या होने जा रहा है।

डॉम-गार्शिया कक्ष में नपे-तुले क़दमों से टहलता हुआ न जाने क्या कर रहा था। बीच-बीच में वह उस स्त्री की ओर देख लेता, परन्तु उसने बृज की ओर एक भी बार दृष्टि नहीं डाली। जैसे वह वहाँ बैठा ही न हो। उसकी बदली हुई प्रकृति और मौन व्यवहार से एक बार तो बृज के जी में आया कि वह उसे पुकारकर पूछे कि आख़िर उसे हुआ क्या है। परन्तु फिर उसे अपना वचन स्मरण आ गया और वह चुपचाप बैठा रहा।

मौसम बहुत अच्छा था। यद्यपि धूप चटकी हुई थी, फिर भी गर्मी नहीं थी। जितनी गर्मी थी वह बड़ी सरलता से सही जा सकती थी। इतनी-सी गर्मी का अपना ही एक आनन्द होता है।

एकाएक डॉम-गार्शिया ने पलटकर स्त्री पर दृष्टि डाली और अबकी उसे टकटकी बाँधकर देखने लगा।

स्त्री उसे नहीं देख रही थी, परन्तु सम्भवत: वह इतना अनुभव कर रही थी कि डॉम-गार्शिया की आँखें उस पर टिकी हुई थीं। फिर डॉम-गार्शिया उसकी ओर बढ़ा, पास पहुँचकर ठिठका और फिर हाथ उठाकर उँगलियों की चुटकी से स्त्री की चुँदरी को सिर से हटा दिया, और वह चुँदरी खिसकती हुई स्त्री के कन्धों पर रुक गयी।

अब उसकी आकृति बिलकुल स्पष्ट दिखायी दे रही थी। उसकी आयु बाईस-तेईस वर्ष के लगभग थी और अपने सफ़ेद रंग, सुनहरे बालों और नीली आँखों के कारण वह किसी और ही देश की स्त्री जान पड़ती थी। वह अत्यन्त सुन्दर थी। उसकी आँखें झुकी हुई थीं। डॉम-गार्शिया ने स्त्री से कुछ पूछा, परन्तु स्वर के धीमे होने तथा दूरी के कारण बृज की समझ में नहीं आया कि उसने क्या बात कही। उसकी बात के उत्तर में स्त्री ने झुकी हुई पलकें उठायीं और केवल एक बार डॉम-गार्शिया की ओर भरपूर दृष्टि से देखा, सम्भवत: होंठों में कुछ कहा भी और फिर पलकें झुका लीं।

तब डॉम-गार्शिया ने स्त्री की बाँहें थामीं तो वह सहज रूप से खड़ी हो गयी। अब बृज ने देखा कि स्त्री गले से पाँव तक वस्त्रों से ढँकी हुई है। उसके गोरे-गोरे पाँव श्वेत कपोतों की भाँति दिखायी दे रहे थे। डाम-गार्शिया उसे बाँहों से थामे-थामे कक्ष के बीचोबीच ले आया। वहाँ पहुँचकर उसने स्त्री के दोनों हाथ एक हाथ में थाम लिये और फिर लम्बी रस्सी से उसकी दोनों कलाइयाँ आगे की ओर बाँध दीं।

अब बृज ने देखा कि छत से एक जंजीर लटकी हुई है जो एक लोहे के कड़े पर आकर समाप्त हो जाती है। डॉम-गार्शिया ने रस्सी का सिरा उठाकर कुण्डे में डाल दिया और जब रस्सी को खींचा तो स्त्री के दोनों हाथ भी ऊपर को उठते चले गये और अन्त में उसके सिर के ऊपर तक पहुँच गये, जहाँ डॉम-गार्शिया ने रस्सी को अच्छी तरह कुण्डे में लपेटकर गाँठ दे दी।

बृज ने समझा कि वह अवश्य उसकी कोई दासी होगी जिसे किसी अपराध का दण्ड देने के लिए स्वामी ने इस तरह बाँध दिया है। स्त्री ऐसी भंगिमा में खड़ी थी कि वह अत्यन्त सुन्दर भी लग रही थी और दु:खमयी मूर्ति भी प्रतीत हो रही थी और देखनेवालों के हृदय में करुणा भी जाग उठती थी—बृज को लग रहा था जैसे किसी कलाकार ने अपनी एक बहुत ही उत्तम मूर्ति गढ़कर उसके समक्ष रख दी हो। इतने में ही डॉम-गार्शिया ने अपने हाथ में एक चाबुक पकड़ ली, जिसके अगले सिरे से किसी पशु के चर्म की सात गाँठदार मोटी-मोटी डोरियाँ लटक रही थीं।

यह देखकर बृज को अनुभव हुआ जैसे उसके शरीर में से सारी शक्ति ही निकल गयी हो। उसकी समझ में नहीं आ रहा था कि इस सारे नाटक का रहस्य क्या है। वह उस चाबुक को पहचानता था। ऐसा ही एक चाबुक उसने द्रोण जी के मिलनेवाले एक अरब के पास भी देखा था। अरब ने उसे बताया कि इस चाबुक को 'सात दुमोंवाला बिल्ला' कहते हैं। उसने यह भी बताया कि जहाज़ों में जब कोई नाविक भारी अपराध कर दे, तो इसी चाबुक से उसकी चमड़ी उधेड़ी जाती थी। बलवान्-से-बलवान् व्यक्ति भी इस चाबुक की मार को सहन नहीं कर सकता था। बृज सोचने लगा कि चाहे इस दासी से कितना भी बड़ा अपराध हो गया हो, फिर भी इस चाबुक से तो उसकी पिटायी नहीं होनी चाहिए। क्या वह डॉम-गार्शिया को

रोक दे?—उसने एक बार उस स्त्री की ओर देखा, यह जानने के लिए कि उसके चेहरे की क्या दशा हो रही है। स्त्री का चेहरा बिलकुल शान्त था। लगता था जैसे वह इस दण्ड के लिए बिलकुल तैयार हो। क्या उसने इस चाबुक से पहले कभी मार खायी है या नहीं? इस बात का उत्तर कौन देता। जब उसने डॉम-गार्शिया के चेहरे की ओर देखा तो उसे लगा जैसे वह कह रहा हो कि अपना वचन स्मरण रखो।

हाथ में वह चाबुक पकड़कर डॉम-गार्शिया बृज के निकट चला आया और उसकी ओर देखे बिना बदले हुए स्वर में बोला, "इस चाबुक को चलाना अपने-आप में बहुत बड़ी कला है। मुझे विश्वास है कि तुमने ऐसा चाबुक पहले भी कहीं-न-कहीं देखा होगा और तुम इसके गुणों को भी जानते होगे। स्मरण रखो कि जब यह चाबुक इस स्त्री के वस्त्रों को चाट रहा होगा, तब भी स्त्री के शरीर पर इसकी चोट नहीं लगने पायेगी—परन्तु इसका यह भी अर्थ नहीं है कि मैं स्त्री को यूँ ही छोड़ दूँगा। इस चाबुक का प्रयोग इस ढंग से किया जा सकता है कि बलवान्-से-बलवान् पुरुष के शरीर की बोटी-बोटी उड़ जाये और केवल उसकी हड्डियों का ढाँचा लटकता रह जाये। निश्चिन्त रहो, इस स्त्री की ऐसी दशा नहीं होगी।"

बृज निश्चिन्त हो गया—उसने सोचा कि स्त्री के व्यवहार से ही पता चलता है कि डॉम-गार्शिया अपनी दासियों को प्राय: इसी प्रकार दण्ड देता रहता है। इसीलिए तो दासी अधिक घबरायी हुई दिखायी नहीं देती, और उसके चेहरे से ऐसा लगता है जैसे वह इस दण्ड को स्वीकार करने के लिए बिलकुल सहमत है।

अब डॉम-गार्शिया स्त्री की ओर बढ़ा। उससे कुछ दूर रुककर उसने चाबुकवाला हाथ उठाया और उसे हवा में घुमाकर एक झटका-सा दिया, जिससे चमड़े की डोरियों में विचित्र-सी ध्वनि उत्पन्न हुई—साड़! साड़! साड़!

सारा कक्ष इसी स्वर में गूँज रहा था। जिस तरह डॉम-गार्शिया चाबुक से यह ध्वनि उत्पन्न कर रहा था उससे बृज ने अनुमान लगाया कि उसने जो कुछ कहा था वह ठीक ही कहा था!

अभी तक डॉम-गार्शिया स्त्री से दूर ही खड़ा था, धीरे-धीरे, क़दम-क़दम वह आगे बढ़ने लगा। एकाध बार चाबुक की डोरियाँ दासी के लटकते हुए वस्त्रों से छू गयीं, तो वे वस्त्र इतनी तेज़ी से लहरा गये जैसे किसी सरोवर में पत्थर गिरने से लहरें उठती-गिरती चली जाती हैं...बृज ने सोचा कि अब चाबुक की डोरियाँ कपड़ों को चाटना आरम्भ कर देंगी।

वही बात हुई। धीरे-धीरे चाबुक की हर 'साड़' के साथ वस्त्रों का कुछ भाग फुर से उड़ जाता। इस प्रकार वस्त्रों के फोहे बन-बनकर उड़ते गये। यहाँ तक कि अन्त में केवल चीथड़े लटकते रह गये।

यहाँ तक पहुँचकर डॉम-गार्शिया रुका। दो पल तक वह चाबुक को अपने हाथ में तौलता रहा। सम्भवत अब इस भयंकर नाटक का अन्तिम दृश्य आरम्भ होनेवाला था और उस स्त्री को भी इतना अवसर दिया जा रहा था कि वह कुछ सँभल जाये।

एक बार फिर डॉम-गार्शिया का हाथ उठा, चाबुक की डोरियाँ सर्पों की भाँति हवा में लहरायीं और फिर तड़पकर स्त्री के शरीर से छू भर गयीं—अबकी बृज ने देखा कि पीड़ा की एक लहर स्त्री के चेहरे पर दौड़ गयी। डॉम-गार्शिया के चेहरे के आवर्त ऐसे दिखायी दे रहे थे जैसे चट्टान को काटकर बनाये गये हों। अब उसका हाथ काफ़ी रुक-रुककर उठ रहा था। लगता था जैसे वह हर चोट अत्यन्त सोच-विचार के बाद लगा रहा हो। हाथ को तौल-तौल कर...यहाँ तक कि बृज ने देखा कि उन उजले चीथड़ों में लाल-लाल लहू की रंगत दिखायी देने लगी। उस स्त्री के शरीर के आगे और पीछे पिण्डलियों से लेकर कन्धों तक शरीर के हर भाग पर चोटें पड़ रही थीं। अब उसने बरबस निकल पड़नेवाले चीत्कारों को रोकने के लिए निचला होंठ दाँतों तले दबा लिया था। शरीर के अंग-अंग से पसीना फूट-फूटकर लहू में घुल-मिल रहा था। उसकी आँखें इतनी लाल हो रही थीं कि लगता था कि उनमें से लहू की धारा बह निकलेगी...परन्तु अब भी डॉम-गार्शिया का हाथ रुकने में नहीं आ रहा था। यह तो बिलकुल स्पष्ट था कि चाबुक की पूरी चोट शरीर पर नहीं पड़ रही थी; चाबुक की डोरियाँ शरीर की खाल को केवल चूम ही रही थीं।

यह नाटक उस समय तक होता रहा जब तक कि स्त्री एकाएक धचके के साथ नीचे को लटक नहीं गयी। उसकी टाँगें ढीली पड़ गयीं। मुँह अधखुला-सा रह गया। एक ओर को गिरे हुए चेहरे पर घने बाल ढलक आये और उसका शरीर उसकी दो कलाइयों के सहारे लटकता रह गया।

अब डॉम-गार्शिया उलटे क़दमों से चलता हुआ बृज के निकट पहुँचा, और उसकी ओर देखे बिना वेदी पर बैठ गया। वह हाँफ रहा था, उसका चेहरा पीला पड़ गया था, शरीर इतना ढीला दिखायी दे रहा था मानो उसमें रत्ती-भर भी शक्ति न रह गयी हो। बृज ने पहले कभी उसकी ऐसी दशा नहीं देखी थी।

'सात दुमोंवाला बिल्ला' धीरे-धीरे उसके हाथ से खिसकता हुआ धरती पर गिर पड़ा। चाबुक की सातों डोरियाँ लहू से लिथड़ी हुई थीं।

वेदी के सिरे को दोनों हाथों से थामे हुए डॉम-गार्शिया कुछ देर के लिए चुपचाप बैठा रहा। उसकी साँस ज़ोर-ज़ोर से चल रही थी, लम्बी नाक के नथुने फड़क रहे थे और हवा के आने-जाने के साथ ही उसकी नाक में से झाँकते हुए कुछ बाल भी आगे-पीछे हिल रहे थे। अन्ततोगत्वा जब उसके दम-में-दम आया तो वह उठा और जाकर स्त्री की कलाइयों को लोहे के कुण्डे से मुक्त कर दिया और स्त्री को धीरे से धरती पर लिटा दिया।

इस पर एकाएक बृज को ध्यान आया कि उसे चाहिए था कि वह स्वयं स्त्री की रस्सी खोल देता, इस तरह वह इतनी देर तक लटकी तो न रहती। परन्तु वह इतना स्तम्भित था कि डॉम-गार्शिया को ही देखता रह गया।

डॉम-गार्शिया फिर सोपानों की ओर गया, द्वार खोला, ज़ोर से ताली बजायी, फिर लौट आया।

दूसरे ही क्षण पाँच-छह दासियाँ आयीं और कक्षवाली दासी को उठाकर ले गयीं। उनके चले जाने के बाद कक्ष के वातावरण में विचित्र-सा तनाव छाया रहा। फिर डॉम-गार्शिया ने सिर को बड़े ज़ोर से दायें-बायें झटक दिया। अभी तक वह अपनी पहलेवाली स्थिति में नहीं आया था। स्त्री पर जो बीती, सो तो बीती ही, परन्तु डॉम-गार्शिया की दशा देखने योग्य थी।

जब डॉम-गार्शिया की दशा कुछ सँभली तो बृज बोला, "बन्धु मैंने तुम्हें वचन दिया था कि मैं तुम्हारे कार्य में हस्तक्षेप नहीं करूँगा और न कुछ पुछूँगा। फिर भी तुम बुरा न मानो तो मैं एक-दो बातें पूछ ही लूँ। अधिक-से-अधिक तुम उत्तर न देना चाहो तो भी कोई आपत्ति की बात नहीं।"

अब डॉम-गार्शिया के चेहरे पर हँसी दिखायी दी, परन्तु इस समय वह हँसी अत्यन्त विचित्र-सी लग रही थी, कृत्रिम-सी लग रही थी। वह बोला, "अब तुम जो पूछना चाहो पूछो। मैं केवल इतना ही चाहता था कि जिस समय मैं यह कार्य करूँ, उस समय तुम हस्तक्षेप न करो। सो तुमने इतनी देर तक चुप रहकर मेरी शर्त पूरी कर दी है। अब हम इसके विषय में बातचीत कर सकते हैं।"

"बात तो कोई लम्बी-चौड़ी हो नहीं सकती, क्योंकि तुम्हारी दासी का मामला है। इसमें...।"

"दासी? वह मेरी दासी नहीं है।"

बृज ने आश्चर्य में आकर पूछा, "तो वह कौन है? मैं तो यही समझा कि इस दासी से कोई अपराध हो गया है, जिसका तुम उसे दण्ड दे रहो हो।"

वह फिर शुष्क-सी हँसी हँसा, "नहीं, न वह मेरी दासी है और न मैं उसे दण्ड दे रहा था!"

अब बृज की समझ में नहीं आ रहा था कि तब उसने ऐसा भयंकर नाटक क्यों रचा। पल-भर चुप रहने के बाद वह बोला, "मुझे तो उस स्त्री की आकृति से लगा जैसे उसे ज्ञात था कि उसके साथ क्या व्यवहार होने जा रहा है। यह भी दिखायी दे रहा था कि वह इस व्यवहार के लिए तैयार है। क्यों, मेरा विचार ठीक है न?"

"हाँ, बिलकुल ठीक।"

"किन्तु यह समझ में नहीं आता कि वह क्यों इस प्रकार चाबुक से पिटने को तैयार हुई और तुमने उसे क्यों इतना पीटा।"

"वह इसलिए तैयार हुई क्योंकि उसे इस कार्य के लिए कुछ स्वर्ण मुद्राएँ दी गयी थीं...।"

"यहाँ तक तो बात समझ में आ गयी, क्योंकि धन के लिए लोग क्या-क्या नहीं करते।"

"परन्तु तुम यह भी देख लो कि मैंने उस स्त्री को स्पर्श तक नहीं किया, उसका शील भंग करना तो बड़ी दूर की बात है।"

"यह तो मानना पड़ेगा।"

"तुम्हारे विचार में क्या वे पुरुष मुझसे श्रेष्ठ कार्य करते हैं जो धन के बदले में स्त्रियों के शील से खेलते हैं?"

बृज पल-भर को उलझन में पड़ गया, फिर धीरे-धीरे कहने लगा, "एक दृष्टि से देखा जाये तो वे बहुत बुरा करते हैं। परन्तु यह समझ में नहीं आता कि तुम्हें इस क्रूरता से किसी स्त्री को पीटने से क्या मिल जाता है।"

"वही, जो अन्य पुरुषों को किसी भी स्त्री का शील भंग करने से मिलता है।"

"यह बात मेरी समझ में ठीक से नहीं आयी।"

"अधिक स्पष्ट शब्दों में मुझे इस कार्य से वही आनन्द प्राप्त होता है, जो अन्य पुरुषों को स्त्रियों से—।"

"यह सम्भव है?"

"अपनी आँखों से तुमने इसका उदाहरण भी देख लिया, फिर भी कहते हो कि तुम्हें विश्वास नहीं होता...।"

"परन्तु यह असम्भव है...।"

"असम्भव है? फिर वही बात!"

"आज से पहले मेरा विचार था कि मैंने इस संसार की बहुत-सी अद्‌भुत वस्तुएँ देखी हैं, परन्तु आज लग रहा है कि जैसे मैंने अभी बहुत-कुछ नहीं देखा।...क्या तुम वास्तव में शुद्ध हृदय से कह रहे हो, जैसा कि तुमने पहले भी संकेत किया था कि स्त्रियों से तुम्हारा इसके अतिरिक्त कोई सम्बन्ध नहीं है?"

"तुम बिलकुल ठीक समझे।"

"परन्तु इसका कोई कारण होना चाहिए।"

"इस बात में मैं तुमसे सहमत हूँ। कारण अवश्य होगा...।"

"जो तुम बताना नहीं चाहते।"

"मुझे स्वयं ज्ञात नहीं, अन्यथा मैं अवश्य बता देता।"

"मैंने यह तो सुना था कि कुछ दम्पतियों में ऐसा सम्बन्ध भी होता है कि वे एक-दूसरे को बहुत प्रेम करते हैं। स्वयं स्त्री चाहती है कि उसका पति उसे पीटे, या पुरुष की यह इच्छा होती है, या दोनों की ही ऐसी इच्छा होती है, परन्तु उनका

सम्बन्ध मार-पीट तक ही सीमित नहीं रहता। मार-पीट की क्रिया के पश्चात् वे एक-दूसरे से बहुत प्रेम करते हैं। अर्थात् यह मार-पीट उनका गन्तव्य नहीं होता, केवल गन्तव्य के मार्ग में एक पड़ाव होता है।—यह बात मुझे एक विशेष व्यक्ति ने बतायी थी। उसने यहाँ तक कहा था कि ऐसे पति-पत्नी का पारस्परिक प्रेम बहुत गहरा, अपितु असीम होता है। परन्तु तुम तो पड़ाव को ही गन्तव्य बना लेते हो। यह स्वाभाविक नहीं है। ऐसा कभी नहीं होता। कहीं तुम रुग्ण तो नहीं हो। या कोई भूत-प्रेत उतनी देर के लिए तुम्हारे सिर पर सवार तो नहीं हो जाता?''

''यह मैं स्वीकार करता हूँ कि मेरी स्थिति असाधारण है, परन्तु यह मैं अच्छी तरह जानता हूँ कि मुझ पर भूत-प्रेत का कोप नहीं है। मैं इन बातों को नहीं मानता।''

''न मानने से क्या होता है? तुम्हारे पास इस बात का प्रमाण क्या है?''

''तुम्हें इतना तो ज्ञात होना चाहिए कि जितनी देर तक किसी मनुष्य पर कोई भूत चढ़ा रहता है, उतनी देर तक वह मनुष्य अपने-आपको भूल जाता है। बाद में उसे कुछ भी स्मरण नहीं रहता। परन्तु मैं यह पूरा कार्य ख़ूब अच्छी तरह सोच-समझकर करता हूँ। मुझे इस घटना का प्रत्येक विवरण स्मरण रहता है—वास्तव में मैं स्त्री से, या स्त्री का आनन्द प्राप्त करने के लिए ही ऐसा करता हूँ।''

''यदि तुम्हारे स्थान पर कोई और होता तो मैं उसे विक्षिप्त समझता, परन्तु तुम्हें मैं अच्छी तरह जानता हूँ, इसलिए मेरा विचार है कि तुम किसी प्रकार की मानसिक रुग्णता से ग्रस्त हो।''

''कम-से-कम मुझे ऐसा अनुभव नहीं होता।''

''यह बिलकुल ही असाधारण बात है कि कोई पुरुष बने-बनाये नियम से हटकर स्त्रियों से ऐसा व्यवहार करे...इसलिए यह स्वीकार करना पड़ता है कि तुम्हारे मस्तिष्क का कोई-न-कोई पेच अवश्य ढीला है।''

''तुम जो चाहो समझो, परन्तु मुझे ऐसा करना ही स्वाभाविक लगता है।''

''तुम्हें ऐसी स्त्रियाँ मिल जाती हैं क्या?''

''जब चरित्रहीन पुरुषों को अपना शील लुटा देनेवाली स्त्रियाँ मिल सकती हैं तो भला मुझे क्यों नहीं मिल सकतीं? मैं पहले से ही उन्हें समझा देता हूँ कि उनके शील पर कोई आँच नहीं आने पायेगी। अपना उद्‌देश्य भी समझा देता हूँ। फिर केवल यही प्रश्न रह जाता है कि उन्हें कितनी मुद्राएँ दी जायें।''

''जब तुम इतनी क्रूरता से चाबुक चलाते हो, तो क्या तुम्हारी आत्मा शान्त रहती है?''

''बिलकुल शान्त रहती है। आख़िर पुरुष होने के नाते मै भी स्त्रियों से सम्बन्ध स्थापित कर सकता हूँ। यह अलग बात है कि अन्य पुरुष स्त्रियों से जो कुछ चाहते हैं, मैं वह नहीं चाहता। मुझे यह सोचकर भी शान्ति मिलती है कि मैं बेचारी विवश

स्त्रियों का शील भंग नहीं करता। कोई भी स्त्री, जो चरित्रहीन नहीं है, अपना शील लुटाकर प्रसन्न नहीं होती। ऐसी स्त्री अपनी दृष्टि में स्वयं गिर जाती है। स्त्रियाँ कभी कुमार्ग पर नहीं चलना चाहतीं, उन्हें पुरुष ही कुमार्ग पर डालते हैं और शील लुटाने पर विवश कर देते हैं। चरित्रहीन स्त्रियाँ भी अपने मन की गहराई में अपने इस व्यवहार को बुरा समझती हैं जो पुरुष किसी स्त्री को अपनी पत्नी बनाये बिना उसका शील भंग करता है, वह महापापी है। किसी की आत्मा की पवित्रता को भंग करने से बड़ा और कोई पाप नहीं है।''

डॉम-गार्शिया के इस लम्बे भाषण को सुनने के बाद बृज ने कहा, ''मैं यह मानता हूँ...तुम्हारी इन बातों से सहमत हूँ, परन्तु जो कुछ तुम करते हो वह नितान्त अस्वाभाविक है। ऐसा कभी होता नहीं!''

''तुम्हारे विचार में ऐसा होना भी नहीं चाहिए। पुरुष और चाहे कोई भी घिनौने-से-घिनौना काम कर ले, परन्तु यह काम न करे।''

''सम्भवत: तुम्हारा बचपन और लड़कपन किसी ऐसे ढंग से बीता है कि तुम्हारे मन में कई उलटी-सीधी बातें भर गयी हैं।''

''यह समस्या उलटी-सीधी बातों की नहीं। तुम इतने विवेकवान् व्यक्ति होकर ऐसी बातें मत करो।''

''सम्भवत: तुम्हारा कहना ही ठीक है...परन्तु इसमें सन्देह नहीं कि तुम्हारे अनुभव दूसरों से अत्यन्त भिन्न हैं, अन्यथा तुम ऐसे असाधारण मार्ग पर न चलते।''

''मुझे मेरा मार्ग असाधारण नहीं ज्ञात होता, परन्तु मैं यह स्वीकार करता हूँ कि मेरे अनुभव अवश्य भिन्न हैं।''

''अच्छा यह तो बताओ कि तुम्हारे इस दृष्टिकोण में प्रकृतिवाले तुम्हारे दर्शन का तो कोई हाथ नहीं है?''

''सम्भव है कि ऐसा भी हो...!''

फिर डॉम-गार्शिया ने उँगली से माथे का पसीना पोंछते हुए कहा, ''परन्तु अब हम फिर किसी दिन इस विषय पर बात करेंगे—यदि तुम करना चाहो तो करेंगे।''

''बहुत अच्छा...तुम्हें कोई आपत्ति नहीं होगी तो मैं इस रोचक विषय पर अवश्य वार्त्तालाप करूँगा—जिस स्त्री को तुमने पीटा है, कहीं वह मर तो नहीं जायेगी?''

''नहीं। निश्चिन्त रहो, उसकी बहुत अच्छी तरह सेवा-शुश्रूषा की जायेगी और जब तक उसका शरीर बिलकुल स्वस्थ नहीं हो जायेगा तब तक उसका सारा व्यय मैं ही वहन करूँगा।''

''उसका तो अच्छी तरह उपचार होना चाहिए।''

''उपचार ही होगा—मैंने एक वैद्य को इसीलिए नियुक्त कर रखा है। वह इस कार्य में अत्यन्त निपुण है। स्त्री की हड्डी-पसली तो टूटी नहीं, इसलिए अगले

सप्ताह तक वह बिलकुल ठीक हो जायेगी। वह जहाँ चाहेगी जा सकेगी। यदि एक-दो महीने के बाद वह फिर मुझसे ऐसा समझौता करना चाहेगी तो वह भी हो जायेगा, क्योंकि मैं उससे सन्तुष्ट हूँ।''

३

इस घटना के दूसरे ही दिन डॉम-गार्शिया और बृज ने वहाँ से प्रस्थान किया। डॉम-गार्शिया का साजो-सामान ऐसा था और दासियों और सेवकों की संख्या इतनी थी कि लगता था जैसे बहुत बड़ी बारात चली जा रही है; या जैसे कोई छोटा-मोटा राजा अपनी रानियों और सेवक-सेविकाओं सहित यात्रा कर रहा हो। नदी के किनारे-किनारे यात्रा आरम्भ होने से पूर्व भी काफ़ी आनन्द रहा। डॉम-गार्शिया का विजयनगर के राय महाराज से पर्याप्त परिचय था, इसलिए उसे बहुत-से नायक भी मानते थे। देश के छोटे-छोटे भागों में सिपाहियों को भर्ती करना और फिर युद्ध के अवसर पर उन्हें रण-क्षेत्र में ले जाना नायकों का काम था। प्रत्येक नायक की अपने-अपने क्षेत्र में अत्यधिक प्रतिष्ठा थी। वे नायक जब विजयनगर जाते तो प्राय: डॉम-गार्शिया के यहाँ खाते-पीते और आनन्द लूटते। अब जो भी नायक उनसे मिलता, वह उनकी ख़ूब आवभगत करता। हर जगह नये-नये प्रकार के लोक-गीत सुनने को मिले और ग्रामीण युवतियों ने उन्हें अपने सीधे-सादे नृत्य दिखाये। इसके साथ ही प्रतिदिन बड़े-बड़े भोज होते, जिनमें विविध स्थानों के परिचित डॉम-गार्शिया के यहाँ भोजन करते, वैसे अधिकतर डॉम-गार्शिया ही को निमन्त्रण मिलता था।

जब से बृज का डॉम-गार्शिया से परिचय हुआ था, तभी से बृज के मन में उसके विषय में केवल इतना ही विचार था कि वह खाने-पीने का शौकीन और पसन्न रहने और आनन्द मनानेवाला व्यक्ति है। परन्तु जिस दिन उसके मित्र ने अपने चाबुक की कला दिखायी और उसे इसका रहस्य बताया, तब से बृज कें मन में अपने मित्र के व्यक्तित्व का एक ऐसा पक्ष उभर आया था जिसे वह भयंकर कह सकता था। उस दिन डॉम-गार्शिया की आकृति पहचानी नहीं जा रही थी। बृज ने इस छोटी-सी आयु में संसार का बहुत-कुछ बुरा-भला देखा था, परन्तु डॉम-गार्शिया का यह रूप देखकर उसके मन को गहरा धक्का लगा था। उसने बहुत चाहा कि वह अपने मित्र के सम्बन्ध में सन्तुलित रूप से सोच सके, परन्तु वह ऐसा नहीं कर पा रहा था। उस दिन के बाद डॉम-गार्शिया ने कभी अपनी उस कला का प्रदर्शन बृज के समक्ष नही किया, परन्तु बृज को इस बात का अनुमान था कि कभी-कभी वह चुपचाप यह काम कर लिया करता है। यात्रा का आरम्भ होते ही डॉम-गार्शिया अपने उसी रूप में आ गया, जिस रूप से बृज भली-भाँति परिचित था। लगता था जैसे उनके बीच कभी कोई असाधारण घटना हुई ही नहीं। फिर भी बृज डॉम-गार्शिया के सामान्य चेहरे

के पीछे छिपे हुए दूसरे चेहरे को भुला नहीं सका। यह अलग बात है कि दूसरे चेहरे का रंग-रूप और रेखाएँ मद्धिम पड़ गयी थीं, पर उन्हें मन से बिलकुल मिटा देना असम्भव था। बृज ने अपने-आपको यह समझाने की चेष्टा भी की कि मित्र के व्यक्तिगत आचरणों के सम्बन्ध में आवश्यकता से अधिक सोचना व्यर्थ है, फिर भी उसके मन में बार-बार यह प्रश्न उठता था : क्या यह भी हो सकता है? क्या यह भी हो सकता है? क्या यह भी...?

धीरे-धीरे, बड़ी चेष्टा के बाद, बृज जीवन के सामान्य बहाव में बहने लगा। बीच-बीच में उसे द्रोण जी की बातें स्मरण आ जातीं। उनके सिद्धान्त को सम्मुख रखते हुए यह स्वीकार करना पड़ता था कि अन्य लोगों की भाँति डॉम-गार्शिया के भीतर भी अनगिनत डॉम-गार्शिया हैं, जिनमें से प्रत्येक दूसरों को नीचा दिखाने का प्रयत्न कर रहा है। साधारण ढंग से बृज इस सिद्धान्त का अर्थ समझ चुका था। वह यह भी मानने को प्रस्तुत था कि किसी भी मनुष्य के भीतर चोर, मद-व्यसनी, जुआरी, छली आदि का अलग-अलग व्यक्तित्व हो सकता है, परन्तु डॉम-गार्शिया का वह रूप तो ऐसा था जिसकी बृज कभी कल्पना ही नहीं कर सकता था। उसने मन में निश्चय कर लिया कि अवसर प्राप्त होने पर वह डॉम-गार्शिया से इस विषय पर अवश्य विचार-विनिमय करेगा। डॉम-गार्शिया इस बात का वचन भी दे चुका था। बृज को यह भी ज्ञात था कि उसका मित्र द्रोण जी के सिद्धान्तों से एकदम अपरिचित भी नहीं है। उसने सोचा कि जब कभी भी यह बात चली तो वह द्रोण जी के सिद्धान्तों के प्रकाश में ही होगी।

दिन बीतते गये, रातें अपने काले आँचल उड़ाती व्यतीत होती रहीं, हास-परिहास और गाने-बजाने के साथ दोनों मित्रों के क़हक़हे भी गूँजते रहे।

कुछ दिनों के बाद नदी के किनारे-किनारे उनकी यात्रा का शुभारम्भ हुआ। अब नायक तो नहीं दिखायी देते थे, परन्तु प्रत्येक सन्ध्या को प्राय: नये-नये धीवरों और मछेरों से भेंट हो जाती थी। वे भी डॉम-गार्शिया को भली-भाँति पहचानते थे। वे जानते थे कि उन्हें उससे अधिक-से-अधिक आय हो सकती है। इसलिए वे अपने सारे कामकाज छोड़कर उसी के आगे-पीछे घूमते रहते थे। डॉम-गार्शिया भी उनसे अत्यन्त मुक्त भाव से वार्त्तालाप करता। उसे उनके निर्धन होने के कारण कोई संकोच नहीं होता था।

अन्ततोगत्वा एक सन्ध्या वे उस स्थान पर भी पहुँचे जहाँ की मछलियों और मिट्टी का डॉम-गार्शिया ने उल्लेख किया था। वहाँ पहुँचकर आपस में यह निश्चय हुआ कि उस स्थान पर एक के बजाय दो रातें व्यतीत की जायें। इसमें कोई सन्देह नहीं कि वे दो रातें अत्यन्त आनन्ददायक थीं। वहाँ बृज को उसके मित्र ने उसी विशेष ढंग से मछली बनाकर खिलायी और उसे स्वीकार करना पड़ा कि इतनी स्वादिष्ट मछली उसने पहले कभी नहीं खायी है। पहली सन्ध्या को जब कि उनके ऊपर

आकाश का असीम चँदोवा तना हुआ था और सामने बहती हुई नदी चाँदी की चौड़ी बल खाती चादर की भाँति दिखायी दे रही थी, वे दोनों धरती पर बड़ी-बड़ी चादरें बिछाये ठण्डी हवा के झोंकों का आनन्द ले रहे थे। कुछ मछलियाँ डॉम-गार्शिया की बतायी हुई विधि के अनुसार उपलों की आग में पक रही थीं। मदिरा का चक्र चल रहा था। कुछ नयी-नयी दासियाँ मुस्करा-मुस्कराकर उनकी सेवा कर रही थीं। उचित अवसर पाकर बृज ने द्रोण जी का उल्लेख आरम्भ कर दिया। बातों-बातों में उसी सिद्धान्त की बात आयी। बृज ने उसे स्मरण दिलाने के लिए कहा, "मुझे द्रोण जी का यह सिद्धान्त महत्त्वपूर्ण लगा कि मनुष्य के भीतर अनेक व्यक्तित्व हैं। उनमें से जिस व्यक्तित्व को ऊँचा स्थान मिल जाता है, वह अन्य व्यक्तित्वों को कुचलकर रख देता है...।"

अब यह वार्त्तालाप जो दिशा ग्रहण करने जा रहा था, उसे समझने में डॉम-गार्शिया को देर नहीं लगी। उसने तुरन्त ही कहा, "सम्भवत: मैंने तुम्हें पहले भी बताया था कि द्रोण जी का यह सिद्धान्त मुझ पर लागू नहीं होता।"

बृज धीरे-धीरे बातचीत को इस विषय तक लाने की सोच रहा था, परन्तु जब डॉम-गार्शिया ने एकदम ही इस विषय को छेड़ दिया तो बृज ने सोचा कि उसका अपना समय भी बचा। उसने कहा, "परन्तु, गार्शिया, द्रोण जी के सिद्धान्त सभी मनुष्यों पर लागू होते हैं और चूँकि तुम भी मनुष्य हो, इसलिए तुम पर भी इस सिद्धान्त के लागू न होने का कोई कारण तो नहीं हो सकता।"

"कारण है।"

"वह क्या?"

"मैं सभी मनुष्यों के सम्बन्ध में कुछ नहीं कह सकता और न मैंने ऐसे सिद्धान्त बनाये हैं कि जो सब मनुष्यों पर लागू हो सकें। हाँ, मैं अपने सम्बन्ध में इतना कह सकता हूँ कि मैं जो कुछ भी करता हूँ उसके पीछे एक परिपूर्ण सिद्धान्त काम करता है।"

"तो तुम्हारे दर्शन को व्यक्तिगत ही समझना चाहिए।"

"तुम्हारा जो जी चाहे समझो, मुझे उस पर कोई आपत्ति नहीं है।—मैंने तुम्हें प्रकृति के विषय में अपना दृष्टिकोण समझाने की चेष्टा की थी। मेरा विचार यही है कि यदि हम प्रकृति के निकट रहते हुए और उसी के अनुकूल सब कार्य करें, तो हमें व्यर्थ की उलझनों से छुटकारा मिल सकता है! संसार के विभिन्न सिद्धान्त, परम्परा, दर्शन आदि उलझनें उत्पन्न करने के अतिरिक्त और कुछ नहीं करते। दया, धर्म, परमार्थ, मुक्ति आदि सब कृत्रिम हैं। प्रकृति में हमें कोई ऐसा संकेत नहीं मिलता कि हम हाथ धोकर इन बातों के पीछे पड़ जायें—चूँकि इस विषय पर पहले भी हमारी बातचीत हो चुकी है, इसलिए मैं इस पर अधिक कोई और बातचीत नहीं

करूँगा। मुझे इतने शब्द केवल इसलिए कहने पड़े जिससे तुम्हें स्मरण दिला सकूँ कि मूल रूप से मेरा जीवन-दर्शन क्या है।''

''तुम्हारे दृष्टिकोण का समर्थन तो मैं न कर सकूँगा, परन्तु इसे समझने की मैंने पूरी-पूरी चेष्टा की है। परन्तु इस समय मैं तुम्हें वह बात स्मरण दिलाता हूँ जो तुमने उस स्त्री को पीटने के बाद मुझसे कही थी। मुझे आशा है कि तुम्हें अपना वचन स्मरण आ गया होगा।''

''हाँ, मुझे सब-कुछ स्मरण है। यद्यपि मैं इस विषय पर सामान्यत: कम ही बातचीत करता हूँ, परन्तु, किसी-न-किसी कारण मुझे तुमसे ऐसा स्नेह हो चुका है कि मैं तुमसे बातचीत करने को प्रस्तुत हूँ।''

''बात में से बात निकलती है, इसलिए मैं उस विषय को छेड़ने से पूर्व यह जानना चाहता हूँ कि तुम जो मुझसे अपने स्नेह एवं प्रेम की बात कहते हो, इसकी वास्तविकता क्या है। क्योंकि प्रेम को तुम तो मानते ही नहीं।''

''तुम्हारे समझने में कुछ भूल हुई है। मैं प्रेम को सिद्धान्त के रूप में स्वीकार नहीं करता। हमारी बाइबिल में कहा गया है कि अपने पड़ोसी से प्रेम करो। मैं इस सिद्धान्त को नहीं मानता, क्योंकि यह एक नितान्त कृत्रिम बात है, यह मनुष्य की प्रकृति के अनुकूल भी नहीं है। परन्तु व्यक्तिगत रूप में प्रेम किया जा सकता है। जैसा कि तुम्हारे प्रति मेरे मन में प्रेम की भावना है। मैं किसी सिद्धान्त को स्वीकार करने के कारण तुमसे प्रेम नहीं करता। मैं इस भावना के पीछे झाँककर यह देखने की आवश्यकता भी नहीं समझता कि इसका कारण क्या है। और न मैं तुमसे या अपने-आपसे इस बात की अपेक्षा रखता हूँ कि यह प्रेम सदा ही बना रहेगा। एक दिन प्रेम की यह भावना ठण्डी भी पड़ सकती है; और यह भी सम्भव है कि प्रेम की यही भावना घृणा का रूप धारण कर ले।—मेरा विचार है कि प्रेम की भावना के प्रति मेरे दृष्टिकोण को तुम भली-भाँति समझ गये होगे। चूँकि यह बात प्रकृति के अनुकूल है, इसलिए इसे अपनाना सहज है। जब यही भावना सिद्धान्त का रूप धारण कर लेती है तो हमारे लिये प्रेम का निर्वाह असम्भव हो जाता है। अधिकतर तो ऐसा होता है कि हमारा सारा-का-सारा व्यक्तित्व कृत्रिम हो जाता है। यही द्रोण जी के सिद्धान्तों की दुर्बलता है। चाहे वह योगियों की आचार-संहिता को नहीं मानते, परन्तु कृत्रिम ढंग से मनुष्य के व्यक्तित्व में परिवर्तन लाने से भी कोई लाभ नहीं हो सकता। अधिक-से-अधिक यह हो सकता है कि अभी जो हमारा व्यक्तित्व कम कृत्रिम है, वह अधिक कृत्रिम हो जायेगा। जितना हमारा व्यक्तित्व कृत्रिम होगा उतने ही हमारे दु:ख बढ़ेंगे। या दूसरे शब्दों में, हमारा व्यक्तित्व जितना ही प्रकृति से दूर होता जायेगा, उतना ही दु:खों एवं उलझनों में फँसता जायेगा।''

बृज को उसकी बातें अपने ढंग से तर्कसंगत ज्ञात हो रही थीं, परन्तु इसके साथ ही वह यह भी अनुभव कर रहा था कि उसके मित्र के दृष्टिकोण में कोई-न-कोई

गहरी त्रुटि अवश्य है। जब उसने अपनी शंका व्यक्त की तो डॉम-गार्शिया बोला, ''इसका कारण केवल यह है कि मेरी विचारधारा सबसे अलग और नयी है। मैं दूसरों की बात कह रहा हूँ, वरन् मुझे अपनी विचारधारा न अलग ज्ञात होती है न अनोखी। मुझे यह विचारधारा प्रकृति तथा मानव-प्रकृति के नितान्त अनुकूल लगती है।''

''परन्तु, गार्शिया, क्या तुम यह अनुभव नहीं करते कि यदि सभी लोग तुम्हारी विचारधारा को अपना लें तो संसार में कितना दु:ख फैल जायेगा।''

''मैं सच्चे मन से अनुभव करता हूँ कि मेरी विचारधारा को अपनाने से मनुष्य-जाति के अधिकतर दु:ख समाप्त हो जायेंगे। तुम्हीं बताओ कि प्रकृति में कौन मनुष्य के बनाये हुए दर्शनों और सिद्धान्तों को मानता है? परन्तु तुम्हीं सच्चे मन से कहो कि क्या इस तरह प्रकृति में मनुष्य-जाति से अधिक दु:ख फैला हुआ है? ध्यान से सोचो तो तुम इस बात से अस्वीकार नहीं कर सकोगे कि प्रकृति के अनुकूल रहनेवाले लाखों-करोड़ों जीव और पेड़-पौधे तक मनुष्य-जाति से कम दु:खी दिखायी देते हैं।''

बृज बोला, ''तो क्या तुम्हें मनुष्य और पशु में कोई अन्तर दिखायी नहीं देता?''

''क्यों नहीं—पशु मनुष्यों से अधिक सभ्य हैं। इसका श्रेय पशुओं को तो नहीं दिया जा सकता, परन्तु इसका कारण यही समझ में आता है कि वे प्रकृति के अत्यन्त निकट हैं। इसलिए उनके यहाँ जितना भी दु:ख है वह ठीक मात्रा में ही है। उनके जीवन में सुख की मात्रा दु:ख से कहीं अधिक है।''

''तो तुम्हारे विचार में अपनी बुद्धि के कारण मनुष्य पशु से श्रेष्ठ नहीं है क्या?''

''जहाँ तक केवल बुद्धि का सम्बन्ध है, इसमें कुछ सन्देह नहीं कि मनुष्य की बुद्धि पशुओं की बुद्धि से श्रेष्ठ है, परन्तु मनुष्य ने अपनी बुद्धि का बहुत ग़लत प्रयोग किया है। आवश्यकता तो इस बात की थी, और है, कि मनुष्य अपनी पाप की रुचि को ठीक ढंग से समझने का प्रयास करता। परन्तु उसने नितान्त विपरीत मार्ग अपनाया। उसने पाप की अवहेलना करके पुण्य के विषय में अपनी बुद्धि लगा दी। उसने यह भुला देने की चेष्टा की कि पाप और अपराध मनुष्य की रुचि के अत्यन्त अनुकूल हैं। उनसे निबटने का यह ढंग ग़लत है कि पुण्य, दया, धर्म, प्रेम आदि पर बल दिया जाये। बुद्धि तो केवल सोचने का एक साधन है, चाहे हम इसके द्वारा बुरा सोचें या भला। यह तो एक भिन्न विषय है, परन्तु मेरी बात का तात्पर्य यह है कि मनुष्य ने पाप और अपराध को दबाकर अपने पथ में आप ही काँटे बो डाले। मनुष्य की यह दशा देखकर सृष्टिकर्ता को भी कितना दु:ख हो रहा होगा, क्योंकि उसने कभी कल्पना भी नहीं की होगी कि मनुष्य बुद्धि एवं तर्क का इतना ग़लत प्रयोग करेगा।''

''तो तुम मनुष्य की सर्वश्रेष्ठ भावनाओं को कुछ भी महत्त्व नहीं देते।''

''मेरे विचार में मनुष्य की सर्वश्रेष्ठ भावनाओं की जड़ें शरीर या तत्त्व में होती हैं। इसलिए हमें इन भावनाओं के भ्रम में पड़कर यह नहीं समझ लेना चाहिए कि

मनुष्य के भीतर सृष्टिकर्ता का कोई अंश है। किसी भी भावना को इस ढंग से सर्वश्रेष्ठ समझना मनुष्य की भारी भूल है। इसीलिए मैं समझता हूँ कि हमारी संकल्प-शक्ति भी स्वतन्त्र नहीं है। हमारे शरीर और तत्त्व की आवश्यकताएँ जो कुछ हमसे चाहती हैं करवा लेती हैं।''

डॉम-गार्शिया के इस तर्क को स्वीकार करना बृज के लिए असम्भव था, फिर भी उसकी बातें रोचक लग रही थीं। वह अपनी जिज्ञासा जारी रखते हुए एकाध बात कह देता और डॉम-गार्शिया अपने ही ढंग से उसके प्रश्न का उत्तर देता। अब उसने पूछा, ''तुम चाहे न मानो, परन्तु मेरा अनुभव यही है कि मनुष्य में सद्‌गुणों की भावना अत्यन्त बलवती होती है।''

''होती है, परन्तु कभी तुमने इसका कारण समझने की चेष्टा की है?''

''मेरी बात छोड़ो, क्योंकि मेरे तो वही पृष्टपेषित तर्क होंगे।''

''अब मैं इसका कारण बताता हूँ, यद्यपि मुझे विश्वास है कि तुम और तुम्हारे जैसे अन्य लोग मेरे तर्क पर गम्भीरता से सोच-विचार नहीं करते—जैसे मनुष्य शरीर को सन्तुलित रखे बिना चार पग नहीं चल सकता, उसी प्रकार यदि वह अपनी बुद्धि और भावनाओं को सन्तुलित न रखे तो विक्षिप्त हो जाये। इसीलिए मनुष्य ऐसी विधियाँ ढूँढ़ता रहता है जिनसे यह सन्तुलन बना रहे। इसका सबसे सरल ढंग भलाई के मार्ग पर चलने का है। यह मार्ग कृत्रिम है, परन्तु सरल है। लोग इसकी सरलता के कारण ही इसे इतने शीघ्र अपना लेते हैं, परन्तु उनका सन्तुलन भी कृत्रिम ही रहता है। कुल मिलाकर मनुष्य-जाति को इससे पर्याप्त हानि होती है। क्योंकि प्रकृति का दृष्टिकोण ही मानव का दृष्टिकोण बन सकता है। चाहे मनुष्य कितना भी भलाई की ओर भागे, उसके पापों का पलड़ा सदा ही भारी रहता है। यदि मनुष्य-जाति ने वही मार्ग अपनाया होता, जो प्रकृति ने उसके लिए निर्धारित किया था तो अब तक कोई अच्छा परिणाम भी निकल आया होता। हमारी सभ्यता, धर्म-ग्रन्थों और महात्माओं ने हमारे संसार का रूप विकृत करके रख दिया है। जैसा कि मैंने पहले भी कहा था कि व्यक्तिगत रूप में मैं सभी गुणों को स्वीकार करता हूँ। परन्तु इनका प्रयोग किसी नियम के अनुसार होना चाहिए। व्यर्थ ही इन गुणों का ढिंढोरा पीटने से लाभ की जगह उलटे हानि हो जाती है। इसी कृत्रिम सन्तुलन के कारण आज किसी मनुष्य में यह साहस नहीं है कि वह डंके की चोट पर कह सके कि किसी की पत्नी को पथ-भ्रष्ट करने में अत्यधिक आनन्द मिलता है, या चोरी करना अच्छा है, या भोली-भाली किशोरियों को छलकर उनका शील भंग करना अपने-आप में एक कला है, दूसरों के पेट पर लात मारकर अपना घर भरना उत्तम कर्म है आदि, परन्तु भीतर से प्रत्येक मनुष्य यही कुछ करने के लिए लालायित रहता है। यह अलग बात है कि उसे इस प्रकार का आचरण करने की खुली छूट नहीं है। यही बन्धन हमारे सब दुःखों का मूल है। मनुष्य के मन में प्रकृति की ओर लौटने की अत्यन्त तीव्र इच्छा सदा

अपना सिर उठाने की चेष्टा करती रहती है, जिसे हमारा समाज दबाने की चेष्टा करता रहता है।''

''तो तुम यह कहना चाहते हो कि प्रत्येक मनुष्य को पाप करने की पूर्ण स्वतन्त्रता प्राप्त हो जानी चाहिए।''

''मैं यह चाहता हूँ कि मनुष्य की जिन भावनाओं को पाप और अपराध कहकर कुचलने का प्रयत्न किया जाता है, उन्हें उनका वास्तविक स्थान प्राप्त हो। दूसरे शब्दों में आजकल हम जिन भावनाओं को पाप मानते चले आ रहे हैं, उन्हें पाप कहना छोड़ देना चाहिए। यदि ऐसा केवल एकाध व्यक्ति करें तो उससे समाज में अवश्य ही अव्यवस्था फैलने का भय है, परन्तु यदि समाज के पूरे ढाँचे को नयी मान्यताओं के अनुसार बदल दिया जाये तो सम्पूर्ण मनुष्य-जाति का कल्याण हो सकता है—मेरे मन को इस बात से दु:ख होता है कि मेरे दृष्टिकोण को समझने की चेष्टा नहीं की जाती है। तुम भी पुराने ढाँचे में इतना जकड़े हुए हो कि मेरी बातों को नहीं समझ सकते।''

''तुम्हारी बातों पर जब ध्यानपूर्वक सोचता हूँ तो कहीं-कहीं सत्य का स्फुलिंग दिखायी देता है...।''

''स्फुलिंग?...हा हा!...तुम्हें चमकता हुआ सत्य का सूर्य नहीं दिखायी देता, स्फुलिंग दिखायी देता है। मेरी बातें सामान्य लीक से कुछ हटकर हैं, कुछ नहीं वरन् एकदम अलग हैं, इसलिए इन पर अत्यन्त शान्त हृदय से विचार करने की आवश्यकता है। मेरा विश्वास यह है कि मनुष्य की सबसे पहली भूल यह थी कि उसने जब अपनी बुद्धि को अन्य जीवों की बुद्धि से प्रखर पाया तो उसने अपने-आपको न केवल सब जीवों का शिरोमणि मान लिया, वरन् यह भी समझने लगा कि स्वयं सृष्टिकर्ता भी किसी-न-किसी रूप में उसके अन्दर विराजमान है। अत: उसने कुछ नये-नये सिद्धान्त बनाये, उद्‌देश्य बनाये, जो उसे उसकी अपनी प्रकृति से दूर ले गये। फलस्वरूप कम बुद्धिवाले जीव तो अपना जीवन शान्तिपूर्वक व्यतीत कर लेते हैं, परन्तु मनुष्य के जीवन का प्रत्येक पक्ष संकट में पड़ा हुआ है। मनुष्य ने कभी यह नहीं सोचा कि उसकी बुद्धि यदि प्रखर है तो किस सीमा तक प्रखर है। इसका कारण यह है कि ऐसा कोई अन्य जीव नहीं है जिसकी बुद्धि मनुष्य से प्रखर हो, जिससे वह अपना वास्तविक स्थान पहचान सके। अपने सम्बन्ध में इस प्रकार के दृष्टिकोण का एक और भयंकर परिणाम वही निकला, जिसकी ओर मैंने पहले संकेत किया है। अर्थात् मनुष्य ने अपने सम्बन्ध सृष्टिकर्ता के साथ जोड़ लिये। मनुष्य ने कभी यह नहीं सोचा कि यदि कोई सृष्टिकर्ता है तो उसकी बुद्धि न जाने कितनी महान्, कितनी प्रखर, कितनी गहन और कितनी विशाल होगी—और यह कि उसकी बुद्धि से मनुष्य की बुद्धि की तुलना हो भी सकती है या नहीं। मेरी इस बात पर गम्भीरता से ध्यान देने की आवश्यकता है, क्योंकि इसी भूल में से वे सुन्दर-सुन्दर

सिद्धान्त फूट निकले, जिन पर मनुष्य को इतना गर्व है। वास्तव में सिद्धान्त फूटने चाहिए थे उसके शरीर की आवश्यकताओं से, उसकी भावनाओं से, उसकी प्रकृति से—इस भूल का ही यह परिणाम है कि आज इतने धर्म-ग्रन्थों के होते हुए, इतने महात्माओं के होते हुए, इतने मन्दिरों, मस्जिदों और गिरजाघरों के होते हुए, और धर्म के मार्ग पर चलने के लिए इतनी सुविधाओं के होते हुए, तथाकथित भलाइयों का इतना उच्च स्थान होते हुए भी मनुष्य पाप के घृणित दलदल में धँसता चला जा रहा है। अत: मैं यह कहने पर विवश हूँ कि पाप वह नहीं है जो तथाकथित भलाइयों के विरुद्ध होता है, वरन् प्रत्येक वह नियम, सिद्धान्त, उद्देश्य जो वास्तव में प्रकृति तथा मानव-प्रकृति के अनुकूल नहीं है, वही पाप है, चाहे उसने कितना ही सुन्दर आवरण ओढ़ रखा हो। यह मनुष्य की हठधर्मी है, मूर्खता है, पाप है कि वह बिना किसी ठोस कारण के अपना स्थान इतना ऊँचा बना बैठा है। इस छोटे से संसार में जो कुछ हम देखते हैं उसे सम्मुख रखते हुए हमें मनुष्य की बुद्धि की प्रखरता पर आश्चर्य होता है। इस आश्चर्य का कारण इसके अतिरिक्त और कुछ नहीं कि हमें अपनी बुद्धि को समझने, तौलने और उसका मूल्यांकन करने के हेतु अपनी इसी बुद्धि का आश्रय लेना पड़ता है....खेद है कि हमारे पास बुद्धि के अतिरिक्त बुद्धि का मूल्यांकन करने का कोई और उचित साधन नहीं है।''

बृज हथेली पर ठुड्डी रखे उसकी बातें सुन रहा था, फिर बोला, ''तुम तो कहते थे कि यह विषय मेरा क्षेत्र ही नहीं है।''

''तुम किसी-न-किसी प्रकार घेर-घार कर मुझे नीचा दिखाना चाहते हो! मैं अब फिर कहता हूँ कि यह विषय मेरा क्षेत्र नहीं है। बात में से बात निकलती गयी, और मुझे यहाँ तक पहुँचना पड़ा, अन्यथा मैं प्रकृति के स्वर के अनुसार जीवन व्यतीत करने में ही प्रसन्न हूँ; इससे आगे के सोच-विचार में डूबे रहना मेरा क्षेत्र नहीं है। यदि मैं कभी घूमते-घामते इस क्षेत्र की हवा खाने चला आऊँ तो तुम्हारा मुझ पर यह दोषारोपण करना उचित नहीं कि मुझे इस क्षेत्र से कोई विशेष रुचि है।''

''स्त्रियों से तुम्हारा सम्बन्ध अत्यन्त असाधारण है। तुमने इस विषय पर भी कुछ बताने का वचन दिया था।''

''स्त्रियों के सम्बन्ध में मुझे केवल यह कहना है कि वे मुझे दो प्रकार से आकर्षित करती हैं। पहला आकर्षण तो वही है जो प्रत्येक पुरुष के मन में स्त्रियों के लिए होता है। इसे मैं नितान्त शारीरिक स्तर पर समझता हूँ। उससे आनन्द प्राप्त करने का मेरा ढंग अवश्य भिन्न तथा असाधारण है। मैं इसके कारण को समझ नहीं पाया। इसकी जड़ें मेरे मन के सबसे गहरे अँधेरे में खोयी हुई हैं। वहाँ तक मेरी दृष्टि पहुँच नहीं पाती। अब मैं यह बताना चाहता हूँ कि मेरे मन में स्त्री के प्रति दूसरा आकर्षण क्या है। कभी-कभी सोचता हूँ कि सम्भवत: उसके सम्बन्ध-सूत्र इस पहलेवाले दृष्टिकोण से कहीं-न-कहीं मिलते अवश्य हैं।''

इतना कहकर डॉम-गार्शिया चुप हो गया और किसी गहरी सोच में डूबकर मदिरा-पात्र को हाथ में घुमाते हुए मदिरा की नन्हीं-नन्हीं लहरियों को उद्वेलित होते देखता रहा। फिर वह ऐसे सँभल-सँभलकर बोलने लगा जैसे अपने-आपको कोई भूली-बिसरी कहानी सुना रहा हो, "जब मैं छोटा था तो धनी परिवार में रहते हुए भी कुछ कारणों से मैं अशान्त रहता था। अब उन कारणों की तालिका प्रस्तुत करके मैं तुम्हें परेशान नहीं करना चाहता, परन्तु तुम इतना तो समझते होगे कि जब मनुष्य या बालक अपने वातावरण से असन्तुष्ट होता है तो वह कुछ ऐसे विषयों पर सोचने लगता है जिन पर दूसरे लोग कभी ध्यान ही नहीं देते। कई अन्य लोगों की तरह मैं भी इस निष्कर्ष पर पहुँचा कि मनुष्य का इस संसार में आना ही उसके दु:खों का मूल कारण है। जन्म ग्रहण करने से पूर्व हम कहाँ थे, हमें इसका कुछ भी ज्ञान नहीं है; मृत्यु के पश्चात् हम कहाँ जायेंगे, हमें इसका भी कुछ ज्ञान नहीं है। अब ध्यान इस बात की ओर जाता है कि स्त्री ही सबको जन्म देती है। पहले मैं समझता था कि सम्भवत: स्त्रियों को यह अवश्य ज्ञात होता कि मनुष्य के संसार में आने का उद्देश्य क्या है? परन्तु, फिर पता चला कि उन्हें भी इसका ज्ञान नहीं है। यह ज्ञान न होते हुए भी स्त्री ही मनुष्य-जाति की उत्पत्ति में रुचि लेती है। यह ठीक है कि पुरुष के सहयोग के बिना स्त्री सृष्टि का कार्य नहीं कर सकती, परन्तु इसे अस्वीकार नहीं किया जा सकता कि पुरुष कहीं दूर भागना भी चाहे तो स्त्री उसे अपने प्रेम के बन्धन से, अपने रूप-सौन्दर्य के आकर्षण से इस कार्य के लिए विवश कर देती है। सम्भवत: किसी तरह मेरे मन में इस संसार रूपी नाटक की इस निर्मात्री को दण्ड देने का विचार आया। उस दण्ड से यह कार्य रुक नहीं सकता, पर मन के तनाव को कुछ शान्ति अवश्य प्राप्त हो जाती है।"

"जब-तुम जानते हो कि स्वयं स्त्री उत्पत्ति के रहस्य को नहीं समझती तो फिर उसे दण्ड देने का कारण?"

"मैंने इस विषय पर सोचा था। फिर मैं इस परिणाम पर पहुँचा कि जिस प्रकार मनुष्य अपने ईश्वर या देवताओं को प्रसन्न करने के लिए पशुओं तथा मनुष्यों की बलि देता है, इसी तरह स्त्री को उत्पीड़ित करने से सृष्टिकर्ता अवश्य प्रसन्न होता होगा।"

"उसकी प्रसन्नता का कारण क्या हो सकता है?"

"सृष्टिकर्ता भली-भाँति जानता है कि उसने संसार रूपी जो यह नाटक रचा है वह अर्थहीन है। वह उन मनुष्यों की मूर्खता या मूढ़ता पर क्रोधित होता होगा जो मनुष्य को इस योग्य समझते हैं कि उसका सर्वोच्च उद्देश्य यह है कि मनुष्य सृष्टिकर्ता के साथ घुल-मिल जाये। सृष्टिकर्ता ने कभी कल्पना भी नहीं की होगी कि मनुष्य जैसी सीमित बुद्धिवाला जीव प्रकृति से इतनी दूर चला जायेगा। इसीलिए जब वह किसी मनुष्य को देखता होगा कि वह उत्पत्ति के मूल कारण—स्त्री—को दण्ड दे रहा है तो उसे कम-से-कम इस बात की प्रसन्नता होती होगी कि यह पुरुष अपनी बुद्धि

का सही प्रयोग कर रहा है। वैसे तो मनुष्य आत्महत्या कर सकता है, परन्तु ऐसा करना मानव-प्रकृति के प्रतिकूल है। निस्सन्देह मनुष्य कभी-कभी आत्महत्या करता है, परन्तु इसके बजाय जीवन को इस सिरे से उसे सिरे तक व्यतीत करना ही प्रकृति के अनुकूल हो सकता है। एक बात और भी है कि सृष्टिकर्ता जब चाहे हमारा जीवन समाप्त कर सकता है। इसलिए जब तक वह ऐसा नहीं चाहता तब तक जीवित रहना ही उचित दिखायी देता है।''

''क्या स्त्री के साथ गृहस्थी बसाकर रहना प्रकृति के अनुकूल नहीं है?''

''नहीं—क्योंकि, जैसा कि साधारणत: माना जाता है, मैं स्त्री और पुरुष को जीवन-साथी तो क्या, साथी भी स्वीकार करने को प्रस्तुत नहीं हूँ। साथी ऐसे दो व्यक्ति बन सकते हैं जो हर प्रकार से एक-दूसरे के बराबर हों। स्त्री पुरुष की तुलना में हर तरह से बलहीन है। उसकी आधी आयु रुग्णता में ही कटती है। चूँकि उसकी मूल प्रकृति उत्पत्ति करना है, इसलिए वह एक स्थान पर टिकी रहन चाहती है, जहाँ वह अपनी सन्तानों का सुचारु रूप से पालन-पोषण कर सके। मैं स्त्री को उत्पत्ति का साधन तो स्वीकार करने को तैयार हूँ और इसके पक्ष मे भी हूँ कि उसे इस कार्य के लिए आवश्यक सुविधाएँ मिलनी चाहिए, परन्तु मैं उसे जीवन-संगिनी स्वीकार करने को प्रस्तुत नहीं हूँ। वह प्रत्येक पुरुष में उसके विशेष गुणों को समाप्त कर डालती है। पुरुष और स्त्री में कोई वस्तु सामान्य नहीं है। उत्पत्ति से भी बढ़कर स्त्री का कर्त्तव्य यह है कि वह दण्ड सहने में पुरुष को पूरा-पूरा सहयोग दे।''

बृज मन-ही-मन सोचने लगा कि कहीं डॉम-गार्शिया वास्तव में विक्षिप्त तो नहीं है।

डॉम-गार्शिया मौन था, बृज मौन था, परन्तु इस मौन में भी वे एक-दूसरे को अनजाने ढंग से ही समझने की चेष्टा कर रहे थे। परन्तु दोनों की विचारधारा नहर के उस पानी की तरह थी, जिसका कहीं से बाँध टूट गया हो, और जलधारा कई दिशाओं में निकल भागी हो।

बृज ने सोचा कि चूँकि डॉम-गार्शिया के विचार दूसरों से बिलकुल अलग और भिन्न हैं, सम्भवत: इसीलिए उसकी बातों के ताने-बाने का वातावरण अमावस की अँधेरी रात की तरह प्रतीत होता है। इतनी लम्बी बातचीत में उसे कहीं-कहीं चमकता हुआ तारा भी दिख जाता था। सम्भव था कि इस नये विषय पर उसकी बातों में फिर ज्ञान का कोई स्फुलिंग दिखायी दे जाये, परन्तु अभ्यस्त न होने के कारण वह कुछ समय के लिए इस अँधेरे वातावरण में से निकल जाना चाहता था...।

डॉम-गार्शिया हाथ में मदिरा-पात्र पकड़े, टाँग-पर-टाँग रखे विचारमग्न था कि एकदम ही उसने टाँग पर से टाँग हटायी और खड़ा हो गया, ''अरे! मैं तो बातों में सब-कुछ भूल ही गया। तनिक चलकर देखूँ तो, मछलियाँ तैयार हो गयी होंगी।''

पाँच

१

उस सन्ध्या के बाद बृज और डॉम-गार्शिया की फिर कभी जम कर वार्त्ता नहीं हुई। शेष यात्रा हँसते-बोलते, खाते-पीते और गाते-बजाते समाप्त हो गयी।

एक बार फिर बृज को दूर से विजयनगर के मन्दिरों के कलश दिखायी दिये तो उसके हृदय की गति कुछ तीव्र हो गयी। उसे लगा जैसे लम्बे समय से बिछड़ा हुआ कोई मित्र उसके सम्मुख खड़ा मुस्करा रहा हो। एकाएक उसने सोचना आरम्भ किया कि आख़िर उसके प्रसन्न होने का कारण क्या था। वह अपने-आपको रमता जोगी कहता और मानता था, फिर इस नगर से इतने गहरे लगाव का कारण क्या हो सकता था। उसे नगर में रहनेवाले सभी परिचित तथा अपरिचित व्यक्तियों के चेहरे या तो स्पष्ट रूप में या धुँधलाये हुए दिखायी दिये—परन्तु वह निर्णय नहीं कर सका कि किस व्यक्ति के आकर्षण के कारण उसके मन में पुलक की अप्सराएँ नृत्य करने लगी थीं।—फिर उसे यह ध्यान भी आया कि कहीं ऐसा तो नहीं कि डॉम-गार्शिया के व्यक्तित्व के गहन अन्धकार से वह भीतर-ही-भीतर घबरा उठा था और अब केवल उससे अलग हो जाने की आशा में उसका मन पुलकित हो उठा था।

मन में यह विचित्र विचार आते ही उसने घूमकर डॉम-गार्शिया की ओर देखा, जो सिर ऊँचा किये घोड़े पर बिलकुल सीधा बैठा उसने दो ही क़दम पीछे-पीछे चला आ रहा था।

दोनों की आँखें मिलीं तो डॉम-गार्शिया ने हँसकर पूछा, ''तुम इतने प्रसन्न क्यों हो रहे हो?''

''प्रसन्न!'' बृज ऐसे बोला, जैसे उसकी चोरी पकड़ी गयी हो।

''हाँ, तुम मुस्करा रहे हो।''

"मुझे ज्ञात नहीं कि मैं मुस्करा भी रहा हूँ!...परन्तु यदि ऐसा है भी तो इसमें आश्चर्य की क्या बात है? क्या मैं पहले कभी मुस्कराया नहीं, या प्रसन्न नहीं हुआ?"

"निस्सन्देह ठीक कहते हो, परन्तु आज तुम मन-ही-मन प्रसन्न हो रहे हो। मुझे इस पर कोई आपत्ति नहीं है, परन्तु क्या तुम यह पसन्द नहीं करोगे कि तुम्हारी प्रसन्नता की सुवासित वाटिका की थोड़ी-सी-सुगन्ध तुम्हारे मित्र की नासिका तक भी पहुँच जाये?"

बृज एक उन्मुक्त क़हक़हा लगाकर बोला, "मुझे अपनी सुवासित वाटिका और तुम्हारी नासिका के इस मेल पर कोई आपत्ति नहीं, परन्तु मेरा विश्वास करो कि यदि मैं प्रसन्न हूँ भी तो मुझे इसके कारण का कुछ भी ज्ञान नहीं है।"

इस पर डॉम-गार्शिया ने घोड़े को एड़ लगायी, धरती पर उसकी टापों की टपाटप सुनायी दी और पल-भर में वह बृज के पार्श्व में आ गया और अपने मित्र की ओर टकटकी बाँधकर देखते हुए बोला, "मित्र, इस प्रसन्नता से बढ़कर इस संसार में और कोई प्रसन्नता नहीं है।"

"क्या तात्पर्य?"

"तात्पर्य यह है कि जिस प्रसन्नता का कोई कारण होता है, वह प्रसन्नता बहुत देर तक नहीं रहती और बहुत गहरी भी नहीं होती। संसार में मनुष्य की प्रसन्नता का कोई भी ऐसा कारण नहीं है, जिसके एकाएक जल बुद्-बुद् की भाँति फूट जाने का भय न हो। जो प्रसन्नता अकारण होती है, वह गहरी होती है, शाश्वत होती है।"

"शाश्वत?"

"और नहीं तो क्या?...तुम मनुष्य के जीवन को समझते क्या हो? क्या यह बीस-तीस या पचास-साठ वर्षों का मामला है? नहीं, मनुष्य के इस जीवन में अनुभव करनेवाले के लिए कई युग बीत जाते हैं। जिन्हें जीवित रहने का कोई आभास ही नहीं, उनकी बात छोड़ो, क्योंकि वे केवल घास-फूस हैं; उगते हैं, तीव्र धूप में सड़ जाते हैं या मनुष्य और घोड़ों या अन्य पशुओं के पाँव तले रौंद दिये जाते हैं—इसलिए, यदि मैंने जीवन के लिए ही शब्द शाश्वत का प्रयोग कर लिया तो क्या बुरा किया।"

डॉम-गार्शिया के इन शब्दों पर बृज चौंका। उसने डॉम-गार्शिया की ओर नवीन दृष्टि से देखा। वह उससे कहना चाहता था कि तुमने इस यात्रा के अन्तिम अध्याय को अत्यन्त सुन्दर शब्दों में समाप्त किया है। वह केवल सोचकर रह गया, उसने डॉम-गार्शिया से कुछ नहीं कहा। और जब डॉम-गार्शिया किसी काम से पीछे की ओर घूम गया तो वह सोचने लगा कि क्या अपने किसी मित्र की अच्छी-सी बात पर प्रशंसा प्रकट करनी चाहिए या नहीं? क्या यह सम्भव नहीं है कि ऐसी अच्छी बात कहनेवाले मित्र में मौन की भाषा समझने की क्षमता हो।

अब बृज अकेला आगे बढ़ रहा था।

उसके दाहिने हाथ नदी थी, नदी के पार हरे-भरे खेत थे। नदी की छाती पर अब भी कुछ टोकरीनुमा नौकाएँ चक्कर खाती हुई घूम रही थीं।

अनायास ही—बृज का घोड़ा रुक गया। नहीं, उसने स्वयं लगाम खींचकर घोड़ा रोक लिया। इसका कारण स्पष्ट होने में कुछ समय लग गया।—उसके आगे फैला हुआ भूमि-खण्ड जाना-पहचाना सा लगता था। उसकी मिट्‌टी, उसका पानी, उसकी हरियाली और उसकी हवा में कोई अनजानी विशेषता ऐसी भी थी जिसका वह स्पष्ट रूप में अनुभव नहीं कर पा रहा था...इतने में ही मानो सात पर्दे फाड़कर विट्‌ठल स्वामी मन्दिर के कलश अपनी हलकी-हलकी रूप-रेखा दिखाने लगे। यह देखकर उसे लगा जैसे टेढ़ा-मेढ़ा चित्र एकदम सीधा हो गया हो और प्रत्येक वस्तु अपने-अपने स्थान पर दिखायी देने लगी हो।

उसने बहुत हलके से घोड़े को एड़ दी और वह एक विशेष ढंग से सुम ऊपर तक ले जाकर नपे-तुले क़दमों से आगे को बढ़ने लगा। बृज ने मन को अपने पीछे आनेवाले सार्थवाह के हलके-हलके कोलाहल में खो जाने दिया, क्योंकि वह स्पष्ट रूप में कुछ भी सोचना नहीं चाहता था। क्योंकि उसे लगता था कि यदि उसने ऐसा किया तो उसके मन के चित्र की कई छोटी-छोटी, कोमल और सुन्दर वस्तुएँ टूटकर सदा के लिए खो जायेंगी।

धीरे-धीरे वह बढ़ता चला गया। बायें हाथ को घूम गया। दूर नगर के भवनों की आड़ी-तिरछी रेखाएँ आपस में घुल-मिल रही थीं। उसकी आँखें मन्दिर के निकट से गुज़रते समय उसकी चौड़ी पथरीली दीवार के कण-कण को रससिक्त होकर देख रही थीं।

धीरे-धीरे वह मन्दिर के पास से गुज़र गया। तनिक आगे पहुँचकर उसने एकाएक गर्दन घुमायी और मन्दिर को देखते हुए इस बात का अनुभव किया कि मन्दिर तो पीछे रह गया।

यह सब-कुछ सोचते हुए भी वह रुका नहीं, अपितु उसी मन्द गति से आगे बढ़ता चला गया।

कुछ कोलाहल-सा उठा—घोड़े की टापों और उसके हिनहिनाने का कोलाहल। उसके आगे कुछ क़दमों पर काले रंग की एक परछाईं धरती से उठकर धुएँ के बादल की भाँति लहरा गयी। जब उसने तनिक ध्यान से देखा तो उस परछाईं को पहचानने में उसे कुछ भी विलम्ब नहीं लगा—कालाफ़ाम पीछे से आकर उसके निकट से गुज़रा था और फिर कुछ क़दम आगे बढ़कर उसने लगाम खींची तो घोड़ा झुंझलाकर अपनी पिछली टाँगों पर खड़ा हो गया।

बृज ने प्रसन्न होकर कहा, "अरे! कालाफ़ाम, तुम कहाँ?"

इतने में कालाफ़ाम का घोड़ा चारों टाँगों पर खड़ा हो चुका था। उसने उत्तर दिया, "मैं मन्दिर तक गया था।

"क्या कंचन जी मन्दिर में आयी हुई हैं?"

"नहीं, केवल मैं ही आया था।"

"किसी काम से?"

"जी हाँ, स्वामिनी ने ही भेजा था।"

यह कहते-कहते कालाफ़ाम उसके और निकट चला आया। लगता था कि बृज को देखकर उसे अत्यन्त प्रसन्नता हो रही है। उसने पूछा, "आप लौट आये यात्रा से?"

"हाँ बन्धु...आख़िर लौट ही आये।"

"लगता है कि लौटने को आपका मन नहीं हो रहा था।"

"नहीं, ऐसी तो कोई बात नहीं थी।"

कालाफ़ाम को जैसे उसकी बात पर विश्वास न हो रहा हो, वह अनख भरे स्वर में बोला, "परन्तु, यहाँ तो लोग आपके चले जाने से चिन्तित रहे।"

बृज ने दिखावे की रूखी हँसी हँसते हुए कहा, "हमें कौन स्मरण करता है, कालाफ़ाम?"

कालाफ़ाम ने अपना घोड़ा बिलकुल उसके घोड़े के साथ सटाकर भौंहों से अपनी ओर ही संकेत करते हुए उत्तर दिया, "मैं आपको बहुत स्मरण करता रहा।"

यह सुनकर बृज ने उसे नीचे से ऊपर तक निहारा। सोचने लगा कि कहीं कालाफ़ाम छुटपन में ही दास न बना लिया जाता तो सम्भवत: आज अपने गृह-प्रदेश का सरदार कहलाता है। उसने कालाफ़ाम की पीठ पर थपकी देते हुए कहा, "हाँ, तुम्हारी इस बात पर मैं विश्वास कर सकता हूँ। सचमुच मेरे लिये यह कितनी प्रसन्नता की बात है कि तुम मुझे स्मरण करते रहे।"

कालाफ़ाम के मोटे होंठों पर मुस्कराहट फैलती ही चली गयी। उसके चौड़े नथुने हलकी-सी चंचलता से फड़क उठे। उसने अर्थपूर्ण स्वर में कहा, "आपको अन्यों ने भी बहुत स्मरण किया।"

"जैसे?"

"जैसे...स्वामिनी!"

उस समय कालाफ़ाम ने उसी मुद्रा से बृज की आँखों से आँखें मिलायीं, जिस मुद्रा से स्त्री का उल्लेख होने पर बराबर के पुरुष एक-दूसरे की ओर देखते हैं।

बृज को उसकी इस चंचलतापूर्ण क्रिया से लगा जैसे किसी ने उसके हृदय में बड़ी ही मीठी-सी चुटकी ले ली हो। जब कभी कालाफ़ाम यह भूलकर कि वह केवल एक दास है, बराबरी का आचरण कर बैठता था, तो बृज को तनिक भी बुरा नहीं लगता था। उसे कालाफ़ाम अपने पौरुष में भरपूर दिखायी देता था, इसलिए उसका कोई भी पुरुषोचित आचरण असाधारण नहीं लगता था।

बृज ने भी कालाफ़ाम की यह बात सुनकर अपने होंठों पर आती हुई मुस्कान को रोकने की चेष्टा नहीं की। वह मधुसिक्त स्वर में बोला, "अच्छा, तो कंचन जी मुझे स्मरण करती थीं?"

"जी!"

"उनसे पूछ लूँ?"

"क्या?"

"यही कि मैंने सुना है कि आप मुझे स्मरण किया करती थीं।"

"अवश्य पूछिये।"

"यदि उन्होंने यह जानना चाहा कि मैंने किससे यह बात सुनी...तो क्या मैं तुम्हारा नाम ले दूँ?"

"अवश्य।"

"क्या वे तुम पर रुष्ट तो नहीं होंगी?"

"जी नहीं—वे प्रसन्न होंगी।"

"प्रसन्न? वह क्यों?"

"वे कहेंगी कि मेरा दास कितना बुद्धिमान् है कि मुझे अपने मन की बात कहने का कष्ट भी नहीं उठाने देता।"

बृज क़हक़हा लगाकर हँसा। फिर उसे स्मरण आया कि क़हक़हा लगाते समय उसने अपना सिर पीछे की ओर फेंक दिया है। पहले तो उसका यह स्वभाव नहीं था। क्या अनजाने में उसने डॉम-गार्शिया का स्वभाव अपना लिया है?

बृज ने सिर को आगे की ओर हलका-सा झटका देकर मानो यह बात ही मन से मिटा दी। उसने पूछा, "कंचन जी घर पर हैं या राज-प्रासाद में?"

"न घर में, न राज-प्रासाद में।"

"अरे! तो फिर कहाँ गयीं?"

"वह इस समय नृत्य-शिक्षा-मन्दिर में हैं।"

"नृत्य-शिक्षा-मन्दिर?...यह नाम मैं पहली बार सुन रहा हूँ। वहाँ वे क्या करती हैं?"

"लड़कियों को नृत्य सिखाती हैं—आप अब कहाँ जायेंगे? क्या अभी आप अपने आतिथेय के घर पर ही डेरा जमायेंगे?"

"इच्छा तो नहीं है। सोचता हूँ कि अपने डेरे पर ही डेरा जमाऊँ।"

"तो फिर आप यहाँ से सीधे 'नृत्य-शिक्षा-मन्दिर' ही क्यों नहीं चले जाते।"

"वहाँ जाकर क्या होगा?"

"स्वामिनी वहीं हैं न...।"

"वे तो अपने कार्य में व्यस्त होंगी।"

"परन्तु आप से मिलकर अत्यन्त प्रसन्न होंगी।"

"यह तुम्हारा भ्रम है।"

"जी नहीं, मेरा तो यह विश्वास है कि यदि कोई उन्हें जाकर आपके लौटने की सूचना ही दे दे तो उसका मुँह वे मोतियों से भर देंगी।"

"शैतान!—तो तुम स्वयं जाकर यह सूचना क्यों नहीं दे देते?"

"मैं इससे भी बड़े पुरस्कार पर ध्यान केन्द्रित किये हुए हूँ।"

"वह क्या?"

"यदि मैं आपको अपने साथ ले जाने में सफल हो जाऊँ, तो सूचना देने से कहीं अधिक पुरस्कार का अधिकारी समझा जाऊँगा।"

"तो तुम चाहते हो कि तुम्हें सफल बनाने में मैं तुम्हें पूरा सहयोग दूँ।"

"अपने दास के प्रति ऐसी ही इच्छा रखना स्वामी को विशेष शोभा देता है।"

"परन्तु मेरे सामान का क्या होगा, जो डॉम-गार्शिया के सार्थवाह के साथ चला आ रहा है?"

यह कहकर बृज अपने पीछे की ओर देखने लगा।

कालाफ़ाम बोला, "उसका तो आप जो प्रबन्ध चाहें, हो जायेगा।"

बृज कुछ नहीं बोला। वह डॉम-गार्शिया की प्रतीक्षा करने लगा जो थोड़ी ही देर में उससे आ मिला। कालाफ़ाम ने झुककर सलाम किया। बृज ने डॉम-गार्शिया से कहा, "मुझे यदि आज्ञा हो तो मैं यहाँ से सीधे कंचन जी के पास चला जाऊँ।"

"घर को?"

"नहीं, वे घर में नहीं हैं वरन् यहीं निकट ही लड़कियों को नृत्य सिखाने के लिए आयी हुई हैं।"

"यदि तुम्हारी यही इच्छा है तो मैं तुम्हें रोकना उचित नहीं समझता। वैसे मैं सोच रहा था कि मेरे निवास स्थान पर चलकर तुम नहाते-धोते और थोड़ा विश्राम करके थकान से मुक्त हो जाते तो अच्छा था।"

"धन्यवाद! परन्तु आज मुझे कोई ऐसी थकान अनुभव नहीं हो रही है, क्योंकि रातभर गहरी नींद सोया और आज प्रातः से इस समय तक हमें अधिक यात्रा भी नहीं करनी पड़ी।"

"तो ऐसा करो कि कंचन जी से मिलकर तुम मेरे यहाँ चले आना! उस समय मध्याह्न का भोजन भी तैयार हो जायेगा, इकट्ठे ही भोजन करेंगे।"

"मुझे भय है कि यह सम्भव नहीं हो सकेगा। मुझे आशा नहीं कि कंचन जी मुझे इतने शीघ्र छोड़ देंगी। उनकी इच्छा यह होगी कि मैं घर पर ही भोजन करूँ। आख़िर इतने दिनों के बाद लौटा हूँ।"

डॉम-गार्शिया ने ज़ोर का क़हक़हा लगाया, "अच्छा बन्धु, मुझे तो लगता है कि कंचन जी के साथ-साथ तुम्हारी भी यही इच्छा है कि तुम घर पर ही भोजन करो। कम-से-कम मुझे कोई आपत्ति नहीं। लेकिन, मित्र, मुझे भुला न देना? मिलते रहना।"

"अवश्य, भूलने का तो प्रश्न ही नहीं उठता।—अच्छा बन्धु, मेरे सामान का क्या होगा?"

"कहो तो मैं अपने घर ले जाऊँ; या चाहो तो कंचन जी के यहाँ भी सामान पहुँचाया जा सकता।"

"यदि कंचन जी के यहाँ सामान पहुँच सके तो मुझे बड़ी सुविधा होगी।"

"तो फिर तुम निश्चिन्त रहो, मेरे अनेक सेवक कंचन जी के भवन को देख चुके हैं, मैं इसी समय वहाँ सामान पहुँचवा दूँगा।"

"धन्यवाद।...अच्छा अब मैं आज्ञा चाहता हूँ। परन्तु इससे भी पहले मैं तुम्हें बताना चाहता हूँ कि तुम्हारे साथ इतने दिन व्यतीत करके मुझे अत्यधिक आनन्द प्राप्त हुआ है।"

यदि यह बात तुम हार्दिक रूप से कह रहे हो तो फिर भविष्य में मुझसे प्रायः मिलते रहोगे।"

इतना कहकर डॉम-गार्शिया ने घोड़े को एड़ दी और आगे बढ़ गया।

डॉम-गार्शिया के विदा होते समय बृज के हृदय में मानो हलकी-सी पीड़ा अनुभव हुई! इतने दिनों तक वे दोनों साथ रहे। डॉम-गार्शिया चाहे जैसा भी व्यक्ति था, परन्तु उसकी उसने बड़ी आवभगत की थी। अपने अतिथि को सिर-आँखों पर बैठाकर रखा। यह भी ठीक था कि उसके सिद्धान्त चौंका देनेवाले थे, परन्तु फिर भी वे सत्य से नितान्त शून्य भी नहीं थे।

जब तक डॉम-गार्शिया और उसके सेवक आदि दिखायी देते रहे, बृज उधर को ही देखता रहा। जब वे दृष्टि से ओझल हो गये तो उसने कालाफ़ाम से कहा, "चलो बन्धु, किधर को चलना है।"

कालाफ़ाम ने घोड़े की लगाम खींचते हुए उत्तर दिया, "हम पान-सुपारी बाज़ार से होकर चलेंगे।"

२.

जब वे दोनों पान-सुपारी बाज़ार में से गुज़र रहे थे, तो बृज ने पूछा, "पहले तो तुम मुझे इस बाज़ार में कभी नहीं लाये। इसका नाम भी विचित्र है—पान-सुपारी बाज़ार।"

कालाफ़ाम ने अपने नगर पर गर्व प्रकट करते हुए उत्तर दिया, "हमारा नगर कोसों तक फैला हुआ है। आप चाहे जितना भी इसमें घूम-फिर लें, तो भी कोई-न-कोई कोना अनदेखा रह ही जायेगा।"

उसकी इस बात पर बृज भी मुस्कराकर रह गया। वह स्वयं अनुभव करता था कि विजयनगरवालों का अपने नगर पर गर्व करना किसी तरह भी अनुचित नहीं है।

अब वे चुपचाप बढ़े चले जा रहे थे। बृज को मौन देखकर कालाफ़ाम ने भी बातचीत करना उचित नहीं समझा! एक बार फिर विजयनगर की व्यस्तता में अपने-आपको पाकर बृज के मन को कुछ विचित्र-सी शान्ति अनुभव हो रही थी। सभी लोग अपने सीधे-सादे संसार में मगन थे। अपने छोटे-छोटे दुःखों से निपट रहे थे और छोटे-छोटे सुखों का आनन्द ले रहे थे। बृज को डॉम-गार्शिया ने ही बताया था कि उसके महाद्वीप में भी एक बहुत बड़ा नगर है, जिसका नाम रोम है। प्राचीनकाल से ही उस नगर का अत्यधिक महत्त्व है। उसने यह भी कहा था कि विजयनगर को देखकर रोम का स्मरण हो आता है। बृज ने सोचा कि इतना महान् नगर होने के नाते यहाँ पर विभिन्न विचारोंवाले व्यक्ति तथा ज्ञानी लोग रहते हैं, परन्तु सामान्य मनुष्य तो चार वर्गों में बँटे हुए हैं, अर्थात् ब्राह्मण, क्षत्रिय, वैश्य एवं शूद्र। वे सब अपने-अपने कर्त्तव्य का पालन करते दिखायी देते थे। छोटी-छोटी कई जातियों के विषय में कालाफ़ाम उसे पहले ही बता चुका था।

मनुष्यों की बहती हुई नदी में बहना कितना भला लगता है। कम-से-कम आज तो बृज को बहुत ही अच्छा लग रहा था। इतने दिनों से केवल डॉम-गार्शिया से ही विशेषतः बातचीत होती रही थी। या उसके साथ जाने-पहचाने चेहरे थे, जिन्हें दिन-भर में कई बार देखने का अवसर मिलता था। परन्तु यहाँ सहस्त्रों मनुष्यों की भीड़-भाड़ थी। विशाल सागर की लहरों की भाँति यहाँ मनुष्यों की लहरें दिखायी दे रही थीं, कोई लहर इधर जा रही थी तो कोई उधर। बृज उनमें से एक नहीं था, परन्तु न जाने किस तरह वे सब अनदेखे सूत्र में एक-दूसरे के साथ जुड़े दिखायी दे रहे थे। केवल मनुष्य ही नहीं वरन् घोड़े, गधे, बैल, गाय, बकरियाँ, भेड़ें, मुर्ग़ियाँ, तोते आदि सभी किसी एक ही अनदेखे सूत्र में गुँथे हुए थे।

अपने विचारों में खोया-खोया बृज आसपास के वातावरण से भी कट गया। मन की रुचि किसी और तरफ़ थी, परन्तु सब मनुष्य, सब पशु, सब बच्चे, स्त्रियाँ, पक्षी...सभी उसकी चेतना से बाहर नहीं थे। कर्ण-कुहरों में उनके मिले-जुले स्वर

पड़ रहे थे। उसकी समझ में नहीं आ रहा था कि इस मिली-जुली खिचड़ी में ऐसी क्या बात है जिससे मन को अनजाना आनन्द और अनजानी शान्ति का आभास होता है...।

बृज ने पहले तो घोड़े की लगाम खींचकर उसकी गति को बिलकुल मन्द कर दिया, और फिर यह सोचा कि उसने ऐसा क्यों किया। तब उसे पता चला कि कालाफ़ाम हाथ उठाकर कुछ दूरी पर बने हुए भवनों की ओर संकेत कर रहा है।

विट्ठल स्वामी के मन्दिर के अहाते में उसने इसी प्रकार के भवन देखे थे—उनके आगे को बढ़े और झुके हुए छज्जे ऐसे लगते थे जैसे युवतियाँ छोटे-छोटे घूँघट निकाले बैठी हों।

कालाफ़ाम कह रहा था, ‘‘उस बीचवाले भवन में ही स्वामिनी नृत्य सिखाती हैं।’’

बृज ने केवल मुस्कराकर सिर हिला दिया, मुँह से कुछ नहीं बोला।

कुछ ही पलों में वे उस भवन के द्वार-प्रकोष्ठ के निकट पहुँचकर रुक गये। बृज ने घोड़े पर बैठे-बैठे कालाफ़ाम से कहा, ‘‘तुम कंचन जी को मेरे आगमन की सूचना दे दो—मुझे ज्ञात नहीं कि मेरा अनायास ही अन्दर प्रवेश करना उचित होगा या नहीं।’’

कालाफ़ाम घोड़े से उतरकर अन्दर चला गया और फिर शीघ्र ही लौट आया, ‘‘आपको भीतर बुला रही हैं।’’

जब बृज कालाफ़ाम के पास से होकर उस बड़े द्वार की ओर बढ़ा, जिसकी ओर कालाफ़ाम ने हाथ से संकेत किया था तो उसने मुस्कराते हुए बृज से यह भी कह दिया, ‘‘आपके लौट आने की सूचना सुनकर सारा कार्यक्रम एकदम रुक गया। प्रत्येक युवती जहाँ-की-तहाँ रह गयी।’’

यह बात सुनकर बृज क्षण-भर को रुका, परन्तु फिर एकदम आगे बढ़ गया।

द्वार में पहुँचा तो देखा कि कंचन आभूषणों से लदी सुन्दर वस्त्र धारण किये चम-चम करती उसका स्वागत करने को आ रही है। उसे देखते ही वह रुक गयी और दोनों हाथ फैलाकर बजती हुई घण्टी के स्वर में बोली, ‘‘आ गये तुम?’’

इतना कहकर वह झपटकर आगे बढ़ी और उसके दोनों हाथ अपने हाथों में ले लिये।

बृज ने मुस्कराकर धीमे स्वर में पूछा, ‘‘आप इतने दिनों तक अच्छी तो रहीं?’’

कंचन ने एक हाथ से कनपटी पर गिरे हुए बालों को पीछे हटाते हुए कहा, ‘‘वाह! कैसा भोला प्रश्न है!...कहकर गये थे कि छह दिन में लौट आऊँगा और अब तो सम्भवत: छह सप्ताह होने को हैं और ये छह सप्ताह मेरे लिये छह वर्षों से कम नहीं।’’

बृज ने क़दम रोककर कहा, ''यह छह दिनोंवाला आरोप मुझ पर कैसे लग सकता है? मैंने नहीं, आपने कहा था कि छह दिन तक लौट आयेंगे।''

कंचन ने नेत्र निमीलित करके कहा, ''अच्छा तो तुमने मुझसे बदला लिया है! तुमने मन में कहा होगा कि यह कंचन छह दिन का वियोग स्वीकार करती है, इसे छह वर्षों, बल्कि छह युगों के वियोग का दण्ड मिलना चाहिए।''

''मुझे इस बात का अत्यन्त ख़ेद है, और मैं वचन देता हूँ कि भविष्य में...।''

''भविष्य में? अब तुम इस भ्रम में न रहना कि मैं फिर कभी तुम्हें अपनी आँखों से ओझल होने दूँगी।''

उस समय वे एक विशाल कक्ष में से गुज़र रहे थे, जिसकी दीवारों पर काले और लाल रंग की रेखाओं से चित्र बने हुए थे। नन्हीं-नन्हीं सुन्दर लतिकाओं के बीच में कमल-पुष्प, उनके अरुण दल तथा पीत-पराग स्पष्ट दिखायी दे रहे थे। कहीं-कहीं हाथियों और ऊँटों के चित्र भी थे, जिन पर सवार मनुष्यों के ऊँची और सीधी नाक, और लम्बी-लम्बी आँखें थीं।

चलते-चलते कंचन ने पूछा, ''घर से होकर आ रहे हो क्या?''

''नहीं तो। मैं विट्ठल स्वामी के मन्दिर की ओर से आ रहा था कि कालाफ़ाम मिल गया। उसी ने बताया कि आप इस समय नृत्य-शिक्षा-मन्दिर में हैं...।''

''इसे नृत्य-शिक्षा-मन्दिर नहीं कहते, केवल 'नृत्य-मण्डप' कहते हैं।''

इसके पश्चात् बृज ने अपने सामानवाली बात भी कह डाली, तो कंचन बोली, ''बहुत अच्छा किया जो तुमने डॉम-गार्शिया को उसके घर में भोजन करने का वचन नहीं दिया। मैं तुम्हें वहाँ कदापि न जाने देती। मैं पूछती हूँ कि यह डॉम-गार्शिया तुम्हें मिल कैसे गया? यदि मिल भी गया था तो तुमने द्रोण जी का साथ क्यों छोड़ दिया?''

''इसमें मेरा कोई दोष नहीं है। मैंने द्रोण जी से कहा भी कि पहले ही पर्याप्त विलम्ब हो चुका है, और कंचन जी मुझ पर रुष्ट हो रही होंगी। परन्तु उन्होंने अत्यन्त स्पष्ट शब्दों में कहा कि डॉम-गार्शिया का निमन्त्रण स्वीकार कर लो।—आप ही बताइये कि मैं उनका परामर्श अस्वीकार कैसे करता।''

कंचन ने सिर हिलाकर कहा, ''बस, तुम्हें अपनी ही विवशताओं का ज्ञान है, दूसरे की विवशताओं का किंचित् भी ध्यान नहीं—कहो!''

बृज ने सोचा कि कंचन का यह तर्क शुद्ध रूप से स्त्रियोंवाला है। भला वह इस सम्बन्ध में और क्या कह सकता है। अन्त में भीगी बिल्ली बनकर बोला, ''कंचन जी, मुझसे त्रुटि हो गयी। क्षमा कर दीजिये।''

इस पर कंचन ने उसके दोनों हाथों को अपने कोमल हाथों में दबाकर हँसते हुए कहा, ''आह! तुम्हें बनाते समय ईश्वर से थोड़ी बहुत भूल हो जाती तो हमें इतने दुःख तो न उठाने पड़ते।''

अब कंचन ने उसे बात करने का अवसर नहीं दिया और उसका हाथ पकड़कर उसे खींचते हुए एक अत्यन्त विशाल कक्ष में ले गयी, जहाँ कई युवतियाँ खड़ी थीं। वे उस समय नृत्य तो नहीं कर रही थीं, परन्तु कुछ आड़ी-तिरछी मुद्राएँ बना रही थीं।

कक्ष के दूसरे सिरे पर सुप्रिया एक कोने में सिर झुकाये बैठी थी; उसके घुटने पर कोहनी, और हथेली पर ठुड्डी टिकी हुई थी। उसने कक्ष के दूसरे सिरे पर बृज को देखा तो एकदम ही उसके चेहरे पर छायी हुई अन्यमनस्कता लुप्त हो गयी। उसकी झपकती हुई पलकों में से मानो पायल की छमछम के स्वर निकलने लगे। होंठों पर मुस्कराहट की किरण फूटी तो उसके प्रसार से उसके कोमल नेत्र, वरन् अंग-अंग जगमगा उठा। वह उठकर खड़ी हुई। खड़ी होकर चल दी। कभी ठिठकी, कभी बढ़ी। आख़िर दौड़कर कंचन के निकट जा पहुँची, और बोली, "मैं भी नृत्य करूँगी!"

कंचन ने आश्चर्यपूर्ण स्वर में कहा, "अभी-अभी तो तुम कह रही थीं कि तुम्हारे सिर में अत्यन्त तीव्र पीड़ा हो रही है और तुम नृत्य नहीं कर पाओगी।"

सुप्रिया ने पहले तो बिना कुछ कहे बृज की ओर देखा और फिर पलकें झुका लीं, "अब पीड़ा नहीं हो रही है। मैं ठीक हूँ।"

कंचन के नेत्रों में दबी-दबी-सी चंचलता करवटें लेने लगी। उसने पहले तो बृज की ओर देखा और फिर सुप्रिया की ओर...तब सुप्रिया के कन्धे को धीरे से थपथपाते हुए बोली, "छोकरी! यह तेरा दुर्भाग्य नहीं तो और क्या है, कि इधर तू नृत्य करने को प्रस्तुत हो रही है और उधर मैं चन्द्रमा के आकाश से धरती पर उतर आने की प्रसन्नता में आज के अवकाश की घोषणा करने जा रही हूँ।"

यह सुनकर सभी लड़कियाँ प्रसन्नता से करतल-ध्वनि करने लगीं, केवल सुप्रिया मुँह फेरकर दीवार की ओर चल दी। सम्भवत: वह नहीं चाहती थी कि कंचन उसके मुख पर निराशा के चिह्न देखे।

बृज को अब भी सुप्रिया शरीर की बनावट से इतनी छोटी नहीं लगी जितनी कि चेहरे से। इस समय जब कि वह पीठ फेरे खड़ी थी और उसकी लम्बी चोटी झूल रही थी, उसके टखनों और पिण्डलियों की गदराहट से पता चलता था कि उसका शरीर कितना भरपूर है।

कंचन ने हाथ से दो बार ताली बजायी, तो सब लड़कियाँ उसी की ओर देखने लगीं। वह बोली, "अब तुम अपने वस्त्र बदल डालो। मैं इसी समय घर वापस जा रही हूँ और अब कल ही भेंट होगी।"

बृज ने दबे स्वर में कहा, "आपने व्यर्थ ही अपना काम बन्द कर दिया।"

कंचन ने उसकी बाँहों में चुटकी लेते हुए कहा, "श्रीमान् जी, माना कि यह सब-कुछ आप ही के कारण हो रहा है, परन्तु जो हमारा जी चाहेगा सो करेंगे, आप हस्तक्षेप करनेवाले कौन होते हैं?"

बृज शब्द 'हस्तक्षेप' के दोहरे अर्थ पर मुस्करा दिया, फिर बोला, "अच्छा तो जब आप मुझसे रुष्ट हुआ करेंगी तो मुझे 'तुम' के स्थान पर 'आप' कहा करेंगी।"

कंचन बल खाकर हँसने लगी और उँगली को भाले की तरह तानकर उसका रुख़ बृज की ओर करते हुए बोली, "आप?...मैंने तुमको आप कहा?"

"जी हाँ, कहा तो; परन्तु आप सम्भवतः क्रोध के कारण भूल गयीं कि आप क्या कह रही हैं।"

अनायास ही कंचन की दृष्टि सुप्रिया पर पड़ी, जो अभी तक दीवार की ओर मुँह किये खड़ी थी। कंचन दो उँगलियों में अपनी ठुड्डी थामकर बोली, "अरी! तू अभी तक यहाँ खड़ी क्या कर रही है?"

सुप्रिया कुछ नहीं बोली तो कंचन ने फिर कहा, "जाओ, शीघ्रता से वस्त्र बदल डालो। हम अभी वापस चलेंगे।"

यह सुनकर सुप्रिया ने तिरछी दृष्टि से कंचन की ओर देखा और फिर कुछ इठला कर और कुछ ठुमककर वह वहाँ से चल दी।

कंचन ने बृज की ओर देखकर कहा, "अत्यन्त कुशाग्र लड़की है। तीन-चार वर्षों तक ऐसा रंग जमायेगी कि लोग कंचन को विस्मृत कर देंगे।"

इतना कहकर कंचन बिलकुल स्थिर हो गयी और वह वातायन के बाहर की ओर देखने लगी। बृज ने कुछ देर मौन रहने के पश्चात् कहा, "तो इसमें उदास होने की क्या बात है?"

"उदास?" कंचन चौंककर बोली, "नहीं, मैं उदास नहीं हो रही थी।"

बृज उससे भी आगे बढ़ गया और वातायन की चौखट पर कोहनी टेककर चुपचाप मुस्कराने लगा।

उसकी मुस्कराहट देखकर कंचन को लगा जैसे उसकी बात पर बृज को विश्वास नहीं हुआ। परन्तु कंचन को इस बात पर क्रोध नहीं आया, वह सहज रूप से बोली, "हुआ केवल यह कि पहले मुझे सदा यही अनुभव होता था कि सारा संसार मेरी ओर देख रहा है; परन्तु, आज मुझे लगा जैसे मैं भी देखनेवालों में सम्मिलित हो गयी हूँ। हम सब किसे देख रहे हैं, अभी तक इस बात का विचार भी मेरे मन में नहीं आया था—पुरुषों को चाहिए कि कभी-कभी स्त्रियों की बात का विश्वास भी कर लिया करें।"

इतना कहकर वह मुस्करायी और फिर ऐसे खुलकर हँसने लगी जैसे एकाएक फूलों की बौछार होने लगे। और हँसते-हँसते उसने अपने कथन में एक

और वाक्य जोड़ दिया, ''ऐसा करना पुरुषों के स्वास्थ्य के लिए अत्यन्त लाभदायक होता है।''

बृज ने अकचकाकर कहा, ''मैं आपकी बात पर विश्वास करता हूँ।''

इस पर वे दोनों एक साथ खिलखिलाकर हँस पड़े।

बग़लवाले कक्ष में वस्त्र बदलती हुई सुप्रिया के कानों में जब-जब इनकी हँसी का स्वर पहुँचता, तब-तब वह अपने वस्त्रों में उलझकर रह जाती। आह! कहीं उस अकेले में कोई उसे देख सकता कि वह कितनी सुन्दर दिखायी दे रही है।

कंचन ने बृज की केवल एक उँगली पकड़कर उसे खींचते हुए कहा, ''जब तुम हमारे नृत्य-मण्डप में आ ही गये हो तो चलो इन चित्रों को तो देखो।''

बृज कंचन के साथ-साथ चला। दीवारों पर लाल, काले और पीले रंगों से नर्तकियों के चित्र बने हुए थे, जो भिन्न-भिन्न मुद्राओं में खड़ी थीं। चित्र पर्याप्त बड़े-बड़े थे। बृज ने आते ही इन चित्रों पर एक दृष्टि डाली थी, परन्तु उसने यह सोचने का कष्ट नहीं किया कि इन चित्रों का अभिप्राय क्या है।

कंचन ने एक-एक चित्र के सामने रुककर उसे बताया कि वे नृत्य करनेवाली लड़कियों की सहायता के लिए बनाये गये हैं। कलाकारों ने ये चित्र नितान्त यथार्थ रूप में बनाये हैं, जिससे छात्राएँ प्रत्येक मुद्रा को भली-भाँति समझ सकें।

बृज धीरे-धीरे चलता हुआ उन चित्रों को देखता रहा।

तब उसने पूछा, ''कंचन जी, यदि चलने का समय हो गया हो तो हम बाहर निकलें।''

''अच्छा, तुम चलो, जब तक तुम घोड़े पर सवार होगे, मैं भी सुप्रिया को लेकर बाहर निकल आऊँगी।''

यह कहकर कंचन सुप्रिया के कक्ष की ओर बढ़ती हुई उच्च स्वर में पुकारने लगी, ''सुप्रिया! ओ सुप्रिया रानी!...''

जब बाहर निकलकर बृज ने अपने श्वेत अश्व की वल्गा थामी तो उसने घूमकर देखा कि एक कोने से सुप्रिया उसे झाँककर देख रही है। उस समय उसके चेहरे का आधा ही भाग दिखायी दे रहा था; आधा माथा, आधे बाल, एक भौंह, एक नेत्र, आधी नासिका, आधे अधर, आधा चिबुक, आधी ग्रीवा...शेष शरीर घूमकर दीवार की ओट में छिपा हुआ था।

३

रात्रि का दूसरा पहर आधे से कुछ अधिक व्यतीत हो चुका था। आकाश पर नक्षत्रों की बारात चली जा रही थी। बृज के कक्ष में पेट के बल लेटी कंचन इस बारात को देख रही थी।

कक्ष के चारों कोनों में दीपाधार रखे थे, जिनमें से प्रत्येक पर कई-कई दीप जल रहे थे। बाहर, अलिन्दों के तोरणों में लटके हुए पट-वस्त्र हवा में लहरा रहे थे। बृज तनिक अलग दीवार से कोहनी लगाये खड़ा था। उसकी दृष्टि भी आकाश पर जमी हुई थी।

शय्या पर लेटे-लेटे कंचन ने पूछा, ''तुम आकाश की ओर क्या देख रहे हो?''

''मैं देख रहा हूँ कि जिनके नेत्रों में ही नक्षत्र जगमगाते हैं, वे आकाश की ओर क्यों देखते हैं।''

कंचन खिलखिलाकर हँसी। ऐसा भी होता है कि जब कोई लड़की वयसन्धि की ओर बढ़ रही होती है तो उसकी मुग्धावस्था की हँसी में कभी-कभी प्रौढ़ा स्त्री की हँसी की झलक मिल जाती है, जो कानों को बहुत भली लगती है। परन्तु, बृज सोचने लगा, जब प्रौढ़ा स्त्री की हँसी में चंचल मुग्धा की हँसी की झलक का आभास होता है, तो ऐसी हँसी और भी सुन्दर लगती है। [illegible]न भी तो बिलकुल ऐसी ही हँसी हँस रही है।

कंचन फिर आकाश की ओर देखते हुए बोली, ''मैं सदा यही सोचा करती हूँ कि हमारा प्रत्येक स्वप्न किसी-न-किसी नक्षत्र का रूप धारण कर लेता है। हम उसे देखकर प्रसन्न तो हो सकते हैं, परन्तु उसे स्पर्श नहीं कर सकते—पा नहीं सकते।''

बृज चुपचाप आकाश की ओर देखता रहा। कंचन फिर बोली, ''क्या तुम्हें मेरी बात अच्छी नहीं लगी?''

''बात तो इतनी पसन्द आयी है कि मैं सोच रहा हूँ कि नक्षत्र निस्सन्देह...।''

कंचन चंचलता से मुस्करायी और बोली, ''इतनी दूर की नहीं, कुछ निकट की बातें करें...!''

''आपका आशय है कि आकाश के नक्षत्रों को नहीं, अपितु धरती के...!''

''नक्षत्र की बात करें।'' कंचन ने उसके वाक्य को टोककर पूरा कर दिया।

कंचन राजदरबार में जाती है, वहाँ इतना समय व्यतीत करती है, इसीलिए तो ऐसी-ऐसी बातें करती है, जो सामान्य स्त्रियों को सूझ ही नहीं सकतीं—बृज ने सोचा।

कंचन फिर बोली, ''जब से तुम आये हो, मेरा प्रत्येक कार्य स्थगित हो गया है। जीवन जहाँ-का-तहाँ स्थिर होकर रह गया है। मौन है। परन्तु फिर भी नृत्य कर रहा है मेरा हृदय—सुनो बृज, जब मैं तुमसे ऐसी बातें करती हूँ, तो कहीं तुम यह तो नहीं समझने लगते कि मैं तुमसे प्रेम करने लगी हूँ?''

''भ्रम तो यही होता है कि आप मुझसे प्रेम करने लगी हैं—।''

यह सुनकर कंचन हँसते-हँसते पीछे को गिरने लगी, परन्तु फिर उसने गिरने का विचार छोड़ दिया और अपने दोनों घुटनों पर टिके हुए हाथों की उँगलियाँ एक-दूसरे में उलझाकर अपने-आपको रोक लिया—उसके पाँव के गुलाबी तलुवे बिछौने

की सतह से कुछ ऊपर तक उठकर फिर बिछौने पर जा टिके। फिर उसने दोनों हाथ उठाये और उलझी हुई उँगलियों में से दो सीधी करके अपने होंठों पर टिकाते हुए बोली, "मैं सोचती हूँ कि तुम्हारी आयु में पुरुष की क्या दशा होती होगी?"

"दशा!"

"यही कि तुम्हारी आयु में न तो मुझ जैसी स्त्री से प्रेम किया जा सकता है, क्योंकि मैं आयु में तुमसे पर्याप्त बड़ी हूँ और न अपने से चार-पाँच साल छोटी लड़की से प्रेम किया जा सकता है, जैसे...!"

"जैसे?"

"जैसे—सुप्रिया!"

बृज को लगा जैसे कंचन ने उसके वीणा रूपी हृदय के सारे तारों को एक ही बार हाथ मारकर झनझना दिया हो।

जब कभी इस प्रकार की बात होती तो बृज परेशान हो जाता। वह अपने-आपको जानता था, उसे अपने-आप पर विश्वास था, उसे इस बात का भी ज्ञान था कि उसे किस दिशा को जाना है—परन्तु धुन्ध में उड़ती हुई बृज की एक और अस्पष्ट आकृत दिखायी दे जाती, तो वह घबरा उठता। क्योंकि वह उस आकृति को बिलकुल नहीं पहचानता था। फिर भी न जाने कैसे उसे पता चल जाता कि वह आकृति उसकी अपनी ही है।

कंचन उसी हलके-फुलके ढंग से हँसते हुए बोली, "जब तुम्हारी ऐसी आकृति बन जाती है, जैसी कि इस समय है, तो जानते हो कि मेरा क्या करने को जी चाहता है?"

"क्या करने को चाहता है?"

"जी चाहता है कि तुम मेरी गोद में सिर रखकर लेट जाओ, और मैं तुम्हें लोरी सुनाने लगूँ—वास्तव में जी तो यही चाहता कि तुम इतने छोटे होते कि तुम मेरी गोद में समा जाते।"

बृज ने आकाश की ओर पीठ फेर ली, उसके नेत्र मुस्कराने लगे, होंठों पर मौन की मोहर लगी रही।

कंचन फिर बोली, "मैं स्वीकार करती हूँ कि मुझे ये शब्द नहीं कहने चाहिए थे। यदि मुझे इस बात का विश्वास होता कि तुम मुझे बिना कहे ही क्षमा नहीं कर दोगे, तो मैं तुम्हें मनाने की चेष्टा करती—मनाने की, समझे न? मनाने में कुछ आनन्द भी आता है। लेकिन तुम मुझे ऐसा सुनहरा अवसर भला क्यों देने लगे। इसलिए, यदि मैं तुम्हें निर्दयी कह दूँ तो बुरा न मानना।"

इतने में नीचे के प्रांगण में बहुत-सी युवतियों के एक साथ हँसने का स्वर सुनायी दिया। लगा जैसे हिरनियों का झुण्ड हलकी-हलकी छलाँगें लगाता हुआ उनके निकट से गुज़र गया हो।

एकाएक कंचन ने गम्भीर बनकर कहा, "बृज!"

"जी।"

"यात्रा तुम करके आये हो, या मैं?"

"क्या यह भी बताने की आवश्यकता है?"

"हाँ।"

"जी; यात्रा तो मैं ही करके आया हूँ।"

"देखो न, जब से तुम आये हो, मैं बातें कर रही हूँ, और तुम सुन रहे हो? होना यह चाहिए था कि तुम बातें करते और मैं सुनती।"

"परन्तु कंचन जी, इस संसार में कौन सोचता है कि क्या होना चाहिए, और क्या हो रहा है। परन्तु; मेरी बात का उलटा अर्थ न निकालियेगा। यदि आप इस उलझन में हों कि ऐसा क्यों हुआ—अर्थात् आप बोलती रहीं, मैं सुनता रहा—तो बस इतना समझ लीजिये कि यह मेरे सौभाग्य के कारण हुआ।"

"तो क्या मेरा भाग्य इतना ही खोटा है?"

कंचन जी, मेरे पास कहने की बात ही क्या है। मैं इतने दिनों तक स्वस्थ रहा, प्रसन्न रहा—बस केवल एक ही बात का ख़ेद था कि मेरे न होने से आपके हृदय का कोई-न-कोई कोना सूना हो रहा होगा।"

कंचन ने निचले होंठ का एक कोना दबाकर छोड़ दिया। वह अपनी नीचे-ऊपर की पलकों को एक-दूसरे के निकट लाकर हँसी। फिर उसे अँगूठा दिखाते हुए बोली, "यदि तुम नटखटपन से विरत न हुए, तो स्मरण रखो कि मैं तुमसे सचमुच ही प्रेम आरम्भ करके तुम्हें संकट में डाल दूँगी।"

"यदि आप पुरुष होतीं तो आपको पता चल जाता कि पुरुष की हर तरह कठिनाई है। स्त्री प्रेम करे तो कठिनाई, न करे तो कठिनाई।"

"देश-देश घूमकर तुम बहुत चतुर हो गये हो। इसीलिए इतनी बातें बनाने लगे हो, वरन् अपने घर पर गाँव या किसी छोटे-बड़े उपनगर में रहते तो अभी तक बुद्धू ही होते। मुझसे पल-भर को आँख भी न मिला सकते...!"

"यह सब-कुछ पेट ने सिखाया। बातों से ही तो अपना पेट पालता हूँ।"

"तभी तो लोग कहते हैं कि पेट बड़ा पापी होता है।"

"द्रोण जी तो सदा यही कहते हैं कि पेट बड़ा बलवान् है।"

"हाँ, यह तो उनका अत्यन्त प्रिय वाक्य है। सच पूछो तो पेट का प्रसंग आते ही हमारा मस्तिष्क और हमारे विचार आकाश से धरती पर उतर आते हैं...परन्तु, सुनो तो, यह तुम क्या पेट का दर्शन लेकर बैठ गये। वास्तविक बात तो टाल ही गये। मैंने कहा था कि मुझे अपनी यात्रा का हाल सुनाओ, तुमने शब्दों के हेर-फेर में मेरा ध्यान ही पलट दिया।"

"जिन दो व्यक्तियों के साथ मैं रहा, आप उन्हें भली-भाँति जानती हैं। उनके साथ रहकर क्या-क्या बातें हुई होंगी, कैसे दिन, कैसी रातें व्यतीत हुई होंगी—आप इन सब बातों का भली-भाँति अनुमान लगा सकती हैं। अब मेरे बताने की क्या बात रह गयी है?"

"बृज, मुझे मूर्ख बनाने की चेष्टा न करो, परन्तु उन व्यक्तियों के सम्बन्ध में तुम्हारे विचार मुझसे अवश्य ही भिन्न होंगे। मैं उन विचारों को जानना चाहती हूँ। मुझे उन व्यक्तियों के विषय में जो कुछ भी ज्ञान प्राप्त है उसमें मेरे अपने व्यक्तित्व का रंग भी घुला हुआ है। तुम जानते हो कि मेरे मस्तिष्क में सदा ही कुछ जानने, कुछ समझने और कुछ सुनने का कीड़ा रेंगता रहता है। अब अच्छे लड़के बनो और सब-कुछ बता दो।"

"लड़का?"

"घबरा क्यों गये? मैंने तुम्हें वत्स या पुत्र तो नहीं कह दिया।"

अबकी दोनों ने क़हक़हे लगाये। फिर यह सोचकर कि कंचन कुछ-न-कुछ सुने बिना नहीं मानेगी, बृज ने कहना आरम्भ किया, "द्रोण जी से कुछ गहरी बातें हुईं। वरन् कहना चाहिए कि उन्होंने बातें कीं और मैंने सुनीं। मुझे लगा कि उनका एक विशेष दर्शन है, उनके अपने ही सिद्धान्त हैं, और अपना ही तर्क है। यूँ तो प्रत्येक व्यक्ति में यही बातें किसी-न-किसी सीमा तक होती हैं, परन्तु द्रोण जी का ज्ञान अत्यन्त गहन है। अभी उन्होंने मुझे इतना कम बताया है कि मैं उनके दर्शन के सम्बन्ध में कोई भी मत प्रकट नहीं कर सकता—वास्तविक बात तो यह है कि मैं न विद्वान् हूँ, न योगी, न महात्मा, भला मैं कैसे इस प्रकार के ज्ञान के सम्बन्ध में विचार प्रकट कर सकता हूँ।"

कंचन ने कानों से लटके हुए कुण्डल को उँगलियों से स्पर्श करते हुए कहा, "उस दर्शन-वर्शन में तो मुझे भी कोई रुचि नहीं है। मैं तो साधारण रूप में यह जानना चाहती हूँ कि द्रोण जी तुम्हें कैसे लगे। अब तक तुम अनेक विद्वानों और महात्माओं आदि से मिल चुके हो—इसलिए तुम द्रोण जी के विषय में, मेरा तात्पर्य है कि एक मनुष्य की दृष्टि से तुम्हें वे कैसे लगे?"

"अद्भुत!"

"सच कहते हो?"

"बिलकुल सच।"

"उनसे मिलते रहना। यदि तुम उनकी बातों में रुचि लेते रहे तो बहुत-कुछ सीख जाओगे।"

"यही मैंने भी सोचा है कि उनसे मिलता ही रहूँगा!"

फिर कंचन ने माथे पर बल डालकर कहा, ''मेरी समझ में नहीं आता कि डॉम-गार्शिया ने तुम पर क्या जादू कर दिया, जो तुम उसके साथ चल दिये।''

बृज चुपचाप कंचन की ओर देखता रहा।

कंचन ने कृत्रिम क्रोध से पूछा, ''मेरी ओर टकटकी बाँधकर क्या देख रहे हो? मेरी बात का उत्तर क्यों नहीं देते?''

बृज बोला, ''मैं देख रहा था कि आपके माथे का बल कितना सुन्दर दिखायी दे रहा है।''

कंचन मुस्करा दी, फिर बोली, ''यहाँ मैंने तुम्हारा बड़ा सम्मान किया है जो मैं तुम्हारी इस बात पर मुस्करा दी, अन्यथा इस प्रकार की किशोरोचित प्रशंसा से मेरा प्रसन्न होना अत्यन्त कठिन है।''

''तनिक यह तो सोचिये कि अभी तो मैंने इस क्षेत्र में क़दम भी नहीं रखा।''

''वही तो मैं कहती हूँ कि जिस क्षेत्र में तुमने पाँव भी नहीं रखा वहाँ सिर के बल छलाँग लगाने से क्या लाभ।''

''अब इतनी ऊँची बुद्धि कहाँ से लाऊँ, कि आपको प्रसन्न कर सकूँ।''

''अरे मूढ़, यह क्षेत्र बुद्धि का नहीं हृदय का है।''

''आपने बड़ी अच्छी बात कही। इसे मैं अपना पहला पाठ समझकर सदा स्मरण रखूँगा।''

''और यह भी स्मरण रखो कि जब मैं कोई बात पूछूँ तो सीधे उसका उत्तर देने के स्थान पर तुम मुझे शब्दों के गोरखधन्धे में न डाला करो।''

''आपसे बात करता हूँ तो मैं स्वयं गोरखधन्धे में फँस जाता हूँ...भला मैं आपको किसी गोरखधन्धे में कैसे डाल सकता हूँ?''

''चलो अब उसी विषय पर आ जायें—मैंने डॉम-गार्शिया के विषय में जो बात कही थी वह तुमने सुनी या नहीं?''

''सुनी तो।''

''फिर?''

''मैं पहले भी उस बात का उत्तर दे चुका हूँ कि मैं अपनी इच्छा से डॉम-गार्शिया के साथ नहीं गया था, वरन् द्रोण जी ने कुछ ज़ोर देकर भेज दिया।''

''चलो, यह बात भी मान ली! अब यह बताओ कि उसके विषय में तुम्हारा क्या विचार है?''

''उसका भी तो अपना एक दर्शन है। क्या आप चाहती हैं कि मैं आपको उसके दर्शन...।''

''भाड़ में डालो उसके दर्शन को। मैं बहुत-कुछ जानती हूँ। यह बताओ कि डॉम-गार्शिया तुम्हें व्यक्ति कैसा लगा?''

"रोचक!"

"या व्यर्थ?"

"मेरे विचार में कोई भी स्त्री, जो उसके दर्शन को जानती है, उसे पसन्द नहीं कर सकती!"

"बिलकुल ठीक—लेकिन क्या तुम्हें उसमें कोई गुण भी दिखायी दिया है?"

"उसकी बातें सुनकर मैं इस निष्कर्ष पर पहुँचा हूँ कि उसके कुछ विचार तो ऐसे हैं जिन पर सोचा जा सकता है। कभी-कभी तो वह मुझे बिलकुल चौंका देता था।"

"अच्छा! कोई बात मुझे भी तो बताओ।"

बृज कुछ कहने को ही था कि कंचन ने हाथ उठाकर कहा, "नहीं-नहीं, मुझे कुछ मत बताओ। मैं इतना अवश्य चाहती हूँ कि उसकी बातों पर तनिक सतर्क होकर सोच-विचार करना।"

"कंचन जी, आप मेरे विषय में तो निश्चिन्त रहिये। यह ठीक है कि मेरे मन में ज्ञान प्राप्त करने की उत्सुकता है, परन्तु मैं इतने शीघ्र किसी के विचारों को अपनाने-वाला नहीं हूँ।"

"तुम अच्छे लड़के हो—यह बात तुमने मुझसे पहले भी कही थी।"

"दूसरी बार इसीलिए कह रहा हूँ कि आपके मन में कोई सन्देह न उठे।"

"सम्भवत: तुम्हें ज्ञात न हो, विजयनगर में संस्कृत, वेदों और शास्त्रों के बड़े-बड़े विद्वान् पण्डित भी रहते हैं। राजदरबार की सहातया से उन्होंने बहुत-सा काम किया है, और अब भी कर रहे हैं। उनका तो जाना-पहचाना मार्ग है, परन्तु इस विशाल नगर में कुछ लोग ऐसे भी हैं जो अनजाने मार्गों पर चल रहे हैं। उनके दर्शन रहस्यपूर्ण हैं, या तुम्हारे शब्दों में चौंका देनेवाले हैं! मैं तो उन विषयों की गहराई में उतरने योग्य नहीं हूँ, इसलिए न इनके विषय में, और न उनके सम्बन्ध में कुछ कह सकती हूँ।"

"जाने-पहचाने मार्ग पर चलने के लिए तो कई अच्छे-अच्छे विद्वान् मिल जायेंगे, परन्तु मेरी रुचि इन रहस्यपूर्ण व्यक्तियों में है और मैं इनके विचारों को अधिक-से-अधिक जानना चाहता हूँ।"

"मेरी समझ में नहीं आता कि इतनी छोटी-सी आयु में तुम क्यों अपने-आपको इस संकट में फँसा रहे हो।"

"मैं इसे संकट तो नहीं समझता।"

"माना कि मैं कोई विद्वान् नहीं हूँ, परन्तु फिर भी मैं कुछ पते की बातें बता सकती हूँ।"

"इसमें क्या सन्देह है!"

"तुम्हारे नेत्रों में चंचलता भरी हुई है, मैं तुम्हारी बातों को ख़ूब अच्छी तरह समझती हूँ; परन्तु इतना तुम भी समझ लो कि प्रत्येक व्यक्ति के लिए यह जानना अत्यन्त आवश्यक है कि जीवन में वह करना क्या चाहता है, उसका स्थान क्या है और वह क्या करने योग्य है।—जिसने इतनी-सी बात समझ ली तो जीवन का आधे से अधिक युद्ध जीत लिया।"

"मैं इस बात को स्वीकार करता हूँ, परन्तु मेरा विचार है कि मनुष्य के जीवन के कुछ वर्ष ऐसे होते हैं जिनमें वह अपने-आपको तौलता रहता है और यह समझने की चेष्टा में लगा रहता है कि जीवन में उसका क्या स्थान हो सकता है। मैं भी उसी अवस्था में हूँ।...हाँ, जो लोग अपने विषय में इस ढंग से सोचते ही नहीं, वे सम्पूर्ण आयु यह समझ नहीं पाते कि उन्हें जीवन में क्या करना है और क्या नहीं करना है।"

कंचन सिर को तनिक नीचे झुकाये बृज की ओर ऐसे देख रही थी कि उसकी बड़ी-बड़ी आँखें और भी बड़ी दिखायी दे रही हैं। बृज की बात सुनकर उसके चेहरे पर प्रशंसा के चिह्न उत्पन्न हुए और वह मुस्कराकर बोली, "इतनी दूर क्यों खड़े हो, तनिक इधर चले आओ।"

न जाने बृज को क्या सूझी, चंचलता भरी मुस्कराहट से बोला, "कंचन जी, एक बात पूछूँ? आप बुरा तो नहीं मानेंगी।"

"तुम्हारी कोई बात बुरी लगे भी तो तुम्हारी आकृति देखकर उसका दु:ख भूल जाता है...धुल जाता है।"

"धन्यवाद! मैं सोच रहा था कि इस नगर में रहकर इस नगर की सबसे अधिक सुन्दरी पर क्या अभी तक डॉम-गार्शिया की दृष्टि नहीं पड़ी?"

कंचन उसका संकेत समझ गयी। बोल पड़ी—"उसने मेरे कानों में यह बात डाल रखी है कि यदि मैं केवल एक बार के लिए 'हाँ' कह दूँ, तो वह मुझे सोने से तौल देगा।"

"एक बार...?"

"अर्थ वही है...तुम तो उसकी चाबुकवाली कला देख चुके हो। उसने मेरे विषय में यहाँ तक दावा कर रखा है कि मेरे शरीर पर चाबुक से ख़राश भी आ जाये तो वह हर दण्ड स्वीकार करने को तैयार है।"

"अब मेरे मन को शान्ति हुई।"

"तुमने यह नहीं पूछा कि मैंने इस बात का क्या उत्तर दिया?"

"मुझे आपके उत्तर से क्या प्रयोजन? मुझे तो यह जानकर ही सन्तोष हो गया कि उसकी आप पर दृष्टि पड़ी तो।...यदि ऐसा न हुआ होता तो डॉम-गार्शिया मेरी दृष्टि में गिर जाता।"

"अब वह तुम्हारी दृष्टि में ऊपर उठ गया है?"

"हाँ कुछ ऐसा ही समझिये—मुझे इतना सन्तोष तो हो गया है कि वह सौन्दर्य की परख कर सकता है।"

फिर बृज को एक और बात स्मरण आ गयी, कहने लगा, "मैंने सुना है कि कुछ लोग द्रोण जी के यहाँ रहकर ज्ञान प्राप्त करते हैं।"

"तुमने ठीक सुना है।"

"यदि मैं कभी वहाँ जाकर रहने लगूँ तो आपको इस बात पर कोई आपत्ति तो नहीं होगी?"

"नहीं।"

"आश्चर्य!"

"वह क्यों?"

"मैं सोच रहा था कि आप मुझे वहाँ जाने की कभी भी अनुमति नहीं देंगी।"

"और मैं सोच रही थी कि तुम वहाँ जा ही नहीं पाओगे।"

"क्यों?"

"नियम।"

"आप यह कहना चाहती हैं कि द्रोण जी के कुछ ऐसे नियम हैं, जिन्हें पूरा किये बिना कोई भी वहाँ रह नहीं सकता?"

"यह बात होती तो फिर कठिनाई ही क्या थी!"

"तो आप इस रहस्य पर से आवरण नहीं उठायेंगी।"

"क्यों नहीं—रहस्य केवल इतना ही है कि इस बात का निर्माण स्वयं द्रोण जी करते हैं कि किसी को अपने यहाँ रखना है या नहीं। वे अपने शिष्य की ऐसी परीक्षा भी नहीं लेते कि जिसके लिए वह कोई तैयारी कर सके। वे अपने तन और मन की आँखों से किसी भी मनुष्य को जान और तौल लेते हैं।—स्मरण रखो, कंचन तुमसे कोई भेद छिपायेगी नहीं।"

"धन्यवाद!—इसका अर्थ यह है कि मैं उनके पास रहना चाहूँ तो वे इसकी आज्ञा नहीं देंगे?"

"अवश्य दे देंगे, परन्तु उससे लाभ? आख़िर तुम्हें मुझसे दूर रहने का कोई हठ है क्या?"

"नहीं-नहीं, कदापि नहीं। मैं तो इतना ही कह रहा था कि कभी वहाँ जाऊँ और बातें करते-करते काफ़ी रात बीत जाये, तो वहाँ द्रोण जी रहने देंगे या नहीं?"

"क्या बच्चोंवाली बातें करते हो! अवश्य रहने देंगे। इस प्रकार तुम्हारा कभी मन चाहे तो तुम रात वहाँ व्यतीत कर सकते हो। मुझे भी इस पर कोई आपत्ति नहीं होगी। परन्तु जहाँ तक ज्ञान प्राप्त करने की बात है, उसका अवसर तो कम-से-कम

भी दो-तीन वर्षों से पहले नहीं आयेगा। वह भी तब सम्भव हो सकेगा जब स्वयं द्रोण जी इस बात का निश्चय कर लें।''

''इतने लम्बे समय तक क्या होता है?''

''मैं तो बहुत-कुछ जानती नहीं। यदि तुम बहुत रुचि लोगे तो वे तुम्हें अपने सिद्धान्त और दर्शन के सम्बन्ध में बताते रहेंगे। पहली बार तो वे सारी बातें बड़े सरल ढंग से बता देते हैं। दूसरी बार और गहराई में जाते हैं। अन्त में वे अपने शिष्य को अपने पास ही रख लेते हैं और उसे साधना की विधियाँ बताते हैं, जो शारीरिक भी होती हैं और मानसिक भी—बस मुझे यही सुनी-सुनायी बातें ज्ञात हैं, जो मैंने तुम्हें बता दीं।''

इतने में प्रांगण से फिर लड़कियों का कोलाहल उठा। कुछ ज़ोर-ज़ोर से बातें कर रही थीं, कुछ चीख-चीखकर झगड़ रही थीं, कुछ क़हक़हे लगा रही थीं। कंचन ने दोनों कानों पर हथेलियाँ जमाकर कहा, ''इन लड़कियों से तो भगवान् ही बचाये।''

तभी क्षण-भर के अन्तराल के बाद फिर वैसा ही शोर उठा। अबकी बृज ने सुप्रिया की आवाज़ पहचान ली। उसके स्वर का सुरीलापन सबसे न्यारा था। इसी से बात स्मरण आयी तो बृज बोला, ''मैंने डॉम-गार्शिया से देवी इश्तर की कथा सुनी थी।''

''सच?''

''जी।''

''कुछ आनन्द आया?''

''आनन्द लेनेवाली आप हैं या डॉम-गार्शिया...मेरा काम तो केवल सुनना है।''

''हाँ-हाँ, वही तो मैं पूछ रही हूँ कि सुनने में कुछ आनन्द आया?''

''आया।''

''बस, तुम्हारे लिये इतना ही पर्याप्त है—अब तुम इसका कारण न पूछना।''

बृज ने दायें-बायें सिर हिलाते हुए उत्तर दिया, ''मेरा भला न पूछने में ही है।''

कंचन ने उसे छेड़ने के लिए कहा, ''अपने-अपने भाग्य की बात है।''

''मैं तो इसे अपना सौभाग्य समझता हूँ।''

''ख़ूब!—अरे बृज, तुम्हें इस नगर में आये इतने दिन हो गये, तुमने महाराज के दर्शन तक नहीं किये।''

''मेरे लिये यह कैसे सम्भव हो सकता है?''

''इसमें कोई कठिनाई की बात नहीं है। तुम्हें महाराज महल से बाहर भी दिखायी दे सकते हैं। उत्सव के दिन या कुछ अन्य अवसरों पर वे सारी प्रजा के सामने उपस्थित होते हैं।''

''तब तो कभी-न-कभी दर्शन पा ही लूँगा।''

"क्या तुम्हारी इच्छा महल के भीतर जाने की है?"

"यदि सम्भव हो तो—।"

"सम्भव तो है, परन्तु राजमहल के सारे भाग तुम नहीं देख सकोगे। इसकी अनुमति तो किसी को भी नहीं मिल सकती।"

"मेरे विचार में आप तो हर जगह जा सकती हैं।"

"हाँ, मैं जा सकती हूँ। मैं तो जाती ही हूँ। मेरा जाना आवश्यक है।"

"यहाँ के महाराज रामराय जी हैं न?"

एकाएक कंचन ने चौंक कर द्वार की ओर देखा। फिर कुछ सँभलकर उठ बैठी और बोली, "मैं तो भूल ही गयी। कोई हम दोनों को इस प्रकार उन्मुक्तता से बैठे देख ले तो क्या हो।"

"परन्तु जिस जगह आप बैठी हों वहाँ इस तरह प्रवेश करने का किसी को भी साहस तो नहीं हो सकता।"

"हाँ, मेरी आज्ञा के अनुसार, जब तक मैं न बुलाऊँ किसी को द्वार तक आने का भी साहस नहीं हो सकता...परन्तु फिर भी डरना पड़ता है। कोई महाराज तक ऐसी-वैसी बात पहुँचा दे तो मैं कठिनाई में पड़ सकती हूँ।"

"इसका कारण मेरी समझ में नहीं आया।"

"कारण केवल इतना है कि मैं राजमहल के भीतर आती-जाती हूँ, और राजकुमारियों की अध्यापिका हूँ—समझे न?"

"आप ठीक कहती हैं।"

"किसी दिन ले जाकर महाराज के दर्शन करा दूँगी, वे तुम्हें एक बार देख लेंगे तो फिर कोई बात ही नहीं। तुम बिलकुल छोकरे से तो लगते हो—हाँ, तुम कुछ पूछ रहे थे।"

"मैं यही पूछ रहा था कि क्या रामराय जी यहाँ के महाराज हैं?"

"हैं भी, और नहीं भी।"

"नहीं समझा।"

"किसी से कहना नहीं, आन्तरिक बात है। वैसे जानने को सब जानते हैं, परन्तु मुँह से कोई कुछ नहीं कहता।"

"जी नहीं, भला मुझे कहने की क्या आवश्यकता है।"

"मैंने तो वैसे ही यह बात समझा दी कि कहीं ऐसा न हो कि अपने मित्रों के बीच में बैठकर तुम यह बात खुलकर कह दो।"

"जी नहीं, ऐसा नहीं होगा।"

"इस राज्य के वास्तविक उत्तराधिकारी तो सदाशिव जी हैं, परन्तु पिछले बाईस वर्षों से ऊपर वे नज़रबन्द हैं और रामराय जी ने गद्‌दी सँभाल रखी है! रामराय जी के दो छोटे भाई भी हैं, जिन्हें उनकी बाँहें समझना चाहिए।"

"रामराय जी की आयु क्या होगी?"

"कुछ लोग उनकी आयु छियानबे वर्ष की बताते हैं। सम्भव है कि नब्बे वर्ष के ही हों।"

तब तो वे बहुत बूढ़े होंगे। इस आयु में वे कैसे राज्य का बोझ उठाते होंगे?"

"हाँ, हैं तो बूढ़े, परन्तु स्वास्थ्य इतना अच्छा है कि चलने-फिरने, और साहस में वे तीस-पैंतीस वर्ष के व्यक्ति से कम नहीं दिखायी देते। इसमें सन्देह नहीं कि वे राज्य के काम में निपुण हैं। सदाशिव जी इतनी ज़िम्मेदारी सँभालने के योग्य नहीं हैं।"

"तब तो रामराय जी के दर्शन अवश्य करने चाहिए। परन्तु मेरा मन है कि महल को भीतर से जहाँ तक सम्भव हो देख सकूँ।"

"महल बहुत विशाल है। अपने-आप में वह भी एक नगर से कम नहीं। पचीस-छब्बीस तो वहाँ वीथियाँ ही होंगी। महल में विशिष्ट अवसरों पर अनेक अतिथियों को निमन्त्रण भेजकर बुलाया जाता है। ऐसे ही किसी अवसर पर तुम मेरे साथ चल सकते हो। सबसे अच्छा अवसर तो विजयादशमी का होता है, जिसे दुर्गोत्सव भी कहते हैं। इस अवसर पर नौ दिनों तक उत्सव मनाया जाता है। देखने के लिए बहुत-कुछ होता है।"

"इसका तात्पर्य यह है कि लगभग पाँच मास तक प्रतीक्षा करनी पड़ेगी।"

"वैसे महाराज के दर्शन तो अन्य अवसरों पर भी हो सकते हैं, परन्तु महल के भीतर की छटा देखने के लिए महानवमी, अर्थात् दुर्गोत्सव का अवसर ही अच्छा रहेगा। परन्तु महल के अन्त:पुर में तो कोई नहीं जा सकता। यहाँ तक कि जब महाराज किसी रानी को बुलाना चाहते हैं तो वह किसी षंढ दास को भोजते हैं। यह षंढ भी अन्त:पुर के भीतर नहीं जा सकता। वह वहाँ की द्वार-रक्षिका से कह देता है; और द्वार-रक्षिका रानी जी तक सन्देशा पहुँचा देती है।"

"तो क्या रानियों की भी पर्याप्त संख्या है?"

"रानियों की संख्या सैकड़ों तक पहुँचती है। फिर तनिक इस बात का अनुमान लगाओ कि इन सब रानियों की देख-भाल करने के लिए कितनी दासियाँ होंगी और पूरे महल के क्षेत्र का सारा कार्य सँभालने के लिए कितने दास होंगे। जैसा कि मैंने पहले कहा, राजमहल का क्षेत्र अपने-आप में ही छोटा-सा नगर है, जो दर्शनीय है।"

बात यहीं तक पहुँची थी कि अहाते से फिर रोर उठा। बृज बोला, "जब तक आप इन लड़कियों को डाँटेंगी नहीं, तब तक वे चुप नहीं होंगी।"

कंचन ज्यों-की-त्यों बैठी रही, जैसे वह इस बात का निर्णय न कर पा रही हो कि उठकर लड़कियों को डाँटे या न डाँटे।

फिर एकाएक, जब बृज कुछ कहने को था तो, कंचन ने हाथ उठाकर चुप रहने का संकेत किया। तब धीरे से पूछा, ''तुमने सुप्रिया का गाना सुना है कभी?''

''नहीं तो। जब यह आयी थी तभी मैं बाहर चला गया, अब लौटकर आया हूँ...मुझे उसका गाना सुनने का अवसर ही कब मिला!''

''इस समय सुप्रिया को दूसरी लड़कियाँ गाना गाने के लिए विवश कर रही हैं।''

''यदि वह नहीं मान रही, तो क्या मैं भी यहीं से अनुरोध करूँ?''

कंचन हँसकर रह गयी।

बृज ने फिर पूछा, ''क्या सुप्रिया बहुत अच्छा गाती है?''

''हाँ—मैंने तुम्हें बताया था कि इस लड़की को बड़ी खोज के बाद चुना है मैंने। वर्षों से इसी खोज में लगी हुई थी। बहुत कम लड़कियाँ होती हैं जो हर प्रकार से कुशल हों।''

इतने में कोलाहल बन्द हो गया, और वाद्यों के स्वर धीरे-धीरे ऊँचे उठने लगे।

कंचन बोली, ''लो, वह गाने लगी है। कान धर के सुनो। ऐसा स्वर स्वयं मैंने जीवन-भर में कभी नहीं सुना।''

अब वाद्यों के साथ डफ़ बजने लगा, जैसे कोई चाँदी की छलनी में तारों को उछाल रहा हो। तब सुप्रिया का स्वर एकाएक यूँ पंचम को चढ़ा-जैसे आतिशबाज़ी की हवाई जूम से आकाश की ओर उड़ जाती है। उसके स्वर में ऐसी वेदना थी मानो किसी ने कमन्द फेंककर हृदय को वश में कर लिया हो, और उसे अपनी ओर खींच रहा हो। जहाँ उसका स्वर पल-दो-पल को रुक जाता तो लगता जैसे सारी प्रकृति एड़ियाँ उठाकर पंजों के बल खड़ी हो गयी हो।

बृज उस स्वर्णिम स्वर-लहरी से अत्यधिक प्रभावित हुआ और कहने लगा, ''मैं इस बात में आपसे सहमत हूँ कि यह स्वर वास्तव में अत्यन्त अनोखा है, परन्तु अभी मैं इधर की भाषा इतनी अच्छी तरह नहीं जानता कि गीत के बोल समझ सकूँ।''

कंचन ने हाथ की कटोरी-सी बनाकर कान के पीछे टिकायी और बड़े ध्यान से गीत सुनने की चेष्टा करते हुए बोली, मैं बताती हूँ :

कभी मैं इतनी नन्हीं थी जैसे मधु की बूँद
जिस तरह ओस के एक कण में सूर्य की झलक दिखायी देती है
इसी तरह उस समय भी जाननेवाले
मधु की इस नन्हीं-सी बूँद में आनेवाले यौवन का आभास पाते थे
तब मैं उस मोड़ पर पहुँची
जहाँ बचपन लड़कपन से गले मिलता है
उस समय—
तुम कहाँ थे? कहाँ थे?

गीत का एक बोल समाप्त हो गया, और वातावरण में केवल वाद्य बजते रह गये।

कंचन बोली, ''अब फिर दूसरा बोल होगा...सुनो :

फिर अंग-अंग में रंग भर गया
पाँव रखूँ कहीं, पड़ें कहीं
कहना कुछ चाहूँ, मुँह से कुछ निकले
किसी से प्रेम नहीं, परन्तु मन में हूक उठे
इस समय—
तुम कहाँ हो? कहाँ हो?

दूसरा बोल भी समाप्त हुआ। फिर वाद्य बजने लगे। बृज देख रहा था कि स्वयं कंचन रस ले रही थी, उसकी आँखें मुँद गयी थीं। उसका सिर धीरे-धीरे दायें-बायें हिल रहा था।

वह फिर बोली—''अब अन्तिम बोल सुनो :

सुनती हूँ कि जीवन का एक ऐसा मोड़ भी आता है
जब न तन में रंग न स्वर में रस और न मन में उमंग रह जाती है
जब धूप-छाँव, ठण्डी हवाओं, सुगन्धित पुष्पों और
रंग बिरंगी तितलियों का यह संसार
अगले धुँधले अनजाने खोये-खोये संसार में सदा के लिए
घुल-मिल जाता है
उस मोड़ पर
उस समय
तुम कहाँ होगे? कहाँ होगे?

धरती से आकाश तक जादू-सा छा गया। लड़कियों के प्रशंसा के रोर से भी संगीत का वह जादू टूटा नहीं। बृज और कंचन कुछ समय तक बिलकुल चुपचाप बैठे रहे। फिर कंचन ने बृज की ओर देखा, और बृज बोला, ''मैं गीत के शब्दों को नहीं समझ पाया, केवल आपके बताये हुए भाव सुनता रहा, फिर भी मैं कह सकता हूँ कि मैंने ऐसा स्वर और ऐसा गीत पहले कभी नहीं सुना।—आपको बधाई देने को जी चाहता है कि आख़िर इतनी लम्बी खोज के बाद आपने सचमुच ही एक अनमोल रत्न ढूँढ़ निकाला है!''

''मैं बड़ी प्रसन्नता से तुम्हारी बधाई स्वीकार करती हूँ।—परन्तु सुप्रिया के सम्बन्ध में मैं कुछ चिन्तित भी हूँ।''

''वह क्यों?''

"उसके वक्ष में गणिका का नहीं, स्त्री का हृदय प्रधान है।"

"हृदय तो एक ही होता है...अपनी बात को तनिक स्पष्ट कीजिये।"

"मैं यह कहना चाहती हूँ कि एक गणिका को पुरुषों के विषय में विशेष प्रकार का दृष्टिकोण रखना पड़ता है, जो रखना ही चाहिए। परन्तु यह छोकरी कुछ घरेलू प्रकार की लगती है। कभी मैं अनुभव करती हूँ कि यह कुछ अधिक ही आदर्शवादी है। आदर्शवादी लड़कियाँ अच्छी गणिकाएँ नहीं बन सकतीं। यदि इन्हें बनना भी पड़े तो उनकी आत्मा की शान्ति सदा के लिए भंग हो जाती है। समझ में नहीं आता कि सुप्रिया अन्य देवदासियों से इतनी भिन्न क्यों है।"

"मेरे विचार में आपको इतना चिन्तित नहीं होना चाहिए। अभी वह बहुत छोटी है, बड़ी होगी तो ठीक हो जायेगी। इतने वर्षों तक आपसे शिक्षा पाकर क्या उसमें इतना सामान्य-सा परिवर्तन भी नहीं आ सकेगा?"

कंचन लम्बी एवं गहरी साँस भर उठ खड़ी हुई, "सम्भवतः तुम्हारा ही अनुमान ठीक हो। तुम स्वयं ही सोचो कि यदि कोई गणिका एक ही पुरुष की हो रहे तो उसे अपने व्यवसाय में सफलता कैसे प्राप्त होगी। मेरे स्तर की गणिका का चरित्र ऊँचा होना चाहिए, उसकी किसी भी पुरुष में इतनी रुचि नहीं बढ़नी चाहिए कि उसके कर्त्तव्य-पालन में बाधा पड़े। हमको राजमहल में जाकर राजकुमारियों को शिक्षा देनी पड़ती है। हम केवल संगीत और नृत्य की ही शिक्षा नहीं देती हैं, वरन् उन्हें बातचीत करने का ढंग भी बताती हैं, उन्हें समझाती हैं कि सभ्य होने का अर्थ क्या है। इसी से अनुमान लगा लो कि हमारा कितना बड़ा उत्तरदायित्व हो सकता है। यह भिन्न बात है कि यदि कोई गणिका चाहे तो मेरी आयु में पहुँचकर किसी को अपना ले। परन्तु, यदि मैंने आज से पन्द्रह-सोलह वर्ष पूर्व किसी को अपना लिया होता तो मेरा काम कैसे चलता। आख़िर हम लोगों को भी तो कुछ सिद्धान्त बनाने पड़ते हैं।"

इतना कहकर कंचन द्वार तक पहुँच गयी, और फिर घूमकर अत्यन्त स्नेह से बृज की ओर देखते हुए बोली, "अच्छा, अब तुम मेरे लिये चिन्तित मत होना। जीवन की यह गाड़ी तो चलती ही रहती है—और हाँ, कल प्रातः मुँह अँधेरे मैं पूजा के लिए विट्ठल स्वामी के मन्दिर में जा रही हूँ। तुम चलोगे?"

"जैसा आप कहिये।"

"तुमने यह मन्दिर बाहर से ही देखा है, भीतर से तो नहीं देखा?"

"जी नहीं।"

"तो फिर चले चलना, इकट्ठे जाने-आने में आनन्द आयेगा।"

"ठीक है, मैं चलूँगा।"

"तो मैं तुम्हें प्रातः ही जगा दूँगी।"

"अवश्य!"

इतना कहकर कंचन ने चेहरे के बायीं ओर धीरे-धीरे, खिसक-खिसककर गिरनेवाली अलकों को हाथ के सहारे से पीछे को हटा दिया, और फिर मुँह फेरकर सोपानों की ओर बढ़ी।

बृज सोपानों से कंचन के उतरते समय पद-चाप सुनता रहा। यहाँ तक कि वे पद-चाप दूर होते-होते निस्तब्धता में घुल-मिल गये।

कुछ देर तक बृज ज्यों-का-त्यों बैठा रहा, फिर उसने वस्त्र बदले, और शय्या लेटते ही सो गया।

एक पहर रात रहे चन्द्रिका ऊपर आयी और उसे जगा दिया। बृज को लगा जैसे ह अभी-अभी सोया हो।

चन्द्रिका के इस अप्रत्याशित आगमन से चौंककर बृज ने पूछा, "बात क्या है?"

"बात केवल यह है कि स्वामिनी मन्दिर जा रही हैं, और आप से कहा है कि उनके साथ चलने के लिए शीघ्र ही तैयार हो जाइये।"

अब तो बृज एकदम चौकन्ना होकर उठ खड़ा हुआ। उसने जल्दी-जल्दी स्नान क[illegible] वस्त्र बदले। वातायन में से झाँककर देखा तो कंचन की बहली के पास कालाफ़ाम उसके घोड़े की लगाम थामे हुए दिखायी दिया। बृज सोपानों से नीचे उतरा और भवन के बाहर जाते समय एक दासी से कह गया कि तुम अपनी स्वामिनी को सूचित कर दो कि मैं बाहर उनकी प्रतीक्षा कर रहा हूँ।

बाहर पहुँचा तो कालाफ़ाम उसे देखकर मुस्कराया। उसने पहले तो सिर झुकाकर नमस्कार किया, फिर बोला, "आज बहुत दिनों के बाद फिर मेरा भाग्य जागा है।"

बृज उसका आशय समझ गया, हँसकर बोला, "तुम तो जानते ही हो कि मैं एक मास से ऊपर तो नगर से बाहर ही रहा।"

"मैं जानता हूँ..." कालाफ़ाम ने भवन के मुख्य द्वार की ओर अर्थपूर्ण दृष्टि से देखते हुए कहा, "बहुत अच्छी तरह जानता हूँ...।"

जब बृज ने उधर देखा तो कंचन और सुप्रिया द्वार में से बाहर आ रही थीं। बृज ने कालाफ़ाम की ओर देखे बिना घोड़े की लगाम अपने हाथ में थाम ली। यह लगाम चमड़े की नहीं थी, वरन् रेशम के धागों को गूँथकर बनायी गयी थी, इसलिए जब भी बृज उस लगाम को छूता तो उसे उँगलियों के माध्यम से विचित्र-सी अनुभूति होती। वह इस बात की प्रतीक्षा करने लगा कि कंचन बहली में बैठ जाये तो वह भी घोड़े पर सवार हो जाये।

उसके निकट से गुज़रते समय कंचन ने मुस्कराकर पूछा, "कहो बृज, तुम्हारी निद्रा में बाधा तो नहीं पड़ी?"

"जी नहीं।"

सुप्रिया कंचन की ओट में चली आ रही थी, और वह पल-भर को भी कंचन की आड़ से हटी नहीं। एक ओर से कंचन बहली में बैठी और दूसरी ओर से सुप्रिया!

यह केवल संयोग की बात थी कि अनजाने में बृज घोड़े पर सवार होकर उसी ओर हो गया जिस ओर सुप्रिया बैठी थी! बहली का आवरण पट हटा हुआ था। घोड़े को एड़ देते ही बृज की दृष्टि बहली की ओर पड़ी तो सुप्रिया से आँखें मिल गयीं। दृष्टि मिलते ही सुप्रिया ने हाथ बढ़ाकर आवरण-पट नीचे गिरा दिया। इस पर उसके मुँह से बरबस हँसी निकल गयी। उसने सोचा कि उसे कंचन की ओर चले जाना चाहिए। यह सोचकर वह घोड़ा घुमा ही रहा था कि उसे बहली के आवरण-पट में से बाहर को निकला हुआ एक छोटा-सा, गोरा-गोरा, सुन्दर अँगूठा दिखायी दिया।

वह जानता था कि उसे कौन अँगूठा दिखा रही है।

मार्ग में निरन्तर वह कंचन की ओर चलता रहा। बीच-बीच में कंचन थोड़ा-सा आवरण-पट हटाकर एकाध बात भी कर लेती थी। मन्दिर के निकट पहुँचकर कालाफ़ाम को उन्होंने बहली और गाड़ीवान के साथ बाहर ही छोड़ दिया और तीनों मन्दिर के भीतर चले गये।

मन्दिर का क्षेत्र काफ़ी बड़ा था। कंचन ने उसे बताया कि मन्दिर के तीन भाग हैं। पहला, गर्भगृह कहलाता है। वहाँ देवता की प्रतिमा स्थापित है, और केवल पुजारी ही वहाँ जा सकते हैं। दूसरा भाग अर्द्ध-मण्डप कहलाता है। उसे सभा-भवन भी कहते हैं। उत्सव के अवसर पर जनता इसी भवन में एकत्रित होती है, और पूजा में भाग लेती है। यहीं से गर्भ-गृह को मार्ग जाता है। तीसरा भाग महा-मण्डप कहलाता है। यह सबसे विशाल कक्ष है। यहाँ प्रत्येक विशेष उत्सव पर देवता की मूर्ति सिंहासन पर स्थापित करके उसकी पूजा की जाती है। यहाँ के तोरण और स्तम्भ दर्शनीय हैं।

बृज ने उन सब भागों को देखा जिनके देखने की अनुमति थी। फिर कंचन और सुप्रिया मन्दिर के भीतर रह गयीं, और बृज मन्दिर के क्षेत्र में ही बने हुए कुछ छोटे-छोटे भवनों को देखता रहा। यही वे भवन थे जिनके पथरीले छज्जे बाहर से ही घूँघट निकाले दिखायी देते थे। वह काफ़ी देर तक इधर-उधर टहलता रहा।

जब सूर्य का प्रकाश फैलने लगा तो उसके कान में आवाज़ आयी, "मेरा रात का गीत कैसा था?"

बृज ने एकदम घूमकर देखा—सुप्रिया, मानो उसकी उपस्थिति से नितान्त अनजान एक छोटी-सी सुन्दर हिरणी से बातें कर रही थी।

बृज जानता था कि वह कनखियों से उसकी ओर देख रही है।

इतने में कंचन ने सुप्रिया का नाम लेकर पुकारा, तो वह सरककर दूर चली गयी।

१

छह

अगले तीन दिनों में बृज आह-चाँग से भी मिला, और डॉम-गार्शिया के घर भी गया। दोनों के साथ भेंट अत्यन्त रोचक रही। आह-चाँग ने बताया कि डॉम-गार्शिया एक बड़ा-सा भोज देने जा रहा है। उसने यह भी बताया कि इसमें कोई अनोखी बात नहीं है, क्योंकि वर्ष में तीन-चार बार डॉम-गार्शिया अपने मित्रों को बड़े अनुपम भोज देता है। उनमें बहुत अच्छे-अच्छे लोग सम्मिलित होते हैं, और नाच-रंग का भी प्रबन्ध किया जाता है। लेकिन जब बृज डॉम-गार्शिया से मिलने गया तो उसने इस बात का उल्लेख तक नहीं किया। सम्भवत: उसे इस बात का ध्यान ही नहीं आया। बृज ने इसका उल्लेख करना उचित नहीं समझा। उसने सोचा कि उस अवसर पर यदि डॉम-गार्शिया ने उसे बुलाया तो वह चला जायेगा।

इतने दिनों में सुप्रिया से और कोई भेंट नहीं हुई। सुप्रिया उसी घर में रहती थी, और जब वे भोजन करने बैठते तो बृज को सुप्रिया दिखायी दे जाती। परन्तु कंचन के सामने वह बिलकुल भीगी बिल्ली बनी बैठी रहती। भोजन भी करती तो नत दृष्टि से। जब तक बृज वहाँ बैठा रहता, तब तक सुप्रिया दृष्टि नत रखती। सम्भवत: वह कभी चोरी-छिपे उसकी ओर देखती हो, परन्तु बृज ने कभी नहीं देखा कि उसने उसकी आँखों से आँखें मिलायी हों। बृज के मन की गहराइयों में सुप्रिया के लिए कोई भावना थी या नहीं, इसका ज्ञान उसे भी नहीं था। इसमें सन्देह नहीं कि सुप्रिया एक गुलाबी परछाईं की तरह उसके विचारों में आ जाती थी। उससे प्रेम करने के सम्बन्ध में बृज ने कभी सोचा भी नहीं था। कभी विचार भी उठा तो उसने दृढ़ निश्चय से अपने मन को समझा दिया कि सुप्रिया या किसी अन्य लड़की से उसके प्रेम करने का तो प्रश्न ही नहीं उठता। सुप्रिया के व्यवहार से बृज इस बात से आश्वस्त हो

गया कि वह उस घर में रहते हुए उससे प्रेम जतलाने का साहस नहीं कर सकती। कंचन ने अवश्य ही उसे शिक्षा दी होगी कि गणिकाओं का पुरुषों के प्रति क्या दृष्टिकोण होना चाहिए। सुप्रिया ने मन से यह बात मानी हो या न मानी हो, परन्तु वह कंचन की किसी आज्ञा का उल्लंघन नहीं कर सकती थी या यह जानते हुए कि कंचन किसी बात को उचित नहीं समझती, सुप्रिया वही कुछ करने का दुस्साहस नहीं कर सकती थी। बृज को विश्वास था कि सुप्रिया ने चोरी-छिपे भी उसके कक्ष के आसपास मँडराने की चेष्टा नहीं की होगी; क्योंकि वहाँ का वातावरण ऐसा था कि सामान्य-से-सामान्य बात भी कंचन के कानों तक पहुँच जाती थी।

बृज ने भी इस बात का निश्चय कर रखा था कि वह प्रेम या किसी अन्य उलझन में कदापि नहीं फँसेगा। यदि कहीं सुप्रिया खुले रूप में उससे छेड़छाड़ कर सकती तो बृज बहुत जल्दी परेशान हो जाता और सम्भवत: वह वहाँ से निकल भागने की चेष्टा करता। सुप्रिया उसे अत्यन्त सुन्दर और बहुत प्यारी लगती थी—बस इससे आगे कुछ नहीं।

इन दिनों बृज के मन में एक ही विचार मँडराता रहा, वह था द्रोण जी से भेंट करने का विचार। यह तो उसे ज्ञात ही था कि द्रोण जी के यहाँ लगभग प्रतिदिन लोग आते-जाते और खाते-पीते हैं, इसीलिए उसने सोच रखा था कि एक दिन सन्ध्या को वहाँ पहुँच जाऊँ, रातभर रहूँ, और प्रात:काल लौट आऊँ। फिर रातभर जागने की कसर घर पर सारा दिन सोकर निकाल लूँ। इस सम्बन्ध में कंचन से परामर्श करना आवश्यक था। अत: चौथे दिन उसने कंचन से दोपहर के भोजन के पश्चात् कहा, ''कंचन जी, आज मुझे यात्रा से लौटे पाँचवाँ दिन हो रहा है...।''

''क्यों, क्या फिर कहीं यात्रा को जाने का विचार है?''

उस समय उन दोनों के अतिरिक्त कक्ष में और कोई नहीं था। ऐसे अवसर पर कंचन प्राय: उन्मुक्त हो उठती थी। बृज बोला, ''जी नहीं अब मैं भला किस यात्रा पर जाऊँगा? पिछली बार आपके भेजने पर चला गया, नहीं तो यहीं आपके चरणों में बैठा रहता!''

''क्यों कृत्रिम रूप से विनम्र बनते हो बृज! भला मुझ जैसी गणिका में क्या रखा है कि तुम चरणों में बैठने की सोच रहे हो?''

''जिनका मन सोने का हो, उनके चरणों में भी बहुत-कुछ होता है।''

''जानती हूँ कि तुम मेरी अतिरिक्त प्रशंसा कर रहे हो, परन्तु तुम्हें यह ज्ञात नहीं कि कोई मेरी अतिरिक्त प्रशंसा करे तो मन में मैं अत्यन्त प्रसन्न होती हूँ।''

''मुझे ज्ञात है, परन्तु यह कार्य अवकाश के चरणों में ही हो सकता है।''

''तो इस समय क्या भगदड़ मची है?''

''भगदड़ तो नहीं मची, परन्तु मुझे आपसे एक बात पूछनी थी।''

"अवश्य।"

"अब तक मैंने आपके भय के मारे इस बात का उल्लेख नहीं किया। मैं सोचता था कि कहीं आप यह न कहें कि अभी-अभी तो लौटकर आया है इतनी लम्बी यात्रा से...।"

कंचन बात काटते हुए बोली, "अभी-अभी तो तुम कह रहे थे कि मुझे अब और यात्रा पर नहीं जाना है!"

"आप सुनिये तो—मैंने कब कहा कि मैं फिर से कहीं जाने की सोच रहा हूँ?"

"तो फिर?"

"मैं कह रहा था कि मुझे यात्रा से लौटे काफ़ी दिन हो गये हैं। इन दिनों में आह-चाँग और डॉम-गार्शिया से भी छोटी-छोटी भेंटें हो चुकी हैं, परन्तु मैं द्रोण जी के पास नहीं गया।"

"मेरे भय के मारे?—अरे भले मानस! जब मैंने तुम्हें डॉम-गार्शिया से मिलने पर नहीं टोका तो...।"

"जी नहीं, मेरा यह अभिप्राय नहीं है। मैं यह सोच रहा था कि सन्ध्या को यहाँ से चलूँ, रातभर वहाँ रहूँ, और सूर्योदय से पूर्व नक्षत्रों की छाया में लौट आऊँ।"

"अर्थात् रातभर अनुपस्थिति रहना चाहते हो?"

"आपकी आज्ञा से।"

"कोई आपत्ति नहीं, क्योंकि साधारणत: द्रोण जी से भेंट इसी प्रकार हो सकती है। दिन-भर वे बहुत व्यस्त रहते हैं। यदि तुम्हें या किसी को भी वे अपनी इच्छा से दिन के समय बुला लें तो वह अलग बात है।"

"आपकी अनुमति के बाद मेरे मन में एक ही सन्देह रह जाता है।"

"वह क्या ?"

"मैं आपसे जानना चाहता था कि यदि कोई बिना बुलाये, अचानक ही उनके भोज में पहुँच जाये तो वे बुरा तो नहीं मानेंगे?"

"नहीं—और फिर तुम 'कोई' तो नहीं हो। मेरे माध्यम से तुम वहाँ उनसे भेंट कर चुके हो। और फिर इतने दिनों तक उनके साथ रह चुके हो, द्रोण जी तुमसे ज्ञान-ध्यान की बातें भी कर चुके हैं—अब तुम कभी भी जा सकते हो।"

"तो फिर आज ही चला जाऊँ?"

"इसी समय?"

"जी नहीं, कुछ समय विश्राम करने के बाद।"

"अच्छा—परन्तु वहाँ बहुत कम समय के लिए सो सकोगे।"

"कोई बात नहीं, मैं यहाँ आकर दिन-भर सोता रहूँगा।"

"इसका अर्थ यह हुआ कि आज रात तुमसे भेंट इसलिए न हो सकेगी क्योंकि तुम द्रोण जी के यहाँ जा रहे हो, और कल सारा दिन इसलिए नहीं हो सकेगी कि तुम रातभर की नींद पूरी कर रहे होगे। भाई, यह तो बड़े घाटा का सौदा है।"

"—परन्तु आपकी अनुमति से।" बृज ने मुस्कराकर और सिर को तनिक-सा झुकाकर उत्तर दिया।

फिर ज्यों ही बृज का ध्यान दूसरी ओर गया तो उसे कंचन के पीछेवाले द्वार में एक रंगीन आँचल पल-भर को लहराता हुआ दिखायी दिया, फिर दृष्टि से ओझल हो गया।

क्या वह सुप्रिया थी?

अपने मन में यह प्रश्न उठने से बृज को अपने-आप पर क्रोध आया। वहाँ इतनी लड़कियाँ और दासियाँ थीं, वह आँचल उनमें से किसी का भी हो सकता था। यदि सुप्रिया का ही हो तो भी क्या हुआ। आख़िर उसे इतना चौंकने की आवश्यकता ही क्या थी?

कंचन ने पूछा, "तुम अकेले चले जाओगे, या कालाफ़ाम को साथ भेज दूँ?"

"मैं अकेले चला जाऊँगा!"

"मार्ग स्मरण है न?"

"भली-भाँति स्मरण है। और यदि भूल भी जाऊँ तो घर लौटने का मार्ग तो स्मरण रहेगा।"

"तब तो मैं कालाफ़ाम को बिलकुल ही नहीं भेजूँगी।"

"मैं उसे ले जाना भी नहीं चाहता; परन्तु क्या मैं यह जान सकता हूँ कि आपने उसे न भेजने का दृढ़ निश्चय क्यों कर लिया है?"

"इसलिए कि इस प्रकार इस बात की सम्भावना रहेगी कि सम्भवत: तुम मार्ग भूलकर मेरे पास ही लौट आओ।"

"ओह! अब समझा।"

इतना कहकर बृज ज़ोर से हँसा।

सूर्यास्त से काफ़ी पहले बृज अपने श्वेत अश्व पर आरूढ़ होकर चल दिया। बाहर-बाहर जाने के बजाय वह नगर के बीच में से होकर निकला, जिससे वहाँ की शोभा देखता हुआ जाये। सबसे पहले तो वह पान-सुपारी बाज़ार में पहुँचा। उसे यहाँ की व्यवस्था अत्यन्त प्रिय थी। एक जगह ऊँटों के सार्थवाह दिखायी दिये, जिन पर न जाने क्या लदा था और जो अभी-अभी नगर में पहुँचे थे। चलते-चलते उसे नृत्य-मण्डप भी दिखायी दिया और उसे ध्यान आया कि शीघ्रता में वह पहले दिन इस स्थान को भली-भाँति देख नहीं पाया था, अबकी जब भी अवसर मिला, वह इसे तनिक ध्यान से देखेगा।

कुछ दूर जाकर उसे कुछ नायक दिखायी दिये जो राजमहल की ओर से चले आ रहे थे। उनमें से कुछ ऐसे भी थे जिनसे यात्रा के अवसर पर भेंट हुई थी। थोड़ी देर, चलते-चलते, उनसे भी दो-चार बातें हो गयीं। बृज ने अनुभव किया कि यदि यही हाल रहा तो कुछ ही दिनों में इस नगर के बहुत-से व्यक्तियों से उसकी जान-पहचान हो जायेगी और वह जिधर भी जायेगा, उधर ही कोई-न-कोई परिचित मिल जाया करेगा।

नगर की व्यस्तता से निकलकर द्रोण जी के निवास-स्थान को जानेवाला मार्ग बिलकुल साथ था, वहाँ इक्का-दुक्का घुड़सवार दिखायी दे जाते थे। बृज ने भी घोड़े को एड़ लगायी और घोड़ा स्वामी का संकेत समझकर हवा में बातें करने लगा।

२

कंचन के साथ जाने में काफ़ी देर लग गयी थी, परन्तु बृज अकेले होने के कारण घोड़े को बहुत तेज़ भगाता हुआ काफ़ी जल्दी पहुँच गया। परन्तु रात तो हो ही चुकी थी और हर ओर शलाका-दीप जल रहे थे।

अभी अतिथियों के आने का समय नहीं हुआ था। वह बहुत पहले पहुँच गया। घोड़े से उतरकर लगाम दास के हाथ में देते हुए वह मन में सोच ही रहा था कि द्रोण जी को अपने आने की सूचना भेजनी पड़ेगी, परन्तु द्रोण जी भवन के बाहर द्वार-प्रकोष्ठ में दिखायी दिये। बृज को सबसे पहले चमकदार सिर दिखायी दिया। लपकता हुआ उनके पास पहुँचा। यह भी अच्छा हुआ कि उन्होंने उसे देख लिया, नहीं तो सम्भव था कि बिना देखे ही फिर भवन के भीतर घुस जाते। दृष्टि-विनिमय होते ही बृज ने दोनों हाथ जोड़ दिये, और द्रोण जी ने पूछा, "कहो बृज, कब लौटे?"

"चार-पाँच दिन हो गये हैं। मैं डर रहा था कि आप अवश्य डाँटेंगे।"

"किस बात पर?"

"इस पर कि मैं इतने दिनों से नगर में हूँ, फिर भी आपके पास नहीं पहुँचा।"

द्रोण जी ने ज़ोर का क़हक़हा लगाया, फिर अपने चिकने सिर पर हाथ फेरते हुए बोले, "तुम्हारी आयु में केवल पाँच दिनों तक मुझसे भेंट करना भी अत्यन्त प्रशंसनीय बात है।"

"यदि मैं यह कहूँ कि यहाँ न आ सकने पर भी मेरे मन में आपके पास पहुँचने की लगन थी तो?"

"तो मैं अवश्य ही तुम्हारा विश्वास कर लूँगा।"

"धन्यवाद! मैं देख रहा हूँ कि यहाँ मेरे अतिरिक्त अभी और कोई नहीं आया।"

"अभी दूसरों के आने में पर्याप्त समय है।"

"तो क्या डॉम-गार्शिया और आह-चाँग भी आयेंगे?"

"मैंने किसी को निमन्त्रण तो दे नहीं रखा, क्योंकि यह तो खुला सदाव्रत है... जिसका जी चाहे आये, और जिसका जी चाहे न आये। जो आये उसका सत्कार किया जायेगा और जो न आ सके, उससे मुझे कोई शिकायत नहीं होगी।"

फिर द्रोण जी ने बायाँ हाथ बढ़ाकर बृज का दायाँ हाथ थामते हुए कहा, "तुम इतने संकोच में क्यों खड़े हो, आओ अन्दर चलें।"

वे अन्दर चले गये। मानो बृज को और अधिक आश्वस्त करने के लिए द्रोण जी ने कहा, "अच्छा ही हुआ जो तुम पहले चले आये। इस समय तो हम बातें भी कर सकते हैं। जब सभी आ जायें तो भला क्या बात हो सकती है!"

यह सुनकर बृज का उत्साह बढ़ा। उसने अनुमान लगाया कि द्रोण जी के निकट हो जाने में वह अवश्य कुछ सफल रहा है। इसका अर्थ यह भी हो सकता है कि द्रोण जी और भी ध्यान से उसे नयी-नयी बातें बतायेंगे।

द्रोण जी ने पूछा, "कंचन कैसी है?"

"बिलकुल ठीक है।"

"और कहो; डॉम-गार्शिया के साथ तुम्हारे दिन कैसे बीते?"

"डॉम-गार्शिया ने आतिथेय के नाते मेरी अधिक-से-अधिक आवभगत की, परन्तु एक मनुष्य के रूप में वह मुझे अत्यन्त विचित्र लगा।"

"इस बात की चिन्ता मत करो। जब उसका व्यवहार इतना अच्छा था तो फिर तुम्हें कोई शिकायत नहीं होगी।"

"जी, शिकायत तो बिलकुल नहीं है।"

"विचारों में अन्तर हो जाये तो उसे सहन करने का अभ्यास डालना चाहिए।"

"आप ठीक कहते हैं; वैसे कहीं-कहीं तो डॉम-गार्शिया के विचारों से सहमत होना ही पड़ता है,—या यूँ कहिये कि उसकी कुछ बातों को एकाएक झुठलाया नहीं जा सकता।"

द्रोण जी ने यह सुनकर सिर को तनिक-सा हिलाया, फिर बोले, "मेरे विचार में बाहर उद्यान में ही घूमा जाये, या कहीं बैठा जाये। क्यों तुम्हारा क्या विचार है?"

"जो आपकी इच्छा।"

"अच्छा तो मैं पाकशाला का छोटा-सा चक्कर लगाकर आता हूँ—यदि तुम चाहो तो बाहर जाकर टहलो। सरोवर के तट पर इस समय बहुत अच्छा लगता है।"

बृज को यह सुझाव अच्छा लगा और वह बाहर निकलकर सरोवर के तट पर पहुँच गया।

रात निस्तब्ध थी। वृक्ष स्थिर खड़े थे। जल-तल नितान्त स्थिर था। आकाश के नक्षत्र भी मानो इस वृद्धा धरती को अत्यन्त आश्चर्य से देख रहे थे। वहाँ खड़े-खड़े बृज के मन की कुछ विचित्र-सी दशा हो गयी। वह जानता था कि आज द्रोण जी अवश्य ही उसे कुछ और बातें बतायेंगे। उसे लग रहा था जैसे वह किसी बहुत-बड़े, सुन्दर तथा स्वर्णिम द्वार की देहरी पर खड़ा हो। जैसे कुछ ही देर में द्रोण जी वह द्वार खोल देंगे, और उसके खुलते ही जीवन के अँधेरे कोने प्रकाशित हो जायेंगे। संसार बड़ा ही सुन्दर लग रहा था। यहीं पर तो मनुष्य जीवन के रहस्य का आभास पा सकता है और यदि कोई ऐसा गुरु भी मिल जाये जो उस रहस्य पर से आवरण उठा सके तो संसार में आने का अर्थ भी समझा जा सकता है। द्रोण जी की बातों से लगता था जैसे कसी हुई ग्रन्थियाँ खुलती जा रही हों। डॉम-गार्शिया की बातों में बुद्धि की प्रखरता की झलकियाँ तो दिखायी देती थीं, परन्तु मन की ग्रन्थियाँ खुलने के बजाय और भी कसने लगती थीं।

इतनी देर के बाद बृज को डॉम-गार्शिया और द्रोण जी की बातों का अन्तर समझ में आया। अत: थोड़ी देर बाद जब द्रोण जी उसके पास पहुँचे तो उसने उनसे यही बात कही। द्रोण जी चुपचाप मुस्करा दिये।

बृज ने कहा, ''लगता है कि आपने इसीलिए मुझे जान-बूझकर डॉम-गार्शिया के पास भेजा था।''

द्रोण जी ने चंचल बालक की भाँति हलका-सा क़हक़हा लगाया, परन्तु मुँह से कुछ नहीं बोले।

दो घड़ी वे सरोवर के तट पर चुपचाप खड़े रहे, फिर द्रोण जी ने बृज की पीठ पर हाथ रखा और वे दोनों सरोवर से भी दूर भ्रमण के लिए चले गये।

पहले तो बृज ने सोचा कि सम्भवत: द्रोण जी स्वयं कोई प्रसंग छेड़ दें, परन्तु जब वे नहीं बोले तो उसने स्वयं ही बात आरम्भ की, ''द्रोण जी, मैं छोटी आयु से ही भटक रहा हूँ। हर प्रकार के लोगों से मिलता रहा हूँ। लेकिन आप से मिलकर मन की जो दशा हुई है वह पहले कभी नहीं हुई थी—''मैं यह बात आपसे कहना नहीं चाहता था, परन्तु कहे बिना रह भी नहीं सका।''

द्रोण जी ने उसकी ओर देखे बिना कहा, ''तुम्हारी आयु में बहुत कम लोगों को इन विषयों में रुचि होती है।''

''परन्तु, अब तो मन-ही-मन मुझे एक बात का भय भी लग रहा है।''

''भय?''

''मैं सोचता हूँ कि क्या आप मुझे इस योग्य समझेंगे कि...।''

उसकी बात समाप्त भी न होने पायी थी कि द्रोण जी भारी स्वर में बोले, ''ईसाइयों की धार्मिक पुस्तक बाइबिल में एक बहुत अच्छी बात लिखी है: खटखटाओ, तो तुम्हारे लिये द्वार खोला जायेगा।''

इतना सुनते ही बृज ज्यों-का-त्यों खड़ा रह गया। उसके शरीर में हलकी-सी सनसनी उत्पन्न हुई, और उसे लगा जैसे किसी ने सिर से पाँव तक उसे एक विशेष मनोस्थिति में नहला दिया हो।

वह फिर प्रतीक्षा करने लगा कि द्रोण जी कुछ और कहें। परन्तु द्रोण जी चुप रहे। लगता था जैसे वे चाहते हों कि सुननेवाला प्रत्येक वाक्य और प्रत्येक शब्द को आत्मसात् कर ले।

बृज ने साहस से काम लेकर पूछा, "मैं सबसे पहले तो यह जानना चाहूँगा कि आपकी शिक्षा तथा अन्य धर्मों में अन्तर क्या है?"

द्रोण जी ने अपने चिकने सिर पर हाथ फेरते हुए कहा, "इन धर्मों में से किसी को भी माननेवाले दो बातों की ओर बिलकुल ध्यान नहीं देते। पहली यह कि प्रत्येक व्यक्ति अपनी चेतना के स्तर के अनुसार ही धर्म को ग्रहण कर सकेगा। यदि चेतना का स्तर नीचा होगा तो ऐसा व्यक्ति धर्म के ऊँचे-से-ऊँचे सिद्धान्तों को नीचे खींचकर अपने ही स्तर पर ले आयेगा, जिसका अर्थ यह है कि बिना चेतना को ऊपर उठाये मनुष्य किसी भी धर्म का लाभ नहीं प्राप्त कर सकता, अपितु उसे हानि ही होती है। इसी से एक धर्म को माननेवाले दूसरे धर्मवालों से संघर्षरत हो जाते हैं। दूसरी बात जो किसी भी धर्म के माननेवाले समझ नहीं पाते यह है कि धर्म 'कर्म' पर निर्भर होता है: विचारों पर नहीं। इसलिए बिना कर्म के ऊँची-से-ऊँची बात पर विचार करने से कुछ भी लाभ नहीं होता—मेरा विषय धर्म नहीं है। मेरे विचार में प्रत्येक मनुष्य को अपने-आपको पहले तो केवल इकाई समझना चाहिए। बिना इकाई को समझे 'सोऽहं' कहना व्यर्थ है, अर्थहीन है। इकाई को केवल समझ लेना ही पर्याप्त नहीं, वरन् इकाई को इकाई के रूप में उसके वास्तविक स्थान तक पहुँचाना आवश्यक है। उसके बाद किसी धर्म को मानना या न मानना व्यक्तिगत प्रश्न बन जाता है। मेरा अपना अनुभव यह है कि अधिकांश लोगों को धर्म की कोई आवश्यकता ही नहीं रह जाती। मैंने पहली बातचीत में भी इस ओर इंगित किया था कि जब यह इकाई अपने वास्तविक स्थान तक पहुँच जाती है तो इसे अपूर्णता की अनुभूति नहीं रह जाती। या वैसे भी इस बात को समझा जा सकता है कि इकाई को पहचानना, पहचानकर उसका वास्तविक स्थान दिला देना ही अपने-आप में एक धर्म है। बल्कि कहना चाहिए कि एक प्रकार का धर्म है। कम-से-कम मैं इसे किसी भी प्रकार का धर्म नहीं मानता; केवल तुम्हें समझाने के लिए इतनी बात कह रहा हूँ।"

"आपके कथनानुसार यदि मैं ही इसे एक प्रकार का धर्म स्वीकार कर लूँ तो?"

"तो, तुम्हारा काम नहीं चलेगा।"

"आप इस बात पर कुछ और प्रकाश डालेंगे?"

"यदि किसी भी धर्म को ग्रहण कर लिया जाये तो उस धर्म की कुछ शर्तें स्वीकार कर लेने से, और कुछ कर्म-काण्डों को पूरा कर लेने के पश्चात् मनुष्य

को लगता है कि वह उस धर्म की सीमाओं के भीतर ही जीवन व्यतीत कर रहा है; और दूसरे लोग भी उसे उसी धर्म का सदस्य समझते रहते हैं। परन्तु मेरी शिक्षा पानेवाले को गन्तव्य तक पहुँचना ही पड़ता है। बिना गन्तव्य तक पहुँचे वह कभी यह अनुभव नहीं कर सकता कि वह मेरी शिक्षा को ग्रहण कर चुका है। तुम बहुत ऊँचे स्तर पर पहुँचे बिना ही ईसाई धर्म ग्रहण कर सकते हो। अपने-आपको ईसाई समझ सकते हो, ईसाई कहला सकते हो; परन्तु मेरे यहाँ ऐसी कोई बात नहीं है। यहाँ समझौते का कोई प्रश्न ही नहीं उठता। यहाँ धर्म का कोई नाम नहीं है। यहाँ तुम्हें किसी को सन्तुष्ट नहीं करना है। यदि सन्तुष्ट करना है, तो अपने-आपको। विश्वास करना है, तो अपने-आप पर। प्राय: किसी भी धर्म को माननेवाले को न तो इस बात का अनुभव होता है, और न चिन्ता कि वह अच्छे-से-अच्छा ईसाई, अच्छे-से-अच्छा हिन्दू, या अच्छे-से-अच्छा मुसलमान बन पाया या नहीं। परन्तु मेरे यहाँ तो अच्छे-से-अच्छा का प्रश्न ही नहीं उठता। या तो तुम वह बन जाते हो, जो बनना चाहिए; या नहीं बन पाते। पहले से अन्तिम चरण तक पूरा ज्ञान दे दिया जाता है, परन्तु अभ्यास से उस इकाई को उसके वास्तविक स्थान तक पहुँचाना होता है। किसी भी धर्म को माननेवाला जब उस धर्म के अनुसार उच्च स्तर पर पहुँचता है तो उसके पाँव धरती से ऊपर उठ जाते हैं, परन्तु जब कोई व्यक्ति मेरी शिक्षा ग्रहण करके अपने गन्तव्य तक पहुँचता है तो अपने-आपको इस धरती पर खड़ा पाता है। वह अपने पाँव के तलुवों से धरती की कोमलता, ऊष्णता, कठोरता, शीतलता आदि को अनुभव कर सकता है। मैं सम्भवत: अपने-आपको दोहरा रहा हूँ, परन्तु फिर भी कहता हूँ कि मनुष्य एकाकी है, नितान्त एकाकी, और उसके लिए यह आवश्यक है कि वह अपने इस एकाकीपन को, जिसे मैं इकाई भी कहूँगा, अच्छी तरह समझ-बूझ ले। मेरे हाथ में यदि एक कटार हो...वरन् यह क्यों न कहा जाये कि यदि छोटे से बच्चे के हाथ में तीक्ष्ण धारवाली कटार हो तो वह उससे कुछ भी कर सकता है। वह उससे अपना हाथ काट सकता है, मुँह और शरीर का कोई और अंग घायल कर सकता है। इसी तरह इस इकाई को यदि न समझा जाये, या इसके प्रयोग की विधि को न जाना जाये, तो यह बहुत ही भयंकर रूप धारण कर लेती है। इस इकाई को किसी और ढंग से श्रेष्ठ बनाना असम्भव है। इकाई का स्थान धर्म से अधिक महत्त्वपूर्ण है, क्योंकि इकाई में दोष होने के कारण धर्म और मनुष्य दोनों ही एक-दूसरे को हानि पहुँचाते रहते हैं।''

अब तक वे दोनों एक चट्टान के निकट पहुँच चुके थे। बृज ने चट्टान से पीठ टेकते हुए कहा, ''परन्तु द्रोण जी, क्या यह बात ठीक नहीं है कि कुछ लोगों की चेतना का स्तर ज्यों-का-त्यों रहता है?''

"यह बात ठीक है। उनका स्तर इतना नीचा होता है कि वे उससे ऊपर जा ही नहीं सकते। कुछ लोग ऐसे भी होते हैं कि जो अपनी बुद्धि की पूरी शक्ति से कुछ सिद्धान्त इस तरह अपना लेते हैं कि आयु-भर उन्हें बदल नहीं सकते।"

"तो फिर ऐसे व्यक्तियों के लिए आपके पास क्या है?"

"कुछ नहीं। वे इस धरती का केवल घास-फूस हैं। उन लोगों के लिए इसके अतिरिक्त कोई उपाय नहीं है कि वे सच्चे धर्मों से झूठी शान्ति प्राप्त करें। क्योंकि इनमें से पहले प्रकार के लोग तो कोई सिद्धान्त अपना ही नहीं सकते, क्योंकि उनकी चेतना का स्तर ही अत्यन्त नीचा होता है। दूसरे प्रकार के लोग सिद्धान्त इस बुरी तरह से अपनाते हैं कि उन्हें बदल नहीं पाते। वे नहीं जानते कि सिद्धान्त प्रकाश के स्तम्भ होते हैं। इनके प्रकाश से मन के प्रत्येक कोने का अन्धकार लुप्त हो जाना चाहिए। परन्तु सिद्धान्त को यदि अटल मान लिया जाये तो फिर प्रकाश के बजाय अन्धकार फैलने लगता है। इस सूक्ष्म अन्तर को समझ लेना सरल नहीं है।"

बृज ने अनुभव किया कि अब वे इस विषय की कुछ गहराई तक पहुँच चुके हैं। उसने कहा, "जो प्रश्न मैंने उठाया था उसका उत्तर तो आप दे चुके, इसलिए मैं सोचता हूँ कि अब हम और आगे बढ़ सकते हैं।"

द्रोण जी ने किसी चट्टान पर पीठ तो नहीं टेकी, परन्तु नीचे पड़े एक पत्थर पर पाँव रखते हुए बोले, "इससे अगली बात यह है कि प्रत्येक मनुष्य में चेतना के सात केन्द्र हैं। परन्तु हो सकता है कि तुम्हें मेरी वह पहलेवाली बात स्मरण आ जाये जब मैंने रेत पर उँगली से एक वृत्त बनाया था और उसके अन्दर एक-दूसरे को काटनेवाली रेखाएँ खींच दी थीं और फिर कहा था कि ये सब-के-सब बृज हैं। सब एक-दूसरे से लड़ते रहते हैं, और इनमें से जिसके हाथ में शक्ति आ जाये वह दूसरों को निर्मूल कर देना चाहता है—स्मरण है न?"

"जी हाँ।"

"तो क्या तुम यह बता सकोगे कि उस बात में और आज की बात में क्या अन्तर है?"

बृज ने कुछ देर सोचकर उत्तर दिया, "जी नहीं।"

"मैंने यह बात इसीलिए पूछ ली, क्योंकि इस अन्तर को समझना अत्यन्त आवश्यक है।"

इतना कहकर द्रोण जी अपनी चौड़ी चकली ठुड्डी खुजाने लगे। कुछ देर सोचते रहे। फिर कहने लगे, "वृत्त के अन्दर जो भाग मैंने बनाये थे वे बृज के भिन्न-भिन्न व्यक्तित्व थे; परन्तु आज मैं उन सात केन्द्रों का उल्लेख कर रहा हूँ, जिनमें सोचने-समझने की शक्ति है।"

"क्या सोचना-समझना हमारे मस्तिष्क का कार्य नहीं है?"

"है; परन्तु यह समझना भूल होगी कि सोचना-समझना केवल मस्तिष्क का ही काम है। हम यह कह सकते हैं कि हमारे कपाल के अन्दरवाला केन्द्र दूसरे केन्द्रों की अपेक्षा सर्वाधिक सोचने-समझने की शक्ति रखता है; परन्तु उसके अतिरिक्त भी सोचने-समझने के केन्द्र हैं। कुल मिलाकर इन केन्द्रों की संख्या सात है—जैसा कि मैंने अभी-अभी कहा था।"

"वे सात केन्द्र कौन से हैं?"

"1. बौद्धिक केन्द्र; 2. संवेगात्मक केन्द्र; 3. यौन केन्द्र; 4. मूल प्रवृत्यात्मक केन्द्र; 5. गत्यात्मक केन्द्र; 6. उच्च संवेगात्मक केन्द्र, 7. उच्च बौद्धिक केन्द्र।"

इतना कहकर द्रोण जी अपने स्वभाव के अनुसार फिर मौन हो गये। बृज को भी अनुभव हो चुका था कि ऐसे अवसर पर जल्दी से आगे की बात पूछना अच्छा नहीं लगेगा। तब दोनों ही चट्टानों से हटकर घूमते-घामते और आगे बढ़ गये।

चलते-चलते बृज को द्रोण जी के निवास-स्थान से घोड़ों के हिनहिनाने की आवाज़ें सुनायी देने लगीं। उसने द्रोण जी को स्मरण दिलाने के लिए कहा, "लगता है कि कुछ अतिथि आ पहुँचे हैं।"

द्रोण जी दोनों हाथ पीठ पर बाँधे बृज से तीन-चार क़दम आगे चल रहे थे। उनका सिर अब भी दमक रहा था। पहले तो उन्होंने बृज की बात का उत्तर नहीं दिया, मानो उन्होंने उसकी बात ही न सुनी हो; परन्तु फिर एकदम घूमकर उन्होंने उसकी ओर देखा, और बोले, "कोई बात नहीं। वे मेरे अतिथि नहीं हैं, मित्र हैं। उनके आते ही यदि मैं उनसे भेंट न करूँ तो इसमें वे अपना अपमान अनुभव नहीं करते। ऐसी स्थिति में तो बड़ी कठिनाई हो जाये; उनके लिए भी और मेरे लिये भी।"

बृज को उनकी इस बात से हार्दिक प्रसन्नता हुई। इससे अच्छी बात भला और क्या हो सकती थी कि द्रोण जी बातें करते रहें और वह सुनता रहे।

सम्भवत: मन की एक ही स्थिति के साथ वे बहुत धीरे-धीरे क़दम उठाते रहे। बृज ने कुछ कहना चाहा, परन्तु फिर चुप रह गया। उसे लगा कि द्रोण जी अपने विचारों में खोये हुए हैं, इसलिए इधर-उधर की कोई बात छेड़कर उनकी विचारधारा को भंग करना ठीक नहीं होगा। बृज का यह विचार ग़लत सिद्ध नहीं हुआ, क्योंकि कुछ ही पलों बाद द्रोण जी ने उसी विषय पर फिर बातचीत आरम्भ कर दी, "इन केन्द्रों के कार्य भी अलग-अलग हैं। इनमें से पहला सिद्धान्त बनाता है। इसके क्षेत्र में वाद, मत और परिकल्पना भी आ जाते हैं। संवेगात्मक केन्द्र का सम्बन्ध भावनाओं से है, विचारों से नहीं है। परन्तु हम जानते हैं कि जिस व्यक्ति में भावनाएँ प्रधान हो जाती हैं उसके विचारों की क्या दशा हो जाती है। यौन-केन्द्र का अपना ही महत्त्व है। यह पर्याप्त विस्तृत विषय है, जिस पर कभी फिर बातचीत करेंगे। मूल प्रवृत्यात्मक केन्द्र का सम्बन्ध श्वास-क्रिया, पाचन-शक्ति आदि से है। गत्यात्मक केन्द्र के द्वारा ही मनुष्य किसी प्रकार की भी क्रिया करता है जैसे चलना-फिरना और दूसरे काम

करना। छठे और सातवें केन्द्र का कर्त्तव्य तो स्पष्ट है, परन्तु बहुत कम मनुष्यों में ये केन्द्र सक्रिय होते हैं। वैसे ये दोनों उच्च केन्द्र होते सभी मनुष्यों में हैं, परन्तु निष्क्रिय पड़े रहते हैं। कभी-कभी क्षण-भर को सक्रिय हो भी जाते हैं, फिर पूर्ववत् व्यर्थ या निष्क्रिय हो जाते हैं।''

चार-छह क़दम तक मौन छाया रहा, फिर द्रोण जी ने कहा, ''संसार के सब जीव इन केन्द्रों के अनुसार ही विभक्त किये जा सकते हैं। किसी जीव में कोई केन्द्र प्रबल होता है, और किसी में कोई। हम फिर मनुष्य की ओर आयें तो कह सकते हैं कि विशिष्ट केन्द्र तीन हैं: बौद्धिक, संवेगात्मक तथा गत्यात्मक।''

बृज ने जल्दी से पूछा, ''मूल प्रवृत्यात्मक केन्द्र और गत्यात्मक केन्द्र में अन्तर अच्छी तरह समझ में नहीं आया।''

''मूल प्रवृत्यात्मक केन्द्र की क्रियाएँ जन्मजात होती हैं, जैसे शिशु बिना किसी के सिखाये साँस लेने लगता है, कोई वस्तु चूसने या पीने लगता है। जो काम, जैसे चलना-फिरना और बातचीत करना आदि जो बाद में सीखने से ही किये जायें, उन्हें हम गत्यात्मक केन्द्र का कार्य समझ सकते हैं।—क्या अब इन दोनों में अन्तर समझ गये?''

''जी?''

''आवश्यकता इस बात की है कि इन तीनों केन्द्रों में एक प्रकार का सन्तुलन रहे। लेकिन ऐसा होता नहीं। ये केन्द्र एक-दूसरे के कार्य में हस्तक्षेप करते रहते हैं। जब हमें एक विशेष केन्द्र से काम लेना चाहिए तो हम उसके बजाय दूसरे केन्द्र से काम लेने लगते हैं। जैसे किसी अवसर पर जब हमें संवेगात्मक केन्द्र से काम लेना चाहिए, हम बौद्धिक केन्द्र से काम लेने लगते हैं। या यूँ समझो कि चूँकि ये केन्द्र हमारे वश में नहीं होते, या हम इनमें सन्तुलन स्थापित नहीं कर सकते, इसलिए हम संकट में पड़ जाते हैं। अब सम्भवत: तुम्हारी समझ में यह बात आ गयी हो कि इन केन्द्रों को अपने वश में कर लेना हमारे लिये कितना आवश्यक है।''

''जी हाँ।''

''हमारा सबसे पहला काम अपने-आपको समझना या अपने-आपको जान लेना है। लेकिन एक बात स्मरण रखो कि केवल अपने सम्बन्ध में सोचते रहने से अपने-आपको समझा नहीं जा सकता; क्योंकि जो सोचता है और जिसके सम्बन्ध में सोचता है, इन दोनों में कोई अन्तर नहीं है।''

अब द्रोण जी धीरे से अपने निवास-स्थान को लौट पड़े और बातें भी करते रहे, ''अब तुम किसी सीमा तक समझ गये होगे कि क्यों मनुष्य केवल एक यन्त्र है। यही नहीं वरन् ऐसा यन्त्र है जो अपने काम को भी इतने अच्छे ढंग से नहीं करता जितने अच्छे ढंग से इसे करना चाहिए।''

"जी हाँ, अब इस समस्या के कई पक्ष स्पष्ट हो गये हैं।—परन्तु, द्रोण जी, कोई ऐसी विधि भी है जिससे हम इस यन्त्र पर नियन्त्रण पा सकें? अपने प्रसुप्त केन्द्रों को जगा सकें? अपने वास्तविक और महत्त्वपूर्ण व्यक्तित्व को उसका वास्तविक स्थान दिला सकें?"

"हाँ, ऐसी विधियाँ हैं, जो समय आने पर तुम्हें बताऊँगा।"

यह सुनकर बृज को बड़ी प्रसन्नता हुई। द्रोण जी फिर बोले, "परन्तु सर्वप्रथम किसी मनुष्य के लिए इस बात का ज्ञान होना अत्यन्त आवश्यक है कि वह किस स्थिति में है। यह समझे बिना वह कुछ नहीं कर सकता। मेरे सिद्धान्तों को ग्रहण करते हुए यह भी स्मरण रखना चाहिए कि मेरे यहाँ किसी भी व्यक्ति को वह स्वतन्त्रता या छूट नहीं मिल सकती जो उसे किसी भी धर्म को स्वीकार करने में मिलती है। और न मैं किसी धर्म का प्रचार करता हूँ और न मैं यह कहता हूँ कि मेरी शिक्षा प्राप्त करने के पश्चात् किसी-न-किसी धर्म को अपनाना आवश्यक है।"

अब निवास-स्थान के अलिन्दों में और बाहर काफ़ी लोग खड़े दिखायी दे रहे थे। शलाका-दीपों के प्रकाश में वे रंग-बिरंगी परछाइयों-सी लग रहे थे। चलते-चलते बृज बोला, "द्रोण जी, मैं आपसे एक और बात भी कहना चाहता हूँ।"

"कहो।"

"मैं सोच रहा हूँ कि यहाँ आने का मेरा जो उद्देश्य था वह तो पूरा हो चुका, इसलिए यदि मैं शीघ्र भोजन करके सो जाऊँ तो आपको इस पर कोई आपत्ति तो नहीं होगी?"

"नहीं, मुझे कोई आपत्ति नहीं है। मैं दास से कह दूँगा कि तुम्हारे शयन का प्रबन्ध कर दे—क्या रात को अधिक देर तक जागने का अभ्यास तुम्हें नहीं है?"

"अभ्यास न होते हुए भी मैं जाग सकता हूँ, परन्तु मैं सोच रहा हूँ कि सूर्योदय से पूर्व ही वापस चल दूँ; क्योंकि मैंने कंचन जी को वचन दिया था कि मैं प्रातःकाल का जलपान उन्हीं के साथ करूँगा।"

"हा-हा! तो यह बात है?"

बृज ने तनिक लजाकर कहा, "जी।"

"बस तो ठीक है। भोजन तो परोस ही दिया जायेगा, तुम सबसे पहले भोजन करके जब तक जी चाहे अतिथियों के साथ बातचीत करना और जब जी चाहे सो जाना।"

"आप तो बहुत शीघ्र जाग जाते हैं, यदि मैं अपने-आप न जाग पाऊँ तो आप ही मुझे जगा दीजियेगा।"

"चलो यह भी स्वीकार करता हूँ।"

कुछ ही देर बाद वे अतिथियों के निकट पहुँच गये। द्रोण जी ने एक बार बृज का हाथ दबाया और फिर उसे छोड़कर अतिथियों की ओर बढ़े।

अब बृज अकेले घूम रहा था। फिर भी वह मन में प्रसन्न था कि वह अच्छे समय पर आ गया, नहीं तो द्रोण जी से इतनी बातें न हो पातीं।

कुछ ही देर बाद आह-चाँग, डॉम-गार्शिया और कुछ नये लोग मिल गये। उन सबने एक साथ भोजन किया और फिर बृज अपने मित्रों से विदा होकर सोने के लिए चला गया।

३

रात एक पहर से कम रह गयी थी कि जब मुर्गे ने बाँग दे दी।

बृज की आँख खुली तो उसने देखा कि उसके पैताने की ओर कक्ष के द्वार के बाहर द्रोण जी की घनी मूँछों के तले उनके होंठों पर मुस्कराहट फैल रही है। बृज की समझ में नहीं आया कि उसकी आँख अपने-आप खुल गयी, या द्रोण जी ने उसे जगाया, या मुर्गे की बाँग से खुली। वह अपनी इस नन्हीं-सी उलझन पर स्वयं ही हँस दिया। द्रोण जी ने द्वार की चौखट पर हाथ रखते हुए पूछा, ''कहो आज तुम आँख खुलते ही हँस रहे हो। क्या तुम प्रतिदिन जागने पर इसी प्रकार हँसा करते हो, या आज ही कोई विशेष बात हुई है।''

''जागते ही मुझे विचार आया कि मैं कैसे जागा? अपने-आप, आपके पुकारने पर, या मुर्गे की बाँग से?''

द्रोण जी बोले, ''मैंने तो पुकारा नहीं, क्योंकि ज्यों ही मैं द्वार के आगे पहुँचा त्यों ही तुम्हारी आँख खुल गयी। अब तुम मुर्गे से पूछ लो, यदि वह भी इस बात को अस्वीकार कर दे तो समझ लेना कि तुम्हारी आँख अपने-आप ही खुली है।''

दोनों हँसने लगे।

द्रोण जी ने आगे बढ़ने से पहले कहा, ''तुम्हारा घोड़ा तैयार कर दिया गया है यदि तुम जाने से पहले जलपान करना चाहो, तो करके चले जाना।''

''जी नहीं, वह तो मैंने रात ही आपको बता दिया था।''

''अच्छा, तुम स्वयं भी आते रहना, और कंचन से कहना कि कभी अवकाश निकालकर वह भी चली आया करे।''

''बहुत अच्छा।''

बृज सोच ही रहा था कि उठकर प्रणाम करे, परन्तु द्रोण जी तुरन्त ही आँखों से ओझल हो गये।

बृज ने मुँह-हाथ धोया, वस्त्र ठीक ढंग से पहने, बाहर निकला तो देखा कि उसका घोड़ा कसा-कसाया सामने ही खड़ा है। स्वामी को पहचानकर घोड़ा सिर हिलाने लगा। बृज ने आगे बढ़कर वल्गा दास के हाथ से ले ली, और फिर उचककर घोड़े पर सवार हो गया।

नक्षत्रों को देखकर उसने अनुमान लगाया कि अभी भोर का तारा उदित होने में भी पर्याप्त विलम्ब है। आकाश के तारे मानो शीतलता की फुहार बरसा रहे थे। उसके शरीर के रोम-रोम में स्फूर्ति का अनुभव हो रहा था। अभी तक कोई पक्षी भी नहीं जागा था। कभी-कभार वृक्षों के झुरमुट में किसी पक्षी की नींद भरी चूँ-चूँ सुनायी दे जाती थी। दूर, ऊँटों के सार्थवाह चले जा रहे थे, और घण्टियों की टनाटन के मद्धिम-मद्धिम स्वर सुनायी दे रहे थे।

द्रोण जी का निवास-स्थान ऊँचे स्थान पर होने के कारण मार्ग पर्याप्त ढालू था, इसलिए बृज ने घोड़े को तेज़ चाल पर नहीं डाला। बलिष्ठ घोड़े की टापों से मानो धरती कम्पित हो रही थी। जब मार्ग तनिक समतल हुआ तो बृज ने घोड़े को एड़ लगायी। घोड़ा एक छलाँग-सी लगाकर आगे को बढ़ा, कि कहीं से बृज के कान में पतला-सा कण्ठ-स्वर पहुँचा, 'ए घुड़सवार।''

यह कण्ठस्वर!

बृज ने एकदम जो वल्गा खींची और घोड़े की टापें जकड़कर रह गयीं तो धुएँ के नन्हें-नन्हें बादल बिलबिलाकर धरती से ऊपर को उठे। बृज ने घूमकर देखा तो राजमार्ग से परे छोटी-सी चट्टान पर पगड़ी बाँधे एक लड़का खड़ा दिखायी दिया। बहुत ही धुँधले प्रकाश में वह उसे पहचान नहीं पाया! लगाम खींचकर बृज ने घोड़े को घुमाया और कुछ क़दम चलकर लड़के के पास जाकर रुक गया।

उसे यह पहचानने में कठिनाई नहीं हुई कि लड़के के वेष में सुप्रिया खड़ी है।

उसे देखकर बृज का कलेजा धक से रह गया। रात के समय नगर से इतनी दूर, यह लड़की यहाँ कैसे पहुँची? उसने अपने सूखे होंठों पर जीभ फेरते हुए कहना आरम्भ किया, "सुप्रिया...।"

सुप्रिया ने बीच में ही बात काटते हुए पूछा, "तो क्या तुम मुझे लड़की समझते हो? देखते नहीं मैं लड़का हूँ? यह क्यों नहीं कहते कि तुम्हें मेरी यह गोल-गोल बँधी हुई पगड़ी पसन्द आ गयी है—लो, तुम्हें पसन्द है तो तुम्हीं ले लो।"

इतना कहकर सुप्रिया ने बँधी-बँधायी पगड़ी सिर से उतारकर बृज की ओर फेंक दी। बृज ने पगड़ी एक हाथ में लोकते हुए उसी गम्भीरता से कहा, "सुप्रिया , तुम इस समय यहाँ?"

पगड़ी उतर जाने से सुप्रिया के बाल फ़व्वारे से निकलकर गिरती हुई धारों की भाँति इधर-उधर बरस गये। वह बोली,"विचित्र व्यक्ति हो! यह पूछते हो कि मैं इस

समय यहाँ पर हूँ? सो तो मैं हूँ ही; परन्तु प्रश्न तो यह है कि मैं घर तक कैसे पहुँचूँगी? तुम्हें भी इसी बात की चिन्ता होनी चाहिए।''

''परन्तु सुप्रिया, यह बड़ी बुरी बात है। तुम यहाँ पहुँची कैसे?''

''कैसे विचित्र व्यक्ति हो, मार्ग में खड़े होकर मुझसे कलह करते हो। कोई देखेगा तो क्या कहेगा?''

''यहाँ कौन देखेगा?''

''ये नक्षत्र, यह आकाश, ये वृक्ष, ये पौधे, ये चट्टानें...।''

''रहने दो अपनी इस कविता को—इस निर्जन प्रदेश में आते हुए तो अकेले-दुकेले पुरुषों को भी भय लगता है, फिर तुम यहाँ कैसे आ गयीं?''

''मैंने तुम्हारे जैसा व्यक्ति नहीं देखा। व्यर्थ के प्रश्न पूछकर अपना और मेरा समय नष्ट कर रहे हो। मैं कहती हूँ कि क्या घोड़े पर बैठकर चलते-चलते ये बातें नहीं हो सकतीं?''

बृज को क्रोध भी आ रहा था और वह उलझन में भी था। विचित्र लड़की है यह—वह मन-ही-मन सोचने लगा।

सुप्रिया फिर बोली, ''मेरी ओर घूर-घूर कर क्या देख रहे हो?...स्मरण रखो, यदि तुमने मुझसे किसी प्रकार की छेड़छाड़ की तो मैं कंचन जी से कह दूँगी—यदि तुम मुझे अपने साथ न ले गये और कंचन जी को इस बात का पता चल गया कि मुझे तुम ऐसे निर्जन स्थान पर छोड़ गये थे, तो उन्हें बड़ा दु:ख होगा। उन्हें क्रोध भी बहुत आयेगा।''

उसकी ये बचकाना बातें सुनकर बृज ने निराशा से सिर दायें-बायें हिलाया, और फिर हाथ उसकी ओर बढ़ाकर बोला, ''चलो बैठो।''

सुप्रिया अत्यन्त प्रसन्न हुई और बृज की बाँहों का सहारा लेकर मानो किसी पक्षी की तरह फुर्र से उड़कर उसके पीछे जा बैठी। घोड़ा एक धचके से आगे बढ़ा तो सुप्रिया उसकी पीठ से लिपट गयी।

बृज ने भारी स्वर में पूछा, ''तुम यहाँ कैसे पहुँचीं? तुम्हें भय नहीं लगा?''

''भय की क्या बात थी। देखते नहीं मैंने लड़के का वेष बना रखा है।''

''चाहे कुछ भी हो, निकट से देखने पर तो तुम लड़की ही दिखायी दे रही हो!''

''लड़की दिखायी दे रही हूँ तो इसमें मेरा क्या दोष। जब भगवान् ने मुझे लड़की बनाया है, तो लड़की दिखायी देना पाप है क्या?''

''यदि कोई तुम्हारा हरण कर ले जाता तो?''

''उससे क्या होता है? तुम संसार के दूसरे कोने तक उसका पीछा करते।''

''मुझे क्या पड़ी है।''

"चलो तुम्हें कुछ नहीं पड़ी है तो कंचन जी ही मुझे ढूँढ़ निकालतीं। तब उन्हें सारा रहस्य ज्ञात हो जाता।"

"कैसा रहस्य?"

"यही कि तुम्हारे कारण ही मेरी यह दशा हुई।"

"मेरे कारण...हूँ।"

"यह तो बताओ कि तुम इतने अबोध क्यों बनते हो, जैसे कुछ जानते ही नहीं?"

"यह मैं बाद में बताऊँगा, पहले तुम यह बताओ कि यह सारा नाटक कैसे खेल गयी? सबकी आँखों में धूल झोंककर तुम यहाँ कैसे पहुँचीं?"

"मुझे ज्ञात था कि तुम रात को यहाँ रहोगे और सूर्योदय से पूर्व ही चल दोगे।"

"परन्तु, प्रश्न तो यह है कि तुम कंचन जी के भवन से निकलीं कैसे?"

"इस समय मैं विट्ठल स्वामी के मन्दिर में हूँ—कभी-कभी मैं वहाँ जा सकती हूँ, रात भी वहीं व्यतीत कर सकती हूँ। मेरे बचपन की बहुत-सी सखियाँ वहीं पर हैं। अवसर पर वे मेरी सहायता भी कर देती हैं।"

"परन्तु तुम्हें इस बात का पता कैसे चला कि मैं यहाँ आ रहा हूँ?"

"यह तो बड़े भेद की बातें हैं। कोई और पूछे तो कभी न बताऊँ। परन्तु तुमसे न कभी कोई बात छिपायी है और न छिपाऊँगी—तुम यह मत समझो कि कंचन जी के घर में रहकर मैं तुमसे बात तक नहीं करती, इसलिए मुझे तुम्हारे विषय में कुछ ज्ञात भी नहीं होता। जी नहीं। मुझे सब-कुछ पता रहता है। और यह कार्य कोई कठिन नहीं है। आख़िर कंचन जी की दासियाँ मेरी भी तो दासियाँ हैं। उन्हीं से प्रत्येक बात का पता चल जाता है।"

"और तुम मन्दिर से यहाँ कब और कैसे पहुँचीं?"

"एक ऊँटवाले को मुद्राओं की छोटी-सी थैली थमा दी थी। उसे इधर ही से जाना था मुझे यहीं पर उतार गया। बस रात पड़ते ही मैं भी यहाँ पहुँच गयी थी।"

"अरे! तो रातभर तुम यहाँ जंगल में पड़ी रहीं?"

"जी नहीं, द्रोण जी के निवास स्थान में ही रही। वेष बदल रखा था, कोई पहचाना नहीं, यूँ ही इधर-उधर घुसकर सो गयी। यहाँ अनेक परदेसी ऐसे ही रह जाते हैं। द्रोण जी के यहाँ उन्हें भोजन भी मिल जाता है। प्रात: जब तुम्हारा घोड़ा तैयार देखा तो मैं मुँह-हाथ धोकर इधर को खिसक आयी।"

"यह वेष बदलने की कला कहाँ से सीखी?"

"मैं मन्दिर के नाटकों में भाग लेती रहती थी, वहीं सब-कुछ सीखा।"

अब कुछ देर के लिए बृज मौन हो गया, तो सुप्रिया बोली, "मुझसे तो इतने प्रश्न कर डाले, परन्तु जो प्रश्न मैंने किया था उसका उत्तर भी तो दो।"

"उसके उत्तर में मैं तुमसे केवल एक प्रश्न ही कर सकता हूँ; वह यह कि आख़िर तुम मेरे पीछे क्यों पड़ी हो?"

"इसे समझने के लिए थोड़ी-सी मूर्खता की आवश्यकता है, जो तुम में है नहीं।"

"मूर्खता की आवश्यकता है या थोड़ी-सी बुद्धि की?"

"पहले मैं भी यही समझती थी, परन्तु तुम्हारा व्यवहार देखकर विचार आया कि सम्भवत: यह भेद बुद्धि से नहीं, मूर्खता से ही समझा जा सकता है।"

बृज को बरबस हँसी आ गयी, बोला, "सुप्रिया, यह सब व्यर्थ है। मैं तुम्हारा बचपना समझकर कुछ नहीं कहता, नहीं तो सच्ची बात यह है कि तुम्हारे लिये यह...बड़ी बुरी बात है। तुम्हें समझ लेना चाहिए कि यह सब व्यर्थ है। मेरी स्थिति को समझो। जिस दिशा को मैं जा रहा हूँ उधर तुम्हारा-मेरा कोई साथ नहीं हो सकता; और जिस दिशा को तुम्हें जाना है, उससे मेरा कोई सम्बन्ध नहीं है। इसलिए मेरी मानो तो भविष्य में ऐसी कोई बात फिर कभी मत करो। इधर मैं तुम्हें भुलाने की चेष्टा करता रहता हूँ, उधर तुम...।"

सुप्रिया ने फिर बात काटकर प्रसन्नता से उछलते हुए कहा, "अच्छा, तो तुम मुझे भुलाने की चेष्टा करते रहते हो?"

इतना कहकर सुप्रिया ने अधखुले मुँह के साथ अपनी ठुड्डी आगे को बढ़ाकर बृज के झुके कन्धे पर झुका दी। बृज ने तनिक-सा सिर घुमाकर कनखियों से देखा और गुलाब की दो पंखुड़ियों को अपने होंठों के इतने निकट पाकर झट से चेहरा सीधा कर लिया और सामने की ओर देखने लगा। फिर उसने माथे पर बल डालकर भारी स्वर से पूछा, "इसमें प्रसन्न होने की क्या बात है?"

"क्योंकि इससे पता चलता है कि मैं तुम्हें स्मरण आती हूँ—तभी तो तुम मुझे भुलाने की चेष्टा करते रहते हो।"

बृज समझ गया कि सुप्रिया से तर्क करना व्यर्थ है। उसके लिए इसके अतिरिक्त और उपाय नहीं कि वह सुप्रिया को उसके हाल पर छोड़ दे और स्वयं अपने निश्चित मार्ग पर बढ़ता चला जाये। अत: उसने अपने स्वर में रूखापन पैदा करते हुए कहा, "अच्छा सुप्रिया, अब कोई और बात भी तो करो।"

सुप्रिया अत्यन्त प्रसन्न होकर बोली, "यह मुझे स्वीकार है। मैं तो कहती हूँ कि तुम मुझसे बातें किया करो। वे बातें चाहे कैसी भी हों।"

इसके बाद सुप्रिया ने उसे आनेवाले उत्सव के विषय में बताना आरम्भ किया। बारह-तेरह दिनों तक रथ-यात्रा का उत्सव होनेवाला था। उसने अत्यन्त विस्तार से बताया कि उस उत्सव पर क्या होगा।

बृज अपने मन में एक धारणा तो बना ही चुका था, इसलिए उसने सोचा कि सुप्रिया से इधर-उधर की बातें करने में कोई हानि नहीं है। जब वह बोल रही थी तो बीच-बीच में एकाध प्रश्न कर डालता।

अन्ततोगत्वा जब वे नगर में प्रविष्ट हुए तो बृज ने पूछा, ''सुप्रिया अब तुम्हें कहाँ उतारूँ?''

''वहीं, मन्दिर में।''

''तुम्हारा यह रहस्य कहीं खुल गया तो?''

''मैं अभी जाकर अपनी सखियों को सब-कुछ समझा-बुझा देती हूँ।''

''तुम घर कब और कैसे पहुँचोगी?''

इस पर सुप्रिया ने उसकी कमर में हलकी-सी चुटकी लेते हुए कहा, ''बस-बस, अब और कुछ नहीं बताऊँगी—तुम तो मेरे सारे ही भेद लिये ले रहे हो।''

सुप्रिया को मन्दिर के पास छोड़ने के बाद जब बृज कंचन के निवास-स्थान पर पहुँचा तो आगे बहली तैयार खड़ी थी और कालाफ़ाम अपने घोड़े पर सवार हो रहा था।

बृज ने पूछा, ''इतने प्रातः कहाँ को चले?''

कालाफ़ाम ने सफ़ेद-सफ़ेद दाँत दिखाते हुए उत्तर दिया, ''मन्दिर से सुप्रिया को लेने जा रहा हूँ।''

सात

१

अगले दिन से ही कंचन के घर में कार्य-व्यस्तता बढ़ गयी। बृज अपने कक्ष में बैठा-बैठा नीचे के प्रांगण में लड़कियों के हँसने-बोलने का कोलाहल सुन रहा था। उसे सुप्रिया से पता चला तो था कि अब एक उत्सव कुछ ही दिनों में मनाया जानेवाला है, परन्तु उसकी समझ में नहीं आ रहा था कि कंचन के घर में इतनी अधिक कार्य-व्यस्तता क्यों है। चन्द्रिका तो कक्ष में आती-जाती रहती थी, परन्तु बृज ने उससे इस विषय में पूछना उचित नहीं समझा। जहाँ तक बन पड़ता वह घर की स्त्रियों से, चाहे वे दासियाँ हों या गणिकाएँ, बातचीत करने से कतराता रहता। कभी-कभी तो वह साधारण बातें भी टाल जाता था। इसका सबसे बड़ा कारण यह था कि वह जिस किसी से भी बात करता, वह आवश्यकता से अधिक हँसकर, मटककर, भ्रू-संचालन करके या आँखें नचाकर बातें करती थी। इससे उसे घबराहट होती थी। वह समझता था कि नारी-जाति का क्षेत्र उसका क्षेत्र ही नहीं है। इधर कुछ दिनों से जब उसे कंचन के विचारों का पता चला तो वह वहाँ की युवतियों से और भी बचकर रहने लगा। वह नहीं चाहता था कि कंचन के मन में कभी उसके विषय में किसी प्रकार का भी उलटा-सीधा विचार आये। उसने अब तक अपने जीवन को जिस मार्ग पर चलाया था, अब वह उस मार्ग से हटना नहीं चाहता था। निस्सन्देह आज वह जितने आराम और सुख से रह रहा था, इतने आराम और सुख से पहले कभी नहीं रहा था, परन्तु जीवन में सदा ऐसी ही स्थिति रहने की तो कोई सम्भावना ही नहीं थी, इसीलिए वह अपने अन्दर ऐसे परिवर्तन नहीं लाना चाहता था कि जिनके कारण बाद में उसे परेशान होना पड़े और दु:ख उठाना पड़े।

गत प्रात: को जब वह लौटा था तो उसका बिछावन साफ़-सुथरे ढंग से बिछा हुआ था। वह सारा दिन लेटा ही रहा, कभी ऊँघा, कभी जागा; या कभी भोजन करने

के लिए उठ बैठता था। आज उसे जागे काफ़ी देर हो चुकी थी, परन्तु सदा की भाँति चन्द्रिका अभी तक उसका बिछावन ठीक करने नहीं आयी थी। वह काफ़ी देर से प्रतीक्षा कर रहा था, क्योंकि पिछली रात वह उसके कक्ष में जल रखना भी भूल गयी थी। उसका स्वभाव था कि प्रात: उठते ही वह खाली पेट थोड़ा जल अवश्य पीता था। पहले तो वह इसी प्रतीक्षा में रहा कि चन्द्रिका आये तो वह उससे जल के लिए भी कहे, परन्तु वह नहीं पहुँची तो बृज ने प्रांगण की ओर खुलनेवाले वातायन में से झाँककर नीचे की ओर दृष्टि डाली। साधारणत: वह प्रांगण में कभी नहीं झाँकता था, क्योंकि वहाँ हर समय कम-से-कम पाँच-छह लड़कियाँ अवश्य दिखायी देती थीं। इस समय तो और भी अधिक संख्या में दिखायी दे रही थीं। बृज ने साहस से काम लेते हुए आवाज़ दी, ''चन्द्रिका!''

इस पर दो लड़कियों ने एकदम आँखें उठाकर उसकी ओर देखा, और फिर उनके हाथों की उँगलियाँ एक-दूसरी में उलझकर रह गयीं। उन्होंने ढीले होंठों से पूछा, ''चन्द्रिका को बुला रहे हैं क्या ?''

और अब क्या हो रहा था?

अब सारे प्रांगण में ''चन्द्रिका! चन्द्रिका!'' के स्वर गूँज रहे थे। एक लड़की दूसरी लड़की को, और दूसरी तीसरी को यही बात कह रही थी। प्रांगण से निकलकर यह स्वर सारे भवन में गूँजने लगा। बृज इतना घबराया कि कभी शय्या पर बैठ जाता, कभी उठ खड़ा होता, कभी कक्ष में शीघ्रता से इधर-उधर टहलने लगता।—उसने अपनी हथेली पर अपना ही घूँसा मारते हुए कहा, ''यह भी क्या मुसीबत है। आख़िर इसमें क्या तुक है कि सारा भवन 'चन्द्रिका! चन्द्रिका!' के स्वर में गूँज उठे...।''

इतने में सोपानों पर किसी का पदचाप सुनायी दिया—धमाधम-धमाधम—दूसरे ही पल चन्द्रिका यूँ भागी हुई अन्दर आयी जैसे कक्ष में आग लग गयी हो। वह हाँफ रही थी। उसने वक्ष पर दोनों हाथ रखकर साँस पर नियन्त्रण पाने की चेष्टा करते हुए टूटे-फूटे शब्दों में पूछा, ''आपने ...मुझे...बुलाया...?''

बृज ने उसकी ओर घूरकर देखते हुए कहा, ''बुलाया तो—परन्तु यह क्या है...यह सब क्या है?''

''क्या है स्वामी? आपने क्यों बुलाया है?''

''मैंने बुलाया है तो इसका यह अर्थ नहीं है कि मुझ पर कोई संकट टूट पड़ा है। मैंने तुम्हें सहज रूप से बुलाया था, तुम सहज रूप से ऊपर आ जातीं...।''

''मैं आ तो गयी हूँ...।''

''हाँ-हाँ तुम तो आ गयी हो किन्तु पूरे भवन में यह कैसा कोलाहल है?''

''कोलाहल था...अब नहीं है। हर ओर से मुझे यही ध्वनि सुनायी दी कि चन्द्रिका, तुम्हें बृज जी बुला रहे हैं।''

"भाड़ में गये बृज जी...समझ में नहीं आता...।"

"जी हाँ, मेरी समझ में भी कुछ नहीं आया। अब मैंने इतना कोलाहल सुना तो भयभीत हो गयी कि न जाने आपके कक्ष में क्या हो गया है।"

बृज व्याकुल-सा इधर-उधर टहलने लगा। फिर उसे ध्यान आया कि चन्द्रिका खड़ी उसके आदेश की प्रतीक्षा कर रही है। वह रुक गया, और अपने स्वर को सामान्य बनाने की चेष्टा करते हुए बोला, "चन्द्रिका! बात कुछ भी नहीं। तुम प्रतिदिन बहुत पहले मेरे कक्ष का चक्कर लगा जाती थीं, परन्तु आज नहीं आयीं। और बातों को छोड़ो, तुम रात यहाँ जल रखना ही भूल गयीं। मैं खाली पेट थोड़ा-सा जल पीने का अभ्यस्त हूँ, वह भी नहीं पी सका। इसीलिए मैंने वातायन से झाँककर तुम्हें पुकार दिया। मुझे क्या पता था कि ये छोकरियाँ सारा भवन ही सिर पर उठा लेंगी।"

चन्द्रिका मुँह पर हाथ रखकर दाँत छिपाने लगी। परन्तु ज्यों ही बृज ने पलटकर उसकी ओर देखा तो वह बोली, "ऊपर आना मैं बिलकुल भूल ही गयी। अवकाश मिलता तो आती। दोनों ही बातें हो गयीं; अवकाश भी नहीं मिला और बात भी भूल गयी।"

"अच्छा जाओ, मेरे लिये पहले तो जल ले आओ, फिर बिछावन आदि झाड़ना।"

चन्द्रिका अपने घने बालों की चोटी को आगे से पीछे की ओर फेंकते हुए लौटी तो बृज ने फिर प्रश्न कर डाला, "आज तुम्हें अवकाश क्यों नहीं मिला?"

"आप देख रहे हैं न कितनी कार्य-व्यस्तता है घर में।"

"सो तो मैं देख रहा हूँ, परन्तु क्यों है यह कार्य-व्यस्तता ?"

चन्द्रिका उत्तर देने को थी कि इतने में सोपानों पर छम-छम करके किसी के ऊपर चढ़ने की आहट सुनायी दी। इस पर चन्द्रिका अपने दोनों ढीले हाथों को दो-तीन बार झटक-झटक कर बोली, "स्वामिनी!...अब मैं चली—जल लाने के लिए।"

चन्द्रिका ने ठीक ही कहा था। दो पल बाद कंचन द्वार में दिखायी दी और वहीं से बोली, "कहो बृज, क्या हुआ?"

बृज इस बात से संकुचित हो उठा कि कंचन को भी इसी कारण ऊपर आना पड़ा। वह दो क़दम आगे को बढ़कर बोला, "अरे! आप?...आपको भी ऊपर आना पड़ा। ऐसी तो कोई बात नहीं थी। आज चन्द्रिका देर तक ऊपर नहीं आयी तो मैंने वातायन में से झाँककर पुकार लिया। बस फिर क्या था, आपकी लाड़ली लड़कियों ने कोलाहल मचाकर सारा भवन सिर पर उठा लिया।"

कंचन हँसने लगी और बृज की बात समाप्त होते तक तो वह हँसते-हँसते दोहरी हो गयी! पेट में बल पड़ गये, और वह उसके बिछावन पर जा गिरी। फिर वह हँसी

रोकने की चेष्टा करते हुए बोली, ''मैं तो पहले ही समझ गयी थी। तुम इन लड़कियों की बात को अन्यथा न माना करो।''

''नहीं कंचन जी, मैं तो अन्यथा नहीं मानता, परन्तु देखिये न कि इनकी हुल्लड़बाज़ी से आपको भी परेशान होकर ऊपर आना पड़ा।''

''मेरी चिन्ता मत करो। मैं तो वास्तवकिता को भाँपकर भी ऊपर चली आयी। सोचा कि चलो इसी बहाने तुमसे दो-चार मीठी-मीठी बातें ही हो जायेंगी।''

''विजयनगर में मैंने देखा है कि जैसे यहाँ के लोग भेड़-बकरियाँ पालते हैं, बिलकुल इसी तरह आपने लड़कियाँ पाल रखी हैं। मैं इनके भय के मारे प्रांगण में झाँकता भी नहीं। तनिक-सा झाँक लूँ तो बीसियों आँखें मुझी को घूरने लगती हैं।''

''तो क्या हुआ, किसी के देखने से तुम्हारे नेत्रों का रस और कपोलों की अरुणिमा तो नहीं उड़ जायेगी।''

''देख लीजिये, आप भी इन लड़कियों को उलटा पाठ पढ़ाती हैं।''

''लड़कियाँ तो यहाँ हैं ही नहीं, भला मैं उन्हें उलटा पाठ कैसे पढ़ा सकती हूँ। हाँ, इस समय मैं तुम्हें अवश्य सीधा पाठ पढ़ाने की चेष्टा कर रही हूँ।''

''आप इन्हें समझा दें तो ये कभी इस तरह न हँसें।''

''यह क्या कह रहे हो! इन लड़कियों के यही तो हँसने-बोलने के दिन हैं। भला मैं अपना हृदय कैसे इतना कठोर कर लूँ कि इन्हें हँसने भी न दूँ—परन्तु बृज, तुम भी तो कभी अपने विषय में सोचा करो...।''

''अपने विषय में तो मैं बहुत-कुछ सोचा करता हूँ।...यदि आप चाहती हैं कि मैं किसी विशेष ढंग से सोचा करूँ तो मैं उसके लिए भी प्रस्तुत हूँ। आपकी प्रसन्नता में मेरी भी प्रसन्नता है।''

''तनिक सोचो तो सही कि अभी तुम्हारी आयु ही क्या है। अपनी आयु के काम-काज छोड़कर तुम सिद्ध पुरुषों के साथ उठते-बैठते हो—ऐसे लोग जो तुम्हारे पिता या पितामह समान हैं। देखो, मेरी बातों का ग़लत अर्थ न निकालना। मैं उनसे तुम्हारा मिलना-जुलना बुरा नहीं समझती, परन्तु तुमसे यह तो पूछा ही जा सकता है कि आख़िर तुम्हें अपनी आयु स्मरण क्यों नहीं है? यदि तुम वयोवृद्ध होते तो लड़कियाँ तुमसे चंचलता न दिखातीं, परन्तु तुम उन्हीं की आयु के हो, इसीलिए वे तुमसे उन्मुक्त हो जाती हैं।—तुम यह भी स्वीकार करोगे कि चन्द्रिका के अतिरिक्त कभी कोई लड़की तुम्हारे कक्ष में पाँव नहीं रखती। कारण यह है कि मैंने उन्हें इस बात से मना कर रखा है। मैंने इसलिए मना कर रखा है कि तुम्हारे काम में किसी प्रकार की बाधा न पड़े। यदि मैंने मना न कर रखा होता तो तुम अपने कक्ष में पल-भर के लिए भी अकेले न बैठ सकते।''

''यह ठीक है कि जीवन में मेरा गन्तव्य कुछ और है, और मैं लड़कियों के चक्कर में पड़कर अपने मार्ग से भटकना नहीं चाहता; लेकिन, इसके साथ ही मैं अब

तक यही समझता रहा कि आप लड़कियों का पुरुषों से मेल-जोल पसन्द नहीं करतीं!''

''वह बात मैंने भिन्न सन्दर्भ में कही थी। ये सब लड़कियाँ आख़िर गणिकाएँ बनेंगी। कुछ तो बन चुकी हैं, कुछ बनेंगी। इसलिए पुरुषों के प्रति इनका दृष्टिकोण वह नहीं होना चाहिए जो एक सामान्य स्त्री का होता है। यह मैं इसलिए नहीं कहती कि सामान्य स्त्रियों का दृष्टिकोण ग़लत होता है, वरन् इसलिए कहती हूँ कि गणिकाओं का क्षेत्र दूसरा है, जिसमें सफलता प्राप्त करने के लिए उनका और ही दृष्टिकोण होना चाहिए। मैं गृहस्थ स्त्री का सम्मान करती हूँ, उसे प्रणाम करती हूँ परन्तु ये लड़कियाँ किसी का घर नहीं बसायेंगी, केवल गणिकाएँ रहेंगी—अब रही तुम्हारी बात!....तुम्हें तो मैं पुरुष ही नहीं समझती।''

यह सुनकर बृज चौंका, तो कंचन चंचलता से हँसते हुए बोली, ''तुम पुरुष कहाँ हो! अभी तो केवल लड़के हो। यह अलग बात है कि तुम्हारे विचार वृद्धों जैसे हैं—निस्सन्देह लड़कियाँ तुम्हारे कक्ष में न ही आयें तो अच्छा है, क्योंकि इस प्रकार वे तुम्हारा समय नष्ट नहीं कर सकेंगी, परन्तु तुम्हारी इन लड़कियों से कोई बातचीत भी होती रहे तो मुझे इस पर कोई आपत्ति नहीं होगी। मैं तो समझती हूँ कि तुम इनसे इतने खिंचे-खिंचे न रहो तो भविष्य में कभी कोई ऐसी घटना नहीं हो सकेगी, जैसी कि आज हुई।''

बृज ने मन-ही-मन कहा कि यदि सुप्रिया से भी बातचीत करूँ तो कंचन को बुरा नहीं लगेगा!

अपने मन में यह विचार उठते ही बृज सटपटा गया। उसे अपने-आप पर क्रोध आने लगा। आख़िर उसने सुप्रिया के विषय में ही ऐसी बात क्यों सोची? नहीं, उसका मन डाँवाँडोल नहीं हो रहा था। वह जानता था कि कंचन सुप्रिया को सबसे अधिक चाहती है; और उसे अपना स्थान देने के लिए सब-कुछ कर रही है... इसीलिए उसके मन में यह बात उठी।

मन में यह बात उठी अवश्य, परन्तु उसने कंचन से कहा कुछ नहीं। इसकी आवश्यकता भी क्या है, उसने सोचा।

उसे इस प्रकार मौन देखकर कंचन बोली, ''तुम कहाँ डूब गये? देखो भाई, जब लोग साथ-साथ रहते हैं तो कई ऐसी-वैसी बातें भी हो जाया करती हैं। अब तुम अपने मन में कहीं यह न समझने लगो कि मैं इनके घर रह रहा हूँ इसलिए कंचन जी मेरी कुछ बातों पर आपत्ति उठा रही हैं। मैं तुमसे नितान्त स्पष्ट रूप में कह रही हूँ कि तुम जैसे जी चाहे रहो, जो जी चाहे खाओ-पियो, जहाँ जी चाहे आओ-जाओ, और जिससे जी चाहे मिलो-जुलो—मुझे किसी बात पर कोई आपत्ति नहीं है, न होगी। बस मेरे मन में एक ही इच्छा थी कि तुम जब तक विजयनगर में हो, तब तक मेरे

घर में रहो। तुमने मेरी यह इच्छा पूरी कर दी है, और यह वचन भी दिया है कि तुम इस नगर में मेरे ही अतिथि बनकर रहोगे। मेरे लिये इतना ही पर्याप्त है।''

यह सुनकर बृज का मन भर आया, वह धीरे से बोला, ''आपकी मुझ पर अत्यन्त कृपा है। आज तक किसी नगर में किसी व्यक्ति ने मुझ परदेसी को इस तरह सिर-आँखों पर नहीं बैठाया। मैं आपका आभारी हूँ।''

''अच्छा जाने दो इन बातों को—मैं तुम पर कोई उपकार थोड़े ही कर रही हूँ। मैंने जो बातें कही हैं, उनका तात्पर्य केवल यही है कि तुम इस घर में घुल-मिलकर घर के सदस्य बनकर रहो, जिससे तुम्हें किसी प्रकार का कोई कष्ट न हो—।''

कंचन बात करते-करते रुक गयी। सोपानों की ओर से छम-छम का स्वर सुनायी दिया। कंचन समझ गयी कि चन्द्रिका सोपानों में खड़ी अपने आने की सूचना दे रही है। उसने पुकारकर कहा, ''चली आओ चन्द्रिका!''

चन्द्रिका सिमटी हुई, भीगी बिल्ली की भाँति भीतर आयी, और उन दोनों में से किसी की ओर देखे बिना उसने जल का पात्र रखकर उसे चाँदी की छोटी थाली से ढँक दिया और उसके पास ही चाँदी का लोटा भी रख दियाा। इसके बाद चन्द्रिका तुरन्त ही उलटे पाँव लौट गयी।

बात का रुख़ पलट चुका था। बृज ने इस अवसर का लाभ उठाते हुए कहा, ''कंचन जी, घर में इतनी कार्य-व्यस्तता सम्भवत: रथयात्रावाले उत्सव के कारण है?''

''हाँ।''

''आख़िर, आपके ही यहाँ इतनी हलचल क्यों दिखायी दे रही है?''

''वैसे तो विजयनगर का प्रत्येक व्यक्ति इस उत्सव की अधीरता से प्रतीक्षा करता है, परन्तु हम गणिकाओं को तो विशेष तैयारी करनी पड़ती है।''

''तैयारी कैसी?''

''इस उत्सव पर सम्पूर्ण विजयनगर की गणिकाएँ नृत्य करेंगी; बल्कि बाहर की नर्तकियाँ भी यहाँ आयेंगी।''

''ओह, अच्छा तो यह बात है। इसका अर्थ यह है कि यहाँ की सभी लड़कियाँ इस उत्सव पर जायेंगी? मेरा तात्पर्य है, वहाँ नृत्य करेंगी?''

''नहीं, सब नहीं। कुछ लड़कियाँ तो अभी इतनी छोटी हैं और इस कला में इतनी अपरिपक्व हैं कि उन्हें इसमें भाग नहीं लेना पड़ेगा।...सुप्रिया को तो मैं दो-तीन दिनों के लिए वापस विट्ठल स्वामी के मन्दिर में भेज दूँगी।''

''वह क्यों?''

''वहाँ उसकी बचपन की सखियाँ हैं, उनसे मिल-जुल लेगी। इधर हम सब इतनी व्यस्त रहेंगी कि उसकी देख-भाल भी नहीं हो सकेगी। इसलिए उसका वहीं रहना अच्छा है।''

बृज ने पूछा, "आख़िर इस अवसर पर होगा क्या?"

"भाई इस बात को रहने दो। इस तरह तो हम दोनों ही ऊब जायेंगे। अब तो बहुत शीघ्र उत्सव आनेवाला है। तुम स्वयं सब-कुछ देख लोगे। जो अपनी आँखों से देखने में आनन्द है, वह कानों से सुनने में कहाँ!"

२

उत्सव में चार दिन शेष रह गये।

बृज प्रतिदिन सन्ध्या समय तो बाज़ार में घूमने अवश्य जाता था। धीरे-धीरे उसे इस बात का आभास होने लगा कि जब वह हज़ारों-लाखों लोगों के साथ बाज़ार में चक्कर लगाता है तो उसे एक विचित्र प्रकार का आनन्द प्राप्त होता है। उन असंख्य लोगों के चेहरे पर चिन्ता के चिह्न भी दिखायी देते थे, परन्तु इसके साथ-ही-साथ अपने छोटे-मोटे काम करके उन्हें मन की शान्ति भी तो प्राप्त होती थी। न वे अत्यधिक बुद्धिमान् थे, न मूर्ख; न नायक थे, न खलनायक; न साधु-महात्मा थे, न चोर-डाकू। मनुष्यों का यह असीम प्रवाह था, न जाने कहाँ से आ रहा था और कहाँ को जा रहा था, फिर भी यह एक सागर था, जिसमें छोटी-मोटी लहरें उठती थीं और दब जाती थीं। कभी-कभी द्रोण जी जैसी अत्यन्त विशाल और पर्वताकार उत्तुंग लहर भी दिखायी देने लगती थी और कभी डॉम-गार्शिया जैसी विशाल लहर भी आती थी जो प्रवाह के विपरीत चलने लगती थी—परन्तु क्या मनुष्यों के इस विशाल समूह की सागर से तुलना करना उचित था? क्या सचमुच ही कोई लहर भी 'इकाई' नहीं थी? द्रोण जी का कहना था कि प्रत्येक मनुष्य सबसे पहले एक इकाई है...इसके बाद कुछ और है...।

बृज नगर की बड़ी मण्डी में से गुज़र रहा था। उसने अपना घोड़ा बाज़ार के एक कोने में बाँध दिया था। वहाँ एक परिचित दुकानदार था, जो घोड़े को देखता रहता और बृज बाज़ार में घूमता रहता। जानी-पहचानी ध्वनियों को उसने न जाने कितनी बार सुना था। घोड़ों की हिनहिनाहट, स्त्रियों की दबी-दबी हँसी, बच्चों की चीख-पुकार, बकरियों की मैं-मैं, ऊँटों की बिलबिलाहट, बाजों का कोलाहल...तात्पर्य यह कि मनुष्यों, पशुओं और निर्जीव वस्तुओं का यह मिला-जुला रोर उसके कानों को भला लगता था। वह कभी-कभी सोचने लगता कि आख़िर इसमें क्या रहस्य है?

वह इसी प्रकार अपने विचारों में खोया हुआ चला जा रहा था कि उसे पूरे शोर से कुछ अलग-अलग नया ही स्वर सुनायी दिया, "ऐ!"

उसने इस 'ऐ' की ओर अधिक ध्यान नहीं दिया। परन्तु फिर स्वर सुनायी दिया, "ऐ!"

इस स्वर के साथ ही किसी ने उसके कुर्ते का छोर हलके से खींचा।

उधर को देखे बिना ही बृज के मस्तिष्क में विद्युत-सी कौंध गयी—सुप्रिया! यहाँ भी पहुँच गयी?

परन्तु जब उसने घूमकर देखा तो वह सुप्रिया नहीं थी, कोई और ही लड़की थी।

बृज ने अपनी आँखों में अपरिचय की धुन्ध भरकर उससे पूछा, "क्या है छोकरी? तू किसके भ्रम में मेरे कुर्ते का छोर खींच रही है?"

लड़की के होंठों पर मुस्कराहट फूटी और उसके सारे साँवले चेहरे पर फैल गयी, "मैं किसी के भ्रम में नहीं बुला रही हूँ आपको।"

अरे!

बृज के मन का यह भय उसके जहाज जैसे शरीर पर टिके हुए चेहरे से स्पष्ट नहीं होने पाया और वह कर्कश स्वर में बोला, "मैं तुम्हें नहीं जानता।"

"इससे क्या होता है!" लड़की के गहरे रंग के होंठों में सफ़ेद-सफ़ेद दाँत जगमगाये।

यदि कंचन जैसी स्त्री उसमें रुचि ले, तो बृज न चौंकता था और न उसे घबराहट होती थी, परन्तु वह इन बित्ते-भर की लड़कियों से बहुत कतराता था। वह मन में अनुभव करता कि क्या मैं ऐसा...ऐसा ही लगता हूँ कि जो लड़की देखती है पीछे पड़ जाती है! ये इतना भी तो नहीं समझतीं कि ये किससे बात कर रही हैं। मेरा मन तो प्रौढ़ावस्था से निकल वृद्धावस्था में प्रवेश कर रहा है और ये छोकरियाँ मुझे अपनी आयु का छोकरा समझती हैं।

बृज मुँह फेरकर चुपचाप आगे बढ़ने लगा तो पीछे से आवाज़ आयी, "मुझे सुप्रिया ने भेजा है।"

उसके पाँव रुक गये; जैसे मन-मन भारी हो गये हों, या जैसे पाँव में से जड़ें निकल आयी हों जो धरती के वक्ष में समाकर उसे क़दम आगे न बढ़ाने पर विवश कर रही हों।

लगता है कि इस सुप्रिया ने नगर भर में गुप्तचर छोड़ रखे हैं, जो प्रति पल मुझ पर दृष्टि रखते हैं—रखती हैं; यह तो और भी चिन्ता की बात है।

"मेरा नाम सलोनी है।" यह कहते-कहते लड़की ने अत्यन्त उन्मुक्तता से उसकी लम्बी-लम्बी उँगलियाँ अपने हाथ में जकड़ लीं और एक ओर को खींचते हुए बोली, "इधर चले आइये न।"

वह भरे बाज़ार में उसकी उँगलियाँ थामे खींच रही थी, यदि वह उसके साथ न गया तो यह खींचातानी और बढ़ेगी, लोग अपने कामों से ध्यान हटाकर उनकी ओर देखने लगेंगे।

इन सब बातों को सोचकर बृज ने अपने स्वर की कर्कशता कम करते हुए पूछा, ''क्या उधर सुप्रिया खड़ी है?''

''नहीं तो—'' सलोनी ने नेत्र नचाते हुए कहा, ''मुझको एक बात कहनी है...।''

बृज ने कुछ-कुछ अड़ते हुए कहा, ''परन्तु तुमको तो मैं...।''

''वह सब ठीक है। मैं भी मन्दिर की देवदासी हूँ और सुप्रिया की अत्यन्त घनिष्ठ सखी भी हूँ।—आइये, उस वेदी पर कोई नहीं बैठा है, हम लोग वहीं बैठकर दो-चार बातें कर लें।''

''बैठकर नहीं, खड़े रहकर।''

''अच्छा, खड़े ही रहेंगे।''

वेदी के निकट पहुँचकर बृज ने अपना पाँव वेदी पर रखा तो उसकी लम्बी टाँग का सुन्दर-सा कोण बन गया। वह गम्भीर स्वर में बोला, ''जब तुम सुप्रिया की घनिष्ठ सखी हो तो... बातें भी घनिष्ठ ही करोगी।''

सलोनी ने उसकी आँखों में आँखें डालकर कहा, ''सुप्रिया ठीक ही कहती थी!''

''क्या ठीक कहती थी?''

''यही कि देखने में आप चाहे मूढ़ दिखायी दें परन्तु वास्तव में ऐसे हैं नहीं।''

अपनी प्रशंसा के इस अनोखे ढंग पर विकल होकर बृज ने अपना पहला पाँव वेदी से उतारकर धरती पर रखा और दूसरा पाँव वेदी पर टिकाकर टाँग का नया कोण बना लिया।

अनजाने में उसने अनुभव किया कि इस समय उसके शरीर की भी एक विशेष भंगिमा होनी चाहिए, अतः उसने एक विशिष्ट मुद्रा से अपने चिबुक को दाहिने हाथ के अँगूठे और उँगली में थामकर कहा, ''मेरी समझ में नहीं आता कि मन्दिरों की सभी देवदासियाँ इतनी चतुर, इतनी चंचल, इतनी चपल...और इतनी...क्यों होती हैं?''

सलोनी ने नेत्र नचाकर कहा, ''आपको इस बात का अनुसन्धान करने का अवसर मिले तो आपको पग पीछे नहीं हटाना चाहिए।''

''परन्तु मुझे इसके अनुसन्धान का न अवकाश है और न मेरे पास इतना समय है।''

''हमने तो सुना है कि न आपका विवाह हुआ है, न आपके बाल-बच्चे हैं, न आपके कन्धों पर कोई बोझ है, न आप कोई काम करते हैं...।''

''तुम्हें इससे प्रयोजन?''

''प्रयोजन यह कि फिर आपको अनुसन्धान का अवकाश क्यों नहीं है?''

''अवकाश हो भी तो मुझे यह कार्य करने की आवश्यकता ही क्या है?''

"अरे! अभी-अभी तो आप इस रहस्य को जानने के लिए इतने व्याकुल हो रहे थे।"

बृज ने अपने कान के पीछे उँगली से खुजाते हुए कहा, "तुम मेरे मार्ग में दीवार बनकर खड़ी हो गयी हो, अब जो बात कहनी है सो कह डालो, जिससे तुम्हारा मुझसे और मेरा तुमसे पिण्ड छूट जाये।"

इस पर सलोनी ऐसे खिलखिलाकर हँसी जैसे कड़ाही की गर्म-गर्म रेत में मकई के दाने भुन रहे हों। फिर बृज की गम्भीर आकृति देखकर उसने अपने दाँतों को होंठों में छिपा लिया।

बृज ने माथे पर एक के बजाय दो बल डालते हुए कहा, "तुम इतनी देर से इधर-उधर की बातें कर रही हो, लेकिन काम की बात अब भी नहीं कही।"

इस पर सलोनी ने बहुत हलके से ताली बजाते और उछलते हुए कहा, "अच्छा तो आप काम की बात सुनने के लिए उत्सुक हो रहे हैं? मैं यही तो जानना चाहती थी।"

बृज ने एक उँगली उठाकर भारी स्वर में कहा, "यदि तुम्हारी आयु की कोई गृहस्थ लड़की होती तो वह इस तरह से बातें कभी न करती... अपितु चाहती भी तो न कर पाती।"

सलोनी ने उसकी बात को बड़ी बे-परवाही से सुना, पहले तो आँखें झुकाकर अपनी करधनी को ठीक किया, फिर बड़े आश्चर्य से बृज के चेहरे की ओर देखते हुए बोली, "क्यों?"

"हटाओ, तुम नहीं समझोगी। आख़िर देवदासियाँ बचपन से ही बिना माँ-बाप के मन्दिरों में पलती हैं...भला वे क्या जानें कि माता-पिता और भाई-बहनोंवाला घर कैसा होता है।"

इस पर सलोनी ने कृत्रिम ठण्डी साँस भरकर कहा, "सचमुच यह तो अत्यन्त दुर्भाग्य की बात है।"

बृज को और भी अधिक क्रोध आया, परन्तु वह क्रोध को दबाते हुए बोला, "सुनो, जो दूसरों का सन्देशा लेकर आते हैं, वे स्वयं इतनी बकवास नहीं किया करते।"

सलोनी पर उसकी बात का केवल इतना प्रभाव पड़ा कि वह अपने झुके हुए घुटनों में दोनों हाथ दबाकर हँसने लगी।

बृज ने मुँह मोड़कर कहा, "तो मैं चलता हूँ।"

"तो मैं पीछे-पीछे आऊँ क्या?...कहाँ पर सुनेंगे मेरी बात?"

बृज ने फिर चेहरा उसकी ओर घुमाकर कहा, "देखो, मेरे पास समय नहीं है। तुम्हें जो कुछ कहना है वह कह डालो और मेरा पीछा छोड़ दो। यदि तुम्हें कुछ नहीं कहना, तो भी मेरा पीछा मत करो।"

सलोनी होंठ बिसूरकर बोली, "तो मैं सुप्रिया से कह दूँगी कि आपको यह सन्देशा सुनकर अत्यन्त क्रोध आया।"

"नहीं, यह कहना कि सन्देशा सुनने से पहले ही उन्हें अत्यन्त क्रोध आया—वहाँ जाकर झूठ बोलने की क्या आवश्यकता है!"

"अच्छा, आप कहते हैं तो मैं वहाँ यही सन्देशा दे दूँगी—परन्तु, कम-से-कम, उसका सन्देशा तो सुन लीजिये।"

"तो भला मैं इतनी देर से तुम्हारी अनर्गल बातें क्यों सुन रहा हूँ! तुम न सन्देशा देती हो और न मेरा पीछा छोड़ती हो।"

सलोनी ने कृत्रिम क्रोध से अपने चिकने माथे पर बल डाल लिये और गले में पड़ी मोतियों की माला को उँगलियों से छूते हुए बोली, "सुप्रिया ने कहा है कि आनेवाले उत्सव पर आप उससे भेंट अवश्य कीजियेगा।"

"बस! यही सन्देशा है?"

"जी!"

"इतनी-सी बात कहने के लिए इतनी देर से अनर्गल बातें कर रही हो?"

सलोनी ने पल-भर के लिए दाँतों की झलक दिखायी और फिर मुस्कराहट दबाते हुए बोली, "जी।"

"अच्छा तो उससे कह देना कि मैं नहीं मिल सकूँगा।"

"कोई बात नहीं...।"

इतना कहकर सलोनी पल-भर को चुप हो गयी और जब बृज ने आश्चर्य से उसकी ओर देखा तो सलोनी ने अपना अधूरा वाक्य पूरा कर दिया, "...वह स्वयं ही आपसे मिल लेगी।"

इस पर बृज ने अपने दोनों हाथ अपनी कमर पर रखते हुए पूछा, "जब वह स्वयं ही मुझसे मिल सकती है तो फिर यह सन्देशा क्यों भिजवाया?"

"इसलिए कि आप मन-ही-मन उस समय तक पुलकित होते रहें।"

इतना कहकर वह छम-छम करती, इठलाती हुई वहाँ से चल दी।

बृज को लगा जेसे उसकी टाँगें बहुत थक गयी हों। वह सुस्ताने के लिए उसी वेदी पर बैठ गया। और सलोनी के अन्तिम वाक्य के सम्बन्ध में सोचने लगा कि क्या सचमुच ही वह बड़ी उत्सुकता से उस अवसर की प्रतीक्षा करता रहेगा जब सुप्रिया उससे मिलेगी। उसके मस्तिष्क में बड़ी उलझन, बड़ा धुआँ-धुआँ-सा था। उसने सोचा कि यह तो ज़बरदस्ती की मुसीबत उसके गले पड़ गयी है।

कुछ देर तक वह सोच में ही डूबा रहा। फिर अपने पीछे छम-छम का स्वर सुनकर वह चौंक पड़ा। उसके कानों में फिर वही स्वर आया, "मैं अभी गयी नहीं।"

इतना कहकर सलोनी उसके पार्श्व में वेदी पर बैठ गयी। बृज के पास कुछ कहने को नहीं था। सलोनी ने स्वयं ही बोलना आरम्भ किया, ''आपने तो यह उत्सव कभी देखा ही नहीं। आ-हा-हा! कितना आनन्द आता है। आप एक बार देख लेंगे तो आपका जी चाहेगा...मेरा तात्पर्य है कि आप इसे कभी नहीं भुला सकेंगे—और फिर हम आपके साथ होंगी...।''

''हम?'' बृज ने उसे घूरकर देखा।

''जी हाँ, सुप्रियां के साथ उसकी कुछ सखियाँ भी होंगी...परन्तु उन सखियों में सबसे अच्छी...मेरा तात्पर्य है अच्छे स्वभाव की मैं ही हूँ।''

''यदि तुम सबसे अच्छी हो, तो इसी से मैं अन्य सखियों के विषय में अनुमान लगा सकता हूँ।''

''जी हाँ—हाँ तो मैं कह रही थी कि हम सब सखियाँ आपके साथ ख़ूब घूमें-फिरेंगी...।''

''ज्ञात होता है कि सुप्रिया के मन में कंचन जी का कोई भय नहीं रहा।''

''वह तो है, परन्तु उत्सव के अवसर पर कंचन जी को इतनी सुध ही नहीं रहेगी कि वे सुप्रिया के विषय में सोचें। आप नहीं जानते कि वे कितनी व्यस्त रहेंगी।''

''परन्तु कहीं उन्होंने हम सबको घूमते-फिरते देख लिया तो?''

''ओह! तो यह है आपके मन का चोर!''

''मेरे मन में कोई चोर नहीं है, मैं तो सुप्रिया को सावधान करना चाहता हूँ।''

''इसके लिए मैं अपनी सखी की ओर से आपको धन्यवाद देती हूँ—यदि आप अपने लिये चिन्तित नहीं हैं तो फिर आप सुप्रिया के सम्बन्ध में भी कोई चिन्ता न करें। यदि कोई उलटी-सुलटी बात हो गयी तो वह स्वयं ही सँभाल लेंगी।''

''यदि मुझे अपनी ही चिन्ता हो तो?''

''तो भी कोई हानि नहीं...सुप्रिया इस पर भी आपसे अवश्य मिलेगी।''

''अत्यन्त आश्चर्य की बात है। जब मैं नहीं मिलूँगा, तो वह कैसे मिल लेगी?''

''जब वह मिल जायेगी तो मानो आप भी मिल गये।''

''मैंने सुप्रिया को भी समझाया था कि वह मेरा पीछा छोड़कर किसी और तरफ़ ध्यान लगाये।''

''क्यों?''

''इसलिए कि मेरा गन्तव्य ही और है। मेरे सिद्धान्त और हैं, मेरा उद्देश्य और है।''

सलोनी नाक चढ़ाकर बोली, ''क्या करें, जहाँ गुड़ होता है वहाँ मक्खियाँ भी भिनभिनाती हैं।''

बृज को गुड़ की उपमा अच्छी नहीं लगीं। उसकी आँखों के सामने काले-काले गुड़ और उस पर भिनभिनाती हुई मक्खियों का दृश्य घूम गया।

उसने फिर कहा, ''सलोनी, तुम सुप्रिया से कह देना कि मैं जहाँ तक बन पड़ेगा इसी बात की चेष्टा करूँगा कि उत्सव के अवसर पर उसके हाथ न आऊँ।''

''सुप्रिया से यह कहने की कोई आवश्यकता नहीं।''

''तुम्हें मेरा सन्देशा देना ही होगा। आख़िर तुम कौन होती हो इस बात का निर्णय करनेवाली कि मेरी ओर से सुप्रिया को क्या कहने की आवश्यकता है और क्या कहने की आवश्यकता नहीं है?''

''उससे यह बात कहने की आवश्यकता इसलिए नहीं है क्योंकि वह पहले से ही जानती है कि आप उससे दूर रहने की पूरी चेष्टा करेंगे।''

''जब उसे यह ज्ञात है तो फिर मेरे पीछे क्यों पड़ी हैं?''

''इस बात को तो वही समझ सकता है जिसके मन को यह रोग लगा हो।''

''सोचो तो, जब मैं ही तुम लोगों से दूर-दूर रहने की चेष्टा करूँगा तो तुम लोग मुझे कैसे पा सकोगी?''

''इस बात का मैं उत्तर दे चुकी हूँ—आपको उसकी चिन्ता करने की आवश्यकता नहीं। आपको ढूँढ़ निकालना हमारा काम है...और आप विश्वास कीजिये कि आप जहाँ भी होंगे हम आपको ढूँढ़ निकालेंगी—परन्तु कहीं आप नगर छोड़कर न चल दीजियेगा, नहीं तो...।''

''नहीं तो क्या?''

सलोनी उठ खड़ी हुई, और ठुमककर बोली, ''अब मैं चली।''

इस बार वह सचमुच ही चली गयी—और बृज की 'नहीं तो' हवा में ही लटकती रह गयी।

जब सलोनी दृष्टि से ओझल हो गयी तो बृज घुटनों पर हाथ रखकर ऐसे धीरे-धीरे उठकर खड़ा हो गया जैसे वह अस्सी वर्ष का वृद्ध हो।

आकाश पर कजरारी धूल छा गयी थी और कहीं-कहीं इक्का-दुक्का नक्षत्र भी दिखायी देने लगे थे। बृज ने आकाश को एक सिरे से दूसरे सिरे तक देखा। उसके मन पर सुप्रिया के कारण एक बोझ-सा अनुभव हो रहा था। उस समय उसके मन की दशा ऐसी हो रही थी कि वह यह भी नहीं समझ पा रहा था कि इस बोझ को वास्तव में ही वह बोझ समझता है, या मन की गहराइयों में इस बोझ से किसी प्रकार का समझौता करने को तैयार हो रहा है।

उसने सोचा कि जब कोई ऐसी उलझन पैदा हो जाये तो उसका सबसे अच्छा उपाय यही होता है कि उसके सम्बन्ध में सोचना ही छोड़ दिया जाये।

यह निश्चय करके बृज एक सैनिक की भाँति तनकर खड़ा हो गया। उसे लगा जैसे उसका शरीर, उसका मन और उसकी आत्मा उसके अपने अधिकार में हों।

अब वह नपे-तुले क़दमों के साथ चलता हुआ उस जगह की ओर बढ़ा, जहाँ उसका घोड़ा बँधा हुआ था।

३

उत्सव से तीन दिन पहले भवन सुनसान हो गया। केवल दो दासियाँ भवन में रह गयीं, शेष दासियाँ और गणिकाएँ कंचन के साथ चली गयीं। कंचन ने जाते-जाते बताया भी था कि अगले कुछ दिनों तक वे कहाँ रहेंगी, परन्तु बृज को यह बात स्मरण ही न रही। एक प्रकार से वह प्रसन्न था, क्योंकि अब घर में कोई शोर सुनायी नहीं देता था और वह बड़े इत्मीनान से आँगन की ओर झाँक सकता था। यह भी प्रसन्नता की बात थी कि चन्द्रिका को भी कंचन अपने साथ ले गयी थी। चन्द्रिका चंचलता से बात करने से नहीं झिझकती थी, यदि वह पीछे रह जाती तो अवश्य बृज को छेड़ती रहती। अब केवल दो अधेड़ आयु की दासियाँ रह गयी थीं, जो बड़ी शान्ति से भोजन बनाकर उसे खिला देतीं और उसके अन्य काम भी कर देती थीं।

बस एक कालाफ़ाम था, जिसका एक पाँव वहाँ रहता, जहाँ इस समय कंचन का वास था और एक पाँव भवन में रहता। जिस दिन प्रात:काल घर खाली हुआ, उस दिन बृज घर के भीतरवाले सरोवर में काफ़ी देर तक घुसा रहा। रात के समय भी ख़ूब पसरकर सोया। दूसरे दिन जब धूप ख़ूब चढ़ आयी थी और बृज जलपान भी कर चुका था तो वह समय काटने के लिए सरोवर में जा घुसा। वह आँखें मूँदे, पीठ के बल लेटे-लेटे धीरे-धीरे तैर रहा था कि इतने में दासी ने आकर कहा, ''कालाफ़ाम बाहर खड़ा है।''

बृज ने उसकी ओर देखे बिना कहा, ''उसके बाहर खड़े रहने पर तुम्हें कोई आपत्ति है क्या?''

दासी इस परिहास पर ऐसे हँसने लगी जैसे कोई उसकी बग़लें गुदगुदा रहा हो।

यह नयी प्रकार की हँसी सुनकर बृज ने दासी की ओर देखा तो वह बोली, ''वह आपसे मिलना चाहता है।''

बृज ने सोचा कि सम्भवत: वह वैसे ही बिना किसी काम के मिलना चाहता होगा। इतने में ही दासी फिर बोली, ''वह स्वामिनी का सन्देशा लाया है।''

बृज ने सोचा कि अब कौन सरोवर से निकलकर वस्त्र पहने और कालाफ़ाम से भेंट करे। अत: उसने कह दिया, ''कालाफ़ाम को यहीं भेज दो।''

पल-भर को दासी ज्यों-की-त्यों खड़ी रही, जैसे वह बृज की इस बात को भी परिहास ही समझ रही हो। परन्तु जब बृज ने और कुछ नहीं कहा तो वह चली गयी और कालाफ़ाम को बुला लायी।

कालाफ़ाम बड़ा सधा-सधाया था। आगे-पीछे चाहे वह बृज से हलकी-फुलकी बातचीत कर लेता, परन्तु किसी के सामने वह अनौपचारिकता से कोसों दूर रहता। अब भी उसने अन्दर आकर बृज को नमस्कार किया और फिर कुछ कहने से पूर्व उसने दासी पर एक दृष्टि डाली जो पास ही खड़ी थी। दासी तुरन्त हड़बड़ाकर वहाँ से खिसक गयी। तब कालाफ़ाम बोला, ''स्वामिनी ने सन्देशा भेजा है कि आप इतने बड़े भवन में अकेले ऊब रहे होंगे, इसलिए उनके पास चले आया कीजिये।''

बृज कहना चाहता था कि वह बिलकुल ऊबा हुआ नहीं है, अपितु अत्यन्त आनन्द से है। परन्तु वह जानता था कि ऐसा सन्देशा उसे कदापि नहीं भेजना चाहिए।

इतने में कालाफ़ाम सरोवर के किनारे-किनारे टहलता हुआ उसके निकट चला आया। उसके होंठों पर मुस्कराहट नहीं थी, चेहरा भी गम्भीर था, परन्तु नेत्रों में चंचलता की हलकी-सी चमक थी। उसने दायें-बायें देखकर भारी स्वर में कहा, ''अब आप यह न कह दीजियेगा कि आप बिलकुल भी ऊबे हुए नहीं हैं।''

बृज उसकी यह बात सुनकर हलका-सा क़हक़हा लगाये बिना नहीं रह सका! उसे यह बात स्वीकार करनी पड़ी कि कालाफ़ाम भी अपनी कला में दत्त है और दूसरों के मन की दशा वह चुटकियों में भाँप लेता है।

कालाफ़ाम सन्देशे के उत्तर की प्रतीक्षा कर रहा था—बृज ने कालाफ़ाम के सामनेवाले किनारे तक पहुँचकर आधा शरीर पानी से बाहर निकाला, और कन्धों के ऊपर से किनारे पर दोनों हाथ उलटे रखते हुए बोला, ''परन्तु, कालाफ़ाम, मुझे तो यह भी ज्ञात नहीं कि वे इस समय कहाँ वास कर रही हैं।''

कालाफ़ाम ने अत्यन्त गम्भीर तथा बहुत भारी स्वर में कहा, ''उन्होंने तो आपको बताया था।''

''बताया था?—हाँ, बताया तो था।...परन्तु, तुम्हें कैसे ज्ञात कि उन्होंने मुझे यह बात बतायी थी?''

इस पर कालाफ़ाम की आँखें झुक गयीं, उसके होंठों पर भारी-भरकम मुस्कराहट फैल गयी। बृज फिर बोला, ''क्या वे इस बात की शिकायत कर रही थीं कि उनके यह बता देने पर भी कि वे कहाँ रहेंगी, मैं उनसे मिलने नहीं गया?''

इस पर कालाफ़ाम की पलकें एकदम ऊपर को उठ गयीं, और उसके सफ़ेद-सफ़ेद नेत्र चमक उठे, ''नहीं तो, उन्होंने इस सम्बन्ध में कुछ भी नहीं कहा, केवल इतना ही कहा कि आप उनसे क्यों नहीं मिले।''

तो तुमने कैसे समझ लिया कि उन्होंने मुझे बताया था कि वह इन दिनों कहाँ पर रहेंगी?''

''क्षमा कीजिये, वास्तव में मैं कहना यह चाहता था कि उन्होंने आपको बताया होगा...सम्भवतः बताया होगा...।''

बृज कालाफ़ाम के इन दबे-दबे कटाक्षों को ख़ूब समझता था, शीघ्रता से बोला, ''चलो कोई बात नहीं। अच्छा यह तो बता दो कि वे इस समय कहाँ पर हैं?''

''आपने नृत्य-शिक्षा-मन्दिर या नृत्य-मण्डप तो देखा ही है।''

''हाँ, तुम्हीं तो एक बार वहाँ ले गये थे।''

''जी—स्वामिनी कुछ दिनों तक वहीं पर रहेंगी।''

''आख़िर वहाँ दिन-रात रहने का तात्पर्य क्या है?''

''आनेवाले उत्सव में सैकड़ों गणिकाएँ नृत्य करेंगी। उन सबको तैयार करने का भार स्वामिनी पर ही है।''

''इसका अर्थ तो यह हुआ कि जो गणिकाएँ यहाँ रहती हैं, इनके अतिरिक्त और भी गणिकाएँ आयेंगी?''

''जी हाँ, सम्पूर्ण विजयनगर की गणिकाएँ इस उत्सव में भाग लेंगी। महानवमी के अवसर पर तो विजयनगर के बाहर की गणिकाओं को भी आना पड़ता है।''

''मैं देखता हूँ कि वैसे तो इस नगर में प्रतिदिन उत्सवों जैसी ही चहल-पहल होती है, फिर भी कई अन्य उत्सव मनाये जाते हैं।''

''आप ठीक कहते हैं।''

''बहुत अच्छा है। आख़िर इस राज्य में लोगों के पास धन भी तो प्रचुर मात्रा में है। वे जितनी भी खुशियाँ मनायें उतनी ही कम हैं।''

इस बात का कालाफ़ाम ने कुछ भी उत्तर नहीं दिया। कुछ देर मौन छाया रहा, फिर कालाफ़ाम बोला, ''मैं लौटकर स्वामिनी से क्या कहूँ?''

''उनसे कहना कि मैं अवश्य आऊँगा।''

''किस समय?''

किस समय!—बृज सोच में डूब गया। भला वह किस समय जाये वहाँ पर?

कालाफ़ाम फिर बोला, ''स्वामिनी की इच्छा है कि आप दिन का भोजन उन्हीं के साथ करें।''

अस्वीकार करने का न कोई अवकाश था और न आवश्यकता। बृज ने उत्तर दिया, ''बहुत अच्छा। उनसे कह देना कि मैं भोजन के समय तक उनके पास पहुँच जाऊँगा।''

''बहुत अच्छा।''

यह कहकर कालाफ़ाम बड़े सधे क़दमों से वापस लौट पड़ा। एकाएक बृज को कुछ ध्यान आया तो वह ऊँचे स्वर में बोला, ''परन्तु, सुनो तो कालाफ़ाम।''

कालाफ़ाम रुक गया।

''निस्सन्देह मैं एक बार तुम्हारे साथ नृत्य-मण्डप में गया था, परन्तु हो सकता है कि मुझे वहाँ पहुँचने में कठिनाई हो, क्योंकि अब मुझे उसका मार्ग ठीक स्मरण नहीं रहा।—इसका कुछ उपाय करो।''

"जो आप कहें।"

"या तो किसी को भेज दो कि जिसके साथ मैं नृत्य-मण्डप आ सकूँ, या अवकाश हो तो तुम स्वयं ही चले आना।"

"बहुत अच्छा।"

कालाफ़ाम विदा हो गया और कुछ देर तक उसकी पद-चाप सुनायी देती रही। फिर बाहर से घोड़े के हिनहिनाने की हलकी-सी ध्वनि भी आयी।

पानी में पड़े-पड़े बृज को विचार आया कि कंचन के साथ भोजन करने का अर्थ तो यह है कि उसे अन्य गणिकाओं के साथ बैठना पड़ेगा। परन्तु सुप्रिया उनमें नहीं होगी।

सुप्रिया वहाँ होगी या वास्तव में ही नहीं होगी! यदि न हुई तो उसे प्रसन्नता होगी या दुःख?—उसने झुँझलाकर लम्बे-लम्बे हाथ मारे और तैरता हुआ सरोवर के दूसरे किनारे पर पहुँचा, फिर फ़र्श पर हाथ रखकर एक धचके के साथ बाहर निकल आया।

वह तट पर खड़ा था, और जल उसके बालों और शरीर से लुढ़कता हुआ कई नन्हीं-नन्हीं नदियों की भाँति फ़र्श पर बह निकला था। इतने में दूर से दासी दिखायी दी, जो उसे वैसे खड़े देखकर दूर ही रुक गयी। पूछने लगी, "आज भोजन में क्या बनेगा?"

"कुछ नहीं।"

दासी चकित रह गयी। समझी कि उससे कोई त्रुटि हो गयी है। यदि बृज जी रुष्ट हो गये तो स्वामिनी उसकी दुर्दशा कर देंगी।

उसे ज्यों-की-त्यों खड़ी देखकर बृज ने फिर कहा, "आज मैं दिन का भोजन कंचन जी के साथ करने जा रहा हूँ।"

यह सुनकर दासी के मन से बोझ उतर गया। वह चली गयी। बृज ने एक बड़ी-सी चादर शरीर पर लपेटी और तेज़-तेज़ क़दमों से सोपानों तक पहुँचा और फिर एक-एक डग में दो-दो सोपानों को पार करता हुआ अपने कक्ष में जा खड़ा हुआ। वस्त्र पहने और शय्या पर लेट गया।

कुछ देर तक उसका मस्तिष्क इधर-उधर के विचारों में खोया रहा, फिर न जाने कब उसे नींद आ गयी।

आँख खुली तो दासी सामने खड़ी दिखायी दी। वह कह रही थी, "कालाफ़ाम नीचे खड़ा आपकी प्रतीक्षा कर रहा है।"

बृज बारहसिंघे की तरह हड़बड़ाकर उठा, जल्दी से केश सँवारे सिर पर उजली पगड़ी बाँधी और नये उत्तम वस्त्र पहनकर नीचे उतर गया।

कालाफ़ाम उसके सफ़ेद घोड़े की लगाम पकड़े खड़ा था और अपने स्वभाव के अनुसार उसने बड़े आदर से वह लगाम उसकी ओर बढ़ा दी।

दूसरे ही पल वे दोनों काले और सफ़ेद घोड़ों पर सवार नृत्य-मण्डप की ओर चल पड़े। मार्ग में बृज ने कहा, ''अबकी मैं ध्यान रखूँगा जिससे फिर कभी यह मार्ग न भूल जाऊँ।''

''आपका यह विचार अत्यन्त सुन्दर है, क्योंकि सामान्य दिनों में भी स्वामिनी को प्राय: नृत्य-मण्डप जाना पड़ता है। इसलिए आपको भी प्राय: वहाँ जाना पड़ेगा।''

उसकी बात के उत्तर में बृज ने केवल सिर हिला दिया।

नृत्य-मण्डप के निकट पहुँचे तो बृज बोला, ''मुझे इन भवनों की वास्तुकला बहुत पसन्द है। देखो तो वे कैसे नववधुओं की भाँति घूँघट काढ़े खड़ी है।''

कालाफ़ाम केवल मुस्कराकर रह गया। नृत्य-मण्डप तक पहुँचते ही पहले कालाफ़ाम फुर्ती से घोड़े पर से उतरा, ताकि बृज के घोड़े की लगाम थाम सके।

कंचन द्वार पर ही खड़ी थी। उसे देखते ही बोली, ''आ गये राय जी!''

इतना कहकर कंचन ने जीभ दाँतों में दबा ली। विजयनगर में राय जी तो एक ही थे, हर किसी के लिए इस शब्द का प्रयोग नहीं हो सकता था।

बृज कंचन के बिलकुल पास पहुँचकर बोला, ''आपने यह उपाधि कब दे दी मुझे?''

''मैंने नहीं दी।'' कंचन ने ज़ोर-ज़ोर से सिर हिलाते हुए कहा।

बृज चौंक पड़ा—कहीं यह सुप्रिया की दुष्टता तो नहीं है?

वह फिर बोला, ''आख़िर किसी ने तो मुझे यह उपाधि दी ही होगी।''

इस पर कंचन ने अपनी कोमल उँगली से अपने वक्ष की ओर संकेत करते हुए कहा, ''हाँ, मेरे हृदय ने।''

इतना कहकर वह किसी षोडषी की भाँति खिलखिलाकर हँस पड़ी, फिर बृज का हाथ अपने हाथ से झुलाते हुए उसे अन्दर ले गयी।

पहले कक्ष का द्वार थोड़ा-सा खुला हुआ था, जिसमें से बड़े कक्ष में खड़ी हुई लड़कियाँ दिखायी दे रही थीं। कंचन ने ठिठककर कहा, ''पहले क्या करोगे, भोजन या...।''

''या क्या?''

''बातें!''

बृज ने अनुभव किया कि आज कंचन और भी चंचल हो रही है। कंचन ने मानो उसके मन की बात को भाँपते हुए कहा, ''क्या करूँ, सारा दिन इन लड़कियों के साथ सिर खपाना पड़ता है। ऊब जाती हूँ। तुमसे मिलती हूँ तो चहकने-बोलने को जी चाहता है। परन्तु, तुम तो बस...''

बृज ने ऊबी हुई हँसी हँसकर पूछा, "मैं तो बस क्या हूँ?"

उस धुँधले प्रकाश में कंचन ने पल-भर के लिए उसे अपने रस-सिक्त नेत्रों से देखा, फिर बोली, "कहीं तुम कंचन होते और मैं बृज तो फिर तुम्हें पता चलता कि कौन क्या है।"

यह कहकर वह उसे दो क़दम तक बाँह पकड़कर खींचती हुई ले गयी, परन्तु द्वार से निकलते समय चुपके से बाँह छोड़ दी। धीरे से पूछा, "तुमने मेरी बात का उत्तर नहीं दिया।"

"मेरे विचार में पहले भोजन कर लें तो अच्छा है। भला भूखा तोता बात क्या कर सकेगा!"

"मैं जानती हूँ कि आज यह तोता सरोवर में लोटता रहा है, इसीलिए भूख चमक आयी है। चलो, पहले भोजन ही हो जाये।"

भोजन के समय बृज को सभी गणिकाओं के साथ बैठना पड़ा, अर्थात् वही बात हुई जिसका उसे भय था। सभी लड़कियाँ चहक-चहककर बातें कर रही थीं! विजयनगर पहुँचने से पूर्व बृज साधु-महात्माओं के साथ मिलने-जुलने पर भी अपने-आपको कुछ अलग रखता था, अपने व्यक्तित्व को किसी विशेष रंग में रँगे जाने से बचाता रहा था। परन्तु विजयनगर पहुँचने के पश्चात् उसकी द्रोण जी से भेंट हुई तो उसके भीतर-ही-भीतर इतना-सा परिवर्तन अवश्य हुआ कि उसे एक मार्ग का आभास होने लगा। वह मार्ग स्पष्ट नहीं था, परन्तु अब उसके लिए प्रत्येक वस्तु अस्पष्ट भी नहीं थी। मानो हर ओर छायी हुई धुन्ध में भी उसके मन को इस बात का विश्वास हो चला था कि आसपास कोई मार्ग है अवश्य। पहले उसका जीवन फैला-फैला और बिखरा-बिखरा-सा था, परन्तु अब उसका जीवन कुछ-कुछ सिमट रहा था। इसीलिए उसे स्त्रियों में बैठकर उलझन होती थी। परन्तु इसके साथ ही उसके हृदय की गहराइयों में क्या छिपा हुआ है, इसका उसे स्वयं ज्ञान नहीं था। वह अपने हृदय के भीतर से विभिन्न भावनाएँ उभरती हुई अनुभव करता था, जो उसे एक-दूसरे के विपरीत दूसरी दिशाओं की ओर खींचती थीं, जिससे उसे उलझन-सी लगती थी। यह उलझन भी बहुत स्पष्ट नहीं थी, बल्कि दबी-दबी बची-बची-सी रहती थी—कभी लगता जैसे उसके निकट आ रही हो, और कभी लगता जैसे उससे दूर धुँधलके में लुप्त हो रही हो। इसलिए जब वह स्त्रियों में बैठता तो उसे लगता जैसे उसका समय व्यर्थ ही नष्ट हो रहा हो। इतने समय में वह कुछ सोच सकता था, कुछ समझ सकता था।

इतने में ही एक गणिका ने कहा, "भला सुप्रिया दिन में हमारे पास आ जाती, यहीं खाती-पीती तो उसका क्या बिगड़ जाता?"

यह सुनकर बृज चौक गया। कंचन ने कहा, "उसे वहीं रहने दो कुछ दिन। अभी छोटी है न, बचपन की सखियों के साथ उठने-बैठने को बहुत मन चाहता है उसका।

इस उत्सव के अवसर पर कुछ दिन उन्हीं के साथ व्यतीत कर लेगी तो उसके मन को कुछ सन्तोष रहेगा। अब तो उसे अधिक-से-अधिक मेरे पास ही रहना पड़ेगा! सखियाँ तो उसे धीरे-धीरे ही भूलेंगी। एकदम सखियों से बिछुड़ जाना भी उसके लिए अच्छा नहीं।''

यह सुनकर बृज सुप्रिया के विषय में सोचने लगा। कई बातें स्मरण आ गयीं। काफ़ी देर के बाद उसे ध्यान आया कि वह तो सुप्रिया के विषय में सोचने लगा है।

आख़िर वह यदा-कदा उसके विषय में क्यों सोचने लगता है?

अपने मन में यह प्रश्न उठते ही बृज ने अपने-आपको अच्छी तरह टटोला। क्या सुप्रिया उसके मन में घर कर रही है? क्या उसका हृदय सुप्रिया की ओर खिंच रहा है? क्या उसके मन के किसी कोने में सुप्रिया के प्रेम की कली विकसित हो रही है? उसने अपने-आपसे सब प्रश्न कर डाले। अत्यन्त धैर्य से इस समस्या के प्रत्येक पक्ष पर विचार किया। अन्त में प्रत्येक प्रश्न का उत्तर 'नहीं' में मिला। निस्सन्देह जब सुप्रिया उसके अत्यन्त निकट आ जाती थी तो उसके मन में गुदगुदी-सी होने लगती। यह तो स्वाभाविक ही था। परन्तु उसने अनुभव किया कि वास्तव में सुप्रिया के कारण उसे चिन्तित होने की कोई आवश्यकता नहीं है। इसलिए कि उसने अपना एक गन्तव्य निश्चित कर लिया है। उस अनजाने गन्तव्य तक पहुँचानेवाले मार्ग को उसने स्पष्ट रूप में नहीं देखा है, परन्तु उसे अच्छी तरह इस बात का आभास हो गया है कि ऐसा मार्ग है जो उसे उसके गन्तव्य तक पहुँचा देगा। निस्सन्देह अभी यह जानना भी शेष है कि उसका गन्तव्य क्या है। फिर भी गन्तव्य और उसके मार्ग का आभास होने और बिलकुल न होने में पर्याप्त अन्तर है। जीवन और कई अन्य समस्याओं के रहस्यों को वह समझ लेना चाहता है। उसके मन की यह इच्छा, यह आकांक्षा, यह पुकार इतनी तीव्र और बलवती है कि एक क्या सौ सुप्रियाएँ भी उसे उसके निश्चित और अटल लक्ष्य से हटा नहीं सकतीं।

फिर वही प्रश्न कि सुप्रिया जो उसके पीछे हाथ धोकर पड़ी है, उसका क्या परिणाम होगा? बृज ने यही सोचा कि अधिक चिड़चिड़ेपन का कोई अच्छा परिणाम नहीं निकल सकता। यह ठीक है कि उसे सुप्रिया के पीछे नहीं भागना चाहिए, परन्तु यह भी ठीक है कि उसे सुप्रिया के आगे-आगे भी नहीं भागना चाहिए। आगे-आगे भागने का अर्थ तो यह है कि वह उससे डरता है। बड़ी सीधी-सी बात है कि उन दोनों के अलग-अलग गन्तव्य, अलग-अलग लक्ष्य और अलग-अलग पथ हैं। कंचन के यहाँ रहते हुए वह सुप्रिया से बच नहीं सकता। यही सम्भव है कि जब तक सुप्रिया बचपना दिखा रही है, तब तक उसे चिन्ता करने की कोई आवश्यकता नहीं है। परन्तु जब कोई ऐसा अवसर आया कि उसे दो-एक बात कहने की आवश्यकता अनुभव हुई, तो वह उससे बिलकुल स्पष्ट शब्दों में कह देगा कि उन

दोनों के गन्तव्य, लक्ष्य और पथ बिलकुल अलग-अलग हैं। इसलिए उनका मेल किसी तरह भी नहीं हो सकता।

जहाँ तक कंचन का प्रश्न है, उसे उसकी कोई चिन्ता नहीं है। कभी-कभी उसे ऐसा अवश्य लगता है जैसे कंचन रूपी बिल्ली बृज रूपी चूहे से खिलवाड़ कर रही हो। उसे विश्वास है कि ऐसा दिन कभी नहीं आयेगा जब यह बिल्ली अपने पंजों के तेज़ नाखूनों से चूहे का पेट फाड़कर रख दे। फिर भी वह सतर्क रहेगा, और ऐसा अवसर आने से पूर्व ही बिल्ली की पहुँच से दूर चला जायेगा।

जब-जब उसके मन में ऐसी शंकाएँ उठतीं, तब-तब वह इसी प्रकार के समाधान भी निकालता! इसका परिणाम यह होता कि उसके मन का भार हलका हो जाता। इस समय भी यही कुछ हुआ। कुछ ही देर बाद उसे ध्यान आया कि वह भी गणिकाओं के सुरीले क़हक़हों से स्वर मिलाकर क़हक़हे लगा रहा है।

कंचन उसे बता रही थी कि वर्ष में कुछ ऐसे उत्सव भी आते हैं जब कि उस पर काफ़ी बोझ पड़ता है। परन्तु इस बार उसकी उपस्थिति के कारण वह इस बोझ को अनुभव नहीं कर रही है।

भोजन, और गप-शप के बाद बृज नृत्य-मण्डप के प्रत्येक स्तम्भ को ध्यानपूर्वक देखने लगा। उनमें उसे नृत्य की अनेक मुद्राएँ दिखायी दीं। और वह प्रत्येक मुद्रा को देर-देर तक ऐसे देखता रहा जैसे वह इस कला को भली-भाँति समझता हो।

वास्तव में उसे इस कला में गहरी रुचि नहीं थी।

४

उत्सव के दिन बादल आये; नीले-पीले, काले-सफ़ेद, गुलाबी-हरे, छोटे-बड़े...सभी प्रकार के बादल आये। पहले तो चुपचाप धरती को निहारते रहे, फिरे गरजे, चमके, बहके, बरसे—अन्त में दबे पाँव लुप्त हो गये।

जिस प्रकार एक विशाल सार्थवाह के चले जाने के बाद धूल उड़ती रह जाती है, वैसे ही बादलों की धूल घटाओं के चले जाने के बाद आकाश में अब भी उड़ रही थी।

बृज, नितान्त एकाकी, अपने घोड़े पर सवार होकर नगर से बाहर चला गया। घोड़े की टापें मानो धरती को चूम-चूम कर चल रही थीं—छूने भी न पातीं कि फिर ऊपर को फुदक जातीं। घोड़े और घुड़सवार का परस्पर सहयोग ऐसा ही था जैसे दो वाद्य एक ही राग और एक ही स्वर में बज रहे हों। वह बड़ी तेजी से उन चट्टानों के पास स गुज़र रहा था जिन पर घास नहीं थी, हरियाली नहीं थी और एक-दूसरे के ऊपर रखी हुई ऐसे दिखायी देती थीं जैसे किसी बहुत बड़े देव ने उन्हें इस ढंग

से टिका दिया हो। बृज के मन में एक उमंग थी, तरंग थी, जो उसकी समझ में नहीं आ रही थी या सम्भवत: यह केवल जीवित रहने की प्रसन्नता थी, जो उसे इस तरह उड़ाये लिये जा रही थी। सम्भवत: प्रसन्नता भी नहीं थी; जिस तरह पहाड़ी नाला ढलान पर सिर पटकता हुआ बहता है, जिस तरह पक्षी परों को तेज़ी से फड़फड़ाते हुए उड़ते हैं, जिस तरह पुष्पों की सुरभि वायु के कन्धों पर सवार होकर बिना थकान के उड़ती है, इसी तरह बृज भी उड़ा जा रहा था। जिस तरह मनुष्य ऐसी सुगन्ध, ऐसे पक्षी और ऐसे पहाड़ी नाले को आश्चर्य-भरी दृष्टि से देखते हैं, उसी तरह उस समय पुष्प, पक्षी और पहाड़ी नाले बृज को देख रहे होंगे। आख़िर वे एक ही प्रकृति के विभिन्न रूप थे।

रजनी के श्यामल सेवकों ने सूर्य देवता के उज्ज्वल कण्ठ में फन्दा डालकर पाताल की ओर खींच लिया और रात्रि ने मुस्कराकर अपना आँचल आकाश पर लहराने के लिए तान दिया।

बृज ने घोड़े की बाग का रुख़ नगर की ओर किया और फिर घोड़ा दनदनाता हुआ एक पहाड़ी जैसे ऊँचे टीले पर चढ़ गया। अब वह कोसों तक फैले हुए नगर को सरलता से देख सकता था। उस समय विजयनगर, नगर नहीं वरन् एक प्रकार का जीव दिखायी दे रहा था। अत्यन्त अनोखा था यह जीव, ऐसा कि पहले न कभी बृज ने देखा न कभी सुना। सम्भवत: उत्सव के कारण विजयनगर पर भी प्रसन्नता की लहर-पर-लहर चढ़ी जा रही थी। जो भवन, जो गलियाँ, जो मैदान, जो महल, जो मन्दिर कभी ऊँघ भी जाते थे, कभी सो भी जाते थे, इस समय थरथराकर अँगड़ाइयाँ ले रहे थे। पहले बृज के मन में यही विचार आया था कि वह उत्सव की भीड़, कार्य-व्यस्तता और कोलाहल से दूर...बहुत दूर चला जायेगा। रातभर घूमता रहेगा और फिर भोर के नक्षत्रों के संकेत पर ही घर वापस लौटेगा। परन्तु अब सारे नगर को अपने चरणों में बिछा देखकर उसने विचार बदल लिया। उसने अपने-आपको डाँटा कि इस प्रकार प्रत्येक वस्तु से भागनेवाला कभी सफल नहीं हो सकता—चाहे उसका लक्ष्य कुछ भी हो।

यह सोचकर वह टीले से उतरा और नगर की ओर बढ़ने लगा। अब घोड़े के क़दम बहुत तेज़-तेज़ नहीं चल रहे थे। उसने सोचा कि जब हमें किसी से दूर भागना होता है तो हम तीव्र-से-तीव्र गति के साथ शीघ्र-से-शीघ्र दूर हट जाना चाहते हैं; परन्तु जब हमें किसी के पास पहुँचना हो तो हम धीरे-धीरे, क़दम-ब-क़दम हर पल होनेवाले मिलन के क्षणों का रस लेते हुए चलते हैं।

हर गली, हर मार्ग और हर सड़क पर जीवन मनुष्यों, स्त्रियों, बच्चों, बूढ़ों, पशुओं और उनकी विभिन्न ध्वनियों के रूप में चहक रहा था, बहक रहा था।

जब वह राजमहल के बाहर बने प्राचीर के निकट से गुजरा तो उसे एक द्वारपाल ने पहचानकर नमस्कार किया। अब द्वारपाल भी उसे पहचानने लगे थे, क्योंकि वह

कई बार कालाफ़ाम के साथ घूमता-फिरता देखा गया था। द्वारपाल ने हँसकर कहा, "अब आप घोड़ा आगे कहाँ ले जा रहे हैं?"

"क्यों, क्या घोड़ा आगे ले जाने का निषेध है?"

"जी नहीं, निषेध तो किसी बात का नहीं है, परन्तु यदि आप घोड़ा आगे ले जायेंगे तो कहीं भीड़-भाड़ में फँस न जायें। लोग भगवान् की सवारी घोड़े पर बैठकर नहीं देखते। वहाँ आपको कोई ऐसा स्थान भी नहीं मिलेगा जहाँ घोड़े को बाँध सकें।"

"अच्छा तो यह बात है। मुझे नहीं ज्ञात था—अब घोड़े का क्या करूँ?"

"आप चाहें तो घोड़ा मेरे पास छोड़ जायें। मैं द्वार के भीतर दीवार के पिछली ओर घोड़े को चरने के लिए छोड़ दूँगा। मैं इस पर आँख रखूँगा। वैसे भी चिन्ता न कीजिये, यहाँ से आपका घोड़ा ग़ायब नहीं हो सकता।"

यह सुनकर बृज घोड़े पर से उतर पड़ा, और लगाम की डोरी द्वारपाल के हाथ में थमाते हुए बोला, "यह तो तुमने अच्छा सुझाव दिया! मुझे व्यर्थ की परेशानी से बचा लिया।"

द्वारपाल केवल मुस्करा दिया, और बृज धीरे-धीरे क़दम उठाता हुआ विट्ठल स्वामी के मन्दिर के सामनेवाले बड़े बाज़ार की ओर बढ़ा। थोड़ी ही देर में यात्रा-दल वहाँ आनेवाला था। यह बाज़ार नगर का सबसे चौड़ा बाज़ार था। इतना चौड़ा कि डेढ़ सौ हाथी बग़ल-बग़ल चलते हुए इस बाज़ार से बड़े मज़े में गुज़र सकते थे। इस समय हर ओर शलाका-दीपों की ज्वालाएँ हवा में लहरा रही थीं। हर भवन पर दीपक जल रहे थे, जैसे आज भी दीपावाली मनायी जा रही हो। बाज़ार में और भवनों की छतों पर लाखों लोग यात्रा-दल के आने की प्रतीक्षा कर रहे थे। दायें-बायेंवाली दुकानों में स्वादिष्ट पकवान एवं मिष्टन्न बिक रहे थे। बृज को भूख भी लग रही थी, और सम्भवतः खाने-पीने की वस्तुएँ देखकर उसका मन भी ललचा आया था। एक बार तो जी चाहा कि वह भी कुछ खा-पी ले, कि इतने में ही शोर मच गया, "भगवान् की सवारी आ गयी! भगवान् की सवारी आ गयी!"

लोगों ने अकारण ही इधर-उधर भागना आरम्भ कर दिया, जिससे भगदड़-सी मच गयी। बच्चे रोने लगे, और स्त्रियाँ इधर-उधर हटने लगीं। फिर कुछ प्रबन्धकों ने लम्बी-लम्बी लाठियाँ उठाकर, "सावधान, शान्ति-शान्ति!.... सावधान, शान्ति, शान्ति।" का शोर मचाना आरम्भ कर दिया। इससे जनता कुछ सँभल गयी।

अब बृज को ध्यान आया कि कहीं वह घोड़े को यहाँ तक ले आता तो कितनी कठिनाई में फँस जाता।

वर्षा हो जाने के कारण धरती पर्याप्त गीली हो चुकी थी। यदि भूमि कुछ पथरीली न होती, तो वहाँ कीचड़-ही-कीचड़ दिखायी देने लगता। एक तरह से यह अच्छा ही हुआ, नहीं तो सूखी धरती के धूल उठती तो सब का मज़ा किरकिरा हो जाता।

अब पर्याप्त अँधेरा हो चुका था, केवल शलाका-दीपों और दीपकों के प्रकाश से वातावरण प्रकाशित हो रहा था।

यात्रा-दल के साथ भी हजारों आदमी थे। उनके बाज़ार में घुस आने से भीड़ और घनी हो गयी। बृज आसपास के सभी लोगों से ऊँचा था, इसलिए वह अपने स्थान पर खड़ा यात्रा-दल की प्रत्येक वस्तु को बड़ी अच्छी तरह देख सकता था। सबसे आगे-आगे वादकगण थे। भेरी, दुन्दुभी, महा-मंजीर, वीणा आदि बजानेवाले झूम-झूमकर अपने-अपने वाद्य बजा रहे थे। उनके संगीत के जादू से वातावरण भी झूम उठा था। उनके पीछे प्रकाश-कौतुक दिखानेवाले थे। क़दम-क़दम पर भिन्न-भिन्न प्रकार के प्रकाश-कौतुक दिखाये जा रहे थे, और उनके कारण वातावरण पल-भर के लिए और भी प्रकाशमान हो जाता। फिर सैकड़ों ऊँट दिखायी दिये, जिनकी पीठ पर सैनिक उजली पगड़ियाँ बाँधे, और हाथों में लम्बे-लम्बे भाले थामे बैठे थे। ऊँट होंठ लटकाये ठुमक-ठुमक आगे बढ़े रहे थे, और अपने कण्ठ में पड़ी हुई घण्टियों की सुरीली ध्वनि से उन्हें बहुत चिढ़ लग रही थी, क्योंकि घण्टियों की हर झनक पर उनके होंठ और भी आगे को लटक आते।

ऊँटों के बाद सैकड़ों घोड़े थे, जिनकी टाँगों से घुँघरू बँधे हुए थे और वे घुंघरू उनके हर बाँके क़दम पर झनझना उठते। लगता था कि उन्हें घुँघरूओं का संगीत अत्यन्त प्रिय था, क्योंकि घुँघरुओं की हर छनक पर उनके कान हिल जाते, मानो उसी ताल पर नृत्य कर रहे हों, और फिर घोड़े लगामें चबाते हुए अपने सफ़ेद नेत्र चमकाने लगते।

घोड़ों के पीछे नर्तकियाँ चली आ रही थीं। वे भी सहस्त्रों की संख्या में होंगी। उनमें से किसी की आयु सोलह से कम और बीस वर्ष से अधिक नहीं थी। प्रत्येक का यौवन उभार पर था, मानो अंग-अंग में पारद भरा हो। धरती पर पाँव रखतीं तो इतनी कोमलता से कि नीचे चिह्न भी न छोड़तीं। टखनों पर घुँघरू, कमर में करधनी, वक्ष पर मोतियों और मूँगों की मालाएँ, कानों में झुमके, नाक में नथनी, माथे पर झूमर, उँगलियों में अँगूठियाँ, माँग में तारक—यह था प्रत्येक नर्तकी का शृंगार! देखनेवालों की दृष्टियाँ एक सिरे से दूसरे सिरे तक फिसलती जा रही थीं। उनके साथ अलग-अलग वादक-वृन्द थे। सभी वाद्यों के साथ मृदंग की गूँज भी सुनायी दे रही थी।

नर्तकियों ने भगवान् के रथ को घेरे में ले रखा था। मुख में पान के बीड़े दबाये, बड़ी भंगिमा से मुँह हिलाती हुईं, और अपने यौवन की छवि दिखलाती हुई वे छोटी-छोटी टोलियाँ बनाये नृत्य करती ऐसे दिखायी देती थीं जैसे नदी के जल में पुष्पों के गज़रे बहते चले जा रहे हों। घुँघरूओं की झनन-झनन के साथ उनके दर्द भरे स्वर भी वातावरण में फड़फड़ा रहे थे। पसीना शरीर के पोर-पोर से ऐसे फूट पड़ा था मानो गुलाबजल में नहा गयी हों। उनके पसीने की महक से वातावरण को तन्द्रा-सी आने लगी थी।

नर्तकियों के इस घेरे के भीतर सैकड़ों पुजारी रथ के साथ-साथ सटे हुए चल रहे थे। जनता में से श्रद्धालु नर्तकियों की टोलियों को पार करके और पुजारियों को चीरकर अपना माथा रथ के ऊपर टेक देते। भगवान् की सुसज्जित मूर्ति तो उनकी पहुँच से बहुत दूर थी, परन्तु रथ के ऊपर बैठे हुए पुजारी भगवान् के चरणों से पुष्प उठा-उठाकर नीचे फेंकते जा रहे थे, जिन्हें श्रद्धालु अपने हाथों या झोलियों में लोक लेते थे, और उन्हें प्रसाद समझकर सिर-माथे से लगाते।

भगवान् के रथ के बिलकुल साथ, पिछली ओर सजे-सजाये हाथियों की एक लम्बी-सी पंक्ति थी। हाथियों के शरीर बहुमूल्य दुशालों से ढँके हुए थे जिन पर सोने-चाँदी के तारों की बड़ी ही सुन्दर कढ़ाई की गयी थी। हाथियों की पीठ पर अम्बारियाँ रखी हुई थीं, और हाथी मानो मदिरा के मद में झूम-झूमकर और शुण्ड हिला-हिलाकर आगे को बढ़े जा रहे थे। हाथियों के पीछे जनता की भीड़-भाड़ की कोई सीमा ही न थी।

बृज चुपचाप खड़ा सोच रहा था कि आख़िर वह क्या वस्तु है जिसने इन लाखों मनुष्यों को एक ही सूत्र में पिरो दिया है। वह कैसी मादकता या तन्द्रा है जो प्रत्येक व्यक्ति पर छा गयी है! वह कौन-सी ध्वनि है जो यद्यपि सुनायी नहीं दे रही है, फिर भी लाखों लोगों के क़दम उसी के स्वर-ताल पर नृत्य कर रहे हैं।

सम्भवत: यह बात समझने की नहीं, अनुभव करने की थी—परन्तु बृज समझना चाहता था।

एकाएक बृज को ध्यान आया कि इस समय कंचन कहाँ होगी। नृत्य करनेवाली युवतियों में वह हो ही नहीं सकती थी, और यह भी सम्भव नहीं था कि वह जुलूस में न आयी हो। बृज ने अनुमान लगाया कि वह अवश्य इन हाथियों में से किसी के ऊपर बैठी होगी। जहाँ तक आकृतियाँ पहचानी जा सकती थीं, वहाँ तक तो वह दिखायी नहीं दे रही थी, परन्तु हाथी तो बहुत दूर तक फैले हुए थे। वह उनमें से किसी पर भी हो सकती थी।

हाथी गुज़र गये तो पीछे बहुत-सी बैलगाड़ियाँ दिखायी दीं। जिनमें से कुछ तो कंचन की बहली जैसी थीं, और सब-की-सब ख़ूब सजी हुई थीं। ये बहलियाँ यात्रा-दल की पूँछ की तरह सीधी पंक्ति में पीछे-पीछे लटकती चली आ रही थीं। बहुत-सी जनता इन बहलियों और बैलगाड़ियों के आसपास सटी-सटायी चल रही थीं। भजन गाये जा रहे थे।

बृज ने अपनी जगह खड़े-खड़े सारे यात्रा-दल को गुज़रते देखा, परन्तु यात्रा-दल के गुज़रते ही सभी लोग उसके पीछे-पीछे हो लिये। अब बृज के लिए अपने स्थान पर स्थिर खड़े रहना असम्भव था। उसे भी बरबस मनुष्यों के इस रेले के साथ-साथ यात्रा-दल के पीछे-पीछे बढ़ना पड़ा। इस तरह चलते हुए बृज की चेष्टा चलती रही कि वह भीड़ को धीरे-धीरे चीरता हुआ किनारे पर लग जाये। एकदम

तो किसी ओर को भी हटना असम्भव था, परन्तु धीरे-धीरे बृज किनारे की ओर बढ़ने में सफल हो गया। जब वह भीड़ के मुख्य धारे से निकल गया तो उसने अपने क़दम भी रोकने आरम्भ कर दिये, क्योंकि वह यात्रा-दल के साथ नहीं जाना चाहता था। ठीक उसी समय उसके हाथ को किसी ने कोमलता से पकड़ते हुए कहा, "तुम रुक क्यों रहे हो, क्या यात्रा-दल के साथ नहीं चलोगे?"

वह इस स्वर को पहचानता था, सुप्रिया के हाथ के स्पर्श को भी पहचानता था, परन्तु आश्चर्य केवल उसे इस बात पर हो रहा था कि जब भी सुप्रिया उसके निकट आती तो उसकी शिराओं में रक्त तेज़ी से संचरित होने लगता।

उसने अपने मन की दशा कभी सुप्रिया पर प्रकट नहीं होने दी। अब भी उसने अपने-आपको सँभालकर सुप्रिया की ओर देखा। वह गुड़िया की तरह सजी हुई थी, उसके पार्श्व में सलोनी चल रही थी, और उसके पीछे-पीछे उसकी कुछ अन्य सखियाँ भी आ रही थीं जो आँखों-ही-आँखों में मुस्करा रही थीं। बृज ने गम्भीर स्वर में कहा, "यात्रा-दल के साथ चलने का मेरा कोई विचार नहीं है।"

सुप्रिया ने हँसकर कहा, "तब तो बहुत ही अच्छा है।"

यह सुनकर बृज के कान खड़े हो गये। क्या उससे त्रुटि हो गयी, क्या उसे ये शब्द नहीं कहने चाहिए थे। उसके मन में एक भय-सा उत्पन्न हुआ कि इस समय वह सुप्रिया को अवश्य मूर्ख-सा दिखायी दे रहा होगा। वह बोला, "परन्तु हो सकता है कि मैं अपना विचार बदल दूँ।"

"हाँ-हाँ, विचार बदलने का तुम्हें पर्याप्त अवकाश भी मिलेगा।"

बृज ने प्रश्नसूचक दृष्टि से सुप्रिया की ओर देखा। वह बोली, "बाज़ार के दूसरी ओर महाराज वेदी पर खड़े होकर भगवान् की सवारी के दर्शन करेंगे। वहीं पर भगवान् की आरती उतारी जायेगी, पूजा होगी, और उतनी देर तक यात्रा-दल रुका रहेगा। तात्पर्य यह है कि इतने समय में तुम इस बात का निर्णय कर सकते हो कि तुम्हें यात्रा-दल के साथ-साथ चलना है या नहीं चलना।"

बृज ने रुककर अपने दोनों हाथ कमर पर रख लिये और सुप्रिया की आँखों में आँखें डालकर बोला, "क्या मैं पूछ सकता हूँ कि सुप्रिया जी का क्या विचार है? वे जुलूस के साथ-साथ चलेंगी, या यहीं कहीं रुक जायेंगी।"

"हाँ-हाँ, तुम अवश्य पूछ सकते हो।"

"तो बताओ?"

सुप्रिया ने अपनी सखी की ओर दृष्टिपात करते हुए का, "तुम्हीं बता दो।"

सलोनी ने बृज से कहा,"सुप्रिया जी का विचार है कि वे आपके साथ-साथ रहेंगी। चाहे आप यात्रा-दल के साथ रहें, चाहे रुक जायें...उन्हें इनमें से किसी भी बात पर कोई आपत्ति नहीं होगी।"

बृज ने सिर को तनिक-सा झुकाकर कहा, "सलोनी, यह तो मेरा अत्यन्त सौभाग्य है कि तुम्हारी सखी ने ऐसा निश्चय कर रखा है।"

यह सुनते ही सुप्रिया ने एकदम बृज के दोनों हाथों को अपने हाथों में समेटने की चेष्टा करते हुए अत्यन्त उत्सुकता से पूछा, "सच, बृज, सच-मुच तुम इसे अपना सौभाग्य समझते हो?"

बृज ने उसकी बात का उत्तर दिये बिना उसकी अन्य सखियों पर दृष्टि डालते हुए कहा, "मैं सोचता हूँ कि आप सब-कुछ खाना-पीना पसन्द करेंगी?"

सलोनी झट से बोली, "अवश्य।...हमने तो आपको पहले ही बता दिया था।"

बृज ने अपने ऊँचे क़द को और भी ऊँचा करके आसपास की दुकानों पर दृष्टि दौड़ाते हुए कहा, "भला यहाँ पर खाने-पीने की अच्छी दुकान कौन-सी होगी? अच्छा हो यदि आप अपनी पसन्द की दुकान पर मुझे भी ले चलें।"

सुप्रिया अत्यन्त हँसमुख लड़की थी। अपनी बात का उत्तर न पाकर भी वह निराश नहीं हुई, और बृज की उँगलियाँ दबाते हुए बोली, "क्या तुम्हें भी भूख लगी है?"

"बहुत देर से।"

सलोनी बोली, "बेचारे हमारी प्रतीक्षा कर रहे होंगे। इन्होंने सोचा होगा कि पहले से ही पेट भर लूँगा तो सुप्रिया और उसकी सखियों के साथ बैठकर क्या खा सकूँगा।"

सुप्रिया ने केवल इतने ऊँचे स्वर में कि जिसे बृज ही सुन सके, कहा, "परन्तु मेरी भूख तो शान्त हो गयी।"

बृज के मुँह से अनायास ही निकला, "क्यों?"

सुप्रिया उसके कन्धे पर दोनों हाथ रखकर अपने मुँह को जहाँ तक सम्भव था उसके कान के निकट ले जाकर, बोली, "तुम्हें देखकर!"

बृज को मुस्कराना पड़ा। परन्तु उसने यह कहकर अपने मन को आश्वस्त किया कि जिस ढंग से वह मुस्कराया था, उससे सुप्रिया को कोई भ्रम नहीं होगा।

कुछ ही देर बाद वे एक बड़ी-सी दुकान के अन्दर पत्थर की वेदी पर बैठ गये। सुप्रिया के कहने से दुकानदार ने वेदी पर उजली-सी चादर बिछा दी। वे सब पालथी मारकर वेदी पर बैठ गये। साफ़-सुथरे पत्तलों पर खाद्य-वस्तुएँ आने लगीं और मिट्टी के कुल्हड़ों में पानी मिला।

अभी वे खा-पी ही रहे थे कि यात्रा-दल से महाराज की जय के स्वर उठने लगे। बृज एकदम उठकर खड़ा हो गया। राजमार्ग के दूसरी ओर वह वेदी दिखायी दे रही थी, परन्तु पर्याप्त दूर थी। इतनी दूर से किसी की आकृति पहचानना असम्भव

था। सुप्रिया भी वेदी पर खड़ी हो गयी। उसने उँगली उठाकर संकेत करते हुए कहा, "जिनके सिर पर छत्र देख रहे हो वही महाराज रामराय जी हैं।"

बृज ने देखा कि रामराय जी की मूँछें दूध की तरह सफ़ेद हैं, सिर पर पगड़ी बँधी है, अत्यन्त सुन्दर वस्त्र धारण किये हुए हैं। परन्तु इतनी दूर से उनके रूप-रंग का ठीक अनुमान लगाना असम्भव था। जिस ढंग से वे खड़े थे उससे लगता था कि वे स्वस्थ और शक्तिशाली हैं।

सुप्रिया ने फिर बताया, "उनके एक क़दम पीछे, दायें-बायें उनके भाई खड़े हैं। एक तिरूमल जी हैं, और दूसरे वेंकटदेव पति जी हैं।"

वेदी के आगे भगवान् की मूर्तिवाला रथ काफ़ी देर तक खड़ा रहा। बृज ने महाराज रामराय जी को वेदी से उतरते देखा, फिर उसे यह नहीं पता चला कि वहाँ क्या हुआ, और क्या नहीं हुआ।

बृज और सुप्रिया ने बैठकर फिर खाना-पीना आरम्भ कर दिया। इतनी देर में बृज सोचता रहा कि अब इन लड़कियों से पीछा छुड़ाना असम्भव है। उसे निर्णय इस बात का करना था कि वह इन लड़कियों सहित यात्रा-दल के साथ-साथ चले या न चले। यात्रा-दल के साथ चलने में भय इस बात का था कि कहीं कंचन उन्हें देख न ले। अतः जब यात्रा-दल आगे बढ़ने लगा तो सुप्रिया ने पूछा, "बोलो, यात्रा-दल के साथ-साथ चलना है, या नहीं?"

"नहीं... यात्रा-दल के साथ चलकर क्या करेंगे।"

"बहुत अच्छी बात है। अब यह सोचना होगा कि हम सब मिल-जुलकर कहाँ को जायें?"

बृज ने कुछ कहना उचित नहीं समझा। उसने इसका निर्णय भी सुप्रिया पर ही छोड़ दिया। सुप्रिया ने सलोनी की ओर देखते हुए कहा, "क्यों सलोनी, यदि नदी किनारे चलें तो कैसा रहेगा?"

सलोनी उछलकर बोली, "बहुत अच्छा सुझाव है, क्यों सखियों, तुम लोगों का क्या विचार है?"

सबने तालियाँ बजाकर हाँ-में-हाँ मिलायी।

बृज ने आपत्ति उठायी, "परन्तु यहाँ से नदी बहुत निकट तो है नहीं, हम वहाँ तक पहुँचेंगे कैसे? मेरी तो कोई बात नहीं, मैं तो वहाँ तक पैदल भी चल सकता हूँ, परन्तु आपके अलक्तक लगे पाँवों में तो छाले पड़ जायेंगे।"

सलोनी ने तुरन्त उत्तर दिया, "आप इसकी चिन्ता ही मत कीजिये। बाज़ार के उस कोने में हमारी बैलगाड़ी खड़ी है। हम सब उसी में बैठकर चलेंगे।"

बृज ने सोचा कि ये लड़कियाँ तो सचमुच ही अत्यन्त चतुर हैं, हर बात का प्रबन्ध किये हुए हैं। उसे चुपचाप लड़कियों के साथ चलना पड़ा। बैलगाड़ी में बैठकर

वे नदी की ओर चल दिये। बृज ने कहा, ''मैं अपना घोड़ा राजमहल के बाहरवाले एक द्वारपाल के पास छोड़ आया हूँ। वापसी पर मुझे बड़ी कठिनाई होगी।''

''तुम व्यर्थ चिन्ता क्यों करते हो? वापसी पर हम सब मन्दिर के आगे उतर जायेंगी और गाड़ी तुमको द्वारपाल तक छोड़ आयेगी।''

बृज का विचार था कि नदी का मार्ग काफ़ी सुनसान होगा, परन्तु ऐसा नहीं था। चाँद की चाँदनी में मार्ग भी दिखायी दे रहा था, और बहुत-से नाविक तथा अन्य लोग आ-जा भी रहे थे।

नदी के किनारे पहुँचकर शेष सखियाँ तो रेत पर उछल-कूदकर हुड़दंग मचाने लगीं परन्तु सुप्रिया ने बैलगाड़ी में से मोटी-सी चादर निकालकर रेत पर बिछा दी, और वे दोनों उस पर बैठ गये।

गाड़ीवान अपने किसी नाविक मित्र से मिलने के लिए चल दिया। कुछ देर तक वह रेत पर औंधी पड़ी नौकाओं में से जाता हुआ दिखायी देता रहा, फिर दृष्टि से ओझल हो गया।

सुप्रिया ने बृज को मौन बैठे देखकर पूछा, ''क्या सोच रहे हो?''

''कुछ नहीं—परन्तु सुप्रिया, स्मरण है हमारी पहली भेंट कैसे हुई थी?''

''मुझे सब-कुछ स्मरण है। मैं प्रत्येक भेंट को अन्तिम भेंट समझती हूँ इसलिए भुला नहीं पाती।''

''लेकिन, सुप्रिया, तुमने पहले-पहल मुझे बिना झिझक के क्यों पुकारा था और फिर बिना संकोच मेरे साथ नदी के पार भी गयीं।''

सुप्रिया हँसकर बोली, ''जब मुझे पता चला कि कंचन जी ने मुझे पसन्द कर लिया है और मुझे सदा के लिए उन्हीं के पास रहना पड़ेगा, तभी उन्हीं की एक दासी ने तुम्हारे विषय में भी बताया था।''

''चन्द्रिका ने?''

''नहीं, नाम नहीं बताऊँगी।''

''तुमने मुझे पहचाना कैसे?''

''एक बार तुम बाज़ार में से गुज़र रहे थे, कालाफ़ाम तुम्हारे साथ था। कालाफ़ाम को मैं अच्छी तरह पहचानती थी, तुम्हें उसके साथ देखकर मैं समझ गयी कि तुम कौन हो।''

इसके बाद उन दोनों की बहुत देर तक बातें होती रहीं। वे बातें तो महत्त्वपूर्ण नहीं थीं, परन्तु बृज ने अनुभव किया कि सुप्रिया गम्भीर ढंग से भी बातचीत कर सकती है।

आख़िर गाड़ीवान आया तो वे सब बैलगाड़ी पर लदकर विट्ठल स्वामी के मन्दिर तक पहुँचे। सभी लड़कियाँ उतर गयीं और सुप्रिया ने सबकी ओर से उसे

धन्यवाद दिया। फिर बैलगाड़ी उसे द्वारपाल तक छोड़ आयी। बृज अपने घोड़े पर सवार होने को ही था कि द्रोण जी राजमहल से आते दिखायी दिये। वे घोड़े पर सवार थे दोनों मिल गये तो द्रोण जी ने बताया कि आज वे महाराज रामराय जी से भेंट करने गये थे। विदा होने से पूर्व द्रोण जी ने कहा, "अच्छा हुआ तुम मिल गये। परसों मध्याह्न के समय तुम मेरे पास आ सको तो बहुत अच्छा हो। कुछ और लोग भी हैं जिनसे बातचीत होगी, इसलिए तुम्हें भी वहाँ उपस्थित रहना चाहिए।"

बृज ने वचन दिया कि वह अवश्य आयेगा।

द्रोण जी जाने लगे तो न जाने क्यों बृज ने प्रश्न कर डाला, "द्रोण जी, इन स्त्रियों का क्या करना चाहिए?"

द्रोण जी उसके गोलमोल प्रश्न से कुछ आश्चर्य में पड़ गये, फिर उनकी मूँछें फड़फड़ायीं और वे बोले, "मेरे विचार में स्त्रियों का उपयोग होना चाहिए।"

उपयोग?—बृज ने सोचा कि द्रोण जी ने भी कितना विचित्र शब्द कहा है। आख़िर इसका अर्थ क्या हो सकता है।

द्रोण जी ने उसका कन्धा थपथपाते हुए कहा, "यह तो विवशता की बात है। जब प्रकृति ने इस संसार में इतनी स्त्रियाँ पैदा कर रखी हैं तो उनका उपयोग भी होना चाहिए।—आख़िर इसके अतिरिक्त उपाय ही क्या है?"

इतना कहकर द्रोण जी तो अपना घोड़ा बढ़ा गये और बृज का घोड़ा भी धीरे-धीरे टापें मारता हुआ घर की ओर चल दिया।

बृज द्रोण जी की बात पर मन-ही-मन मुस्कराने लगा। यदि कोई उससे पूछता तो वह अपनी मुस्कराहट का कारण कदापि न बता पाता।

आठ

१

निश्चित समय पर जब बृज द्रोण जी के निवास-स्थान पर पहुँचा तो जिस दास ने उसके घोड़े की लगाम थामी उसी से पता चला कि कुछ अन्य लोग भी आये हैं, जो निवास-स्थान से दूर टीले की छोटी-सी गुफा के आगे वृक्षों के झुरमुट के नीचे बैठे हैं। बृज के लिए भी द्रोण जी का यही सन्देशा था कि वह सीधे वहीं चला आये। दास उसे वहाँ ले जाने के लिए तैयार हुआ, परन्तु बृज ने उसे रोकते हुए कहा कि मुझे यहीं से बता दो, मैं स्वयं वहाँ पहुँच जाऊँगा।

दास की बतायी हुई दिशा की ओर, सरोवर के निकट से होते हुए, जब वह कुछ दूर बढ़ा तो उसे गुफा, वृक्षों का झुण्ड और उसके नीचे टहलते हुए कुछ लोग दिखायी दिये, जिनकी संख्या बीस-इक्कीस के लगभग थी। जब वह निकट पहुँचा तो उनमें उसे अपने परिचितों में तो कोई न मिला, फिर भी उनमें से कुछ चेहरों को वह द्रोण जी के यहाँ देख चुका था।

बृज ने दोनों हाथ जोड़ दिये, जिसके उत्तर में कुछ लोगों ने भी हाथ जोड़ दिये। किसी से कोई बात नहीं हुई। बृज धीरे-धीरे चलता हुआ एक वृक्ष से टेक लगाकर खड़ा हो गया।

उन लोगों में युवक भी थे, अधेड़ आयु के भी और वृद्ध भी थे। कुछ महिलाएँ भी आयी हुई थीं, जिनकी आयु पैंतीस और पैंतालीस के बीच में होगी। महिलाओं का दल अलग था, वे आपस में हँस-हँसकर धीरे-धीरे बातें कर रही थीं। पुरुष भी छोटे-बड़े दलों में तनिक ऊँचे स्वर में बोल रहे थे, परन्तु उन बातों का उद्‌देश्य सिवा गप-शप के कुछ और नहीं था। बृज चुपचाप, अलग-अलग खड़ा, उन लोगों को बिछलती दृष्टि से देख रहा था।

थोड़ी ही देर में वहाँ आये हुए लोगों में उसकी रुचि समाप्त हो गयी और वह दूर तक दृष्टि दौड़ाने लगा। इस ऊँचे टीले या पहाड़ी से वह दूर-दूर तक देख सकता था। हरे-भरे खेत, कृषक, ऊँटों के सार्थवाह, धोबी और उनके गधे, कहीं-कहीं ऊँचे वृक्षों के झुरमुट; सपाट आकाश में उड़ती हुई चीलें और गिद्ध... इसी प्रकार की वस्तुओं को देखते हुए वह अपना समय काटने लगा।

इतने में ही बातों का हलका-हलका कोलाहल बन्द हो गया और सबकी दृष्टि एक ही ओर को उठ गयी। बृज ने भी उसी तरफ़ देखा तो द्रोण जी बड़ी फुर्ती से आते हुए दिखायी दिये। उनका शरीर भारी था, परन्तु उनके पाँव युवकों की भाँति बड़ी तेज़ी से उठ रहे थे। सदा की भाँति अब भी बृज को उनका भरपूर, चिकना और चमकता हुआ सिर अत्यन्त सुन्दर लगा। जब द्रोण जी निकट पहुँचे तो वे सभी के हाथ जोड़ देने पर केवल मुस्करा दिये। एक वृक्ष के तने के समीप बनी हुई छोटी-सी वेदी की ओर बढ़ते हुए केवल एक बार उनकी आँखें बृज की आँखों से मिलीं, वे मुस्करा दिये, परन्तु मुँह से कुछ नहीं बोले।

जब वे वेदी पर बैठे तो उनके पाँव धरती पर टिके हुए थे और बड़ा पेट कुछ और आगे को ढलक आया था। उनके पाँव नंगे थे, क्योंकि वे नंगे पाँव ही आये थे। वे अपने दाहिने पाँव के अँगूठे और उँगलियों के बायें पाँव के अँगूठे को दबाकर मानो उसकी गर्दन मरोड़ने का प्रयत्न कर रहे थे। दूसरे लोग या तो वहाँ रखे छोटे-छोटे शिला-खण्डों पर बैठ गये, या पसरकर घास पर बैठ गये। किसी ने कोई बात नहीं कही और न द्रोण जी ही बोले।

द्रोण जी का सिर तनिक आगे को झुका हुआ था। कभी वे अपने होंठों को भींच लेते, कभी उन्हें ढीला छोड़ देते। उनके माथे का ऊपरवाला भाग दमक रहा था, जैसे उसके भीतर दीपक जल रहे हों। बहुत अधिक गम्भीर होते हुए भी उनके होंठों पर एक हलकी-सी मुस्कराहट खेल रही थी। एकाएक उनके चेहरे से लगा जैसे उन्होंने किसी बात का निश्चय कर लिया हो। अब वे एक हाथ को उलटकर अपने नखों को देखने लगे। फिर बिना दृष्टि उठाये उन्होंने कहना आरम्भ किया, "मैं आप लोगों को विद्वान् समझकर कुछ कहने नहीं जा रहा हूँ, परन्तु उसके साथ ही मैं अनुभव करता हूँ कि आप सब में कुछ समझने और ज्ञान प्राप्त करने की लगन है। मैं यह भी जानता हूँ कि आप विद्वान् न होते हुए भी अत्यन्त प्रखर बुद्धि के स्वामी हैं और आप में कुछ ऐसे सज्जन भी हैं जो इस प्रकार के व्यवसाय कर रहे हैं, जिनमें सफलता की प्राप्ति के लिए सामान्य से अधिक सूझ-बूझ की आवश्यकता है। प्राय: विद्वान् अपने-अपने क्षेत्र के बन्दी बनकर रह जाते हैं। उनकी विद्वत्ता के बावजूद मुझे उनसे बातचीत करते समय उनके विचारों की घुटन का आभास होने लगता है...जब इस ढंग से सोचता हूँ तो मुझे लगता है कि आप अधिक अच्छी स्थिति में हैं, क्योंकि आपके मस्तिष्क में पहले से ही मकड़ियों ने अपने जाले नहीं लगा रखे—परन्तु

इसका यह अर्थ नहीं है कि मैं विजयनगर के बड़े-बड़े विद्वानों को तुच्छ समझता हूँ—जिस बात पर मैं बल देता हूँ वह यह है कि इस विद्वत्ता के पीछे व्यक्तित्व कैसा है।

"यहाँ पर विद्वानों से मेरा मतभेद हो सकता है...या है। जो बात मैं आपको समझाना चाहूँगा वह यह है कि अधिकतर विद्वान् सोये-सोये अपना जीवन व्यतीत कर देते हैं। मैं मनुष्य की इस निद्रा के सम्बन्ध में पहले भी आपको बता चुका हूँ। स्मरण रखिये कि ऐसे विद्वानों की निद्रा दूसरों की अपेक्षा और भी गहरी होती है, क्योंकि जिस क्षेत्र के वे विद्वान् होते हैं; उसी के वे बन्दी बन जाते हैं—ऐसे बन्दी जिन्हें आसपास की बहुत कम जानकारी होती है...सम्भवत: आपको उलझन हो रही होगी, मैं अभी आपकी इस उलझन को दूर करने की चेष्टा करूँगा।

"ज्ञान हमें कैसे प्राप्त हो सकता है...यह विषय संसार के सभी दर्शनों में अत्यन्त महत्त्वपूर्ण माना जाता है। ज्ञान क्या है, कैसे प्राप्त किया जा सकता है आदि, इन विषयों पर हमारी फिर कभी बातचीत होगी। आज जिस बात पर मैं बल देना चाहता हूँ और जो मैं आपको समझाना चाहता हूँ, वह यह है कि ज्ञान और अस्तित्व का परस्पर क्या सम्बन्ध है।—अपने-आपको दोहराने का मेरा पुराना स्वभाव है। मैं फिर कहना चाहता हूँ कि अभी हमारा उद्‌देश्य आगे बढ़कर ज्ञान के असीम सागर पर दृष्टि डालना नहीं है, वरन् यह जानना है कि उस महासागर पर दृष्टि दौड़ानेवाला है कौन? संक्षेप में, क्या अस्तित्व को भुलाकर ज्ञान प्राप्त किया जा सकता है? यदि ऐसा सम्भव है तो ऐसे ज्ञान का क्या महत्त्व है?"

एक वृद्ध सज्जन बोले, "द्रोण जी, मैं एक बात पूछने जा रहा हूँ, जो हमें आज के विषय से तनिक दूर ले जायेगी। परन्तु मैं और मेरे कुछ साथी यह अनुभव करते हैं कि यदि आप पहले हमारे मन की यह शंका मिटा दें, तो हमें आपकी आगे की बातें समझने में बहुत सुविधा होगी।"

द्रोण जी ने घनी भँवों तले चमकती हुई आँखें उन सज्जन पर गाड़कर कहा, "आप अपनी शंका बताइये, कोई हानि नहीं यदि हम थोड़ी देर के लिए अपने आज के विषय से दूर भी चले जायें—।"

"आपने हमें एक वृत्त के द्वारा समझाया था कि हमारे अनेक व्यक्तित्व हैं। चूँकि आज आपने अस्तित्व की बात छेड़ी है, इसलिए हम अनुभव करते हैं कि पहले व्यक्तित्ववाली बात इस सीमा तक समझ में आ जानी चाहिए कि जिससे अस्तित्व और ज्ञान का पारस्परिक सम्बन्ध अधिक स्पष्ट रूप में हमारे समक्ष आ सके। प्रश्न यह है कि उन अनेक व्यक्तित्वों में से हमें अपना वास्तविक व्यक्तित्व अपनाने के लिए क्या करना चाहिए। यदि हम ऐसा नहीं करते, तो आपके कथनानुसार हममें और किसी यन्त्र में कोई अन्तर नहीं रहता। आपने हमारे शरीर में चेतना के केन्द्रों की बात की थी, आपने मनुष्य की अटूट निद्रा का उल्लेख किया था, परन्तु घूम-फिरकर

हमारे मन में यही शंका सिर उठाती है कि हमारे भीतर जो इतने व्यक्तित्व एक-दूसरे से उलझे हुए हैं, उनमें किसी प्रकार का समझौता कराना सम्भव है या नहीं?''

''सम्भव है। इस सम्बन्ध में आपका पहला क़दम यह होना चाहिए कि आप अपने-आपको देखते रहें। बिलकुल ऐसे ही जैसे आप मुझे या किसी अन्य व्यक्ति को देखते हैं। स्मरण रखिये मैंने शब्द देखने का प्रयोग किया है, जिसका अर्थ यह है कि आप अपने-आपको आलोचनात्मक दृष्टि से देखें। आरम्भ से ही अपने व्यक्तित्वों की आलोचना करने से लाभ के स्थान पर हानि हो सकती है। आप केवल अपने व्यक्तित्वों को देखते रहें कि वे कैसे-कैसे अपना-अपना काम करते हैं, कैसे एक-दूसरे को पछाड़ने की चेष्टा करते हैं, कैसे एक-दूसरे को मिटा डालने का प्रयास करते हैं। आप अपने-आपसे अलग होकर अपने-आपको केवल देखते रहिये—किसी व्यक्तित्व की आलोचना मत कीजिये, उसे सुधारने का प्रयास न कीजिये और उसके कारण किसी प्रकार के भय या लज्जा का अनुभव न कीजिये। मुझे आशा है कि यह पहला क़दम उठाना आपके लिए कठिन नहीं होगा।''

एक महिला ने प्रश्न किया, ''क्या केवल इतना करने से हमें कोई लाभ होगा?''

द्रोण जी ने उत्तर दिया, ''अवश्य होगा। सबसे पहली बात यह होगी कि आप अपने-आपको समझने लगेंगी। अपितु कहना चाहिए कि आपको जीवन में पहली बार अपना परिचय प्राप्त होगा। केवल साधारण रूप में अपने-आपको देखते रहने से ही आपके भीतर कुछ परिवर्तन आ जायेंगे। इसके बाद इसकी शृंखलाएँ चित्त-वृत्ति से जा मिलती हैं। सभी धर्मों में चित्तवृत्ति पर बल भी दिया जाता है, और साधन भी बताये जाते हैं। परन्तु हमारा यह लक्ष्य नहीं है। हमें चित्तवृत्ति के बल पर किसी भगवान् या मोक्ष को नहीं प्राप्त करना है। आपका सम्बन्ध, जहाँ तक मेरे सिद्धान्तों का सम्बन्ध है, केवल अपने-आप तक ही सीमित रहेगा। मेरी शिक्षा का आरम्भ आपसे होता है और इसका अन्त भी आप पर ही होगा। इसके पश्चात् आप किस धर्म को अपनाते हैं या नहीं अपनाते, या क्या करते हैं क्या नहीं करते—यह बताना मेरा काम नहीं है। न मैं आपसे यह जानना चाहूँगा कि आप क्या करने जा रहे हैं—या करने जा रही हैं।''

इतना कहते-कहते द्रोण जी ने सब पर घूमती हुई दृष्टि को एक बार फिर उसी महिला पर केन्द्रित कर दिया। पल-भर बाद सबको सम्बोधित करते हुए बोले। जब आप इतना कुछ कर चुकेंगे तो फिर मैं आपको कुछ क्रियाएँ बताऊँगा, जिनकी सहायता से आप अपने वास्तविक व्यक्तित्व को बलवान् बना सकेंगे—मेरे विचार में अब आपकी शंका दूर हो जानी चाहिए; परन्तु आप अपने-आपको देखने के विषय में कुछ अधिक जानना चाहें तो मुझसे बातचीत कर सकते हैं—क्या अब हम आज के विषय पर वापस आ सकते हैं?''

द्रोण जी का यह प्रश्न सुनकर कुछ लोग धीरे से हँस दिये।

द्रोण जी ने फिर कहना आरम्भ किया, ''अधिकतर लोग यह भी नहीं समझते कि अस्तित्व का अर्थ क्या है। वे जीवित रहने को ही 'अस्तित्व' समझते हैं; अर्थात् वे इन दोनों में कोई अन्तर नहीं देख पाते। कम-से-कम आपके लिए यह समझना अत्यन्त आवश्यक है कि मैं इस शब्द का किस अर्थ में प्रयोग कर रहा हूँ। जीवन के कई स्तर हैं और मनुष्य इनमें से किसी भी स्तर पर रहकर जीवन व्यतीत कर सकता है। मैं एक अन्य उदाहरण भी देना चाहूँगा : वह यह कि पत्थर और पौधे के अस्तित्व में बड़ा अन्तर है, इसी तरह पौधे और मनुष्य के अस्तित्व में अन्तर है। इस समय जो बात समझनी आपके लिए आवश्यक है वह यह है कि मनुष्य के अस्तित्व में भी बड़ा अन्तर या दूरी हो सकती है।''

इतना कहकर द्रोण जी चुप हो गये। वे जानते थे कि उनके श्रोता इस क्षेत्र के लोग नहीं हैं, और उन्हें उनकी हर बात अच्छी तरह समझने और पचाने के लिए कुछ समय की आवश्यकता है। बृज ने देखा कि सभी लोग द्रोण जी के इस स्वभाव को जानते और पसन्द करते हैं।

कुछ क्षण मौन रहने के बाद द्रोण जी ने फिर कहा, सामान्य मनुष्यों की बात छोड़िये, अच्छे-अच्छे विद्वान् इसका अनुभव नहीं कर सकते, या नहीं करते...कि ज्ञान अस्तित्व पर कितना निर्भर करता है। वे समझते हैं कि जब हमारा ज्ञान बढ़ रहा है तो फिर उसमें अस्तित्व की टाँग क्यों अड़ायी जाये। परन्तु मेरी दृष्टि से ऐसे विद्वान्, अपनी सारी विद्या और ज्ञान के होते हुए भी गहन निद्रा में डूबे हुए हैं। मैं पहले भी कह चुका हूँ...ऐसे विद्वान् सोये-सोये विद्या प्राप्त करते हैं, सोये-सोये उन्हें लोग मान्यता देते हैं, और वे सोये-सोये ही मर जाते हैं। अब मैं इस सम्बन्ध में एक बात और कहने जा रहा हूँ, जिसे आप अत्यन्त ध्यानपूर्वक सुनिये...।''

इतना कहकर द्रोण जी उठे, और धीरे-धीरे श्रोताओं के घेरे में टहलने लगे। बृज ने फिर अनुभव किया कि उनके स्वर की जादू भरी गूँज काफ़ी समय तक वातावरण में थरथराती रहती है। उस स्वर में एक प्रकार का संगीत है, एक अनजाना-सा दबाव या उत्सुकता भी है, जिससे श्रोता को अनुभव होता है कि जो कुछ वे कह रहे हैं उसे सुनना, उसे समझना, और उसे अपनाना उसके लिए अत्यन्त आवश्यक है।

द्रोण जी का स्वर फिर वातावरण में गूँजा; ''वह ज्ञान, जो अस्तित्व का साथ निबाहे बिना प्राप्त किया जाये, वह सदा ही अधूरा होता है। इसलिए कि वह पूरे ज्ञान का केवल एक अंश मात्र होता है और इस सीमा से आगे जाने में असफल रहता है : यह है सबसे बड़ी हानि जो बिना अस्तित्व को साथ लिये केवल बुद्धि के बल पर ज्ञान प्राप्त करने से होती है।—ऐसे विद्वान् प्राय: अपने भीतर सामान्य मनुष्यों से भी अधिक पिछड़े हुए होते हैं। मनुष्य का सन्तुलित एवं समुचित विकास तभी सम्भव हो सकता है यदि वह ज्ञान और अस्तित्व की समानान्तर रेखाओं पर चले। अस्तित्व

की उन्नति के लिए हमें अपनी त्रुटियों से संघर्ष करना पड़ता है, विशेषत: उन त्रुटियों से, जो हमारी निद्रा के कारण उत्पन्न होती हैं। इसके साथ-ही-साथ हमें ज्ञान-प्राप्ति के हेतु प्रयास करना चाहिए। यदि हमारा ज्ञान अस्तित्व के आगे बढ़ जाता है तो उसका परिणाम यह होता है कि हमारे पास सिद्धान्त तो होते हैं, परन्तु हम उन्हें अपने काम में नहीं ला सकते; और यदि हमारा अस्तित्व ज्ञान को पीछे छोड़ जाये तो फलस्वरूप हमें ऐसी शक्तियाँ प्राप्त हो जाती हैं, जिन्हें प्रयोग में लाने के लिए हमारे पास विचार नहीं होते।''

जितने लोग वहाँ बैठे हुए थे वे द्रोण जी के मुँह से निकले हुए प्रत्येक शब्द को ध्यानपूर्वक सुन रहे थे—द्रोण जी आँखों-ही-आँखों में सबकी आकृतियों का पर्यवेक्षण कर रहे थे। यह जानने के लिए कि किसी के चेहरे पर उलझन के चिह्न तो नहीं हैं। उनकी सन्तुष्टि हो गयी तो उन्होंने बात आगे बढ़ायी, ''यहाँ तक पहुँचकर हमें एक अन्य बात पर ध्यान देना होगा। वह है ज्ञान और विवेक में अन्तर। यह सामान्य लोगों का भ्रम है कि वे इन दोनों शब्दों का एक ही अर्थ समझते हैं। ज्ञान से विवेक की प्राप्ति आवश्यक नहीं है। और यह भी आवश्यक नहीं है कि ज्ञान बढ़ते-बढ़ते विवेक का रूप धारण कर ले। अब प्रश्न यह है कि विवेक कैसे प्राप्त होता है। इसका उत्तर यह है कि ज्ञान और अस्तित्व के घनिष्ठ सम्बन्ध से ही विवेक का जन्म होता है। अब दूसरी महत्त्वपूर्ण बात सुनिये। जब हमें किसी वस्तु का विवेक प्राप्त हो जाता है तो इसके साथ ही हम उस वस्तु का दूसरी बड़ी वस्तु से सम्बन्ध भी अनुभव कर लेते हैं, जैसे बूँद से सागर का सम्बन्ध या एक मनुष्य और पूरी मनुष्य-जाति का सम्बन्ध; या मनुष्य-जाति और संसार के दूसरे जीवों का सम्बन्ध...इसी तरह पारस्परिक सम्बन्धों की ये शृंखलाएँ बहुत दूर तक चली जाती हैं, जिन्हें वह मनुष्य ही समझ पाता है जिसे विवेक प्राप्त हो जाये। ज्ञान एक बात है, और उस ज्ञान का विवेक बिलकुल दूसरी बात।''

अब फिर द्रोण जी अपने स्थान पर जाकर बैठ गये। वे चुप थे, और दूसरे लोग आपस में फुसफुसाकर बातें कर रहे थे। द्रोण जी मुस्कराने लगे, क्योंकि वे जानते थे कि जो कुछ अभी तक वे कह चुके हैं यह फुसफुसाहट उसी के सम्बन्ध में है। वे यह भी जानते थे कि यदि सब लोग उनकी बात समझ चुके हैं तो थोड़ी देर में यह फुसफुसाहट अपने-आप ही समाप्त हो जायेगी, अन्यथा उनसे प्रश्न पूछे जायेंगे। जब किसी ने कोई प्रश्न नहीं पूछा तो द्रोण जी आश्वस्त हो गये कि उनकी बातें सब की समझ में आ गयी हैं। उन्होंने अपने चिकने सिर पर हाथ फेरते हुए कहना आरम्भ किया, ''ज्ञान को ठीक ढंग से प्राप्त करने के लिए यह आवश्यक है कि एक से अधिक केन्द्र उसे प्राप्त कर सकें। जब हम किसी बात को एक ही केन्द्र द्वारा समझते हैं तो हमारा ज्ञान अधूरा रह जाता है। अब हम फिर पहलेवाली बात पर आते हैं कि हमें दो समानान्तर रेखाओं पर चलना होगा, अर्थात् ज्ञान की रेखा और अस्तित्व की

रेखा। मैं इस ओर भी संकेत कर चुका हूँ, कि इसके मार्ग में सबसे बड़ी बाधा हमारी 'निद्रा' है। इसीलिए हमें इस निद्रा की दशा से संघर्ष करना पड़ता है। यह निद्रा प्राकृतिक निद्रा से भिन्न है, क्योंकि यह निद्रा ऐसी ही है जैसे हमें किसी मादक वस्तु के खाने या सूँघने से नशा हो जाये। इस निद्रा के बहुत-से कारण हैं; और हमारा पहला कर्त्तव्य यह है कि उन कारणों को समझें, और उन्हें अपने मार्ग से दूर करें। इस निद्रा के पीछे हमारी चेतना के केन्द्रों के ग़लत ढंग से काम करने का भी बड़ा हाथ है। इनमें से हमारी सबसे बड़ी भूल यह है कि हम अपने आसपास की प्रत्येक वस्तु से तादात्म्य स्थापित कर लेते हैं। तादात्म्य स्थापित करने का अर्थ यह है कि कोई मनुष्य अपने-आपको खोकर केवल एक ही विचार, एक ही भावना या एक ही क्रिया में लीन कर दे, और उसे ही अपना जीवन समझने लगे। इसका परिणाम यह होता है कि चेतनता का स्तर अपने सामान्य स्तर से नीचे गिरने लगता है और हमारी चेतना का क्षेत्र सीमित होकर रह जाता है और हम एक ही विचार, एक ही दृष्टि और एक ही भावना के दास बनकर रह जाते हैं। यह स्मरण रखने की बात है कि तादात्म्य स्थापित करने का स्वभाव हमारा बहुत बड़ा शत्रु है। किसी काम में स्वयं वृत्ति लगाने और तादात्म्य स्थापित करने में अन्तर यह है कि पहली अवस्था में हमारा क्षेत्र साधारणत: विस्तृत हो जाता है और दूसरी अवस्था में यही चेतना का क्षेत्र सीमित हो जाता है। आरम्भ में ही अपने-आपको देखने या अपने-आपका स्मरण करने के मार्ग में भी तादात्म्य स्थापित करने का स्वभाव बहुत बड़ी बाधा है। यह स्वभाव हमारी निद्रा को और गहन कर देता है। कभी आप इस ओर ध्यान दें तो आपको पता चलेगा कि दिन-भर में हम न जाने कितनी बार कितनी वस्तुओं या विचारों या भावनाओं से अपने-आपका तादात्म्य स्थापित कर लेते हैं।''

यहाँ तक पहुँचकर द्रोण जी फिर उठे और अपने दोनों हाथ पीठ पर बाँधकर इधर-उधर टहलने लगे। अबकी वे अधिक समय तक मौन नहीं रहे, ''जो बात समझना इससे भी अधिक कठिन है, वह यह है कि कैसे मनुष्य अपने व्यक्तिगत दु:खों और दुर्भाग्य में ही लीन हो जाता है। बड़ी विचित्र बात है कि मनुष्य अपने सुखों का बलिदान करने को तो प्रस्तुत हो जाता है, परन्तु दु:खों को गले से लगाये रखना चाहता है। सम्भवत: यह बताने की आवश्यकता नहीं कि जो कोई भी सच्चे मन से अपना विकास चाहता है उसे अपनी शिकायतों और दु:खों की बलि देनी ही होगी। इस प्रकार की निषेधात्मक भावनाओं से अपने-आपका एकात्मीकरण किया जाये तो उस पर हमारी बहुत-सी शक्ति व्यर्थ व्यय होती रहती है, इस शक्ति को बचाना हमारा प्रथम कर्त्तव्य है। आप अपने जीवन में इस बात का ध्यान रखेंगे तो आपको स्वयं पता चल जायेगा कि आप अपनी कितनी शक्ति इस प्रकार व्यर्थ ही खो देते हैं। अब मैं यह भी बता दूँ कि जब हम अपने-आपको देखें या अपना स्मरण करें तो हमें आरम्भ में ही किसी वस्तु को अरुचिकर समझकर बदलने की चेष्टा नहीं

करनी चाहिए। यह तो हुई एक बात और दूसरी बात यह है कि हमें अपनी निषेधात्मक भावनाओं को एकदम से प्रकट नहीं कर देना चाहिए। प्रकट करने का अर्थ केवल शब्दों में ही नहीं, अपितु अपने किसी आचरण या व्यवहार या क्रिया से भी प्रकट नहीं होने देना है। यह मैं इसलिए कह रहा हूँ कि सामान्य लोगों का यह पुराना स्वभाव होता है कि वे अपनी अरुचिकर भावनाओं को प्रकट कर देते हैं और यह करते समय उन्हें बिलकुल ही इस बात का ध्यान नहीं रह जाता है कि वे क्या कह रहे हैं या क्या कर रहे हैं। यदि हम इस पर प्रतिबन्ध लगा दें तो हमें एक धक्का-सा लगेगा और हमें उन निषेधात्मक भावनाओं की चेतना हो जायेगी, किन्तु पहली अवस्था में ऐसा नहीं हो पाता। इस विषय पर फिर कभी और भी गहराई से विचार किया जायेगा, इस समय मैं केवल यही कहना चाहता हूँ कि ईर्ष्या-द्वेष, क्रोध, दूसरों को तुच्छ समझना आदि निषेधात्मक भावनाएँ हैं। धर्म हमें बताते हैं कि ये सब भावनाएँ पाप हैं, परन्तु मुझे इनके पाप या पुण्य होने से कोई प्रयोजन नहीं, मैं केवल यह कहना चाहता हूँ कि ऐसी भावनाएँ हमारे आन्तरिक विकास को रोक देती हैं और हमारी शक्ति व्यर्थ चली जाती है। यह भी मत भूलिये कि एक बार जब हम किसी निषेधात्मक भावना के चंगुल में फँस जाते हैं तो फिर जब तक उसकी सम्पूर्ण शक्ति निःशेष नहीं हो जाती, तब तक वह हमारा पीछा नहीं छोड़ती; बिलकुल उसी तरह जैसे वन में एक बार आग लग जाती है तो जब तक उसकी लपेट में आनेवाले सभी वृक्ष दग्ध या भस्म नहीं हो जाते तब तक वह आग बुझती नहीं। निषेधात्मक भावनाओं से बचने का सीधा-सा उपाय यह है कि हम सदैव सावधान रहें, और जब भी किसी निषेधात्मक भावना को अपनी ओर बढ़ते देखें तो उसका मार्ग छोड़ दें, नहीं तो बाद में उससे पीछा छुड़ाना असम्भव हो जायेगा।''

द्रोण जी सिर खुजाते हुए और मुस्कराकर बोले, ''कहिये, आप बहुत ऊबे तो नहीं?''

''जी नहीं।'' बहुत-से स्वर सुनायी दिये।

द्रोण जी ने उँगली उठाकर ऐसे कहना आरम्भ किया जैसे किसी बच्चे को समझा रहे हों, ''स्मरण रखिये कि निषेधात्मक भावनाएँ हमारे लिये नितान्त व्यर्थ हैं और प्रकृति की ओर से भी इनके लिए कोई स्थान नहीं है। बौद्धिक, गत्यात्मक तथा मूलप्रवृत्यात्मक केन्द्रों के नकारात्मक पक्ष तो हैं, परन्तु संवेगात्मक केन्द्र का नकारात्मक पक्ष नहीं है। निषेधात्मक भावनाओं का उत्पादन नितान्त कृत्रिम होता है और जीवन के लिए उनकी कोई आवश्यकता नहीं है।''

किसी ने पूछा, ''भय के सम्बन्ध में आपका क्या विचार है। इसे भी निषेधात्मक भावना समझा जाये?''

द्रोण जी ने उत्तर दिया, ''यह तो इस बात पर निर्भर करता है कि भय है किस प्रकार का। जब एकाएक हम ऐसा भय अनुभव करते हैं, जिससे हमारे शरीर को

हानि पहुँच सकती है तो वह भय निषेधात्मक नहीं कहा जा सकता। परन्तु हमारे मन में कई ऐसे भय होते हैं, जो कभी वास्तविकता का रूप धारण नहीं करते; ऐसे भय निषेधात्मक कहलायेंगे। कुछ लोग अपने मन में नये-नये भय गढ़ते रहते हैं और फिर बाद में इस बात पर भी बल देते हैं कि उनके ये भय निषेधात्मक नहीं हैं। इसी प्रकार हमें अपनी अन्य निषेधात्मक भावनाओं का दोष दूसरों पर नहीं धरना चाहिए। हमें निषेधात्मक भावनाओं का उत्तरदायित्व अपने-आप पर ले लेना चाहिए और उनके प्रति बहाने नहीं ढूँढ़ने चाहिए। यह असम्भव है कि हम अपनी निषेधात्मक भावनाओं का दोष दूसरों पर रखकर स्वयं उनके परिणाम से बच निकलें।...अब मैं फिर तादात्म्य के विषय की ओर लौटता हूँ। प्रत्येक मनुष्य अपना एक चित्र बनाता है; जो कुछ तो वास्तविक होता है और कुछ काल्पनिक। फिर वह सारी शक्ति इस बात पर लगा देता है कि उसका वही चित्र लोगों के समक्ष रहे। फलस्वरूप वह स्वयं कई उलझनों में फँस जाता है। इसीलिए वह अपनी त्रुटियों को गुण बनाकर प्रस्तुत करना चाहता है। इस तरह नयी-से-नयी कठिनाई उसके आगे खड़ी होती रहती है। इसी कारण हमारे मन में एक तनाव उत्पन्न हो जाता है। इसी तरह हम जिस किसी से मिलते हैं, उसका भी एक चित्र बनाते हैं, यह चित्र बनाना प्राय: मूर्खों का काम है, क्योंकि ऐसा चित्र बनाते समय हम यह भूल जाते हैं कि इसमें हमारे अपने विचार काम कर रहे हैं। हमें यह भी नहीं पता चलता कि वह चित्र वास्तव में कितना दूसरे का है और कितना वह हमारा अपना ही है। ऐसे अवसरों पर हम बिलकुल एक यन्त्र की भाँति कार्य करते हैं। ये दोनों कार्य तादत्म्य का ही रूप हैं।''

पल-भर के विराम के पश्चात् द्रोण जी बोले, ''मैं भली-भाँति अनुभव करता हूँ कि ये सब ऐसे विषय हैं, जिन पर अत्यन्त विस्तार से बातचीत होनी चाहिए — परन्तु अभी मैं आपको केवल इतना ही आश्वासन दे सकता हूँ कि हम इन विषयों पर प्राय: लौटते रहेंगे; क्योंकि जब मैं कोई नया विषय उठाऊँगा तो उसके प्रकाश में पहले की कही हुई बातें और भी स्पष्ट हो सकेंगी...मुझे आशा है कि मेरी इन बातों से आपको सन्तोष होगा।''

दो-तीन स्वर आये, ''जी हाँ, हमें पूर्ण सन्तोष है।''

द्रोण जी मुस्कराये, ''हम तीन काम बिना सोचे-समझे करते रहते हैं; झूठ बोलना, व्यर्थ बातें करना और अपनी कल्पना की बागडोर ढीली छोड़ देना। जब लोग झूठ बोलते हैं तो मैं उन पर अधिक दोष नहीं धरता, क्योंकि वे नहीं जानते कि सत्य क्या है। हमारा दूसरा काम, अर्थात् व्यर्थ में बातें करते रहना इसलिए हानिकारक है क्योंकि उस समय हमारा व्यवहार मात्र यन्त्र की भाँति होता है। यन्त्र बने रहना हमारे लिये अत्यन्त संकटजनक है।

इस अवसर पर एक सज्जन ने आपत्ति उठायी, ''द्रोण जी आप कल्पना को भी व्यर्थ और यन्त्रवत् समझते हैं, परन्तु कोई कलाकार आपसे सहमत नहीं होगा।''

द्रोण जी कभी-कभी अभिनय भी करने लगते थे, इस समय भी उन्होंने ऐसा अभिनय किया जैसे भयभीत हो गये हों, ''भाई मैं कलाकारों से बहुत भय खाता हूँ। परन्तु उन्हें रुष्ट होने की कोई आवश्यकता नहीं, क्योंकि कोई भी कलाकार या साहित्यकार किसी योजना के अनुसार अपनी कल्पना का प्रयोग करता है, परन्तु मैं यहाँ उस कल्पना का उल्लेख कर रहा हूँ जिसे हम हवाई किले बनाना कहते हैं, अर्थात् ऐसी कल्पना जिसका लक्ष्य किसी मूर्ति, चित्र या साहित्य की रचना करना नहीं है, अपितु ऐसी कल्पना जो व्यर्थ ही हवा में उड़ती फिरती है। कल्पना से काम लेने के लिए हमें चित्तवृत्ति को एकाग्र करने की आवश्यकता होती है। इसके लिए भी कुछ शारीरिक क्रियाएँ हैं। जिस प्रकार हमारे विचारों का शरीर पर प्रभाव पड़ता है, उसी तरह शारीरिक क्रियाओं का हमारे मन पर भी अच्छा या बुरा प्रभाव पड़ता है।''

एक महिला ने पूछा, ''ये क्रियाएँ आप हमें कब बतायेंगे?''

''मैं एक बार आपको अपने सिद्धान्तों का सरल रूप में परिचय दे दूँ तो फिर ये क्रियाएँ भी बताऊँगा और इन्हीं विषयों पर गहरे ढंग से विचार-विनियम भी होगा।—अब मैं दो-चार बातें और कहकर इस विषय को समाप्त कर देना चाहता हूँ—मैं आपको स्मरण दिलाना चाहता हूँ कि मेरे एक मित्र आह-चाँग ने मुझे चाय नाम का पेय बनाने की विधि बता रखी है। आज वही चाय आपको पिलाने का विचार है।''

एक उत्साही वृद्ध ने कहा, ''आप इस विषय को भी समाप्त कर दीजिये और चाय भी पिला दीजिये—हमें आपके दोनों सुझाव स्वीकार हैं।''

इस पर लोग ज़ोर से हँस पड़े।

द्रोण जी ने कहना आरम्भ किया, ''प्रत्येक केन्द्र को निषेधात्मक और स्वीकारात्मक दो भागों में बाँटा जा सकता है। और फिर इन्हें भी तीन भागों में विभक्त किया जा सकता है। वैसे तो हमें सोच-विचार करने के लिए निषेधात्मक और स्वीकारात्मक दोनों की आवश्यकता होती है, परन्तु सामान्य लोगों में इनमें से एक भाग अधिक सशक्त हो जाता है। मैं बौद्धिक केन्द्र के इन तीन भागों को उदाहरणस्वरूप लेता हूँ। इसका सबसे नीचे का भाग सदा ही बिना किसी विशेष लक्ष्य के सोचता रहता है। दूसरे भाग में हम देखते हैं कि किसी विशेष वस्तु से प्रभावित होकर ही सोच-विचार का काम होता है। परन्तु सबसे ऊपरवाले भाग में हम प्रेरित नहीं होते अपितु अपनी इच्छा से, अपनी संकल्प-शक्ति से अपनी चित्तवृत्ति को एक विशेष विषय पर लगा देते हैं। यही नियम अन्य केन्द्रों पर भी लागू होता है। सबसे बड़ी कठिनाई की बात यह है कि जब बौद्धिक केन्द्र का सबसे निचला भाग बिना ऊपरवालों को बताये स्वयं ही किसी प्रकार का निर्णय करके कोई-न-कोई कार्य कर डालता है...यह काम

शारीरिक भी हो सकता है और मानसिक भी। यह बड़ा घाटे का सौदा है। हमें इससे छुटकारा पाना चाहिए।''

यह कहते-कहते द्रोण जी अपनी बढ़ी हुई तोंद की ओर देखने लगे, फिर सम्भवत: इसी कारण मुस्कराकर बोले कि वे प्राय: यही बात कहा कहते हैं, ''यह पेट बड़ा बलवान् है।''

यह सुनते ही सब लोग उठ खड़े हुए। द्रोण जी बृज की ओर बढ़े और उसका हाथ धीरे से थाम लिया। बृज ने सिर नीचे झुकाकर कान उनकी ओर बढ़ाया तो वे आँखों में चंचलता भरकर बोले, ''बृज, मेरा अपनी तोंद की ओर देखकर मुस्कराना और यह बात कहना अशोभन तो नहीं है न?''

यह सुनकर बृज को बड़े ज़ोर की हँसी आयी, फिर तुरन्त ही वह सोचने लगा कि क्या द्रोण जी मुझे लड़का समझते हुए जान-बूझकर ऐसी बात कह देते हैं—सम्भवत: यह जानने के लिए कि मुझ पर इसका क्या प्रभाव पड़ता है!

२

द्रोण जी छोटे-छोटे क़दम उठाते हुए, परन्तु तेजी से चलते हुए अपने निवास-स्थान की ओर बढ़े। शेष सब लोग भी उनके पीछे-पीछे थे, जैसे किसी चरवाहे के पीछे भेड़ें चली जा रही हों। जब द्रोण जी किसी से बात कर रहे होते, तो दूसरे उनसे कुछ दूर हट जाते थे। वही बात इस समय हुई। द्रोण जी बृज के साथ धीमे स्वर में इधर-उधर की छोटी-मोटी बातें करते जा रहे थे, इसलिए दूसरे लोग थोड़ा पीछे हटकर चले आ रहे थे।

बाहरवाले अलिन्द में पहुँचे तो आगे उनका रसोइया खड़ा था। द्रोण जी वहीं रुक गये, फिर पलटकर सब लोगों को सम्बोधित करते हुए बोले, ''आप मेरे रसोइये के होठों पर खेलती हुई मुस्कराहट देख रहे हैं न?''

सभी लोग हास-परिहास के लिए मानो बिलकुल तैयार थे, अत: कई स्वर एक साथ सुनायी दिये, ''जी हाँ देख रहे हैं।''

द्रोण जी ने एक उँगली ऊपर उठाकर फिर पूछा, ''आप इस मुस्कराहट का रहस्य भी समझते हैं?''

सब इस रहस्य को समझते थे, परन्तु जान-बूझकर बोले, ''जी नहीं, बिलकुल नहीं समझते।''

द्रोण जी को भी ज्ञात था कि वे जानते हुए भी इस बात को अस्वीकार कर रहे हैं। वास्तव में इस समय वास्तविक नायक तो रसोइया ही था। द्रोण जी ने उँगली हिला-हिलाकर समझाते हुए कहा, ''रहस्य यह है कि हमारे रसोइये ने आपके जलपान के लिए खाद्य-वस्तुएँ तैयारकर रखी हैं। परन्तु...।''

सब लोग कान धरकर सुन रहे थे, वे मुँह से कुछ नहीं बोले। द्रोण जी ने फिर कहा, ''परन्तु इसका यह अर्थ नहीं है कि इसमें आपके द्रोण जी का कुछ हाथ ही नहीं है। मैं भली-भाँति जानता था कि आप मेरी बातें सुन-सुनकर—'सुन-सुनकर' पर ध्यान दीजिये—हाँ तो आप सुन-सुनकर थक जायेंगे और थकान दूर करने का साधन तो हम सब जानते ही हैं।''

ये बातें करते समय द्रोण जी हाथों, आँखों और भौंहों से अभिनय भी करते जाते थे। ऐसे अवसरों पर उनकी क्रियाएँ देखकर अनायास हँसी आ जाती थी। बिलकुल लड़कों की तरह नटखट से लगते थे।

बृज को यह सब-कुछ बहुत ही भला लग रहा था। यह सोचकर कि इस समय वह जीवन की गहरी समस्याओं का ज्ञान प्राप्त कर रहा है, उसे अत्यन्त शान्ति का आभास हो रहा था। उसने सोचा कि इसकी तुलना में सुप्रिया और उसकी सखियों के साथ बातें करना कितना तुच्छ था! आख़िर वे लड़कियाँ व्यर्थ ही खी-खी करने के अतिरिक्त और जानती भी क्या हैं। जो मनुष्य उन युवतियों में लीन हो जाये, भला वह इस संसार में उच्च स्तर की सफलता कैसे प्राप्त कर सकता है। नारी को नारी नहीं, बीमारी समझना चाहिए।

इतने में वे लोग बड़े प्रांगण में पहुँच गये, जहाँ खाने-पीने की वस्तुएँ भाप छोड़ रही थीं। द्रोण जी ने पहले तो अपने दोनों हाथों को मला, फिर हलकी-हलकी दो-तीन तालियाँ बजायीं, और चटखारे लेते हुए बोले, ''आप लोगों को ऐसा जलपान करा रहा हूँ कि यदि आप में मेरे शत्रु भी हों तो आज मित्र बन जायेंगे—मेरी आपसे विनती है कि आप स्वयं भी हाथ बढ़ा-बढ़ाकर खायें, और जो वस्तुएँ मैं आपको दूँ उसे भी स्वीकार करते हुए हाथ बढ़ायें। सच मानिये आपको मुँह हिलाते देखकर मुझे अत्यन्त प्रसन्नता होती है। परन्तु स्मरण रखिये कि जब तक कुछ खाने को न दिया जाये तब तक आपका अच्छे-से-अच्छा मित्र भी इस तरह मुँह हिलाने को तैयार नहीं होगा।''

द्रोण जी की इन बचकाना बातों और क्रियाओं से पूरे एकत्रित समुदाय में हँसी के फ़व्वारे छूट रहे थे। किसी ने पूछा, ''द्रोण जी, यदि हम जलपान के साथ हँसते भी रहें तो आपको इस पर कोई आपत्ति तो नहीं होगी?''

''बिलकुल कोई आपत्ति नहीं होगी—परन्तु मैं थोड़ा-सा संशोधन चाहता हूँ, वह यह कि आप हँसें अधिक और खायें कम—आपका आतिथेय केवल एक निर्धन वृद्ध है, जो इतना चतुर न होता तो अब तक कहीं विजयनगर के किसी चौराहे पर भिक्षाटन करता दिखायी देता।''

इस बात के उत्तर में सब लोग केवल हँस दिये, तो द्रोण जी ने अपनी बात का स्वयं उत्तर देते हुए कहा, ''इसमें क्या सन्देह है, इसमें क्या सन्देह है...!''

इसी तरह खाते-पीते द्रोण जी अन्दरवाले अलिन्द में जा खड़े हुए, और बोले, ''जब हम कुछ खाते हैं तो अपने-आपको एक प्रकार से पा लेते हैं। मुँह में स्वाद आता है, पेट शान्त होने लगता है और वह शान्ति के सन्देश शरीर के अंग-प्रत्यंग में भेजने लगता है—परन्तु जो लोग पेटू हैं, वे—भोजन में ही अपने-आपको खो देते हैं।''

सब लोग द्रोण जी की ओर देख रहे थे, उन्होंने एक अँगोछे से अपनी मूँछें पोछते हुए कहना आरम्भ किया, ''अपने-आपको इस साधन से पाने, या पेटूपने में ही अपने-आपको खो देने का लक्ष्य अच्छा नहीं है। एक बार फिर उस वृत्त की कल्पना कीजिये, जिसके सम्बन्ध में मैंने पहले भी बताया था। उन्हीं में हमारा एक रूप पेटूपन का भी है।''

किसी ने प्रश्न किया, ''परन्तु, हमारा वास्तविक रूप या चरित्र क्या है?''

''रूप और चरित्र की बात भूल जाइये। इस तरह आप केवल इतनी ही बात समझने की चेष्टा कीजिये कि आप एक नहीं हैं...बृज एक नहीं है, वरन् बृज के भीतर अनेक बृज हैं। मैंने आपसे कहा होगा कि उन सबमें एक वास्तविक और सच्चा बृज है—परन्तु अब इस बात को भी भूल जाइये। वास्तविक बृज का अर्थ यही है कि बृज एक नहीं अनेक हैं। यह जान लेना, इसे समझ लेना, और इसका अनुभव कर लेना अत्यन्त आवश्यक है। इस भूल से सदा के लिए छुटकारा पा लेना चाहिए कि हम एक हैं। निस्सन्देह बाहर से हम एक दिखायी देते हैं, भीतर से अनेक हैं, परन्तु ये अनेक इकाई नाम के एक बाड़े में भेड़-बकरियों की भाँति बन्द हैं।''

एक महिला ने प्रश्न किया, ''परन्तु हमें जीवन-भर इस बात का भ्रम क्यों रहता है...अपितु इस बात का विश्वास क्यों रहता है कि हम...या मैं अपने-आप में एक हूँ?''

''आपने बड़ा अच्छा प्रश्न किया है। इस बात का भ्रम या विश्वास हमें दो कारणों से होता है। पहला कारण यह है कि हमारे पास शरीर एक है, दूसरा कारण यह है कि हमारा एक नाम होता है और हम उसी एक नाम से जीवन-भर अपने-आपको सम्बन्धित किये रहते हैं। परन्तु जैसा कि मैंने कहा कि यदि हम अपने-आपको ध्यानपूर्वक देखते रहें तो हमें बहुत शीघ्र पता चल जाता है कि हम अनेक हैं। मनुष्य समूह है और समूह एक ऐसी इकाई है कि जिसे समझने की अधिक-से-अधिक चेष्टा करनी चाहिए।''

किसी अन्य ने पूछा, ''कभी आपकी बातों से लगता है कि मनुष्य का एक वास्तविक व्यक्तित्व अवश्य है, और कभी ऐसा प्रतीत होता है जैसे इस प्रकार की कोई बात ही नहीं।''

द्रोण जी बोले, ''जब मनुष्य बच्चा होता है तो उसे मिट्टी का बना हुआ ऊँट दिखाया जाता है जिससे वह खेलता रहता है। जब बच्चा बड़ा हो जाता है तब वह जीता-जागता ऊँट देखता है तो उसे पता चलता है कि ऊँट वास्तव में होता क्या है।

इतना कहकर उन्होंने क़दम एक ओर को बढ़ाया और फिर पलटकर प्रश्न करनेवाले की ओर देखते हुए बोले, "चिन्ता मत कीजिये, आज की बातचीत इसी दिशा की ओर चल रही है। कुछ लोग कहते हैं कि मनुष्य का एक वास्तविक 'स्व' होता है और कुछ लोग कहते हैं कि नहीं होता। आपके लिए, इस समय, अधिक महत्त्वपूर्ण बात यही है कि आप समझ लें कि मनुष्य भीतर से विभक्त है। ऐसा करना अधिक आवश्यक है। हाँ, यह तो मानी हुई बात है कि केवल बुद्धि के बल पर हमें ऐसे 'स्व' का आभास नहीं हो सकता। कुछ लोगों का कहना है कि जो बातें बुद्धि से नहीं जानी जा सकतीं उन्हें समझने का प्रयास भी नहीं करना चाहिए, परन्तु मेरा विचार यह है कि चाहे कुछ भी हो, अन्त में मनुष्य को बुद्धि के सीमित क्षेत्र से निकलना ही पड़ता है। इस समय तो मैं यही चाहता हूँ आप अच्छी तरह समझ लें कि हमारे भीतर, ये अलग-अलग 'स्व' सदा ही एक-दूसरे से वाद-विवाद करते रहते हैं। कभी किसी 'स्व' की बात मानी जाती है, और कभी किसी की। कभी कुछ 'स्व' उठकर चले जाते हैं और कभी कुछ लौट आते हैं। इनके पीछे काम करनेवाले हमारे विश्वास, हमारी इच्छाएँ, हमारी रुचियाँ, हमारे विचार आदि होते हैं। इन विचारों, इच्छाओं, विश्वासों और रुचियों की जड़ें भी बहुत दूर तक फैली होती हैं...और कभी-कभी ये पीढ़ियों तक चलती हैं। अपने भीतर की स्वतन्त्रता प्राप्त करना हमारा बहुत ही आवश्यक लक्ष्य या साध्य होना चाहिए। इन सब वस्तुओं से हमारे भीतर एक धुन्ध-सी फैली हुई है और जब यह धुन्ध दूर हो जाती है, तभी हमें पता चलता है कि इसके पीछे क्या है। प्रायः ऐसा भी होता है कि बाह्य प्रभावों से प्रेरित होकर हम काम करते हैं; बल्कि हमारे अधिकांश कार्य बाह्य प्रभावों के दबाव का उत्तर होते हैं।"

"परन्तु," किसी ने प्रश्न किया "आख़िर हमारे भीतर वह कौन-सी शक्ति है कि जिसके बल पर हम इस बात का निर्णय करते हैं कि हमें क्या करना है और क्या नहीं करना?"

"थोड़ी-बहुत संकल्प-शक्ति तो हमारे भीतर होती ही है, परन्तु जब तक हमें आन्तरिक स्वतन्त्रता की प्राप्ति न हो जाये तब तक ऐसा भी होता है कि हमारी संकल्प-शक्ति के बल पर किये हुए कार्यों का परिणाम हमारे हित में नहीं होता। जब हम किसी ग़लत काम के लिए हठ करते हैं तो उसे हठधर्मी कहा जाता है, संकल्पशक्ति नहीं। इसके साथ ही यह भी स्मरण रखना चाहिए कि इस सामान्य और सीमित-सी शक्ति पर अधिक भरोसा नहीं किया जा सकता; परन्तु जब हमें आन्तरिक स्वतन्त्रता प्राप्त हो जाती है तो फिर हमारी संकल्प-शक्ति जागती है, हम उस पर भरोसा कर सकते हैं, और उसके बल पर अपने लक्ष्य को पा सकते हैं।"

इतना कहकर द्रोण जी ने एक अन्य खाद्य-वस्तु उठायी और बोले, "आपने अनुभव किया होगा कि हम सब एक विशेष प्रवाह में प्रवाहित होते रहते हैं। उसे हम

सामान्य प्रवाह कह सकते हैं। प्रत्येक व्यक्ति का प्रवाह भिन्न होता है। इसका अर्थ यह है कि पल-भर के लिए वह कुछ भी कर सकता है...यहाँ तक कि संकल्प-शक्ति से काम भी ले सकता है, परन्तु शीघ्र ही वह अपने सामान्य प्रवाह में प्रवाहित होने लगता है। हमें इस प्रवाह के स्तर एवं दिशा को बदलना है। सम्भवत: यह बात बार-बार दोहराने की नहीं है कि आपको निर्वाह या मोक्ष का मार्ग बताना मेरा लक्ष्य नहीं है।''

अब द्रोण जी की भाव-भंगिमाओं से लगता था कि वे आज के विषय को समाप्त करने ही वाले हैं। वे कुछ समय तक चुपचाप टहलते हुए कुछ सोचते रहे, फिर हँसकर बोले, ''मुझे बार-बार रोकनेवाला एक ही विचार है कि इस समय मैं आपको आपकी सीमाओं से बाहर न ले जाऊँ। आज जितनी बातें हो चुकी हैं वही पर्याप्त हैं। अब मुझे केवल एक ही बात और कहनी है; वह यह कि जिस सीमा पर बुद्धि की शक्ति समाप्त होती है, उससे एकदम आगे किसी ऐसी शक्ति का क्षेत्र नहीं है, जहाँ हम बुद्धि के बिना ही अपना ज्ञान बढ़ा लें। बुद्धि की सीमा के पार एक ऐसा क्षेत्र है जिसके सम्बन्ध में कोई गुरु, कोई ऋषि-मुनि या कोई नबी नहीं बता सकता। इसके बाद नये अनुभव का प्रकाश दिखायी देने लगता है, जिसके लिए तर्क की नहीं वरन् दृष्टि की आवश्यकता है। इस सम्बन्ध में मैंने जो रोचक बात कही है, वह यह है कि बुद्धि के क्षेत्र और 'दृष्टि' के क्षेत्र के भीतरवाला क्षेत्र ऐसा है जिसकी वास्तविकता का आज तक पता नहीं चल सका। बुद्धि का क्षेत्र पार कर जाने के बाद हम उस अपरिचित क्षेत्र में हाथ-पाँव मारते रहते हैं और फिर अनायास ही हमें ऐसे अनुभव प्राप्त हो जाते हैं, या ऐसा ज्ञान प्राप्त हो जाता है कि जिसका तर्क से कोई सम्बन्ध नहीं। इसी मध्यवर्ती क्षेत्र के धुँधलेपन के कारण दृष्टि के बल पर प्राप्त किया हुआ ज्ञान तर्कसंगत प्रतीत नहीं होता। परन्तु, इसके पीछे भी तर्क तो होगा, यह अलग बात है कि अब तक किसी पर इसका रहस्य नहीं खुला...और न खुलेगा।''

बृज को इस सारी बातचीत में अत्यन्त आनन्द आया। दूसरे सभी लोगों की आकृति से लग रहा था कि उन्हें भी उससे कम आनन्द नहीं मिला है।

द्रोण जी के संकेत पर दास रबाब उठा लाया, जिसे देखते ही सब के चेहरे खिल उठे। द्रोण जी मूँछों पर हाथ फेरते हुए बोले, ''क्षमा कीजिये, जिस समय आप जलपान कर रहे थे, उस समय मुझे आपको गीत सुनाना चाहिए था—चलिये अब सुना देता हूँ।''

किसी ने कहा, ''द्रोण जी, आपका गाना तो बहुत अच्छा होता है, परन्तु हमें गीत का अर्थ भी तो समझा दिया करें। तब और भी आनन्द आयेगा।''

''आपका विचार बुरा नहीं...मैं गीत का अर्थ पहले से ही बताये देता हूँ :

आकाश लाल रंग में रँगा हुआ है
एक बड़ा-सा बाज़ हवा में चक्कर लगाता है
फिर वह धरती की ओर अत्यन्त तीव्रता से आता है
एक चकोरी जान बचाकर एक छोटे से पौधे की ओट में हो जाती है
मैं उसे उठा लेता हूँ, नहीं तो दूसरे झपट्टे में बाज़ उसे अवश्य ही दबोच लेता
चकोरी का हृदय धरती के नीचे दबे हुए बीज की भाँति धड़क रहा है
जो उगेगा, एक-एक दाने के कई-कई दाने फलेंगे
उन्हें खानेवाला पहले ही से तैयार बैठा है!

इतना कहकर द्रोण जी ने पहले बृज की ओर देखा, फिर अपनी तोंद की ओर और फिर उनकी उँगलियाँ हिलीं...रबाब के तार बज उठे।

नौ

१

जब से बृज विजयनगर में आया था, उसने कई बार हजाराराम स्वामी के मन्दिर की प्रशंसा लोगों के मुँह से सुनी थी। वह उस मन्दिर को देखना चाहता था, परन्तु वह सदा ही किसी-न-किसी ऐसे चक्कर में रहा कि वहाँ जा ही नहीं सका। जब वह द्रोण जी के यहाँ से लौटकर आया तो कंचन राजमहल गयी हुई थी। उसके लौटने के पूर्व ही बृज भोजन करके सो गया। अगले दो-तीन दिन कंचन कुछ ऐसी व्यस्त रही कि उन दोनों को बैठकर ठीक से बातचीत करने का अवसर नहीं मिला। फिर एक सन्ध्या को जब कि बृज अपने कक्ष में ही बैठा था तो कंचन बड़े अच्छे वस्त्र पहने और आभूषणों से सजी-सजायी सोपानों पर छम-छम करके चढ़ती हुई उसके सामने आ खड़ी हुई, उस समय वह अत्यन्त सुन्दर लग रही थी। उसने अपने छोटे-से मुख के आसपास पसीने की नन्हीं-नन्हीं बूँदों को पोंछते हुए कहा, "हाय! कितनी अनहोनी बात है यह!"

बृज ने कंचन के बैठने के लिए स्थान रिक्त करते हुए कहा, "ऐसी अनहोनी बात क्या हो गयी?"

"देखो न, हम एक भवन में रहते हैं परन्तु लगता है जैसे हम एक-दूसरे से कोसों दूर हों। इतने दिन हो गये तुमसे घुल-मिलकर बातें करने का अवसर ही नहीं मिला।"

बृज ने हाथ से बैठने का संकेत करते हुए कहा, "कंचन जी! यह तो मेरा दुर्भाग्य है।"

कंचन आसन्दी पर ऐसे बैठी कि उसके पाँव धरती पर टिके हुए थे। बृज की बात सुनकर वह ऐसे हँसी जैसे अनायास ही गुलाब का फूल खिल उठे। बृज फिर बोला, "...और अब आप राजमहल को जा रही होंगी।"

कंचन ने दोनों हाथ हिलाते हुए उत्तर दिया, ''नहीं-नहीं, आज राजमहल से अवकाश है।''

''तो फिर इतना सज-धज कर कहाँ जा रही हैं आप?''

कंचन ने दोनों नेत्र एक साथ झपकाते हुए कहा, ''क्यों, तुम्हें ईर्ष्या हो रही है क्या?''

''जी—बिलकुल ईर्ष्या हो रही है।''

कंचन ताली बजाकर हँसते-हँसते दोहरी हो गयी। फिर बोली, ''यदि मैं तुम्हारी पत्नी होती तो फिर तुम क्या करते?''

''आपको सोने की डिबिया में बन्द करके रखता।''

कंचन ने उँगलियों से दोनों कान छूते हुए कहा, ''हाय! सन्दूक में भी नहीं, डिबिया में रखते—अच्छा तैयार तो हो जाओ, मैं तुम्हें लेने आयी हूँ—मैंने सोचा कि घर पर तो बैठने का अवसर नहीं मिलता, इसलिए क्यों न घूम-फिरकर बातें की जायें।''

बृज ने सिर को तनिक-सा झुकाकर, और दोनों बाँहें फैलाकर कहा, ''दास प्रस्तुत है...परन्तु आप जा कहाँ रही हैं?''

कंचन ने अपनी पतली कोमल उँगली उठाकर कहा, ''अरे! यह मुद्रा तुमने डॉम-गार्शिया से सीखी है?''

''जान-बूझकर तो नहीं...लेकिन आपके कहने से स्मरण आया कि वह इसी प्रकार की मुद्रा बनाया करता है।''

''तुम यह करते हो तो बहुत अच्छे लगते हो।''

''ओह! यह जानकर मुझे अत्यन्त प्रसन्नता हुई। मैं तो डर गया था कि कहीं आपको मेरी यह बात बुरी न लगी हो।''

''तुम्हारी तो प्रत्येक भंगिमा मेरे हृदय को वेध जाती है—अच्छा, सुनो तो, मैं हजाराराम स्वामी के मन्दिर जा रही हूँ। तुम अभी तक वहाँ गये हो या नहीं?''

''जी नहीं, मैंने इस मन्दिर की प्रशंसा तो बहुत सुनी है, परन्तु वहाँ जाने का अवसर नहीं मिला।''

''यह कृष्णदेवराय जी महाराज का बनवाया हुआ मन्दिर है और राजवंश के लोग सदा वहाँ पूजा करने जाते हैं।''

बृज के मन में तो कभी से यह इच्छा थी कि वह वहाँ जा सके, आज उसे यह अवसर मिला तो तुरन्त जाने को तैयार हो गया। उसने कंचन से कहा, ''मैं वस्त्र बदल लूँ, आप इतने में ऊब तो नहीं जायेंगी?''

''नहीं—पगले कहीं के, तुम जब तक मेरे सामने रहते हो, मैं कदापि ऊब नहीं सकती।''

"परन्तु मैं आपके सामने थोड़े ही रहूँगा...मैं तो कक्ष के दूसरे भाग में वस्त्र बदलने जा रहा हूँ।"

कंचन ने क़हक़हा लगाकर कहा, "तुम अत्यन्त ढीठ होते जा रहे हो। क्या सभी स्त्रियों के सामने इसी तरह चंचल हो उठते हो?"

बृज कक्ष के दूसरे भाग में चला गया था। वहीं से ऊँचे स्वर में बोला, "आपके अतिरिक्त आज तक मेरा किसी स्त्री से सामना ही नहीं हुआ!"

"अब मैं द्रोण जी से पूछूँगी कि क्या आप इस छोकरे को यही शिक्षा देते हैं।"

"बीच-बीच में द्रोण जी भी चुटकियाँ लेने से नहीं चूकते।

"क्यों, तुमने कोई विशेष बात सुनी है?"

"वह जो बात करते हैं, सबके सामने करते हैं, भला मुझे किसी विशेष बात का पता कैसे चल सकता है।"

"तुम ठीक कहते हो, वे विद्वानों और महात्माओं की भाँति मुँह नहीं लटकाये रहते। सच तो यह है कि उनके मुँह से कोई भी बात बुरी नहीं लगती।

"मेरा विचार है कि मन-ही-मन आप भी उनकी शिष्या हैं।"

"परन्तु तुम तो पक्के शिष्य बन गये हो।"

"जी हाँ, लगता तो कुछ ऐसा ही है।"

"चलो अच्छा ही है।"

"क्या अब आपको कोई नयी बात सूझी?"

"यही कि यदि मेरे कारण नहीं तो द्रोण जी के कारण ही तुम्हारा मन तो लगा रहेगा न यहाँ पर।"

दूर से बृज के हँसने की ध्वनि सुनायी दी।

कंचन फिर बोली, "मेरी मानो तो तुम यहाँ कोई व्यवसाय आरम्भ कर दो—मैं फिर कह दूँ कि मेरी इस बात का अर्थ यह नहीं है कि तुम मेरे लिये भार बने हुए हो। मैं सोचती हूँ कि तुम यहाँ कोई व्यापार आरम्भ कर दोगे तो तुम्हारे पाँव सदा के लिए यहाँ जम जायेंगे। नहीं तो अब क्या है, तुम्हारा जब जी चाहेगा अँगोछा कन्धे पर डालकर विदा हो जाओगे।"

"वाह! एक ओर तो आप यह चाहती हैं कि मैं द्रोण जी का शिष्य बना रहूँ और दूसरी ओर मुझे किसी व्यवसाय में भी फँसाना चाहती हैं।"

"अरे तो द्रोण जी का शिष्य बनने के लिए संसार का त्याग करने की तो कोई आवश्यकता नहीं। तुम्हें भली-भाँति ज्ञात है कि द्रोण जी स्वयं इतना व्यवसाय फैलाये हुए हैं और उनके शिष्यों में भी ऐसे लोगों की कमी नहीं जो विजयनगर के मान्य व्यापारी हैं।"

"नहीं कंचन जी, मैं सांसारिकता की दलदल में नहीं फँसना चाहता।"

"स्मरण रखो, जब तक पुरुष किसी स्त्री से विवाह नहीं कर लेता, तब तक वह सांसारिकता की दलदल में नहीं फँसता। हाँ, मैं तुम्हें विवाह करने के लिए नहीं कहूँगी।"

बृज ने वहीं से क़हक़हा लगाते हुए कहा, "मैं सब जानता हूँ। एक बार मुझे किसी व्यवसाय में फँसाकर फिर आप मुझे विवाह का सुझाव देंगी।"

"मूढ़!"

"मूढ़ क्यों?"

"अरे, तुम्हारा विवाह हो गया तो फिर तुम मुझसे बात भी नहीं करोगे...या कम-से-कम तुम्हारी पत्नी तो बात करने नहीं देगी। भला मुझे क्या आवश्यकता पड़ी है कि मैं तुम्हारा विवाह करवाकर अपने पाँव पर स्वयं कुल्हाड़ी मार लूँ। अच्छा-भला हँसता-बोलता गुड्डा अपने हाथ से खो दूँ।"

अब बृज वस्त्र पहनकर कंचन के निकट चला आया। कंचन ने पूछा, "पगड़ी नहीं बाँधोगे क्या?"

"जैसा आप कहिये।"

"पगड़ी बाँध लो तो अच्छा ही है। बालों की एकाध लट बाहर लटकती रहने देना। तनिक वह भी वायु में नृत्य करती रहेगी।"

बृज ने मुस्कराकर उत्तर दिया, "जब मैं स्वयं नृत्य के लिए उपस्थित हूँ, तो क्या उसके साथ लट का नृत्य करना भी आवश्यक है?"

"इसमें हानि ही क्या है...तुम्हें यह तो ज्ञात ही नहीं कि तुम्हारा अंग-अंग नृत्य करता है। लट नृत्य करेगी तो और आनन्द आयेगा—परन्तु देखो, पगड़ी तुम अपने ढंग से बाँधना...।"

"जैसी कि हमारे प्रदेश में बाँधी जाती है?"

"हाँ। विजयनगरवाले जिस ढंग से पगड़ी बाँधते हैं वह मुझे पसन्द नहीं।"

पगड़ी सिर पर लपेटते-लपेटते बृज तनिक दूर चला गया तो उसकी दृष्टि नीचे जा पड़ी। प्रांगण के दूसरे छोर पर हरी-हरी पत्तियोंवाले नींबू के झुण्ड के निकट सुप्रिया खड़ी थी। वह बिलकुल पत्थर की मूर्ति-सी लगती थी; जैसे न जाने कितनी शताब्दियों से उसी स्थान पर खड़ी हो। उसके वस्त्रों का रंग भी हलके हरे रंग का था। सिर से पाँव तक गहनों से लदी हुई थी। दोनों के नयन मिले। सुप्रिया न मुस्करायी, न हिली-डुली और न उसने आँखें झपकायीं। इतनी दूर से भी उसकी आँखें कितनी बड़ी-बड़ी दिखायी दे रही थीं। भारी-भरकम बाल अजगर की तरह बल खाये बायें कन्धे पर लटक रहे थे। बड़ी-बड़ी आँखों के ऊपर भौहों की कमानें खिंची हुई थीं।

बृज को लगा जैसे वह न जाने कब से उसी स्थान पर खड़ी उसकी प्रतीक्षा कर रही हो। सुप्रिया को इतनी गम्भीर और मौन देखकर बृज के मन को न जाने क्या

होने लगा। भली-भाँति जानते हुए कि उसका मन कभी भी डाँवाँडोल नहीं हो सकता, इस समय सुप्रिया के चेहरे से दृष्टि हटाने को जी नहीं चाहा। यदि वह सदा की भाँति आज भी चंचल और नटखट दिखायी देती तो वह तुरन्त मुँह फेर लेता। परन्तु एकाएक ही उसे ध्यान आया कि कहीं कंचन ने कुछ आभास पा लिया तो अवश्य उठकर उसके पास चली आयेगी। इस विचार के आते ही बृज ने पलटकर कंचन की ओर दृष्टि डाली। वह उस समय अपने विचारों में लीन कलाइयों में पड़े कंगनों की ओर देख रही थी। बृज ने इस अवसर का लाभ उठाते हुए एक उपटती हुई दृष्टि फिर सुप्रिया की ओर डाली, जो अब भी ऐसे खड़ी हुई थी जैसे आनेवाले युगों में भी ज्यों-की-त्यों खड़ी रहेगी।

बृज पगड़ी के अन्तिम बल को सँभालते हुए कंचन की ओर बढ़ा। उसके मन में विचित्र-सी व्याकुलता थी, जिसे वह प्रकट नहीं होने देना चाहता था। शीघ्रता में उसने उसी विषय पर बातचीत आरम्भ कर दी, जिस विषय पर पहले कभी नहीं बोला था और न बोलने का विचार ही था, "कहिये, आपकी शिष्या कैसी प्रगति कर रही है?"

कंचन ने कंगन पर से नेत्र ऊपर उठाकर उसकी ओर देखा। समतल माथे पर एक नन्हा-सा बल उभरा, "कौन-सी शिष्या?"

"वही, क्या नाम है उसका...भला-सा नाम है...!" अपने कान के निकट चुटकी बजाते हुए उसने स्मरण करने का नाट्य किया। वह जल्दी से नाम बताकर कंचन को इस सन्देह में नहीं डालना चाहता था कि वह नाम उसके जिह्वाग्र पर रहता है।

"सुप्रिया?" कंचन ने स्वयं ही उसकी उलझन दूर करते हुए पूछा। "जी हाँ...वही...वही!" अब भी वह सुप्रिया का नाम उच्चारण करने से कतरा गया। मानो उसे विचित्र प्रकार का भय-सा लग रहा हो कि उसके मुँह से न जाने वह नाम किस ढंग से निकले।

कंचन की आकृति से लग रहा था कि उसे बृज पर कोई सन्देह नहीं है। उसने सुप्रिया और बृज को कभी एक-दूसरे से बात करते तो क्या, परस्पर दृष्टि-विनियम करते हुए भी नहीं देखा था। बृज के मन में जो धुन समायी हुई थी, उसे देखते हुए भी उस पर सन्देह करना कठिन था। अतएव उसने कुछ अन्यमनस्कता से अपने दोनों हाथ गोद में रखते हुए कहा, "इस छोकरी के मस्तिष्क में मुझे कोई कीड़ा दिखायी देता है।"

यह सुनकर बृज ऐसे बिदका जैसे घोड़ा भिंड का डंक लग जाने से बिदक उठता है। अब इस विषय को वह और आगे नहीं चलाना चाहता था, परन्तु इस तरह बात को बीच में ही तोड़ देना भी ठीक नहीं लगा। वह अपनी पगड़ी को थपथपाकर ठीक करते हुए बेपरवाही से बोला, "मन्द-बुद्धि है क्या?"

"नहीं, इस भ्रम में न रहना। वह तुम्हारे सामने मन्द-बुद्धि बनी रहती है। मेरे आगे भी अधिक नहीं बोलती-चहकती।"

"तो क्या आपको बोलना-चहकना भी बुरा लगता है? जो ऐसा करे वह आपकी दृष्टि से गिर जाता है क्या?"

"नहीं, मेरा यह तात्पर्य नहीं। मैं तो केवल यह कहना चाहती थी कि चूँकि वह तुम्हारे सामने चुपचाप बैठी रहती है, इसलिए इतनी मन्द-बुद्धि-सी दिखायी देती है।"

"चलिये, छोड़िये इस बात को। मैंने भी क्या बात छेड़ दी!"

कंचन ने मानो उसकी बात सुनी-अनसुनी करते हुए ऐसे कहना आरम्भ किया जैसे वह अपने-आपसे बातें कर रही हो, "लड़की मोतियों में तौलने योग्य है। अभी उसके यौवन का वसन्त तो आने दो, फिर उस पर किसी की आँख भी न टिक सकेगी। स्वर तो निरा जादू है। टखनों में पारा भरा है; नृत्य करे तो तारों को नचा दे। बुद्धि तलवार की धार की भाँति प्रखर है।"—अब कंचन ने बृज की ओर देखकर एक ठण्डी साँस भरी, "परन्तु होगा वही जो भगवान् चाहेगा।"

बृज को लग रहा था कि कंचन की इस निराशा के पीछे उसका अपना हाथ भी है। यदि उसने जान-बूझकर कुछ किया होता तो इस समय उसका हृदय नाच उठता, परन्तु इस समय तो उसे बड़ी उलझन-सी हो रही थी, क्योंकि उसने जान-बूझकर कुछ नहीं किया था। कंचन के जीवन के प्रवाह में अपनी ओर से वह एक कंकड़ी भी नहीं फेंकना चाहता था। उसने मन में निश्चय कर लिया कि यदि सुप्रिया की ओर से यह बात बहुत अधिक बढ़ी तो वह एक दिन चुपके से कान-सिर लपेटकर वहाँ से चल देगा।

बृज ने टालने के लिए कहा, "आप व्यर्थ की उलझन में पड़ी हैं। जब आप मानती हैं कि जो भगवान् चाहता है वही होगा, तो फिर व्यर्थ निराश होने की क्या आवश्यकता है? आप क्या जानती हैं कि क्या होनेवाला है!"

कंचन मुस्कराते हुए बोली, "तुम तो सचमुच ही संन्यासियों की तरह बातें करने लगे हो।"

"लीजिये, अब मैं तैयार हूँ। पगड़ी का एक छोर ऊपर को छोड़ दिया है, जिससे कि वह भी कोहनियाँ हिला-हिलाकर वायु में नृत्य करता रहे।"

कंचन हँसते हुए खड़ी हो गयी और फिर हाथ बढ़ाते हुए बोली, "लो मेरा हाथ थाम लो, और ले चलो मुझे मन्दिर को—आज वहाँ हम दोनों शपथ लेंगे...।"

बृज ने कंचन का हाथ थामते हुए पूछा, "शपथ किस बात की?"

"इस बात की कि हम परस्पर कभी प्रेम नहीं करेंगे।"

बृज का भी प्रेम करने का कोई विचार नहीं था, परन्तु यह विचित्र शपथ सुनकर वह ठिठककर रह गया, "क्यों?"

''इसलिए, कि तुम्हारा...या हमारा इस प्रकार का कोई विचार भी तो नहीं है।''

''विचार तो नहीं है...अपितु इस बात का प्रश्न ही नहीं उठता, फिर भी मन्दिर में जाकर शपथ लेने की क्या आवश्यकता है?''

''यह बात मन्दिर में ही जाकर बताऊँगा—इस बीच में तुम चाहो तो इस पर सोच-विचार कर सकते हो कि मैं शपथ क्यों लेना चाहती हूँ...।''

सोपानों से उतरते समय उन्होंने एक-दूसरे का हाथ छोड़ दिया। भवन से बाहर जाते समय बृज ने इधर-उधर नहीं देखा, परन्तु उसे लग रहा था कि जैसे दो काली-काली आँखें उसका पीछा कर रही हों।

बाहर कालाफ़ाम अपने काले घोड़े के पास सीधा खड़ा हुआ था और उसने बृज के घोड़े की लगाम भी थाम रखी थी।

कंचन अपनी बहली में बैठ गयी, घोड़े पर सवार बृज उसके साथ-साथ चला और कालाफ़ाम पीछे-पीछे चला आ रहा था।

चलते-चलते कंचन ने बहली का आवरण-पट थोड़ा-सा हटाकर कहा, ''अरे हाँ बृज!''

''जी।''

''मैं तुम्हें एक बात बताना तो भूल ही गयी।''

''क्या?''

''सुनोगे तो प्रसन्न हो जाओगे।''

''मैं इस बात का वचन तो नहीं दे सकता कि मैं केवल उस सूचना को सुनकर ही प्रसन्न हो उठूँगा, परन्तु यदि आप चाहें तो बिना बात सुने ही प्रसन्न होकर दिखा सकता हूँ।''

कंचन हँसी और हँसती ही चली गयी। बृज सोचने लगा कि स्त्रियों को भी कैसी-कैसी बातों पर ऐसी हँसी छूटती है कि बस रुकने में ही नहीं आती। क्या स्त्रियों को प्रसन्न करने के लिए पुरुष के भीतर मूर्खता का अंश होना अत्यन्त आवश्यक है?

''तुम्हारे मित्र ने हमें भोजन के लिए निमन्त्रित किया है...समझ गये न?''

''डॉम-गार्शिया ने?''

''हाँ।''

''ओह!''

''बस, तुम ओह कहकर ही रह गये?''

''आपका तात्पर्य है कि मैं प्रसन्न क्यों नहीं हो उठा?''

''हाँ भाई, दिखावे के लिए ही सही।''

"मैंने सुना है—सम्भवत: आपने ही बताया था—कि डॉम-गार्शिया के भोज अत्यन्त भव्य होते हैं।

"तुम्हें जिसने भी बताया हो...बात बिलकुल ठीक है।"

"तब तो दिखावे के लिए प्रसन्न होने की क्या आवश्यकता है? क्यों न भोज का आनन्द लेकर वास्तविक रूप से प्रसन्न हुआ जाये?"

"जाओ, तुम प्रसन्न हो चुके। लगता है कि तुम इस संसार का त्याग करके ही रहोगे।"

"वह कैसे?"

"तुम्हारे रंग-ढंग ही ऐसे हैं।"

"नहीं, कंचन जी, मैं साधु-संन्यासी नहीं बनूँगा।"

"क्यों?"

"व्यर्थ की बात है। मैं साधुओं में पर्याप्त घूमा-फिरा हूँ। उनमें भी कुछ है नहीं। वे भी संसार के सुखों को भोगने के लिए मन-ही-मन लालायित रहते हैं।"

"तो क्या सभी साधु इसी प्रकार के होते हैं?"

"यह बात मैं क्यों कहूँ, परन्तु अब मैं मन का साधु तो रहना चाहता हूँ परन्तु बाहर से साधु नहीं दिखायी देना चाहता।"

"तुमने इस बात का निश्चय कर लिया है क्या?"

"कंचन जी, मैं अपने विषय में निश्चित रूप से अभी कुछ नहीं कह सकता। मैं अपने-आपको जानने और समझने की चेष्टा कर रहा हूँ। मेरे मन में ज्ञान प्राप्त करने की तीव्र इच्छा है। केवल द्रोण जी से भेंट होने के बाद ही मुझे इस बात का अनुभव हुआ कि वही एक ऐसे गुरु हैं जिनसे वास्तव में कुछ प्राप्त किया जा सकता है।"

"वास्तव में तुम लड़के समझदार हो। तुम्हारा यह कहना कि तुम अपने सम्बन्ध में निश्चित रूप से कुछ नहीं बता सकते, तुम्हारी बुद्धिमत्ता का चिह्न है। यह आयु ही ऐसी होती है जब मनुष्य बीसियों बातें सोचता है, उसके भीतर बीसियों उलझनें उठती हैं और उनके अनगिनत समाधान मस्तिष्क में आते हैं...फिर भी यह कहना कठिन है कि यौवन की नौका किस तट पर जा लगे।"

"या मँझधार में ही डूब जाये।"

"परन्तु, बृज, यौवन का मँझधार में डूबना भी कोई सामान्य दृश्य नहीं होता है।"

"इसमें क्या सन्देह है।"

"छोड़ो इन बातों को; व्यर्थ चिन्तित होने से क्या लाभ। फिर लौट आओ डॉम-गार्शिया के भोज पर।"

"लीजिये, लौट आया।"

"तुम चलोगे न...मेरा तात्पर्य है कि अवश्य चलना—अरे भूल गयी, भला तुम पर इतना दबाव डालने की मुझे क्या आवश्यकता है! तुम्हारे बिना तो डॉम-गार्शिया इस भोज को नितान्त अपूर्ण समझेगा।"

"घर पर तो कोई बुलाने नहीं आया सम्भवत:।"

"मुझे कल सन्ध्या को डॉम-गार्शिया मार्ग में मिला था...जब मैं नृत्य-मण्डप से लौट रही थी। उसने इस बात का उल्लेख तो कर दिया था, परन्तु यह भी कहता था कि वह स्वयं भवन पर आकर हम दोनों को निमन्त्रण देगा।"

बृज ने इस बात का कुछ उत्तर नहीं दिया। कंचन ने कुछ देर प्रतीक्षा करके पूछा, "फिर मग्न हो गये?"

बृज चौंका, "क्या कहा आपने?"

"तुम चलोगे न?"

"आप चलेंगी?"

"मुझे तो जाना ही पड़ेगा।"

"ऐसी क्या विवशता है?"

"जब तुम जाओगे, तो मैं भी जाऊँगी।"

"परन्तु मैंने तो नहीं कहा कि मैं अवश्य ही जाऊँगा।"

"मैं जानती हूँ कि तुम अवश्य जाओगे।"

"वह कैसे?"

"डॉम-गार्शिया तुम्हें छोड़ेगा नहीं।"

"तब तो मुझे जाना ही पड़ेगा।"

"इसीलिए तो मैंने भी कहा कि मुझे भी जाना पड़ेगा।"

बृज हँसा।

"तुम क्यों हँसे?"

"यह सोचकर कि हम भी कैसी बातें कर रहे हैं!"

"कैसी?"

"यही...बिलकुल बालकों की भाँति।"

"बालक तो ऐसी बातें नहीं करते।"

"तो क्या वृद्ध करते हैं?"

"मेरा तात्पर्य है कि जो लोग बचपन से ऊपर चले जाते हैं और अभी युवावस्था में क़दम रखा नहीं होता, वे ही ऐसी बातें करते हैं।"

बृज हँसा।

"परन्तु, बृज, डॉम-गार्शिया के भोज ऐसे होते हैं कि वहाँ तो बिन बुलाये भी जा पहुँचना चाहिए।"

"डॉम-गार्शिया के भोजों के विषय में ये बातें मैं इतनी बार सुन चुका हूँ कि मेरे कान पक गये हैं। यदि उसका भोज इतना भव्य न हुआ तो मेरे हृदय को बड़ा आघात पहुँचेगा।"

"मैं ऐसा आघात नहीं लगने दूँगी।"

"आप क्या करेंगी?"

"मैं कम-से-कम एक गीत तो ऐसा अवश्य सुनाऊँगी कि जिसे सुनकर तुम्हारा मन बहल जायेगा।"

"तब ठीक है।"

उसी समय बृज की दृष्टि पीछे की ओर पड़ी तो उसने देखा कि कालाफ़ाम मुस्करा रहा है। दोनों की आँखें मिलते ही कालाफ़ाम ने कुछ ऐसा संकेत किया जिसका अर्थ निकलता था कि डटे रहो मैदान में...परन्तु अब वे मन्दिर के निकट पहुँच चुके थे, इसलिए मैदान में डटे रहने का प्रश्न ही नहीं उठता था। बृज ने घोड़े की गति मन्द कर ली, और पीछे हटते-हटते वह कालाफ़ाम के बराबर पहुँच गया। परन्तु उस समय तक कालाफ़ाम का चेहरा पत्थर की भाँति गम्भीर हो चुका था।

थोड़ी ही देर में बहली रुक गयी। बृज ने घोड़े से उतरकर उसकी लगाम कालाफ़ाम की ओर फेंकी और स्वयं बहली की ओर बढ़ा। उसने कंचन को बहली से उतरने में अपने हाथ का सहारा दिया। फिर वे दोनों मन्दिर के मुख्य द्वार की ओर बढ़े। द्वार के दोनों ओर शलाका-दीप जल रहे थे और विशाल मन्दिर भी प्रकाश से जगमग दिखायी दे रहा था।

उन्होंने मुख्य द्वार के भीतर पाँव रखा तो बृज को मन्दिर का वातावरण बहुत ही भिन्न और अनोखा-सा लगा। मन्दिरों में पहुँचकर सदैव ही बृज को इसी बात का आभास होता था। जब कभी उसने इसके विषय में सोचा तो उसने यह निष्कर्ष निकाला कि चूँकि बचपन से ही वह सुनता आया कि मन्दिर भगवान् का निवास होते हैं और वहाँ का वातावरण पवित्र एवं शान्तिमय होता है, इसीलिए अब भी उसको इसी प्रकार की अनुभूति होती है। कभी-कभी वह यह सोचने लगता है कि कहीं यह विवशतापूर्ण विद्रोह तो नहीं है? सम्भव है कि मन्दिरों के वातावरण में उसे जिस बात की अनुभूति होती है, वह केवल उसकी कल्पना ही न हो, बल्कि उस अनुभूति की जड़ें किसी महान् सत्य में समायी हुई हों।

उसका मन इसी प्रकार के विचारों का अखाड़ा बना रहता था; कभी वह कुछ सोचता और कभी कुछ।

मन्दिर के आसपास का फ़र्श लाल पत्थर की सिलों का बना हुआ था। फ़र्श ठण्डा और नम था। लगता था कि सन्ध्या समय वहाँ बहुत-सा पानी फेंक-फेंककर सारे फ़र्श को ख़ूब अच्छी तरह धोया गया हो। अब भी शलाका-दीपों के प्रकाश में पानीवाले भाग चमकते हुए काँच के टुकड़ों की भाँति दिखायी दे रहे थे।

उस समय बहुत भीड़-भाड़ तो नहीं थी फिर भी अच्छी-ख़ासी गहमागहमी थी। उच्च कुल की स्त्रियाँ अधिक संख्या में थीं। मन्दिर के भीतर से भजन-कीर्त्तन की हलकी-हलकी ध्वनि आ रही थी।

बृज ने चारों ओर दृष्टि दौड़ाते हुए कहा, "अच्छा तो यह है हजाराराम स्वामी का मन्दिर!"

"हाँ।" उसके पार्श्व में खड़ी कंचन ने धीरे से उत्तर दिया—फिर बोली, "सुनो, मैं गर्भगृह तक जाऊँगी। पुजारी जी से वहीं पर भेंट हो सकेगी। तुम इतनी देर तक क्या करोगे...?"

बृज ने कंचन की ओर सिर घुमाया तो देखा कि वह अपनी मोटी-मोटी आँखों को जल्दी-जल्दी झपकाते हुए अपनी बात के उत्तर की प्रतीक्षा कर रही है।

बृज ने अपना मुँह उसके कान के निकट तक ले जाकर कहा, "आप जाइये, मैं यहाँ खड़े-खड़े आपको स्मरण करता रहूँगा।"

"मुझे स्मरण करने में व्यर्थ तुम्हारा समय नष्ट होगा, इससे अच्छा यह है कि इतने में तुम घूम-फिर कर मन्दिर को भली-भाँति देख लो। यहाँ की दीवारों और स्तम्भों की चित्रकला दर्शनीय है।"

बृज ने सीधे खड़े होकर धीमे स्वर में कहा, "मैं आपके इस सुझाव का स्वागत करता हूँ—परन्तु मैं आपकी बात पर आपत्ति उठाये बिना भी नहीं रह सकता। आख़िर आपने यह क्यों कहा कि आपको स्मरण करने से मेरा समय नष्ट होगा?"

"इसलिए कि मैं स्मरण करने की नहीं, वरन् देखने की वस्तु हूँ—मेरे विषय में यह बात कभी मत भूलना।"

इतना कहकर कंचन अर्थपूर्ण दृष्टि उस पर डालते हुए गर्भगृह की ओर चल दी।

अर्द्ध-मण्डप से गर्भगृह तक जानेवाला मार्ग काफ़ी चौड़ा था, जिसके किनारे-किनारे दोनों ओर साधू बैठे थे। बृज घूम-फिर कर गोल स्तम्भों और दीवारों को देखता रहा। उन पर श्रीरामचन्द्र जी के जीवन की झाँकियाँ चित्रों में दिखायी गयी थीं। कहीं-कहीं ईंट, प्रस्तर-चूर्ण और पीले रंग का कुछ ऐसे ढंग से प्रयोग किया गया था कि बस देखते ही बनता था। घूमते-फिरते, अन्त में वह श्रीरामचन्द्र जी की उस सुन्दर मूर्ति के पास जा खड़ा हुआ, जिसके कारण यह मन्दिर इतना प्रसिद्ध था।

वह काफ़ी देर तक उस मूर्ति की ओर देखता रहा, फिर एकाएक उसे इस बात का आभास हुआ कि कुछ चंचल देवदासियाँ उसकी ओर देख रही हैं। वह उनकी

दृष्टि से दूर हट जाने के लिए मन्दिर के प्रांगण की ओर चल दिया; और वहाँ से उद्यान के उस कोने की ओर बढ़ा, जिधर केलों के झुण्ड खड़े थे। वहाँ पहुँचकर वह एक छोटी-सी दीवार पर एक पाँव रखकर खड़ा हो गया।

न जाने वह कितनी देर तक वहाँ खड़ा रहा कि इतने में उसे पीछे से पाँव की आहट सुनायी दी। घूमकर देखा कि कंचन हाँफती-हाँफती चली आ रही है। दूर ही से बोली, "जानते हो, जब तुम पल-भर के लिए दृष्टि से ओझल हो जाते हो, तो मैं क्या सोचने लगती हूँ?"

बृज कूल्हों पर दोनों हाथ रखकर, और एक टाँग पर अधिक और दूसरी टाँग पर कम बोझ डालकर खड़ा हो गया, और उसने अस्वीकृति में केवल सिर हिला दिया।

"मैं डर जाती हूँ, सोचती हूँ कि अब यह गया...।"

"आपने व्यर्थ मुझे इतना महत्त्व दे रखा है?"

कंचन ने उसके दोनों हाथ अपने दोनों हाथों में थामते हुए कहा, "इसी दीवार पर बैठ जाओ और सोचो कि आख़िर मैं तुमसे क्या चाहती हूँ।"

"क्या चाहती हैं आप?" बृज ने दीवार पर बैठते हुए पूछा।

"मैं चाहती हूँ कि तुम्हें इतनी अच्छी लगूँ कि तुम किसी अन्य स्त्री की ओर दृष्टि उठाकर भी न देखो; और इतनी अच्छी न लगूँ कि तुम्हें मुझसे प्रेम हो जाये।"

२

दिन के तीसरे पहर भोजन करने के उपरान्त बृज अपने कक्ष में जाकर कुछ देर के लिए सो गया। फिर एकाएक आहट सुनकर उसकी निद्रा भंग हो गयी। उसने आँखें नहीं खोलीं, परन्तु उसके कान आहट पर लगे हुए थे। यह हलका-सा कोलाहल सोपानों की ओर से आ रहा था। छम-छम के स्वर के साथ भारी पैरों की धम-धम भी सुनायी दे रही थी। छम-छम तक तो बृज के लिए आश्चर्य की बात नहीं थी, परन्तु भारी पैरों की धम-धम ने उसे चौंका दिया—उसने आँखें खोल दीं और दोनों कोहनियों का सहारा लेकर बिछावन से तनिक-सा ऊपर को उठा।

उसकी आँखें सोपानों की ओर जमी थीं। उसके देखते-देखते दो व्यक्ति ऊपर पहुँचे। उनमें से एक कंचन थी, और दूसरा डॉम-गार्शिया।

द्वार तक पहुँचकर डॉम-गार्शिया टाँगें फैलाकर रुक गया। उसने एक हाथ तनिक ऊपर उठाकर कहा, "कहो संन्यासी जी, क्या हो रहा है?"

एक बार फिर डॉम-गार्शिया का हँसता हुआ चेहरा बृज के नेत्रों के सम्मुख था। वही सुदृढ़ दन्त-पंक्ति, उन्मुक्त और विशुद्ध हास, नाक के दोनों ओर दूर तक लपकती हुई दो रेखाएँ---बृज उठ खड़ा हुआ, और उसका स्वागत करने के लिए आगे बढ़ा।

उधर डॉम-गार्शिया दोनों बाँहें फैलाकर झपटा और वह बृज से लिपट गया। कभी बृज ने डॉम-गार्शिया को और कभी डॉम-गार्शिया ने बृज को फ़र्श पर से ऊपर उठा लिया।

कंचन पास खड़ी यह कौतुक देख रही थी। बृज ने अपने मित्र के कन्धे पर थपकी देते हुए कहा, "आओ बैठो।"

डॉम-गार्शिया ने किसी विशाल गिद्ध के परों के समान अपनी दोनों बाँहें ऊपर को उठा दीं, और कहा, "पहले मैं अपनी बात कर लूँ, फिर बैठूँगा।"

कंचन बोली, बृज, मैंने तुमसे कहा था न कि डॉम-गार्शिया मुझे मार्ग में मिले थे, और...।"

डॉम-गार्शिया ने झट से कंचन का हाथ थामते हुए कहा, "कृपया आप अभी कुछ न बोलिये। मैं स्वयं अपनी बात कहना चाहता हूँ।"

"हाँ-हाँ निस्सन्देह कहिये...वह बात कहनी भी आप ही को चाहिए। लीजिये, मैं चुप हो जाती हूँ।"

अब डॉम-गार्शिया ने बृज के दोनों कन्धों पर हाथ रखते हुए कहा, "मैं तुमसे पूछने आया हूँ कि मेरे यहाँ भोज होगा या नहीं?"

बृज आश्चर्य में पड़ कभी डॉम-गार्शिया की ओर और कभी कंचन की ओर देखने लगा। फिर बोला, "परन्तु...मैंने तो यही सुना था कि तुम बहुत बड़ा भोज देनेवाले हो...।"

डॉम-गार्शिया ने कहा, "विचार तो यही था, परन्तु अब तुमसे पूछे बिना काम नहीं चलेगा।"

बृज ने और भी अधिक आश्चर्य में आकर पूछा, "बन्धु, आतिथेय तो तुम हो। यदि तुम भोज दोगे तो होगा, नहीं दोगे तो नहीं होगा।"

"यही तो तुम्हारा भ्रम है।"

बृज टकटकी बाँधकर डॉम-गार्शिया की ओर देखने लगा, परन्तु मुँह से कुछ नहीं बोला। कंचन अपने होंठों के आगे कोमल उँगलियों का पर्दा डाले हँसी छिपाने की चेष्टा कर रही थी।

डॉम-गार्शिया ने बृज के कन्धों को धीरे से हिलाते हुए कहा, "तुम यह बात अच्छी तरह समझ लो कि यदि तुम आओगे तो भोज होगा, तुम नहीं आओगे तो भोज नहीं होगा।"

कंचन ने हलका-सा क़हक़हा लगाते हुए बृज से कहा, "सुना तुमने। अब तुम चाहो तो मुझे और दूसरे अतिथियों को अच्छा-सा भोज मिल सकता है, यदि तुम न चाहो तो हम सब को निराश होना पड़ेगा!"

डॉम-गार्शिया नथुने फुलाकर पुरुषोचित भारी स्वर में बोला, "कंचन जी बिलकुल ठीक कहती हैं।"

अब कंचन बीच में ही बोल उठी, "मैं आप दोनों से क्षमा माँगती हूँ, क्योंकि मैं तो राजमहल जा रही थी, डॉम-गार्शिया जी को देखकर मैं इन्हें ऊपर तक पहुँचाने के लिए चली आयी अब आप दोनों परस्पर निर्णय कर लीजिये।"

कंचन तेज़-तेज़ क़दमों से छम-छम करती हुई सोपानों की ओर बढ़ी और फिर नीचे उतर गयी।

बृज ने कहा, "तुम खूँटे की तरह खड़े क्यों हो। चलो, बैठो तो सही।"

डॉम-गार्शिया ने आसन्दी की ओर बढ़ते हुए कहा, "मित्र, तुम भी विचित्र व्यक्ति निकले। मैं सोच रहा था कि इतने दिनों साथ रहने के बाद तुम मुझसे मिलते रहा करोगे। परन्तु न जाने तुम किस संसार में खोये रहते हो!—सम्भवत: मुझे यह बात कहनी भी नहीं चाहिए थी क्योंकि स्पष्ट दिखायी दे रहा है कि तुम अत्यन्त सुन्दर संसार में रह रहे हो। भला ऐसे संसार में रहकर किस बृज को डॉम-गार्शिया से मिलने का ध्यान आ सकता है।"

यह कहते-कहते डॉम-गार्शिया आसन्दी के एक सिरे पर बैठ गया। बृज दूसरे सिरे पर बैठते हुए बोला, "तुम तो जानते ही हो कि यह संसार मेरा संसार नहीं है। इसमें रहते हुए भी मैं यहाँ नहीं रहता।"

"तो तुम्हारे संन्यासी बनने में अब कोई कसर नहीं रह गयी।"

"तुम्हारा यह विचार भी ठीक नहीं है। तुम्हें ज्ञात होना चाहिए कि संन्यास लेने का मेरा बिलकुल कोई विचार नहीं है।"

"यह सुसमाचार सुनकर मेरे मन को सच्चा आनन्द प्राप्त हो रहा है...।"

"सच्चा आनन्द?"

"हाँ, बिलकुल।—तो फिर बताओ कि अब तक तुम्हारे न मिलने का कारण क्या है?"

"बन्धु, यह आपत्ति तो मैं भी उठा सकता हूँ। आख़िर तुम भी मुझसे मिलने आ सकते थे।"

"ठीक कहते हो—मेरे पास इसका कारण भी है...बताऊँ?"

"बताओ।"

"किसी और से तो नहीं कहोगे?"

"तुम नहीं चाहते तो नहीं कहूँगा।"

"तुम मित्र हो, तुमसे क्या छिपाना—बात यह है कि जहाँ तुम रहते हो वहाँ एक ऐसा पुष्प है जिसकी सुगन्ध से तुम्हारा डॉम-गार्शिया रूपी भ्रमर अचेत होकर गिरने लगता है। वह जानता है कि चाहे वह बेसुध हो, गिरे या मर जाये, उस पुष्प को इसकी कुछ भी चिन्ता नहीं। इसलिए डॉम-गार्शिया—तुम्हारा भ्रमर मित्र—यहाँ आने से कतराता है।"

"मुझे इस भ्रमर से गहरी सहानुभूति है।"

"मैंने तो अपना कारण बता दिया, और तुम्हारी सहानुभूति के लिए तुम्हें धन्यवाद भी देता हूँ—परन्तु अब तुम अपने न आने का कारण बताओ।"

"बन्धु, मेरा केवल एक ही कारण है। वह यह कि मैं तो बेकार व्यक्ति हूँ, कामकाज करता नहीं, मुफ़्त की खाकर पड़ा रहता हूँ। आप लोग व्यवसायी व्यक्ति हैं, इसीलिए मुझे अपने परिचितों में से किसी से भी भेंट करने का साहस नहीं होता। मुझे यही झिझक रहती है कि मेरे कारण किसी का समय नष्ट न हो।"

"अब भूल जाओ इन बातों को।"

"भूल गया।"

"डॉम-गार्शिया ने प्रसन्नता का क़हक़हा लगाते हुए कहा, "मुझे स्मरण आता है कि मैंने पहले भी तुम्हें समझाया था—यदि न भी समझाया हो तो तुम्हें स्वयं ही समझ जाना चाहिए—कि जहाँ तक मेरा सम्बन्ध है, तुम्हारे मन में ऐसा कोई विचार, ऐसी कोई झिझक नहीं होनी चाहिए।"

"भविष्य में इस बात का ध्यान रखूँगा।"

"तो तुम भोज में आओगे न?"

"अवश्य।"

"स्मरण रखो मेरे लिये भोज की सारी शोभा तुम्हीं से होगी।"

"विश्वास करो मैं अवश्य आऊँगा—हाँ यह तो बताओ कि द्रोण जी भी आ रहे हैं न?"

"वे अवश्य आते, परन्तु आयेंगे नहीं।"

"वह क्यों?"

"वे यहाँ नहीं होंगे।"

"तो क्या वे फिर नगर से बाहर जा रहे हैं?"

"जा नहीं रहे हैं, जा चुके हैं।"

"आश्चर्य!"

"क्या बात है?"

अभी कुछ ही दिनों पहले तो हमारी भेंट हुई थी। उन्होंने अपने जाने का मुझसे कोई उल्लेख नहीं किया।"

"अचानक ही कोई काम पड़ गया होगा। वे कल ही तो गये हैं।"

"हाँ यही बात होगी।"

"लगता है कि द्रोण जी के आने का भी तुम्हारे मन में एक आकर्षण था। परन्तु तुम मेरी बात का विश्वास करो कि मेरे यहाँ तुम्हें बड़े-अच्छे लोग मिलेंगे। यहाँ तक कि अफ्रीका से मेरे एक मित्र आ रहे हैं जो बहुत बड़े आखेटक हैं। वे अत्यन्त रोचक बातें करते हैं। विद्वानों की बातें तो तुम सुनते ही रहते हो, अब तुम्हें एक बड़े आखेटक की बातें सुनने को मिलेंगी। उस आखेटक के अतिरिक्त कई अन्य लोग भी आयेंगे। तुम चुपचाप सब की बातें रस ले लेकर सुनते रहना।—अब और क्या कहूँ, क्योंकि यह तो कहना ही व्यर्थ है कि मेरे यहाँ देश-विदेश की अत्यन्त सुन्दर दासियाँ अतिथियों की सेवा करती हैं। अरे बन्धु, तुम तो स्वयं ही ऐसे उद्यान में रह रहे हो कि जिसके पुष्पों और विकसित हुई कलिकाओं की सुगन्ध से सारा विजयनगर महक रहा है।"

उसकी इस बात पर बृज मुस्कराकर रह गया।

डॉम-गार्शिया ने आगे को झुककर उसकी जाँघ पर हाथ रखते हुए कहा, "मित्र, तुम विजयनगर में कुछ देर से पहुँचे!"

"क्यों, क्या हुआ?"

"यहाँ की होली देखने योग्य होती है। आहा...हा-हा! सारे नगर में गुलाल, सुगन्ध, हँसी, संगीत और सौन्दर्य के अतिरिक्त कुछ और दिखायी नहीं देता। और फिर, तुम तो ऐसे गढ़ में बैठे हो कि यहाँ के रंगों में भीगे यौवनों को देखकर तुम्हारे और सब नशे उड़ जाते। यहाँ की होली देखने और मनाने के लिए दूर-दूर से लोग आते हैं।—ख़ैर कोई बात नहीं, उदास मत होना, भगवान् ने चाहा तो अगली होली की छटा दिखायेंगे तुम्हें।"

बृज हँस दिया।

डॉम-गार्शिया ने एकाएक खड़े होते हुए कहा, "लो बन्धु, अब जाने की अनुमति चाहता हूँ। फिर मिलेंगे।"

बृज उसे रोकने की चेष्टा करते हुए बोला, "आख़िर जाने की इतनी भी उतावली क्या है!"

"बस, मैं तुम्हें निमन्त्रण देने ही आया था, अभी कुछ और कार्य भी करने हैं। चिन्ता न करो, अब तो भेंटें होती ही रहेंगी। भेंटे होंगी तो बातें भी होंगी।

सोपानों से उतरते समय बृज ने कहा, "तो अभी भोज का दिन निश्चित नहीं हुआ?"

डॉम-गार्शिया एकदम सोपानों पर ही रुक गया, और अपने माथे पर हाथ मारते हुए बोला, "यह देखो मेरी खोपड़ी। काम की बात तो बताना ही भूल गया। बन्धु, यह भोज परसों है, परसों। भूलना नहीं।"

वे फिर सोपानों से उतरने लगे। बृज ने उसकी पीठ पर थपकी देते हुए कहा, ''चिन्ता मत करो, खानेवाला भोज का दिन कभी नहीं भूलता; हाँ, खिलानेवाला भूल जाये तो वह अलग बात है।''

डॉम-गार्शिया ने सिर पीछे को फेंककर क़हक़हा लगाया, और फिर अपना मुँह उसके कान के निकट लाकर बोला, ''एक भेद की बात कहूँ?''

''कहो।''

''डॉम-गार्शिया ने उसका हाथ अपने हाथ में दबाते हुए फुसफुसाते स्वर में कहा, ''कंचन को अपने साथ अवश्य लाना।''

३

डॉम-गार्शिया के यहाँ भोजों का प्रबन्ध अपने ही ढंग का होता था। सभी लोग यह कहते थे और जब बृज कंचन के साथ भोजवाले दिन वहाँ पहुँचा तो उसे इस बात पर विश्वास करना पड़ा।

डॉम-गार्शिया अपने विशाल और भव्य निवास-स्थान के मुख्य-द्वार पर खड़ा स्वयं अतिथियों का स्वागत कर रहा था, परन्तु जब उसने बृज और कंचन को देखा तो उसने यह कार्य किसी अन्य को सौंपा तथा उन दोनों को लेकर भवन के भीतर चला गया। एक बहुत लम्बा-चौड़ा कक्ष था, जिसकी सजावट देशी एवं विदेशी उपकरणों से की गयी थी। केवल उस सजावट को देखने के लिए ही पर्याप्त समय की आवश्यकता थी। इस विशाल कक्ष की आकृति अण्डे की भाँति थी। उसमें प्रवेश करने के लिए दो बड़े द्वार थे; एक अलिन्द की ओर से और दूसरा भवन के भीतर की ओर से। कक्ष का दूसरा भाग बिलकुल खुला हुआ था, जिसके आगे वृक्षों की हरियाली और रंग-बिरंगे पुष्पों की वाटिका दिखायी दे रही थी। उसी ओर एक अत्यन्त सुन्दर फ़व्वारा था, जिसमें संगमरमर की बनी हुई श्वेत मुग्धाएँ अपनी उठी हुई बाँहों से लम्बी गर्दनवाले एक पात्र को सहारा दिये हुए थीं, उनकी उँगलियाँ पात्र की गर्दन तक पहुँचकर रुक गयी थीं और पात्र के सँकरे मुँह में से फ़व्वारे का जल तेज़ी से ऊपर को जाकर लौट रहा था और युवतियों के जगमगाते पथरीले शरीर पर मोतियों की वर्षा कर रहा था। कक्ष के किनारे-किनारे संगमरमर की आसन्दियाँ बनी हुई थीं। उन पर मोटे गद्दे, और गद्दों पर बहुमूल्य गलीचे बिछे हुए थे। हर आसन्दी के आगे मेज़ के ढंग पर पत्थर की सुन्दर वेदियाँ बनी हुई थीं, जिन पर भोजन परोसा जा रहा था। छत पर काले, पीले और लाल रंगों से बड़े ही सुन्दर बेल-बूटे बने हुए थे। दीवारों पर चित्रकारी यूरोप के किसी कलाकार ने ही की थी। उन चित्रों में जिन रंगों का प्रयोग किया गया था, वे विजयनगर में किसी अन्य स्थान पर दिखायी नहीं देते थे। उन चित्रों में कुछ का

विषय धार्मिक था, अर्थात् बाइबिल की कथाओं के दृश्य थे और कुछ चित्रों में केवल सुन्दर युवतियाँ दिखायी गयी थीं। कहीं युवतियाँ सरोवर में स्नान कर रही थीं, कहीं वस्त्र उतार रही थीं, कहीं शृंगार कर रही थीं, कहीं क्रीड़ा कर रही थीं और कहीं संगीत की गोष्ठी जमी थी।

कक्ष के मध्य में पर्याप्त स्थान छूटा हुआ था, फ़र्श शीशे की भाँति चमक रहा था। यहाँ पर नर्तकियाँ नृत्य करती थीं या गानेवालियाँ गाया करती थीं। दीवारों के साथ-साथ कई जगह चन्दन और कुछ अन्य सुगन्धित पदार्थ जल रहे थे जिनकी सुगन्ध से सारे वातावरण पर नशा-सा छा रहा था। रंग-बिरंगी चोलियाँ पहने और हर तरह से सजी-सजायी सुन्दर दासियाँ छम-छम करती हुई इधर-उधर घूम रही थीं।

डॉम-गार्शिया उन दोनों को लेकर कक्ष के बीचोबीच से होता हुआ पिछवाड़ेवाली वाटिका की ओर बढ़ा। उधर ही उजला वस्त्र कमर से लपेटे एक नेत्रहीन संगीतकार बहुत धीरे-धीरे मृदंग बजा रहा था जिसके स्वरों के उतार-चढ़ाव जल की लहरियों की भाँति फैलते हुए दूर तक चले गये थे। वे सब उसके पास से गुज़रते हुए वाटिका में पहुँचे, जहाँ पहले से ही पर्याप्त अतिथि एकत्रित हो रहे थे। उनमें कुछ स्त्रियाँ भी थीं, परन्तु वे सब-की-सब विजयनगर की जानी-पहचानी गणिकाएँ थीं। भोजन आरम्भ होने से पहले ही सबको पान के बीड़े दिये जा रहे थे, क्योंकि इनके बिना तो गप-शप का कुछ आनन्द ही नहीं आ सकता था।

वहाँ पहुँचकर जब कंचन ने कुछ क़दम दूर अपनी जान-पहचान की गणिकाओं को देखा तो डॉम-गार्शिया से कहने लगी, ''आपको कोई आपत्ति न हो तो मैं आप दोनों से अलग होकर उस दल में थोड़ी देर के लिए गप-शप कर लूँ।''

डॉम-गार्शिया एक टाँग पीछे ले जाकर, दूसरी टाँग को झुकाकर और दोनों हाथ फैलाकर अत्यन्त सुन्दर भंगिमा बनाते हुए नीचे की ओर झुका और अत्यन्त नम्रता से बोला, ''बड़ी प्रसन्नता से—इसे आप अपना ही घर समझिये!'' कंचन ने दोनों आँखें झपकाकर और अपनी उँगलियाँ अपने सुन्दर ढंग से आगे को बढ़े हुए होंठों तक ले जाकर भाव जताकर डॉम-गार्शिया के प्रति कृतज्ञता प्रकट की और फिर अलकें लहराती हुई गणिकाओं के दल की ओर बढ़ गयी।

डॉम-गार्शिया कुछ पलों तक अत्यन्त मुग्ध दृष्टि से कंचन को जाते देखता रहा और फिर बृज से कहने लगा, ''कंचन के नितम्बों की प्रत्येक गति से मुझे मृदंग की ध्वनि का आभास मिलता है,...परन्तु, मित्र, हमारे भाग्य में तो केवल यह दूरदर्शन ही लिखा है...और वह भी पर्याप्त अन्तराल के बाद—मुझसे त्रुटि हो गयी, मुझे केवल अपने दुर्भाग्य की बात करनी चाहिए...तुम्हें अपने साथ व्यर्थ लपेट लिया! तुम तो इस अग्नि-शिखा की ज्वाला से दूर-दूर रहते हो, परन्तु जानते हो कि विजयनगर के सभी उच्च कुलों में क्या बात प्रसिद्ध हो रही है?''

बृज किशोरियों की भाँति लजा-सा गया और फिर अपने दोनों हाथ पीठ पर बाँधकर एक नन्हें से पत्थर को पाँव की पादुका से हलकी-सी ठोकर मारकर बोला, ''क्या कहते हैं?''

''यही...कि कंचन ने क्या गुल-छोकरा पाल रखा है।''

बृज ने कृत्रिम क़हक़हा लगाकर बात टाल दी। डॉम-गार्शिया उसके दोनों कन्धों पर हाथ रखकर बोला, ''कहीं तुम लड़की होते तो मैं तुम्हें मोतियों में तौल देता।''

बृज की भौहें ऊपर को उठकर, फिर नीचे गिर गयीं और वह बोला, ''परन्तु स्मरण रखो कि मैं तुम्हारे 'सात पूँछोंवाले बिल्ले' से मार खाने को कदापि तैयार न होता।''

डॉम-गार्शिया ने अपने स्वभाव के अनुसार सिर पीछे को फेंककर ज़ोरदार क़हक़हा लगाया और उसका हाथ दबाते हुए बोला, ''लेकिन बन्धु, अब भी मैं तुम्हारा आभार मानता हूँ—यदि तुम इस नगर में न होते तो आज मैं अपने घर में कंचन की सूरत देखने की कल्पना तक नहीं कर सकता था। वह मुझसे कतराती है, मुझसे दूर भागती है—वह नहीं समझती कि मैं कितना बड़ा कलाकार हूँ। यह अलग बात है कि मेरी कला का क्षेत्र कुछ विचित्र है।''

यह कहते-कहते डॉम-गार्शिया की दृष्टि चारों ओर घूम गयी और उसने बृज की बाँहों को कोहनी से तनिक ऊपर थामते हुए कहा, ''यहाँ तुम्हें कई जानी-पहचानी आकृतियाँ दिखायी देंगी, चलो उनसे मिलो—परन्तु ठहरो, सबसे पहले मैं तुम्हें एक नये व्यक्ति से मिला दूँ। यह मेरा वही आखेटक मित्र है, जिसका उल्लेख मैंने तुमसे किया था।''

जब वे उधर बढ़े तो बृज ने देखा कि वह आखेटक इकहरे शरीर का ख़ूब लम्बा-सा व्यक्ति है। रंग बिलकुल काला था और चेहरे पर केवल चमड़ी मढ़ी हुई दिखायी देती थी। सिर के बाल बहुत छोटे और घुँघराले थे। उसके वस्त्र भी सबसे भिन्न थे। कमर से लिपटे हुए लम्बे से वस्त्र का एक भाग उसके पेट और आधे वक्ष से होता हुआ ऊपर तक चला गया था। जब वे उसके बिलकुल आमने-सामने पहुँचे तो बृज को पता चला कि वह तो उससे भी चार अंगुल ऊँचा है। उसकी भुजाओं की पेशियाँ फूली हुई या उभरी हुई नहीं थीं। सारा शरीर ही हड्डियों का ढाँचा-सा दिखायी देता था। हाँ उसकी अस्थियाँ ख़ूब लम्बी, मोटी और भारी थीं। टखनों और घुटनों की अस्थियाँ बैल की अस्थियाँ ज्ञात होती थीं। हाथ और पाँव बड़े-बड़े थे। वह विजयनगर या बृज के देश के युवकों से नितान्त भिन्न था। लगता था कि कहीं वह दौड़ना चाहे तो लड़खड़ाकर गिर पड़े। बृज की समझ में नहीं आ रहा था कि वह रोगी है या स्वस्थ आखेटक।

डॉम-गार्शिया ने दोनों का परिचय कराया। आखेटक का नाम नाक्रना बताया। अन्त में जब डॉम-गार्शिया ने कहा कि नाक्रना के शरीर में सिंह की-सी शक्ति है,

तो बृज को लगा जैसे वह अपने मित्र का उपहास कर रहा हो। उसने डॉम-गार्शिया की ओर देखा तो उसका चेहरा बिलकुल गम्भीर था। डॉम-गार्शिया बोला, ''कभी-कभी मैं अफ्रीका जाता हूँ तो नाक्रना का अतिथि बनकर रहता हूँ। इसके साथ मिलकर मैंने शेर और गुरिल्ले का आखेट भी किया है।''

बृज ने दोनों हाथ जोड़ दिये, परन्तु जब उसने देखा कि नाक्रना ने अपना हाथ आगे बढ़ा दिया है तो झट उसके हाथ-में-हाथ दे दिया। हाथ मिलाने पर उसे लगा जैसे उसका हाथ लोहे के शिकंजे में फँस गया हो। बृज स्वयं निर्बल नहीं था, इसलिए उसे अत्यन्त आश्चर्य हुआ।

नाक्रना के नेत्रों में बड़ी चमक थी, जैसी कि वन्य पशुओं के नेत्रों में होती है। परन्तु अपने चलने-फिरने और बोलचाल में वह अत्यन्त गम्भीर था। वैसे वह उन लोगों में से नहीं था जो कुछ कठिनाई से हँसते हैं। जब वह हँसता तो उसके बड़े-बड़े दाँत और भी बड़े दिखायी देने लगते।

बृज का आज तक किसी आखेटक से पाला नहीं पड़ा था, इसलिए उसकी समझ में नहीं आ रहा था कि वह उससे किस विषय पर बात करे। उसके मुँह से यूँ ही निकल गया, ''अच्छा, तो आप आखेटक हैं?''

नाक्रना ने अत्यन्त नम्रता से कहा, ''अधिकतर मनुष्य आखेटक ही होते हैं और जो नहीं होते वे दूसरों का आखेट बनते हैं।''

नाक्रना का स्वर नितान्त सपाट था। उसका बात करने का ढंग नम्र अवश्य था, परन्तु उसके स्वर में किसी भावना का आभास नहीं होता था।

बृज तो बात के इस रुख़ से हड़बड़ा गया, क्योंकि वह इस ढर्रे पर बातचीत को और आगे बढ़ाने को विवश था। उधर नाक्रना इतनी-सी बात कहकर ऐसे चुप हो गया जैसे वह बोलना जानता ही न हो।

इतने में डॉम-गार्शिया ने उसकी पीठ पर हलकी-सी थपकी देकर उसे तनिक-सा आगे धकेल दिया और धीरे से बोला, ''अब तुम्हें एक महान् पुरुष से मिलाता हूँ। उसका नाम अमीन है। वह अरबी और फारसी भाषा का विद्वान् माना जाता है। विजयनगर में रहकर संस्कृत भाषा का अध्ययन कर रहा है। मैंने सुना है कि वह संस्कृत-साहित्य की कुछ महत्त्वपूर्ण पुस्तकों का अरबी या फरसी में रूपान्तर करना चाहता है। मैं केवल सुनी-सुनायी बात कह रहा हूँ। तुम तो जानते ही हो कि मुझे इन विषयों में कोई रुचि नहीं है। जब वे अमीन के पास पहुँचे तो उसका चेहरा देखकर बृज को यह अनुमान लगाने में कुछ भी देर नहीं लगी कि उसकी आयु पचास वर्ष के आसपास होगी। उसने डॉम-गार्शिया के कान में फुसफुसाकर कहा, ''हम एक बार द्रोण जी के यहाँ मिल चुके हैं। मुझे कंचन जी ने बताया था कि ये ईरान से गलीचे यहाँ लाते हैं और उनका व्यापार करते हैं।''

"हाँ, इनका व्यवसाय तो यही है, परन्तु तुम्हें भीतर की बात भी बता दी है— यदि पहले मिल भी चुके हो तो उससे क्या अन्तर पड़ता है? अबकी और अच्छी तरह मिलो।"

उस समय अमीन कुछ अन्य मित्रों से बातचीत करने में व्यस्त था। उसने चूड़ीदार पायजामा और उसके ऊपर चुस्त अँगरखा-सा पहन रखा था। सिर पर गोल-सी टोपी थी। चार अँगुल लम्बी दाढ़ी थी और ऊपर के होंठ और नाक के बीच मूछें कटी हुई थीं, परन्तु मूँछों के दोनों किनारे नीचे को गिरे हुए थे। उसका रंग अत्यन्त गोरा था और इस आयु में भी सुन्दर लग रहा था।

आख़िर जब उनकी आँखें अमीन की आँखों से मिलीं तो डॉम-गार्शिया बोला, "भाई अमीन, मैं अपने मित्र बृज को आपसे मिलाने के लिए लाया तो इन्होंने बताया कि द्रोण जी के यहाँ आप दोनों का परिचय पहले भी हो चुका है—तब मैंने कहा कि अब तनिक और अच्छी तरह मिल लो।"

अमीन के होंठों पर उन्मुक्त मुस्कान फैलती चली गयी और वह डॉम-गार्शिया से कहने लगा, "जहाँ तक आपके मित्र का सम्बन्ध है, मैं बिना किसी संकोच के कह सकता हूँ कि वे उन लोगों में से हैं जिनसे एक बार मिलकर बार-बार मिलने को जी चाहता है।"

डॉम-गार्शिया ने अमीन के कन्धे पर अपना बड़ा-सा हाथ रखते हुए कहा, "इधर आपका तो पहले से ही यह हाल है और मुझे पूरा विश्वास है कि आज की भेंट के पश्चात् बृज का मन भी आपसे बार-बार मिलने को चाहने लगेगा...।"

बृज को अमीन से एकदम अपनत्व का अनुभव होने लगा, जो कि वह नाक्रना के सम्बन्ध में अनुभव नहीं कर सका। वहाँ उसे प्रत्येक वस्तु स्तर-प्रति-स्तर काले आवरण में छिपी हुई दिखायी देती थी, परन्तु यहाँ प्रत्येक वस्तु सूर्य के खुले प्रकाश में पड़ी थी। सम्भवत: इसलिए कि अमीन जैसे व्यक्तियों को समझना उसके लिए सरल था।

अमीन जब बातें करता तो उसके मुँह से फुलझड़ियाँ छूटती थीं। घड़ी-दो-घड़ी में ही बृज को पता चल गया कि अमीन की बातचीत में वही तीव्रता, ठहराव और रंगीनी है जो ऐसे ही विद्वान् में हो सकती है, जो जीवन से प्यार करना भी न भूला हो।

इतने में बृज की दृष्टि कुछ दूर खड़े आह-चाँग पर पड़ी। दोनों की आँखें मिलीं तो आह-चाँग ने सिर नीचे झुका दिया। उसके दोनों हाथ अब भी अँगरखे की बाँहों में छिपे हुए थे।

बृज ने डॉम-गार्शिया से कहा, "बन्धु, अनुमति हो तो मैं आह-चाँग से मिल लूँ।"

डॉम-गार्शिया ने मुस्कराकर कहा, "अवश्य मिलो—ज्ञात होता है कि आह-चाँग से तुम्हारी पुरानी मित्रता है।"

"कुछ ऐसा ही समझो। सबसे पहले मैं उसी के यहाँ कुछ खाने-पीने के लिए गया था।"

डॉम-गार्शिया ने एक आँख बन्द करके कहा, "परन्तु बृज, वास्तविक मित्र वही होता है, जिसके यहाँ तुम अन्त तक भोजन करने जाते रहो।"

बृज हँसा, "इसमें कोई सन्देह नहीं।"

तब बृज ने अमीन से भी क्षमा चाही और आह-चाँग की ओर बढ़ गया।

आह-चाँग ने बृज को अपनी ओर आते देखा तो वह भी दो क़दम आगे बढ़ आया। आह-चाँग ने निकट आते-आते दो-तीन बार अपने सिर को नीचे झुकाया, "मैं तो समझा कि आप मुझे बिलकुल ही भूल गये।"

बृज ने कहा, "सम्भवत: आप इसलिए यह बात कह रहे हैं कि मैं आपके यहाँ भोजन करने नहीं आया।"

आह-चाँग केवल हँसकर रह गया।

बृज ने उसकी पीठ पर हाथ रखा और वे दोनों बहुत धीमे क़दमों से एक ओर बढ़ने लगे। उसने बताया, "मैं आपके पास आ तो नहीं सका, परन्तु मैं आपका निमन्त्रण नहीं भूला।"

आह-चाँग ने एक बार फिर सिर नीचे झुकाकर उत्तर दिया, "मेरे लिये यही पर्याप्त है।"

यह सुनकर बृज ने आह-चाँग का हाथ धीरे से दबाते हुए कहा, "तो इसका अर्थ यह हुआ कि मैं यह न भूलूँ कि मेरे लिये आपका निमन्त्रण स्मरण रखना ही पर्याप्त है...अर्थात् आप इतने से ही सन्तुष्ट रह सकेंगे।"

आह-चाँग के नेत्रों में चंचलता की चमक उत्पन्न हुई, और वह खुलकर हँस दिया। बृज फिर बोला, "जैसा कि मैंने आपको बताया था कि मैं द्रोण जी के साथ बाहर चला गया था...।"

"अब भी तो द्रोण जी फिर कहीं चले गये हैं। कितना अच्छा होता कि वे भी यहाँ होते तो इस गोष्ठी की शोभा और भी बढ़ जाती।"

"लगता है कि अनायास ही उन्हें कोई काम पड़ गया, तभी तो चुपके से चले गये। यदि पहले से ही जाने का कोई विचार होता तो मुझसे इस बात का उल्लेख अवश्य करते।"

"आपका विचार ठीक ज्ञात होता है। मुझे तो इस बात की भी प्रसन्नता है कि आप इस भोज में चले आये, क्योंकि डॉम-गार्शिया के भोज अपने प्रकार के भोजों में प्रसिद्ध हैं।"

"जी हाँ, मैंने दूसरों के मुँह से भी यही बात सुनी है—परन्तु आपने जो यह कहा कि इनके भोज अपने प्रकार के...?"

आह-चाँग ने मुस्कराकर उसकी बात काटते हुए उत्तर दिया, "मैं आपका तात्पर्य समझ गया। भोज दो प्रकार के होते हैं: एक तो ऐसे भोज, जिनमें बहुत-से अतिथि एकत्र होते हैं, गाना-बजाना होता है, और प्रत्येक कार्य उच्च स्तर पर होता है। विजयनगर के बड़े-बड़े धनिक इसी प्रकार के भोज देते हैं। इनमें सबसे उच्च स्थान डॉम-गार्शिया के भोजों का है। दूसरे प्रकार के भोज वे होते हैं जो मुझ जैसे निर्धन व्यक्ति देते हैं।"

"मैं आपको निर्धन मानने को तैयार नहीं हूँ। इसके अतिरिक्त जो कुछ मैंने आपके यहाँ खाया था, वह अब तक नहीं भूल सका...।"

"मेरा यह तात्पर्य नहीं है...मैं एक से अधिक अतिथि को नहीं बुलाता। मुझे अच्छा लगता है कि एक ही अतिथि हो, जिसके साथ पर्याप्त समय तक बातचीत भी चलती रहे, और भोजन भी चलता रहे। ऐसा भोज इन बड़े भोजों की तुलना में फीका-सा दिखायी देता है, परन्तु मुझे बहुत आनन्द मिलता है। आतिथेय केवल अतिथि को खिलाने के लिए नहीं बुलाता है बल्कि उसकी यह इच्छा भी होती है, या होनी चाहिए कि वह अपने अतिथि को सूँघे, चखे और उसके स्वाद से परिचित हो।"

बृज को यह बात बड़ी भली लगी, वह बोला, "मैं इस बात की कल्पना कर सकता हूँ। मुझे पूर्ण विश्वास है कि जब कभी मैं आपके पास आऊँगा तो मैं केवल आपका व्यंजन ही नहीं, बल्कि आपको भी सूँघूँगा, चखूँगा...।"

इस पर दोनों ने ही हलके-हलके क़हक़हे लगाये।

वे अन्य अतिथियों को पीछे छोड़ आये थे। जब वे रुके तो बृज ने चारों ओर दृष्टि दौड़ायी। डॉम-गार्शिया का निवास-स्थान भी तनिक ऊँचे से टीले पर था। वहाँ से दूर बहती हुई नदी का पाट भी दिखायी दे रहा था। बृज को पहली बार अनुभव हुआ कि डॉम-गार्शिया का भवन पर्याप्त विशाल है और उसके चारों ओर धरती का विशाल क्षेत्र घिरा हुआ है। धरती के इस खण्ड पर सुन्दर उद्यान भी था और कुछ भूमि ज्यों-की-त्यों छूटी हुई थी, जहाँ बिखरी हुई छोटी-बड़ी उज्ज्वल चट्टानें आँखों को बहुत भली लग रही थीं।

राजमहल के निकट ही बड़े-बड़े राज-पुरुषों के भवन बने हुए थे, परन्तु उनकी भव्यता ऐसी नहीं थी। बृज ने कहा, "डॉम-गार्शिया पर्याप्त सुरुचि-सम्पन्न व्यक्ति है।"

"आपने बिलकुल ठीक कहा। उनके हर काम में एक भव्यता होती है। मैं तो कहूँगा कि उनकी रुचि उच्च स्तर की है।"

अब उनमें इधर-उधर की बातें होती रहीं। आह-चाँग ने पूछा, "आपका विजयनगर से बाहर जाने का विचार तो नहीं है अब?"

"भला मैं कहाँ जाऊँगा। मैं कोई कामकाज तो करता नहीं कि मुझे कहीं बरबस जाना पड़े। हाँ, कोई अपने साथ ले जाये तो वह अलग बात है।"

"परन्तु, आप इतना वचन तो दे सकते हैं कि अब कहीं जाने से पहले आप मेरे यहाँ आयेंगे।"

"अवश्य आऊँगा।"

आह-चाँग ने पीछे की ओर देखते हुए कहा, "मेरे विचार में अब हमें लौटना चाहिए, कहीं आपके आतिथेय मुझ पर इस बात का आरोप न लगायें कि मैं उनके सबसे सुन्दर अतिथि को भरी सभा से निकालकर इधर-उधर घुमा रहा हूँ।"

इतना कहकर आह-चाँग ने बृज का हाथ अपने हाथ में लिया और वे वापस लौट पड़े।

वहाँ पहुँचकर पता चला कि डॉम-गार्शिया और कंचन दोनों ही अत्यन्त उत्सुकता से बृज की प्रतीक्षा कर रहे हैं। वहाँ बृज को डॉम-गार्शिया के दो अन्य मित्र भी मिले, जिनसे वह द्रोण जी के यहाँ परिचित हो चुका था। उनमें से एक जर्मनी का रहनेवाला ब्रूनो था और दूसरा था फ्रान्स का आन्द्रे। पहले तो कोई बात ही नहीं हुई थी, और अब वे घुल-मिलकर परस्पर हँसने-बोलने लगे।

एकाएक डॉम-गार्शिया ने अन्य मित्रों को अपनी ही बातचीत में मगन पाकर बृज की ओर टकटकी बाँधकर देखा और धीरे से बोला, "ऐ छोकरे! तुम्हारा यह क्या स्वभाव है कि तुम मौक़ा पाते ही बच्चों की तरह इधर-उधर खिसक जाते हो?"

बृज ने मुस्कराकर कहा, "क्यों, कुशल तो है न?...अचानक ही तुम्हें यह क्या सूझी?"

"यहाँ तो कुशल है बन्धु, परन्तु कंचन जी अत्यन्त व्याकुल हो जाती हैं।"

यह कहते-कहते उसने कंचन की ओर देखा। कंचन के कानों में भी अपने नाम की भनक पड़ चुकी थी, वह डॉम-गार्शिया की ओर देखते हुए बोली, "क्या बात है? मेरा नाम किस सन्दर्भ में लिया जा रहा है?"

डॉम-गार्शिया ने उत्तर दिया, "वास्तव में बात तो मैं बृज से कर रहा था, आपका उल्लेख भी आ गया।"

कंचन अपनी कोमल उँगलियों से आँख पर गिरी हुई लट को पीछे हटाते हुए बोली, "मैं भी तो सुनूँ।"

डॉम-गार्शिया बोला, "मैं बृज को डाँट रहा था कि तुम अचानक ही बच्चों की तरह इधर-उधर कहाँ खिसक जाते हो। इतना भी नहीं सोचते कि कंचन जी कितनी व्याकुल हो जाती हैं।"

कंचन प्रसन्न होकर हँसी तो उसके कपोल सेब की भाँति उभर आये। उसके नेत्रों में एक चमक-सी उत्पन्न हुई। उसने डॉम-गार्शिया से दृष्टि हटाकर बृज की ओर देखते हुए कहा, ''इस पर डाँट तो पड़नी ही चाहिए। मुझे सताकर तो इसे सचमुच ही बड़ा आनन्द मिलता है...।''

''तभी तो!'' डॉम-गार्शिया ने बात का क्रम जारी रखते हुए कहना आरम्भ किया, ''यही तो मैं इसे समझा रहा था कि कुछ कंचन जी की परेशानी का भी तो विचार किया करो...।''

कंचन ने चंचलतापूर्ण हँसी हँसते हुए कहा, ''हाँ-हाँ, समझाने में कोई हानि नहीं। परन्तु अपने 'सात पूँछोंवाले बिल्ले' का प्रयोग न कीजियेगा।''

एक चंचल-सा क़हक़हा लगाकर कंचन अन्य गणिकाओं से बातें करने लगी। डॉम-गार्शिया ने फिर धीमे स्वर में बृज से कहा, ''बन्धु, तुम्हारे बहाने से आज कंचन ने मुझसे भी दो बातें हँसकर कह दीं। 'सात पूँछोंवाले बिल्ले' ने मुझे बहुत कुख्यात कर दिया है। तनिक सोचो तो, कंचन जैसी गणिका भी मुझसे भयभीत है। तुम्हें सम्भवतः ज्ञात न हो कि मैं कंचन की बोली कहाँ तक बढ़ा चुका हूँ...।''

''मुझे ज्ञात है।''

''तो क्या कंचन ने—?''

''बस, इससे आगे कुछ मत पूछना। पूछोगे भी तो मैं बताऊँगा नहीं।''

''मैं तुम्हारे बताये बिना ही समझ गया।''

''यह तुम दोनों के बीच का मामला है। मैं इसमें क्या कर सकता हूँ?''

''मैं तुम्हें कुछ करने को कहता भी नहीं—परन्तु, कंचन को तो सोचना चाहिए। कभी उसके सौन्दर्य की प्रभात वेला रही होगी...इस समय तो उसकी युवावस्था की सन्ध्या हो रही है। निस्सन्देह यह सन्ध्या उस प्रभात से भी अधिक सुन्दर है। क्योंकि इस समय वह अपने यौवन से अन्तिम बार गले मिल रही है। उसकी चमकती हुई आँखों में उदासी की परछाइयाँ अपनी झलक दिखा रही हैं। यह बात यौवन-प्रभात के समय कहाँ रही होगी!—इसीलिए तो कंचन को यह बात समझनी चाहिए कि अब द्वार पर बैठे हुए कृपाकांक्षियों को ठुकराने का अवसर नहीं है। एक दिन ऐसा भी आयेगा जब उसके यौवन की सन्ध्या भी भूली-बिसरी कहानी बन चुकी होगी। सम्भवतः उस समय कंचन भी अनुभव करे कि डॉम-गार्शिया के साथ सचमुच ही उसने बड़ा अन्याय किया था—यदि बाद में वह पछतायी भी तो उससे मुझे क्या लाभ होगा।''

जब डॉम-गार्शिया ये बातें कह रहा था, तब बृज उसकी ओर टकटकी बाँधकर देख रहा था। डॉम-गार्शिया ने पूछा, ''तुम मेरी ओर घूर-घूर कर क्या देख रहे हो?''

''मैं सोच रहा था कि तुम्हें सचमुच ही कंचन जी से गहरा प्रेम है।''

"तुम बिलकुल ठीक कहते हो...यह प्रेम उस समय तक रहेगा जब तक कि डॉम-गार्शिया कंचन को एकान्त कक्ष में अपने सामने खड़ी करके चाबुक से...।"

इससे आगे बृज ने कुछ नहीं सुना। उसे लगा जैसे अचानक ही वह वेगवती झंझा की लपेट में आ गया हो। उसे अपने शरीर की नस-नस में सनसनी का आभास हुआ...यहाँ तक कि डॉम-गार्शिया ने उसके कन्धे को हिलाते हुए कहा, "चलो, भोजन का समय हो गया है।"

"परन्तु यह भी निश्चय किया गया है या नहीं कि कौन कहाँ बैठेगा?"

"सभी अतिथि अपने-अपने घनिष्ठ मित्रों की टोलियों में बँट जायेंगे। प्रत्येक गुट में एक-एक गणिका भी होगी।"

"हमारे गुट में कौन-सी गणिका होगी?"

"वही, जो कभी नहीं हो सकती थी।"

"तुम्हारा तात्पर्य कंचन जी से है?"

"हाँ मित्र!...मैं इस भोज के लिए सम्पूर्ण आयु तुम्हारा आभारी रहूँगा। तुम नहीं जानते कि कंचन को अपने सामने इतने समय तक बैठे देखकर मेरी आत्मा को कितनी शान्ति मिलेगी। यदि तुम कंचन के साथ न होते तो मैं इस बात की कल्पना भी नहीं कर सकता था—ये हैं भाग्य के खेल...वह तुम पर मोहित हो रही है, और मैं मोहित होनेवाली पर मोहित हो रहा हूँ।"

"तुम्हारा भी जवाब नहीं—यह तो बताओ कि हमारे दल में और कौन लोग होंगे?"

"तीन तो हम हो गये, चौथा अमीन और पाँचवाँ नाक्रना। सम्भव है कि अपने मित्रों में से एकाध अपनी इच्छा से हमारे दल में आ बैठे।"

"बन्धु, तुम्हारा यह आखेटक मित्र, नाक्रना, कुछ विचित्र-सा लगता है मुझे।"

"हाँ, वह सभी को ऐसा लगता है। इसका कारण यह है कि वह अधिकतर वनों में रहता है। परन्तु इसका यह तात्पर्य नहीं है कि वह स्वयं वन्य है। वह उच्च-से-उच्च स्तर के लोगों से मेल-जोल रखता है और उनमें से बहुत-से लोग उसके कराल में जाकर अतिथि बनते हैं...।"

"कराल क्या होता है?"

"अफ्रीका में लोग लकड़ियों का एक बाड़ा-सा बना लेते हैं, जिसे कराल कहते हैं। नाक्रना का जंगल के बीचोबीच छप्परवाला पर्याप्त विशाल भवन है और उसके आसपास उसके साथी आखेटकों के झोंपड़े हैं, जिनमें उनके स्त्री-बच्चे रहते हैं। अर्थात् पूरा गाँव बसा हुआ है। यह गाँव कराल से घिरा हुआ है, जिससे वन के भयानक जीव गाँव में न घुस आयें। लकड़बग्घा जैसे जीव चुपके से बच्चों को उठा ले जाते हैं।"

बृज ने भोज के कक्ष की ओर क़दम बढ़ाते हुए एक बार फिर कुछ दूरी पर खड़े नाक्रना की ओर देखा। डॉम-गार्शिया बोला, ''उसकी दुबली-पतली बाँहों से तुम भ्रम में मत पड़ जाना। मैं इन बाँहों की शक्ति को भली-भाँति समझता हूँ, क्योंकि मैंने अपनी आँखों से देखा है कि अपने पर आक्रमण करते हुए शेर-बबर के वक्ष में नाक्रना कैसे अपना भाला उतारकर उसे मौत की नींद सुला देता है। क्रुद्ध बबर शेर को इस तरह जान से मार देना बच्चों का खेल नहीं है। कभी अवसर मिला तो हम दोनों अफ्रीका चलेंगे, और नाक्राना के अतिथि बनकर रहेंगे।''

''लेकिन तुम्हारा यह मित्र विजयनगर किस काम से आया है?''

''वह वास्तव में गोवा तक आया था। उसका भी वहाँ कोई व्यावसायिक कार्य था। लेकिन गोवा तक पहुँचकर वह मुझसे मिले बिना वापस कैसे जा सकता था। वह मेरे लिये उपहार के रूप में दो लड़कियाँ भी लाया है। तुम उन्हें देखोगे तो चकित रह जाओगे। वे इतनी काली हैं कि अमावस की रात में भी चलती-फिरती साफ़ दिखायी देती हैं। लगता है जैसे वे आबनूस लकड़ी को या काले संगमरमर को गढ़कर बनायी गयी हों। उनके शरीर किसी वनलता की भाँति लम्बे हैं, और पत्थर की तरह सुदृढ़। उनके शरीर के किसी अंग के मांस को चुटकी में दबाया नहीं जा सकता। सम्भवत: तुम नहीं जानते कि अपने देश अफ्रीका में बचपन से लेकर बुढ़ापे तक वे सामान्यत: शरीर को किसी वस्त्र या खाल से ढँक कर नहीं रखती हैं, बल्कि उनके शरीर धूप, हवा, पानी, चाँदनी आदि से खुल्लम-खुल्ला गले मिलते रहते हैं। जिसका परिणाम यह है कि उनके शरीर से न जाने कैसे-कैसे जंगली फूलों और पत्तियों की सुगन्ध आया करती है।''

''मुझे नाक्रना का शरीर भी कुछ इसी प्रकार का लगता है।''

''ठीक कहते हो—परन्तु इसके साथ यह भी स्मरण रखना चाहिए कि उसकी लम्बी टाँगें हजारों कोस दौड़ चुकी हैं और उसकी बाँहें सिंहों का आखेट कर चुकी हैं। वह प्रकृति के बहुत निकट रहता है, इसलिए प्रकृति और मनुष्य के पारस्परिक सम्बन्ध को हमसे अच्छा समझता है।...तुम्हें उससे दूर-दूर भागने की कोई आवश्यकता नहीं। उसके निकट बैठो, उसके शरीर को ध्यान से देखो, और उसकी बातों को कान धर के सुनो। वह विद्वान् या दार्शनिक नहीं है, परन्तु उसके विशेष प्रकार के अनुभव इतने विचित्र हैं कि हम उनकी कल्पना भी नहीं कर सकते हैं। आज तो तुम्हारी पहली भेंट है, यदि अवसर मिला तो हम लोग फिर इकट्ठे बैठेंगे। जब अधिक अतिथि नहीं होंगे तो हम और भी जमकर वार्त्ता कर सकेंगे।''

इतने में एक युवक अत्यन्त उत्साहपूर्ण ढंग से अपने कुछ साथियों के साथ बातें करता दिखायी दिया। अपने वस्त्रों से वह धनी कुल का लड़का लगता था, परन्तु

वह बातें इस प्रकार की कर रहा था जैसी कि सामान्यत: विजयनगर राज्य में सम्भवत: ही कोई करता हो। वह कह रहा था, ''भगवान् के इस संसार में अँधेर-ही-अँधेर है। लोग कहते हैं कि भगवान् के घर में देर है, अँधेर नहीं। परन्तु मैं कहता हूँ कि उसके घर में अँधेर के अतिरिक्त कुछ और है ही नहीं। विजयनगर राज्य को लीजिये। कितनी धूम है इसकी। जो विदेशी यहाँ आते हैं, वे कहते हैं कि ऐसा राज्य और ऐसी राजधानी न उन्होंने कभी देखी है, न सुनी है। मैं पूछता हूँ कि आख़िर यहाँ की विशेषता क्या है? इस नगर में ऐसे लोग भी हैं, जिनके धन की कोई सीमा ही नहीं, परन्तु ऐसे लोग और भी अधिक संख्या में हैं, जिन्हें पेट भर भोजन भी नहीं मिलता। क्या इसी नगर में ऐसी स्त्रियाँ नहीं मिलती हैं जो पेट की आग बुझाने के लिए अपनी लाज तक दे डालती हैं—मैं पूछता हूँ कि इस राज्य के राजाधिराज क्या कर रहे हैं? आख़िर उनकी नाक के नीचे यह सारा अन्याय हो रहा है। क्या उन्हें इस बात का कुछ भी ज्ञान नहीं है...?''

डॉम-गार्शिया ने बृज को धीरे से बताया, ''यह युवक निस्सन्देह धनी कुल का है, परन्तु सामाजिक अन्याय का प्रबल विरोधी है। अत्यन्त निर्भीक है। मेरे यहाँ तो कोई ऐसा व्यक्ति नहीं है, जो इसकी इन विषैली बातों को महाराज के कानों तक पहुँचा दे, परन्तु यह सम्भव है कि कभी महाराज को इन बातों का पता चल गया तो इसका सिर गर्दन से उड़ा दिया जायेगा।''

बृज बोला, ''इसकी बातें तो ग़लत नहीं हैं। पहले-पहल मुझे भी ऐसा लगा था कि यहाँ का प्रत्येक वासी पेट भर कर खाता होगा और आनन्द से जीवन व्यतीत करता होगा; परन्तु मुझे धीरे-धीरे पता चला कि यहाँ के निर्धन कितने संकटग्रस्त हैं, त्रस्त हैं, दु:खी हैं।''

डॉम-गार्शिया रुककर बृज को अत्यन्त आश्चर्य से देखने लगा, जैसे उसे अपने कानों पर विश्वास न हो रहा हो। वह विचित्र-सी हँसी हँसते हुए बोला, ''तुम भी कैसी अनोखी बात कह रहे हो! आख़िर निर्धन दु:खी नहीं होंगे तो और क्या होंगे? यदि वे भूखों न मरेंगे तो और कौन मरेगा?—यह तो सदा से रीति चली आयी है...।''

बृज ने बात काटते हुए कहा, ''परन्तु, गार्शिया, धनी लोग किस अधिकार से धनी हैं?''

''अधिकार? कल को तुम यह भी कहोगे कि यहाँ के राय महाराज किस अधिकार से राय हैं?''

''निस्सन्देह यह प्रश्न भी उठाया जा सकता है।''

''अरे! देखो बृज, मुझसे तो तुमने जो कह दिया सो कह दिया, परन्तु किसी अन्य से इस प्रकार की बातें न करना। तुम्हें ज्ञात होना चाहिए कि यहाँ के राय जी का भ्रू-संकेत हो जाये तो तुम्हारी गर्दन तुम्हारे धड़ से अलग हो सकती है। विजयनगर के बड़े-से-बड़े धनिक भी मिलकर तुम्हारे प्राण नहीं बचा सकते।''

"तुम तो बड़े समझदार व्यक्ति हो, मुझे धमकियाँ देने के स्थान पर तुम्हें मेरी बातों की गहराई में जाने की चेष्टा करनी चाहिए...।"

"वह सब ठीक है, परन्तु तुम्हें भी इस बात की चेष्टा करनी चाहिए कि तुम जिस तरह यहाँ पर जीते-जागते आये हो, उसी तरह जीत-जागते लौट भी जाओ। तुम क्या समझते हो कि तुम इस तरह की बातें करके यहाँ का राज्य उलट दोगे और दानवीर बने निर्धनों में अनाज बाँटा करोगे? जहाँ तक मेरा सम्बन्ध है, मुझे यहाँ के धनिकों और निर्धनों से क्या लेना है। मैं विदेशी व्यक्ति हूँ, हो सकता है कि किसी दिन मेरे मन में उमंग उठे तो मैं विजयनगर छोड़कर अपने देश को लौट जाऊँ। यही हाल तुम्हारा भी है। तुम न यहाँ उत्पन्न हुए और न इस नगर से तुम्हारा कोई सम्बन्ध है। तुम केवल पर्यटक हो, आज आये हो, कल लौट जाओगे। मेरा सोचने का ढंग तुमसे भिन्न है, परन्तु मैं तुम्हें मैत्रीपूर्ण परामर्श दे रहा हूँ कि तुम केवल अपने काम-से-काम रखो। अपने पथ से विचलित होकर तुम्हें केवल कठिनाई ही होगी।"

बृज चुप हो रहा। अब उसकी समझ में भी नहीं आ रहा था, कि वह एकदम इतना भड़क क्यों उठा। वैसे उसे उस युवक की बातें अब भी सच्ची लग रही थीं, लेकिन डॉम-गार्शिया का कहना भी ठीक था। आख़िर वह एक ही नाव में बैठ सकता है, दो नौकाओं में पाँव रखनेवाला तो डूबता ही है...।

डॉम-गार्शिया ने फिर कहा, "जहाँ तक इस युवक का सम्बन्ध है, तुम कुछ दिनों में ही यह समाचार भी सुन लोगे कि वह मौत के घाट उतार दिया गया। तुम उसके विचारों से सहमत भी हो, तो सोचने की बात यह है कि तुम्हारा इस विषय या इस समस्या से सम्बन्ध क्या है? बन्धु, हम तो सीधी-सी बात समझते हैं कि ईश्वर जिसको राजा बनाता है, वह राजा बनता है और जिसे वह रंक बनाता है, वह रंक बनता है। इसमें कोई गहरा दर्शन तो है नहीं, सीधी-सी बात है, जिसे तुम बड़ी सरलता से समझ सकते हो। राज-पाट की बातों को राय महाराज जानें, हमको-तुमको उससे क्या प्रयोजन—जहाँ तक तुम्हारी ज्ञान-प्राप्ति की इच्छा का सम्बन्ध है, तुम निस्सन्देह द्रोण जी से मिलो, यहाँ के बड़े-बड़े पण्डितों और विद्वानों से मिलो...मैं इस बात से मना नहीं करता। सच पूछा तो मेरा भी यही परामर्श है कि तुम हम लोगों की सहायता से यहाँ कोई बड़ा व्यवसाय चलाओ, धन कमाओ, आनन्द लूटो और अवकाश मिले तो जीवन के विभिन्न पक्षों पर एक दार्शनिक की भाँति चिन्तन भी कर सकते हो। दर्शन को समझना और प्राप्त करना कोई बुरी बात नहीं है। परन्तु यह सोचना कि किसी मनुष्य के तन पर वस्त्र नहीं है, या किसी मनुष्य को पेट भर भोजन नहीं मिलता है, या किसी मनुष्य की नंगी पीठ पर कोड़े बरसते हैं...विशुद्ध मूर्खता है।

बृज डॉम-गार्शिया से सहमत नहीं था, परन्तु उसने इतना समझ लिया था कि अनुत्तरदायित्व पूर्ण ढंग से कुछ कहना उसके हित में नहीं होगा।

अब तक सब अतिथि अपनी-अपनी टोलियाँ बनाकर अपने-अपने स्थान पर विराजमान हो चुके थे। बड़े कक्ष के बीचोबीच, केवल अधोवस्त्र पहने, गहनों से लदी, चंचल नर्तकियाँ टखनों से बँधे घुंघरू बजा रही थीं। वे अपनी बाँहों, कलाइयों, उँगलियों, कमर, टाँगों आदि से नयी-से-नयी मुद्राएँ बना रही थीं। जो लोग उनकी मुद्राओं और अभिनय को ध्यानपूर्वक देख रहे थे, उनके भावों को भी समझ रहे थे, और जिनका ध्यान उनकी ओर नहीं था, उनके कानों में नर्तकियों के घुँघरूओं का मधुर संगीत धीमे-धीमे गूँज रहा था।

डॉम-गार्शिया की वही टोली बनी जो उसने बृज को बताया था। वैसे महफ़िल गरम हो जाने पर एक टोली का व्यक्ति उठकर थोड़े समय के लिए दूसरी टोली में भी जा बैठता था। कुछ लोग ऐसे भी थे जो भोज समाप्त होने तक लगभग हर टोली का स्वाद चख लेते थे। डॉम-गार्शिया के भोजों में पहले तो मदिरा का चक्र चलता था। दासियाँ मदिरा की सुराहियाँ लेकर घूमती थीं और जो कोई उनसे मदिरा माँगता उसे सुराही से भी पिलातीं और अपने मदभरे नेत्रों से भी। सुन्दर दासियों की जो छटा डॉम-गार्शिया के भोजों में दिखायी देती थी, वह किसी और के यहाँ दृष्टिगत नहीं होती थी।

बृज ने देखा कि अमीन विद्वान् होने के साथ-साथ स्वभाव का भी बड़ा रंगीन है। जब उसका पात्र मदिरा से छलका तो जिन आँखों से उसने मदिरा की ओर देखा, स्वयं वे आँखें देखने योग्य थीं। उसकी गर्दन धीरे-धीरे हिल रही थी, दोनों भौंहें पक्षियों के परों की भाँति डोल रही थीं और अधखुले होंठ मानो मदिरा की कल्पना से ही नृत्य कर उठे थे।

डॉम-गार्शिया ने बृज के कान में फुसफुसाकर कहा, ''अब अमीन साहब उमरख़य्याम की एकाध रुबाई सुनायेंगे।''

बृज ने भी फुसफुसाकर पूछा, ''यह उमरख़य्याम कौन महोदय हैं?''

''वे फ़ारसी भाषा के सुप्रसिद्ध कवि हो गये हैं। वैसे तो वे बड़े विद्वान् थे और गणितज्ञ भी थे, फिर भी उनकी प्रसिद्धि अधिकतर उनकी रुबाइयों के कारण ही है।''

''तब तो अमीन जी से प्रार्थना करनी चाहिए कि वे कुछ-न-कुछ सुनायें।''

सम्भवत: यह बात अमीन के कानों में पड़ गयी, वह आँखें मूँदकर मुस्कराते हुए बोला, ''प्रार्थना करने की आवश्यकता नहीं पड़ेगी...जब वाद्य बजने लगते हैं तो नर्तकी के घुंघरू अपने-आप बज उठते हैं। जब मदिरा का पात्र अमीन के सामने छलकता है, तो उमरख़य्याम की रुबाई अपने-आप ढलकर उसकी ज़बान तक आ जाती है।''

बृज बोला, ''वाह? क्या बात कही है आपने!...अच्छा तो इसी बात पर हो जाये एक रुबाई।''

अमीन की न केवल आँखें मुँदी हुई थीं, बल्कि सिर भी धीरे-धीरे दायें-बायें हिल रहा था। आख़िर अमीन ने ऊँचे स्वर में रुबाई सुनायी:

चूँमी न दहद अजल अमाँ ए साक़ी
दरदहे कदह शराब, हाँ ए साक़ी
ग़म खुरदने बेहूदा न कार दिल मास्त
बाई दो सह-रोज़ा दरजहाँ ए साक़ी।

बृज ने डॉम-गार्शिया के कान में कहा, ''इसका अर्थ मेरी समझ में नहीं आया।''

''अरे बन्धु, मुझे कौन-सी फ़ारसी भाषा आती है। परन्तु हम तो कई बार इन रुबाइयों को सुन चुके हैं, और इनके अर्थ भी समझ चुके हैं, इसलिए अब मैं तुम्हें इस रुबाई का अर्थ भी समझाये देता हूँ। सम्भव है कि मैं यह अर्थ ठीक ढंग से न बता सकूँ, परन्तु तुम इतना समझ जाओगे कि रुबाई में कवि ने मूलरूप से क्या विचार प्रस्तुत किया है। कवि कहता है: ऐ साक़ी! चूँकि मरने से बचने का कोई उपाय नहीं है, इसलिए मेरा प्याला मदिरा से भर दे। इस संसार के झमेलों पर रोने-धोने से कोई लाभ नहीं। ऐ साक़ी! कौन नहीं जानता कि यह दो-तीन दिनों का जीवन केवल आने-जानेवाली चीज़ है।''

एक रुबाई सुनाकर अमीन ने अपना प्याला ऊपर उठा लिया। जहाँ-जहाँ तक उसका स्वर पहुँचा था, वहाँ-वहाँ से 'वाह! वाह!' की आवाज़ें सुनायी दीं। अमीन को देखकर ही दूसरे अतिथियों ने भी अपने प्याले उठाये और जब अमीन के प्याले ने उसके होंठों को छुआ तो अतिथियों ने भी अपने-अपने प्याले होंठों से लगा लिये।

धीरे-धीरे लोग अपनी-अपनी बातों में मगन हो गये। अमीन धीमे स्वर में उमरख़य्याम की कुछ और रुबाइयाँ भी सुनाता रहा और साथ-साथ उनका अनुवाद भी करता रहा। सबको बड़ा आनन्द आया। अभी ठीक ढंग से भोजन का आरम्भ नहीं हुआ था, केवल पीने का चक्र चल रहा था। डॉम-गार्शिया ने बृज से कहा, ''क्षमा करना बन्धु, आतिथेय होने के नाते मुझे सब अतिथियों के पास जाना पड़ेगा। इसलिए बीच-बीच में थोड़ी देर के लिए मैं उठकर चला जाऊँ तो तुम अन्यथा न मानना—और कंचन जी, विशेषत: मैं आपसे क्षमा चाहूँगा।''

कंचन ने मुस्कराकर उत्तर दिया, ''आप केवल अपने मित्र की चिन्ता कीजिये, मेरी चिन्ता मत कीजिये।''

डॉम-गार्शिया ने बृज से कहा, ''क्या कंचन जी मुझ पर व्यंग्य कर रही हैं या तुम पर, या हम दोनों पर?''

यह कहकर डॉम-गार्शिया ने हलका-सा क़हक़हा लगाया और अपना मदिरा-पात्र हाथ में उठाकर चल दिया।

अमीन साहब नर्तकियों के बजते हुए घुँघरुओं के संगीत में डूबे हुए थे। उनकी आँखें या तो मुँदी रहतीं या वे नीचे की ओर झुकी रहतीं। डॉम-गार्शिया ने उसे बताया था कि अमीन अधिकतर अपने ही संसार में खोया रहता है। विशेषत: जब उसने पी रखी हो और उसके कानों में संगीत-लहरी रस टपका रही हो तो वह झूमने के अतिरिक्त कुछ नहीं करता।

बृज की समझ में नहीं आ रहा था कि बातचीत कैसे जारी रखी जाये। वैसे तो कंचन से किसी भी विषय पर बातचीत हो सकती थी, परन्तु इस तरह बेचारा नाक्रना बिलकुल अकेला पड़ जाता। आख़िर वह डॉम-गार्शिया का मित्र भी था और अतिथि भी, इसलिए उसे छोड़कर अलग से अपनी खिचड़ी पकाना अशिष्टता की बात थी।—भला हो कंचन का कि उसने ही नाक्रना से बात आरम्भ कर दी। बोली, ''आपका देश तो हमारे देश से अत्यन्त भिन्न होगा।''

आखेटक वन के ऊँचे लम्बे वृद्ध वृक्ष की भाँति बिलकुल स्थिर और मौन बैठा था। कंचन के स्वर से मानो बेजान पेड़ में जान पड़ गयी, जैसे उसकी शाखाएँ हवा में लहराने लगीं और उसकी पत्तियाँ तालियाँ बजाने लगीं। उसने उत्तर दिया, ''आप ठीक कहती हैं...परन्तु आप मुझसे यह न पूछियेगा कि हमारा देश आपके देश से कितना बड़ा है, क्योंकि इसका ज्ञान स्वयं मुझे भी नहीं है।—मुझे आशा है कि आपको मेरे इस उत्तर से निराशा नहीं होगी।''

नाक्रना की आवाज़ ऐसी थी जैसे किसी अँधेरी गुफा में पहाड़ी नाला बह रहा हो। लगता था जैसे उसकी आवाज़ बहुत दूर से धीरे-धीरे बढ़ती हुई उनके निकट पहुँचती है और फिर सुननेवालों के कानों में गूँजकर धीरे-धीरे दूर, न जाने कितनी दूर चली जाती है।

कंचन बालकोचित उत्सुकता से बोली, ''जब मैं किसी विशाल देश के विषय में सुनती हूँ तो न जाने मेरे मन में क्या-क्या होने लगता है।''

बृज ने भी बातचीत में भाग लेते हुए पूछा, ''क्यों, क्या होने लगता है?''

''बता नहीं सकती।''

''या, बताना नहीं चाहतीं?''

कंचन खिलखिलाकर हँस दी, और बोली, ''इसमें कोई ऐसा भेद तो है नहीं कि जिसे मैं सबसे छिपाना चाहती हूँ। वास्तव में जो दशा मेरे मन की होती है उसे शब्दों में नहीं प्रकट कर सकती। यह तो मेरी विवशता है...।''

बृज ने केवल बातचीत का क्रम बनाये रखने के लिए कहा, ''परन्तु आप बताने की चेष्टा तो कर सकती हैं।''

''नटखट कहीं के!'' कंचन ने बृज की ओर कनखियों से देखते हुए कहना आरम्भ किया, ''तुम जान-बूझकर मुझे घसीट रहे हो—तुम्हें इतनी ही उत्सुकता है

तो मैं अपनी मनोदशा बताने की चेष्टा करती हूँ—न जाने क्यों मैं सदा किसी ऐसे देश की कल्पना करती रहती हूँ, जो मेरे लिये नितान्त अपरिचित हो। ऐसे वन और पर्वत जहाँ को जानेवाली प्रत्येक पगडण्डी अन्त में खो जाती हो। कोई ऐसा मार्ग दिखायी न दे कि जिस पर चलकर किसी गन्तव्य तक पहुँच जाने की आशा हो। मन चाहता है कि ऐसी ही धरती पर घूमती फिरूँ। उसका प्रत्येक दृश्य कुँवारा हो...जिसे किसी ने देखा न हो। वहाँ का प्रत्येक पुष्प, प्रत्येक पत्ती, प्रत्येक पौधा ऐसा हो जो किसी की दृष्टि पड़ जाने से मैला न हुआ हो। मैं आगे-ही-आगे बढ़ती जाऊँ...कभी-कभार घूमकर चाहे एक दृष्टि डाल लूँ, परन्तु लौटकर न आऊँ।''

बृज भारी स्वर में बोला, ''और अगर वहाँ कोई शेर या कोई अन्य भयंकर जीव निकल आये तो—?''

कंचन ने अपनी गोरी कोमल उँगली से नाक्रना की ओर संकेत करते हुए कहा, ''उसका उत्तरदायित्व इन पर होगा।''

इस बात पर नाक्रना और बृज दोनों ही हँस पड़े!

इसके बाद नाक्रना ने अपने बड़े-बड़े हाथ लम्बी-लम्बी बाहों सहित हवा में उठाये और कंचन से ऐसे कहने लगा जैसे वह नन्हीं-सी बालिका हो, ''मैं आपको विश्वास दिलाता हूँ कि यदि कोई वन्य जीव आपका मार्ग अवरुद्ध करने का साहस करेगा तो मैं अपने दोनों हाथों से उसका मुख चीरकर फेंक दूँगा, या उसकी दोनों टाँगें खींचकर उसके दो टुकड़े कर दूँगा।''

जब नाक्रना यह बात कह रहा था तो उसके चेहरे पर आखेटकोंवाली दृढ़ता उत्पन्न हुई। कंचन अपने दोनों हाथ घुटनों में दबाकर हँसने लगी। नाक्रना के होंठों पर भी मुस्कराहट फैल गयी। बृज ने नाक्रना से पूछा, ''क्या आप बता सकते हैं कि कंचन जी के मन में अनजाने देश के वनों और निर्जन स्थानों में घूमने की इतनी तीव्र इच्छा क्यों है?...क्या इसका कारण यह तो नहीं कि वे सचमुच ही चाहती हैं कि कोई वन्य जीव उन्हें खा जाये?''

नाक्रना के उत्तर देने से पूर्व ही कंचन ने अपना हाथ उठाकर कहा, ''धुत्त!''

बृज ने कंचन का हाथ थामकर कहा, ''कंचन जी, यह न समझिये कि इससे मुझे कोई प्रसन्नता प्राप्त होगी। आख़िर इससे बड़ी दुर्घटना और क्या हो सकती है कि आप जैसी सुन्दर, कोमल तथा प्यारी स्त्री किसी वन्य जीव के पेट में चली जायें—मैं पूरे विश्वास से कह सकता हूँ कि आपका इससे अच्छा उपयोग भी हो सकता है।''

यह कहकर बृज ने अत्यन्त गम्भीर आकृति बना ली। कंचन ने माथे पर बल डालकर और होंठों पर मुस्कराहट लाकर पूछा, ''तुम्हें विश्वास है न कि मेरा इससे अच्छा उपयोग भी हो सकता है?—अच्छा कल से तुम्हारा खाना-पीना बन्द।''

बृज ने झट से कंचन के हाथ को अपने दोनों हाथों में पहले तो छिपा लिया, फिर अपना हाथ तनिक-सा उठाकर अमीन से कहने लगा, ''अमीन जी! देखिये तो इस समय कंचन जी का हाथ ऐसे दिखायी दे रहा है जैसे सीप में बन्द मोती—आप ही कहिये कि क्या यह सम्भव है कि ऐसा सुन्दर हाथ किसी के मुँह में निवाला डालने के बजाय उसे दूर फेंक दे?''

अमीन ने अपनी मुँदी हुई आँखें पल-भर को खोलकर पूछा, ''फिर कहिये, मैंने सुना नहीं कि वास्तव में विवाद का विषय क्या है—सच पूछिये तो मुझे इस प्रकार के विवाद में रुचि लेनी भी नहीं चाहिए।''

अमीन ने मुस्कराकर फिर आँखें मूँद लीं।

कंचन बृज के कान में फुसफुसाकर बोली, ''मेरे हाथ को अपने हाथों की सीप में इस तरह रखकर तुम जो कुछ भी कहो, मुझे स्वीकार करना पड़ेगा।''

बृज ने कनखियों से देखा कि नाक्रना एक बार फिर चट्टान की भाँति स्थिर और मौन हो चुका है। बृज ने कंचन का हाथ धीरे से छोड़ दिया और वह हाथ कंचन के वस्त्रों में ऐसे छिप गया जैसे कोई मछली उसके हाथों से फिसलकर नदी के गहरे जल में डुबकी लगा गयी हो।

बृज ने अनुभव किया कि अच्छी-भली बातचीत चल निकली थी, व्यर्थ बीच में व्यवधान पड़ गया।—उसने आखेटक की ओर मुँह करते हुए कहा, ''क्षमा चाहता हूँ...इतना गम्भीर विषय आरम्भ हो चुका था, परन्तु हम घरेलू ढंग की बातें करने लगे। मुझे आशा है कि आप मुझे इस भूल का यह दण्ड नहीं देंगे कि उस समस्या पर कुछ प्रकाश ही न डालें...।''

नाक्रना के चेहरे पर किसी प्रकार का चिह्न दिखायी नहीं दिया, परन्तु उसके स्वर में एक प्रकार की स्निग्धता का आभास हो रहा था। उसने कहा, ''विषय यह था—या तुम्हारे शब्दों में समस्या यह थी कि कंचन जी के मन में इस प्रकार की इच्छा क्यों उत्पन्न होती है?''

इस बात पर बृज सहित सब चुप रहे। अमीन तो मग्न था ही, कंचन और बृज नाक्रना की ओर देखने लगे।

सम्भवत: उन दोनों को लग रहा था कि नाक्रना अपने-आप में ही एक विशाल देश है, जिसमें पर्वतों की भव्यता भी है और वनों की निर्जनता भी है; उसकी आँखों में निर्जनों में चमकनेवाले सूर्य का-सा तेज भी है और बड़े-बड़े मैदानों पर फैले घास के दुशालों पर चमकनेवाले चन्द्रमा की चाँदनी की शीतलता भी है; वन के नाना प्रकार के जीवों की भयंकर आवाज़ें और रंग-बिरंगे पक्षियों के सुहाने संगीत उसके चेहरे पर न जाने कैसे-कैसे चिह्न छोड़ गये हैं।

नाक्रना ने मानो दूर, बहुत दूर, देखते हुए कहना आरम्भ किया, "यदि मुझसे एक ही वाक्य में इस बात का उत्तर माँगा जाये तो मैं कहूँगा कि यह वन की पुकार है। पेड़-पौधों, नदियों, वन्य पुष्पों और पक्षियों की पुकार है...।"

बृज ने कहा, "अर्थात् आप उन लोगों में से हैं जो इस बात में विश्वास करते हैं कि मनुष्य को प्रकृति की गोद में रहकर ही शान्ति प्राप्त हो सकती है।"

कंचन ने हामी भरते हुए कहा, "एक दृष्टि से यह बात ठीक भी है। प्रकृति की गोद में रहकर हमें यही अनुभव होता है जैसे हम माँ की गोद में बैठे हैं। प्रकृति हमारी माता है, और वह हम पर कृपालु है, वह हमारे आहत हृदयों पर फाहा रखती है...।"

नाक्रना ने अपना भारी-भरकम काला हाथ उठाकर कहा, "क्षमा कीजिये, मेरा ऐसा विश्वास नहीं है।"

कंचन और बृज दोनों को यह बात अत्यन्त विचित्र-सी लगी। वे समझ नहीं पाये कि आख़िर नाक्रना क्या कहना चाहता है। वे उसके चेहरे की ओर देखने लगे, परन्तु आखेटक का चेहरा एक ऐसा गहरे रंग का आवरण था, जिसके पीछे की किसी भावना का पता लगाना असम्भव था। उन्हें यह तो अनुभव हो रहा था कि नाक्रना सामान्य लोगों से नितान्त भिन्न है—या तो उसमें सामान्य मनुष्यों से कुछ बढ़कर कोई गुण है या उसमें कोई कमी है—वास्तविकता कुछ भी हो, परन्तु वह दूसरों से अलग या अनोखा है, इसीलिए सबसे दूर दिखायी देता है।

बृज ने सोचा कि क्या यह कहना ठीक न होगा कि वास्तव में प्रत्येक मनुष्य एक-दूसरे से नितान्त भिन्न है...आख़िर वह कौन-सा काला लेप है जो सबके चेहरों पर पोत दिया गया है और जिसके कारण सबकी आकृतियाँ एक-सी दिखायी देती हैं? इसके साथ ही यह प्रश्न भी उठता है कि क्या यही अच्छा नहीं था कि प्रत्येक व्यक्ति अपने वास्तविक रूप में ही दिखायी दे?...

फिर बृज को ध्यान आया कि सम्भव है कि जहाँ का नाक्रना रहनेवाला है वहाँ के सभी लोगों की आकृति नाक्रना से ही मिलती-जुलती हो; अर्थात् पूरी-की-पूरी जाति के चेहरे पर एक ही प्रकार का लेप पुता हुआ हो। यह माना जा सकता है कि उस लेप और इस लेप में कुछ अन्तर हो।

अब केवल एक समस्या रह जाती है; वह यह कि क्या वहाँ की जाति का लेप यहाँ के लेप से उत्तम है; या...।

नाक्रना ने अचानक ही अपना दृष्टिकोण बताना आरम्भ कर दिया, "प्रकृति का हृदय न तो कठोर है, और न दया से भरपूर। कुछ प्रश्न ऐसे हैं कि जिनके उत्तर हमें ज्ञात नहीं और न सम्भवत: कभी ज्ञात हो सके। जल सदा ढलान की ओर बहता है; वह ढलान की ओर क्यों बहता है, इसका हमें कुछ भी ज्ञान नहीं। परन्तु जल का ढलान की ओर बहना ही ठीक है। यदि वह चाहे तो भी ऊँचाई की ओर नहीं बह सकता। इसी प्रकार मनुष्य प्रकृति की गोद में जीवन व्यतीत करता है। वहाँ रहकर

उसे दु:ख भी भोगने पड़ते हैं, कष्ट भी उठाने पड़ते हैं, अपितु कभी-कभी प्रकृति के अत्याचार भी सहन करने पड़ते हैं—अब आप पूछेंगे कि प्रकृति के निकट या प्रकृति के बीच में रहने से क्या लाभ हो सकता है?''

इतना कहकर नाक्रना फिर कुछ देर के लिए मौन हो गया।

बृज जानता था कि नाक्रना बिना कहे ही फिर अपनी बात आरम्भ कर देगा। अत: वह चुपचाप उसके मुँह की ओर देखता रहा। कंचन कुछ ऊब-सी गयी थी, परन्तु सम्भवत: आखेटक को कंचन के मन की दशा का पता न चला हो, परन्तु बृज उसे भली-भाँति जानने के कारण अच्छी तरह समझ रहा था कि वह कनखियों से नर्तकियों की ओर देख रही है और इस समय उसे उनके नृत्य में अधिक रुचि अनुभव हो रही है।

नाक्रना की आँखें बृज के चेहरे पर जमी हुई थीं। उसने कहा, ''प्रकृति के साथ रहने में सबसे बड़ा लाभ यह है कि मनुष्य अपने-आप से दूर नहीं भाग पाता। वह छिन्न-भिन्न नहीं हो पाता। वह ज्यों-का-त्यों रहता है, वह अपने-आप में सन्तुष्ट रहता है। वह अपने अधूरेपन में भी भरपूर रहता है...।''

बृज ने आखेटक की बात को पूरी तरह समझ लेने से पूर्व ही प्रश्न कर डाला, ''परन्तु हमारे पास इस बात का क्या प्रमाण है कि, ''हम आपकी बतायी हुई मनुष्य की स्थिति को ही आदर्श स्थिति मानें?''

नाक्रना ने अपनी लम्बी, मोटी और काली उँगली उठाकर उत्तर दिया, ''आदर्श की बात मनुष्य की बुद्धि का आविष्कार है। हम यह आपत्ति तो उठा सकते हैं कि चूँकि मनुष्य की बुद्धि में यह शक्ति है कि वह अपने वातावरण या मूल स्थिति से हटकर नये आदर्श बना सकता है, इसलिए हम उन आदर्शों को झुठलाने, या उनसे मुँह फेर लेने की चेष्टा क्यों करें?—इसका उत्तर जो बन पड़ता है वह यह है कि मनुष्य प्रकृति का एक रूप है और प्रकृति के दु:खों एवं सुखों में सम्मिलित होकर ही वह उस बहाव में बह सकता है, जिसमें कि उसे बहना चाहिए। इस सम्बन्ध में जो विवाद हो सकता है वह यही है कि इस बहाव को ही आदर्श क्यों माना जाये। मैं कहता हूँ कि जल ढलान की ओर बहने के लिए बना है। हम यह आपत्ति उठा सकते हैं कि जल ऊँचाई की ओर क्यों न बहे? इस पर किसी को आपत्ति नहीं हो सकती, परन्तु बात ज्यों-की-त्यों रहती है—वह यह कि जल ढलान की ओर बहने के लिए बना है और वह ढलान की ओर ही बहता है।''

''परन्तु नाक्रना जी, मनुष्य की बुद्धि को एक सीमा से आगे जाने से तो नहीं रोका जा सकता।''

''मुझे लगता है कि मनुष्य की बुद्धि एक सीमा से आगे बढ़ने को उस समय तक तैयार नहीं होती जब तक कि उसे कोई विवशता न हो। दूसरे शब्दों में कहा जा

सकता है कि केवल वह मनुष्य, जो अपने-आपको सभ्य समझते हैं, बहुत अधिक सोचते भी हैं।''

बृज ने बात टोकते हुए पूछा, ''परन्तु क्या बुद्धि से 'अधिक'' काम लिया भी जा सकता है?''

''बिलकुल लिया जा सकता है—क्या हम पाचनशक्ति से अधिक खा नहीं जाते? क्या हम थकान की सीमा तक खेतों में परिश्रम नहीं करते? क्या हम भाले हाथों में लेकर अपने आखेट के पीछे उस समय तक भागते नहीं फिरते, जब हमारे शरीर का अंग-अंग टूटने लगता है? क्या श्रमिकों और दासों को अपनी शक्ति से अधिक परिश्रम नहीं करना पड़ता? क्या धनी लोग उतना भी हाथ-पाँव नहीं हिलाते जितना कि उन्हें हिलाने ही चाहिए?—तात्पर्य यह कि सब-कुछ मनुष्य की स्थिति पर निर्भर करता है। जिस तरह हम टाँगों से चल सकते हैं, हाथों से काम कर सकते हैं, मुँह से खा सकते हैं, इसी तरह बुद्धि से काम भी ले सकते हैं। जिस तरह हम दूसरे अंगों से अधिक या कम काम ले सकते हैं, उसी तरह बुद्धि से भी अधिक या कम काम ले सकते हैं। यह सब-कुछ एक व्यक्ति या एक जाति की स्थिति पर निर्भर करता है। जब हम अपने जीवन को ऐसी स्थिति में डाल दें कि हमें अपने किसी भी अंग से कम या अधिक काम न लेना पड़े, तो वह स्थिति ही आदर्श मानी जानी चाहिए।''

''अच्छा तो आप दर्शन और काव्य आदि के विषय में क्या सोचते हैं?''

''इनके विषय में मैं यही कह सकता हूँ कि हम जितना अधिक चाहें सोच सकते हैं। जब हमारे समाज और हमारी सभ्यता और हमारी परिस्थितियों का एक विशेष रूप होगा तो उसका एक विशेष प्रकार का काव्य भी होगा। जब हम एक विशेष प्रकार के सिद्धान्तों को अटल माने हुए होते हैं, बिलकुल उसी समय समाज में भारी परिवर्तन भी हो रहे होते हैं। एक दिन हमें पता चलता है कि वह काव्य और उसकी मान्यताएँ नये युग की आवश्यकताओं को पूरा नहीं करतीं और वे बीते हुए एक काल की प्रतिनिधि बनकर रह गयी हैं। यहाँ तक तो ठीक है, परन्तु कठिनाई यह है कि यह चक्र चलता ही रहता है। प्रश्न यह नहीं है कि बदलती हुई मान्यताओं को समाज, सभ्यता और मनुष्य की उन्नति का चिह्न समझा जाये या न समझा जाये, अपितु प्रश्न यह है कि यह चक्र अन्ततोगत्वा कहाँ जाकर रुकेगा?''

बृज ने कहा, ''नाक्रना जी, आपको यह तो स्वीकार करना पड़ेगा कि सैकड़ों वर्षों के प्रत्येक काल के काव्य में कोई-न-कोई ऐसी मूल वस्तु भी होती है, जो अपने काल के बन्धनों को तोड़कर प्रत्येक काल के मनुष्य को एक प्रकार की शान्ति और आह्लाद देती है।''

मैं आपकी बात को बिलकुल स्वीकार करता हूँ—और इसी सम्बन्ध में मैं आपको बताना चाहता हूँ कि हमारे यहाँ कुछ ऐसे गीत हैं जो सम्भवत: सैकड़ों, हजारों

वर्षों से ज्यों-के-त्यों चले आ रहे हैं। इतने लम्बे समय में कोई परिवर्तन उत्पन्न नहीं हुआ। जिस गीत को सुनकर आज से पन्द्रह सौ साल पहले का मनुष्य झूमा करता था, उसी को सुनकर आज का मनुष्य भी झूमता है। बात जहाँ से आरम्भ हुई थी वहीं पर पहुँच गयी। उसमें रहस्य केवल स्थिति का है। मनुष्य एक सामान्य स्थिति में सीमित रहे तो उसे नित नये गीतों, नित नये दर्शनों, नित नये साहित्यों की आवश्यकता नहीं रहेगी। जहाँ तक मनुष्य के झूमने का सम्बन्ध है, वह एक ही गीत पर शताब्दियों तक झूम सकता है।''

बृज ने मन में कुछ देर सोचकर कहा, ''आप मनुष्य की प्रगति को कुछ भी महत्त्व नहीं देते?''

''प्रगति अच्छा शब्द है। इसके विरुद्ध बोलते हुए मनुष्य को झिझक-सी लगेगी या लगती है। पल-भर के लिए हम इस तरह भी सोच सकते हैं कि क्या प्रगति का अर्थ यह तो नहीं बना लिया गया कि मनुष्य अपने लिये स्वयं कुछ समस्याएँ खड़ी कर ले, फिर उन समस्याओं के समाधान ढूँढ़े और जब उनके समाधान मिल जायें तो अपने लिये नयी समस्याएँ खड़ी कर ले। इस तरह फिर नये समाधान ढूँढ़ने पड़ते हैं। यह बात है तो हम 'प्रगति' के साथ जीवन व्यतीत करने की कला हाथ से खो देते हैं। जीवन व्यतीत करने की सर्वोत्तम कला क्या हो सकती है?—यह बड़ा टेढ़ा प्रश्न है। परन्तु, मैं सोचता हूँ कि उत्तम कला या ढंग हम केवल उसी को मानेंगे, जिसमें रहकर मनुष्य को किसी त्रुटि का अनुभव न हो। यहाँ पर एक नया प्रश्न उठता है कि त्रुटियों के होते हुए भी तो यह सम्भव है कि मनुष्य को उनका अनुभव न हो। ऐसी दशा में त्रुटियों को अनुभव करके उन्हें दूर करना उचित होगा, या ऐसी स्थिति को बनाये रहना उचित होगा जिसमें त्रुटियों का अनुभव ही न हो।''

अब बृज को नाक्रना की बातों में गहरी दिलचस्पी होने लगी। नाक्रना ने फिर कहा, ''सुविधा के लिए हम थोड़े समय तक इस प्रश्न को भुला देते हैं। हम इस तरह सोचेंगे कि यदि कोई व्यक्ति ऐसा जीवन व्यतीत करने में सफल हो जाता है, जिसमें उसे अपना जीवन बिलकुल पूर्ण अनुभव हो तो इसमें हानि ही क्या है?''

''वैसे देखने को तो इसमें कोई हानि नहीं ज्ञात होती।''

''मनुष्य की समस्या उसकी बुद्धि है, इसके साथ ही कई और वस्तुएँ भी जुड़ी हुई हैं जैसे दूसरे जीवों से कहीं अधिक और विशाल स्मरणशक्ति, भविष्य के बारे में सोचने की शक्ति आदि। बुद्धि के सम्बन्ध में मैं अपने विचार प्रकट कर ही चुका हूँ। यहाँ मैं उसके अतिरिक्त इतना कहना चाहता हूँ कि संसार में कुछ मनुष्यों का समुदाय शताब्दियों से अपने जीवन का एक ही ढर्रा बनाये हुए हैं। कुछ जातियाँ निर्बल होते-होते अन्त में समाप्त भी हो जाती हैं। कुछ जातियाँ ऐसी हैं जिन्हें गहरे सोच-विचार की आदत है। उदाहरण के लिए भारत को ही ले सकते हैं। इस गम्भीर दर्शन के पीछे हम ऐसे व्यक्तियों की कल्पना कर सकते हैं, जो अपने जीवन और वातावरण

से सर्वाधिक असन्तुष्ट थे। असन्तुष्ट होकर कुछ समस्याओं पर जब मनुष्य की बुद्धि सोच-विचार करती है, और जिन परिणामों पर पहुँचती है तो उन्हें देखकर आश्चर्य होने लगता है। अपने-आप में यह पक्ष कितना ही सराहनीय क्यों न हो, परन्तु फिर भी यह स्वीकार करना पड़ेगा कि उन सब दार्शनिकों को असन्तोष का रोग था। या, यदि इन शब्दों को उचित न समझा जाये, तो हम कह सकते हैं कि वे लोग जीवन के मूल बहाव से किसी कारण बाहर चले गये, असन्तुष्ट हो गये, और फिर अपने असन्तोष को दूर करने के उपाय सोचने लगे—देखिये मैं दार्शनिक नहीं हूँ और मैं इस बात का दावा भी नहीं कर रहा हूँ कि जो कुछ मैंने सोचा और समझा है उसके बाहर कुछ नहीं है और न हो सकता है...।''

''हमें यह भी तो मानना पड़ेगा कि मनुष्य की बुद्धि में इतनी दूर तक जाने की शक्ति है, तभी तो वह वहाँ तक पहुँच पाता है।''

निस्सन्देह कुछ व्यक्तियों में ऐसी शक्ति होती है और मनुष्यों के कुछ समुदाय भी ऐसे होते हैं कि जिनके सामाजिक ढाँचे में ऐसे व्यक्ति जन्म ले सकते हैं और पनप सकते हैं।''

''तो हमें इस बात का निर्णय करना है कि इस प्रकार के व्यक्ति अपने दूसरे साथियों या समुदायों से उच्च स्तर पर नहीं हैं? क्या इस प्रकार की उन्नति, जो केवल मनुष्य ही प्राप्त कर सकता है, उसे प्राप्त नहीं करनी चाहिए?''

''आपने बहुत-से नये प्रश्नों को मेरे मन में उभार दिया है, यदि अवसर मिला तो हम डॉम-गार्शिया सहित इन विषयों पर फिर विचार विनिमय करेंगे—अभी मैं यही कहूँगा कि एक विशेष प्रकार के जीवन का अनुभव प्राप्त किये बिना उस पर वाद-विवाद करते जाना केवल खोखली बातचीत होगी। यह मुझे कुछ ऐसे ही लगता है कि जैसे हम किसी भोज में भोजन करने से पहले ही इस बात पर विवाद करने लगें कि उस भोज के व्यंजनों से हम वास्तव में सन्तुष्ट हो सकेंगे या नहीं। मेरा सुझाव यह है कि पहले हम एक विशेष ढंग से जीवन व्यतीत करके देखें, यदि हमें किसी अभाव की अनुभूति न हो तो फिर हमको किसी प्रकार के दर्शन में उलझने की आवश्यकता नहीं रहेगी, यदि हम असन्तुष्ट रहें तो फिर हमें उसका समाधान भी सोचना पड़ेगा।''

''परन्तु यह भी तो मानना पड़ेगा कि चार-पाँच सामाजिक ढाँचों में एक ढाँचा सर्वोत्तम भी हो सकता है।''

''मैं जानता हूँ कि इस विषय पर बातचीत करके हम कहाँ पहुँचेंगे। परन्तु उसमें भी पहले मैं कहना चाहूँगा कि मनुष्य की बुद्धि चाहे कहीं तक भी सोच-विचार करे, फिर अन्त में वह अपनी सीमा तक पहुँच ही जायेगी। मैं कहता हूँ कि जैसे एक विशेष सोचने का ढंग हमारे रहन-सहन को प्रभावित कर सकता है, उसी तरह एक विशेष प्रकार का रहन-सहन हमारे सोचने के ढंग पर भी प्रभाव डाल सकता है।''

"अभी मैं अन्य प्रश्नों को छोड़कर यह जानना चाहता हूँ कि आप अपने सामाजिक ढाँचे के विषय में बतायें। क्या उस ढाँचे में प्रत्येक व्यक्ति अपने-आप में सन्तुष्ट है?"

"जी हाँ, अधिकांश लोग सन्तुष्ट हैं। बहुत थोड़े से व्यक्ति जो सन्तुष्ट नहीं हैं, वे सामाजिक ढाँचे में कोई कमी अनुभव नहीं करते, अपितु उन्हें अपने-आप ही में त्रुटि अनुभव होती है।—मैंने संसार के कुछ भागों में ऐसे सामाजिक ढाँचे अवश्य देखे हैं जो हमारे ढाँचे से उत्तम दिखायी देते हैं। जैसे अच्छे-अच्छे पक्के भवन, बड़े-बड़े बाज़ार, उत्तम घोड़ोंवाले रथ, जिन पर बैठकर बड़ी तीव्र गति से यात्रा की जा सकती है, आदि—परन्तु इसके साथ मैंने यह भी देखा है कि जों सन्तोष हमारे यहाँ है वह यहाँ नहीं है...इस समय विजयनगर का उदाहरण ही मेरे आगे है। अब सोचने की बात यह है कि हमारा सन्तुष्ट होना अच्छा है, या विजयनगरवालों का असन्तुष्ट होते हुए भी हम लोगों से कई पक्षों में उन्नत होना श्रेष्ठ है। क्या इसका निर्णय हम अपनी-अपनी रुचि पर छोड़ दें? मैं कोई आपत्ति नहीं उठा रहा हूँ, जब मैं कहता हूँ कि शरीर के दूसरे अंगों को छोड़कर केवल बुद्धि के प्रयोग पर हम इतना बल क्यों देते हैं। सुनने में यह बात अत्यन्त मूर्खतापूर्ण लगती है, परन्तु दूध को पीने के बजाय यदि हम उसी से कपड़े भी धोने लगें, स्नान भी करने लगें, उसे गोबर में मिलाकर घरों की पुताई भी करने लगें...तो क्या यह कोई बड़ी बुद्धिमानी की बात होगी। जब हम बुद्धि को आवश्यकता से अधिक काम करने पर विवश करते हैं, तो बुद्धि अस्वीकार नहीं करती, परन्तु हमें कई अन्य दृष्टियों से उसका मूल्य चुकाना पड़ता है। मैं फिर अपने मूल सिद्धान्त की ओर लौटना चाहूँगा। वह यह कि हम अपने शरीर के सारे अंगों को, प्रकृति के क्षेत्र में रहकर, पूर्ण रूप से काम करने का अवसर दें, तो फिर सम्भवत: हमें अपनी बुद्धि को आवश्यकता से अधिक प्रयोग करने का अभ्यास ही न रहे। यदि आप चाहें तो आज आपकी बाँहें जितना बोझ उठा सकती हैं, अभ्यास करने पर दो-तीन वर्ष के बाद वे कहीं अधिक बोझ उठाने योग्य हो सकती हैं। परन्तु यदि आप अपनी बाँहों से सदा उनकी शक्ति से बढ़कर ही काम लेते रहेंगे तो वे साधारण मनुष्य की बाँहों की अपेक्षा कम समय में बेकार हो सकती हैं। जिस तरह बिलकुल काम न करने से बाँहें बेकार हो सकती हैं, उसी तरह बहुत अधिक काम करने से भी वे बेकार हो सकती हैं।"

"अर्थात् आपका कहना यह है कि जिस वातावरण और जिस ढाँचे में आपकी जाति इस समय जीवन व्यतीत कर रही है, उससे प्रत्येक व्यक्ति को पूरा सन्तोष प्राप्त हो जाता है, और उसे किसी भी अभाव की अनुभूति नहीं होती। उसके साथ आपने यह भी स्वीकार किया है कि मनुष्यों के कुछ समुदाय ऐसे भी हो सकते हैं जिन्हें अपने सन्तोष के लिए बिलकुल ही भिन्न मार्ग अपनाने पड़ते हैं...।"

आप यह न भूलियेगा कि हमारा यह विषय कंचन जी के कारण आरम्भ हुआ। मैंने कहा था कि वन उनको पुकारता है। मैंने उस विषय के जिन-जिन पक्षों पर प्रकाश डालने की चेष्टा की है, उनके साथ मैं उस बात को भी जोड़ देना चाहता हूँ कि वन की यह पुकार प्रायः मनुष्यों में उभर आती है और मेरा यह भी विचार है कि यह पुकार लगभग प्रत्येक मनुष्य में होती है, चाहे वह उसके भीतर दबी सोती रहे, या अनायास ही जाग उठे।''

''तो आप यह भी कहना चाहेंगे कि चूँकि प्रत्येक मनुष्य के अन्दर ऐसी कोई पुकार है, इसलिए प्रकृति की गोद में रहना मनुष्य के लिए अनिवार्य है।''

''जी हाँ, और इसके साथ यह भी कहूँगा कि प्रकृति में किसी प्रकार की कृत्रिम दया नहीं है। अनेक कीट-पतंग छोटे-बड़े पशु तथा अन्य जीव अपना पेट भरने के लिए एक-दूसरे की हत्या करते हैं और खाते भी रहते हैं। परन्तु फिर भी किसी प्रकार की कमी आने नहीं पाती। उसी तरह मनुष्य के मन में प्रकृति की गोद में रहते हुए कृत्रिम दया भी उत्पन्न नहीं होती। रक्त बहते देखकर उसका जी बैठने नहीं लगता। इसी तरह कई अन्य भावनाएँ, जो अत्यधिक कृत्रिम वातावरण में रहते हुए मनुष्य के मन में उत्पन्न होती हैं, वे भी ऐसे मनुष्य को परेशान नहीं करतीं। प्रकृति की गोद में कई ऐसी घटनाएँ होती रहती हैं, जिन्हें देखकर अपने-आपको अत्यन्त 'सभ्य' समझनेवाला मनुष्य काँप उठता है, परन्तु सदा से उसी वातावरण में रहनेवाला मनुष्य ही इस बात का अनुभव कर सकता है कि प्रकृति की गोद में 'निर्दयता' होते हुए भी सारे जीव एक-दूसरे से किसी अनदेखी डोर द्वारा सम्बन्धित होते हैं। कभी-कभी तो कुछ पशुओं में ऐसे-ऐसे समझौते हो जाते हैं कि जिन्हें देखकर मनुष्य चकित रह जाता है।

इतने में डॉम-गार्शिया लौट आया। उसने बृज की पीठ पर हाथ मारते हुए पूछा, ''कहो आखेटक की ज़बानी आखेट की अद्‌भुत घटनाएँ सुनी या नहीं?''

कंचन बीच में ही बोल उठी, ''आखेट की बात तो बीच ही में रह गयी, क्योंकि ये लोग तो बड़े गम्भीर दार्शनिक विवेचन में उलझ गये।

डॉम-गार्शिया ने सिर पीछे को फेंककर क़हक़हा लगाया और बोला, ''कंचन जी, इस ऊब को दूर करने का एक ही उपाय है। वह यह कि अब आपका एक गीत हो जाये। इससे सुननेवालों का मनोरंजन भी हो जायेगा और सच पूछिये तो एक तरह से वास्तविक नृत्य-गान का उद्‌घाटन भी आप ही करेंगी। क्योंकि अब ही तो गोष्ठी रंग पर आने जा रही है।

जब डॉम-गार्शिया ने अतिथियों को यह सूचना दी तो सभी लोग प्रसन्नता के मारे चिल्ला उठे। उस पर कंचन ने अरब लड़कियों की भाँति डफ हाथ में उठाया। उसकी उँगलियाँ डफ के चमड़े पर नाचने लगीं और डफ के किनारों पर लगी हुई टिकलियाँ बज उठीं। कंचन ने अपने जादू भरे स्वर से एक गीत गाया, जिसका भाव था:

घनघोर घटाएँ हैं, जैसे बोझिल अलकों के अम्बार
चन्द्रमा के माथे पर अस्त-व्यस्त अलकें
पाटल-पुष्पों ने कपोलों के रंग चुराये
कमल सोये-सोये-से

धुली-धुली लाल पंखुड़ियाँ ऊपर तले
चमेली की कलियाँ दूध में नहायी हुई
कच्चे केले की शाखाएँ, दायें-बायें
मक्खन के स्तूप जिन पर गुलाब अपनी ही सुगन्ध से मूर्च्छित
दूध की नदी में भँवर

धरती से आकाश तक श्वेत संगमरमर के दो स्तम्भ...
उनके बीचोबीच उपजाऊ धरती का क्षेत्र
जहाँ हल चलाये जाते हैं
धरती फटती-चिरती और उसाँसें भरती है
किसान तरल मोती बो देते हैं
रंग-बिरंगे पुष्प धरती की कोख से निकलकर मुस्कराते, क़हक़हे
लगाते हैं...

हवा के कन्धों पर सुगन्ध सवार होती है
भेंट देती असफल उमंगें सहमी भावनाओं की भाँति
देश-देश का चक्कर लगाती है
धीरे-धीरे सुगन्ध मुरझा जाती है, विष हो जाती है, मर जाती है
फिर धरती का वक्ष चीर नये पुष्प उभर आते हैं

नृत्य करते हैं,
सुगन्ध उड़ाते हैं।
इस तरह
यह चक्र चलता रहता है
चलता रहेगा।

दस

१

काली घटाएँ आकाश पर छा गयीं तो सूर्य देवता दुबककर रह गये। घटाओं ने अपनी भीगी अलकें निचोड़कर बूँदें उड़ायीं, और फिर बेपरवाही से चल निकलीं तो सूर्य देवता अपना प्रताप दिखाते हुए फिर आकाश में विराजमान हो गये।

राजमहल के झरोखों के आसपास घूमती-फिरती, उठती-बैठती रानियों और राजकुमारियों ने यह सारा कौतुक देखा। उनके अधरों पर मुस्कराहट खेल रही थी। उन्होंने देख लिया था कि जब अलकें बिखरती हैं तो सूर्य को भी पसीना छूटने लगता है...बहनें पुलकित होकर मुस्कराती आँखों से एक-दूसरी को देख रही थीं, एक-दूसरी के मन का हाल समझ रही थीं, हृदय की वीणा के तार एक ही स्वर में और एक ही ताल पर बज रहे थे। महल में उनकी ऐसी चहल-पहल थी मानो रंग-बिरंगे फूल एक-दूसरे की सुगन्ध पी-पी कर नशे में झूम रहे हों। यह समय सजने-सजाने का था, इसलिए हर स्त्री, हर कुँवारी श्रृंगार करने में व्यस्त थी। कुछ ऐसी थीं जो निर्वस्त्र होकर भी लजा नहीं रही थीं और कुछ ऐसी थीं कि जो वस्त्र पहनकर भी छुई-मुई की तरह सिमटती फिर रही थीं। कोई गहने पहन रही थी, कोई अलकों में फूल सजा रही थी, कोई हाथों और पाँवों में मेंहदी रचा रही थी, कोई अपनी लम्बी आँखों के खिंचे हुए कोनों को काजल की धार से और अधिक नोकदार बना रही थी, किसी की करधनी उसके कटि-प्रदेश के उतार-चढ़ाव पर ठिकाने से टिक नहीं रही थी, किसी को महीने भर पहले की कंचुकी अब बुरी तरह कस रही थी...इस तरह छोटी-छोटी समस्याओं ने हर नन्हीं-सी जान को संकट में डाल रखा था। कोई परेशान हो-होकर सीना तानती थी, कोई उत्तेजित होकर भौंहों के धनुष पर पलकों के तीर चढ़ाती थी, उलझन में आकर किसी के होंठ अधखुले-से रह गये थे,

झुँझलाहट में किसी की अस्त-व्यस्त अलकें और अधिक अस्त-व्यस्त हो रही थीं...।

इन सबसे तनिक अलग हटकर कंचन के पार्श्व में बैठी हुई सुप्रिया यह कौतुक देख रही थी। रानी या राजकुमारी होने के घमण्ड में उनमें से किसी को इस बात का आभास नहीं था कि दुबककर बैठी हुई यह लड़की अपनी सौन्दर्य की आन-बान और शान में ऐसी अद्वितीय है कि कोई रानी या कोई राजकुमारी उसके पाँव की धूल झाड़ने योग्य भी नहीं है। सम्भवत: उनमें से हर एक का यही विश्वास था कि जो स्त्री या युवती सचमुच सुन्दर होती है, वह या तो रानी कहलाती है या राजकुमारी।

कुछ इसी प्रकार के विचार कंचन के मन में भी आ रहे थे। इसमें कोई सन्देह नहीं कि कंचन की आँखें सोने की डलियों या अनमोल जवाहरात तौलनेवाला 'धर्म-काँटा' थीं। इसीलिए तो उसकी दृष्टि दूर प्रांगण तक फैली हुई सुन्दरियों से ऊबकर वापस लौटीं, परन्तु जैसे ही सुप्रिया दिखायी दी, तो उसके नेत्रों में फिर से खिलते हुए कमल की-सी ताज़गी उत्पन्न हो गयी। उसने बिना सोचे ही अपना हाथ सुप्रिया के अर्द्ध-चन्द्र की भाँति बलखाये हुए कन्धे पर सहज से रखा तो वह नीचे को फिसल गया...उसे ध्यान आया कि कितना स्निग्ध है सुप्रिया का शरीर। उसने सुप्रिया की आँखों में आँखें डाल दीं तो उस अल्हड़ छोकरी के दो खिंची हुई भौंहों के धनुषों तले दो नेत्रों की भंगिमा देखकर वह चकित-सी रह गयी। उन नेत्रों में कभी सूर्य का तेज़, कभी चन्द्रमा की ज्योत्स्ना की शीतलता, कभी गंगाजल की-सी पवित्रता, कभी आकाश पर चढ़ती हुई आँधी की धूल-सी दिखायी देने लगती...उसके नेत्रों की यह भंगिमा कंचन ने पहली बार नहीं देखी थी, परन्तु वह जब भी यह भंगिमा देखती, उसके शरीर का अंग-अंग रोम-रोम काँप उठता—वह सोचने लगती कि ऐसे नेत्रोंवाली लड़की के लिए विजयनगर की प्रधान गणिका बनना भी कोई गर्व की बात नहीं हो सकती...रानियाँ उसके आगे दासियाँ दिखायी देती हैं—आख़िर यह लड़की क्या बनेगी?

जब भी कंचन के मन में यह प्रश्न उठता तो वह विह्वल-सी होकर करवट बदलने लगती। वह डर भी जाती कि कहीं इस लड़की पर किया हुआ उसका सारा श्रम व्यर्थ न चला जाये। वह उसे छोड़ भी नहीं सकती थी, क्योंकि वह भली-भाँति जानती थी कि दूसरी सुप्रिया तो क्या, उसे कोई ऐसी लड़की भी न मिल सकेगी जिसे वह सुप्रिया के आसपास भी रख सके! ऐसे अवसरों पर सोचते-सोचते उसकी बुद्धि मकड़ी के जाले में फँसकर रह जाती। परन्तु जब वह एक बार फिर सुप्रिया के चेहरे की ओर देखती तो उसके मन की सारी उदासी क्षण-भर में धुल जाती।

और सुप्रिया!

वह इतना जानती थी कि कंचन उससे बहुत प्यार करती है। यदि प्यार से ऊपर भी कोई शब्द हो सकता तो वह उसी का प्रयोग करती। कंचन सदा उसे अपने साथ

सुलाती। उसे इतना चूमती कि उसके कपोल तमतमा उठते और होंठ दुखने लगते। वह समझ नहीं पाती थी कि कंचन को उस पर इतना प्यार क्यों आता है। जब कंचन अपने हाथ से उसे नहलाने का हठ करती, तो उसे ऐसा अनुभव होने लगता जैसे वह तीन-चार साल की बालिका हो। परन्तु जब कंचन उसे अपने साथ लिपटाकर इतना चूमती-चाटती तो उसे लगता जैसे वह प्रेम की गर्मी से पिघलकर बह जायेगी। रात को जब कभी उसकी नींद उचटती तो देखती कि कंचन उसे अपनी बाहों और टाँगों में जकड़े हुए है। वह जानती थी कि विजयनगर में ऐसे धनिकों की कमी नहीं है, जो कंचन को एक बार गले से लगा लेने के लिए उस पर थालों मोती न्योछावर कर सकते हैं, परन्तु कंचन उनके निकट नहीं फटकती थी। किसी को उसका प्यार किसी मूल्य पर भी नहीं मिल सकता था, परन्तु उसे वह इतना प्यार देती थी कि कभी-कभी तो वह नन्हें से खग-शावक की भाँति डर जाती, लगता जैसे कंचन की कोमल और सुडौल बाहें उसे इतना भींच डालेंगी कि उसका दम निकल जायेगा...फिर भी वह अभी कंचन के निकट रहना चाहती थी। मन्दिर में, जहाँ वह देवदासी के रूप में पलती रही थी, अब उसके लिए कोई स्थान नहीं था। वह लौटकर वहाँ नहीं जा सकती थी। जा भी सकती, तो भी न जाती, क्योंकि कंचन के यहाँ रहकर जो सुख उसे प्राप्त था, वह मन्दिर में नहीं मिल सकता था। वहाँ तो कोई देवदासी ज्यों ही यौवन की देहरी की ओर पग बढ़ाती, आसपास के लोग उसे दबोचने की ताक में रहने लगते...!

बहुत-सी रानियाँ और राजकुमारियाँ स्नान कर चुकी थीं, परन्तु अब भी कुछ स्त्रियाँ महल के भीतर बने सरोवर में से निकल-निकलकर आतीं तो उनके शरीर से बहनेवाले जल के कारण फ़र्श और भी गीला हो जाता। सुप्रिया खोयी-खोयी-सी उन सबको देख रही थी। महल में रहनेवाली रानियाँ तथा राजकुमारियाँ उसकी आँखों के सामने होती हुई भी कितनी दूर थीं।...फिर भी सुप्रिया उनसे ईर्ष्या नहीं करती थी। न जाने कैसे, उसे यही अनुभव होता था कि वे सब केवल भेड़-बकरियाँ हैं। वे खाती हैं, अच्छे-अच्छे वस्त्र पहनती हैं, हँसती-बोलती हैं, गाती-बजाती हैं, परन्तु उनके गले में सुनहले पटके पड़े हुए हैं। वे राय जी की बकरियाँ हैं—हाँ राय जी की बकरियाँ!...यह बात मुँह से कहने का वह साहस नहीं करती थीं, परन्तु मन-ही-मन वह उन्हें राय जी की भेंड़-बकरियाँ कहकर बहुत प्रसन्न होती थीं। सुप्रिया की बुद्धि प्रखर थी और दूसरों के मन की बात वह क्षण-मात्र में भाँप लेती थी। उसे दूसरों की गहन-से-गहन भावनाओं का आभास प्रायः हो जाता था। इन रानियों के विषय में उसे अनुभव होता था कि उनके अन्दर बहुत घुटन है...थकन है...उदासी है।

बुद्धि प्रखर होने पर भी सुप्रिया की आयु तो अभी बहुत कम थी, इसलिए उसे जीवन का अनुभव भी कम था। वह यह नहीं समझ पाती थी कि महल में रहनेवालियों

में मन की घुटन और थकन का कारण क्या है। सम्भवतः उसे इस कारण का धुँधला-सा आभास हो भी, परन्तु वह उसे स्पष्ट रूप में नहीं समझ पायी थी।

इतने में रानी रम्भा उनके पास चली आयी। उसने अभी-अभी अपने बाल धोये थे और जल की बूँदें उसके बालों में पिरोये हुए मोतियों की भाँति दिखायी दे रही थीं। उसकी आयु पैंतीस और चालीस वर्ष के बीच में ही थी। रंग-रूप और स्वास्थ्य अभी अच्छा था, परन्तु उसकी आत्मा की थकन उसके नेत्रों में आ बैठी थी। उसने अर्थहीन हँसी हँसते हुए कंचन से पूछा, "सुना है कि आपके यहाँ कोई अतिथि आया है!"

कंचन को उसकी बात का अर्थ समझने में देर नहीं लगी, परन्तु वह अन्यमनस्कता से बोली, "अतिथि?...मेरे यहाँ अतिथि तो प्रायः आते-जाते रहते हैं।"

रानी रम्भा ने अपनी मदभरी आँखें कंचन की आँखों में डालकर कहा, "वह उन अतिथियों में से नहीं है जो आते हैं और चले जाते हैं।"

कंचन समझ गयी कि अब बात बिलकुल सीधी ही करनी पड़ेगी, बोली, "सम्भवतः आपका संकेत एक युवक की ओर है...युवक भी क्या, अभी तो वह लड़का ही है।"

"हमने सुना है कि वह उस सीमा से गुज़र चुका है जब लड़के को देखकर लड़की का भ्रम होता है—अर्थ यह है कि वह लड़का लड़का ही दिखायी देता है।"

"कंचन इस विषय पर लम्बी-चौड़ी बातचीत नहीं करना चाहती थी। टालने के लिए उसने सिर हिलाकर कह दिया, "आपका कथन असत्य नहीं है।

"हमने यह भी सुना है कि आकाश के चाँद और तारे उससे लजाते हैं।"

यह सुनकर सुप्रिया के मन में मानो एक हूक-सी उठी। उसने अपनी दृष्टि रानी रम्भा के चेहरे से हटाकर कंचन की ओर देखा। कंचन के चेहरे का रंग कुछ-कुछ फीका पड़ गया और वह धीरे-धीरे काँपते हुए होंठों से बोली, "वह मुझसे बारह-तेरह वर्ष छोटा है।"

"जो कुछ हो, उस छोकरे ने बिना कुछ किये-धरे इस नगर में बड़ा यश प्राप्त कर लिया है।"

कंचन फीकी हँसी हँसते हुए बोली, "अच्छा, मुझे इस बात का कुछ पता नहीं था।"

लेकिन कंचन! जब तुम उसके आगे बैठती हो तो क्या तुम्हें यह बात भूल नहीं जाती कि तुम उससे बारह-तेरह वर्ष बड़ी हो?"

अबकी कंचन जान-बूझकर ज़ोर से हँसी और कहने लगी, "लोग भी आपके कानों में क्या-क्या बातें फूँक देते हैं!"

कंचन मन में समझती थी कि ये रानियाँ तो स्वयं महल से बाहर न जा सकती हैं और न किसी को अपने पास बुला सकती हैं, इसलिए ये सारी बातें केवल मन

की भड़ास निकालने के लिए हो रही हैं। राजकुमारियाँ तो उसे तुम कहकर भी नहीं बुला सकती थीं...इस प्रकार के संकेत करना तो रही दूर की बात। रानी रम्भा और उस जैसी कुछ अन्य रानियाँ मन की भड़ास निकालने के लिए इस प्रकार की बातें कर लेती थीं। इन बातों का परिणाम कुछ भी नहीं निकल सकता था...इसलिए यदि किसी अन्य युवक का उल्लेख होता तो वह भी बढ़-चढ़कर बातें बना सकती थीं, परन्तु बृज के विषय में इस प्रकार की बातें करना उसे अच्छा नहीं लग रहा था। फिर भी रानी रम्भा के साथ उसे यह कड़ुवा घूँट पीना ही पड़ा।

रानी रम्भा ने फिर कहा, ''मैंने औरों के मुँह से सुना है कि उन्होंने उसे कई बार देखा है...परन्तु हमने तो एक बार भी नहीं देखा—।''

कंचन जानती थी कि रानी रम्भा जीते जी यह सुझाव नहीं दे सकतीं कि उस युवक को उनके सामने लाया जाये। इसलिए उसने फिर टालते हुए कहा, ''लोगों ने उसे घूमते-फिरते अवश्य देखा होगा, क्योंकि वह घर में बहुत कम बैठता है।''

''वह तुम्हारे पास कैसे पहुँच गया?''

''वह घूमता-फिरता विजयनगर में आ निकला। मुझसे परिचय होने से पूर्व वह कई दिन तक नगर में घूमता-फिरता रहा...और फिर अन्त में हमारे यहाँ आकर टिक गया।''

''वह करता क्या है?''

''इस समय तो कुछ नहीं करता, परन्तु कोई बड़ा व्यवसाय करने की बात वह सोच रहा है।''

''तुम्हारी सहायता से तो वह जो जी चाहे कर सकता है।''

''उसे मेरी सहायता की आवश्यकता नहीं है; वह पर्याप्त धनी है। इसीलिए तो वह बहुत बड़े स्तर पर कोई व्यवसाय करना चाहता है। वैसे वह मुझसे जिस प्रकार की भी सहायता लेना चाहे, मैं देने को प्रस्तुत हूँ।''

''तुम अवश्य चाहोगी कि वह विजयनगर में ही टिक जाये...।''

''जी हाँ, यह मेरी हार्दिक इच्छा है।''

''सुप्रिया स्वयं चाहे आठों पहर बृज के विषय में सोचती रहे, परन्तु यदि कोई बृज के विषय में बातें करे तो उसे अच्छा नहीं लगता था। दूसरे लोग तो अपनी प्रेमिकाओं या प्रेमियों का उल्लेख सुनकर प्रसन्न होते हैं, परन्तु सुप्रिया को किसी और की ज़बान पर बृज का नाम तक आना पसन्द नहीं था। इससे उसे ईर्ष्या होती थी...जलन होती थी। रानी रम्भा कैसे रस ले-लेकर उसकी बातें कर रही थीं, जिससे वह प्रेम करती है। यही नहीं वह संकेतों-ही-संकेतों में यह भी जतला रही थी कि उन दोनों में ऐसा कोई सम्बन्ध नहीं है। कंचन बृज से हास-परिहास कर लेती थी, परन्तु सुप्रिया को अपने-आप पर विश्वास था। वह जानती थी कि यदि कभी बृज

को प्रेम करना ही होगा तो कंचन के मुक़ाबले में उसे डरने की कोई आवश्यकता नहीं है, क्योंकि आयु, रूप-रंग आदि की दृष्टि से वह कंचन से श्रेष्ठ है। पहले-पहल कंचन के हास-परिहास से उसे कुछ खटका हुआ, परन्तु बाद में उसके मन का यह भय निकल गया। अब वह इस स्थिति को समझने लगी थी।

रानी रम्भा ने कुछ अन्य बातें भी कहीं, जिन्हें सुप्रिया ने नहीं सुना, क्योंकि वह बृज के ध्यान में खोकर रह गयी। रानी रम्भा के चेहरे को वह खोयी हुई दृष्टि से देखती रही। चेहरे के उतार-चढ़ाव से लगता था कि वह परिहास ही कर रही थी और इस विषय पर गम्भीर रूप से नहीं सोच रही थी।

सम्भवत: ये बातें कुछ देर तक और चलतीं, परन्तु एक राजकुमारी ने आकर रानी रम्भा के कान में कुछ कहा तो वह उठकर महल के अन्दर चली गयी।

रानी के चले जाने से कंचन के मन का बोझ हलका हो गया। उसे बृज के विषय में इस ढंग से रानी का बातचीत करना पसन्द नहीं था, फिर भी वह इस अवसर को बड़ी अच्छी तरह निभा गयी। उसने अपने माथे पर बल नहीं आने दिया, न मन की झुँझलाहट को प्रकट होने दिया। रानी रम्भा के जाते ही कंचन को सुप्रिया का ध्यान आया, जो अभी तक उसके पार्श्व में अपने घुटनों पर ठुड्डी रखे बैठी थी। कंचन उसके चेहरे को हाथ में लेते हुए बोली, ''अरी सुप्रिया! मैं तो तुझे भूल ही गयी।''

सुप्रिया चौंकी, उसने नेत्र उठाकर कंचन की ओर देखा, वह मुस्करा दी...यद्यपि उसने अच्छी तरह सुना भी नहीं था कि कंचन ने क्या कहा। वह तो बृज के विषय में ही सोचे जा रही थी। उसका जी चाह रहा था कि अविलम्ब उड़कर घर पहुँच जाये...।

कंचन ने उसके चिबुक के नीचे दो उँगलियाँ रखकर पूछा, ''तुम किस संसार में खोयी हुई हो? मेरी गुड़िया!''

''मैं तो आपकी बातें सुन रही थी।''

इतना कहते ही सुप्रिया ने अपनी जीभ की नोक दाँतों तले दबा ली। उसे यह बात नहीं कहनी चाहिए थी, परन्तु अब क्या हो सकता था, मुँह से निकलकर शब्द पराये हो जाते हैं।

यह तो कंचन बिलकुल ही नहीं चाहती थी कि सुप्रिया के सामने बृज के विषय में इस ढंग से बातचीत चले कि जिससे सुप्रिया को इस बात का सन्देह होने लगे कि बृज से उसके सम्बन्ध कुछ और ही प्रकार के हैं...।

कंचन उसके कपोलों को हलके से थपथपाते हुए बोली, ''देखा तुमने? रानी रम्भा भी आज कैसी तरंग में आयी हुई थीं। सुनी-सुनायी बातों का सहारा लेकर उन्होंने इतनी छेड़छाड़ की मुझसे।''

सुप्रिया अपनी बड़ी-बड़ी आँखों को और भी फैलाकर कंचन के चेहरे को पढ़ने की चेष्टा करने लगी। कंचन ने इस विषय पर और कोई बात नहीं कही, क्योंकि वह

जानती थी कि वह जितनी अधिक सफ़ाई देने की चेष्टा करेगी, उतना ही अधिक सुप्रिया के मन का सन्देह बढ़ता जायेगा। उसने लाड़-भरे स्वर में पूछा, ''अब क्या करने का विचार है?''

सुप्रिया ने नन्हीं बालिका की भाँति हँसते हुए कहा, ''मेरा जी चाहता है कि अब शीघ्र-से-शीघ्र ही घर चलें, परन्तु आपका काम तो यहाँ समाप्त नहीं हुआ होगा।''

''अब तो मुझे कोई काम नहीं। राजकुमारियाँ आज की शिक्षा पा चुकीं, इसलिए तुम चाहो तो हम अभी लौट सकती हैं।''

''तो फिर चलिये...अभी चलिये।''

''बस घड़ी भर रुक जाओ, मैं अनुमति तो ले लूँ। काम समाप्त भी हो जाये तो अनुमति लेनी पड़ती है।''

इतना कहकर कंचन चली गयी। सुप्रिया के लिए एक-एक पल पहाड़ हो रहा था। फिर वह मन-ही-मन अपने-आपको ताड़ित करती कहने लगी कि इतनी जल्दी मचा रही है, घर पर कौन तुम्हारी बाट में आँखें बिछाये बैठा है। होगा तो यही कि वह तुम्हें एक बार देखकर मुँह दूसरी ओर फेर लेगा।

वास्तव में हुआ यह भी नहीं।

थोड़ी देर बाद जब कंचन लौटी तो दोनों महल से बाहर निकल आयीं, जहाँ कालाफ़ाम उनकी प्रतीक्षा कर रहा था। वे दोनों बहली में बैठीं, बैल भाग निकले और उनके गले में पड़े हुए घुँघरुओं का संगीत वातावरण में गूँजने लगा।

घर पहुँचते ही कंचन ने दासी से पहला प्रश्न यही किया, ''बृज जी कहाँ हैं?''

यह सुनकर सुप्रिया का हृदय ज़ोर-ज़ोर से धड़कने लगा, क्योंकि यही वह प्रश्न था जिसे वह स्वयं भी करना चाहती थी, परन्तु कर न पाती।

दासी ने बताया कि वे भ्रमण के लिए घोड़े पर सवार होकर चले गये हैं।

सुप्रिया का हृदय कटी हुई पतंग की तरह डगमगाने लगा।

२

उस रात बृज भोजन के समय तक लौटा। उस समय सुप्रिया आँखें नीची किये कंचन और बृज की बातों का आनन्द लिया करती थी। कभी-कभी इन दोनों में नोक-झोंक भी होने लगती। सुप्रिया को ज़ोर से हँसी छूटने लगती तो वह अपना मुँह हाथ के पीछे छिपा लेती फिर भी हँसी रोकने की चेष्टा में उसके कोमल नथुने लाल हो जाते, और आँखों में ओस के कण दिखायी देने लगते।

दुर्भाग्य की बात तो यह थी कि वह स्वयं बृज से बातचीत नहीं कर सकती थी। कंचन की ओर से कोई निषेध नहीं था। आख़िर दूसरी लड़कियाँ भी तो आवश्यकता

पड़ने पर बृज से बात कर ही लेती थीं। परन्तु सुप्रिया के मन का चोर उसकी ज़बान पकड़ लेता। वह डरती थी कि कहीं उसने खुल्लम-खुल्ला बातें करना आरम्भ कर दिया तो न जाने कब उसके मुँह से क्या निकल जाये या उसकी आँखें और मुस्कराहटें कब उसका रहस्य खोल दें या वह कोई ऐसी बात कर बैठे, जिससे उसके प्रेम का ढिंढोरा सारे घर में पिट जाये।

उस रात भोजन के अवसर पर कोई परिहास नहीं हुआ, नोक-झोंक नहीं हुई, केवल सीधी-सादी बातें होती रहीं। भोजन समाप्त होने पर बृज तुरन्त ही अपने कक्ष को जाने के लिए उठा, तो कंचन ने कुछ आश्चर्य में आ पूछा, "यह क्या! उठ क्यों खड़े हुए?"

बृज ने हँसकर कहा, "रमते जोगी भोजन करते ही चल देते हैं।"

कंचन ने क़हक़हा लगाया तो उसके साथ कई अन्य लड़कियाँ भी हँस दीं। केवल सुप्रिया को हँसी नहीं आयी। उसे क्रोध आ रहा था। आठों पहर इनके नाम की माला जपो, फिर भी इनसे इतना नहीं होता कि बैठकर कंचन जी से ही हँस-बोलकर दो-चार बात कर लें।

कंचन ने कहा, "बैठो भाई रमते जोगी, भोजन के बाद थोड़ी-बहुत गप-शप होनी चाहिए या थोड़ा गाना-बजाना ही हो जाये।"

सुप्रिया ने अनख मानकर निश्चय कर लिया कि यदि उससे गीत गाने को कहा गया तो वह कदापि नहीं गायेगी।

बृज ने जम्हाई लेते हुए कहा, "कंचन जी, आज के लिए क्षमा चाहता हूँ। नींद बड़े ज़ोर की आ रही है। क्या आपको मेरी आँखें देखकर ऐसा आभास नहीं होता?"

कंचन ने ठुड्डी पर उँगली रखकर उत्तर दिया, "तुम्हारी आँखों में तो आठों पहर एक तन्द्रा-सी दिखायी देती है। अब कौन जाने कि यह तन्द्रा यौवन की है या निद्रा की।

बृज ने मुस्कराकर हाथ हवा में हिला दिया, और फिर चल दिया।

द्वार के निकट पहुँचकर, बाहर निकलने से पहले, वह ठिठका, उसने घूमकर कंचन की ओर देखा और बोला, "कंचन जी, मैं आपको यह बताना तो भूल ही गया कि कल प्रात: मैं जल्दी ही निकल जाऊँगा।"

"कहाँ जाने का विचार है?"

"मुझे पता चला है कि द्रोण जी यात्रा से लौट आये हैं। सोचता हूँ जाकर मिल ही आऊँ।"

"मिलकर भोजन के समय तक लौट आना।"

"पूरी चेष्टा करूँगा।"

"चेष्टा नहीं, तुम्हें आना ही होगा। वचन देना होगा।"

"बहुत अच्छा, वचन देता हूँ—स्मरण रखिये मुझे इतने ज़ोर की नींद न आयी होती तो मैं इतनी जल्दी आपको वचन न देता।"

कंचन हँसने लगी।

बृज द्वार में से बाहर चला गया। जब तक वह कक्ष के भीतर था, सुप्रिया झुकी-झुकी आँखों से उसे देखती रही और जब वह बाहर निकल गया तो उसके कान उसके क़दमों की मद्धिम पड़ती हुई आहट को सुनते रहे।

नक्षत्र ऊँघ रहे थे। थोड़े समय बाद पूर्व से फटनेवाली नदी इस सब को बहा ले जानेवाली थी। बृज के कक्ष में प्रकाश हो रहा था। वह और भी पहले का जागा हुआ था और अब वस्त्र पहनकर बाहर जाने को प्रस्तुत था। रात को कंचन ने ताज़ा दूध उबाल देकर एक लोटा भरा और उसके कक्ष में रखवा दिया। बृज ने उस दूध को मधु से मीठा किया और पी गया।

कंचन ने रात ही को सेवक से कह दिया था कि वह भोर का तारा उदित होने से पूर्व बृज का घोड़ा तैयार रखे। अब बृज ने एक छोटा-सा शलाका-दीप हाथ में उठाया और नीचे उतरने के लिए सोपानों पर जा खड़ा हुआ। उस समय सब सो रहे थे और सारे भवन में अन्धकार छाया हुआ था, केवल प्रांगण के उस पार रसोई-घर में प्रकाश हो रहा था और वहाँ से पात्रों के टकराने की ध्वनियाँ आ रही थीं। जलपान की तैयारी प्रात:काल ही आरम्भ कर दी जाती थी, क्योंकि कंचन के घर में खानेवालों की संख्या कम नहीं थी।

सोपानों के ऊपर खड़े होकर बृज ने शलाका-दीप आगे को बढ़ा दिया, जिससे सोपानों के नीचे तक देख सके। फिर वह धीरे-धीरे सँभल-सँभलकर उतरने लगा। दो चार सीढ़ियाँ उतरा होगा कि वह रुक गया। सबसे नीचे के सोपान के सामने मानो पत्थर की बड़ी सुन्दर-सी मूर्ति स्थापित थी। धुँधले प्रकाश में उस मूर्ति का आकार धीरे-धीरे स्पष्ट होने लगा। बृज के लिए यह कोई आश्चर्य की बात नहीं थी। सुप्रिया को देखकर उसे अब आश्चर्य नहीं होता था। वह सोचने लगा कि यह केवल स्त्री के मन की लगन की बात है। वह न चाहे तो बड़े-बड़े सुन्दर राजकुमार वर्षों ख़ाक छानते फिरें, वह उनकी ओर एक दृष्टि तक नहीं डालती। यदि कहीं मन में लगन उभर आये तो फिर वह नदियाँ, जंगल और पहाड़ फाँदकर भी अपने सपनों के राजकुमार का पीछा करती हैं, चाहे वह राजकुमार देखने में कुम्भकार ही दिखायी दे...।

सोपानों से उतरते-उतरते बृज ने सोचा कि ये सब बातें भी तो सुनी-सुनायी हैं। उसने लोगों को ऐसी बातें कहते सुना था, परन्तु आज तक उसने किसी स्त्री को ऐसा करते नहीं देखा था। रही सुप्रिया!...तो क्या वह वास्तव में उसके लिए या किसी के भी लिये नदियाँ तैर सकती है, जंगल चीर सकती थी, पहाड़ फाँद सकती है...?

फिर बृज ने मन-ही-मन अपने-आप से कहा, ''मूर्ख, तुझे इससे क्या लेना? वह क्या कर सकती है और क्या नहीं कर सकती, इससे तेरा क्या प्रयोजन? वही पुरानी कहावत, कि जिस गाँव को नहीं जाना, वहाँ का मार्ग पूछने से क्या लाभ?''

बृज नीचे तक पहुँच गया, उसने एक उचटती हुई दृष्टि सुप्रिया पर डाली—जो उलटे क़दमों पीछे को हटती हुई दीवार के साथ जा लगी। वह एक-एक क़दम बढ़ता गया और सुप्रिया भी दीवार से लगी-लगी आगे को सरकती गयी। बाहर को जानेवाले द्वार तक पहुँचकर बृज रुक गया। उसने अपना रुख़ सीधा सुप्रिया की ओर फेरा, पल-भर खड़ा उसे देखता रहा, फिर दो-चार क़दम उसकी ओर बढ़ा...।

सुप्रिया पहले तो आँखों में आँखें डाले उसकी ओर देखती रही, परन्तु जब वह उसके निकट पहुँचा तो उसकी आँखें झुक गयीं और उसकी घनी पलकों की छाँव से उसके उभरे हुए अरुणाभ कपोलों पर सुरमे की दो चौड़ी-चौड़ी रेखाएँ खिंच गयीं।

बृज ने सोचा कि लोगों का प्रतिबिम्ब काला होता है, परन्तु इसकी परछाईं गोरी-चिट्टी बोलती-चालती, हँसती-खेलती और जगमगाती हुई-सी है।

सुप्रिया मुँह से कुछ नहीं बोली। बृज चुपचाप लौटा और द्वार से निकलकर बाहर के अलिन्द में पहुँच गया। वह पाँच-छह क़दम आगे बढ़ा होगा कि फिर—

दूसरे कक्ष के खुले द्वार में कंचन खड़ी थी!

बृज के पाँव मानो धरती में गड़ गये। उसने कोई ऐसा-वैसा आचरण नहीं किया था, फिर भी उसे ऐसा अनुभव हो रहा था जैसे वह चोरी करते पकड़ा गया हो। उसके मुँह से हलका-सा स्वर निकला, परन्तु वह स्वर शब्दों का रूप धारण नहीं कर सका। वह अर्थहीन स्वर था।

उसे ज्ञात नहीं था कि उसके चेहरे की क्या दशा हो रही है। सम्भवतः उसके चेहरे पर राख उड़ रही थी...परन्तु कंचन केवल मुस्करा दी। बृज को वह मुस्कराहट रहस्यपूर्ण-सी लगी। वह अपने हाथ की एक विशेष मुद्रा बनाकर संकेत करते हुए बोली, ''तुम्हारा घोड़ा तैयार है।''

बृज ने अलिन्द के बाहर की ओर देखा। नक्षत्रों के मद्धिम प्रकाश में दूध में नहाया हुआ घोड़ा साफ़ दिखायी दे रहा था। बृज की दृष्टि लौट आयी। उसने कंचन की ओर देखा। वह कुछ कहना चाहता था या सम्भवतः उसके कान कुछ सुनना चाहते थे। परन्तु कंचन केवल मुस्कराये जा रही थी।

बृज ने कंचन की आँखों से गले मिलती हुई अपनी आँखों को मानो बरबस एक ओर को हटा लिया और फिर लम्बे-लम्बे डग भरता हुआ घोड़े के पास पहुँचा। दास ने अपने दो जुड़े हुए हाथों में फँसी लगाम उसकी ओर बढ़ा दी। पलक झपकते में बृज घोड़े की पीठ पर सवार दिखायी दिया।

पहले उसके सवार होते ही घोड़ा ऐसे भाग उठता था, जैसे धनुष में से तीर निकलता है, परन्तु आज ऐसा कुछ नहीं हुआ। सम्भवत: सवार की शिथिलता घोड़े के भी अंग-अंग में समा गयी थी। सवार ने लगाम नहीं खींची, एड़ नहीं लगायी या नहीं चाहा कि वह भाग निकले, इसलिए घोड़े की गर्दन नीचे को झुकी रही और उसके क़दम बहुत धीरे-धीरे—खड़ाप्-खड़ाप् करते हुए आगे को बढ़ने लगे।

बृज को लगा जैसे अब भी कंचन द्वार में खड़ी उसे देख रही हो। वह अपनी पीठ पर उसकी दो मोटी-मोटी आँखों के स्पर्श का अनुभव कर रहा था। वह उसे क्यों देख रही थी? उसके मन में क्या था? उसके चेहरे की दशा क्या थी?

इन प्रश्नों के उत्तर पाने के लिए उसने घूमकर नहीं देखा।

वह सोचने लगा कि सम्भवत: कंचन ने सुप्रिया को देख लिया हो। यदि उसने सुप्रिया को देखा है, तो उसे भी देखा होगा। उसने कोई ऐसा-वैसा आचरण तो नहीं किया था। कंचन ने देखा भी हो तो उसे इससे क्या!

परन्तु वह सुप्रिया की ओर बढ़ा तो था। कंचन सोच सकती थी कि सम्भवत: उसी के पाँव की आहट पाकर वह और आगे नहीं बढ़ा, अपितु वहीं से लौट पड़ा।

जो हो सो हो। वह अपना हृदय तो चीरकर दिखा नहीं सकता था। ज्ञानियों ने सदा ही स्त्रियों से दूर-दूर रहने की शिक्षा दी है। वह इस बात को अच्छी तरह समझता था। वह अपनी इच्छा से कंचन के घर नहीं आया था और न अपनी इच्छा से वहाँ रह रहा था। उसने कभी सुप्रिया से किसी प्रकार का सम्बन्ध स्थापित करने की चेष्टा नहीं की थी। इस पर भी कंचन के मन में सन्देह उत्पन्न हो, तो वह क्या कर सकता था? स्त्रियों का साथ करने का आख़िर कुछ-न-कुछ दुष्परिणाम तो निकलना ही था।

फिर बृज को ध्यान आया कि यह भी तो सम्भव था कि कंचन ने दूसरे कक्ष में उन दोनों को देखा ही न हो। सम्भवत: उसने उसकी सुविधा के विचार से अश्वशाला में जाकर अपने मन को आश्वस्त कर लिया हो कि सेवक ने उसका घोड़ा तैयार किया है या नहीं। सम्भवत: उसने अपने सामने घोड़ा तैयार कराकर उस स्थान पर खड़ा करा दिया हो, जिससे वह घर से बाहर निकले तो घोड़े को बिलकुल तैयार देखकर प्रसन्न हो जाये...।

एकाएक उसे अनुभव हुआ कि जिस गति से घोड़ा चल रहा है, उससे तो उसके अंग-अंग में थकान और पीड़ा की अनुभूति होने लगी है, अत: वह कुछ सँभलकर बैठ गया—लगाम खीचीं, एड़ लगायी और घोड़ा मोर की तरह सिर नवाकर द्रुतगति से आगे बढ़ने लगा। अब घोड़े की गति पहले की-सी तो नहीं थी, परन्तु देखनेवालों को यह नहीं लग सकता था कि घोड़ा और घुड़सवार दोनों कहीं से मार खाकर चले आ रहे हैं।

अब वह राजमहल के प्राचीर के मुख्य द्वार के सामनेवाले मैदान से गुज़र रहा था। द्वार के बाहर दो शलाका-द्वीप जल रहे थे और रक्षकों की एक टोली के लोग आपस में बातें करके हँस रहे थे।

बृज द्वार से जान-बूझकर दूर-दूर रहा और फिर पान-सुपारी बाज़ार की ओर घूम गया।

ज्ञात होता था कि अब तक सूर्य का उज्ज्वल मस्तक क्षितिज से तनिक ऊपर आने को है, क्योंकि दूर-दूर तक तारों में भगदड़-सी मची हुई थी।

बाज़ार की दुकानें बन्द थीं और गली-मुहल्ले के कुत्ते एक-दूसरे की पूँछ सूँघते फिर रहे थे। गायें बाज़ार के बीचोबीच पसरकर बैठी जुगाली कर रही थीं। कहीं-कहीं घरों से दूध-पीते बच्चों के रोने की आवाज़ें आ रही थीं। कुम्हार गधे हाँकते हुए मिट्टी ढोने के लिए नगर के बाहर की ओर भागे जा रहे थे।

बृज उसी गति से आगे-ही-आगे बढ़ रहा था। उसे कुछ और घुड़सवार भी मिले, जो न जाने कहीं को जा रहे थे, या कहीं से आ रहे थे।

धीरे-धीरे उजाला फैल गया। अब बृज उस बाज़ार से गुज़र रहा था जहाँ थोड़ी ही देर बाद ग्राहकों की गहमागहमी होनेवाली थी। वहाँ दुकानदार बकरियाँ, भेंड़ें, मछलियाँ, तोते, चूहे, मेढक आदि लेकर पहुँच चुके थे और कुछ लोग अभी चले जा रहे थे। ये सब खाने-पीने की वस्तुएँ थीं, क्योंकि विजयनगर में हर प्रकार के जीवों को खानेवाले लोग थे। बृज ने तो यहाँ तक सुना था कि वहाँ कुछ लोग छिपकलियाँ और साँप तक खा जाते हैं। यह सुनी-सुनायी बात थी, परन्तु उसने अपनी आँखों से किसी को छिपकलियाँ खाते नहीं देखा था।

जब वह उस बाज़ार के दूसरे सिरे पर पहुँचा तो अचानक ही उसने ज़ोर से लगाम खींचकर घोड़े को रोक लिया। उसे अत्यन्त आश्चर्य हो रहा था। वैसे इसमें आश्चर्य की कोई बात तो नहीं थी, क्योंकि कुछ ही दिन पूर्व डॉम-गार्शिया ने कहा था...।

हाँ, इसमें सन्देह नहीं था कि यह वही युवक था जो उस शाम डॉम-गार्शिया का अतिथि था और विजयनगर के राय जी के विरुद्ध बढ़-बढ़कर बातें बना रहा था। इस समय उसकी दोनों कलाइयाँ सुदृढ़ शृंखलाओं से बँधी हुई थीं, जिनका अगला सिरा आगेवाले दो घुड़सवारों में से एक की काठी से बँधा हुआ था। उसकी पगड़ी सिर से गिरकर उसको गर्दन में झूल रही थी और वह घिसटता हुआ सवारों के पीछे-पीछे चला जा रहा था। दो राजकीय घुड़सवार उसके पीछे भी थे। लगता था कि प्रात:काल ही सरकारी कर्मचारियों ने छापा मारकर उसे उसके भवन में ही जा पकड़ा था।

सम्भवत: वह युवक उसे न पहचानता हो, परन्तु बृज को उसकी आकृति अच्छी तरह स्मरण थी। परन्तु इस समय उसका उस युवक से बात करना स्वयं उसके अपने

जीवन को संकट में डाल सकता था। और फिर उससे बात करने का लाभ भी क्या था? वह उसकी कुछ भी सहायता नहीं कर सकता था। उसका मन बोझिल हो रहा था। डॉम-गार्शिया के कहने पर भी उसे इस बात की आशा नहीं थी कि वह युवक इतनी जल्दी राजकीय फन्दे में फँस जायेगा! उसे वह युवक पसन्द था, उसकी बातें पसन्द थीं, क्योंकि उसने जो कुछ भी कहा था वह ठीक था।

वह उस समय तक रुका रहा जब तक कि क़ैदी और सवार उसकी दृष्टि से ओझल नहीं हो गये।

नगर धीरे-धीरे जाग रहा है—बृज नगर को जाते हुए अनुभव कर रहा था। द्रोण जी की बातों से लगता था जैसे मनुष्य अपने-आप में एक नगर हो। उस समय उसे लग रहा था जैसे विजयनगर अपने-आप में एक व्यक्ति हो, एक मनुष्य हो। जीता-जागता, हँसता-बोलता, गाता-नाचता, रोता-बिसूरता—कभी प्रसन्न, कभी उदास, किसी ओर से निराश किसी ओर से सन्तुष्ट—इस तरह का व्यक्ति था यह विजयनगर। इसमें यह एक युवक भी था। बातें तो ज़ोरदार करता था, देखने में मन को भला भी लगता था, परन्तु उसने इतनी बातें क्यों कीं? क्या वह इस दुनिया को अच्छी तरह समझ चुका था? यदि समझ भी चुका था तो क्या उसे विश्वास था कि इस राजनैतिक ढाँचे में कोई परिवर्तन लाया जा सकता है? यदि परिवर्तन लाया भी जा सकता है, तो क्या उसका यह ढंग था?—या तो डॉम-गार्शिया का कहना ठीक था कि उस युवक के भेजे में किसी प्रकार का कीड़ा घुसा हुआ है...या उसने सचमुच ही किसी प्रकार के सत्य की झलक देखी, और निडरता से अपने विचार प्रकट कर दिये; वह सत्य को जिस रूप में देखता था, उसे उसी रूप में प्रस्तुत कर देना चाहता था—चाहे इसमें उसका जीवन ही क्यों न चला जाये।

जो कुछ वह युवक कहता था, उसके महत्त्व से इन्कार नहीं किया जा सकता था, क्योंकि बृज समझता था कि जब जीवन रूपी खेल खेलना ही पड़े तो उसके कुछ नियम भी होने चाहिए। नियम भी ऐसे कि जिनसे अधिक-से-अधिक लोग सन्तुष्ट हो सकें—परन्तु, वह तो इससे बढ़कर ही कुछ जानना चाहता था। वह सोचने लगा कि वह नीचे से ऊपर को जा रहा है या ऊपर से नीचे आने की चेष्टा कर रहा है? क्या उसने मूल समस्या को समझने का बीड़ा उठाया था, या जिस ज्ञान को वह प्राप्त करना चाहता था वह केवल व्यर्थ का काम था। यदि जो समस्याएँ उसे उद्वेलित कर रही हैं वे व्यर्थ हैं तो फिर मनुष्य की बुद्धि में इस प्रकार के उच्च विचार या व्यर्थ विचार आते ही क्यों हैं? क्या आखेटक का कथन ठीक है कि हम अपनी बुद्धि का आवश्यकता से अधिक प्रयोग करते हैं? या, डॉम-गार्शिया का विचार ठीक है कि जब तक मनुष्य 'पाप' को वास्तविक रूप में स्वीकार नहीं कर लेता तब तक हर सामाजिक ढाँचा अधूरा रहेगा और मनुष्य-जाति दुःख भोगती ही रहेगी।

एकाएक बृज के मन में एक छोटा-सा प्रश्न बड़े धमाके से फट पड़ा—वह स्वयं क्या है?

इतने में एक सूखा पत्ता धरती की धूल के साथ-साथ, हवा के तेज़ झोंके से उड़ता हुआ, चक्कर खाता, डगमगाता दूर तक चल गया...यहाँ तक कि झाड़ियों में लुप्त हो गया।—बृज उसे देखता रहा। उसने सोचा कि बृज भी तो ऐसा ही पीला-सा पत्ता है, जो धूल में हवा के झोंके से उड़ा जा रहा है। वह पत्ता तो किसी शाखा से टूटा था, शाखा किसी वृक्ष की थी, वृक्ष की जड़ें धरती के भीतर फैली हुई थीं—परन्तु वह स्वयं किससे टूटा है, किस वृक्ष की वह शाखा है, किस धरती में उस वृक्ष की जड़ें फैली हुई हैं?

इस प्रश्न के उत्तर के सम्बन्ध में द्रोण जी का कहना यह था कि वह एक व्यक्ति को ठीक ढंग से सोचने और समझने की शिक्षा तो दे सकते हैं, परन्तु इन सब प्रश्नों के उत्तर स्वयं उसे ढूँढ़ने होंगे।

बृज को यह बात तर्कसंगत ज्ञात हुई, इसीलिए तो वह उनकी ओर झुक गया उनमें गुण यह था कि वे अपना गढ़ा-गढ़ाया दर्शन दूसरों के सर पर नहीं लादते थे, वे कहते थे कि उनका दर्शन सब का दर्शन नहीं हो सकता। यदि सब का दर्शन एक न हो तो क्या सब लोग मिल-जुलकर रह सकते हैं? उनका कहना था कि मिल-जुलकर रहने के लिए कुछ नियमों की आवश्यकता है। उनमें से एक यह नियम भी हो सकता है कि कोई व्यक्ति, या जाति दूसरों के दर्शन का निरादर न करे। इस तरह के नियम बनाये जा सकते हैं, आवश्यकता पड़ने पर बदले भी जा सकते हैं, किन्तु सबसे आवश्यक बात यह है कि नियम बनानेवाले किसी एक दृष्टिकोण के बन्दी न हों। और वे इस योग्य भी हों कि उनकी दृष्टि अधिक-से-अधिक दूर तक फैल सके। यह योग्यता हर किसी को प्राप्त नहीं हो सकती, और जिन्हें प्राप्त होती भी है, उन्हें भी एक तरह से घोर तपस्या और परिश्रम करना पड़ता है...।

अब बृज ऐसे ऊँचे स्थान पर पहुँच चुका था। जहाँ से नगर के भवन भली-भाँति देखे जा सकते थे। यह तो असम्भव था कि कोसों तक फैले हुए इस नगर को एक ही स्थान से देखा जा सके, परन्तु जहाँ बृज था वहाँ से नगर का अधिक-से-अधिक भाग दिखायी दे रहा था। वह रुक गया।

भवन छोटी-बड़ी चट्टानों की तरह दूर तक फैले हुए थे। कहीं-कहीं वे बिलकुल तिल-तन्दुल हो रहे थे, कहीं एक-दूसरे से कुछ दूरी पर थे और कहीं-कहीं इन भवनों के बीच में ही वृक्षों के झुरमुट और हरियाली दिखायी दे रही थी। मन्दिरों से घाटियों का संगीत हवा की लहरों पर तैरता हुआ उसके कानों तक पहुँच रहा था। यहाँ से उसे मुसलमानों की मस्जिद और ईसाइयों का गिरजाघर भी दिखायी दे रहा था। उसे किसी के मुख से पता चला था कि ये दोनों भवन महाराज ने अपने व्यय से बनवाये थे।

अब उसे उन लड़कों की बाँसुरियों की ध्वनि सुनायी देने लगी जो या तो गधों पर सवार थे या ऊँटों पर। इन पशुओं की पीठ पर नाना प्रकार की हरी तरकारियाँ लदी हुई थीं, जो इस समय नगर की मण्डी को ले जायी जा रही थीं। जो सार्थवाह, प्रात:काल नगर से चल चुके थे, दूर निर्जन में उनकी उड़ायी हुई धूल आकाश की ओर उठ रही थी। बृज अपने विचारों के संसार में से निकल आया तो उसे भाँति-भाँति के पक्षियों का संगीत सुनायी देने लगा। उसका जी चाहा कि वह केवल एक पीला पत्ता होता, जिसे गिर जाने पर हवा उड़ाकर कहीं-का-कहीं ले जाती...परन्तु ये विचार भी कैसे बेतुके, कैसे खोखले और निष्फल थे...।

वह घोड़े की लगाम खींचकर एक बार फिर अपने गन्तव्य की ओर बढ़ने की सोच ही रहा था कि उसे नगर की ओर से कुछ घुड़सवार आते दिखायी दिये। घुड़सवारों की टोली सामान्य लोगों से भिन्न-सी दिखायी दे रही थी। जब वे पर्याप्त आगे बढ़ आये तो बृज को उनमें जानी-पहचानी आकृतियाँ दिखायी दीं। ये वही लोग थे जिनके दल में बैठकर वह द्रोण जी से शिक्षा प्राप्त करता रहा था। उनमें से किसी से भी उसकी बोलचाल नहीं थी, परन्तु निकट पहुँचने पर उनमें से कुछ लोग उसकी ओर देखकर मुस्करा दिये—जिसका अर्थ यह था कि वे भी उसे पहचान गये थे।

उस छोटे से दल को देखकर बृज के मन में अत्यन्त विचित्र-सी अनुभूति हुई, जिसे वह समझ नहीं पाया। इस विचित्र अपरिचित संसार में, जहाँ मनुष्य को कुछ समय के लिए ऐसे रुकना होता है, जैसे किसी धर्मशाला में, तो जानी-पहचानी आकृतियों को देखकर मन को विचित्र-सी पुलक की अनुभूति होती है—अपनापन ऐसा कि जिससे मन का सूनापन दूर होता अनुभव होता है। इस अपनेपन का सम्भवत: अधिक बड़ा कारण यह भावना थी कि वे सब एक ही ढंग से सोच रहे थे, एक ही गन्तव्य की ओर बढ़ रहे थे, एक ही स्थान पर एक ही गुरु से शिक्षा प्राप्त कर रहे थे। लेकिन ऐसा अपनापन तो तस्करों के दल को भी अनुभव होता है—मन-ही-मन यह सोचा तो उसके होंठों पर मुस्कराहट फैल गयी। उसे मुस्कराते देखकर उस दल के जो व्यक्ति पहले से मुस्करा रहे थे, वे हँस दिये। उनमें से एक ने पूछा, "आप यहाँ अकेले खड़े हैं?"

"जी,—मैं आपको देखकर रुक गया।"

अपने मुँह से ऐसा झूठ और वह भी इतने शीघ्र निकलते देखकर बृज को अत्यन्त आश्चर्य हुआ।

उन्हीं में से एक अन्य ने पूछा, "आप भी द्रोण जी के यहाँ जा रहे हैं क्या?"

"जी।"

"तो आइये, चलिये।"

बृज उस दल में जा मिला। वह मन में सोचने लगा कि क्या ये सब लोग उसी की तरह झूठ बोलने और बहाने बनाने में कुशल हैं? फिर उसने सोचा कि अपने-

आप पर व्यर्थ दोष धरने का स्वभाव भी बुरा होता है। अपने-आपको हर समय बुरा समझनेवाला और हर समय अपनी आलोचना करनेवाला व्यक्ति कभी अच्छा बन ही नहीं सकता—फिर भी वह अपनी आलोचना किये बिना न रह सका। अपने मन से कहने लगा कि तुम्हारी बातों का अर्थ तो यह निकला कि जिस मनुष्य को कभी अपने-आप पर सन्देह न हो, जिसे अपनी आलोचना करने की आवश्यकता अनुभव न हो और जिसे अपनी बुद्धि और सोचने के ढंग में कोई कमी अनुभव न हो—वही अत्यन्त शीघ्र अच्छा मनुष्य बन सकता है।''

वह अपने-आप से झुँझला गया। और फिर दूसरे लोगों से मुस्करा-मुस्कराकर बातें करने लगा। ये बातें नितान्त सीधी-सादी थीं। कोई अपने घोड़ों के विषय में बता रहा था, किसी के पुत्र के विवाह की बात चल रही थी, कोई आनेवाले त्योहार महानवमी की चर्चा कर रहा था। एक सज्जन को यही चिन्ता खाये जा रही थी कि उनका व्यवसाय इतना बढ़ गया है कि वे उसे सँभाल नहीं पा रहे हैं—बृज को इस सारी बातचीत, उलझनों और समस्याओं में द्रोण जी की शिक्षा का कहीं कोई प्रभाव दिखायी नहीं देता था।

इस तरह हँसते-बोलते जब वे द्रोण जी के निवास-स्थान पर पहुँचे तो पता चला कि द्रोण जी को राजमहल से बुलावा आया था, इसलिए उन्हें अचानक ही चले जाना पड़ा। वे कब तक लौटेंगे?—किसी को ज्ञात नहीं था।

अब वह दल छोटी-छोटी टोलियों में बँट गया और ये छोटी-छोटी टोलियाँ द्रोण जी के निवास-स्थान के चारों ओर फैले हुए उद्यान में बिखर गयीं। बृज को किसी भी टोली के साथ जाने का उत्साह नहीं हुआ। सम्भवतः उसे कोई हाथ पकड़कर अपने साथ ले जाता, तो वह अत्यन्त प्रसन्नता से चला जाता, परन्तु किसी ने उसे अपने साथ चलने को कहा भी तो नहीं।

अकेले रह जाने पर बृज टहलता हुआ सरोवर के किनारे जा खड़ा हुआ। सरोवर के भीतर की ओर हरी-हरी काई जमी हुई थी, सम्भवतः उसी के कारण सरोवर का जल भी हरा दिखायी दे रहा था। कुछ काई पानी में भी तैर रही थी। तनिक ध्यान से देखने पर उसे कुछ रंग-बिरंगी मछलियाँ दिखायी दीं, जो सरोवर की तरंगों के साथ-साथ घूम-फिर रही थीं—कभी-कभी कोई मछली भूली-भटकी-सी, सतह के कुछ नीचे तक पहुँचती और फिर मानो चौंककर एकदम पूँछ हिलाती बहाव की ओर तैर जाती।

बृज ने दोनों हाथों से सिर खुजाने के लिए उँगलियाँ खोलीं तो उसे पीछे से एक पतली-सी आवाज़ सुनायी दी, ''आप बृज हैं?''

''जी हाँ।''

यह कहते-कहते पीछे की ओर घूम गया और उसने अपनी खुली हुई उँगलियाँ ढीली छोड़ दीं।

उसके आगे एक स्त्री खड़ी थी, जिसकी आयु पैंतीस और चालीस वर्ष के बीच में रही होगी। नख-शिख अच्छा था, परन्तु रंग गहरा गेहुँआ था। नितम्ब पर्याप्त भारी थे और हँसता हुआ चेहरा था। बृज ने उसकी ओर ऐसे देखा जैसे उसकी आँखें कह रही हों : क्षमा कीजिये, मैंने आपको पहचाना नहीं।

उस स्त्री ने जैसे अनकही बात सुन ली। वह बोली, ''मेरा नाम सुलोचना है।''

वैसे तो बृज के लिए यह प्रसन्नता की बात थी कि उसे भी गप-शप करने के लिए कोई तो मिला, परन्तु यह भेंट इतनी अप्रत्याशित हुई कि बृज सँभल नहीं पाया। जल्दी में यह भी नहीं सूझ रहा था कि एक अपरिचित स्त्री से कैसे बातचीत की जाये—फिर उसने सोचा कि मुझे चिन्तित होने की क्या आवश्यकता है, जिसने पहल की है वह स्वयं ही कुछ कहेगी।

स्त्री हँसकर बोली, ''द्रोण जी ने बताया था कि आपकी कितनी आयु होगी, कितना क़द होगा, कैसी आँखे होंगी, कैसे बाल होंगे, कैसे होंठ होंगे...।''

बृज के कपोलों पर हलकी-सी लाली आ गयी। वह सोचने लगा कि इस स्त्री ने तो कविता सुनानी आरम्भ कर दी है। आख़िर वह काम की बात क्यों नहीं कह डालती? और फिर उसकी हँसी भी विचित्र-सी थी...जिसका कुछ अर्थ भी तो नहीं निकाला जा सकता था। परन्तु उसने इतना विश्वास कर लेने में कोई हानि नहीं समझी कि वह स्त्री कम-से-कम उससे प्रेम नहीं जतलाने लगेगी।

वह स्त्री अपनी कविता समाप्त कर चुकी तो उसने हाथ की एक विशेष मुद्रा बनाते हुए संकेत से कहा, ''आप मेरे साथ चले आइये।''

बृज ने घबराकर चारों ओर ऐसे देखा जैसे वह स्वयं एक असहाय स्त्री हो, जिसे कोई आततायी उड़ाये लिये जा रहा हो।

सुलोचना इतनी तेजी से चल रही थी जैसे लट्टू घूम रहा हो। वह सीधे द्रोण जी के भवन की ओर बढ़ी। जब बृज ने अलिन्द में पाँव रखा, तो उसने घूमकर दृष्टि दौड़ायी कि कोई उसे विचित्र दृष्टि से देख तो नहीं रहा। उसने पूछा, ''द्रोण जी आ गये क्या?''

उसे अपना स्वर भी विचित्र-सा लगा। वह जानता था कि द्रोण जी अभी नहीं लौटे, क्योंकि वह भवन के निकट ही तो खड़ा था। यदि वह वहाँ खड़ा न भी होता तो द्रोण जी के आने पर एकदम शोर-सा मच जाता। वे उन व्यक्तियों में से नहीं थे, जिनके आने-जाने की किसी को सूचना तक नहीं होती।

सुलोचना आगे-आगे चल रही थी और वह उसके चिकने टखनों, सुडौल पिण्डलियों और विस्तृत नितम्बों के आकार को देख रहा था। सोने की करधनी सुलोचना के हर क़दम पर तनिक-सी उछल जाती। उसकी ओर देखे बिना सुलोचना ने एक ही शब्द में उसके प्रश्न का उत्तर दे दिया, ''नहीं।''

उस विशाल भवन में एक अलग-थलग प्रांगण था, जिसे बृज ने पहले कभी नहीं देखा था। प्रांगण क्या था, एक छोटी और सुन्दर-सी वाटिका थी। हरी-हरी घास पर रंग-बिरंगे पुष्पों की मुरझायी हुई पंखुड़ियाँ इधर-उधर बिखरी हुई थीं।

जिस गति से सुलोचना चली जा रही थी, उससे तो बृज ने यही अनुमान लगाया कि वह उस वाटिका को चीरती हुई आगे निकल जायेगी। परन्तु वह अचानक ही ऐसे स्थिर हो गयी कि बृज अपने क़दम रोकते-रोकते लड़खड़ा गया और सुलोचना पर गिरते-गिरते बचा।

स्त्री ने अपनी मोटी-मोटी सुरमई आँखों से उसकी ओर ऐसे देखा जैसे कह रही हो : विचित्र व्यक्ति है यह!

बृज ने बरबस मुस्कराकर कहा, "क्षमा कीजिये...।"

यह कहकर वह हाँफने लगा—तेज़ चलने के कारण नहीं—और सुलोचना बिलकुल नहीं हाँफ रही थी। उसने घास की ओर संकेत करते हुए पूछा, "क्या आप घास पर बैठना पसन्द करेंगे?"

उसके बोलने का ढंग ऐसा था कि बृज को लगा जैसे वह केवल इतनी-सी बात कहने के लिए ही उसे यहाँ तक लायी हो। उसने हकलाते हुए उत्तर दिया, "घास पर बैठने में हानि ही क्या?"

यह सुनकर सुलोचना अत्यन्त आश्वस्त भाव से घास पर पसर गयी। तनिक हटकर बृज भी बैठ गया।

"मुझे आपसे कुछ बातें करनी हैं।" सुलोचना ने अचानक ही कहना आरम्भ किया।

"बातें?"

"द्रोण जी ने कहा था कि बीच में आप तो आ नहीं सके...।"

बृज ने टोकने की चेष्टा करते हुए यह समझाना चाहा कि उसे पता ही नहीं चला कि द्रोण जी कब लौटे, परन्तु सुलोचना ने झट से हाथ ऊपर उठाकर उसे चुप रहने का संकेत करते हुए अपनी बात जारी रखी, "उन्होंने मुझसे कह दिया था कि इस बीच जो बातें उन्होंने बतायी हैं उनके सम्बन्ध में आपका शंका-समाधान कर दिया जाये।"

इस पर बृज ने दायें-बायें देखा, वहाँ कोई भी व्यक्ति दिखायी नहीं दिया तो उसने पूछा, "कौन सज्जन मेरी शंकाओं का समाधान करेंगे?"

"मैं!" सुलोचना ने पलक से कहा।

माना सुलोचना उससे लगभग पन्द्रह-सोलह वर्ष बड़ी थी, परन्तु बृज के लिए उसे गुरु रूप में देखना अत्यन्त कठिन लग रहा था। पहले तो वह चंचल-सी दिखी थी, परन्तु अब एकाएक ही गम्भीर हो गयी।...इतनी गम्भीर कि बृज को विश्वास हो

गया कि वह उसे शिक्षा दिये बिना नहीं रहेगी और वह स्वयं शिक्षा ग्रहण किये बिना सुलोचना के चंगुल से निकल भी नहीं पायेगा। ज्ञात होता था कि द्रोण जी ने सुलोचना को यह बात अच्छी तरह समझा दी थी कि बृज को शिक्षा दिये बिना कदापि न छोड़ना। बृज अपने भाग्य को कोसकर कुछ क्षण मौन बैठा रह गया। लेकिन जब उसने सुलोचना से द्रोण जी के दार्शनिक सिद्धान्तों के विषय में विचार-विमर्श आरम्भ किया तो उसे लगा कि सुलोचना अत्यन्त विदुषी है और अनुभव में ही नहीं ज्ञान में भी उससे बहुत आगे है।

वे दोनों परस्पर विचार-विमर्श तथा शंका-समाधान में ऐसे तल्लीन थे कि आसपास के वातावरण का अस्तित्व लुप्त-सा हो गया था। लेकिन एकाएक बाहर ऐसा कोलाहल मचा कि उनकी तल्लीनता भंग हो गयी। सुलोचना उठते हुए बोली, "द्रोण जी आ गये।"

बृज भी खड़ा होकर अपने वस्त्रों से घास के तिनके झाड़ने लगा।

वे बाहर के अलिन्द में निकल आये, तो बृज को सबसे पहले द्रोण जी का चमकता हुआ सिर दिखायी दिया। इस समय वह घोड़े से उतर रहे थे। दास ने आगे बढ़कर लगाम थाम ली। द्रोण जी ने इनकी ओर देखे बिना वहीं पर खड़े-खड़े अपने अँगोछे से सिर, गर्दन और मूँछों को पोंछा।

उनके आते ही उन्हें कुछ लोगों ने घेर लिया। जितने लोगों को बृज ने देखा था, उनमें से अधिकतर अपने घरों को लौट गये थे, क्योंकि उसे बहुत-सी आकृतियाँ दिखायी नहीं दे रही थीं! बृज के मन में आया कि वह भी आगे बढ़कर उन लोगों में सम्मिलित हो जाये, जिन्होंने द्रोण जी को घेर रखा था, परन्तु सुलोचना अपने स्थान से नहीं हिल रही थी, इसलिए बृज ने भी उसे वहाँ छोड़कर अकेले आगे बढ़ना उचित नहीं समझा।

द्रोण जी उन लोगों से कुछ बातें कर रहे थे, परन्तु समझ में नहीं आ रहा था कि क्या कह रहे हैं। कुछ देर के बाद वे लोग इधर-उधर बिखर गये और फिर द्रोण जी अलिन्द की ओर बढ़े। वे दो ही क़दम आगे आये होंगे कि बृज से उनकी आँखें मिलीं। सुलोचना अलिन्द से उतरकर आगे बढ़ी और उसने दोनों हाथ जोड़ दिये। बृज अलिन्द में ही खड़ा रहा, क्योंकि द्रोण जी वहीं तो आ रहे थे।

उसके निकट से गुज़रते समय द्रोण जी मूँछों के भीतर ही मुस्कराते हुए बोले, "कहो बृज!"

वे आगे बढ़ गये, बृज पीछे-पीछे चला, सुलोचना भी जल्दी-जल्दी उसके बग़ल-बग़ल क़दम बढ़ा रही थी। द्रोण जी ने फिर पूछा, "कहो बृज, सब ठीक है न?"

"जी!"

एकाएक वे रुके और उन दोनों की ओर देखते हुए बोले, "सुलोचना, तुमने बृज को कुछ बताया या नहीं?"

सुलोचना घबराये हुए स्वर में बोली, "जी बताया तो।"

"इसकी समझ में भी कुछ आया या नहीं?"

बृज ने शीघ्रता से कुछ कहना चाहा, परन्तु द्रोण जी हाथ उठाकर उसे रोकते हुए बोले, "मैं सुलोचना से पूछ रहा हूँ।"

सुलोचना के होंठ सूख रहे थे, उसने उन पर जीभ फेरते हुए उत्तर दिया, "ये कहते तो हैं कि इनकी समझ में सब-कुछ आ गया है।"

फिर द्रोण जी ने हाथ से संकेत किया तो सुलोचना वहाँ से चली गयी। द्रोण जी ने बृज से पूछा, "हाँ, अब तुम बताओ कि तुम्हारी गुरु जी कैसी रहीं आज?"

"जी, बहुत अच्छी।"

"मैं शिक्षा की बात नहीं कर रहा हूँ।"

यह सुनकर बृज चौंका और जब उसने द्रोण जी की ओर देखा तो वे चंचल बालक की भाँति मुस्कराने लगे। तब वे पलटकर घूमे और दूसरे कक्ष की ओर बढ़ गये। बृज उनके साथ-साथ ही रहा। चलते-चलते द्रोण जी बोले, "मुझे भूख लगी है।"

"तो आप भोजन कर लीजिये।"

"कभी-कभी इतनी तेज़ भूख लगने पर मैं सोचता हूँ कि मैं कितना भाग्यवान हूँ—अरे हाँ, तुम यहाँ किस समय पहुँचे?"

"मैं घर से प्रातःकाल ही चल पड़ा था।"

"जलपान किये बिना?"

"जी।"

"तो फिर यहाँ कुछ खाया-पीया?"

"लगता है कि सुलोचना जी को आपने यह नहीं कहा होगा कि अपने शिष्य को जलपान भी करा देना।"

"नहीं...परन्तु उसे अपने-आप इस बात का ध्यान रखना चाहिए था। तब तो तुम उसकी बातें क्या समझे होगे।"

एक बार फिर बृज को बोलने से रोकते हुए उन्होंने कहा, "अब तुम भोजन मेरे साथ ही करना।"

"कंचन जी कहीं बुरा न मान जायें।"

"इसलिए कि इस तरह उसका भोजन बच जायेगा।"

"उन्होंने कहा था कि दिन के भोजन के समय तक घर लौट आना।"

"ओह, कितना ध्यान रखती हैं तुम्हारा!"

"जी।"

"कहाँ मेरे जैसा लम्बी मूँछोंवाला बूढ़ा और कहाँ कंचन जैसी सुन्दरी!"

बृज अब द्रोण जी के रंग-ढंग अच्छी तरह समझने लगा था। जब वे तरंग में आते तो छोकरों की भाँति ऐसी बातें करने लगते जिन्हें सुनकर हँसी आती थी। उन्होंने बृज की पीठ पर थपकी देते हुए कहा, "तुम चिन्ता न करो, कंचन का उत्तरदायित्व मैं लेता हूँ। आज तुम यहीं टिके रहो।"

प्रात: जब मैं यहाँ पहुँचा तो मार्ग में और भी कई लोग मिल गये, मैं भी उन्हीं के साथ-साथ चला आया। अब तो उनमें से बहुत-से लोग वापस लौट गये हैं...।"

"जो बचे थे मैंने उनसे भी कह दिया है कि आज कोई बातचीत नहीं हो सकेगी—अब हम दोनों भोजन करेंगे और फिर बैठकर गप्पें लड़ायेंगे। स्मरण रखो कि कोई गम्भीर बात नहीं होगी। जो कोई भी गम्भीर बात करेगा, उसकी जीभ खींच ली जायेगी। समझे?"

बृज हँसा।

द्रोण जी फिर उसी तरह चंचल बालक की भाँति मुस्कराते हुए बोले, "हँसे क्यों?"

"आज सुलोचना जी भी मुझसे बार-बार यही पूछती थीं, 'समझे?'...इसीलिए मुझे हँसी आ गयी।"

"सचमुच तुम भी कितनी दुविधा में फँसे हुए हो, जो आता है सो तुमको समझाने लगता है।"

द्रोण जी ने अपनी बात पर स्वयं ज़ोर का क़हक़हा लगाया। फिर बोले, "अच्छा तुम यहीं-कहीं बैठो, मैं वस्त्र बदलकर और रसोई-घर में भोजन की सुगन्ध लेकर अभी वापस आता हूँ। तुम मेरे विषय में क्या सोचते होगे। मैं कुछ पेटू-सा व्यक्ति हूँ। भोजन करने से पहले कुछ समय तक तो मैं रसोई-घर में घूम-फिरकर भिन्न-भिन्न व्यंजनों की सुगन्ध लेता रहता हूँ।"

"यह तो आपके सौभाग्य की बात है।"

द्रोण जी क़हक़हा लगाते हुए वहाँ से चले गये।

उनके जाने के बाद बृज का मन उदास हो गया। न जाने यह उदासी मन के किस अँधेरे कोने से उठी और उसकी सारी चेतना में फैल गयी, जैसे घने बादल पहाड़ों की चोटियों को निगल जाते हैं। अब तक वह ऐसा अनुभव करता रहा था—जैसे वह एकदम ठीक मार्ग पर चल निकला हो। अब भी उसे इसमें कोई सन्देह तो नहीं हुआ था, परन्तु मन की शान्ति भंग होने लगी थी। उसका मन उदास-सा रहने लगा था। और सबसे विचित्र बात यह थी कि वह उस अथाह उदासी से कोई भी परेशानी अनुभव नहीं करता था। बल्कि उसे एक प्रकार का आनन्द अनुभव होने लगा

था। जब कभी वह चैतन्य होकर इसके विषय में सोचता तो उसे अनुभव होता कि यह कोई अच्छी बात नहीं है। उदासी की धुन्ध में आँखें मूँदे रहना स्वस्थ होने का चिह्न नहीं है।

क्या उसके मन की गहराई के किसी क्षेत्र में कोई नया युद्ध छिड़ चुका था!

बृज ने द्रोण जी के साथ भोजन किया, सूर्यास्त से कुछ पूर्व तक उनके पास बैठा हलकी-फुलकी गप्पें हाँकता और सुनता रहा, परन्तु फिर भी मन पर उदासी के बादल ज्यों-के-त्यों छाये रहे।

३

विदा होने से पूर्व सूर्य लाल-लाल आँखों से धरती की ओर देख रहा था, जैसे कह रहा हो कि आख़िर यह कैसी विडम्बना है कि मुझे प्रतिदिन अँधेरे के कुएँ में डूबना पड़ता है।

बृज घोड़े पर सवार नगर की ओर चला आ रहा था। उसका मन किसी अज्ञात कारण से व्याकुल था और सम्भवत: उसी व्याकुलता से घोड़ा वायु-वेग से अपने गन्तव्य की ओर बढ़ रहा था। सूर्य ने आकाश के बादलों में आग लगा रखी थी और उनकी सुनहली जगमगाहट में घोड़े की टापों से उड़ती हुई धूल भी हलके सुनहले रंग की हो रही थी। मार्ग के किनारे-किनारे झाड़ियाँ, वृक्ष और चट्टानें पीछे की ओर उड़ी जा रही थीं। परन्तु विचारों का जो चक्र बृज के मस्तिष्क में चल रहा था, उसकी गति और भी तीव्र थी। सबसे चिन्ता की बात तो यह थी कि वे विचार मुख छिपाये चोरों के प्रतिबिम्ब की भाँति उसकी चेतना से दूर-दूर दुबकते फिरते थे। ये चोर अपने घर में होते हुए भी पकड़े नहीं जा सकते थे।

इतनी तीव्र गति से चलते समय बृज को पता ही नहीं चला कि वह कब नगर के निकट पहुँचा, कब किस भवन के पास से गुज़र गया, कब कृषकों के बालक हँसते-कोलाहल करते कुछ दूर तक उसका पीछा करते रहे। परन्तु जब नगर की गहमागहमी बढ़ गयी तो घोड़ा अपने-आप ही धीमा पड़ गया। अँधेरा छा चुका था...अनायास ही बृज को यह अनुभव करके आश्चर्य हुआ कि दिन समाप्त हो चुका है और रात के अँधेरे ने धरती को अपनी लपेट में ले लिया है।

स्थान-स्थान पर शलाका-दीप जल रहे थे। घरों के सामने वेदियों पर लोग बैठे गप-शप कर रहे थे। कक्षों के खुले द्वारों में से दीपक जलते दिखायी दे रहे थे। स्त्रियों की टोलियाँ पायल छनछनाती और क़हक़हे लगाती आ-जा रही थीं। धीरे-धीरे बढ़ता हुआ वह एक बाज़ार में पहुँचा। यह आढ़त-बाज़ार था, जहाँ हर प्रकार का अनाज—गेहूँ, चावल, ज्वार, बाजरा आदि मिलता था। इस बाज़ार में भी नगर के कुछ अत्यन्त धनवान व्यापारी अपना व्यवसाय चलाते थे।

बृज चौराहे पर रुक गया। वह सोच रहा था कि घर लौट जाये; या कहीं घूमने को निकल जाये। उसकी भ्रमण करने की इच्छा नहीं थी, केवल कहीं अलग जाकर बैठने की इच्छा थी—घर में तो अत्यन्त कार्य-व्यस्तता और कोलाहल होगा। फिर भी वह कुछ निश्चय नहीं कर पा रहा था। बाज़ार की मक्खियाँ घोड़े को तंग कर रही थीं और वह उन्हें उड़ाने के लिए बार-बार पूँछ हिला रहा था। बृज ऐसे चुपचाप खड़ा था जैसे उसे आकाशवाणी होनेवाली हो कि वह घर को जाये या कहीं और निकल पड़े।

उसके बायें हाथ को वही वेदी थी, जहाँ एक बार सुप्रिया की सखी मिली थी। उस चंचल लड़की ने अपनी जीभ की कैंची चलाकर उसे किस तरह परेशान किया था।...स्वयं बृज को ज्ञात नहीं था कि वह घटना स्मरण आ जाने से उसके होंठों पर मुस्कराहट खेलने लगी थी।

इस समय वेदी पर अपनी पीठवाला अनाज का बोरा टिकाये एक श्रमिक सुस्ता रहा था। उसने केवल लँगोटी पहन रखी थी, जो इतनी गन्दी थी कि उसके मटमैले शरीर के साथ घुल-मिल गयी थी। उसकी पसलियाँ भूखे कुत्ते की तरह बाहर को निकली हुई थीं। वैसे देखने में भी वह दो टाँग का खुजली मारा कुत्ता-सा दिखता था। सम्भवत: पाँव को काँटों और कंकड़ों से बचाने के लिए ही उसने उन पर टाट के टुकड़े लपेट रखे थे। पसीने से गीले शरीर पर धूल के कारण लगता था जैसे पिसे हुए कोयले मल रखे हों! उसके चेहरे पर कई बल थे; जिन्हें झुर्रियाँ तो नहीं कह सकते, परन्तु लगता था जैसे जीवन का प्रत्येक दु:ख उसके चेहरे पर एक स्थायी रेखा छोड़ गया हो, या पहली रेखा को और भी गहरा कर गया हो। सिर के बाल उलझे हुए और मटमैले-से थे। उसकी आँखें भी विचित्र थीं, जैसे सरोवर का गँदला पानी। उसकी आँखों में झाँककर कोई यह नहीं कह सकता था कि इस संसार में पुष्प भी खिलते हैं, घटाएँ भी झूमकर उठती हैं, पपीहा 'पीउ-पीउ' का रोर भी मचाता है—या उन आँखों ने संसार का एक बहुत बड़ा और सुन्दर नगर भी देखा है, जिसका नाम विजयनगर है।

बृज उसकी ओर अन्यमनस्क भाव से देखे जा रहा था। उसे विचार आया कि मनुष्य की आकृति के इस पशु से डॉम-गार्शिया या द्रोण जी तक दीर्घ अन्तर है। उसने एक कौवे और दूसरे कौवे में या एक घोड़े और दूसरे घोड़े में या एक पुष्प और दूसरे पुष्प में इतना अन्तर कभी नहीं देखा था, जितना कि आज एक मनुष्य और दूसरे मनुष्य में देख रहा था।

वह श्रमिक सुस्ता चुका तो फिर उस भारी-भरकम बोरे को पीठ पर उठाकर चलने की ठानी। उसने पीठ बोरे के साथ जमाकर अपने दोनों हाथों से उसके निचले दो कोनों को दृढ़ता से पकड़ा और फिर उसे उठाने की चेष्टा करने लगा। उसके शरीर की एक-एक पेशी तन गयी, चेहरे की एक-एक शिरा ऐसे उभर आयी जैसे अभी

फट पड़ेगी। शरीर के रोम-रोम से पसीना फूट पड़ा। नेत्र लाल हो गये...फिर भी वह बोरा उठाकर चल नहीं सका। कुछ देर तक वह बोरे से जूझता रहा, फिर भी बोरा नहीं उठा पाया तो बैठकर हाँफने लगा। आख़िर वह उस वेदी तक इतना बोझ उठाकर लाया तो था। अब सम्भवत: अधिक थकान के कारण वह उसे नहीं उठा पा रहा था। कुछ देर साँस लेने के बाद उसने फिर बोरे से जूझना आरम्भ कर दिया। उसकी एड़ियाँ धरती में गड़ गयीं, टाँगे काँपने लगीं, खीसें निकलीं तो दाँत दिखायी देने लगे, उसकी भद्दी आकृति और भी बिगड़ गयी...परन्तु बोरा केवल दायें-बायें हिल-डुलकर रह गया।

अब उसने चारों ओर देखना आरम्भ किया कि सम्भवत: उसे कोई सहारा दे। बाज़ार में बहुत-से लोग अपनी-अपनी धुन में घूम-फिर रहे थे, परन्तु उनमें से उसे कोई श्रमिक दिखायी नहीं दिया कि जिससे वह सहारा देने के लिए कह सकता। बृज उसके निकट ही गली के पार खड़ा था, परन्तु उसकी ओर तो मानो उसने देखा ही नहीं। बृज को यह कौतुक अत्यन्त विचित्र-सा लगा। भरे बाज़ार में एक मनुष्य किस तरह अकेला खड़ा था। उसकी आकृति से लग रहा था कि बोरे को उसके गन्तव्य तक पहुँचाने की अपेक्षा स्वयं उसके लिए ईश्वर तक पहुँचना सरल था। बृज को उस पर दया नहीं आयी, परन्तु उसने अपने मन में सोचा कि एक मनुष्य के साथ इससे बड़ी विडम्बना और क्या हो सकती है कि...।

वह घोड़े से उतरा, उसने लगाम घोड़े की पीठ पर फेंक दी और श्रमिक के पास जाकर उसको सहारा देने के लिए बोरे की ओर हाथ बढ़ाये। श्रमिक ने उसकी ओर ऐसे देखा जैसे उसे अपनी आँखों पर विश्वास न हो रहा हो, और जब उसे विश्वास हो गया तो लगा कि वह बृज का सहारा नहीं चाहता, परन्तु बृज ने दृढ़ स्वर में कहा, "चलो उठाओ इसे।"

बृज के सहारा देने पर श्रमिक ने बड़ी सरलता से बोरा पीठ पर उठा लिया। एक बार बोरे-सहित उसकी टाँगें सीधी हो गयीं तो फिर वह धरती पर जमा-जमा कर पाँव रखता हुआ आगे बढ़ने लगा। पीछे से देखने पर बृज को ऐसा प्रतीत हुआ जैसे बोरे के दो टाँगें निकल आयी हों। वह टाँगोंवाले बोरे को चलते हुए देखता रहा, यहाँ तक कि वह गली के अँधेरे में लुप्त हो गया।

बृज के मन का धुआँ और बढ़ गया। घोड़े के निकट पहुँचकर उसने लगाम पर हाथ डाला तो एक और घोड़े के हलके से हिनहिनाने का स्वर आया, जो बिलकुल उसके ऊपर ही आ चढ़ा था। घोड़े का रंग काला था और उस पर कालाफ़ाम बैठा था। दोनों की आँखें मिलीं तो कालाफ़ाम के दाँत अँधेरे में चमक उठे, "आप यहाँ क्या कर रहे हैं?"

कालाफ़ाम कभी-कभी ऐसे कुछ पूछ बैठता, जैसे वह बृज के बराबर का ही हो। सदा की भाँति बृज ने भी बुरा नहीं माना और मुस्कराकर उत्तर दिया, "मैं द्रोण

जी से मिलकर लौट रहा था कि यहाँ थोड़ी देर को रुक गया—और तुम यहाँ क्या कर रहे हो?''

''मुझे जहाँ मेरी स्वामिनी कहती हैं, वहाँ जाना पड़ता है।''

बृज ने इधर-उधर दृष्टि दौड़ाते हुए पूछा, ''क्या कंचन जी पास ही हैं कहीं?''

''बहुत पास तो नहीं हैं...वे मण्डी के मैदान में हैं...।''

''तो तुम उन्हें छोड़कर...।''

''उन्हें छोड़कर नहीं, आपको देखकर इधर चला आया।''

''कंचन जी ने भेजा होगा।''

''भेजा उन्होंने था, परन्तु आपको देखा मैंने था।''

कालाफ़ाम की आँखों में चंचलता की चमक देखकर बृज ने जान-बूझकर पूछा, ''तो तुम्हीं ने बताया कि मैं यहाँ खड़ा हूँ।''

''जी हाँ...जब भी मैं आपको कहीं देख लेता हूँ तो अविलम्ब उन्हें सूचित कर देता हूँ, क्यों इस तरह...।''

यहाँ पर कालाफ़ाम रुक गया। बृज ने पूछा, ''इस तरह क्या?''

''इस तरह उनके चेहरे पर कान्ति आ जाती है, पुलक की चमक उत्पन्न हो जाती है।''

यह वाक्य समाप्त होते ही कालाफ़ाम ने फिर जल्दी से कहा, ''आइये मैं आपको उनके पास ले चलूँ।''

इतने में बृज भी घोड़े पर सवार हो गया, और फिर दोनों के घोड़े बाज़ार पार करने लगे।

अनाज की मण्डी में कुछ अनाश्रित कुत्ते नालियाँ सूँघते फिर रहे थे। टापों की आवाज़ सुनकर उनके कान खड़े हो गये और उन घुड़सवारों की ओर देखने लगे।

इस छोटे से मैदान के बीचोबीच कंचन की बहली खड़ी थी। घुड़सवारों को आते देखकर कंचन ने आवरण-पट उठा दिया। बृज से आँखें मिलीं तो वह मुस्कराते हुए बोली, ''यह है तुम्हारा लौटने का समय?''

अब बृज के मस्तिष्क से यह बात तो उतर ही चुकी थी कि उसे आज दोपहर के भोजन के समय पर कंचन के पास पहुँचना था। एकाएक बात स्मरण आयी तो उसके चेहरे पर गुलाबी रंग फैल गया। इस पर कंचन जल्दी से बोली, ''हाँ, अब कोई अच्छा-सा बहाना तो बताओ। यदि मुझे बहाना पसन्द आ गया तो उससे मेरे मन को कुछ तो शान्ति मिलेगी।''

बृज ने क़हक़हा लगाया और बोला, ''यदि मुझे बहाना बताना होता तो इतना सुन्दर बहाना बताता कि आपका मन प्रसन्न हो उठता—परन्तु ख़ेद तो इसी बात का है कि बहाना बनाने की कोई गुंजाइश ही नहीं है।''

"मैं समझ गयी। द्रोण जी ने रोक लिया होगा और कहा होगा कि कंचन की चिन्ता मत करो, उसका उत्तरदायित्व मैं लेता हूँ—ठीक है न?"

"बिलकुल ठीक...।"

"तो तुमने सोचा होगा कि इतना सुनकर मैं शान्त हो जाऊँगी?"

"नहीं।"

अब कंचन ने क़हक़हा लगाया, "बस यही तुमने बुद्धिमत्ता की बात सोची, जिसे सुनकर मुझे कुछ प्रसन्नता हुई, परन्तु इतनी नहीं कि मैं तुम्हें क्षमा कर दूँ।"

"मैं जानता हूँ, परन्तु आपको यह भी तो सोचना चाहिए कि द्रोण जी से मैं अस्वीकार कैसे करता? वे क्या सोचते?"

"यही सोचते कि कंचन का इतना आकर्षण है कि यह मेरे कहने पर भी नहीं रुका।"

"केवल इतनी-सी बात होती तो मैं अवश्य उनके रोकने पर भी चला आता।"

"छोकरे, यह क्या पहेली है?"

"यदि मैं उनके कहने पर भी न रुकता तो न जाने वे आपके विषय में क्या सोचने लगते!"

"क्या सोचने लगते?"

"यही कि बृज को इस बात का विश्वास है कि उनके कहने से भी आप मुझे क्षमा नहीं करेंगी। तभी तो बृज बरबस चला जा रहा है। मैं नहीं चाहता था कि आपके विषय में उनके विचार अच्छे न रहें। कितना भरोसा है उन्हें आप पर! जैसे आप उनकी पुत्री हों। उन्होंने मुझसे कितने विश्वास से कहा कि कंचन की चिन्ता मत करो...उसका उत्तरदायित्व मैं लेता हूँ।"

जब बृज ये शब्द कह रहा था, उस समय कंचन मुँह पर अपनी मेंहदी लगी उँगलियाँ रखे हँस रही थी। अब वह कहने लगी, "तुम दिन-पर-दिन नटखट होते जा रहे हो। तुम्हारे जैसे लड़कों को इस तरह उन्मुक्त और वह भी सारा-सारा दिन, नहीं घूमना चाहिए...मुझे तो लगता है कि अब भी तुम्हारा विचार घर जाने का नहीं था, क्योंकि द्रोण जी के निवास-स्थान से घर पहुँचने का यह मार्ग नहीं है।"

"आपका यह विचार ठीक है।"

"यदि मैं तुम्हारा पहला अपराध क्षमा कर भी दूँ तो इस दूसरे अपराध का दण्ड तो तुम्हें मिलना ही चाहिए।"

"दण्ड के विषय में तो सोचना आपका काम है, परन्तु मेर। मन चाहता है कि अब आपको भी शीघ्र घर न जाने दूँ।"

यह सुनकर कंचन ने हाथ के संकेत से बृज को और निकट आने को कहा। बृज घोड़े से उतरकर कंचन के पास पहुँचा तो वह फुसफुसाकर बोली, "विचार क्या है?"

"आप मिल गयी हैं तो मन चाहता है कि घर चलने के स्थान पर थोड़ी देर के लिए कहीं और घूमा जाये।"

"इस समय?"

"जी हाँ, इसी समय।"

कंचन ने चुटकी बजाकर कहा, "विचार बुरा नहीं है...।"

"...वरन् बहुत अच्छा है।"

"कालाफ़ाम को साथ ले जाना तो ठीक नहीं होगा...आनन्द नहीं आयेगा।"

"आप ठीक कहती हैं।"

"तो इसे घर भेज देते हैं। तुम्हारा घोड़ा भी अपने साथ लेता जायेगा।"

"और मैं?"

"मेरे साथ बहली में।"

"जाइये, यह आपका बहुत बुरा स्वभाव है। मैं भी कोई स्त्री हूँ कि बहली में बैठकर आपके साथ चलूँ।"

"स्त्री न होने पर तुम्हें इतना गर्व क्यों है? अरे! यह तो तुम्हारा दुर्भाग्य है कि तुम स्त्री नहीं हो...अरे हाँ, एक और बात स्मरण आयी। कालाफ़ाम को तो मैं भेज दूँगी, परन्तु इतना सोच लो कि मैं सिर से पाँव तक गहनों से लदी हूँ। कहीं ऐसा न हो कि हमें घेर-घारकर डाकू या बटमार सब-कुछ लूट लें।"

"यह कैसे हो सकता है?"

"तुम नहीं जानते कि विजयनगर के आसपास डाकू टोलियाँ बनाकर घूमा करते हैं। अवसर मिलने पर वे आक्रमण करने से नहीं चूकते।"

"जो ईश्वर की इच्छा होगी सो ही होगा।"

"तुम्हारी यही इच्छा है, तो चलो आज भगवान् के भक्त के साथ चलकर भी देख लेते हैं...परन्तु चलोगे कहाँ?"

"कहीं भी।"

"हाय! कैसी बात कही है।...बृज, न जाने मैंने जीवन में कितनी बार सोचा है कि कितना अच्छा हो मुझे कोई कहीं ले चले...शब्द 'कहीं' पर ध्यान दो...इस कहीं में कितना रहस्य है। यह शब्द न गन्तव्य का आभास देता है, और न किसी गन्तव्य तक पहुँचने का आश्वासन देता है। चलो, आज इसी शब्द के बल पर चलें...कहीं...।"

यहाँ तक पहुँचकर उन दोनों की मन्त्रणा समाप्त हो गयी और कालाफ़ाम को संकेत से कंचन ने अपने पास बुलाया और बोली, कालाफ़ाम, मैं बृज के साथ भ्रमण के लिए जा रही हूँ, तुम घर लौट जाओ और इनका घोड़ा भी लेते जाओ।"

कालाफ़ाम मुँह से कुछ नहीं बोला। उसने कंचन के चेहरे से दृष्टि हटाकर बृज की ओर देखा। उसे उन दोनों के साथ-साथ घूमने पर काई आपत्ति नहीं थी, परन्तु...।

कंचन हँसकर बृज से कहने लगी, "देखा तुमने? कालाफ़ाम को इस बात की चिन्ता लगी है कि रात के समय वह मुझे अकेले कैसे छोड़ दे। जहाँ जाती हूँ, यह मेरे साथ रहता है।"

बृज ने कालाफ़ाम के आश्वासन के लिए कहा, "तुम चिन्ता मत करो। तुम्हारी स्वामिनी की रक्षा मैं उतनी ही तत्परता से करूँगा, जितनी तत्परता से तुम करते हो।"

कंचन ने हँसकर उन दोनों की ओर देखा। बृज ने घोड़े की लगाम कालाफ़ाम के हाथ में थमा दी और स्वयं बहली में कंचन के साथ बैठ गया। गाड़ीवान ने बैल दौड़ा दिये, उनकी घण्टियाँ बज उठीं और वे नगर के बाहर की ओर चल निकले।

बृज ने घूमकर पीछे की ओर देखा और बोला, "कालाफ़ाम जहाँ-का-तहाँ खड़ा है।"

कंचन ने बालों की एक लट उँगलियों से उठाकर कान के पीछे फँसाते हुए कहा, "उसे मेरा बहुत ध्यान रहता है...परन्तु वह हमारे पीछे आयेगा नहीं। वह मेरी आज्ञा का उल्लंघन कभी नहीं करता।"

धीरे-धीरे बस्ती विरल होने लगी, इक्के-दुक्के लोग मार्ग पर चलते दिखायी दे रहे थे। यहाँ तक कि वे इतना बाहर चले आये कि दूर-दूर तक कोई भवन दिखायी नहीं देता था। चाँद की फीकी चाँदनी में चिकनी चट्टानें सफ़ेद ख़रगोशों की तरह सिमटकर बैठी-सी दिखायी दे रही थीं। बृज़ ने कहा, "नगर के चारों ओर ऊँचा प्राचीर है, भला चोर-डाकू प्राचीर फाँदकर यहाँ कैसे आ सकते हैं?"

"नगर में सेना का घुस आना कठिन है, परन्तु चोरों-डाकुओं को प्राचीर फाँदने से कौन रोक सकता है? और यह बात भी तो है कि चोर-डाकू दिन में भी तो नगर में आ सकते हैं। नगर का घेरा भी तो कोसों तक फैला हुआ है। डाकुओं के लिए यह असम्भव नहीं कि किसी को लूटकर रात के अँधेरे में दुबके पड़े रहें और दिन के समय सारा माल इधर-उधर कर दें...अरे हाँ, एक बात और स्मरण आ गयी।"

"क्या कोई विशेष बात है?"

"आज मैं राजमहल गयी तो एक बात सुनने में आयी। पता चला है कि सम्भवत: उत्तर के मुसलमान राजा विजयनगर पर आक्रमण करने की सोच रहे हैं।"

"मैं तो जब से आया हूँ तभी से इस प्रकार की बातें सुन रहा हूँ। परन्तु अभी तक कुछ हुआ तो नहीं।"

"जब तक यह बात सामान्य जनों तक सीमित थी, तब तक तो कुछ भी सन्देह की बात नहीं थी, परन्तु आज तो यह बात रामराय जी के कानों तक भी पहुँच चुकी है।"

"उनके कानों तक यह बात लानेवाला तो अवश्य ही कोई राजकीय गुप्तचर होगा या कम-से-कम विश्वसनीय व्यक्ति तो होगा ही।"

"तुम्हारा अनुमान ठीक ही होगा, परन्तु मुझे नहीं ज्ञात कि यह सूचना लानेवाला कौन था। राय जी अन्त:पुर में इस विषय पर बात कर रहे थे।"

"तो क्या कुछ चिन्तित थे?"

"बिलकुल नहीं—अत्यन्त निश्चिन्त हैं। कह रहे थे कि यदि मुसलमान राजा आक्रमण कर भी दें तो उसमें कौन-सी नयी बात हो जायेगी। वे पहले भी तो अपना भाग्य परख चुके हैं।"

"मैंने सुना है कि युद्ध के अवसर पर विजयनगर की सुरक्षा के लिए लाखों सैनिक उठ खड़े होते हैं।"

"तुमने ठीक ही सुना है। हमें अपने इस नगर पर अत्यन्त गर्व है। शताब्दियों से विजयनगर राज्य हिन्दू-परम्पराओं का गौरव ऊँचा किये हुए है। शत्रुओं ने कई बार बढ़-बढ़कर आक्रमण किये, परन्तु इस चट्टान से टकराकर उन्हें पीछे हटना पड़ा...।

कंचन इसी प्रकार की बातें करती जा रही थी और बृज अपनी विचारधारा में प्रवाहित होने लगा। वह सोच रहा था कि क्या विजयनगर की यह आन-बान सदा बनी रह सकेगी? कितनी सभ्यताएँ विकसित हुईं, कैसे-कैसे विजयी राजा हो चुके, परन्तु अपने-अपने समय पर वे सभी धूल में मिल गये। इस संसार में सभ्यताओं के कैसे-कैसे घरौंदे बनते रहते हैं, और मिटते रहते हैं। उसने किसी कवि की ज़बानी सुना था कि मनुष्य का हृदय भी तो नगर की भाँति होता है, जिसे सुन्दरियाँ लूटकर विनष्ट कर देती हैं। यह जीता-जागता और हँसता-बोलता नगर पहले भी ऐसा लगता था जैसे इसने कोई गहन रहस्य अपने वक्ष में छिपा रखा हो और अब भी लगता है कि वह रहस्य नगर ने उसके आगे खोला नहीं। तब उसे ध्यान आया कि उसके मन में भी कैसे-कैसे विचार समुद्र की लहरों की भाँति उभरते रहते हैं...।

"इतने में ही कंचन ने उसकी बाँह दबाकर कहा, "परन्तु, छोड़ो इन बातों को। हमें इनसे क्या लेना! देखो तो कैसा निर्जन स्थान है। चाँदनी में नहायी हुई सामने की ऊँची चट्टान कितनी भली लग रही है। आओ उस पर बैठकर बातें करें...बोलो, मेरा सुझाव स्वीकार करते हो या नहीं?"

बृज ने झट से दोनों हाथ जोड़कर कहा, "भला मेरा यह साहस हो सकता है कि मैं आपका सुझाव अस्वीकार कर दूँ।"

बहली रोक दी गयी।

चाँद की चाँदनी उभरी-उभरी चट्टानों और सोये-सोये मार्गों और हवा में नृत्य करती पत्तियों पर आँखें मूँदे ऊँघ रही थीं। वे दोनों उजले पत्थरों पर क़दम जमाते हुए सबसे ऊँची चट्टान की ओर बढ़ने लगे। ऊपर की समतल सतह पर पहुँचकर बृज ने अपने कन्धे पर रखा हुआ पटुका उतारा, नीचे बिछाया और उस पर वे दोनों

बैठ गये। हवा कंचन की काली अलकों में घुस-घुसकर उन्हें गुदगुदा रही थी। इस गुदगुदाहट का आनन्द कंचन की आँखों और होंठों से टपक रहा था।

बृज ने चारों ओर दृष्टि दौड़ाकर कहा, "हर ओर सन्नाटा छाया हुआ है। वातावरण कितना सुनसान है—मेरे मन की भाँति।"

कंचन मुस्कराती हुई आँखों से उसे देख रही थी। बोली, "आज तुम अत्यन्त विचित्र बात कह रहे हो। मैंने पहले कभी तुम्हें इस प्रकार की बातें करते नहीं सुना।"

"मैंने निस्सन्देह मुँह से यह बात नहीं कही, परन्तु इस बात का आभास मुझे प्राय: होता रहा है।"

इतना कहकर बृज ने कंचन की ओर देखा और फिर उसकी आँखों में आँखें डालकर बोला, "यदि मैं आपका हाथ अपने हाथों में ले लूँ तो आपको बुरा तो नहीं लगेगा?"

कंचन हलका-सा क़हक़हा लगाकर हँसी, फिर अत्यन्त मोहक भंगिमा से अपना हाथ उसकी ओर बढ़ाते हुए बोली, "मुझे बुरा क्यों लगने लगा?...लो मेरा हाथ थाम लो—परन्तु सदा के लिए नहीं।"

बृज के होठों पर मीठी-सी मुस्कराहट उत्पन्न हुई। उसने अपने दोनों हाथों से कंचन के हाथ को ऐसे थाम लिया जैसे वह कमल का पुष्प हो। कहने लगा, "चिन्ता मत कीजिये, मैं सदा के लिए आपका हाथ नहीं थामूँगा, परन्तु आज आपका हाथ अपने हाथों में लेकर कुछ बातें करना चाहता हूँ।"

"तुम्हारी बातें आरम्भ होने से पहले मैं यह जानना चाहती हूँ कि कहीं तुम्हें मुझसे प्रेम तो नहीं हो गया?"

"आप मेरे प्रेम से इतना डरती क्यों हैं? यद्यपि मुझे आपसे अभी तक प्रेम हुआ नहीं।"

"मैं सम्भवत: तुम्हें पहले भी समझा चुकी हूँ कि मैं अपने लिये नहीं, अपितु तुम्हारे ही लिये डरती हूँ।"

"धन्यवाद।"

"बुरा मत मानना। मैं इस योग्य नहीं हूँ कि मुझसे प्रेम किया जाये।"

बृज ने सोचा कि मैं तो अपना दुखड़ा सुनाने जा रहा था, परन्तु ये स्त्रियाँ किसी और को इसका अवसर कहाँ देती हैं। वे तो सदा अपना ही दुखड़ा लेकर बैठ जाती हैं।

सम्भवत: बृज के हाथों में अपना हाथ चले जाने से ही कंचन के मन में सोयी हुई भावनाएँ जाग उठीं। वह दूर क्षितिज के कुछ ऊपर बिखरे हुए नक्षत्रों की ओर देखते हुए बोली, "जिस बन्दीगृह की मैं बन्दिनी हूँ, तुम उसकी कल्पना भी नहीं कर सकते।"

"मैं तो आपको हर प्रकार से स्वतन्त्र पाता हूँ।"

"सम्भव है, क्योंकि मेरा बन्दीगृह अत्यन्त अद्‌भुत है। मैं प्रेम के बन्दीगृह में हूँ...फूलों की बेड़ियाँ मेरे पाँव में हैं, कोमल पत्तियों की हथकड़ियाँ मेरी कलाइयों में हैं, होंठों पर फूलों की सुगन्ध ने मोहर लगा रखी है—मुझे बोलने की भी अनुमति नहीं बृज।"

बृज को डॉम-गार्शिया की बात स्मरण आ गयी। वह उस संकेत को न तो उस समय अच्छी तरह समझ पाया और न अब।

कंचन बोलती जा रही थी, "प्रेम के बन्दीगृह में रहते हुए भी मुझे प्रेम करने की अनुमति नहीं है, अपितु मुझे बन्दिनी भी इसीलिए बनाया गया है कि मैं प्रेम न कर सकूँ।"

बृज जानता था कि इस अवसर पर कंचन अवश्य यह चाह रही होगी कि वह उससे प्रश्न करे और कुरेद-कुरेद कर बातें पूछे—लेकिन उसे इसका साहस नहीं हो रहा था। कंचन की बातों से उसके नेत्रों के सम्मुख अन्धे कुएँ का चित्र-सा बनता था, जिसमें झाँकने से ही उसे झुरझरी-सी अनुभव होती थी। भय-सा लगता था।

कंचन ने अपना दूसरा हाथ भी उसके हाथ में देते हुए कहा, "बृज, मैं एक रोदन-ध्वनि के अतिरिक्त और क्या हूँ। निर्जन में लुप्त होती हुई पगडण्डी के अतिरिक्त क्या हूँ? एक दबी और घुटी हुई आह के अतिरिक्त क्या हूँ?..."

कुछ देर तक वे दोनों एक-दूसरे की आँखों में आँखें डाले एक-दूसरे की ओर ताकते रहे—अनासक्त।

फिर एकाएक कंचन ने अपने सिर को झटके के साथ दायें-बायें हिलाया, ठुड्डी ऊपर को उठा दी और मानो आँखों में डबडबाते हुए आँसुओं को पीते हुए बोली, "क्षमा करना, मैंने न केवल तुम्हारी बात काट दी, वरन् अपने हृदय के फफोले भी फोड़ने लगी।"

बृज ने उसके दोनों हाथों को तनिक दबाते हुए उत्तर दिया, "इससे क्या अन्तर पड़ता है?"

"नहीं, मैं तुम्हारे उत्तर से सन्तुष्ट नहीं हूँ। तुम मेरे अतिथि हो, मुझे पहले तुम्हारी बात सुननी चाहिए थी। लेकिन क्या करूँ, तुमने मेरा हाथ थाम लिया और आँख झपकते में न जाने कहाँ-से-कहाँ ले गये—अब तुम अपनी कहो! बृज मैं तुम्हारी बात सुनने को उत्सुक हूँ।"

"आप अपने मन की अवस्था को जितनी अच्छी तरह समझती हैं, उतनी अच्छी तरह मैं अपने मन की अवस्था को नहीं समझ पाता। यही मेरी उलझन है।"

"यदि तुम अपनी उलझन को सुलझे हुए ढंग से नहीं बता सकते तो उलझे हुए ढंग से ही कह डालो।"

"जब मैं आपको समझा ही न पाऊँगा तो कुछ कहने से लाभ ही क्या?"

"बस यही तो तुम्हारा बचपना है। तुम समझा न पाओ और मैं समझ न पाऊँ, इसका भी बहुत लाभ होता है। वह यह कि तुम्हारे मन का भार हलका हो जायेगा।"

इतने में दूर से घोड़ों की टापों का शोर सुनायी देने लगा। थोड़ी ही देर बाद दूर से घुड़सवारों की एक छोटी-सी टोली दिखायी दी। बृज ने हाथ से संकेत करते हुए कहा, "आप लुटेरों को इतना स्मरण कर रही थीं, मेरा अनुमान है कि वे ही आ रहे हैं।"

कंचन ने गर्दन बढ़ाकर इधर-उधर दृष्टि दौड़ायी और बोली, "हमारा गाड़ीवान तो चतुर है। उसने गाड़ी झाड़ियों के पीछे खड़ी कर रखी है। रही चोरों की बात, तो इससे तुम निश्चिन्त रहो, विजयनगर में चोरों के हाथ तो ऐसे ही काट दिये जाते हैं। कुछ को मौत के घाट भी उतार दिया जाता है। इसलिए यहाँ हमारे नगर में चोरियाँ इतनी जल्दी नहीं होती हैं—फिर भी हमें अधलेटे से रहना चाहिए, जिससे घुड़सवार हमें देख न सकें। व्यर्थ संकट मोल लेने से क्या लाभ।"

वे घुड़सवार लुटेरे या डाकू नहीं थे। वे अपनी धुन में घोड़े दौड़ाते नगर की ओर निकल गये। कंचन बोली, "अब तो तुम आश्वस्त हो गये। अच्छा, अब टालमटोल से काम मत लो, अपने मन की बात शीघ्र कह डालो।"

हर ओर फैली हुई चाँदनी से ऐसा लगता था जैसे वातावरण में दूध घुल गया हो। बृज को इस दुधिया प्रकाश में कंचन अत्यन्त सुन्दर लग रही थी, जैसे वह कोई अप्सरा हो और अभी-अभी आकाश से उतरी हो। वह कुछ देर तक मुग्ध भाव से उसकी ओर टकटकी बाँधकर देखता रहा। यहाँ तक कि कंचन ने झेंपकर आँखें झुका लीं और धीमे से बोली, "एक बात कहूँ बृज?"

"कहिये।"

"अन्यथा न मानना।"

बृज के होठों पर मुस्कराहट उत्पन्न हुई और होठों के कोने अत्यन्त सुन्दर ढंग से दूर तक खिंच गये। परन्तु वह मुँह से कुछ नहीं बोला।

कंचन ने पलकें जल्दी-जल्दी झपकाते हुए एक उचटती हुई दृष्टि उस पर डाली और बोली, "तुम मुझे ऐसे मत देखा करो जैसे पुरुष स्त्रियों की ओर देखते हैं।"

"अत्यन्त विचित्र माँग है, आपकी। भला पुरुष होकर मैं आपकी ओर पुरुष की दृष्टि नहीं डालूँगा तो...।"

कंचन ने जल्दी से हाथ का अस्पष्ट संकेत करते हुए कहा, "और कुछ नहीं तो तुम मुझे केवल एक लड़के की दृष्टि से देख लिया करो।"

"लड़का।"

"हाँ लड़का, वत्स नहीं।"

बृज हँस पड़ा। फिर बोला, "मुझे तो इस बात का पता भी नहीं चलता कि मैं कब आपकी ओर पुरुष की दृष्टि से देखता हूँ और कब लड़के की दृष्टि से।"

"मुझे आभास होता है कि कभी-कभी तुम्हारे अन्दर का पुरुष जाग उठता है। उस समय जब देखते हो तो विचित्र-सा लगता है। वास्तव में मुझे पुरुषों से अत्यन्त भय लगता है। पुरुषों की आकृति से नहीं, उनके निकट रहने से भी नहीं—केवल उनकी दृष्टि से, केवल वह दृष्टि, जो विशेषत: स्त्री के लिए ही होती है।"

"नहीं मैंने आपको कभी उस दृष्टि से नहीं देखा, और न देखने का विचार है...।"

इस पर कंचन के चन्द्रमा रूपी माथे पर हलका-सा ग्रहण लग गया, जिसे देखते ही बृज ने कहा, "यही तो स्त्रियों की बुरी बात है। अपने-आपको ही लीजिये। एक ओर तो आप पुरुषवाली दृष्टि से कतराती हैं, और दूसरी ओर मेरी बात से आपके माथे को एक ग्रहण-सा लग गया, जैसे मैंने आपका अपमान कर दिया हो—या जैसे आप मुझसे प्रश्न कर रही हों कि क्या मैं तुम्हें इतनी भी सुन्दर नहीं दिखायी देती।"

वातावरण में चाँदी की घण्टियाँ-सी बजती चली गयीं। आख़िर अत्यन्त कठिनता से कंचन ने अपने मोतियों की राशि को होंठों से ढाँप लिया, "यदि मैं तुमसे यह प्रश्न पूछ ही बैठूँ तो?"

"इससे क्या लाभ होगा आपको?"

"थोड़ी देर मैं उस सिंहासन पर बैठकर नक्षत्रों में खो जाऊँगी, जिस सिंहासन को कल्पना की परियाँ उठाये-उठाये घूमा करती हैं।"

"अब आपने मुझे फिर उलझन में डाल दिया है—परन्तु मैं पूछता हूँ कि आख़िर स्त्रियाँ मरते दम तक पुरुषों से यह प्रश्न क्यों करती रहती हैं—क्या आप जैसी रूपवती को अब तक इस प्रश्न का उत्तर सुनने की उत्सुकता है...हो सकती है?...होनी चाहिए?"

"तुम्हारी बात के पहले भाग का उत्तर केवल भगवान् ही दे सकते हैं...परन्तु दूसरे भाग का उत्तर यह है कि चाहे कोई स्त्री कितनी भी सुन्दर क्यों न हो, और चाहे उसकी सुन्दरता के प्रशसंकों की संख्या कितनी भी बड़ी क्यों न हो, उसके मन को शान्ति नहीं मिलती...।"

"आश्चर्य।"

"...जब तक कि वह स्त्री उसके मुँह से अपनी प्रशंसा न सुन ले, जिसके मुँह से वह सुनना चाहती है।" कंचन ने अपना वाक्य पूरा कर दिया।

"कम-से-कम मैं तो वह पुरुष नहीं हो सकता कि जिसके मुँह से अपनी प्रशंसा सुनकर ही आपको शान्ति मिल सकती है।"

कंचन ने दमकती हुई अँगूठियोंवाला हाथ स्नेह से चपत मारने की मुद्रा से उठाते हुए कहा, "तुम फिर चंचलता पर उतर आये न।"

"मेरी बात का उत्तर दीजिये न!"

कंचन ने मेंहदी लगी उँगलियों से उसकी ठुड्डी थामते हुए कहा, "सुनो तुम्हारी बात का उत्तर यह है कि जिस तरह कभी-कभी तुम्हारे अन्दर का पुरुष जाग उठता है, उसी तरह कभी-कभी मेरे भीतर की स्त्री भी जाग उठती है।"

"कभी-कभी!—इसका अर्थ यह हुआ कि पुरुष होते हुए भी मैं पुरुष नहीं हूँ और आप स्त्री होते हुए भी स्त्री नहीं हैं।"

इस पर कंचन अधखुले नेत्रों से हँसी और कुछ देर तक हँसती चली गयी। फिर उसने अपना निचला होंठ दाँतों तले दबाया और बृज की ओर भरपूर दृष्टि से देखते हुए होंठ धीरे-धीरे दाँतों की पकड़ से छोड़ने लगी। जब होंठ स्वतन्त्र हुआ तो अँगारा-सा दिखायी देने लगा।

कंचन ने झुरझुरी-सी लेकर कहा, "बृज या तो तुम वह बात कहो जो कहने जा रहे थे, या फिर मुझे वापस ले चलो।"

"क्यों ऐसी क्या बात हो गयी?"

"मुझे तुमसे भय-सा लग रहा है।"

"इसका अर्थ यह है कि आज मेरे अन्दर का पुरुष अत्यन्त वेग से जाग उठा है, परन्तु आश्चर्य की बात यह है कि मुझे इस बात का पता ही नहीं चला।"

"कुशल है तुम्हें पता नहीं चला। इसी बात से तो मैं डरती हूँ कि कहीं तुम्हें पता चल गया कि तुम भी पुरुष हो तो—।"

बृज क़हक़हा लगाये बिना न रह सका। वह अपना सिर दायें-बायें हिलाते हुए बोला, "देखिये न, बात कहाँ से आरम्भ हुई थी, कहाँ को जानी चाहिए थी...और किधर को चली गयी।"

"आख़िर इसका कारण क्या है?"

"कारण कुछ भी नहीं। बस आप मुझे बहका देती हैं। सीधे मार्ग से हटा देती हैं।"

"श्रीमान् जी आपको सीधे मार्ग का पता भी है? बड़े-बड़े ऋषियों-मुनियों को कई जन्मों के तप से सीधे मार्ग का पता चलता है, और आप जैसे बित्ते-भर के छोकरे यह दावा करते हैं कि उन्हें सीधे मार्ग से हटाया जा रहा है।"

"बित्ते-भर का छोकरा! कैसी उपयुक्त बात कही है आपने। कंचन जी कभी-कभी मैं अपने-आपको बिलकुल उसी तरह अनुभव करने लगता हूँ।"

"अर्थात् अपने-आपको वास्तविक रूप में देखने लगते हो।"

"सम्भवत: यही बात होगी। परन्तु आप जानती हैं कि इसके साथ मैं और क्या अनुभव करने लगता हूँ?"

"क्या?"

"मुझे ऐसा लगता है जैसे मेरी सब-कुछ आप हैं—देखिये, मैं अभी से आपको कह दूँ कि—मैं प्रेम नहीं जतला रहा हूँ—मेरा आशय दूसरा ही है। आपको देखकर अकेलेपन की अनुभूति तो दूर नहीं होती, परन्तु यह प्रसन्नता अवश्य अनुभव होती है कि आप मेरे साथ हैं या मैं आपकी छत्रच्छाया में हूँ। इसका यह अर्थ भी नहीं है कि मैं आपके यहाँ जो सुख भोग रहा हूँ, मुझे भय है कि वे सुख मुझसे छिन न जायें। नहीं, यह बात नहीं है। इन सुखों को तो एक दिन छोड़ना ही होगा। चाहे वह दिन जब भी आये।"

कंचन भी उसकी ओर टकटकी बाँधे देखती रही, बोली, "आज तुम कैसी उखड़ी-सी बातें कर रहे हो। आख़िर तुम बार-बार मुझसे दूर भाग जाने की क्यों सोचा करते हो? क्या मुझसे दूर रहकर तुम्हें अधिक सुख प्राप्त होगा?"

"नहीं, जो बात मैं कहना चाहता हूँ वह यह है कि मैं जहाँ भी रहूँ, मुझे यह अनुभव होता रहेगा कि मुझे आपकी छत्रच्छाया की आवश्यकता है।"

कंचन के नेत्रों से स्नेह छलकने लगा। उसने बृज का हाथ कोमलता से दबाते हुए कहा, "तुम छुटपन से माता-पिता की छत्रच्छाया खो बैठे। घर से बाहर निकल पड़े। पहले तो तुम नये-नये लोगों से मिलने और नये-नये स्थानों को देखने की उत्सुकता में उस छत्रच्छाया को भूले रहे, जिसकी आवश्यकता तुम्हारी आयु के प्रत्येक लड़के को अनुभव होती है, परन्तु अब फिर तुम्हारे भीतर वह सोयी हुई इच्छा जाग उठी है।"

"आपके व्यवहार के कारण।"

"मुझे तो इस बात की प्रसन्नता है।"

"मैं डरता हूँ कि कहीं आपकी छत्रच्छाया मेरे पाँव में बेड़ियाँ न डाल दें।"

"नहीं, ऐसा नहीं होगा। यदि तुम अपने घर में रहे होते, तो अब तक इस छत्रच्छाया के चंगुल से निकल गये होते। विश्वास करो कि अब तुम्हारे पाँव में बेड़ियाँ नहीं पड़ेंगी, वरन् अब तुम्हारे चरण अगले गन्तव्य की ओर और भी अधिक विश्वास के साथ उठ सकेंगे।"

"अर्थात् आप मुझे आगे बढ़ने में सहारा देंगी।"

"अवश्य!—मैं जानती हूँ कि तुम आगे भी बढ़ जाओगे तो न मैं तुम्हें अपने मन से निकाल सकूँगी, और न तुम मुझे अपने मन से निकाल सकोगे। सच पूछो तो जीवन में यह कार्य मैंने नहीं किया था और अब जब कि यही कुछ कर रही हूँ तो इससे मेरे मन को गहरे सुख एवं शान्ति का आभास भी हो रहा है।"

बृज ने आकाश के नक्षत्रों की ओर देखते हुए कहा, ''कंचन जी मैं घर से निकल आया। पहले-पहल घूमने फिरने के बाद दिन बड़े आनन्द से गुज़रे। परन्तु धीरे-धीरे मन में कुछ कमी-सी अनुभव होने लगी। जीवन कभी-कभी खोखला-सा लगता था। मुझे इसके कारण का कुछ पता नहीं चला। यदि मैं किसी से इसका उल्लेख कर देता तो वह उसे आत्मा की विकलता बताता और कहता कि उपाय इसके अतिरिक्त कुछ नहीं हो सकता कि मैं धार्मिक शिक्षा प्राप्त करूँ, जीवन के दर्शन को समझने की चेष्टा करूँ आदि।''

''तो क्या इस उपाय से तुम्हें शान्ति प्राप्त हुई?''

''कुछ हुई और कुछ नहीं हुई। मैंने सदा यही सोचा कि ज्यों-ज्यों मैं जीवन-दर्शन तथा आध्यात्मिक दर्शन में गहरा उतरता जाऊँगा, त्यों-त्यों मुझे मन की शान्ति प्राप्त होती जायेगी।''

''मेरे विचार में द्रोण जी के साथ रहकर तुम्हारी बहुत-सी शंकाएँ दूर हो गयी होंगी।''

''उनकी शिक्षा का तो अभी आरम्भ ही हुआ है। इसमें सन्देह नहीं कि पहले कुछ बातें स्पष्ट रूप से समझ में नहीं आती थीं। कंचन जी, कभी-कभी मेरे मन के नेत्रों के सम्मुख एक आवरण-सा आ जाता है। उस समय मेरा मस्तिष्क धूल से भरे हुए आकाश का रूप धारण कर लेता है, जिसमें न कोई नक्षत्र दिखायी देता है, न सूर्य, न चन्द्रमा—केवल धूल-ही-धूल फैली दिखायी देती है।''

कंचन बोली तो कुछ नहीं, परन्तु वह नक्षत्रों से भरे आकाश की ओर देखते हुए सोचने लगी कि यदि इस आकाश में एक भी नक्षत्र न हो तो यह कैसा दिखायी देने लगेगा। भयंकर।

बृज ने फिर ऐसे बोलना आरम्भ कर दिया, जैसे वह पहले से ही अपनी बात के उत्तर की प्रतीक्षा न कर रहा हो, ''जब मैं वियजनगर पहुँचा, तो भी कुछ दिनों तक बिना नकेल के ऊँट की भाँति बाज़ारों की धूल छानता फिरा! आप घर ले आयीं तो धीरे-धीरे मेरे हृदय में हलकी-सी गरमाहट का स्रोत फूट पड़ा। पहले कभी यह ध्यान तक नहीं आया था कि कोई मेरा भी है या मैं भी किसी का हूँ, परन्तु आपने मेरे अन्तर में ऐसी भावना जगा दी। एक रमते जोगी के लिए भले ही यह भावना सराहनीय न हो, परन्तु मुझे अच्छा लगा। इस अच्छा लगने से घबराता भी रहा और कतराने की चेष्टा भी करता रहा।''

''कतराने की क्या आवश्यकता है? तुम इस हलकी-सी गरमाहट से तिलमिला उठे, परन्तु तनिक उन लोगों के विषय में भी सोचो, जो प्रेम की ज्वाला में भस्म हो जाते हैं, परन्तु मुँह से 'सी' भी नहीं करते।''

इतना कहकर कंचन ने उसकी ओर तनिक चौंककर देखा, फिर बोली, ''कहने को तो यह बात कह गयी, परन्तु साथ ही यह ध्यान भी आया कि तुम्हारे जैसा

भयाकुल व्यक्ति कहीं और अधिक न भयभीत हो जाये। यह न सोचने लगे कि यह हलकी-सी गरमाहट भड़कती हुई ज्वाला का रूप धारण न कर ले।''

बृज ने नक्षत्रों से दृष्टि हटाकर कंचन की ओर देखा और हँस दिया। उसने कंचन की बात सुनकर भी उसके सम्बन्ध में कुछ नहीं कहा। बोला, आपकी इस गरमाहट के होते हुए भी मुझे कभी-कभी वही आवरण-ऐसा अपनी आँखों के सम्मुख दिखायी देने लगता है।''

''सम्भव है कि कुछ दिनों में यह आवरण सदा के लिए हट जाये।''

''सम्भव है।''

''मैं तो केवल इतना ही चाहती हूँ कि तुम मेरे पास ही रहो। यदि अपना स्वतन्त्र व्यवसाय चलाना चाहो और इस सम्बन्ध में तुम्हें मुझसे कुछ अलग भी रहना पड़े, तो कोई आपत्ति की बात नहीं होगी। परन्तु तुम सदा इस नगर में ही रहो—कारण? तुम पहली दृष्टि में ही आँखों को भले और मन को प्यारे लगे। मैं शब्द प्रेम का प्रयोग जान-बूझकर न करते हुए केवल इतना कहूँगी कि पहले का आकर्षण अब गहरे लगाव का रूप धारण कर चुका है। यह मैं भली-भाँति जानती हूँ कि तुम्हारे मन में मुझसे कोई लगाव नहीं है। और जो है भी, वह मेरे ही लगाव का प्रतिबिम्ब है।''

बृज ने बच्चों की तरह कंचन की ओर देखते हुए कहा, ''इस प्रकार की बातें करना आपका अतिरेक नहीं तो और क्या है?...एक बात कहता हूँ...।''

कंचन ने उसका चेहरा दोनों हाथों में लेकर बात काटते हुए कहा, ''हाँ, अब तुम बिलकुल लड़के से लगते हो। यदि मैं तुम्हारा माथा चूम लूँ तो?''

''सहर्ष!''

''परन्तु एक शर्त पर।...वह शर्त बताऊँगी नहीं।''

''मुझसे स्वीकार है।''

कंचन ने घुटनों के बल ऊपर को उठकर उसके माथे को चूम लिया। बृज को बहुत अच्छा लगा। कंचन ने कहा, ''यह तो लड़का समझकर, और अब...लड़की समझकर...।''

इसके तुरन्त बाद बृज को अपने होंठ कंचन के कोमल, लाल, गर्म एवं सुगन्धित होठों में डूबते से लगे...।

सारा वातावरण लड़खड़ा गया।

४

एकाएक ही कंचन पीछे को हटी और बल खाती हुई बृज से कुछ दूर चली गयी। वह अधलेटी-सी हो गयी। उसकी बड़ी-बड़ी अनियारी आँखों, अधखुले होठों और तमतमाते हुए गालोंवाले चेहरे से हलके भय की झलक दिखायी दे रही थी। उसकी

साँस ज़ोर-ज़ोर से चल रही थी, जिसके कारण उसके वक्ष का ऊपरवाला भाग कभी उभर आता कभी दब जाता और उसके पिचके हुए पेट की भी यही दशा थी। नाभि उस छोटे-से घोंघे की भाँति दिखायी दे रही थी, जो अशान्त लहरों पर बहता चला जा रहा हो।

कंचन की आँखें झुक गयीं और उसकी पलकों की परछाइयाँ उभरे हुए गुलाबी गालों पर नृत्य करने लगीं।

वे दोनों चुप थे। स्थिर थे। चकित से रह गये थे। काफ़ी समय तक दोनों में से कोई नहीं हिला। मानो कई युग बीत गये। अन्त में कंचन ने बृज की ओर देखे बिना मरी हुई आवाज़ में कहा, ''चलें।''

परन्तु बृज को ऐसे लगा जैसे कंचन कुछ नहीं बोली। वह स्वर उसका जाना-पहचाना स्वर नहीं था।

कंचन चट्टान से उतर गयी, तब बृज भी उठा और उसके पीछे-पीछे हो लिया। वे दोनों बहली में बैठ गये। एक बार फिर निस्तब्ध रात की नींद बैलों की घण्टियों के संगीत से उखड़ने लगी।

वे चले ज़ा रहे थे, परन्तु किसी को भी बोलने का साहस नहीं हो रहा था। सम्भवत: अपने-आपको अपराधी अनुभव करने के कारण कंचन बोले बिना न रह सकी, ''जानते हो, मार्ग में विजयनगर के सबसे बड़े ज्योतिषी का घर पड़ता है।''

पहले तो बृज ने कुछ उत्तर नहीं दिया। फिर उसने सोचा कि जब कंचन बात कर रही है तो उसका मौन रहना क्या आवश्यक है? वह बिना कंचन की ओर देखे बोला, ''नहीं, मैं नहीं जानता।''

सचमुच बहुत बड़े ज्योतिषी हैं वह। कहो तो उनसे भी भेंट करते चलें?''

बृज जानता था कि कंचन भी उसकी ओर देखे बिना ही बातें कर रही है। बोला, ''इस समय भेंट हो सकेगी?''

''क्यों नहीं। उनके साथ मेरे घनिष्ठ सम्बन्ध हैं। मैं जब चाहूँ उनका द्वार खटखटा सकती हूँ।''

''तो फिर जैसी आपकी इच्छा।''

कंचन ने गाड़ीवान से ज्योतिषी जी के भवन पर रुकने को कह दिया।

थोड़ी देर बाद बहली ज्योतिषी जी के भवन के आगे रुकी। कंचन ने पटवस्त्र हटाकर देखा, कहने लगी, ''भवन में पर्याप्त प्रकाश हो रहा है। अधिक रात तो नहीं बीती। अभी दूसरा पहर है।''

बृज चुप रहा।

कंचन बहली से उतरी और उसने भवन के द्वार पर थपकी दी।

द्वार एकदम खुल गया। कंचन ने द्वारपाल से कुछ पूछा, द्वारपाल ने सिर हिला दिया और फिर भवन के भीतर चला गया। कंचन ने चौखट के अन्दर पाँव रखते हुए कहा, ''आओ बृज।''

द्वार-प्रकोष्ठ से निकलकर एक अलिन्द था। अलिन्द के आगे विस्तृत से प्रांगण के फ़र्श पर जगह-जगह पानी रुका हुआ था। शलाका-दीप के प्रकाश में दमकते हुए पानी के टुकड़े काँच के टुकड़ों की भाँति दिखायी दे रहे थे। प्रांगण के दूसरी ओर एक गाय और उसका बछड़ा दिखायी दे रहे थे। पास ही धोती बाँधे, नंगे बदन एक आदमी बैठा भोजन कर रहा था। सम्भवत: वह घर का भृत्य ही था। अलिन्द में चलते हुए जब वे दूसरे छोर पर पहुँचे तो कंचन एक बड़े से द्वार के आगे रुक गयी। उसने पहली बार बृज की ओर देखा और धीरे से बोली, ''यहाँ जूते उतारने होंगे।''

दोनों ने जूते उतारे और कक्ष के भीतर चले गये। पूरे फ़र्श पर बड़ी-सी चटाई और उसके ऊपर उजली चादर बिछी थी। कक्ष के बीचोबीच पिछली दीवार में एक वातायन था, जिसके पट थोड़े से खुले हुए थे। वातायन में से बाहर को जानेवाले मद्धिम प्रकाश में किसी छोटे से पेड़ के चौड़े-चौड़े पत्ते दिखायी दे रहे थे। वातायन के नीचे आसन बिछा था और पीतल के छोटे-छोटे दो पात्रों में धूप सुलग रही थी, जिसमें से धुएँ की वर्तुलाकार रेखाएँ ऊपर को उठ रही थीं। वातायन में से हवा का हलका-सा झोंका आता तो धुएँ की ये रेखाएँ ज़ोर से काँप जातीं।

वे दोनों आसन के निकट ही बैठ गये। कक्ष के प्रत्येक कोने में जलते हुए दीपों के काँपते हुए प्रकाश से ऐसा लगता था जैसे पूरा वातावरण ही थरथरा रहा हो।

इतने में ही बायीं ओर के द्वार से ज्योतिषी जी ने कक्ष में प्रवेश किया। उनकी आयु सत्तर और अस्सी के बीच में थी और उनका शरीर इतना क्षीण था कि देखनेवाले को आश्चर्य होता था कि वह इतनी तेज़ी से चल-फिर कैसे रहे हैं। उनके घुटे हुए सिर पर सफ़ेद रंग की छोटी-सी पगड़ी बँधी थी। कमर तक गेहुएँ रंग का शरीर बिलकुल नंगा था, केवल जनेऊ का एक तागा धड़ के आर-पार लहरा रहा था। कमर से दुधिया रंग का अधो-वस्त्र लिपटा हुआ था और सूखे पाँव के टखनों पर नीली-नीली शिराएँ दिखायी दे रही थीं। उनका चेहरा लोमड़ी की भाँति लम्बूतरा था, गाल अन्दर को धँसे हुए, कनपटियाँ दबी हुईं और गालों की हड्डियाँ उभरी हुई थीं। पूरे चेहरे पर रेखाओं का जाल-सा फैला हुआ था, आँखें अन्दर को धँसी हुई होने पर भी ख़ूब बड़ी-बड़ी-सी लग रही थीं।

उन्होंने आसन पर पाँव रखा तो इन दोनों ने उठकर प्रणाम करते हुए उनका अभिवादन किया। ज्योतिषी जी ने अपना सूखा हाथ कंचन के चेहरे से छुआ दिया और फिर अपनी मोटी-मोटी आँखों से बृज की ओर देखने लगे।

कंचन ने बृज के सम्बन्ध में बताया तो उनके पोपले मुँह में से बड़ी हलकी-सी आवाज़ निकली, ''पधारिये।''

कंचन और ज्योतिषी जी आपस मे इधर-उधर की बातें करने लगे। ज्योतिषी जी का सिर धीरे-धीरे काँपे जा रहा था, सम्भवत: वे अपने सिर को स्थिर नहीं रख सकते थे। उनकी आवाज़ ऐसी थी जैसे श्मशान-भूमि में हलके-हलके हवा उसाँसें भर रही हो।

कंचन बोली, ''मैंने आपसे पूछा था कि विजयनगर का भविष्य कैसा है? यहाँ क्या होने जा रहा है?''

ज्योतिषी जी ने साँप की तरह धीरे से फुफकारकर उत्तर दिया, ''जो यहाँ के शासक का भविष्य है, वही इस नगर का भी है।''

कंचन को लगा जैसे उसकी कनपटियाँ गर्म होती जा रही हैं, बोली, ''यहाँ के शासक का भविष्य क्या है?''

इस पर ज्योतिषी जी कुछ देर तक चुप रहे। फिर उन्होंने कंचन का हाथ अपने दोनों सूखे हाथों में लेकर धीरे से दबाया। फिर अपनी बुझी-बुझी आँखें कंचन की आँखों में डाल दीं। लगता था जैसे वे आँखों-ही-आँखों में कुछ कहना चाहते हों। फिर एकाएक उन्होंने कंचन का हाथ छोड़ दिया। इसके साथ ही उनका सिर ज़रा ज़ोर से दायें-बायें को हिला और वे पीछे हटकर बैठ गये।

कुछ समय के लिए वे तीनों ऐसे मौन और स्थिर हो गये, जैसे वे पत्थर की प्रतिमाएँ हों। इसके पश्चात् कोई और बात नहीं हुई। फिर कंचन ने चलने की अनुमति माँगी और वे दोनों वहाँ से चल दिये।

बहली हिचकोले खाती हुई चली जा रही थी। कंचन बिलकुल ही मौन थी। पहले के मौन का रहस्य तो बृज जानता था, परन्तु अब उसके मौन का कारण स्पष्ट रूप स उसकी समझ में नहीं आया। वह केवल अनुमान ही लगा सकता था कि ज्योतिषी जी विजयनगर के भविष्य से निराश हैं। सम्भवत: इस पर कोई विपत्ति आनेवाली है। परन्तु उस विपत्ति की क्या सीमा हो सकती है, यह बात स्पष्ट न हो सकी।

कुछ देर पहले घटी घटना को भूलकर बृज फिर पुराना बृज बन गया। कंचन को इतना निराश और उदास देखकर वह स्वयं व्याकुल हो उठा। उसने पूछ ही लिया, ''कंचन जी, आपके प्रश्न का ज्योतिषी जी ने कोई उत्तर तो दिया नहीं।''

इस पर कंचन ने उसके हाथ पर अपना हाथ रख दिया। कुछ देर तक मौन रही, फिर बोली, ''तुम आज तक मेरे साथ राजमहल में नहीं गये। कल प्रात: चलो, तुम्हें यहाँ के शासक के दर्शन तो करने चाहिए।''

ग्यारह

१

देर से सोने पर भी दूसरे दिन मुँह-अँधेरे ही बृज की नींद टूट गयी। उसे अनुभव हो रहा था कि उसने अभी नींद पूरी नहीं की और फिर भी न जाने कैसे नींद उखड़ गयी। प्रांगण की ओर से काफ़ी शोर आ रहा था। बृज ने सोचा कि सम्भवत: इसी शोर के कारण उसकी आँख खुल गयी।

बिस्तर पर लेटे-लेटे उसने चारों ओर देखा। बड़े-बड़े तोरणों में से गहरा नीला आकाश दिखायी दे रहा था। नक्षत्र अभी आकाश के क्षेत्र से विलुप्त नहीं हुए थे। झीने वस्त्र के हलके रंगोंवाले लम्बे-चौड़े आवरण-पट बाहर से आनेवाली वायु के कारण अपने चौड़े वक्ष फुलाकर आगे बढ़ते, परन्तु कुछ दूर आने पर उनके पाँव तले से मानों ज़मीन निकल जाती और वे ठण्डी उसाँसें भरकर फिर अपनी जगह को लौट जाते। पक्षियों ने कल-कूजन करना आरम्भ नहीं किया था, परन्तु प्रांगण से आनेवाली लड़कियों की आवाज़ें भी पक्षियों के कलरव से कम नहीं थीं। उसने सोचा कि अब सोना व्यर्थ है, अधिक-से-अधिक वह यह कर सकता था कि आँखें मूँदे कुछ देर तक चुपचाप लेटा रहे। उसने यही किया, परन्तु थोड़ी ही देर में उसके कानों में एक आहट सुनायी दी तो उसने झट से आँखें खोल दीं।

सोपानों की ओर से प्रकाश का छोटा-सा रेला ऊपर को बढ़ रहा था। सम्भवत: कोई आ रहा था। बृज ज्यों-का-त्यों लेटा उधर की ओर देखता रहा। इतने में ही चन्द्रिका हाथ में दो शलाका-दीप उठाये ऊपर चढ़ती दिखायी दी। उसके पीछे-पीछे कंचन चली आ रही थी।

बृज की समझ में नहीं आया कि यह अनोखी बात क्यों हो रही है। पहले तो कभी कंचन इस ढंग से उसके कक्ष में नहीं आयी थी। परन्तु, उसे पता चला कि अब भी वह उसके पास नहीं आयी है। चन्द्रिका शलाका-दीप उठाये उसके कक्ष में से

होती हुई दूसरे अलिन्द की ओर निकल गयी और आभूषणों से लदी हुई और सुन्दर वस्त्रों में सजी-सजायी कंचन भी उसी के पीछे निकल गयी।

कुछ देर मौन छाया रहा, केवल प्रांगण की आवाज़ें सुनायी देती रहीं। परन्तु थोड़ी देर बाद फिर उसके कक्ष के एक भाग में प्रकाश फैलने लगा। वे लौट रही थीं। चन्द्रिका पहले की भाँति दोनों हाथों में शलाका-दीप उठाये भीतर आयी और कंचन भी हाथ में एक छोटी-सी सन्दूकची लिये पीछे-पीछे थी। जाते समय तो कंचन ने उसकी ओर ध्यान से नहीं देखा था, परन्तु अबकी देखा तो ठिठककर रुक गयी, मुस्करायी, ''अरे तुम जाग रहे हो क्या? क्षमा करना, हमारे कारण तुम्हारी निद्रा में बाधा पड़ी।''

चन्द्रिका ने कंचन की आवाज़ सुनी तो वह रुक गयी। बृज बोला, ''कोई बात नहीं, मैं पहले से ही जाग रहा था।''

कंचन ने हाथ से संकेत किया तो चन्द्रिका ने दोनों शलाका-दीपों को दीवार से टँगी पीतल की ग्रहणियों में खोंस दिया और स्वयं सोपानों से नीचे उतर गयी।

कंचन ने शय्या के एक छोर पर बैठते हुए कहा, ''उधर एक कक्ष है, जिसमें मेरे कुछ मूल्यवान् आभूषण पड़े हैं। कभी-कभी उनकी आवश्यकता पड़ती है तो तुम्हारे कक्ष में से होकर जाना पड़ता है।''

''मैंने पहले तो आपको कभी उधर जाते नहीं देखा।''

''कभी-कभी जाना पड़ता है, परन्तु यह आवश्यक तो नहीं है कि मैं उसी समय उधर जाऊँ जब तुम पड़े सो रहे हो। तुम तो प्राय: घर से बाहर रहते हो। मुझे जो कुछ निकालना होता है, उसी समय निकाल लाती हूँ...।''

''मुझसे चोरी?'' बृज ने मुस्कराते हुए कहा।

''हाँ रे, तुझसे चोरी। कई बातें ऐसी होती हैं, जो पुरुषों से चोरी ही की जाती हैं।''

आप भी आवश्यकता के अनुसार मुझे कभी बालक बना देती हैं, कभी लड़का—वत्स नहीं—कभी पुरुष, यहाँ तक कि कभी लड़की भी बना देती हैं।''

यह सुनकर कंचन का चेहरा लाल हो गया। उसने सँभलने की चेष्टा करते हुए कहा, ''आज तो मुझे इतने प्रात: जाना था इसीलिए एक आभूषण निकालने के लिए उधर चली गयी। और फिर वहाँ से सन्दूकची ही उठा लायी।''

''आख़िर इतनी जल्दी कहाँ जा रही हैं?...आपने तो आज मुझे अपने साथ राजमहल ले जाने का वचन दिया था।''

''हाँ, इसीलिए तो रुक गयी मैं। हम दोनों तो चलेंगे ही। रात यह बात कहना स्मरण नहीं रह गया, इसलिए मैं चन्द्रिका को सब-कुछ समझाकर जानेवाली थी।''

"आख़िर इतने प्रात: कष्ट करने की क्या आवश्यकता आ पड़ी?"

"अब यहाँ रामलीला हुआ करेगी। उसके प्रबन्ध में मेरा हाथ तो रहेगा ही। आज इस विषय में महाराज से भी विचार-विमर्श होगा। मैंने सोचा कि पहले दो-चार कर्मचारियों से इस सम्बन्ध में परामर्श कर लूँ तो अच्छा रहेगा।"

"तो फिर आप लौटकर घर आयेंगी?"

"नहीं...!"

"तो फिर हमारी भेंट कैसे होगी?"

"रुको तो, मैं वही तो बताने जा रही हूँ। तुम ऐसे करना कि जब राजमहल के प्राचीर की छाया केवल दो हाथ लम्बी रह जाये तो मुख्य द्वार पर जाकर द्वारपाल से मेरे विषय में पूछ लेना। यदि मैं राजमहल के भीतर जा चुकी होऊँगी तो मुझे तुम्हारे आने की सूचना मिल जायेगी और मैं तुम्हें भी अन्दर बुलवा लूँगी। परन्तु यदि द्वारपाल कहे कि मैं अभी वहाँ नहीं पहुँची तो तुम घोड़ा द्वारपाल को सौंप, प्राचीर के अन्दर ही टहलते रहना। मैं शीघ्र पहुँच जाऊँगी।"

"यदि प्राचीर के भीतर मुझे किसी ने टोका तो?"

"यदि कोई टोके तो मेरा नाम बता देना।"

"मुझे तो उन काली-कलूटी स्त्रियों से भय लगता है, जो राजमहल के भीतर पहरा देती रहती हैं।"

कंचन के नेत्रों में चंचलता की चमक उत्पन्न हुई और वह मुस्कराते हुए बोली, "एक बात कहती हूँ—अब तुम स्त्रियों से डरना छोड़ दो। विश्वास रखो कि कम-से-कम कोई स्त्री तुम्हारा कुछ नहीं बिगाड़ सकती।"

इतना कहकर कंचन उठी और बृज के झबरीले बालों में उँगलियाँ डालकर ऐसे झुलाया कि वह और भी उलझकर रह गये और वह सोपानों से नीचे उतर गयी।

कंचन के जाने के बाद बृज ने एक बार फिर आँखें बन्द कर लीं। प्रांगण से आनेवाला कोलाहल मद्धिम होते-होते बहुत कम हो गया। वह धुँधले विचारों की तरंगों पर बहने लगा। इस बहाव में कई रंग-बिरंगे पक्षी दिखायी दिये, जो सम्भवत: उसके विचार ही थे। ये पक्षी आते, उसके आसपास फड़फड़ाते, फिर नदी-तट के वनों में खो जाते। वह कुछ न सोचते हुए भी सोच रहा था, कुछ न अनुभव करते हुए भी कर रहा था और सम्भवत: अपने-आपको जागता हुआ समझकर भी वह ऊँघ रहा था—यहाँ तक कि पक्षियों के संगीत से वह जाग उठा। आकाश पर बिखरे हुए मोतियों पर झाड़ू फिर चुका था और सूर्य देवता एक बार फिर सिर उठाकर विजयी दृष्टि पूरे संसार पर डाल रहे थे। प्रतिदिन सूर्य देवता की विजय होती थी और प्रत्येक सन्ध्या को वे पराजित करके भगा दिये जाते थे।

बृज को लगा कि सम्भवत: वह सो गया था, क्योंकि अब उसे अपने शरीर के अंग-अंग में वह तनाव नहीं अनुभव हो रहा था, जिसका आभास पहली बार जागने पर हुआ था।

उसने दोनों बाहें फैलायीं और हथेलियाँ बिछौने पर टेक दीं और मुँह प्रांगण की ओर फेरकर चन्द्रिका को आवाज़ दी।

चन्द्रिका मानो पहले से ही उसकी आवाज़ पर कान लगाये बैठी थी, क्योंकि अविलम्ब ही सोपानों पर धम-धम होने लगी। चन्द्रिका इसी में अपना सौभाग्य समझती थी कि प्रात:काल सबसे पहले उसी को बृज के दर्शन प्राप्त होते थे।

बृज ने उसकी ओर देखा और सहजता से बोला, ''चन्द्रिका, मैं तुमसे कई बार कह चुका हूँ कि प्रात:काल जब मैं तुम्हें आवाज़ दूँ तो जल का पात्र लेकर ही ऊपर आया करो, परन्तु आज भी तुम खाली हाथ लटकाकर आ गयी हो।''

यह सुनकर चन्द्रिका बोली कुछ नहीं, परन्तु उसके घने बाल नीचे को ढलककर उसके कपोलों पर ऊँघने लगे।

''हुँ-हँ।'' बृज के मुँह से आवाज़ निकली।

चन्द्रिका ने झुकी हुई आँखें उठाकर एक दृष्टि उस पर डाली और बोली, ''जब आपकी आवाज़ आती है न, तो मैं सीधी ऊपर चली आती हूँ...।''

''वही तो मैं भी कह रहा हूँ।''

चन्द्रिका ने होंठ चबाकर कहा, ''तो इसमें आपका क्या बिगड़ता है?''

बृज मुँह फेरकर मुस्कराने लगा। फिर ठुड्डी खुजलाते हुए बोला, ''ख़ैर, अब तो आवाज़ सुनकर तुम सीधी ऊपर आ चुकी हो न? अब कृपया मेरा कुछ काम भी कर दो।''

चन्द्रिका ने उसका सारा काम किया--कालाफ़ाम तो कंचन के साथ चला गया था, इसलिए चन्द्रिका दूसरे दास को बता आयी कि जलपान के पश्चात् बृज जी बाहर जायेंगे, घोड़ा तैयार रहे।

समय से काफ़ी पहले ही बृज खा-पीकर तैयार हो गया। कोई और काम नहीं था, इसलिए घोड़े पर सवार होकर चल दिया। राजमहल के प्राचीर के सामने मुद्राएँ ढालने की टकसाल थी, जिसके आसपास बहुत-सी गणिकाएँ रहती थीं। बृज टकसाल के निकट से होकर पान-सुपारी बाज़ार में से गुज़रता हुआ चौड़ी मण्डी तक पहुँचा तो उसे एक यात्रा-दल दिखायी दिया। लोग रो-पीट रहे थे, जिससे बृज ने अनुमान लगाया कि वे किसी शव को श्मशान-घाट ले जा रहे हैं।

शव चारपाई पर रखा था, ऊपर-नीचे उजले वस्त्र थे और चारपाई के ऊपर शाखाओं और पुष्पों का लम्बा-सा ढाँचा बना हुआ था। पीछे-पीछे एक स्त्री अच्छे-अच्छे वस्त्र और आभूषण धारण किये एक मरियल से टट्टू पर सवार चली जा रही थी। वह गुलाब के फूलों से लदी हुई थी।

बृज ने एक व्यक्ति से पूछा, ''यह स्त्री इस तरह टट्टू पर क्यों सवार है?''

उस व्यक्ति ने उत्तर दिया, ''यह स्त्री मृतक की पत्नी है। यहाँ की रीति के अनुसार यह इसी तरह श्मशान-घाट जायेगी और अपने पति की चिता में कूदकर सती हो जायेगी।''

बृज घोड़ा रोककर उस अनोखे यात्रा-दल को देखता रहा। पति के शव के पीछे-पीछे स्त्री को इस तरह जाते उसने पहली बार देखा था। यात्रा-दल के आगे-आगे एक व्यक्ति डमरू बजा रहा था, वह अपने-आप से ही प्रश्न करता और अपने को ही उत्तर देता। वह इतनी जल्दी-जल्दी बोल रहा था कि बृज कुछ समझ नहीं पाया। उसने फिर किसी से पूछा कि उस आदमी के गीत का विषय क्या है?

उसे पता चला कि वह पुरुष स्त्री के लिए कह रहा है कि उसने जैसे अपने पति का इस संसार में साथ दिया है, उसी तरह वह अगले संसार में भी उसका साथ देगी। इसी विषय पर वह गीत गा रहा है और स्त्री की ओर से उत्तर भी देता जा रहा है।

डमरू बजानेवाले के पीछे कुछ और लोग वाद्य बजाते हुए चल रहे थे और कुछ स्त्रियाँ भी उच्च स्वर में गा रही थीं। वे उच्च स्वर में रुदन-सा कर रही थीं, परन्तु मृतक की स्त्री अधिक शोर नहीं मचा रही थी। बृज को पता चला कि यदि वह अधिक शोर मचाये तो सम्बन्धीगण यही समझेंगे कि वह पति के साथ सती नहीं होना चाहती।

यात्रा-दल आगे बढ़ गया, तो बृज के मन में न जाने क्या आयी, वह घोड़े को एड़ देकर उनके पीछे-पीछे हो लिया। जब वे लोग श्मशान-घाट पहुँचे तो वहाँ एक गड्ढे में पहले से ही मानों लकड़ियाँ जमा दी गयी थीं। चिता को आग लगाने से पहले मृत पुरुष की माता ने सिर पर जल से भरा एक छोटा-सा घट उठा लिया और एक हाथ में जलती हुई लकड़ी थाम ली। उसने चिता के तीन चक्कर लगाये। प्रत्येक चक्कर पूरा होने पर वह घट में एक छिद्र कर देती थी। जब तीसरा चक्कर पूरा हो गया तो उसने घट धरती पर पटककर तोड़ दिया और जलती हुई लकड़ी चिता में फेंक दी। चिता से आग की लपटें उठने लगीं। इसके बाद पत्नी आगे बढ़ी, उसने अपने हाथ-पाँव धोये, पुरोहित ने उसकी आरती उतारी। तब स्त्री ने अपने सारे आभूषण उतारकर और अपने अच्छे-अच्छे वस्त्र भी सम्बन्धी स्त्रियों में बाँट दिये। अब उसे गेरुए रंग का लम्बा-सा अंग-वस्त्र पहना दिया गया। एक सम्बन्धी ने उसका हाथ थाम लिया और स्त्री ने दूसरे हाथ में एक शाखा पकड़ ली और इस तरह वह गाती हुई पति की चिता की ओर बढ़ी। चितावाले गड्ढे के किनारे पर तीन सोपानों की छोटी-सी वेदी बनी हुई थी। सती होनेवाली स्त्री ने उस पर चढ़ने से पूर्व चिता के तीन चक्कर लगाये। फिर वह अपने दोनों हाथों में एक चटाई अपने आगे लटकाये वेदी पर चढ़ी, जिससे उसे अग्नि की ज्वालाएँ दिखायी न दें। पास खड़े लोगों ने चावल, ताम्बूल-पत्र, स्त्री की कंघी, दर्पण तथा शृंगार की अन्य वस्तुओं की पोटली

चिता में फेंक दी। इसके साथ-साथ वे यह भी कह रहे थे कि उस स्त्री को अब इन वस्तुओं की अगले संसार में आवश्यकता पड़ेगी। अन्त में सती होनेवाली स्त्री ने सबकी अनुमति चाही, अपने सिर पर घृत उँड़ेल लिया और फिर चटाई सहित चितावाले गड्ढे में कूद पड़ी। उसके भीतर गिरते ही चारों ओर खड़े सम्बन्धियों ने ऊपर से धड़ाधड़ लकड़ियाँ फेंकनी आरम्भ कर दीं। अग्नि-शिखाएँ भड़ककर ऊपर को लपकीं और अपनी ज्वाला में प्रत्येक वस्तु को भस्म करने लगीं।

तेज़ धूप में, चिता से कुछ दूर, बृज घोड़े की पीठ पर बैठे-बैठे यह सब-कुछ देखता रहा। आज तक उसने इतने ध्यान से किसी के चिता में जलने और स्त्री के सती होने की कार्यवाही नहीं देखी थी। वह काफ़ी देर तक वहीं रुका रहा। उसके मन में किसी प्रकार का कोई विचार नहीं आ रहा था। वह चकित-सा यह सब-कुछ देखता रहा। आख़िर उसने घोड़े की लगाम खींची और घोड़ा धीरे-धीरे धरती की छाती पर टापें मारता हुआ उसे चिता से दूर ले गया।

आज यह दृश्य देखकर पहले तो उसके सम्पूर्ण शरीर में रोमांच-सा व्याप्त हो गया और फिर उसे लगा जैसे उसका शरीर निश्चेष्ट हो गया हो और इसके साथ ही उसकी बुद्धि भी।

पहले तो वह बिना यह सोचे कि वह किस दिशा को जा रहा है, बढ़ता चला गया—खोया-खोया-सा, अपने धुँधले विचारों में डूबा-डूबा-सा। फिर एकाएक उसे इस बात का आभास हुआ कि वह कहाँ है और किधर को जा रहा है। उसने आकाश पर उठते हुए सूर्य की धूप से अनुमान लगाया कि अभी राजमहल के द्वार पर पहुँचने का समय हुआ या नहीं। फिर यह सोचकर कि और कुछ करने को तो है नहीं, वह घोड़े को एड़ लगाकर राजमहल की ओर चल दिया।

राजमहल के प्राचीर के निकट पहुँचकर उसने प्राचीर की छाया देखी तो पता चला कि वह ठीक समय पर आ गया है। द्वारपाल उसे पहचानता था। उसने पूछा, "कहो बन्धु, कंचन जी अभी तक पहुँचीं या नहीं।"

द्वारपाल ने उत्तर दिया, "अभी तक तो वे यहाँ नहीं आयीं।"

बृज को आश्चर्य हुआ। उसने फिर पूछा, "उन्होंने बताया था कि वे इस समय तक अवश्य पहुँच जायेंगी।"

द्वारपाल ने निराशा से हाथ घुमाकर कहा, "मैं तो सूर्योदय से पूर्व ही यहाँ पहुँच गया था। यदि कंचन जी आतीं तो मुझे अवश्य पता चल जाता।"

"हाँ यह तो ठीक है। वैसे कंचन जी मेरे लिये सन्देश भी छोड़ जातीं—अच्छा तुम मेरा घोड़ा सँभालो, अब तो मुझे यहीं पर उनकी प्रतीक्षा करनी पड़ेगी।"

घोड़े से उतरकर बृज द्वार के भीतर घुस गया। आगे पर्याप्त खुली जगह छूटी हुई थी। कुछ दूरी पर महल की रक्षिकाएँ पहरा दे रही थीं। बृज को ज्ञात था कि महल के भीतर कई सहस्त्र रक्षिकाएँ नियुक्त हैं।

वह इधर-उधर घूमने लगा। उसे ध्यान आया कि यदि कंचन आयी होती तो सबसे पहले तो उसे कालाफ़ाम दिखायी देता। जब तक कंचन महलों में रहती, तब तक कालाफ़ाम द्वारपाल से गप्पें हाँकता रहता था।

सम्भवत: उसे व्यर्थ में टहलते देखकर भीतर पहरा देनेवाली एक स्त्री उसकी ओर बढ़ी। उस समय बृज को ध्यान आया कि वह मुख्य द्वार से काफ़ी भीतर चला आया है, परन्तु उसे इतनी दूर आना नहीं चाहिए था।—अब पीछे लौटना उचित न समझकर वह जहाँ-का-तहाँ खड़ा रहा।

दूर से आनेवाली स्त्री को देखा तो उसे लगा कि वह नगर की सामान्य स्त्रियों से काफ़ी लम्बी है। शरीर भरा-भरा होने पर भी इकहरा दिखायी देता था। उसका रंग गहरा गेहुँआ था, होंठों की काट बड़ी सुन्दर थी, नाक बहुत ऊँची न होते हुए भी भली लगती थी, मोटी-मोटी आँखें कजरारी तथा मदभरी थीं। उसकी आयु अट्ठाईस-तीस वर्ष के लगभग होगी।

दूर से उसके माथे पर जो गहरे बल दिखायी दे रहे थे, वे बृज के निकट पहुँचते तक बिलकुल साफ़ हो गये, बल्कि सारे चेहरे से क्रोध और कठोरता के बादल उड़ गये...बृज के लिए यह कोई नयी बात नहीं थी।

"मैं यहाँ की द्वार-रक्षिका हूँ।" उस स्त्री ने मुस्कराते हुए यह बात कही, "कहो युवक, तुम्हारा यहाँ कैसे आना हुआ? तुम्हें किससे कार्य है?"

बृज के होंठों पर ऐसी मुस्कराहट फैल गयी, जो स्त्रियों के लिए अत्यन्त घातक होती है, "क्षमा कीजिये, मैं लौट जाता हूँ।"

बृज ने जान-बूझकर चंचलता से यह बात कही थी, जिसे सुनकर द्वार-रक्षिका ने एकदम जीभ दाँतो-तले दबा ली और उसका हाथ आगे बढ़ते-बढ़ते रुक गया। वह कोमल अपितु विनम्र स्वर में बोली, "मैंने लौट जाने को तो नहीं कहा।"

बृज ने बहुत धीरे-धीरे पहले तो गर्दन घुमायी और फिर पूरे का पूरा घूमकर स्त्री के सामने सीधा खड़ा हो गया और उसकी आँखों में आँखें डालकर बोला, "कंचन जी, इस समय यहाँ आनेवाली थीं और उन्होंने मुझे इस स्थान पर पहुँचने को कहा था।"

"ओह! तब कोई बात नहीं...वैसे वे अभी तक यहाँ नहीं पधारीं। जब उन्होंने कहा है तो आती ही होंगी।"

"मैं भी यही सोचता हूँ। मैं बाहरवाले द्वार के पास ही खड़ा था, परन्तु न जाने मेरा ध्यान किस ओर था कि मैं टहलता हुआ इधर चला आया।"

द्वार-रक्षिका ने उसे सान्त्वना देते हुए कहा, "कोई हानि नहीं। इसमें चिन्ता की क्या बात है—मैं भी न टोकती, परन्तु इस प्राचीर के भीतर पुरुषों को इतनी दूर तक आने की अनुमति नहीं है।"

"मैं जानता हूँ, अच्छी तरह जानता हूँ।"

सम्भवत: इस भय से कि वह फिर वहाँ से न चल दे, द्वार-रक्षिका ने शीघ्रता से कहा, "मेरे यहाँ होते हुए भय की कोई बात नहीं—वैसे आप इस देश के रहनेवाले तो नहीं दिखायी देते।"

अपनी बातचीत के ढंग, चाल-ढाल और वस्त्रों से वह स्त्री अन्य द्वार-रक्षिकाओं की मुखिया दिखायी देती थी। एक सामान्य द्वार-रक्षिका को बृज से इस तरह बातचीत करने का साहस नहीं हो सकता था।

बृज ने उत्तर दिया, "जी हाँ, मैं यहाँ का रहनेवाला नहीं हूँ...।"

इतना कहकर बृज ने थोड़े से शब्दों में अपनी कथा कह सुनायी, जिससे उस स्त्री को कुरेद-कुरेदकर उससे प्रश्न न करने पड़ें।

अब चूँकि बातचीत चल निकली थी तो बृज ने बरबस पीछा छुड़ाकर भागना उचित नहीं समझा। परन्तु यह भी तो प्रश्न था कि वह द्वार-रक्षिका से बात करे भी तो किस विषय पर। जहाँ तक स्त्री का सम्बन्ध था, वह तो टकटकी बाँधे उसकी ओर देखे जा रही थी। बृज ने कहना चाहा कि ज्ञात होता है कि यहाँ की द्वार-रक्षिकाएँ पर्याप्त रँगीले स्वभाव की होती हैं—परन्तु कहा नहीं। वह अपने दोनों हाथ पीठ पर बाँधकर एक छोटे से पत्थर को पाँव की हलकी-सी ठोकर मारते हुए बोला, "यह राजमहल तो अत्यन्त सुन्दर है।"

उसने सामने के महल की ओर भौंह से संकेत भी कर दिया। द्वार-रक्षिका को यह विषय पसन्द आया, वह बोली, "यह राजमहल...यहाँ एक महल नहीं है, अपितु अनेक महल हैं।"

बृज ने आवश्यकता से अधिक उत्सुकता दिखाते हुए पूछा, "अनेक महल? आख़िर इतने महलों की क्यों आवश्यकता आ पड़ी?"

"इसका अर्थ है कि आपको यहाँ के विषय में कुछ भी पता नहीं है। आपको ज्ञात होना चाहिए कि यहाँ पर छह सहस्र स्त्रियाँ सेवा करती हैं!"

"छह सहस्र! आख़िर इतनी स्त्रियाँ क्या करती हैं यहाँ?"

"महाराज की पाँच सौ रानियाँ हैं, उनके लिए कई महल बने हुए हैं। इन सहस्रों दासियों में से कुछ पहरेदारी करती हैं, कुछ रानियों की सेवा करती हैं, कुछ मल्ल-युद्ध करती हैं, कुछ गाने-बजाने का काम करती हैं, आठ स्त्रियाँ केवल महाराज का भोजन तैयार करती हैं और व्यय का लेखा-जोखा रखती हैं।"

"आश्चर्य! क्या स्त्रियाँ मल्ल-युद्ध भी करती हैं?"

"जी हाँ, महानवमी के अवसर पर कई दिनों तक उत्सव मनाया जाता है। जब आप यहाँ आइयेगा तो बहुत-कुछ देखने को मिलेगा।"

यह बातचीत हो ही रही थी कि इतने में कुछ ठेले मुख्य द्वार में से अन्दर आते हुए दिखायी दिये, जिन पर तरकारियाँ और नाना प्रकार के फल लदे हुए थे। बड़े-बड़े टोकरों में तीतर, पण्डुक, कपोत तथा अन्य पक्षी बन्द थे, जिनकी आँखें सिली हुई थीं। इनके अतिरिक्त ख़रगोश, चूहे और बिल्लयाँ भी थीं।

जब ठेले गुज़रकर आगे चले गये तो बृज ने पूछा, "यह सब-कुछ कहाँ जा रहा है?"

"यह सब-कुछ महाराज की पाकशाला के लिए है। इन पक्षियों तथा अन्य जीवों का मांस तैयार किया जाता है।"

बृज को आश्चर्य नहीं हुआ, क्योंकि वह जानता था कि विजयनगर के महाराज इन सब पक्षियों तथा जीवों का मांस खा जाते हैं। यहाँ तक कि बिल्लियाँ भी नहीं छोड़ते। उसने फिर पूछा, "यह सब-कुछ महाराज के सेवक बड़ी मण्डी से लाते होंगे?"

"नहीं तो—महाराज की पाकशाला का सारा सामान विजयनगर के बड़े-बड़े कर्मचारी और नायक आदि भिजवाते हैं—चाहे वे जहाँ से भी क्रय करें।"

बृज कुछ कहने जा रहा था कि स्त्री हाथ से संकेत करते हुए बोली, "वह देखिये, कंचन जी आ गयीं।"

२

बृज ने उधर सिर घुमाया तो देखा कि कंचन अपनी बहली से उतर रही हैं। द्वार-रक्षिका ने मुस्कराते हुए कहा, "ऐसी बहली सारे विजयनगर में किसी के पास नहीं है।"

बृज ने कहा, "ऐसी बहली तो कोई भी बनवा सकता है...।"

"जी हाँ...परन्तु यहाँ इसका चलन ही नहीं है। कंचन जी को ऐसी बहली बनवाने की इच्छा हुई, इसलिए उन्होंने बनवा ली।"

"तो यहाँ किस चीज़ का चलन अधिक है?"

"आपने तो देखा ही होगा कि यहाँ उच्च कुलों की स्त्रियाँ पालकियों में ही इधर-उधर जाती हैं। रानियाँ भी पालकियों का ही प्रयोग करती हैं।"

इतने में कंचन मुस्कराती हुई आगे बढ़ी और एक उजले पटुके से गर्दन और चेहरे के पसीने को कोमलता से पोंछते हुए बोली, "क्या तुम्हें बहुत प्रतीक्षा करनी पड़ी?"

"कुछ कह नहीं सकता।"

कंचन का चलता हुआ हाथ रुक गया और वह कुछ आश्चर्य में आ बोली, "क्यों, कह क्यों नहीं सकते?"

बृज ने सिर से द्वार-रक्षिका की ओर संकेत करते हुए कहा, "ये मुझसे बातें करती रहीं, इसीलिए समय बीतने का कुछ पता ही नहीं चला।"

कंचन अपने पटुके की ओट में मुस्करायी, वह समझ गयी कि बृज ने ये शब्द क्यों कहे हैं। द्वार-रक्षिका गद्गद हो उठी, बोली, "कंचन जी, जब मुझे पता चला कि ये आप ही से मिलने आये हैं, तो मैंने बातों-बातों में इनका मन बहलाये रखा।"

कंचन ने निचले होंठ का एक छोर दाँतों-तले दबाकर ऐसी दृष्टि से बृज की ओर देखा, जैसे कह रही हो—चंचल छोकरे, मैं तुम्हारी चंचलता को ख़ूब समझती हूँ।

कंचन ने मुँह सँवारते हुए द्वार-रक्षिका की ओर देखा, "यदि थोड़ी देर और इनका मन बहलाये रखो तो आभार मानूँगी।"

द्वार-रक्षिका पुलकित होकर बोली, "वाह, इसमें आभार मानने की क्या बात है।"

कंचन ने मुख फेरकर बृज की ओर देखा और चुपके से दृष्टि-निक्षेप कर बोली, "अच्छा बृज, कुछ देर तक इनसे और विचार-विनिमय करो। शीघ्र ही मैं तुम्हें अन्दर बुलवा लूँगी।"

यह कहकर कंचन ने बृज का हाथ धीरे से दबाया और उसकी हथेली को उँगली से गुदगुदाकर हँसती हुई महलों की ओर बढ़ गयी।

अब तो द्वार-रक्षिका ने पहले से भी अधिक उत्साह के साथ बृज का मन बहलाना आरम्भ कर दिया। बृज को एक-एक पल बिताना भारी हो रहा था।

आख़िर राय जी का एक सेवक बाहर आया और उसे देखकर पूछा, "आप ही बृज हैं?"

"मैं ही बृज हूँ।"

"मेरे साथ चले आइये।"

इतना कहते ही वह लट्टू की तरह घूम गया। बृज भी उसके पीछे चल दिया।

जो राजमहल बाहर से दिखायी देता था, अब उसकी ओट में और कई महल दिखायी देने लगे, जो थोड़ी-थोड़ी दूरी पर बने हुए थे। बृज चक्करदार मार्ग पर चलता हुआ जब एक भवन के निकट पहुँचा तो उसका साथी रुक गया। फिर उसकी बाँह पर हाथ रखकर एक कोने में ले गया और धीरे से पूछा, "क्या आप पहले कभी महाराज की सेवा में उपस्थित हुए हैं?"

"नहीं।"

"वही तो मुझे भी सन्देह हुआ—देखिये, आप जब दरबार में पहुँचेंगे, तो आपका नाम उच्च स्वर में पुकारकर सुनाया जायेगा। महाराज के सामने पहुँचते ही आप अपने दोनों हाथ और बाँहें सिर से ऊपर जितना उठा सकें, उठाइयेगा—इसे सलाम करना कहते हैं।"

बृज ने केवल सिर हिला दिया।

सम्भवत: वह महाराज के सेवक को अत्यन्त मूढ़ ज्ञात हो रहा था, उसने फिर पूछा, "आप समझ गये न कि सलाम कैसे किया जाता है?"

"समझ गया।" बृज ने रुक्षता से उत्तर दिया।

वह व्यक्ति पल-भर तक बृज की ओर सन्देहपूर्ण दृष्टि से देखता रहा, फिर सिर को झटका देकर बोला, "तो चलिये।"

चलते-चलते महाराज के सेवक ने कहा, "यह सामान्य दरबार नहीं है, विशेष दरबार है। इसमें सब लोग नहीं आ सकते हैं।"

बृज समझ नहीं पाया कि वह यह बात क्यों कह रहा है। परन्तु उसने कुछ पूछने की आवश्यकता भी नहीं अनुभव की।

थोड़ी दूर जाकर बृज को वह भवन दिखायी देने लगा, जहाँ दरबार लगा हुआ था। वह वृद्ध राय जी के सम्बन्ध में बहुत-कुछ सुन चुका था। अत: जब उसने उस छोटे से भवन के भीतर पाँव रखा तो उसके साथवाले व्यक्ति ने उच्च स्वर में चिल्लाकर उसके नाम की घोषणा की। बृज महाराज को देखने के लिए इतना उत्सुक हो रहा था कि पल-भर को वह सलाम करना ही भूल गया। परन्तु अचानक स्मरण आ जाने पर उसने बताये गये ढंग से दोनों हाथ ऊपर तक उठाये और सिर नीचे झुका दिया। ऐसा करते समय उसे अत्यन्त विचित्र-सा लग रहा था। सलाम के बाद उसकी समझ में नहीं आया कि अब उसे क्या करना होगा। फिर वही व्यक्ति उसके काम आया। उसने उसकी बाँह छूकर दीवार की ओर संकेत किया। बृज ने देखा कि दीवार के साथ-साथ फ़र्श पर कई अन्य व्यक्ति भी बैठे हुए हैं। वह भी दीवार के साथ पालथी मारकर बैठ गया। अन्य लोगों ने तो आँखें फ़र्श पर गाड़ रखी थीं, परन्तु बृज कनखियों से महाराज की ओर देखता रहा।

उसे लगा कि उसका नाम पुकारा जाने पर भी सम्भवत: राय जी ने उसकी ओर दृष्टि उठाकर देखा भी नहीं था। वह अपने निकट बैठी हुई एक स्त्री से अत्यन्त धीरे-धीरे बातचीत कर रहे थे। ऐसा प्रतीत होता था कि वह स्त्री उन्हें कुछ लेखा-जोखा समझा रही है। वह स्त्री स्वयं फ़र्श पर खड़ी थी, परन्तु कंचन महाराज के दाहिनी ओर बैठी थी। वह अपनी मेंहदी लगी कोमल उँगलियों से पान लगा रही थी। बृज जानता था कि विजयनगर के राजाओं के दरबार में केवल गणिकाओं को ही इस बात का अधिकार प्राप्त रहा है कि वे महाराज को अपने हाथ से पान लगाकर प्रस्तुत कर सकती थीं।

निकल रहे थे। देखते-ही-देखते आकाश ने बादलों की दुलाई ओढ़ ली। वह सोचने लगा कि सम्भवत: आज बूँदा-बाँदी हो जाये।

इतने में लाल आवरण-पटों से ढँकी हुई पालकियाँ राजमहल के द्वार से निकलकर बाहर को चली गयीं। उन्हें आठ-आठ व्यक्ति कन्धों पर उठाये हुए थे। बृज ने अनुमान लगाया कि ये रानियों की ही पालकियाँ होंगी।

वह हाथ पीछे-पीछे बाँधे मुख्य द्वार की ओर धीरे-धीरे क़दम उठाता हुआ बढ़ गया। आगे से कंचन आती दिखायी दी। आँखें मिलते ही उसने पूछा, "अरे बृज, महाराज का दिया हुआ चँवर कहाँ गया?"

"मैंने आपकी बहली में रख दिया है।"

"आज महाराज ने तुम पर अत्यन्त अनुग्रह किया।"

"मैं जानता हूँ—परन्तु यह सब-कुछ आपके कारण हुआ।"

कंचन उसका हाथ थामकर एक ओर ले गयी, फिर धीरे से बोली, "कैसे लगे महाराज?"

"महाराज तो बहुत अच्छे लगे, परन्तु मुझे बृज अच्छा नहीं लगा।"

"वह क्यों?"

"बृज राजदरबारों में जाने का अभ्यस्त नहीं, इसलिए उखड़ा-उखड़ा रहा और एक भी काम की बात नहीं कही।"

कंचन ने उसके हाथ पर थपकी देते हुए कहा, "तुमने जो कुछ किया, ठीक किया। राजदरबार ऐसा स्थान नहीं होता जहाँ काम की बातें कही जायें...।"

बृज कंचन की उमंग देखकर मुस्कराया। कंचन ने दोनों आँखें झपकाकर कहा, "कुछ समझे?"

"जी हाँ, समझा।"

"चलो, तोते की तरह बातें मत बनाओ—आओ घर चलें।"

बृज ने कुछ रुककर कहा, "अभी मेरा घर जाने का विचार नहीं है।"

"तो क्या घूमने जाओगे?...अच्छा कोई बात नहीं, भोजन के समय तक आ जाना।"

"मैं डॉम-गार्शिया के पास जा रहा हूँ।"

"हाय-हाय! यह डॉम-गार्शिया तो भूत बनकर तुमसे चिपट गया है।"

"कंचन जी, आप मेरे सम्बन्ध में कोई चिन्ता न करें। डॉम-गार्शिया के साथ रहकर भी मुझ पर उसका रंग नहीं चढ़ सकता।"

कंचन ने उसकी ओर स्निग्ध दृष्टि से देखते हुए कहा, "हाँ, यह तो मैं जानती हूँ—किन्तु देखो, वह तुम्हें भोजन कराये बिना नहीं आने देगा।"

"तो क्या हुआ।"

"आह! तुम्हें क्या होगा...जिसे कुछ होगा उसी को होगा। अच्छा जाओ, मेरी ओर से अनुमति है।"

३

कंचन बहली में बैठ गयी और बृज अपने सफ़ेद घोड़े पर। वे अलग-अलग दिशा को चल दिये, किन्तु मुड़-मुड़कर एक-दूसरे की ओर देखते जा रहे थे। कंचन ने कृत्रिम क्रोध से मुँह कुछ फुला रखा था, माथे पर बल डाल रखे थे और उसकी ओर घूरे जा रही थी। बृज का घोड़ा कुछ नाचता हुआ-सा, बड़े बाँकपन से टापें धरती पर मार रहा था। बृज ने सोचा कि सम्भवतः कंचन को उसका इस तरह साथ छोड़ना बुरा लग रहा है। तब उसने अपने वक्ष को उँगली से छुआ और संकेत से पूछा कि क्या लौट आऊँ?

इस पर मानो कली चटक गयी, कंचन का फूला हुआ चेहरा खिल उठा और उसने हाथ के संकेत से उसे चले जाने को कहा। पल-भर और उसकी ओर हँसते हुए देखती रही, फिर उसने पट-वस्त्र गिरा दिया। बृज ने भी एड़ लगाकर लगाम को झटका दिया और घोड़ा तूफ़ान की लहरों पर सवार हो गया।

बृज नगर के बाहर-बाहर से होता हुआ गया। इस तरह मार्ग तो लम्बा पड़ता था। परन्तु भीड़भाड़ न होने के कारण वह घोड़े को तेज़ी से दौड़ाता हुआ डॉम-गार्शिया के निवास-स्थान तक पहुँच गया। डॉम-गार्शिया बड़े ढंग से रहनेवाला व्यक्ति था। मुख्य द्वार पर दो द्वारपाल प्रत्येक समय खड़े रहते थे। बृज ने सोचा कि उनमें से एक को घोड़े की लगाम थमाकर दूसरे को भीतर भेज दूँगा, जिससे वह उसके आने की सूचना स्वामी को दे सके। परन्तु डॉम-गार्शिया ने भवन के भीतर से ही उसे देख लिया और ज्यों ही बृज घोड़े से उतरा, वह बाँहें फैलाये उसका स्वागत करने के लिए आगे बढ़ आया। उसके प्रत्येक आचरण से उत्साह फूटा पड़ रहा था, उसका स्वर ऊँचा और भरपूर था। उसका व्यवहार बिलकुल ऐसा ही था जैसा कि किसी भी ऐसे व्यक्ति का हो सकता है, जिसके मन में कोई दुविधा न हो। उससे मिलकर भले ही गम्भीर विषयों पर विचार-विनिमय न हो सके, परन्तु उसके साथ बैठनेवाले को अपने भीतर भी एक नवीन उत्साह एवं प्रबलता का आभास होता था। वैसे इतने दिनों तक इकट्ठे रहने से बृज ने यह अनुभव कर लिया था कि उसके रँगीलेपन के पीछे भी कुछ-न-कुछ दर्शन तो था ही, यह अलग बात है कि हर किसी के लिए उसके तर्क को स्वीकार करना असम्भव है।

निकट पहुँचकर डॉम-गार्शिया ने ज़ोरदार क़हक़हा आकाश की ओर छोड़ते हुए कहा, "यह मैं क्या देख रहा हूँ।...यह बृज तो नहीं हो सकता।...मेरी आँखें अवश्य धोखा खा रही हैं।"

बृज ने उसके फ़ैले हुए दोनों हाथों को अपने हाथों में थामते हुए कहा, ''नहीं तुम्हारी आँखें धोखा नहीं खा रही हैं।''

''तो फिर तुम ही धोखे से इधर चले आये हो।''

बृज न जाने कितने दिनों बाद मन की गहराइयों से भरपूर क़हक़हा लगाते हुए बोला, ''अब तुम यह भी कहोगे कि मैं धोखे से ही तुम्हें सदा स्मरण करता रहा।''

''अगर यह बात है तो मुझे मानना पड़ेगा कि तुम्हारे मन के किसी कोने में मेरे लिये भी छोटी-सी जगह अवश्य है।''

''तुम्हारे जैसा भारी-भरकम व्यक्ति छोटी-सी जगह में कैसे समा सकता है? तनिक यह तो सोचो।''

अब फिर डॉम-गार्शिया ने क़हक़हा लगाया और बृज की पीठ थपथपाते हुए उसे भवन के भीतर ले गया। सामने ही एक दासी दिखायी दी। डॉम-गार्शिया ने अपनी उँगली भाले की तरह तानते हुए दासी से कहा, ''बग़ल के कक्ष में मधुर वाद्य बजाने आरम्भ कर दो। आज मेरा मित्र आया है। यह भोजन भी यहीं करेगा।''

भोजन की बात सुनकर बृज ने उसे टोकने का प्रयास किया, परन्तु डॉम-गार्शिया ने तुरन्त उसके मुँह पर हाथ रखते हुए कहा, ''अब कंचन का नाम मत लेना! मित्र, अद्‌भुत है। इस स्त्री ने तो तुम्हें हर ओर से ऐसा बाँध रखा है कि तुम न कहीं जा सकते हो, न कहीं खा सकते हो और न किसी से बात कर सकते हो।''

दासी चली गयी। डॉम-गार्शिया ने हाथ से आसन्दी की ओर संकेत किया और बृज आसन्दी पर बैठते हुए बोला, ''किसी को अपने पास रखकर और किसी को दूर हटाकर बाँध रखा है उसने।''

डॉम-गार्शिया ने झुककर उसके कन्धे को दबाते हुए कहा, ''मैं ख़ूब समझता हूँ तुम्हारे इस संकेत को। परन्तु मुकरने से क्या लाभ। इसमें कोई सन्देह नहीं कि इस कंचन ने मुझे ठुकराकर परेशानी में डाल रखा है। माना कि वह उच्च स्तर की गणिका है, परन्तु ऐसा कौन-सा धनवान् व्यक्ति है, जिसे विजयनगर की उस महान् गणिका ने रिझाने से इन्कार कर दिया हो? सारे विजयनगर में केवल मैं ही ऐसा व्यक्ति हूँ...।''

''सम्भवत: तुम्हें भी वह कभी इन्कार न करती, परन्तु उसके मन में तुम्हारी 'कला' का भय बैठा हुआ है।''

''यह भय बिलकुल व्यर्थ है। वह नहीं जानती कि मेरी कला का आनन्द उठाये बिना वह पूर्ण स्त्री नहीं कहला सकती। कितने दु:ख की बात है कि उसे अपने इस अधूरेपन की कुछ भी अनुभूति नहीं है...अच्छा छोड़ो मेरी इस दु:ख भरी कहानी को। तुम आये हो तो यह मेरे लिये उत्सव मनाने का दिन है। परन्तु जैसा कि तुम जानते

ही हो, इस उत्सव का आरम्भ सुराही और प्याले की आँख-मिचौनी से ही किया जायेगा।''

डॉम-गार्शिया ने ताली बजायी। सम्भवत: यह किसी विशेष प्रकार की ताली थी, क्योंकि इसकी गूँज समाप्त होते-न-होते सोने के थाल में मदिरा की सुराही और दो प्याले लेकर एक युवा दासी ने कक्ष में प्रवेश किया, परन्तु इतनी नि:शब्दता से जैसे उसके पाँव धरती से छू भी न रहे हों।

जिस ढंग से डॉम-गार्शिया ने बृज के प्याले में मदिरा उँड़ेली, उसे देखकर बृज ने उसे रोकने के लिए हाथ उठाया तो डॉम-गार्शिया ने कनखियों से उसकी ओर देखते हुए कहा, ''ऐसे शुभ कार्य का श्रीगणेश करने जा रहा हूँ, इसलिए तुम्हारा टोकना भला नहीं लगता। हाँ, अगले प्यालों में मदिरा डालते समय तुम्हारा ध्यान रखूँगा।''

बृज चुप रह गया।

आधा प्याला गले में उँड़ेलकर डॉम-गार्शिया बोला, ''तुम कंचन से इतना मत डरा करो।''

''मैं डरता नहीं, सम्मान करता हूँ।''

''सम्मान करने का यह अर्थ तो नहीं कि तुम मेरे यहाँ भोजन न करो।''

बृज ने कुछ उत्तर नहीं दिया, वह चुपचाप उसकी ओर देखकर मुस्कराता रहा।

डॉम-गार्शिया बिदककर बोला, ''क्या देख रहे हो? ऐसी क्या बात है?''

''मुझे स्मरण आ गया कि कुछ ही समय पहले कंचन जी ने कहा था कि डॉम-गार्शिया के पास जाओगे तो वह बिना भोजन कराये लौटने नहीं देगा।''

''यही तो भारत की सभ्यता है। तुम्हारी सभ्यता है।...परन्तु, यह तो बताओ कि तुम घर से चलते हो तो हर बार कंचन को बताते हो कि तुम कहाँ जा रहे हो?''

''आवश्यक तो नहीं। परन्तु आज हम महाराज के दरबार में गये थे। लौटते समय मैंने कहा कि अभी घर नहीं जाऊँगा...।''

''अच्छा, आज तुम महाराज के दर्शन भी कर आये!''

''हाँ।''

''मैंने महाराज जैसा और कोई मनुष्य नहीं देखा। उनमें कुछ ऐसे गुण हैं, जो बहुत कम शासकों में होते हैं।''

बृज रुककर उसके मुँह की ओर देखने लगा। वह जानना चाहता था कि डॉम-गार्शिया ने ये शब्द किस उद्‌देश्य से कहे हैं, परन्तु कुछ समझ न पाया। अत: कह दिया, ''मैं तुमसे सहमत हूँ।''

''लेकिन सुनो तो, एक अफ़वाह बड़े ज़ोर से चक्कर लगा रही है।''

''क्या?''

"सामान्य लोगों को तो इसका कुछ ज्ञान नहीं है, परन्तु विशिष्ट व्यक्तियों में यह बात चक्कर लगा रही है।"

"आख़िर वह बात क्या है बन्धु।"

"सुना है उत्तर के मुसलमान सुल्तान विजयनगर पर आक्रमण की तैयारियाँ कर रहे हैं।"

बृज ने इस बात को स्वीकार करना उचित नहीं समझा। धीरे से बोला, "मुझे तो इस बात का कुछ पता नहीं है।"

"दरबार में ऐसी कोई बात नहीं हुई? क्या राय जी ने इस विषय पर कुछ कहा नहीं?"

"नहीं।"

"दाल में कुछ-न-कुछ काला तो है।"

"परन्तु, मैंने तो सुना है कि मुसलमान सुल्तान विजयनगर से टक्कर लेने के योग्य नहीं हैं।"

"यह बात असत्य तो नहीं, परन्तु यदि यह अफ़वाह ठीक है तो मैं आनेवाले युद्ध को महत्त्व दिये बिना नहीं रह सकता।"

"वह क्यों?"

"इसलिए कि शत्रु इस बात को सोच-समझकर आक्रमण करेगा कि उसकी टक्कर विजयनगर के राय जी से होगी। विजयनगर की सेना में आठ-दस लाख पैदल सैनिक, सहस्त्रों घोड़े और सैकड़ों हाथी हैं। ऐसी भयंकर सेना से दो-दो हाथ करनेवाला अवश्य प्रबन्ध करके आयेगा। सच पूछो तो मुझे गोवा से आनेवाले कुछ लोगों के मुँह से पता चला है कि यदि यह आक्रमण हुआ तो अत्यन्त भयंकर युद्ध होगा।"

"यदि यह अफ़वाह इतनी फैल चुकी है, तो महाराज को भी इसका कुछ ज्ञान तो होगा ही और उन्होंने इसका कुछ प्रबन्ध भी किया होगा।"

"प्रबन्ध तो अवश्य किया होगा। महाराज के कानों में यह बात अवश्य पहुँची होगी, क्योंकि उन्होंने गोवा से कई सौ घोड़े और मँगवाये हैं।"

"तब यह सूचना ठीक ही होगी।"

"मुझे तो यहाँ तक पता चला है कि राज-दरबार में भी इस विषय पर विचार-विमर्श हो चुका है।"

"हमें इससे क्या लेना।"

"तुम्हें तो नहीं, परन्तु मुझे तो सोचना ही पड़ेगा। मेरा यहाँ बहुत फैला हुआ व्यवसाय है। मेरे पास स्वर्ण-मुद्राओं से भरे हुए सन्दूक हैं और बहुत-सा धन है। आख़िर इसे भी तो कहीं ठिकाने लगाना होगा। तुम्हारा क्या है, तुम तो रमते जोगी

हो। नगर-नगर घूमते हो। इस नगर पर कोई विपत्ति आयी तो तुम किसी अन्य नगर को सिधार जाओगे।''

''हाँ बन्धु, यह तो ठीक कहते हो। अच्छा तो तुमने अपने विषय में क्या सोचा है?''

''थोड़े दिन और देखूँगा, यदि पता चला कि वास्तव में आक्रमण होनेवाला है तो जो धन ले जाया जा सकता है, उसे मैं गोवा पहुँचा दूँगा। वहाँ भी मेरा एक भवन है।''

''जहाँ तक मैं देख रहा हूँ, अन्य लोगों में तो ऐसी कोई उद्विग्नता नहीं पायी जाती।''

''तुम क्या जानो। कुछ लोग तो भीतर-ही-भीतर अपना पूरा प्रबन्ध कर रहे हैं। आह-चाँग को तो तुम जानते ही हो। उसने भी अपना धन इधर-उधर कर दिया है।''

''अरे भले आदमी! यदि आक्रमण न हुआ या आक्रमण होकर भी असफल रहा...तो?''

''तो क्या! हम अपना धन वापस ले आयेंगे।''

बृज ने अपना मदिरा-पात्र खाली करते हुए कहा, ''बन्धु हम जोगी लोग इन बातों को क्या जानें। जो जी चाहे सो करो—हाँ बन्धु, आह-चाँग से भी मैं भेंट करना चाहता हूँ।''

''बहुत अच्छा व्यक्ति है।''

मैं एक बार उसके यहाँ हो आया हूँ। अत्यन्त रोचक बातें होती रहीं। उसने मुझसे कह रखा है कि किसी दिन मैं उसके यहाँ भोजन करूँ।''

''अवश्य करो। कहो तो मैं भी तुम्हारे साथ चला चलूँगा। मेरा भी वह मित्र है। रही भोजन की बात, तो इसमें कोई सन्देह नहीं कि उसके यहाँ भोजन करके बस आनन्द आ जाता है।''

एकाएक बृज को कुछ स्मरण आया तो बोला, ''बन्धु, वह तुम्हारे अफ्रीकावाले मित्र कहाँ हैं आजकल?''

''यहाँ से तो गोवा चला गया था और वहाँ से कोई सन्देश नहीं मिला...तुम नाक्रना के विषय में ही पूछ रहे हो न?''

''हाँ।''

''तुम्हें वह कैसा व्यक्ति लगा?''

''मैं उससे प्रभावित हुआ।''

''इसीलिए तो कहता हूँ कि कभी अवसर मिले तो उसके देश में जाओ।''

''यहाँ कुछ अन्य लोगों से बातें हुईं तो पता चला कि अफ्रीका बहुत विशाल और भयंकर देश है।''

"इसमें सन्देह नहीं। उसके भीतर तो कभी कोई घुस ही नहीं पाया। उसके भीतर अद्‌भुत क्षेत्र हैं, जिनके विषय में अनेक विचित्र कहानियाँ प्रसिद्ध हैं।"

"तुम वहाँ जा चुके हो क्या?"

"एक बार।"

"तुम्हें वहाँ कैसा लगा?"

"अति सुन्दर।"

"तुम किस सम्बन्ध में गये थे वहाँ?"

"मेरा व्यक्तिगत काम तो कोई न था, मैं अपने एक मित्र के साथ गया था। वह उस देश से युवक और युवतियाँ प्राप्त करता है और उन्हें अन्य देशों में बेच देता है।"

"क्या नाक्रना से तुम्हारी भेंट उसी समय हुई?"

"हाँ, हम वहाँ काफ़ी लम्बे समय तक रहे थे। नाक्रना से मित्रता हो जाने पर मुझे उस देश के भीतर घुसकर उसे देखने का अवसर मिला। वहाँ के प्राकृतिक सौन्दर्य का मैं वर्णन नहीं कर सकता। मैंने वहाँ इतने प्रकार के जीव-जन्तु देखे कि उनके नाम भी स्मरण नहीं रह गये। वहाँ की सरिताएँ, पर्वत तथा वन दर्शनीय हैं। इसमें भी कोई सन्देह नहीं कि अकेले वहाँ जाने का परिणाम इसके अतिरिक्त कुछ नहीं हो सकता कि मनुष्य अपने जीवन से भी हाथ धो ले।"

इतना सुनकर बृज चुपचाप बैठा हवा में घूरता रहा। डॉम-गार्शिया ने जब उसे इस तरह चुप देखा तो बोला, "यह तुम कहाँ खो जाते हो बातें करते-करते?"

बृज ने चौंककर डॉम-गार्शिया की ओर देखा और फिर कहने लगा, "मैं वही बात कहने जा रहा हूँ, जो प्राय: कंचन जी कहती हैं।"

"लेकिन मित्र, तुमको ऐसी क्या आवश्यकता आ पड़ी है कि वही बातें कहने लगे हो जो कंचन कहा करती हैं।"

"यहाँ पर मेरे और कंचन जी के विचार एक-से हैं। हमारा दृष्टिकोण एक है। मैंने जो कुछ जीवन में किया है, कंचन जी को वही कुछ करने की इच्छा है।"

"मित्र, जो कुछ तुमने किया है, वह तो कंचन कर भी सकती है, परन्तु जो कुछ कंचन ने जीवन में किया है, वह तुम कभी नहीं कर सकते।"

बृज ने ज़ोरदार क़हक़हा लगाया, बोला, "कंचन जी पर कटाक्ष किये बिना तुम नहीं रह सकते।"

"मैंने माना कि कंचन तुम पर अत्यन्त कृपालु है, परन्तु इसका यह अर्थ तो नहीं कि तुम मेरे प्रति अन्याय करो।"

"अन्याय? मैंने तुम्हारे प्रति क्या अन्याय किया?"

''तुम्हें यह तो अनुभव हो गया कि मैंने कंचन पर कटाक्ष किया है, परन्तु जो चोट कंचन ने मुझे पहुँचायी है, क्या तुमने कभी उसके विषय में भी सोचा है? उसे अनुभव किया है?''

इतना कहकर डॉम-गार्शिया ने दिल खोलकर क़हक़हा लगाया और उसकी ओर हाथ बढ़ाते हुए बोला, ''क्यों, कैसी कही।''

बृज भी हँसता रहा, फिर कहने लगा, ''डॉम-गार्शिया, यदि तुम अपनी कला के इतने महान् कलाकार न होते तो फिर तुम देखते कि कंचन जी तुम पर कितनी कृपालु होतीं।''

''सुनो तो, मुझे इतना बता दो कि वह तुम पर किस सीमा तक कृपालु हैं?''

''यह कहना कठिन है। मेरे लिये उनके अनुग्रह समझ में न आनेवाले रहस्य से कम नहीं हैं। यदि वे न होतीं तो मैं अब तक कभी का विजयनगर से निकल गया होता।''

''तब तो एक प्रकार से मुझे भी कंचन का कृतज्ञ होना चाहिए, क्योंकि तुम जो रमते जोगी की भाँति घूम-फिरकर नगर से निकल जाते तो फिर हमारी भेंट कैसे होती। मैं तुम्हारे जैसे प्रिय व्यक्ति से मिले बिना ही रह जाता। परन्तु तुम कंचन के यहाँ पहुँचे कैसे?''

''तुम्हें सब-कुछ बता चुका हूँ। ज्ञात होता है कि बातें सुनते समय तुम्हारा ध्यान कहीं और होता है, तभी तो तुम्हें कुछ स्मरण नहीं रहता।''

''चलो जी, इस बात में रखा ही क्या है कि तुम कंचन के पास पहुँचे या कंचन तुम्हारे पास पहुँची—किन्तु जहाँ तक भूलने का सम्बन्ध है, तुम भी मुझसे कम नहीं हो।''

''क्यों, ऐसी क्या बात हुई?''

''अभी-अभी तुम कोई ऐसी बात कहने जा रहे थे जो कंचन प्रायः कहा करती हैं—परन्तु तुम वह बात बताना भूल गये।''

बृज ने माथे को अपनी उँगली से बजाते हुए कहा, ''तुत्-तुत्...यहाँ तो मुझे हार माननी पड़ेगी।''

''यदि तुम चाहो तो अब भी वह बात कहकर अपनी हार को जीत का रूप दे सकते हो।''

''मुझे हार-जीत से क्या लेना।''

''मुझे टालने की चेष्टा मत करो। यदि तुम्हें हार-जीत से कुछ नहीं लेना, तो भी वह बात तो कह डालो, जो तुम कहने जा रहे थे।''

''वह बात तो ख़ैर मैं कह ही दूँगा, किन्तु गार्शिया, हम दोनों की मित्रता भी ख़ूब है।''

"मैं तो समझता हूँ कि हर मित्रता ख़ूब होती है।"

"परन्तु हमारी मित्रता तो अद्भुत है।"

"मैं भी तो सुनूँ, कैसे?"

"मैं इस पार, तुम उस पार...फिर भी...फिर भी...।"

"क्या बात तुमने कही है। तुम्हारी सारी बात का सारांश केवल दो शब्दों में है और वे शब्द हैं—फिर भी। मैंने ये दो शब्द जीवन में कई बार सुने थे, परन्तु आज मुझे पहली बार इस बात का आभास हो रहा है कि इन दो शब्दों के पीछे तो पूरा एक दर्शन है।"

बृज ने खिलखिलाकर हँसते हुए कहा, "अच्छा?...कौन-सा दर्शन है वह?"

"यह बताने में तो समय लगेगा, लेकिन अब मैं किसी से कह सकता हूँ : ऐ कंचन, माना कि डॉम-गार्शिया तुम्हें भला नहीं लगता, माना डॉम-गार्शिया के निकट जाने की कल्पना से ही तुम्हारा मन विकल हो उठता है, परन्तु...फिर भी, फिर भी।"

यह कहते-कहते डॉम-गार्शिया ने आँखें मूँद लीं। फिर उसने निचला होंठ दाँतों में चबा डाला और पटाक से आँखें खोलकर बृज की ओर देखते हुए बोला, "बृज, माना कंचन के तुम पर बहुत-से अनुग्रह हैं। माना तुम मुझे उसके योग्य नहीं समझते...फिर भी, फिर भी।"

"वाह वाह! तुमने 'फिर भी' का चक्कर ख़ूब चलाया है। मैं सचमुच कभी-कभी अत्यन्त गम्भीरता से सोचने लगता हूँ कि एक-दूसरे से इतने भिन्न होते हुए भी हमें परस्पर गहरा लगाव क्यों है?"

"इतनी छोटी-सी बात भी तुम नहीं समझे।"

"यह तो यह बात इतनी छोटी-सी नहीं है, या सचमुच मेरी समझ ही दुर्बल है।"

"अब इसका निर्णय तुम कर लो, मैं तो केवल यह जानता हूँ कि हमारे पारस्परिक लगाव का कारण क्या है।—देखो, जब दो व्यक्ति बिलकुल एक से हों तो वे एक-दूसरे को अपनी ओर आकर्षित नहीं कर सकते। यदि मैं वही कुछ होता जो तुम हो, तो तुम मुझसे ऊब जाते, या तुम यही कुछ होते जो मैं हूँ तो मैं तुमसे ऊब जाता। अलग-अलग व्यक्तित्व होने के कारण ही हम एक-दूसरे के इतना निकट अनुभव करते हैं।"

"तुम्हारा अनुमान मुझे बिलकुल ठीक लगता है। मैं तुम्हारे 'दर्शन' से सहमत न होते हुए भी तुम्हारे साथ बातें करता हूँ, तुम्हारे पास बैठता हूँ तो लगता है जैसे मेरे मन का बोझ हलका हो गया हो।"

"परन्तु, मैं कोई महात्मा नहीं हूँ।"

"तुम न केवल महात्मा नहीं हो वरन् किसी महात्मा के प्रतिनिधि भी नहीं हो।"

इस पर डॉम-गार्शिया आसन्दी से उतरकर फ़र्श पर बैठ गया और हाथ-पाँव इधर-उधर फेंकते हुए क़हक़हे लगाने लगा। बृज केवल मुस्करा रहा था और उसे देख-देखकर सोच रहा था कि कुछ ऐसे लोग भी होते हैं, जो इस संसार की चिन्ता में इतने डूबे रहते हैं कि इस संसार का आनन्द तो ले नहीं पाते...अगले संसार की भगवान् जाने। लेकिन डॉम-गार्शिया की जड़ें तो इस धरती से पाताल तक पहुँची हुई हैं। माना कि कुछ लोग पंखुड़ी-पंखुड़ी को देखकर आहें भरने, फूल-फूल के मुरझाने पर आँसू बहाने पर विवश हैं, परन्तु उनके पास इस बात का क्या प्रमाण है कि डॉम-गार्शिया जो कुछ सोचता है, जो कुछ अनुभव करता है वह सब ग़लत है।

डॉम-गार्शिया ने फ़र्श पर बैठे-बैठे अपना मधु-पात्र उसकी ओर बढ़ाकर कहा, "लो बन्धु इसे भरकर एक प्याले की प्यास बुझा दो, पुण्य कमा लो।"

बृज ने मुस्कराकर पात्र में मदिरा उँड़ेल दी। डॉम-गार्शिया ने एक घूँट भरकर बड़े ज़ोर से चटखारे का स्वर निकाला, और फिर मदमत्त आँखों से बृज की ओर देखते हुए बोला, "देखो बन्धु, या तो तुम वह बात कह दो जो तुम कहने जा रहे थे या फिर मैं उन नर्तकियों को बुलाता हूँ, जिनका नृत्य देखकर तुम मन्त्र-मुग्ध रह जाओगे।"

"मैं तुम्हारी इस मोहक धमकी के आगे सिर झुकाता हूँ।"

"मैं तुम्हारी चंचलता सहन करने को बिलकुल तैयार नहीं हूँ। जब तुम इस तरह अपना पीछा छुड़ाने पर तुले हुए हो तो मैं भी उन नर्तकियों का नृत्य भोजन के पश्चात् ही करवाऊँगा—मैंने पहले से ही इस बात का निश्चय कर रखा था।"

"मैं अत्यन्त सामान्य बात कहने जा रहा था, परन्तु अब तो उसे कहने को जी ही नहीं चाहता। मन में तरंग उठने की बात है...।"

"तरंग की चिन्ता मत करो। मेरे पास कुछ ऐसी चीज़ें भी हैं, जिनमें से किसी एक की आँखों में पल-भर के लिए आँखें डाल दो तो तुम्हारे मन में उमंगों और तरंगों का ज्वार-भाटा आ जाये।"

बृज ने हाथ उठाकर कहा, "ठहरो, ठहरो, किसी को बुलाना नहीं। जो बात मैं कहने जा रहा था वह केवल यह थी कि मेरे पाँव में चक्कर है, मेरे मन में चक्कर है, मेरे मस्तिष्क में चक्कर है...।"

डॉम-गार्शिया ने बात काटते हुए कहा, "इसका अनुमान तो कोई मूढ़ भी तुम्हारी आकृति और आचरण देखकर लगा सकता है। अब आगे कहो।"

"जब कोई किसी नयी जगह का नाम लेता है तो मेरे हृदय में खलबली-सी मच जाती है। क्योंकि नये स्थान में नये लोग होते हैं, उनके नये-नये विचार और तर्क होते हैं। मैं उनसे मिलकर अपने मन की जिज्ञासा को शान्त करना चाहता हूँ।"

"तुम्हारा यह दृष्टिकोण कितना उकता देनेवाला है। यदि मेरा यह दृष्टिकोण होता तो आठ-दस वर्ष की आयु तक ही अगले संसार में पहुँच जाता। परन्तु तुम अभी तक बने हुए हो।"

"यही तो एक ऐसा रहस्य है, जिसकी थाह नहीं मिलती। मैं यह सोचता हूँ कि यदि मुझमें और पूरी मनुष्य-जाति में जिज्ञासा की यह भावना न होती तो फिर जीवन में क्या रह जाता। किस बूते पर मनुष्य अपने-आपको वन्य जीवों से श्रेष्ठ समझ सकता था।"

"तुम्हारे ढंग पर सोचनेवालों से प्राय: मेरी बातचीत हुई है। इसलिए मैं इस सम्बन्ध में कुछ भी कहकर तुम्हें उत्तेजित नहीं करना चाहता। मैं अच्छी तरह जानता हूँ कि तुम्हारे विचारों की जो धारा बह निकलेगी उसकी दिशा क्या होगी।—तुम जंगली मनुष्यों के जंगलीपन के विषय में भी बहुत-कुछ कह सकते हो, परन्तु सच बताओ कि नाक्रना से तुम क्यों प्रभावित हुए थे? तुम कहोगे कि वह बड़ी सूझ-बूझ वाला व्यक्ति था। परन्तु, यह मत भूलो कि वह जंगली लोगों, जंगली वस्तुओं तथा जंगली जीवन का प्रतीक था।"

बृज को अनुभव हुआ कि जब कभी उसने डॉम-गार्शिया को कुरेदने का प्रयास किया तो उसके व्यक्त चरित्र के पीछे एक तीव्र बुद्धिवाला मनुष्य बैठा दिखायी दिया। बृज कुछ उद्विग्नता से उठ खड़ा हुआ और कक्ष में चुपचाप इधर-उधर टहलने लगा। फिर वह टहलते-टहलते खुले द्वार तक पहुँच गया, जहाँ से उसे बहुत दूर तक का दृश्य दिखायी दे रहा था। निरावृत्त, एक-दूसरे के ऊपर धरी हुई चट्टानें, बीच-बीच में दमकते हरे रंग के पेड़ और पौधे, दूर क्षितिज में कुछ रंग-बिरंगी बदलियाँ ऊँघती हुई दिखायी दे रही थीं।

कुछ देर बाद बृज ने पलटकर रुख़ डॉम-गार्शिया की ओर करते हुए धीमे और भारी स्वर में कहा, "नाक्रना ने मुझे सचमुच प्रभावित किया था। निस्सन्देह वह रहस्यपूर्ण अनुभवों का प्रतीक था। कितना अच्छा होता कि मैं उसके पास रहकर कुछ समय व्यतीत कर सकता। तब मुझे ठीक ढंग से पता चलता कि जो कुछ वह कहता था, उसका वास्तव में अर्थ क्या है।"

"सम्भवत: तुम्हें इस बात का ध्यान तो कभी न आये कि जीवन के अर्थ की खोज करते-करते तुम स्वयं कितने अर्थहीन होते जा रहे हो।"

अपनी बात पर डॉम-गार्शिया ने स्वयं ही छत-फाड़ ठहाका लगाया। बृज धीमे से मुस्कराकर बोला, "तुमने बात इतनी सामान्य तो नहीं कही थी कि उस पर तुम्हें क़हक़हा लगाने की आवश्यकता अनुभव होती।"

इतना सुनकर डॉम-गार्शिया उठ खड़ा हुआ। वह बृज के बिलकुल समीप पहुँचकर अपनी नाक उसकी नाक के पास ले जाकर बोला, "इस क़हक़हे को भी मेरी बात का एक अंग समझो।"

वैसे तो बृज ने भी थोड़ी-सी पी रखी थी, परन्तु डॉम-गार्शिया के मुँह से मदिरा की गन्ध के गमके ऐसे निकल रहे थे कि उसे अनुभव हुआ जैसे वह मदिरा से भरे हुए कुएँ के समीप खड़ा हो। डॉम-गार्शिया ने उसकी ठुड्डी को दो उँगलियों और एक अँगूठे का सहारा देते हुए कहा, "तुम बच्चे नहीं रहे, इसलिए बात को क़हक़हे से अलग समझना छोड़ दो...।"

मुस्कराकर पीछे को हटते हुए डॉम-गार्शिया ने उँगली उठाकर फिर कहा, "वत्स! स्मरण रखो कि क़हक़हा अर्थहीन नहीं होता, निस्सन्देह इसमें कोई शब्द नहीं, शब्द क्या इसमें कोई अक्षर ही नहीं, फिर भी क़हक़हा अर्थपूर्ण होता है। जब कोई व्यक्ति क़हक़हा नहीं लगाता, मुस्कराता नहीं, कुछ कहता नहीं, यहाँ तक कि उसके चेहरे पर किसी प्रकार का कोई चिह्न नहीं होता तो भी वह चेहरा अर्थहीन नहीं होता। तुम्हारे जिज्ञासु व्यक्ति को तो ऐसे चेहरे का भी अर्थ समझने में कोई कठिनाई नहीं होनी चाहिए।"

बृज ने उसके कन्धे पर हाथ रखकर उत्तर दिया, "तुम ठीक कहते हो मित्र! भूल मेरी ही थी।"

डॉम-गार्शिया ने उसका हाथ पकड़कर आसन्दी की ओर खींचते हुए कहा "भूल-वूल पर डालो धूल!...देखो तो तुम्हारा मदिरा-पात्र कितना सूना-सूना लग रहा है। लगता है जैसे अनाथाश्रम में बैठा नन्हा-मुन्ना बृज हो। चलो इसके होंठ-से-होंठ लगा लो। इसे खाली करोगे तो मैं इसमें और मदिरा उँड़ेल दूँगा। कान लगाकर सुनना कि फिर यह प्याला कैसे खिलखिलाकर हँसता है।"

बृज ने खड़े-खड़े तिपाई पर से प्याला उठाया और उसे कण्ठ में उँड़ेलकर खाली कर दिया। फिर प्याले को तिपाई पर रखते हुए बोला, "देखो गार्शिया, मुझे अधिक न पिलाया करो।"

"तुम मुझे भी तो पीते देखते हो। तुम्हें यह स्वीकार करना पड़ेगा कि अपनी तुलना में मैं तुम्हें कितनी कम पिलाता हूँ।"

"निस्सन्देह तुम्हारी तुलना में मैं बहुत कम मदिरा-पान कर पाता हूँ, परन्तु इतने में ही मेरा मस्तिष्क धुँधला जाता है। लगता है जैसे हर ओर गहरा कोहरा छाया हुआ हो। न हाथ-को-हाथ सुझायी देता है, न कोई मार्ग दिखायी देता है।"

"आरम्भ में ऐसे ही होता है। परन्तु यदि कोई व्यक्ति मदिरा-पान करता ही चला जाये तो फिर एक ऐसा सोपान भी आता है, जब यह कोहरा छँट जाता है, नया चाँद और नये तारे दिखायी देने लगते हैं। नया सूर्य उदित होता है, जिसके प्रकाश में हर मार्ग अपने गन्तव्य को जाता हुआ स्पष्ट दिखायी देता है...।"

यह कहते-कहते डॉम-गार्शिया ने मदिरा की सुराही प्याले पर झुकायी तो प्याला खिलखिलाकर हँसने लगा।

कुछ और समय इसी तरह भटकते-वटकते बीत गया। यहाँ तक कि दास ने आकर सूचना दी कि भोजन तैयार है।

आज बृज ने देखा कि विजयनगर के अन्य धनिकों की भाँति डॉम-गार्शिया के यहाँ भी बैठने के लिए चौकियाँ और भोजन के पात्र रखने के लिए चौकियों के आगे लकड़ी की तनिक ऊँची चौकियाँ रखी हुई हैं। विभिन्न प्रकार के पक्षियों तथा अन्य जीवों के मांस से बने हुए व्यंजन प्रस्तुत थे। बृज उन सब पकवानों को कुछ देर तक टकटकी बाँधे देखता रहा। डॉम-गार्शिया ने पूछा, ''क्या देख रहे हो?''

''मैं सोच रहा हूँ कि इनमें भैंसे का मांस तो नहीं है कहीं?''

''है—तो क्या तुम्हें भैंसे का मांस प्रिय नहीं है?''

''नहीं-नहीं, उसी से तो मैं बचना चाहता हूँ।''

''ठीक है, तुम उसे छोड़ दो...तुमने केकड़ा देखा है?''

''नहीं तो।''

''यह तो बहुत अच्छा हुआ।''

''वह क्यों?''

''कहीं तुमने केकड़ा देखा होता तो इसके पकौड़े न खा पाते।

''परन्तु तुम संसार के किसी जीव को तो खाना छोड़ दो।''

''पीना और खाना यही तो मेरे जीवन के दो मुख्य उद्‌देश्य हैं। यहीं पर तो मुझे भगवान् पर विश्वास हो जाता है। यह भगवान् की महिमा है कि उसने हमें पाचनशक्ति दी और ऐसे-ऐसे स्वादिष्ट मांसवाले जीव उत्पन्न किये।''

''इतने भोले मत बनो, इनके अतिरिक्त भी तुम्हारे कुछ उद्‌देश्य अचम्भे में डालनेवाले हैं।''

''ठीक है, परन्तु उनका स्थान इनसे गौण है। ये दो न हों तो फिर मेरे अन्य उद्‌देश्य धरे-के-धरे रह जायें।''

भोजनोपरान्त विश्राम करने के लिए थोड़ी देर को दोनों लेट गये। भोजन उन्होंने पर्याप्त विलम्ब से किया था और फिर पेट भर कर जो लेटे तो बहुत देर तक सोते रहे। यहाँ तक कि एक दासी ने आकर बृज को जगाया और उसके हाथ में एक पत्र दे दिया।

बातों की आवाज़ सुनकर डॉम-गार्शिया भी जाग उठा। बृज को पत्र पढ़ते देखकर पूछा, ''कंचन का पत्र होगा।''

''हाँ।''

''तुम्हें ताड़ना दी होगी।''

"ताड़ना तो नहीं दी परन्तु इससे मिलता-जुलता ही मामला है। लिखती हैं : मैं समझी थी कि तुम भोजन करके अविलम्ब लौट आओगे, परन्तु अभी तक नहीं आये। अब मैं नाट्यशाला जा रही हूँ। तुम वहीं आ जाना। रात को शाकुन्तलम् नाटक खेला जायेगा। वहाँ से हम इकट्ठे घर लौट जायेंगे—ऐसा न हो कि रात को भी तुम्हारी बाट देखते-देखते मेरी आँखें थक जायें और तुम फिर भी न आओ।"

दासी अब तक खड़ी उत्तर की प्रतीक्षा कर रही थी। बृज ने उससे पूछा, "यह पत्र कौन लाया है?"

"कालाफ़ाम।"

बृज ने डॉम-गार्शिया से कहा, "तुम अन्यथा न मानो तो मैं अभी नाट्यशाला चला जाऊँ।"

"मैं तो अन्यथा नहीं मानूँगा, परन्तु तुम अभी से वहाँ जाकर क्या करोगे। कंचन नाटक की तैयारी में व्यस्त रहेगी और तुम वहाँ बैठे जम्हाइयाँ लोगे। अरे बन्धु, लोग कामकाज से अवकाश पा लेंगे और जब रात भीग जायेगी तो नाटक खेला जायेगा। उस समय तक हम भी वहाँ पहुँच जायेंगे।"

"तुम भी मेरे साथ चलोगे?"

"अवश्य।"

"तो फिर मैं बाहर जाकर कालाफ़ाम से दो बातें कर लूँ।"

"हाँ-हाँ, जाओ, लेकिन उसके कहने में आकर उसके साथ ही न चल देना। हम दोनों सो गये, इसलिए नृत्य का कार्यक्रम तो गड़बड़ में पड़ गया। अब तो इधर दिन ढलेगा और मदिरा के प्याले क़हक़हे लगायेंगे, उधर नृत्य आरम्भ रहेगा। यदि तुम चले गये तो मेरा भी सारा आनन्द फीका हो जायेगा।"

बृज सिर हिला-हिलाकर मुस्कराता हुआ बाहर चला गया।

बाहर कालाफ़ाम सिर उठाये सीधा खड़ा था। बृज को देखकर उसके होंठों पर बड़ी हलकी-सी मुस्कराहट रेंगने लगी। उसने पास पहुँचकर पूछा, "क्या कंचन जी अत्यन्त रुष्ट थीं?"

"रुष्ट से अधिक वे निराश थीं।"

इतना कहकर कालाफ़ाम ने उसे आँखों-हीं-आँखों में दोषी ठहरा दिया। बृज दबे हुए स्वर में बोला, "अच्छा तुम उनसे कह देना कि मैं उनकी आज्ञानुसार रात को नाट्यशाला पहुँच जाऊँगा।"

इतना कहकर बृज एकदम लौट पड़ा। उसे कालाफ़ाम से आँख मिलाने में झिझक अनुभव हो रही थी।

उधर दिन ढलता गया। इधर पात्रों में मदिरा ढलती रही। बृज तो नाम-मात्र को पी रहा था, जिससे डॉम-गार्शिया यह अनुभव न करे कि वह उसका साथ नहीं दे रहा है। परन्तु डॉम-गार्शिया ऐसे पी रहा था जैसे अगले दिन से उसे मदिरा मिलने की कोई आशा न हो। आख़िर बृज से न रहा गया और उसने पूछ ही लिया, ''गार्शिया, है तो यह तुम्हारी व्यक्तिगत बात, परन्तु फिर भी मेरे मन में बार-बार यही जिज्ञासा उठती है कि तुम इतनी मदिरा क्यों पीते हो?''

''मुझे आज तक कभी यह अनुभव नहीं हुआ कि मैं बहुत अधिक मदिरा पीता हूँ, इसीलिए जो प्रश्न तुमने किया है, वह मेरे मन में कभी उठता ही नहीं...और इसीलिए मैं पीता रहता हूँ।''

''आश्चर्य! तुम इतना भी नहीं अनुभव करते कि तुम सीमा से बढ़कर पीते हो।''

''प्रत्येक व्यक्ति की एक सीमा होती है, मैं जानता हूँ कि किसी को अपनी सीमा से बढ़कर मदिरापान नहीं करना चाहिए। जब मैं अपनी सीमा पर पहुँच जाऊँगा तो उससे आगे नहीं बढ़ूँगा।''

बृज दायें-बायें सिर हिलाते हुए हँस दिया।

डॉम-गार्शिया ने उसके कन्धे पर हाथ रखते हुए कहा, ''मेरे शरीर में रक्त नहीं है बल्कि मदिरा भरी हुई है। मैं पीता हूँ तो इसके अतिरिक्त कुछ नहीं होता कि मदिरा-में-मदिरा पहुँचकर घुल-मिल जाती है।''

बृज ने भौंह ऊपर उठाकर कहा, ''तुम्हारा भी जवाब नहीं है।''

''परन्तु मैं तो कहूँगा कि उन दोनों युवतियों का कोई जवाब नहीं, जिनका नृत्य अब तुम देखने जा रहे हो।''

वातावरण में सुरमे की कालिख-सी घुल-मिल गयी थी और आकाश के तारे राख में से उड़ती हुई चिनगारियों की भाँति दिखायी दे रहे थे।

डॉम-गार्शिया ने बृज का हाथ थामकर कहा, ''आओ अब उस बड़े कक्ष में चलें जहाँ उस रात बहुत से अतिथियों ने भोजन किया था। वहाँ खुले फ़र्श पर नर्तकियाँ उन्मुक्त भाव से नृत्य कर सकेंगी।''

जब वे बड़े कक्ष में एक आसन्दी पर बैठ गये तो एकाएक वाद्यों के स्वर मानो अँगड़ायी लेते हुए अनायास ही जाग पड़े और इसके साथ ही छम-छम करती हुई दो नर्तकियाँ बड़े कक्ष के फ़र्श पर नृत्य करने के लिए आ गयीं। आते ही उन्होंने फ़र्श पर एड़ियाँ पटक-पटककर घुँघरू बजाये।

उनमें से एक लड़की का रंग इतना गोरा था जैसे वह मक्खन की बनी हुई हो और दूध में नहाकर चली आ रही हो। दूसरी इतनी काली थी जैसे अमावस की रात के हृदय को काटकर बनायी गयी हो। उन दोनों का रूप-रंग एक दूसरी से बढ़-चढ़कर था। जब वे आगे-पीछे होतीं तो लगता जैसे कभी तो काली बदली चाँद के

टुकड़े को छिपा रही है और कभी लगता जैसे चाँद का टुकड़ा काली बदली को छिपा रहा है।

४

डॉम-गार्शिया इतनी अधिक पी गया कि बृज ने सोचा कि वह उसके साथ नाट्यशाला नहीं जा सकेगा। भोजन के पश्चात् मादकता और बोझिल हो गयी। डॉम-गार्शिया दोनों हाथों से आसन्दी को थामे बैठा-बैठा ही डाँवाँडोल हो रहा था। बृज ने उसके कन्धे पर हाथ रखकर कहा, "मेरे विचार में तुम्हें अब विश्राम करना चाहिए। मैं अकेले ही चला जाता हूँ।"

डॉम-गार्शिया ने पहले तो ज़ोर-ज़ोर से अपना सिर दायें-बायें हिलाया, फिर उसे लाल-लाल आँखों से देखते हुए बोला, "तो तुम समझते हो कि मैं मदमत्त हूँ?"

बृज को उसकी इस दशा पर हँसी आ गयी। उसने तुरन्त उत्तर दिया, "भला तुम्हें देखकर कौन कह सकता है कि तुम मदमत्त हो!"

डॉम-गार्शिया बैठे-बैठे उसे घूरता रहा। उसके सिर के बाल आगे को घूमकर माथे पर गिर गये थे। उसने होठ बढ़ाकर कहा, "मैं तुम्हें अकेले कदापि नहीं जाने दूँगा।"

बृज ने दोनों हाथ कमर पर रखकर उत्तर दिया, "और मैं तुम्हें साथ ले जाये बिना नहीं छोड़ूँगा।"

डॉम-गार्शिया ने उखड़ा-उखड़ा-सा क़हक़हा लगाया, फिर बोला, "मैं तुम्हारी इन बातों का अर्थ अच्छी तरह समझ रहा हूँ। चिन्ता मत करो, मैं अभी इसका उपाय करता हूँ। सम्भवत: तुम्हें इस बात की भी घबराहट हो रही होगी कि कहीं मैं वहाँ पहुँचकर मत्तता की धुन में हुड़दंग न मचाऊँ। नहीं, ऐसा नहीं होगा।"

बृज ने उसकी बात का कुछ उत्तर नहीं दिया। उसने केवल एक जम्हाई ली और हथेली पर ठुड्डी रखकर बैठ गया।

थोड़ी देर बाद डॉम-गार्शिया लहराता हुआ खड़ा हो गया। उसने अलिन्द में जाकर ठण्डे जल से मुँह धोया, और कुछ देर तक अपने कपाल पर जल की धार डालता रहा। जब वह कक्ष में लौटा तो सिर के बाल से जल की बूँदें चू रही थीं। एक बड़ा-सा अँगोछा लेकर उसने अपने सिर को ख़ूब रगड़ा, यहाँ तक कि बालों का सारा जल निकल गया। उसने सिर को दो-चार झटके देकर कहा, "लो बृज, अब मैं तैयार हूँ। बिलकुल निश्चिन्त रहो, वहाँ जाकर मैं कोई ऐसा आचरण नहीं करूँगा कि जिससे तुम्हें परेशानी उठानी पड़े।"

बृज ने दूर द्वार के निकट बाहर की ओर खड़े दास को संकेत से बुलाया और पूछा, "कहो, घोड़े तैयार हैं?"

"हाँ स्वामी बिलकुल तैयार हैं।"

इतना सुनते ही पहले डॉम–गार्शिया द्वार की ओर बढ़ा। बृज ने देखा कि अब उसके पैर नहीं लड़खड़ा रहे थे। वह भी पीछे–पीछे हो लिया। जब डॉम–गार्शिया ने घोड़े की लगाम थामी तो बृज ने उसे सहारा देना चाहा। इस पर डॉम–गार्शिया ने गर्दन अकड़ाकर कहा, "बृज! तुम मुझे समझते क्या हो!"

यह कहते ही डॉम–गार्शिया ने रकाब पर पाँव रखा और उछलकर घोड़े पर बैठ गया। उसने घोड़े को हाथ से थपकी दी और लगाम खींचते हुए बोला, "चल बेटा, चल।"

बृज ने अपना घोड़ा उसके पीछे डाल दिया। डॉम–गार्शिया ने न तो घूमकर देखा और न इस बात की प्रतीक्षा की कि बृज उसके बराबर आ जाये। वह अपनी धुन में घोड़े को दौड़ाता बढ़ता चला गया। बृज को घुड़सवारी का आनन्द आ गया। इसमें कुछ भी सन्देह नहीं था कि डॉम–गार्शिया की शह–सवारी बस देखते ही बनती थी। ऐसा प्रतीत होता था जैसे घोड़े की टापें धरती को न छू रही हों और वे दोनों हवा में उड़ते चले जा रहे हों। घोड़े के शरीर में उभरती और पिचकती पेशियों में भी मानो एक लय थी। घोड़े और घुड़सवार का इतना अच्छा सहयोग कम ही देखने में आता है।

नगर की दुकानें कभी की बन्द हो चुकी थीं। सड़कों पर साँड़ पसरे बैठे थे। कुत्ते खिलवाड़ कर रहे थे। कहीं–कहीं लोग हाथों में शलाका दीप उठाये घूमते–फिरते दिखायी दे रहे थे। कोई रोक न होने के कारण वे अत्यन्त निश्चिन्तता से घोड़े को उड़ाये चले जा रहे थे। जहाँ कहीं कोई साँड़ बैठा दिखता, बृज घोड़े को उसके बग़ल से बचाकर निकल जाता था। परन्तु डॉम–गार्शिया का घोड़ा साँड़ों के ऊपर से छलाँग लगाता हुआ चला जा रहा था। कुछ साँड़ घोड़े को अपने ऊपर से कूदते देखकर हड़बड़ाहट में खड़े हो जाते; उस समय तक घोड़ा दूसरी ओर पहुँच चुका होता था। बृज डर रहा था कि अगर कहीं डॉम–गार्शिया तनिक–सा भी चूक गया तो घोड़े सहित इतनी बुरी तरह गिरेगा कि उसका अंग–अंग चूर हो जायेगा, किन्तु ऐसा हुआ नहीं।

जब वे नाट्यशाला के सामने पहुँचे तो वहाँ कितने ही घोड़े तथा अनेक रथ दिखायी दिये। पता चला कि नाटक का प्रारम्भ हो चुका है। कालाफ़ाम बाहर खड़ा बृज की प्रतीक्षा कर रहा था। बृज ने उसके कान में फुसफुसाकर पूछा, "मुझे देर तो नहीं हो गयी?"

कालाफ़ाम ने अत्यन्त गम्भीरता से भारी स्वर में उत्तर दिया, "जी नहीं, बिलकुल नहीं।"

यह कहते-कहते कालाफ़ाम ने झुके हुए सिर से अपने सफ़ेद-सफ़ेद नेत्र चमकाकर बृज की ओर देखा। बृज समझ गया कि उसके मन में क्या है।

कालाफ़ाम ने उनके घोड़े एक दास को सौंपे और स्वयं उन्हें अन्दर ले गया। नाट्यशाला की ऊँची प्राचीर तो थी, परन्तु ऊपर छत नहीं थी और लोग नक्षत्रों की छाया में बैठे थे। रंगमंच की विशाल वेदी के दायें-बायें तथा पृष्ठ भाग में कुछ कक्ष बने हुए थे, जहाँ अभिनेता एवं अभिनेत्रियाँ शृंगार करती थीं। रंगमंच के ऊपर भी छत नहीं थी। उन दोनों को अगली पंक्ति में बैठने के लिए स्थान मिल गया। धरती मंच की ओर कुछ ढालू थी और सब लोग अपने-अपने बैठने के लिए घर से आसनियाँ और तकिये लेकर पहुँचे हुए थे। कुछ विशेष अतिथियों को वहीं से आसनियाँ मिल जाती थीं। बृज और डॉम-गार्शिया के लिए कंचन ने पहले से प्रबन्ध कर रखा था। उसने सोचा कि सम्भव है डॉम-गार्शिया भी बृज के साथ चला आये। इसीलिए उसने कालाफ़ाम को उन दोनों के लिए आसन और तकिये दे दिये थे।

नाटक का आरम्भ हो चुका था। डॉम-गार्शिया ने पास बैठे हुए व्यक्ति से पूछा, ''यह कौन-सा नाटक खेला जा रहा है?''

''अभिज्ञान शाकुन्तलम्।''

''ओह! यह नाटक तो मैं पहली बार देखने जा रहा हूँ।'' डॉम-गार्शिया ने बृज की ओर मुँह फेरते हुए कहा।

''इसका तात्पर्य है कि तुम यहाँ प्राय: आते रहते हो।''

''प्राय: तो नहीं, परन्तु आ जाता हूँ। अरे भाई मैं यहाँ का पुराना निवासी हूँ, इसलिए बहुत कम आने पर भी कई बार आ चुका हूँ।''

''तो क्या 'अभिज्ञान-शाकुन्तलम्' यहाँ पर पहले कभी नहीं खेला गया?''

अभी यवनिका के पीछे दृश्य परिवर्तित हो रहा था, इस अवसर का लाभ उठाकर अधिकांश लोग फुसफुसाकर बातें कर रहे थे।

डॉम-गार्शिया ने कहा, ''मैं यह तो नहीं कह सकता कि यह नाटक खेला गया या नहीं, परन्तु इतना जानता हूँ कि यहाँ प्राय: 'धूर्त-समागम,' 'जाम्बवती कल्याण' आदि नाटक ही खेले जाते हैं।''

''ऋषि कन्या शकुन्तला की कथा तो तुम जानते ही होगे।''

''हाँ विशेष-विशेष बातें मुझे ज्ञात हैं।''

''इसका अर्थ यह हुआ कि तुम इस नाटक का भी पूरा आनन्द ले सकोगे।''

''पूरा तो नहीं, अधूरा आनन्द मिल ही जायेगा! हम देर से पहुँचे हैं, इसका अधिकांश भाग तो हो भी चुका होगा।''

''यह तो यवनिका उठने पर ही ज्ञात होगा।''

बृज प्रसन्न था, क्योंकि उसका यह भय कि कहीं डॉम-गार्शिया कोई अशोभन आचरण न करे, ग़लत सिद्ध हुआ।

डॉम-गार्शिया ने फिर कहा, "जब से तुम यहाँ आये हो, मेरा अनुमान है कि पहली बार नाटक देख रहे हो!"

"हाँ।"

"तुम नहीं जानते कि विजयनगर नाटकों, अभिनेताओं और अभिनेत्रियों का बहुत बड़ा गढ़ है। यहाँ से इन लोगों की टोलियाँ अन्य नगरों का भ्रमण करने भी जाया करती हैं। यहाँ मन्दिरों में भी नाटक खेले जाते हैं। सच बृज, विजयनगर की भी तुलना नहीं है। अद्वितीय नगर है। मुझी को देखो, मेरा यहाँ से किसी और जगह जाने को मन ही नहीं चाहता।"

यवनिका उठने पर पता चला कि दुष्यन्त और शकुन्तला का गन्धर्व-विवाह होने के पश्चात् राजा दुष्यन्त वापस लौट गये हैं और अब शकुन्तला उनके विरह में व्याकुल अकेली बैठी हुई है। बृज ने अपने साथी को बताया, "यहाँ पर अब दुर्वासा ऋषि आयेंगे और शकुन्तला के पास से गुज़रेंगे तो वह अपने प्रियतम के ध्यान में खोयी हुई होने के कारण ऋषि जी को प्रणाम नहीं करेगी। इस पर ऋषि जी क्रुद्ध होकर उसे शाप दे देंगे।"

"मित्र ये ऋषि-मुनि भी विचित्र होते थे। ऐसी लड़की मुझे प्रणाम न भी करे तो मैं ऋषि होते हुए भी शाप न देता।"

"यदि वह शाप न देते तो इसमें करुण रस की निष्पत्ति कैसे होती?"

"छोड़ो मित्र इन बातों को। मैं तुमसे विवाद नहीं करना चाहता।—तुम तनिक इस लड़की की ओर ध्यान दो, जो इस समय शकुन्तला बनी बैठी हैं...क्या नाम हैं इसका भला सा...स्मरण ही नहीं आ रहा...।"

पहले तो बृज नाम बताने को हुआ, परन्तु अपने मुँह से 'सुप्रिया' कहते हुए उसे बड़ी झिझक-सी लगी और वह चुप रह गया।

डॉम-गार्शिया उँगलियों से माथा ठोंक रहा था, एकदम बोल उठा, "सुप्रिया!...इसका नाम सुप्रिया ही है न?"

"हाँ।"

"वाह! क्या लड़की है! क्या अभिनय है!—परन्तु इसे अभिनय करने की आवश्यकता ही क्या है। इसके तो नेत्रों में ही विरह का निर्जन संसार दिखायी दे रहा है।"

बृज उसकी यह बात सुनकर ऐसे चौंका जैसे घोड़ा मक्खी के डंक मारने पर बिदक जाता है। उसने दबी दृष्टि से डॉम-गार्शिया की ओर देखा और उसके चेहरे से उसके मन को भाँपना चाहा। परन्तु डॉम-गार्शिया अपनी ही धुन में धीरे-धीरे

फुसफुसाये जा रहा था, "मुझे उदास नेत्रोंवाली लड़कियाँ बहुत पसन्द आती हैं। कुछ युवतियाँ जन्म से ही उदास नेत्र लेकर इस संसार में आती हैं। सम्भव है कि सुप्रिया भी इसी प्रकार की लड़की हो। यदि नहीं है तो न जाने किस राजा दुष्यन्त के विरह में उसके नेत्रों की यह दशा हो गयी है!"

एक बार फिर बृज ने उसके चेहरे को ध्यानपूर्वक देखा—क्या डॉम-गार्शिया इस रहस्य को जानता है!

कम-से-कम डॉम-गार्शिया के चेहरे से तो ऐसा नहीं लगता कि वह इस सम्बन्ध में कुछ जानता है। वह उसी धुन में बोलता गया, "कंचन ने भी कितना अनमोल मोती चुना है। परन्तु मुझे उससे क्या! कंचन सुप्रिया को भी अच्छी तरह समझा-बुझा देगी कि डॉम-गार्शिया की छाया से भी दूर रहना...!"

उधर मंच पर शाकुन्तलम् का अभिनय चल रहा था और इधर डॉम-गार्शिया थोड़े-थोड़े समय बाद अपने मन की भड़ास निकालता रहा। यह भी कुशल था कि उसका स्वर केवल बृज के कानों तक ही पहुँच रहा था।

नाटक समाप्त हो गया, लोग उठे और नाट्यशाला के बाहर निकलने लगे। ये दोनों मित्र भी उठकर खड़े तो हो गये, परन्तु अभी इस बात का निश्चय नहीं कर पाये थे कि बाहर जायें या न जायें। इतने में एक दासी ने आकर कहा, "कंचन जी आपको बुला रही हैं।"

डॉम-गार्शिया ने बृज की बाँह पर हलकी-सी थपकी देते हुए कहा, "अच्छा फिर विदा! तुम चलो...।"

"और तुम कहाँ जा रहे हो?"

"वापस।"

"परन्तु तुमने मुद्रा तो ऐसी बना रखी है कि जैसे संन्यास लेने जा रहे हो।"

डॉम-गार्शिया हँसा, "मुझे तो बुलाया नहीं होगा, इसलिए तुम्हीं जाओ।"

"मित्र, इतने औपचारिकताप्रिय तो मत बनो।"

बृज उसका हाथ थामकर अपने साथ ले गया।

भीतर पहुँचते ही डॉम-गार्शिया बोला, "कंचन जी, मैं स्वयं नहीं आया अपितु बरबस लाया गया हूँ।"

कंचन ने माथे पर एक बल डालकर कहा, "तो क्या हुआ! मैं तो जानती थी कि आप अवश्य आयेंगे, इसीलिए मैंने कालाफ़ाम को दो आसन दे दिये थे।"

डॉम-गार्शिया कुछ कहने को ही था कि कंचन ने जान-बूझकर पहल करते हुए पूछा, "कहिये, आपको नाटक कैसा लगा?"

डॉम-गार्शिया ने उत्तर दिया, "अति सुन्दर। क्या नाम...सुप्रिया ऐसे दिखायी देती थी जैसे उसने शकुन्तला का अभिनय करने के लिए ही संसार में जन्म लिया है।"

कंचन मुस्करा दी। फिर उसने बृज की ओर देखते हुए कहा, "और तुम्हें कैसा लगा नाटक?"

बृज कुछ कहने को ही था कि उसे कंचन के पीछे द्वार के बीचोबीच सुप्रिया खड़ी दिखायी दी। उसकी बड़ी-बड़ी उदास आँखों को देखकर बृज किंकर्त्तव्यविमूढ़-सा हो गया।

आँख झपकते में सुप्रिया द्वार में से लुप्त थी। कंचन ने फिर कहा, "यह नाटक कई मास की तैयारी के पश्चात् खेला गया है और तुम इसके विषय में कुछ भी कहने को प्रस्तुत नहीं हो।"

कंचन और डॉम-गार्शिया को सुप्रिया के पल-भर को आने की जानकारी नहीं हुई थी। बृज ने सँभलकर कहा, "कंचन जी, इस नाटक के किस-किस पक्ष की प्रशंसा की जाये।"

यह सुनकर कंचन प्रसन्न हो गयी। डॉम-गार्शिया बोला, "कंचन जी, आज के नाटक की सफलता की प्रसन्नता में क्या मैं आपसे कुछ माँग सकता हूँ?"

कंचन के मन में उलझन-सी पैदा हो गयी, जो उसकी मुख-मुद्रा से स्पष्ट हो रही थी। यह देखकर डॉम-गार्शिया मुस्कराते हुए बोला, "मैं अपने लिये कुछ नहीं माँगूँगा। मैं बृज के लिए कुछ माँगना चाहता हूँ।"

"ओह! आप निश्चिन्त होकर कहिये, क्या कहना चाहते हैं।"

"देखिये आज मेरे कारण बृज को रुकना पड़ा। मैं जानता हूँ कि इससे आपको कितनी असुविधा हुई, परन्तु दोष इसका नहीं मेरा है। मेरी विनती है कि आप इसे डाँटियेगा नहीं, हाँ मुझे जो दण्ड देना चाहें मैं स्वीकार कर लूँगा।"

कंचन घड़ी भर हँसती रही, फिर बोली, "आज इसे डाँट तो पड़नेवाली थी, परन्तु अब कुछ नहीं कहूँगी।"

घर लौटने के लिए वे सब बाहर निकले तो सुप्रिया पहले से ही बहली में सिमटी हुई बैठी थी।

५

डॉम-गार्शिया तो तुरन्त ही विदा हो गया, तब बृज को पता चला कि आज तो घर की बहुत-सी लड़कियाँ नाटक देखने आयी हैं और वे सब इकट्ठी ही लौट रही हैं।

बृज ने कंचन से कहा, "आज तो पूरी सेना आपके साथ है।"

कंचन ने धीरे से अपने माथे पर हाथ मारकर कहा, "आज सुप्रिया का अभिनय था, इसीलिए सभी लड़कियाँ हठकर गयीं कि हम भी नाटक देखने चलेंगी। मैं किस-किस को रोकती, विवश होकर सभी को साथ लाना पड़ा।"

"परन्तु यह सेना वापस कैसे पहुँचेगी?"

"अब मैं क्या जानूँ। जैसे आयी थीं वैसे ही वापस भी पहुँच जायेंगी। यह काम कालाफ़ाम का है! बैलगाड़ियाँ भी हैं, और पालकियाँ भी। तुम मेरे साथ चलना, कालाफ़ाम इन सब को सँभाल लेगा।"

कुछ लड़कियाँ सुप्रिया को बधाई देने के लिए बहली के निकट पहुँचीं तो कंचन ने उन्हें रोकते हुए कहा, "यह काम घर ही पर कर लेना। आख़िर तुम लोग एक ही भवन में तो जा रही हो। क्या वहाँ पहुँचकर बधाई नहीं दे सकतीं?"

सुप्रिया मूर्ति की भाँति स्थिर और मौन बैठी थी; लगता था जैसे वह आँखें भी न झपका रही हो। कंचन ने कालाफ़ाम से कहा, "लो! हम चलते हैं, तुम इन सब को लेकर आओ। हम अधिक तीव्र गति से तो नहीं जायेंगे, फिर भी कुछ पहले तो पहुँचेंगे ही। अब इन सब लड़कियों का भार तुम्हीं पर है।"

"बहुत अच्छा।" कहकर कालाफ़ाम अपने घोड़े की लगाम खींचकर पीछे की ओर चला गया। कंचन जब बहली में घुसी तो सुप्रिया अलग सरककर और भी सिमट-सी गयी।

बहली चली तो बृज भी घोड़े पर बैठकर साथ-साथ हो लिया।

कंचन बोली, "वैसे तो डॉम-गार्शिया ने मुझसे वचन ले लिया है कि मैं तुम्हें न डाँटूँ, परन्तु मैं यह कहे बिना नहीं रह सकती कि आज तुमने अत्यधिक प्रतीक्षा करायी।"

"कंचन जी, कहीं आप मेरे हृदय में झाँककर देख सकतीं! आपका यह कृपालु डॉम-गार्शिया, अत्यन्त हठी व्यक्ति है। ऐसा हठ करता है कि बस पीछा ही नहीं छोड़ता। सबसे बड़ी ख़राबी यह है कि मदिरा से मत्त होने पर उसके सर पर धुन सवार हो जाती है। उसी धुन में वह किसी-न-किसी बात का हठकर लेता है।"

"अब मैं तुमसे इस विषय में और कुछ नहीं कहूँगी। परन्तु क्या मैं तुमसे इस बात की आशा रखूँ कि भविष्य में डॉम-गार्शिया के जाल से बचकर रहोगे? मेरा तात्पर्य यह नहीं है कि तुम उसके साथ उठना-बैठना छोड़ दो; परन्तु मैं केवल इतना चाहती हूँ कि तुम्हें उसके लिए मेरी भावनाओं की बलि नहीं देनी चाहिए।"

"मैं इस बात का वचन देता हूँ।"

कंचन ने एक उँगली उठाकर कहा, "अच्छे लड़के दूसरों को इतनी लम्बी बाट नहीं दिखाया करते। विशेषकर जब यह ज्ञात हो कि कोई तुम्हारी प्रतीक्षा कर रहा है तो फिर...समझ गये न?"

"जी हाँ। विशेषकर जब ऐसे सुन्दर लोग प्रतीक्षा कर रहे हों, तो उन्हें निराश करना वास्तव में महापाप है।"

बृज की इस बात पर कंचन खिलखिलाकर हँसने लगी और सुप्रिया ने पहली बार बिना सिर घुमाये बृज की ओर क्षण-भर के लिए एक तिरछी दृष्टि डाली—मानो रात्रि के मद्धिम प्रकाश में उसके नेत्रों की कटार विद्युत की-सी कौंध दिखा गयी।

एकाएक बृज को अनुभव हुआ कि उसे हर समय इस बात का ध्यान रहता है कि सुप्रिया कहाँ बैठी है और क्या कर रही है। उसे यह बात अत्यन्त विचित्र-सी लगी। ऐसा क्यों होता है। वह अच्छी तरह जानता था कि उसके मन में सुप्रिया का कोई स्थान नहीं है। चाहे वह अत्यन्त रूपवती थी, चाहे वह यौवनावस्था में प्रवेश कर रही थी चाहे वह हजारों-लाखों में एक थी...फिर भी उसके मन में उसके लिए कोई जगह नहीं थी। तब उसे इस बात का ध्यान क्यों रहता है कि सुप्रिया कहाँ बैठी है, कैसे बैठी है, क्यों बैठी है?—क्या यह इसलिए होता है कि सुप्रिया के मन में उसका बहुत बड़ा स्थान है या सुप्रिया ने अपने हृदय में उसी के नाम-रूप का संसार बसा लिया है? हाँ, यह इसीलिए होता होगा। ये स्त्रियाँ पहले तो स्वयं बन्धन में बँध जाती हैं, फिर दूसरे को उसी बन्धन में लपेट लेती हैं।

सुप्रिया के नेत्रों की कटार की चमक केवल बृज ही देख पाया था, कंचन नहीं, क्योंकि उस समय कंचन का चेहरा सुप्रिया की ओर नहीं था। सुप्रिया की इस एक दृष्टि से बृज का मन कई लुढ़कनियाँ खा गया। परन्तु उसके मन का सबसे बड़ा गुण यही था कि बीसियों लुढ़कनियाँ खाकर भी जब रुकता तो अपने पाँव पर खड़ा हो जाता...सिर के बल या औंधे मुँह नहीं गिरता था। यह परिणाम था उसके अभ्यास का...उसके अध्ययन का!

कंचन बोली, ''अब महानवमी भी निकट आ गयी है। मुझे कई दिनों तक एक क्षण का भी अवकाश नहीं मिलेगा।''

''आपको बहुत परिश्रम करना पड़ता है।''

''हाँ, परन्तु विवशता है। मैं न करूँ तो कौन करेगा? मेरा स्थान लेनेवाला भी तो कोई नहीं है। सम्भव है कि तीन-चार वर्षों तक यह छोकरी मेरे कन्धों का बोझ हलका कर दे।''

यह कहते समय भी कंचन सुप्रिया की ओर नहीं देख रही थी, परन्तु बृज देख रहा था—अबकी फिर सुप्रिया ने पहले की भाँति अपनी दृष्टि की कटार कंचन की ओर चलायी और आगे की ओर देखने लगी।

बृज को सुप्रिया के चेहरे से ऐसा लगा जैसे कंचन ने उस पर अत्यन्त गम्भीर दोष धर दिया हो और वह अनुभव करती हो कि बृज की उपस्थिति में कंचन को इस प्रकार की बात नहीं कहनी चाहिए थी।

सुप्रिया का चेहरा बिलकुल पत्थर-सा हो गया।

कंचन की इस बात पर मौन-सा छा गया, केवल बैलों की घण्टियाँ, बहली की खड़खड़ाहट और घोड़े की टापों का रोर वातावरण में गूँजता रहा। बृज अपने विचारों में खो गया और कंचन अपने विचारों में। सुप्रिया तो पहले से ही अपने संसार में भटक रही थी।

कंचन ने फिर कुछ कहा, जो बृज की समझ में नहीं आया। उसने कान आगे बढ़ाकर पूछा, ''क्या कहा आपने, कंचन जी?''

कंचन अपने गले को दबाते हुए पुकारकर कहने लगी, ''इतना कोलाहल हो रहा है कि बात करने के लिए भी चिल्लाना पड़ता है। सारा दिन बोल-बोलकर पहले से ही मेरा गला बैठ चुका है। अब घर पहुँचकर ही बातें करेंगे।''

बृज ने सिर हिला दिया। फिर मार्ग में केवल बृज ही कभी-कभार एकाध बात पूछ लेता, तो कंचन सिर हिला देती।

बहली भवन के आगे रुकी तो कंचन ने एक लम्बी गहरी साँस लेकर पैर बहली के बाहर निकाले। नीचे उतरकर बोली, ''कुशल है कि घर तो पहुँचे।''

सुप्रिया भी उतर आयी और कंचन की ओट में खड़ी हो गयी। कंचन ने पीछे की ओर दृष्टि दौड़ाते हुए कहा, ''वे लोग आते ही होंगे। चलो हम भीतर चलें।''

वे भीतर घुसे तो कंचन ने कहा, ''अभी चलकर प्रांगण में बैठते हैं। एक बार भंग हो जाने के बाद निद्रा तनिक कठिनाई से ही आती है।''

बृज बोला, ''अच्छा, आप चलिये, मैं अभी वस्त्र बदलकर आता हूँ। क्या आप वस्त्र नहीं बदलेंगी?''

''नहीं, अब तो हम सोते समय ही बदलेंगे। जाओ तुम बदल आओ।''

बृज कक्ष में पहुँचा तो काफ़ी थकान अनुभव कर रहा था। उसे मदिरा भी रास नहीं आती थी। न-न करते भी वह काफ़ी पी गया था। अब नशा उतार पर था, जिससे उसे ऐसा लग रहा था जैसे खोपड़ी के टुकड़े-टुकड़े हो रहे हों। पीड़ा तीव्र नहीं थी, अपितु भारीपन लिये हुए थी। वह कुछ देर तक सिर को दोनों हाथों में थामे बैठा रहा।

फिर उठकर उसने वस्त्र बदल डाले। नीचे उतरने से पहले वह थोड़ी देर के लिए टाँगे नीचे को लटकाकर आसन्दी पर लेट गया और आँखें मूँद लीं। उसे झपकी-सी आ गयी, क्योंकि नीचे प्रांगण से एकदम कोलाहल उठा तो वह चौंक पड़ा। तब उसे अनुभव हुआ कि वह कुछ देर के लिए सो गया था। इतनी देर में सब लड़कियाँ घर पहुँच गयीं। थोड़ी-सी झपकी से ही बृज को अपना सिर पहले से हलका अनुभव होने लगा।

वह उठा और सोपानों से शीघ्रता से उतरता हुआ नीचे पहुँच गया। मन में सोच रहा था कि कंचन को क्रोध आ रहा होगा। किन्तु उसे देखते ही कंचन हँसी पड़ी और बोली, ''आ गये तुम?''

''क्यों, आपको इसमें कुछ सन्देह था?''

''सन्देह तो था ही—जब तुम नीचे नहीं आये तो मैंने चन्द्रिका को भेजा और उसने लौटकर बताया कि तुम तो पड़े सो रहे हो। मैंने तुम्हें जगाना उचित नहीं समझा।''

"यह सब डॉम-गार्शिया के कारण हुआ है।"

"उसे क्यों दोष देते हो? सत्य तो यह है कि तुम्हारे मन को वह अच्छा लगता है। परन्तु यह मत सोचना कि मुझे तुम्हारा उससे मिलना-जुलना बुरा लगता है...ऐसा बिलकुल नहीं है।"

यह बात तो समाप्त हो गयी, इसके बाद नाटक की बातें आरम्भ हो गयीं। सब लड़कियों ने मुक्त कण्ठ से सुप्रिया की प्रशंसा की। बृज मौन बैठा रहा। उसने जान-बूझकर ऐसा नहीं किया, परन्तु दूसरों को उसे इस तरह मौन देखकर आश्चर्य हुआ। अन्ततोगत्वा कंचन ने पूछ ही लिया, "क्यों बृज, क्या तुम सुप्रिया के अभिनय के विषय में कुछ नहीं कहोगे?"

अब बृज को अनुभव हुआ कि उसने मौन रहकर कितनी बड़ी भूल की। नाटक समाप्त होने पर भी जब कंचन ने नाटक के सम्बन्ध में उसका मत जानना चाहा, तो उसने अस्पष्ट-सा उत्तर दे दिया था।

वह बोला, "कंचन जी, जीवन में ऐसा भी तो होता है कि कभी-कभी हमारी वाणी मन की भावनाओं का साथ नहीं दे पाती। इस समय मुझे भी उचित शब्द नहीं मिल रहे कि जिससे मैं सुप्रिया के अभिनय की प्रशंसा कर सकूँ। सच पूछिये तो मैंने कभी कल्पना भी नहीं की थी कि इतनी अल्प आयु में ही सुप्रिया इस कला में इतनी निपुण है।"

जैसे सूर्योदय से पहले पूर्व दिशा में एक अरुणिमा-सी छा जाती है, वैसी ही लालिमा सुप्रिया के कपोलों पर फैल गयी। उसने निचला होंठ तनिक-सा दाँतों तले दबा लिया और देखनेवालों को यह समझना असम्भव हो गया कि वह रोने जा रही है या मुस्कराने।

बृज की इस बात पर बड़ी वाह-वाह हुई। लड़कियाँ हँसती, बोलती और चहकती रहीं। इसी उमंग-तरंग में भोजन परोसा गया, सबने थोड़ा-बहुत भोजन किया। धीरे-धीरे सबको निद्रा आने लगी। रात का तीसरा प्रहर भी आधे से अधिक व्यतीत हो चुका था। कंचन प्रांगण में पड़ी-पड़ी ऊँघ गयी। अन्य लड़कियाँ भी इधर-उधर लेट गयीं। बृज अपने कक्ष की ओर चल दिया। सोपानों से चढ़कर शय्या की ओर बढ़ने लगा तो उसे सुप्रिया दिखायी दी।

वह अँधेरे में उसकी आकृति पहचान नहीं सकता था, परन्तु उसके आकार और खड़े होने के ढंग से ही वह समझ गया कि वह कौन है। उसे देखते ही सुप्रिया बोली, "जानते हो कि आजकल मेरा क्या करने को जी चाहता है? मेरा जी चाहता है कि तुम्हारे सामने बैठकर निरन्तर रोती ही रहूँ...और तुम्हें कभी न बताऊँ कि मैं क्यों रो रही हूँ।" इतना कहकर वह शीघ्रता से नीचे उतर गयी।

बारह

१

महानवमी के पर्व पर पूरे विजयनगर ने मानो नवीन परिधान धारण कर लिया। लाखों लोग ऐसे भी थे, जिनकी सारी प्रसन्नताएँ इस प्रकार के उत्सवों पर ही निर्भर होती थीं, अतएव जब भी कोई ऐसा अवसर आता तो वे मारे प्रसन्नता के आपे से बाहर हो जाते। महानवमी तो सबसे अधिक महत्त्व रखता था। इस उत्सव पर जो कुछ भी हो जाये सो कम था।

महल के अहाते के भीतर यह उत्सव अत्यन्त भव्यता के साथ मनाया जाता था। कंचन ने बृज से कह रखा था कि उसे महल की महानवमी अवश्य दिखायी जायेगी। वहाँ के त्योहार अनोखे ढंग से मनाये जाते थे, इसलिए बृज भी उनमें गहरी रुचि लेता था। जैसा कि कंचन ने पहले ही बताया था, इस उत्सव में भाग लेने के लिए दूर-दूर से गणिकाएँ विजयनगर में एकत्र हो गयीं। उनमें से कुछ तो उसी के यहाँ टिक गयीं, कुछ मन्दिरों में और कुछ अपनी परिचित गणिकाओं के घरों में ठहर गयीं। परन्तु बाहर से आनेवाली प्रत्येक प्रतिष्ठित गणिका कंचन से मिलने अवश्य आती। कंचन प्रत्येक का परिचय बृज से कराती। वे बृज को देखती ही रह जातीं और अलग से आँख मारकर कहतीं, "तुमने छोकरा अच्छा पाल रखा है।"

कंचन उत्तर देती, "इसे छोकरा मत समझना। यह अत्यन्त ज्ञानी तथा गुणवान् है।"

कोई चंचल गणिका उत्तर देती, "सबसे बड़ा गुण तो उसकी सुन्दरता ही है, परन्तु तुम न जाने कौन से ज्ञान की बात कहती हो, हमारी समझ में तो कुछ नहीं आया।"

"दूसरी कहती, अरी तुम्हें उससे पाला ही नहीं पड़ा, भला तुम उसके ज्ञान का अनुमान कैसे लगा सकती हो?"

शब्द 'ज्ञान' पर सब खिलखिलाकर हँस पड़तीं। कंचन भी उनकी छेड़छाड़ का बुरा नहीं मानती थी, अपितु आनन्द लेती थी।

ऊपरवाले अपने कक्ष में बैठे-बैठे बृज को लगता जैसे हँसी और क़हक़हों का कोई विशाल सागर है, जिसके तल पर वह हलके-फुलके पुष्प की भाँति हिचकोले ले रहा है। आठों पहर प्रांगण में चहल-पहल रहती थी। बृज इतनी सुन्दर गणिकाओं की दृष्टि के बाणों से बचने के लिए प्राय: अपने कक्ष में ही टँगा रहता। जब भोजन के समय कंचन दो-तीन बार बुलाती तो वह चला जाता और भोजन सबके साथ ही करता था। वैसे तो पहले भी उसे इस बात पर झेंप लगती थी कि इतनी स्त्रियों में वह अकेला ही पुरुष होता था, जो छैला बना उनमें बैठा रहता। अब नयी गणिकाओं ने तो उसे बिलकुल ही गोपियों का कन्हैया बना दिया था।

यह भी कुशल था कि चन्द्रिका उसके सारे काम पूरे कर जाती थी। वह बड़ी चंचल थी और आजकल बृज के मन की जो दशा हो रही थी, उसे भली-भाँति समझ रही थी। उसे देखती तो चुपके-चुपके मुस्कराती और बातों-बातों में वह हलका-फुलका कटाक्ष भी कर जाती थी।

एक बार चन्द्रिका कोई काम करने आयी तो लौटते समय ठिठक गयी और मयूरी की भाँति गर्दन घुमाकर बोली, "एक बात पूछूँ।"

जिस भंगिमा से वह बात कर रही थी, उससे बृज ने अनुमान लगा लिया कि वह क्या पूछने जा रही है। परन्तु बृज को यह अच्छा नहीं लगता था कि वह किसी दास या दासी को डाँटकर चुप करा दे। वह अपने मन में यही समझता था कि वह केवल चलता-फिरता उन्मुक्त-सा व्यक्ति है, यह अलग बात है कि कंचन ने उसे सिर-आँखों पर बैठा रखा है और वह बड़े-बड़े लोगों के बीच धनिकों की भाँति रहता है। उसने चन्द्रिका की ओर दबी दृष्टि से देखते हुए कहा, "हाँ, पूछो, क्या पूछना चाहती हो।"

"आजकल आप नीचे नहीं आते...।"

"यह तुम कैसे कह सकती हो कि मैं नीचे नहीं आता?"

"मेरा तात्पर्य है कि बहुत कम आते हैं।"

बृज ने कहा, "तुम जो ऊपर आ जाती हो, तो भला मुझे नीचे जाने की क्या आवश्यकता?"

चन्द्रिका ने तनिक चंचलता से कहा, "आप चाहे नीचे न उतरें, परन्तु प्रांगण में हर समय दो-तीन युवतियाँ बैठी रहती हैं।"

"तुम्हें उनके बैठने पर क्या आपत्ति है?"

"मुझे तो कोई आपत्ति नहीं है।"

बृज ने अबोध बनकर कहा, ''तुम्हें इतनी-सी बात समझ लेनी चाहिए कि कोई भी व्यक्ति हर समय चलता-फिरता तो नहीं रह सकता। वे कभी-कभी थककर बैठ जाती होंगी।''

''और टकटकी बाँधे आपके कक्ष की ओर देखती रहती हैं।''

''वह क्यों?''

''सम्भवतः अपनी थकान दूर करने के लिए।''

''यह तुम केवल अपनी ही कल्पना की बातें करती हो।''

''आप कभी झाँककर देखें तो पता चले कि वे कैसी मधुर दृष्टि से इधर को देखती रहती हैं।''

बृज ने मुस्कराकर पूछा, ''उनकी मधुर दृष्टि से तुम्हारे मन में कोई कड़ुवाहट तो नहीं उत्पन्न होती?''

चन्द्रिका ने मुँह पर हाथ रखा और खी-खी करके हँसने लगी। हँसते-हँसते उसका चेहरा लाल हो गया और आँखों में पानी भर आया। बड़ी कठिनता से अपने-आपको रोककर बोली, ''आप भी तो कभी-कभी कैसी मनोरंजक बात कह देते हैं।''

चन्द्रिका सिमटी और सिकुड़ी हुई-सी विचित्र ढंग से क़दम उठाती हुई नीचे उतर गयी। बृज उसे टकटकी बाँधकर देखता रहा।

जब कोई व्यक्ति गम्भीर बनना चाहे और दूसरे उसे गम्भीर न समझें, तो सचमुच ही बड़ी कठिनाई हो जाती है। पुरुषों का ऐसा व्यवहार नहीं था कि जिस पर उसे कोई आपत्ति होती, परन्तु लड़कियों और स्त्रियों के हाथों वह काफ़ी परेशान था। वह प्रायः सोचता कि ये लड़कियाँ दूसरों को केवल अपने ही दृष्टिकोण से देखती हैं और उन्हें अपने आचरण पर तनिक भी सन्देह नहीं होता। वे कभी नहीं सोचतीं कि सम्भवतः दूसरा उनके दृष्टिकोण से नितान्त भिन्न हो। केवल यही नहीं, स्त्रियाँ पुरुषों से भी इस बात की अपेक्षा रखती हैं कि वे उनके दृष्टिकोण को ही ठीक समझें। उन्हें यह बात स्वीकार कर लेनी चाहिए कि उनका वास्तविक रूप वह नहीं है, जो वे स्वयं समझते हैं, अपितु उनका वास्तविक रूप वही है, जो स्त्रियों की आँखों के दर्पण में दृष्टिगोचर होता है।

कक्ष में इधर-उधर टहल-टहलकर बृज इन्हीं बातों को सोच रहा था। फिर वह अपनी शय्या पर बैठ गया। उसके मन की विचित्र दशा हो रही थी। घर से निकलकर इतने वर्षों तक उसकी लगभग एक-सी ही दशा रही, परन्तु विजयनगर पहुँचकर उसके विचार तो नहीं, परन्तु उसका रहन-सहन तथा वातावरण पहले से बिलकुल ही परिवर्तित हो गया था। कुछ मास पूर्व की बात उसे स्मरण आ गयी, जब उसने पहाड़ी पर खड़े होकर इस घाटी पर दृष्टि डाली थी। उसके आगे एक विशाल नगर फैला हुआ था, जिसे देखकर उसके शरीर में सनसनी की लहर दौड़ गयी थी। निस्सन्देह उसे दूर-दूर तक फैला हुआ नगर दिखायी दे रहा था, परन्तु उस समय

यह नगर बन्द मुट्ठी की भाँति था। उसी दिन से वह इस बन्द मुट्ठी को धीरे-धीरे खोलने का प्रयत्न कर रहा था। परन्तु, सोचने की बात तो यह थी कि इतने महीनों में उसने क्या खोया और क्या पाया। सबसे अधिक चिन्ता जिस बात पर उसे हो रही थी वह यह थी कि कहीं वह सुख के जीवन का अभ्यस्त तो नहीं हो गया। यदि उसे फिर से निराश्रयता का जीवन बिताना पड़ा तो क्या वह पहले की भाँति मगन रह सकेगा? सचमुच, बृज के लिए यह बड़ी ही चिन्ता की बात थी। इसी भय के कारण कभी-कभी तो उसके मन में आता कि एक बार सब-कुछ छोड़-छाड़कर वह फिर पहले का-सा जीवन व्यतीत करने लगे।

उसके मन में सबसे बड़ा आकर्षण द्रोण का था। वह अनुभव करता था कि उसके लिए द्रोण जी की पूरी शिक्षा प्राप्त करना अत्यन्त आवश्यक है। इसीलिए उसने चाहा था कि वह द्रोण जी के निवास-स्थान पर ही रहने लगे। अब वह उनसे भेंट होने पर फिर इस बात का अनुरोध करेगा कि वे उसे शीघ्र-से-शीघ्र अपने पास रहने की अनुमति दे दें।

इस नगर में कंचन से उसकी भेंट भी अत्यन्त महत्त्वपूर्ण घटना थी। यदि कंचन उसे अपने घर पर न ले जाती तो वह कब का वहाँ से चला गया होता। कंचन के कारण ही तो द्रोण जी से उसकी भेंट हुई और अन्य व्यक्तियों से परिचय हुआ। कंचन अपने स्थान पर अद्‌भुत स्त्री थी और उसके लिए एक पहेली-सी बनकर रह गयी थी। उसे आज तक इस बात का पता न चल सका कि वास्तव में कंचन उससे क्या चाहती है। चाहे जो कुछ भी हो, वह कंचन के अपने प्रति स्नेह को कभी नहीं भुला सकता। फिर भी यदि द्रोण जी से भेंट न हो जाती तो वह अब तक वहाँ से चला गया होता।

और यह सुप्रिया!

उससे भेंट भी कितने विचित्र ढंग से हुई। वह सन्ध्या उसे स्मरण हो आयी, जब सुप्रिया उसके पीछे घोड़े पर बैठकर नदी तक पहुँची और फिर नदी भी पार कर गयी। अन्त में उसे पता चला कि उस छोकरी को न कहीं जाना था, न कहीं से आना था; उसका उद्‌देश्य केवल उसके साथ भ्रमण करना था। इस छोकरी ने पहले दिन से ही उस पर फन्दा फेंकना आरम्भ कर दिया। अब बहुत-कुछ निराश हो जाने पर भी उसकी निष्ठा में कोई अन्तर नहीं आया है। बृज को सुप्रिया की इस निष्ठा से कभी-कभी भय अनुभव होने लगता, उसके शरीर में झुरझुरी-सी आ जाती। उसका जी चाहता था कि वह इस लड़की से बहुत दूर भाग जाये, परन्तु विभिन्न कारणों से वह भाग नहीं पाता था।

अब तक वह कटी हुई पतंग की तरह कभी-कभी डाँवाँडोल होने लगता था, परन्तु फिर भी उसे यह स्वीकार करना पड़ता था कि इस नगर ने उसे बहुत-कुछ दिया, बहुत-कुछ सिखाया और यहीं पर वह ऐसे लोगों से मिला, जिनके विचारों

से पूरी तरह सहमत न होते हुए भी वह उनसे अत्यन्त प्रभावित हुआ।

ऐसे व्यक्तियों में सबसे पहला नाम आह-चाँग का था। वह गहन ज्ञान की बातें नहीं करता था, परन्तु फिर भी उसके पास बैठकर और उसकी बातें सुनकर बृज को ऐसा अनुभव हुआ था जैसे उसके हृदय पर शान्ति एवं आनन्द की हलकी-फुलकी फुहार गिर रही हो। आह-चाँग की कितनी इच्छा थी कि वह फिर उसके यहाँ आये, परन्तु वह इधर-उधर के कामों में इतना व्यस्त रहा कि वहाँ तक नहीं जा सका। परन्तु अब वह अवश्य उससे मिलेगा।

जब बृज नीचे उतरा और उसने कंचन से इसी बात का उल्लेख किया तो वह मुस्कराकर बोली, "माना कि आह-चाँग ने तुम्हें भोजन का निमन्त्रण दे रखा है, फिर भी अचानक उसके घर पर जा धमकना तो उचित नहीं होगा!"

"तो इसका कोई उपाय बताइये।"

"उपाय यही हो सकता है कि पहले कालाफ़ाम को भेजकर आह-चाँग से पूछ लिया जाये इस विषय में।"

२

घोड़ा धीरे-धीरे क़दम बढ़ाता हुआ आह-चाँग के भवन की ओर चला जा रहा था और उसकी पीठ पर बैठे बृज ने लगाम ढीली छोड़ रखी थी। इन दिनों उसकी विचित्र-सी मन:स्थिति हो रही थी। कभी-कभी अपने मन की इस दशा पर वह झुंझला उठता था। बार-बार वह सोचता था कि आख़िर उसे हुआ क्या है और मन की इस स्थिति का कारण क्या है। हर बार वह अपने-आपको सान्त्वना देने की चेष्टा करता, परन्तु एक-दो दिन में वही दशा हो जाती। कंचन, सुप्रिया, द्रोण जी, डॉम-गार्शिया आदि ही तो कुछ ऐसे व्यक्ति थे, जिनके सम्पर्क में वह आता है। तो क्या इनमें से किसी के कारण वह उद्विग्न-सा रहता है? कभी किसी को और कभी किसी को वह मन की इस दशा का कारण समझने लगता, परन्तु वह केवल उद्विग्न ही नहीं था, अपितु कुछ-कुछ उदास भी रहता था। स्पष्टत: कोई भी कारण ऐसा नहीं था कि जो उसे उदास कर दे। एक बार तो उसके मन में यह विचार भी आया कि जब से उसने सुना है कि विजयनगर पर शत्रु के आक्रमण की सम्भावना है, सम्भवत: तभी से उसके मन में उदासी और अशान्ति व्याप्त हो गयी हो। परन्तु, उसे विजयनगर से क्या लेना? विजयनगर उसकी जन्मभूमि नहीं है। वह तो कभी का वहाँ से चला गया होता। वह तो घाट-घाट का पानी पीनेवाला व्यक्ति ठहरा। किसी मनुष्य या किसी स्थान से इतना मोह रखने में उसका भला नहीं हो सकता।

वह इसी प्रकार के विचारों में खोया-खोया आह-चाँग के भवन के मुख्य द्वार तक पहुँच गया। आह-चाँग को कृषि तथा पशुपालन का बहुत शौक था। इस समय

भी वह अपनी तरकारियों की क्यारियों के पास खड़ा उस दास की ओर देख रहा था, जो गुड़ाई कर रहा था।

आह-चाँग की आकृति से वह भव्यता नहीं टपकती थी, जो द्रोण जी के चेहरे से टपकती थी। न उसके वैसे ठाट, न वैसी बातें थीं, जैसी कि डॉम-गार्शिया की। वह एक सामान्य मनुष्य था। उसकी विशेषता यही थी कि उसे देखकर सामान्य मनुष्य की महत्ता का पता चलता था। डॉम-गार्शिया, नाक्रना, कंचन, द्रोण जी जैसे व्यक्ति तो अपने-अपने स्थान पर पर्वतों की अत्यन्त ऊँची-ऊँची चोटियों की भाँति लगते थे। फिर भी सामान्य मनुष्यों की संख्या तो अगणित ही थी, उनका क्षेत्र विशाल भी था और आवश्यक भी। पर्वतों की चोटियाँ तो बहुत दूर से दिखायी दे जाती हैं, परन्तु सामान्य मनुष्य जिस घाटी में रहता है, वह तो निकट पहुँचने पर ही दृष्टिगोचर होती है। वहाँ पहुँचकर मनुष्य के मन को जो शान्ति प्राप्त होती है, उसका अपना ही एक आनन्द है।

बृज रकाब में पाँव फँसाकर धीरे-धीरे घोड़े से नीचे उतरा। इतने में आह-चाँग की उस पर दृष्टि पड़ी तो अतिथि को देखकर उसका चेहरा खिल उठा। वह अपनी खुली बाँहों में हाथ छिपाये, छोटे परन्तु तेज़-तेज़ क़दमों से बढ़ता हुआ उसके निकट पहुँचा और बोला, "आ गये आप?"

बृज के चेहरे पर झेंप की हलकी-सी लाली उड़ती हुई दिखायी दी और वह धीमे स्वर में बोला, "देख लीजये, मैं उपस्थित हो गया हूँ। मुझे इस बात का खेद है कि मैं अपना वचन इतने विलम्ब से पूरा कर पाया।"

आह-चाँग ने उसका हाथ थामते हुए कहा, "आपका इस प्रकार आना ही उचित था। यदि आप केवल अपना वचन पूरा करने के लिए अपने मन को विवश करके यहाँ आते तो उसमें यह आनन्द कहाँ। अब तो आपके मन ने चाहा कि आप मुझ निर्धन की कुटी में पधारें और आप चले आये। यदि मैं चाहता तो आपको इतने समय में कई बार आपका वचन स्मरण करा सकता था, परन्तु मैंने जान-बूझकर ऐसा नहीं किया। मैं इसी की प्रतीक्षा में था कि कब आपके मन में यहाँ आने की इच्छा उत्पन्न होती है। सम्भवत: वह इच्छा कुछ दिनों पहले धरती से फूटनेवाले पौधे की भाँति कोमल और नन्हीं-सी रही होगी; परन्तु देखते-ही-देखते यह पौधा बढ़ गया, यहाँ तक कि आपको मेरे पास आना पड़ा।"

एक दास ने आकर घोड़े की लगाम थाम ली और बृज धीरे-धीरे क़दम उठाता हुआ आह-चाँग के साथ हो लिया। वातावरण में क्यारियों की मिट्टी की भीनी-भीनी सुगन्ध बसी हुई थी। आह-चाँग ने हाथ से एक ओर संकेत करते हुए कहा, "आज अण्डों में से बहुत-से शावक निकल आये हैं और कुछ अभी निकल रहे हैं।"

बृज केवल मुस्करा दिया।

आह-चाँग ने एक बड़े से टोकरे को उठाया तो मुर्गी अब तक अण्डों पर बैठी हुई थी, यद्यपि लगभग सभी अण्डों में से शावक निकल आये थे। आह-चाँग ने एक अण्डा उठाया, जिसके टूटे हुए खोल में से शावक ने केवल सिर और गर्दन बाहर निकाल रखी थी। आह-चाँग ने वह अण्डा बृज की ओर बढ़ा दिया। अण्डे को हथेली पर रखकर बृज अपने चेहरे के निकट तक ले आया। शावक का रंग हलका पीला था। वह धीरे-धीरे चूँ-चूँ कर रहा था। दो काले बीजों की भाँति उसकी दमकती हुई आँखें आसपास के संसार को अत्यन्त कौतूहल से निहार रही थीं। वह बार-बार अपनी गर्दन को दायें-बायें घुमा रहा था।

संसार में आये हुए इस नवागन्तुक नन्हें से अतिथि को देखकर बृज को बड़ा अच्छा लगा। उसने उँगली से अण्डे के खोल को तोड़ दिया, शावक इस बन्धन से मुक्त हो गया और बृज ने रुई के इस फुदकते हुए गाले को धरती पर छोड़ दिया। वह मुर्ग़ी की ओर भाग गया। विभिन्न रंगोंवाले शावकों को वे दोनों कुछ देर खड़े देखते रहे। जिस आनन्द का उन दोनों को आभास हो रहा था, उसका उल्लेख उन्होंने किया तो नहीं, परन्तु पहले से अधिक प्रसन्न होकर वे भवन की ओर बढ़े।

आह-चाँग के गोल-मटोल बच्चे अतिथि से मिलने के लिए आये। बृज ने उनके सिर पर हाथ फेरा और वे चले गये। फिर आह-चाँग की पत्नी भी आयी। थोड़ी देर रुककर उसने कुछ बातें कीं, और फिर वह भी चली गयी।—इन छोटी-छोटी घटनाओं का बृज के मन पर बड़ा आनन्दमय प्रभाव पड़ रहा था। उन दोनों की आपस में हलकी-फुलकी बातचीत आरम्भ हो गयी। उन्होंने किसी गहन समस्या या गूढ़ विषय पर विचार विनिमय नहीं किया। आह-चाँग अपने पक्षियों, अपने पुष्पों, तरकारियों, पशुओं, बच्चों, भोजन आदि के विषय में बातचीत करता रहा। आज भी बृज को पहली भेंट का-सा आनन्द आ रहा था।

एकाएक बृज ने स्वयं कहना आरम्भ किया, "आपको ज्ञात है कि आजकल एक अफ़वाह बड़े ज़ोरों से चक्कर लगा रही है?"

आह-चाँग को उसका संकेत समझने में देर नहीं लगी, बोला, "आपका तात्पर्य यही है कि विजयनगर पर आक्रमण होने की अफ़वाह है?"

"जी हाँ।"

"जब कभी इस प्रकार की अफ़वाह चल निकलती है तो अधिकांश लोग उस विषय पर ही बातचीत करने लगते हैं। मैंने भी सुना तो है, परन्तु यह कहना कठिन है कि यह कहाँ तक सत्य है। अगर बात सत्य है तो मुझे अपना परिवार यहाँ से अन्यत्र भेजना पड़ेगा।"

बृज खुलकर तो नहीं कहना चाहता था कि यह सूचना लगभग ठीक ही है, क्योंकि इस प्रकार कंचन को असुविधा अनुभव हो सकती थी। फिर भी उसने कहा,

"आप गृहस्थ व्यक्ति हैं, इसलिए इसमें कोई हानि नहीं होगी यदि आप बच्चों को कुछ समय के लिए यहाँ से भेज दें।"

"आप ठीक ही कहते हैं। मैं भी सोच रहा हूँ कि महानवमी का उत्सव हो जाने के बाद ही कोई क़दम उठाऊँ।"

बृज ने अपने मन की एक और बात कह ही दी, "जब मैं सुनता हूँ कि विजयनगर पर आक्रमण होनेवाला है तो उद्विग्न-सा हो जाता हूँ। मुझे भी इस नगर से गहरा लगाव हो गया है। इस पर आक्रमण होने से मुझे ऐसा लगेगा जैसे मेरे किसी घनिष्ठ मित्र पर किसी ने आक्रमण कर दिया हो।"

"ऐसा होना अस्वाभाविक नहीं है, क्योंकि आप अत्यन्त भावुक व्यक्ति हैं—क्या किया जाये, संसार में यह चक्र भी चलता ही रहता है। अभी तक पारस्परिक विवादों को मिटाने के लिए मनुष्य-जाति को हिंसा का सहारा लेना पड़ता है। जब मनुष्य हिंसा पर उतर आता है तो वह पशुओं से भी नीचे गिर जाता है।"

"परन्तु, अपनी रक्षा के लिए तो हिंसा का सहारा लेना कोई बुरी बात नहीं है।"

"यही तो हमारी विवशता है...परन्तु मैं किसी एक व्यक्ति या जाति की बात नहीं कर रहा हूँ, मैं तो पूरी मनुष्य-जाति के सम्बन्ध में कह रहा हूँ। मनुष्य अपने-आप को अन्य जीवों से इतना उच्च समझता है, इसलिए उसे कम-से-कम यह सिद्धान्त तो सदा के लिए मान लेना चाहिए कि वह किसी भी स्थिति में हिंसा का प्रयोग नहीं करेगा। यदि किसी तरह पारस्परिक भय की भावना समाप्त हो जाये तो फिर इस सिद्धान्त को स्वीकार करना किसी के लिए भी इतना कठिन नहीं रहेगा।"

भोजन के पश्चात् भी इसी प्रकार की सामान्य बातें होती रहीं। बृज का सारा समय बहुत ही अच्छे वातावरण में व्यतीत हो गया। उसके मन की घुटन बहुत-कुछ दूर हो गयी। अन्त में जब तीसरे पहर वह अपने आतिथेय से विदा हुआ तो उसे ऐसा लगा कि आज उसने अपना समय अत्यन्त सार्थक ढंग से व्यीतत किया है। इन बातों के अतिरिक्त आज उसने कुछ नये प्रकार के व्यंजनों का स्वाद भी चखा था। घोड़े पर सवार होकर चला तो वह शान्त एवं प्रसन्न था, परन्तु उसने इस बात का अनुसन्धान नहीं किया कि उसके आनन्द का कारण क्या है। इस तरह एक दिन बीत जाने से उसके मानसिक स्वास्थ्य पर अच्छा ही प्रभाव पड़ सकता था। कल की बात ईश्वर जाने, परन्तु आज तो उसका मस्तिष्क हवा में उड़ रहा था।

वह नगर में जी भरकर घूमता रहा। कहीं मुर्ग़े उड़ाये जा रहे थे, कहीं बालक धूल में खेल रहे थे, कहीं बाज़ारों में ग्राहकों की रेल-पेल थी, कहीं बाहर के सार्थवाह नगर में आ रहे थे। इस प्रकार के अगणित दृश्यों का आनन्द लेते हुए वह राजमहल के सामने बनी टकसाल तक जा पहुँचा। उसके मन में आया कि मुख्य द्वार में से झाँककर देखें तो सही कि वहाँ इस उत्सव के लिए किस प्रकार की तैयारियाँ हो रही हैं। आजकल किसी को भीतर जाने की बिलकुल भी अनुमति नहीं थी, परन्तु कंचन

के प्रताप से वह द्वार के कुछ भीतर जाकर निकट की तैयारियाँ तो देख ही सकता था।

सूर्य के कुछ ढल जाने के कारण भवनों की छायाएँ लम्बी हो गयी थीं। महल के प्राचीर के पहले द्वार के ऊपर बने हुए बुर्ज़ की नोक जगमगा उठी थी। बुर्ज़ के आगे बने हुए छोटे से अलिन्द में कुछ सैनिक खड़े थे, जो दूर-दूर तक देख सकते थे।

बृज आगे बढ़ा तो उसे पता चला कि इस उत्सव के कारण वहाँ द्वारपालों की संख्या पहले से बढ़ा दी गयी है। अब वहाँ सिपाहियों का दारोग़ा भी नियमपूर्वक बैठने लगा है। प्रत्येक द्वारपाल के हाथ में या तो चमड़े का कोड़ा था या दण्ड।

पहले द्वार से गुज़रकर एक-दूसरे द्वार से गुज़रना पड़ता था, जिसके आगे काफ़ी लम्बा-चौड़ा मैदान था, जिसके एक ओर अलिन्द बने हुए थे, जो काफ़ी दूर तक चले गये थे। दारोग़ा भी बृज को पहचानता था; दोनों की आँखें मिलीं तो दारोग़ा के होंठों पर मुस्कान आयी और उसने दो क़दम आगे बढ़कर बृज का स्वागत किया। बृज ने पूछा, "मैं देख रहा हूँ कि आज तो यहाँ पहले से अधिक रक्षक खड़े हैं।"

"जी हाँ, प्रत्येक वर्ष इसी तरह का प्रबन्ध करना पड़ता है।"

"मैंने इस उत्सव की इतनी प्रशंसा सुन रखी है कि अब तो मैं भी महानवमी की प्रतीक्षा अत्यन्त उत्सकुता से कर रहा हूँ।"

दारोग़ा हँस दिया और एक द्वारपाल को बृज के घोड़े की लगाम थामने का संकेत करते हुए बोला, "तो समझ लीजिये कि अब आपकी प्रतीक्षा की घड़ियाँ समाप्त हो चुकी हैं।"

"अच्छा, यह बात है!"

"बड़े ज़ोर की तैयारियाँ हो रही हैं। आइये आपको अन्दर की झाँकी दिखाऊँ।"

"मैंने सुना है कि अब भीतर आने-जाने के नियम और भी कड़े कर दिये गये हैं...।"

"वह तो ठीक है, परन्तु आपके लिए तो कोई रोक-टोक नहीं है। भीतर का दृश्य देखना चाहें तो इतना-सा कार्य मैं भी कर सकता हूँ...मुझे अपना दास समझिये...।"

बृज ने मन में कहा कि वह स्वयं भी न तो किसी का दास है और न कोई उसका दास है—परन्तु यहाँ तो केवल कंचन का प्रताप अपना चमत्कार दिखा रहा है।

बातें करते हुए दारोग़ा बृज को अपने साथ ले चला। दूसरे फाटक पर भी द्वारपाल हाथों में चमड़े के कोड़े लिये खड़े थे। इन्हें देखते ही उन्होंने मार्ग छोड़ दिया। उस द्वार से निकलकर दारोग़ा ने लम्बे और दूर तक फैले हुए अलिन्दों की ओर संकेत करते हुए कहा, "इस अलिन्द में दूर से आये हुए सेना के नायक तथा महाराज के विशिष्ट अधिकारी बैठकर उत्सव का कार्यक्रम देखते हैं।"

इतना कहकर दारोग़ा अपनी नाक के निकट उभरे हुए मस्से को उँगली से छूने लगा। सम्भवत: ऐसा करना उसकी आदत थी। बृज ने सोचा कि सम्भव है उसे भी इन्हीं अलिन्दों में से किसी एक में बैठना पड़े। दारोग़ा ने ढीले हाथ से बायीं ओर संकेत करते हुए कहा, ''उधर, उत्तर की ओर आप बड़ा-सा भवन देख रहे हैं न! तनिक निकट चलकर इसे और भी ध्यान से देखिये। इसके स्तम्भ अत्यन्त सुन्दर हैं।''

बृज ने निकट जाकर देखा कि अधिकांश स्तम्भ हाथी की आकृति के बने हुए थे और इनके अतिरिक्त कुछ अन्य आकृतियों के स्तम्भ भी थे। आगे से भवन बिलकुल खुला था और एक चौड़ा सोपान ऊपर की ओर जाता था। दारोग़ा ने कहा, ''इसे विजय-भवन कहते हैं। कलिंग-विजय के उपलक्ष्य में महाराज ने इसे बनवाया था।''

बृज उन स्तम्भों की कला की प्रशंसा करता रहा। यहाँ तक कि उसे पत्थर की सिलों का बना हुआ सोपान भी बहुत पसन्द आया, जिसके दोनों ओर नाना प्रकार के बेल-बूटे बने हुए थे।

दारोग़ा ने उस विस्तृत मैदान के दाहिनी ओर संकेत करते हुए कहा, ''देखिये, वे लकड़ी के ढाँचे इस उत्सव के लिए ही बनाये गये हैं। इनके ऊपर समतल तख़्ते जड़े हुए हैं, जो उत्सव के दिन गहरे लाल और हरे रंग के वस्त्रों से नीचे से ऊपर तक सजाये जायेंगे। ये वस्त्र ऐसे उत्तम सूत के बने हुए होते हैं कि इन्हें देखकर ऊन का भ्रम होता है।''

बृज ने देखा कि वे ढाँचे गिनती में ग्यारह थे। वह बोला, ''ये ढाँचे बहुत ऊँचे हैं, यहाँ तक कि प्राचीर के बाहर से भी दिखायी देते हैं। आज मैंने इन्हें देखा तो कुछ आश्चर्य में पड़ गया, परन्तु केवल इनका ऊपरी भाग देखने से समझ नहीं पाया कि वास्तव में वे क्या हैं, और क्यों बनाये गये हैं।''

''मैंने कहा न, ये केवल इस उत्सव के लिए खड़े किये गये हैं। महानवमी की समाप्ति पर इन्हें हटा दिया जायेगा—उधर मुख्य द्वार के दोनों ओर सैकड़ों नर्तकियाँ एकत्र होकर अपनी कला का प्रदर्शन करेंगी।''

बातें करते हुए वे दोनों कुछ और आगे बढ़ गये। मुख्य द्वार की सीध में मैदान के दूसरी ओर विजय-भवन से मिलते-जुलते दो अन्य भवन थे, उन पर भी बेल बूटोंवाले पत्थर के सोपान ऊपर तक जाते दिखायी दे रहे थे? एक सोपान भवन के बीचोबीच था और दूसरा बिलकुल एक किनारे पर था। दारोग़ा ने बताया, ''ये भवन भी अत्यधिक अलंकृत किये जायेंगे। इनकी दीवारों, छतों और स्तम्भों पर रंग-बिरंगे वस्त्र लटकाये या लपेटे जायेंगे। आपको जो ऊपर-नीचे दो वेदियाँ दिखायी दे रही हैं, उन पर महाराज के विशिष्ट अधिकारियों के बालकों को बैठने की आज्ञा होगी,

जिससे वे उत्सव को भली-भाँति देख सकें। कभी-कभी महाराज के कंचुकी भी यहाँ पर थोड़ा-बहुत स्थान पा जाते हैं।''

दारोग़ा सब-कुछ इतने विस्तार से बता रहा था कि बृज को कहना पड़ा, ''दारोग़ा जी, यहाँ तो बहुत ही भव्य प्रबन्ध किया जा रहा है। आपको तो क्षण-भर का भी अवकाश न मिलता होगा।''

दारोग़ा ने उत्साहित होकर कहा, ''आप ठीक ही कहते हैं, परन्तु हर किसी को अपने कर्त्तव्य का पालन करना चाहिए।''

''निस्सन्देह!''

दारोग़ा गर्दन आगे बढ़ाकर ऐसे फुसफुसाया जैसे अत्यन्त गूढ़ रहस्य पर से आवरण उठा रहा हो, ''कुल रानियों और दासियों की संख्या बारह हज़ार से कम नहीं है...रानियों के अलग-अलग महल हैं। यहाँ भी अपने-आप में एक छोटा-सा नगर बसा हुआ है। मैं आपको गिनकर बता सकता हूँ कि यहाँ...अर्थात् इस राजकीय नगर में...लगभग चौंतीस वीथियाँ हैं—तनिक सोचिये तो, चौंतीस वीथियाँ!''

यह कहकर कुछ समय तक दारोग़ा फटी-फटी आँखों से बृज की ओर टकटकी बाँधे देखता रहा।

बृज ने भी ऐसी मुद्रा बना ली, जिससे लगे कि वह यह सुनकर चकित रह गया है। जब वे वापस लौटे तो दारोग़ा अपने-आप से अत्यन्त प्रसन्न दिखायी देता था। बृज को विदा करते समय उसने अत्यन्त नम्रता से कहा, ''भला आप इस उत्सव को नहीं देखेंगे तो और कौन देखेगा? कंचन जी के नाम से कौन परिचित नहीं? महाराज से लेकर नगर का प्रत्येक बालक कंचन जी को जानता है। कंचन जी को महाराज के दाहिनी ओर बैठने की अनुमति प्राप्त है। वे स्वयं अपने हाथ से पान बनाकर महाराज को दे सकती हैं...।''

इस तरह दारोग़ा ने कई ऐसी बातें बतायीं, जो बृज बहुत बार सुन चुका था।

३

ज्यों-ज्यों समय बीतता गया, त्यों-त्यों विजयनगर के गली-कूचों, घरों और बाज़ारों, मैदानों और मन्दिरों में रँग एवं रूप, सजावट और संगीत, उमंगों और तरंगों का तूफ़ान उमड़ता ही गया। इस वातावरण से हटकर या अलग होकर कुछ सोचना या अनुभव करना बृज के लिए भी असम्भव हो गया। छोटे-बड़े, धनी-निर्धन, बालक-वृद्ध आदि सभी एक ही रंग में रँग गये थे।

बृज को कुछ समय के लिए अपना सारा दर्शन और समस्याएँ भूल गयीं और वह सारा-सारा दिन नगर में घूमा करता था। कभी-कभी क्षण-भर को उसे इस बात

का ध्यान भी आ जाता कि एकाएक ही वह अपने व्यक्तिगत बहाव से अलग होकर इस सामूहिक बहाव में कैसे बहने लगा। परन्तु इस प्रश्न का उसके पास कोई उत्तर नहीं था। जब वर्षा होती है तो सभी पेड़-पौधे, जीव-जन्तु, भवन, मनुष्य आदि भीगते हैं। इसी तरह आज इस सामूहिक आनन्द के सभी लोग भागीदार हो रहे थे।

बृज भ्रमण के लिए निकलता तो देखता कि राजमार्गों के किनारे पर लोग दो-तीन नर्तकियों को घेरे में ले लेते और वे घुँघरू बाँधकर चकफेरियाँ लेती हुईं नृत्य करतीं और सबके मन को रिझातीं। उनकी क्षीण कटि के नीचे चटकते-मटकते वीणाकार नितम्बों पर सोने की करधनियाँ अलग छटा दिखाती थीं।

हर मन्दिर से मूर्ति की शोभा-यात्रा निकलती थी। मूर्ति को ख़ूब सुसज्जित कर दो-चार या आठ-दस घोड़ों के रथ में ऊँचे स्थान पर रख दिया जाता। मूर्ति के आगे-आगे वाद्य-वादन होता और नर्तकियाँ नृत्य करती हुईं बढ़ती रहती थीं। मूर्ति की गाड़ी के पीछे कीर्त्तन-मण्डली होती थी और इस मण्डली के भी पीछे नागरिकों का दल होता, जो या तो चुपचाप कीर्त्तन सुनता हुआ चलता या उनमें से कुछ लोग स्वयं स्वर-में-स्वर मिलाकर भजन गाते हुए बढ़ते जाते। मूर्ति के दर्शन करनेवाले लोग मार्ग के दायें-बायें खड़े होकर मूर्ति पर पुष्प-वृष्टि करते। भवनों की छतों और अलिन्दों में स्त्रियाँ और बालक हाथ जोड़े खड़े रहते।

सबसे अच्छी एवं सुप्रसिद्ध शोभायात्रा हजाराराम-मन्दिर की थी, जिसमें सहस्रों जन भाग लेते थे और जिसे लाखों लोग देखते थे। इस शोभा-यात्रा में हाथियों, ऊँटों और घोड़ों की भी भरमार होती थी। लगभग सौ झाँकियाँ सजायी जातीं, जिनमें रामायण के भिन्न-भिन्न दृश्य दिखाये जाते थे। श्रीरामचन्द्र, सीता जी, लक्ष्मण जी और हनुमान जी एक विशाल हाथी के ऊपर दिखाये जाते। हर ओर से उनके ऊपर पुष्प-वृष्टि होती और लाखों व्यक्तियों की रेल-पेल ऐसे दिखायी देती जैसे किसी महासागर में लहरें ऊपर-नीचे हो रही हों। महल के प्राचीर के भीतर पहले दिन का कार्यक्रम देखने के लिए बृज को महाराज की ओर से विशेष निमन्त्रण मिला। इसका प्रबन्ध कंचन ने ही किया था। उत्सववाले दिन, प्रातःकाल ही कंचन ने बृज से कहा, ''देखो, मैं तो महलों के भीतर व्यस्त रहूँगी, परन्तु तुम उत्सव देखने अवश्य आना।''

''मैं अवश्य आऊँगा। आपको इस बात की चिन्ता क्यों है। आपको ज्ञात होना चाहिए कि मैं स्वयं आपसे भी अधिक उत्सुक हो रहा हूँ।''

''हाँ वह तो ठीक है, परन्तु अवसर आने पर तुम लड़कियों की तरह लजा भी तो जाते हो।''

बृज ने सचमुच लजाकर उत्तर दिया, ''नहीं कंचन जी, यह केवल आपका भ्रम है। बात केवल इतनी है कि मुझे जिस वस्तु में रुचि न हो, उसी से कतराता हूँ।''

कंचन ने चंचलता से कहा, ''हाँ, वह तो तुम्हारी आकृति से ही स्पष्ट हो रहा है कि तुम शीघ्र लज्जित नहीं होते।''

इतनी-सी नोक-झोंक के बाद कंचन सारी लड़कियों को लेकर राजमहल को चली गयी। बृज ने सोचा कि वह अच्छी तरह से जलपान करके ही जायेगा। घर में केवल कुछ दासियों के अतिरिक्त और कोई भी नहीं रहा। बृज ने इस अवसर का लाभ उठाते हुए भीतरवाले सरोवर में स्नान किया। वह काफ़ी देर तक इधर-उधर तैरता रहा, क्योंकि वह निश्चिन्त था कि इस समय वहाँ चोरी-छिपे ताक-झाँक करनेवाली एक भी लड़की नहीं है।

जलपान के पश्चात् उसने घोड़े पर वहाँ जाना उचित नहीं समझा। सोचा कि आज वहाँ भीड़-भाड़ होगी, इसलिए घोड़े की देखभाल कौन करेगा। यदि वह पैदल टहलता हुआ चला जायेगा, तो बिलकुल निश्चिन्त होकर सारा दिन वहाँ के कार्यक्रम देख सकेगा।

महल के बाहरवाले द्वार तक जाने में उसका अच्छा-ख़ासा भ्रमण भी हो गया। ज्ञात होता है कि कंचन जाते-जाते एक बार फिर दारोग़ा को सहेज गयी थी कि जब बृज आये तो उसे भीतर प्रविष्ट होने में कोई कष्ट नहीं होना चाहिए। अत: जब वह पहले द्वार पर पहुँचा तो दारोग़ा ने दो क़दम आगे बढ़कर उसका स्वागत किया। यह असाधारण बात थी, नहीं तो उस रेल-पेल में कौन किसी को पूछता था। दारोग़ा उसे दूसरे द्वार से भी पार ले गया। वहाँ एक अन्य अधिकारी खड़ा था। दारोग़ा ने उसके कान के निकट मुँह ले जाकर सब-कुछ बड़ी अच्छी तरह समझा-बुझा दिया।

उस अधिकारी ने दारोग़ा के चले जाने के बाद बृज से कहा, ''आप थोड़ी देर यहीं पर रुके रहिये, मैं अभी आपको आपके स्थान तक पहुँचा दूँगा।''

बृज ने उत्तर दिया, ''धन्यवाद।''

अधिकारी आगे को बढ़ गया, सम्भवत: वह इस बात का पता लगाने गया था कि बृज के लिए कौन-सा स्थान उपयुक्त रहेगा। बृज ने वहाँ खड़े-खड़े चारों ओर दृष्टि दौड़ायी। आज तो वह उस स्थान को पहचान नहीं पा रहा था। विजय-भवन नववधू की भाँति सजा हुआ था और अन्य भवन भी अपने-अपने ढंग से सजे हुए थे। बीचोबीच जो बड़ा मैदान था, उसमें एक लम्बा-चौड़ा अखाड़ा खुदा हुआ था और कुछ बाँस और बल्लियाँ धरती में गड़ी हुई थीं। वह समझ नहीं सका कि इन सबका क्या उपयोग होगा। वहाँ इस समय अच्छी-खासी भीड़ हो रही थी। दूर-दूर के नगरों से अन्य राजाओं तथा महाराजाओं के सम्बन्धी भी आये हुए थे। नायक, सामन्त और अन्य कर्मचारियों की भी भरमार थी। उनके मूल्यवान् और रंग-बिरंगे वस्त्रों से अत्यधिक भव्यता प्रकट हो रही थी। दूसरे द्वार के दायें-बायें बहुत-सी नर्तकियाँ दो घेरों में खड़ी हुई थीं।

इतने में वही अधिकारी लौट आया और अत्यन्त सम्भ्रम से बोला, ''थोड़ी ही देर में आपके लिए भी स्थान का प्रबन्ध हो जायेगा। क्षमा कीजिये, आप पर्याप्त विलम्ब से पधारे। यदि कुछ पहले आ जाते तो आपको कुछ भी कष्ट न होता।''

बृज ने सिर हिलाते हुए कहा, "मुझे कुछ विलम्ब तो निस्सन्देह हो गया, परन्तु आप अधिक चिन्ता न कीजिये...मुझे किसी विशेष स्थान की आवश्यकता नहीं है। आप कहीं भी मेरे लिये प्रबन्ध कर सकते हैं।"

अधिकारी बोला, "मैं एक अन्य अधिकारी से कह आया हूँ, मुझे आशा है कि वह शीघ्र ही पता लगाकर हमें सूचना देगा।"

बृज ने केवल सिर हिला दिया।

दारोग़ा ने इस अधिकारी को बृज के सम्बन्ध में इतना कुछ कह दिया था कि उसके मन पर बृज का आतंक बैठ गया। उसने हाथ से संकेत करते हुए कहा, "आप तो जानते ही होंगे कि वह सामने विजय-भवन है। इस भवन में एक ऐसा कक्ष है, जो केवल वस्त्रों का बना हुआ है। इस समय उसका द्वार बन्द है, क्योंकि भीतर भगवान् की मूर्ति रखी है। महाराज आकर पहले भगवान् के दर्शन करेंगे, पूजा होगी, आरती उतारी जायेगी...तब जाकर उत्सव के कार्यक्रम का श्रीगणेश होगा। चौड़े सोपानों के ऊपर एक सिंहासन है, जिस पर विजयनगर के कलाकारों ने ऐसी चित्रकारी की है कि देखनेवाला चकित रह जाता है। इसके पाये असली सोने के हैं और उनकी आकृति सिंहों जैसी है। सिंहासन में अत्यन्त मूल्यवान् हीरे, मोती आदि रत्न जड़े हुए हैं। इस सिंहासन पर भी भगवान् की एक मूर्ति है। तात्पर्य यह है कि महाराज भी इस सिंहासन पर नहीं बैठते।—यहाँ से तो नहीं दिखायी दे रहा, परन्तु सिंहासन के निकट महाराज के सिर पर रखने की क़लगी है, जिसके चारों ओर न जाने कितने हीरे, लाल, जवाहर और मोती जड़े हुए हैं। सिंहासन के आगे जो वेदी है, वहाँ मोटे गद्दे बिछे हैं, और उनके ऊपर रेशमी चादरें और तकिये रखे हैं। महाराज यहीं पर पधारेंगे....।"

इतने में महल की ओर से कुछ हलचल-सी दिखायी दी। वह अधिकारी शीघ्रता से बोला, "लगता है कि महाराज महल से बाहर पधारने को ही हैं।"

उसी समय दूसरा अधिकारी आया तो पहले अधिकारी ने बृज से कहा, "आप इनके साथ चले जाइये।"

बृज दूसरे अधिकारी के साथ-साथ हो लिया। उसे उन लम्बे अलिन्दों में से एक अलिन्द में खड़े रहने को स्थान मिला। दूसरे अधिकारी ने विदा होने से पूर्व धीरे से बृज के कान में कहा, "महाराज के आने तक सब लोग खड़े रहेंगे और जब तक महाराज न बैठ जायें, तब तक कोई भी नहीं बैठेगा।"

बृज को नवागन्तुक समझकर उसने यह बात कह दी, जिसके उत्तर में बृज ने केवल सिर हिला दिया। उसका ध्यान उत्सव की इन तैयारियों पर था, इसलिए उसकी यही चेष्टा थी कि बिना किसी प्रकार की बातचीत के उसका काम चल जाये।

दो घड़ी बाद महल की ओर से हलचल और भी बढ़ गयी और फिर बड़े ज़ोर का कोलाहल उठा। चारों तरफ़ से भनभनाहट-सी सुनायी देने लगी, सभी लोग एक-

दूसरे को बता रहे थे कि महाराज महल से बाहर आ रहे हैं। दूसरे ही पल महाराज विजय-भवन की ओर बढ़ते दिखायी दिये। वे सोपानों पर चढ़कर ऊपर के खण्ड पर पहुँच गये। उस समय बहुत-से नायक और ग्यारह सुसज्जित अश्व विजय-भवन के आगे खड़े थे। इन अश्वों के पीछे महाराज के सबसे बड़े चार हाथी शुण्ड हिला रहे थे। हाथियों के झूल भी रेशम के थे और उन पर मोती जड़े थे। उनके सिर पर से शुण्ड तक सोने का फूलदार पत्र दिखायी दे रहा था। उस समय एक ब्राह्मण ने श्वेत पाटल-पुष्पों की टोकरी रामराय जी की ओर बढ़ायी, तो उन्होंने तीन-बार मुट्ठियों में भर-भरकर पुष्प अश्वों पर फेंके। फिर उन्होंने एक छोटा-सा पात्र उठाया, जिसमें धूप, अगरु और अन्य सुगन्धित पदार्थों में से धुआँ निकल रहा था। महाराज ने उस पात्र को अश्वों और हाथियों की ओर ऐसे हिलाया जैसे उन पर सुगन्धि की वर्षा कर रहे हों। इसके बाद उसी ब्राह्मण ने नीचे उतरकर और घोड़ों के पास जाकर टोकरी में बचे हुए सारे श्वेत पाटल-पुष्प अश्वों पर फेंक दिये।

तब महाराज पट-कक्ष की ओर बढ़े, जिसमें भगवान् की मूर्ति स्थापित थी। वहाँ ब्राह्मणों की सहायता से भगवान् की मूर्ति की पूजा की गयी। उस समय कक्ष के सब आवरण-पट उठा दिये गये, जिससे जिन व्यक्तियों की दृष्टि वहाँ तक पहुँच सकती थी, वे पूरी क्रिया देख सकें। पूजा के पश्चात् महाराज बाहरवाली वेदी पर आकर बैठ गये। उनके दायें-बायें उनकी विशिष्ट रानियों के निकट-सम्बन्धी बैठ गये।

इतनी देर में विजय-भवन के आगे से सब अश्व, हाथी और नायक हट गये और अब बलि देने की क्रिया का प्रारम्भ हुआ। यह बलि सिंहासन पर स्थापित भगवान् की मूर्ति के लिए थी। पहले एक सुपोषित महिष आगे लाया गया। एक बलिष्ठ व्यक्ति अपने दोनों हाथों में चौड़े फलवाला खाँड़ा लेकर भैंसे के पास पहुँचा और फिर उसने दोनों एड़ियाँ उठाकर खाँड़े का इतना भरपूर प्रहार किया कि महिष का सिर कटकर अलग जा गिरा। महिष की इतनी मोटी गर्दन को एक ही प्रहार से काट देना कोई सामान्य बात नहीं थी, परन्तु गर्दन काटनेवाले को अपनी भुजाओं और खाँड़े पर पूरा भरोसा था। इसी तरह बारी-बारी से चौबीस महिष काटे गये और चारों ओर रक्त प्रवाहित होता दिखायी देने लगा। महिष कट चुके तो एक सौ पचास मेषों की बलि दी गयी।

बलि हो चुकी तो महाराज विजय-भवन से उतरकर घूमते हुए सबको दर्शन देने लगे। कुछ ब्राह्मणों ने उन पर पुष्प-वृष्टि की। सबको दर्शन देने के पश्चात् महाराज फिर विजय-भवन में हवन करने के लिए पहुँच गये। उन्होंने अपनी क़लगी उतारकर सिंहासन के आगे रख दी। इस तरह ही उन्होंने हवन में भाग लिया, और अपने हाथ से पिसे हुए मोतियों और रत्नों के साथ कपूर तथा अन्य सुगन्धवाली वस्तुओं को मुट्ठियाँ भर-भरकर पवित्र अग्नि में फेंकी।

पूजा के पश्चात् कुछ विशिष्ट अधिकारी सलाम करने के लिए उपस्थित हुए और फिर महाराज वहीं पहुँच गये, जहाँ से उन्होंने अश्वों पर पुष्प फेंके थे। उन्हें देखते ही सब नायक तथा अन्य अधिकारी विजय-भवन के आगे पहुँच गये। उन्होंने दोनों हाथ ऊपर उठाकर महाराज को सलाम किया। उनमें से बहुत-से अपनी इच्छा और श्रद्धा के अनुसार कुछ उपहार लेकर आये। इस क्रिया में पर्याप्त समय लग गया। तब महाराज उठे और महल के भीतर चले गये। बृज को पास खड़े एक अधिकारी ने बताया, ''यह उत्सव नौ दिनों तक मनाया जायेगा, और प्रतिदिन प्रातःकाल यही क्रिया होगी। परन्तु प्रत्येक दूसरे दिन का कार्यक्रम पहले से बढ़-चढ़कर होता है।''

बृज को यह भी पता चला कि अब उस उत्सव के कार्यक्रम का आरम्भ तीसरे पहर से कुछ पहले हो जायेगा। महाराज के चले जाने पर भी मुख्य द्वार के निकट दो घेरों में नर्तकियाँ नाचती रहीं। बृज ने यह समय इधर-उधर घूमने में व्यतीत किया। वह अपने साथ कुछ फल ले गया था। अवसर पाकर उसने इन्हीं में से एकाध फल खा लिया, क्योंकि उत्सव आरम्भ हो जाने पर सम्भवतः कुछ खाने का अवकाश न मिलता।

सैनिक और अन्य अधिकारी घूम-फिरकर कौतुक देखनेवालों को सावधान करने लगे। पता चला कि अब फिर महाराज वहाँ पधारने को हैं। सब लोग एक बार फिर अपने-अपने स्थान पर खड़े हो गये। कुछ ही पलों में महाराज आते दिखायी दिये। उस समय उन्होंने बिलकुल श्वेत वस्त्र धारण कर रखे थे और उन वस्त्रों पर सोने की बारीक़ तारों से पाटल-पुष्प चित्रित थे। महाराज के गले में मोटे-मोटे हीरों और मोतियों के हार, बाहों पर बाज़ूबन्द और उँगलियों में अँगूठियाँ थीं। जब वे विजय-भवन के निकट पहुँचे तो उन्हें पान और तलवार भेंट की गयी। जिस सिंहासन पर मूर्ति स्थापित थी, उसके चारों ओर बहुत-से ब्राह्मण खड़े थे और उनमें से कुछ के हाथों में सोने की मूठवाले चँवर थे। महाराज ने दो पान एक गाल में और दो पान दूसरे गाल में दबाये, और फिर मूर्तिवाले सिंहासन के आगे बैठ गये। दायें-बायें उनके विशिष्ट सम्बन्धी थे।

एक बार फिर दूर-दूर से आये हुए छोटे-मोटे राजाओं ने सलामी दी। तब नायक हाथों में ढालें, तलवारें या भाले लिये महाराज के आगे से गुज़रने लगे। उनके कन्धों से धनुष भी लटके हुए थे। वे विजय-भवन के आगे से गुज़रते कुछ दूर पहुँचे तो फिर रुक गये। उनकी पंक्ति पर्याप्त लम्बी थी और उनका काम यह था कि कोई भी व्यक्ति किसी प्रकार का शस्त्र लेकर विजय-भवन के निकट न आने पाये। अब बहुत-सी नर्तकियाँ छम-छम करती हुईं खुले मैदान में पहुँचीं। अन्य आभूषणों के अतिरिक्त उनमें से प्रत्येक के गले में एक-एक हँसली थी, जिनमें हीरे, मोती तथा मूँगे जड़े हुए थे। बाँहों के बाज़ूबन्द, कानों के कुण्डल और कमर की करधनियाँ अलग अपनी छटा दिखा रही थीं।

बृज ने इस नगर में बहुत-कुछ देखा था, परन्तु आज का कार्यक्रम देखकर वह बिलकुल ही चकित रह गया था। उसकी समझ में नहीं आ रहा था कि यहाँ इतना धन कहाँ से आ गया। वहाँ खड़े हुए एक नायक से बृज ने यही बात कही तो वह मुस्कराकर बोला, "इन नर्तकियों को आप साधारण न समझियेगा। इनमें से कुछ ऐसी भी हैं, जिनमें से हर एक के पास एक लाख से भी ऊपर स्वर्ण-मुद्राएँ हैं। आप इसे मनगढ़न्त बात न समझियेगा; आप चाहें तो मेरी इस बात की पूरी-पूरी पुष्टि भी कर सकते हैं।"

बृज ने उस नायक की ओर तनिक ध्यान से देखा कि कहीं वह विजयनगर का रहनेवाला तो नहीं है। आख़िर उसने पूछ ही लिया, "मुझे लगता है कि आप बाहर से यहाँ पधारे हैं। यहाँ के अधिकांश नायकों को मैं भली-भाँति पहचानता हूँ।"

नायक ने हँसकर कहा, "आपका अनुमान ग़लत नहीं है। मैं यहाँ से बहुत दूर रहता हूँ और केवल किसी समारोह आदि के अवसर पर ही इस नगर में आना होता है। कभी-कभी महाराज कुछ परामर्श आदि के लिए बुला भेजते हैं, तो भी आना पड़ता है।"

बृज ने पूछा, "आपने कंचन जी का भी नाम सुना होगा?"

"जी हाँ, वह इस नगर की सबसे प्रमुख नर्तकी है।"

बृज ने उसे टटोलने के लिए कहा, "मैंने सुना है कि वे तो और भी अधिक धनी हैं।"

"आपने ठीक ही सुना है। उनके भवन में ऐसे भूमिगत कक्ष हैं, जहाँ किसी को भी प्रवेश करने की अनुमति नहीं है। मैं उनके धन का अनुमान नहीं लगा सकता, परन्तु लोगों में जो बात प्रसिद्ध हो जाती है, उसमें कुछ वास्तविकता भी होती है। सुनने में आया है कि कंचन के उन भूमिगत कक्षों में स्वर्ण-मुद्राएँ तथा हीरों और मोतियों के सन्दूक भरे पड़े हैं।"

बृज को कंचन के पास रहते हुए इतने मास हो चुके थे, परन्तु उसने कभी इस बात का अन्वेषण नहीं किया कि कंचन के पास कितना धन है और उसने उसे कहाँ छिपा रखा है। उसने नायक से फिर कहा, "मैं देखता हूँ कि विजयनगर में संसार भर का धन एकत्र हो गया है, परन्तु फिर भी यहाँ ऐसे लोगों का अभाव नहीं है, जो बड़ी कठिनाई से अपना भरण-पोषण करते हैं।"

इस पर नायक ने अपने दोनों हाथ फैलाकर आँखों की पुतलियाँ आकाश की ओर चढ़ा दीं, फिर बोला, "यह तो भगवान् की लीला है। अपने-अपने कर्मों का फल है। कोई दिन-रात स्वर्ण-मुद्राओं, हीरों और मोतियों में खेलता है और कोई मुट्‌टी-भर चावलों के लिए तरसता है।"

बृज कहना चाहता है कि जब पहले-पहल वह विजयनगर में आया तो उसने यह अनुभव नहीं किया कि यहाँ पर इतने निर्धन लोग भी बसते हैं—-परन्तु, एकाएक

सारा वातावरण नफ़ीरियों के संगीत और घुँघरुओं की झनकार से गूँज उठा। उन दोनों की बातचीत जहाँ-की-तहाँ टूट गयी।

नर्तकियों के बाद थालियाँ बजाते हुए नट आये। उन्होंने कई प्रकार के कौतुक दिखाये। बड़ी फुर्ती से उलटी-सीधी छलाँगें लगायीं। एक नट धरती में गड़ी हुई ऊँची बल्ली पर चढ़ गया और बल्ली की नोंक के ऊपर थाली रखकर उस पर पेट के बल लेटा और घूम-घूकर चक्कर खाने लगा। दूर-दूर से नटों की भिन्न-भिन्न टोलियाँ आयी हुई थीं, जिनकी परस्पर प्रतियोगिता होती रही। तने हुए रस्से पर चलनेवालों ने भी अपने-अपने कौशल का प्रदर्शन किया। नट मैदान से हटे तो मल्ल आये। पहले तो छोटे-मोटे मल्लों की जोड़ियाँ एक ही बार कुछ-कुछ दूर पर मल्ल-युद्ध करने लगीं और फिर धीरे-धीरे बड़े-बड़े मल्लों के जोड़े बारी-बारी अखाड़े में उतरे। उनका मल्ल-युद्ध भयंकर था। वे एक-दूसरे पर इतने ज़ोर-ज़ोर से प्रहार करते थे कि कुछ मल्लों के दाँत टूट गये, कइयों के चेहरे बिगड़ गये, कुछ की हड्डियाँ तड़ख गयीं। यहाँ तक कि कुछ अचेत भी हो गये, जिन्हें उनके मित्र अखाड़े में से उठाकर ले गये। मल्ल-युद्ध के निर्णायक भी प्रायः आपस में उलझ पड़ते। सूर्य के ढलते ही मल्ल-युद्ध का कार्यक्रम समाप्त हो गया और महाराज थोड़ी देर के लिए फिर महल के भीतर चले गये।

अँधेरा होते ही सैकड़ों शलाका-दीप जल उठे, जिनकी मूठों से लाल, हरे, नीले, पीले, वस्त्र-खण्ड बँधे हुए थे। इन शलाका-दीपों को मैदान के चारों ओर बल्लियों से बाँध दिया गया। बाहरवाले प्राचीर के ऊपर भी अगणित शलाका-दीप दिखलायी देने लगे। अब अग्नि-कौतुक का कार्यक्रम आरम्भ हुआ। अनार छोड़े गये, हवाइयाँ उड़ायी गयीं, गोले चलाये गये, चिनगारियों के झरने दिखाये गये। इस तरह इतने प्रकार के अग्नि-कौतुक प्रदर्शित किये गये कि जो बृज के देखने में पहले कभी नहीं आये थे। अग्नि-कौतुक के समाप्त होने पर अश्वारोही बारी-बारी विजय-भवन के आगे आते और अपने-अपने कौतुक दिखाकर आगे बढ़ जाते। अन्त में पचीस-पचीस, तीस-तीस अश्व एक ही पंक्ति में आये और उनके ऊपर अश्वारोही एक-दूसरे के ऊपर खड़े बुर्ज़-सा बनाकर महाराज के आगे से गुज़र गये।

यह सब-कुछ हो चुका तो वे नायक, जो राज्य के दूर-दूर भागों में शान्ति-स्थापनार्थ जाया करते थे, घोड़ागाड़ियों पर अपनी-अपनी झाँकियाँ सजाकर लाये। सभी गाड़ियाँ मूल्यवान् रंग-बिरंगे वस्त्रों से ढँकी हुई थीं और इनमें से कुछ पर सुन्दर युवतियाँ नृत्य कर रही थीं। ज्यों ही ये झाँकियाँ आगे बढ़ गयीं त्यों ही इनके पीछे महाराज की सेना के सहस्त्रों अश्व चमकदार वस्त्रों के कारण झिम-झिम करते आये; इन सब अश्वों के आगे एक अश्व था, जिस पर दो छत्र तने हुए थे। यही वह अश्व था, जो महाराज अपनी सवारी के लिए रखते थे और इसी अश्व पर बैठकर महाराज

कोई प्रतिज्ञा किया करते थे। विजयनगर के राय सदा ही इसी तरह करते आये थे। जो राय अश्व की पीठ पर बैठकर प्रतिज्ञा नहीं करना चाहते थे वे हाथी का प्रयोग करते थे।

ये सब अश्व पूरे मैदान के दो चक्कर लगाकर मैदान के बीचोबीच खड़े हो गये। इनके कुछ आगे महाराजवाला अश्व था, जिसका मुँह महाराज की ओर था। इतने में ही महल के भीतर से एक ब्राह्मण, जो महाराज का प्रमुख पुजारी था, बाहर आया। उसके साथ दो और ब्राह्मण थे, जिनके हाथों में बड़े-बड़े पात्र थे। इन पात्रों में चावल, फूल, नारियल और गंगाजल था। तीनों पुजारी सभी अश्वों के पीछे से गुज़र गये और फिर उलटे पाँव महल को लौट गये।

यह सब-कुछ हो चुका तो भीतर से पचीस-तीस द्वार-रक्षिकाएँ निकलीं। उनके कन्धों पर चमड़े के भारी-भारी कोड़े थे और हाथों में छड़ियाँ। उनके साथ कई कंचुकी भी थे और उनके पीछे-पांछे बहुत-सी युवतियाँ ढोल-डफलियाँ पीटती और नफ़ीरियाँ बजाती चली आ रही थीं। इन सबके पीछे कुछ अत्यन्त सुन्दर युवतियाँ थीं। उनमें से हर एक के सिर पर लम्बी टोपी थी, जिसे कुलाह कहते थे। टोपियों में मोतियों के बने हुए फूल जड़े हुए थे। उनके गलों में भी हँसलियाँ थीं। वे बाज़ूबन्द, कंगन, अँगूठियाँ, करधनियाँ और नूपुर और न जाने कैसे-कैसे आभूषण पहने हुए थीं। उन आभूषणों में अगणित हीरे और मोती जड़े हुए थे। बृज ने अभी तक विजयनगर में किसी स्त्री को इस तरह आभूषणों से लदे नहीं देखा था। उनमें से कई इन आभूषणों के बोझ से ठीक तरह चल भी नहीं पा रही थीं, इसलिए उन्हें अन्य स्त्रियाँ सहारा दे रही थीं।

बृज ने अनुमान लगाया कि इन युवतियों की संख्या साठ के आसपास है। उनकी आयु सोलह और बीस वर्ष के बीच में थी। भला कौन उनके आभूषणों का मूल्य आँक सकता था। उनमें से हर एक अपने दोनों हाथों में पर्याप्त बड़ा स्वर्ण-पात्र उठाये हुए थीं। इन पात्रों में मोम से जुड़े हुए मोतियों की मालाएँ थीं और बीचोबीच एक-एक जलता हुआ दीपक रखा था। वे एक पंक्ति में आयीं और ब्राह्मणों की तरह अश्वों के पीछे से चक्कर लगाकर महल की ओर वापस लौट गयीं। उन्होंने अश्वों के चारों ओर तीन चक्कर लगाये। बृज को बग़ल में खड़े एक अधिकारी ने बताया कि ये सब युवतियाँ रानियों की विशिष्ट दासियाँ हैं। इन युवतियों के जाने के पश्चात् घोड़े भी चले गये और तब सैकड़ों हाथी मैदान में आये। उन्होंने झुककर महाराज को सलाम किया। वे इस काम के लिए विशेष रूप से सधाये गये थे। हाथी लौट गये तो महाराज ने विजय-भवन में प्रवेश किया। ब्राह्मण भगवान् की एक नयी मूर्ति विजय-भवन के उस कक्ष में ले आये, जो वस्त्रों का बना हुआ था। महाराज ने भगवान् की मूर्ति की पूजा की। पूजा हो चुकी तो महाराज फिर विजय-भवन की वेदी पर आ गये। उस समय कुछ और महिष तथा मेष लाये गये थे और उन्हें प्रातः की भाँति एक ही प्रहार

से काटा गया। यह समस्त क्रिया समाप्त होने तक आधी रात बीत गयी और महाराज अपने महलों में भोजन करने के लिए चले गये।

पहले दिन का कार्यक्रम समाप्त हो चुका था। सब लोग अपने घरों को लौट पड़े। बृज भी बाहर निकला। आधी रात बीत जाने पर भी राजमार्गों पर पर्याप्त चहल-पहल थी। लगता था जैसे विजयनगर के लोग घरों से निकलकर आज की रात राजमार्गों पर ही व्यतीत करेंगे। बृज पर्याप्त थक गया था, इसलिए धीरे-धीरे घर पहुँचने में बहुत समय लग गया।

वापस लौटने पर बृज को पता लगा कि कंचन भी अभी-अभी घर पहुँची है। बृज सीधा सोपानों पर चढ़ता हुआ अपने कक्ष में पहुंच गया। बिना वस्त्र बदले वह शय्या पर लेट गया और अपनी अकड़ी हुई टाँगों को सहलाने लगा।

कुछ देर तक वह वैसे ही लेटा रहा, फिर उसे सोपानों पर छम-छम की ध्वनि सुनायी दी। पल-भर में कंचन आभूषणों से लदी और ख़ूब सजी-धजी कक्ष के भीतर आयी। उसकी साँस फूली हुई थी और वह कुछ हाँफती हुई और कुछ मुस्कराती हुई बोली, ''वाह! तुम भी अच्छे हो।...मैं तुम्हारे आने की प्रतीक्षा कर रही थी और तुम चुपके से अपने कक्ष में पहुँच गये।''

बृज उठकर बैठ गया और अपनी टाँगों को सहलाते हुए बोला, ''कंचन जी, आज तो मैं बुरी तरह थक गया हूँ। इसीलिए सीधे ऊपर चला आया। सोचा कि थोड़ा-सा विश्राम कर लूँ तो आपके पास जाऊँ।''

कंचन ने उसके निकट ही शय्या पर बैठते हुए कहा, ''तुम पैदल गये और पैदल ही लौटे। मैं पूछती हूँ कि घोड़ा क्यों नहीं ले गये?''

''मैंने समझा कि आज वहाँ घोड़े की देख-भाल कौन करेगा।''

''यही तो तुमने भूल की। दारोग़ा स्वयं ही घोड़े का प्रबन्ध कर देता। तुम्हें ज्ञात नहीं कि वहाँ पर इतने नायक, राजा और अन्य अधिकारी...सभी तो घोड़ों पर या किसी सवारी पर आये थे।''

''यही तो भूल हो गयी।''

''न जाने तुम लौटे किधर से। मुझे मार्ग में दिखायी दे जाते तो तुम्हें बहली में बैठा लेती।''

''कंचन जी, मेरा ऐसा भाग्य कहाँ!''

कंचन ने उसे हलकी-सी धप मारकर कहा, ''भाग्य में तो तुम्हारे बहुत-कुछ है, अपितु कहना चाहिए कि तुम्हारा भाग्य हाथ जोड़े खड़ा है; परन्तु तुम्हीं उसकी ओर अपनी पीठ किये हुए हो।''

बृज ने तरंग में आकर कंचन का हाथ अपने हाथ में लेते हुए कहा, ''कंचन जी, आज मैंने बड़ी ही आश्चर्यजनक बात सुनी—कहूँ?''

''कहो।''

"मैंने सुना है कि आपके निवास-स्थान में ऐसे भूमिगत कक्ष हैं, जिनमें स्वर्ण-मुद्राएँ तथा रत्नों और मोतियों के सन्दूक भरे पड़े हैं।"

कंचन ने नाक पर उँगली रखकर कहा, "हाय! तो इसमें आश्चर्य की क्या बात है?"

"तो यह सब सत्य है?"

"नितान्त सत्य है—तुम जब कहो मैं सब-कुछ दिखा दूँ।"

"नहीं-नहीं, मुझे कुछ नहीं देखना! मुझे आश्चर्य तो इसलिए हुआ कि इतने पास यहाँ रहकर जिस बात का पता मुझे नहीं लग सका, उसका ज्ञान बाहरवालों को कैसे हो गया?"

"तुम ऐसी बातों में रुचि ही नहीं लेते तो तुम्हें पता कैसे चले।"

बृज ने विषय बदलते हुए कहा, "बस-बस मेरी इतने में ही सन्तुष्टि हो गयी है।—अब यह बताइये कि कुछ खाने को भी मिलेगा या नहीं? मैं तो बहुत देर से भूखा हूँ।"

"अरे तो क्या हुआ। जानते हो, आज महाराज का भी व्रत था। उत्सव के नौ दिनों तक वे व्रत रखेंगे। अर्द्धरात्रि व्यतीत हो जाने के पश्चात् ही वे भोजन करते हैं। अच्छा चलो, भोजन तैयार है।"

बृज और कंचन सोपानों से उतरे तो चन्द्रिका उन्हें ऊपर आती दिखायी दी। उन्हें देखते ही कंचन से कहने लगी, "पहले बृज महाराज का पता नहीं चल रहा था और अब आपकी खोज हो रही है।"

कंचन खिलखिलाकर हँसने लगी।

"भोजन करते समय कंचन निरन्तर बृज से उत्सव के सम्बन्ध में प्रश्न करती रही। उसने धीरे से कहा, "बृज, उत्सव के दिनों तक मैं अत्यधिक व्यस्त रहूँगी, इसलिए यदि तुम्हारी आवभगत ठीक तरह न हो सके तो अन्यथा न मानना।"

बृज कुछ उत्तर देने को ही था कि सुप्रिया से उसकी आँखें मिल गयीं, और वह कुछ भी न बोल पाया। उसकी समझ में नहीं आया कि वह कुछ कहने का साहस क्यों नहीं कर सका। आजकल सुप्रिया की पुतलियाँ ऐसे घूमती थीं कि उसकी आँखें चमकती हुई कटारों की भाँति दिखायी देने लगतीं।

इस तरह से बातचीत बीच में ही टूट गयी। बृज एक लम्बी जम्हाई लेकर उठ खड़ा हुआ और फिर ऊपर अपने कक्ष में चला आया। वह सुप्रिया के विषय में जान-बूझकर कुछ सोच नहीं रहा था, परन्तु फिर भी वह उसके मस्तिष्क में रंगीन छाया की भाँति मंडरा रही थी। बार-बार उसके मन में यही प्रश्न उठता था कि जब उसे सुप्रिया से प्रेम नहीं है तो वह क्यों किसी-न-किसी तरह उसे अपने अस्तित्व का आभास दिलाती रहती है। वह सुप्रिया के विचार से भयभीत भी नहीं होता था, क्योंकि

उसे अपने पर पूर्ण विश्वास था। उसे सुप्रिया से घृणा या चिढ़ भी नहीं थी; वह केवल इतना जानता था कि उन दोनों का मार्ग एक ही कभी नहीं हो सकता। उनके गन्तव्य अलग-अलग हैं, वे दोनों एक ही पथ के पथिक कभी नहीं हो सकते।

बृज का दृष्टिकोण जो कुछ भी हो, परन्तु फिर भी सुप्रिया शीत ऋतु की रंगीन बदली की भाँति उसकी चेतना के आकाश पर मँडराने के लिए आ ही जाती।

दिन-भर की थकान के कारण बृज शय्या पर लेटते ही सो गया। दूसरे दिन उसने बहुत जल्दी उत्सव में जाना उचित नहीं समझा। कंचन ने भी उसे बताया था कि प्रतिदिन प्रात: के समय वही कार्यक्रम हुआ करेगा, जो पहले दिन हुआ। अत: बृज दिन का भोजन तैयार होने तक घर पर ही रहा, फिर भोजन करके भी थोड़ी देर विश्राम किया।

जब वह राजमहल के प्राचीर तक पहुँचा तो उसी पूर्व-परिचित दारोग़ा ने उसका स्वागत करते हुए कहा, ''आज तो आप बहुत विलम्ब से आये।''

बृज ने यह कहना उचित नहीं समझा कि अब उसे प्रात: के कार्यक्रम में कोई रुचि नहीं रही, अपितु उसने यह कह दिया, ''क्या करूँ, कंचन जी ने कुछ ऐसे काम बता दिये हैं कि अब मैं शीघ्र घर से नहीं निकल पाऊँगा।''

इतना कहकर बृज ने सदा के लिए दारोग़ा का मुँह बन्द कर दिया। यह तो वह जानता ही था कि दारोग़ा को कंचन जी से इस विषय में बात करने का साहस नहीं होगा। फिर उसने मुस्कराकर पूछा, ''विलम्ब हो जाने के कारण आज मुझे कार्यक्रम देखने के लिए स्थान मिल सकेगा या नहीं?''

दारोग़ा ने अपने वक्ष पर पंजा रखते हुए कहा, ''भला हमारे होते हुए यह कैसे सम्भव हो सकता है कि आपको उचित स्थान ही न मिले!''

दारोग़ा ने जो कुछ कहा था सो करके दिखा दिया। आज के कार्यक्रम का विशेष आकर्षण यह था कि तलवार चलानेवाले कलाकार एक-दूसरे से भिड़ने आ रहे थे।

हर बार दो तलवार चलानेवालों की भिड़न्त होती थी। वे सिरों पर सफ़ेद पगड़ियाँ बाँधे, कटि से पीले रंग का वस्त्र लपेटे और हाथों में तलवारें लिये एक-दूसरे के सामने पहुँचते। वे जानते थे कि उनमें से एक को मृत्यु के घाट उतरना ही होगा। जब तक एक तलवार चलानेवाले के प्राण न चले जाते तब तक उनका युद्ध चलता रहता। हर तलवार चलानेवाला अपनी पूरी शक्ति लगा देता, क्योंकि प्राणों की बाज़ी लगी होती थी। 'प्राण लो' या 'प्राण दो' का सिद्धान्त ही काम करता था। बृज के देखते-देखते कई तलवार चलानेवालों के गले कट गये। बीच-बीच में किसी-किसी का ऐसा भरपूर वार भी पड़ जाता कि दूसरे के कन्धे से तलवार उतरती हुई शरीर के दो खण्ड कर डालती। मैदान में जगह-जगह रक्त के नन्हें-नन्हें ताल से बन गये थे। पहले तो नये आनेवाले युगल रक्त के इन छोटे-छोटे ताल-तलैयों से बचकर लड़ते रहे, परन्तु फिर वह रक्त में ही खड़े होकर तलवारें चलाते रहे।

हर तलवार चलानेवाले के पाँव रक्त से रंग जाते और कभी-कभी कीचड़ और रक्त के मिले हुए छींटे उड़-उड़कर उनके शरीर पर भी पड़ने लगते।

उस रात बृज सोया तो सपनों में भी रक्त की बहती हुई सरिताएँ देखता रहा। उसे इन क्रीड़ाओं की क्रूरता समझ में नहीं आयी। आख़िर क्यों एक का प्राण लेना आवश्यक था। ये थे तो खेल, परन्तु कितने भयंकर। न जाने क्यों, लड़नेवाले लड़ते थे, और देखनेवाले आनन्द अनुभव करते थे।

तीसरे दिन स्त्रियों का मल्ल-युद्ध देखने में अत्यन्त आनन्द आया। यद्यपि मल्ल स्त्रियाँ भी अपनी कला में निपुण थीं। परन्तु हाथ-पाँव चलाने का ढंग तो बिलकुल स्त्रियोचित ही था। कुछ लोग स्त्रियों का मल्ल-युद्ध भी बड़ी रुचि और गम्भीरता से देखते रहे और कुछ लोग भीतर-ही-भीतर उनका परिहास करते रहे।

इस प्रकार प्रतिदिन नये-से-नये खेल और कौतुक देखने में आते रहे। अन्तिम दिन ढाई सौ महिष और साढ़े चार हजार मेष काटे गये। इस प्रकार महानवमी का यह उत्सव समाप्त हुआ।

इस उत्सव के समाप्त हो जाने के पश्चात् महाराज रामराय को, सदा की भाँति, अपनी सेनाओं का निरीक्षण करना था। इसकी तैयारियाँ भी बड़े उत्साह से होने लगीं। नगर से डेढ़ कोस दूर राजकीय शिविर स्थापित कर दिया गया। इसके लिए स्थान पहले से ही निश्चित हो जाता था। जिस दिन महाराज को वहाँ जाना था, उस दिन सारे नायक और सारी सेनाएँ शिविरवाले स्थान से लेकर राजमहल तक खड़ी हो गयीं। सैनिक मार्ग के दोनों ओर पंक्तिबद्ध खड़े थे। कहीं-कहीं आगे-पीछे सैनिकों की दो-दो तीन-तीन पंक्तियाँ भी दिखायी देती थीं। यहाँ तक कि मार्ग में पड़नेवाली झील के चारों ओर चट्टानों के ऊपर और पहाड़ियों की ढलानों पर सैनिक-ही-सैनिक दिखायी दे रहे थे। पैदल सेना के सैनिक सबसे आगे खड़े हो गये। उनके पीछे अश्वारोही सेना थी और अश्वों के पीछे हाथियों की पंक्तियाँ थीं।

अश्वारोही सेना की आन-बान देखते ही बनती थी। अश्वों पर मूल्यवान् वस्त्रों के झूल, उनके मस्तक पर लोहे या चाँदी के कण्ठे झूल रहे थे; नीचे लटकते हुए वस्त्रों के किनारे-किनारे रंग-बिरंगी झालरें लगी हुई थीं; यहाँ तक कि उनकी वल्गाएँ भी रेशम की रस्सियों की बनी हुई थीं। चीन और ईरान से मँगाये हुए बड़े ही मनमोहक वस्त्रों से उन्हें सजाया गया था। कुछ अश्वों के सिर पर नाग, शेर, हाथी या अन्य पशुओं के धातु में ढले हुए सिर टिके थे। घुड़सवार सैनिक गद्दीदार वर्दियाँ पहने थे। इन वर्दियों में चमड़े का प्रयोग भी किया गया था और वर्दियों के बीच-बीच में लोहे की गोल-गोल टिकलियाँ भी थीं, जिनके चमकने से न केवल वर्दियाँ सुन्दर दिखायी देती थीं वरन् उनके कारण अधिक सुदृढ़ भी हो गयी थीं। उनके सिर पर सुन्दर टोपे थे, जिनसे नीचे लटके हुए वस्त्रों से सैनिकों के चेहरे, गर्दन आदि की रक्षा हो जाती थी। प्रत्येक की गर्दन में सोने या चाँदी और रेशम के कवच थे,

परन्तु अधिकतर कवचों में लोहे की टिकलियों का प्रयोग हुआ था, जो शीशे की भाँति चमक रही थीं। उनकी कटि से तलवारें और छोटे-छोटे परशु लटक रहे थे और उनके हाथों में लम्बे-लम्बे भाले भी थे। इसी प्रकार हाथियों पर भी रेशमी वस्त्र के कामदार रंग-बिरंगे झूल लटक रहे थे, जिनकी झालरें सोने के तारों से बिनी हुई थीं। हाथियों के माथे पर सिंह, चीते, राक्षस आदि के चित्र बने हुए थे। उनकी गर्दन से घण्टियाँ लटक रही थीं, जो उनके तनिक भी हिलने-डुलने से टनटना उठती थीं। हाथियों की पीठ पर तीन या चार व्यक्ति बैठे थे। उनकी वर्दियाँ भी अन्य सैनिकों की भाँति थीं और वे ढालें और भाले उठाये हुए थे। सारी सेना ऐसी दिखायी देती थी, जैसे युद्ध के लिए सन्नद्ध हो।

धनुषधारी सैनिकों के धनुष अत्यन्त सुन्दर थे और उनके वाणों पर सोने या चाँदी का पानी चढ़ा हुआ था। कुछ सैनिक नये-नये प्रकार के शस्त्र लिये खड़े थे, जिनमें तोड़ेदार बन्दक़ें भी थीं। उत्तर-पश्चिमी अफ्रीका के काले-काले और लम्बे-चौड़े मुसलमान सैनिक सबसे अलग दिखायी दे रहे थे। उनके पास तुर्किस्तान के धनुष थे और इनके अतिरिक्त उनके हाथों में ढालें और भाले भी थे। वे लोग अपने शस्त्रों को चलाने में अत्यन्तु निपुण थे।

जब महाराज महल से निकले तो बृज भी कुछ दूरी पर खड़ा यह कार्यक्रम देख रहा था। महाराज अपने उसी अश्व पर सवार हुए, जिसका प्रदर्शन पिछले दिनों हो चुका था। इस अश्व की सज-धज का वर्णन नहीं हो सकता। उसके साथ दो छत्र भी थे और अश्व रंग-बिरंगे मूल्यवान् वस्त्रों और हीरे-मोतियों के कारण जगमग-जगमग कर रहा था। महाराज के आगे-आगे आभूषणों से लदे हुए हाथी झूम-झूमकर बढ़ रहे थे। बृज की समझ में नहीं आ रहा था कि आख़िर इतने मोती, लाल और रत्न कहाँ से आते हैं, जिनसे पशुओं तक को लाद दिया जाता है। बृज को ही नहीं अपितु बाहर से आये हुए सभी व्यक्तियों को विजयनगर में विशेषकर महाराज का धन और सम्पत्ति देख-देखकर अत्यन्त आश्चर्य होता था। महाराज के बग़ल-बग़ल चाँदी का बना हुआ लम्बा-चौड़ा पिंजरा था, जिसे सोलह व्यक्ति उठाये थे; आठ एक ओर और आठ दूसरी ओर। इस पिंजरे में भगवान् की मूर्ति थी। इस प्रकार महाराज जिधर से भी गुज़रते, वहाँ खड़े सैनिकों के 'जय-जय' के रोर से सारा वातावरण गूँज उठता। इसी रोर में अश्वों की हिनहिनाहट और हाथियों की चिंघाड़ें सम्मिलित हो जातीं तो ऐसा लगता जैसे सारे नगर में उथल-पुथल होने को है। तोड़ेवाली बन्दूकें और हथगोले छोड़े जा रहे थे, जिनके धमकों से भयभीत होकर पक्षी पेड़ों से निकलकर हवा में मँडराने लगते।

इस शान से महाराज की सवारी शिविर तक पहुँची, जहाँ पहले तो भगवान् की मूर्ति रखी गयी और फिर महाराज ने मूर्ति की पूजा की। इस सारी क्रिया में पर्याप्त समय व्यतीत हो गया, परन्तु शिविर से महल तक खड़े हुए नायक, सैनिक, घोड़े,

हाथी आदि अपने-अपने स्थान से हिले नहीं। यहाँ तक कि महाराज पूजा से अवकाश पाकर लौटे तो एक बार फिर उनकी जय-जयकार से मैदान, पहाड़ियाँ और गली कूचे, गूँज उठे। ऊँची-ऊँची पहाड़ियों पर खड़े सैनिक अपने-अपने शस्त्रों को हिला रहे थे।

जब महाराज महल के भीतर चले गये तो सब नायक तथा अन्य उच्च अधिकारी अपने-अपने शिविरों में लौट गये। बृज को अनुभव हो रहा था जैसे वह यह सब-कुछ स्वप्न में देख रहा हो। वह लोगों की भीड़-भाड़ में बहता हुआ भी अपने विचारों की दुनिया में डूबा हुआ था।

४

महानवमी का उत्सव तो समाप्त हो गया, परन्तु घर-घर में इसकी चर्चा बहुत दिनों तक चलती रही। जनता का उमड़ा हुआ उत्साह धीमा पड़ने में बहुत समय लग गया। अब कंचन भी सारे कामों से अवकाश पा चुकी थी, इसलिए वह चटखारे ले-लेकर उत्सव की बातें करती। केवल बृज को महल में घटी घटनाओं के विषय में बहुत-कुछ बताती, परन्तु इसके साथ ही सावधान कर देती कि यह भीतर की बातें दूसरों तक नहीं पहुँचनी चाहिए। वह बृज से उत्सव के सम्बन्ध में उसका मत जानने का प्रयास करती रहती। बृज उसके मन की सन्तुष्टि के लिए उत्सव की प्रशंसा कर लेता, परन्तु उसकी विचारधारा वास्तव में अन्य ही मार्ग पर चल रही थी, क्योंकि वह विजयनगर पर आक्रमण होने की अफ़वाहों को भूला नहीं था।

बृज की दृष्टि में विजयनगर केवल एक नगर नहीं था, वरन् वह कई आदर्शों एवं मान्यताओं का प्रतीक था। यह ठीक है कि वे मान्यताएँ स्पष्ट रूप से उसके समक्ष नहीं आयी थीं, परनतु उसे प्रतीत होता था कि सम्भवत: अनजाने आदर्श तथा परिपूर्ण मान्यताएँ इस नगर के वातावरण में घुली-मिली हैं और किसी दिन वह उनकी या तो खोज कर लेगा, या वे अपने-आप ही उसके आगे आ जायेंगी।

कुछ व्यक्तिगत कारणों से द्रोण जी ने अपनी रात की गोष्ठियाँ आजकल बन्द कर रखी थीं। इसके साथ ही उनके यहाँ बहुत-से ऐसे व्यक्तियों का आना-जाना भी समाप्त हो चुका था, जिन्हें उनके सिद्धान्तों से बहुत गहरा लगाव नहीं था। फिर भी उनके विशिष्ट मिलानेवाले उनके पास पहुँच ही जाते। द्रोण जी यदि अधिक समय न दे पाते तो थोड़ा-बहुत समय ऐसे लोगों के साथ अवश्य व्यतीत करते थे।

बृज को मन-ही-मन उनके पास जाने में संकोच अनुभव होने लगा। उसका उनसे मिलने को जी तो बहुत चाहता था, परन्तु उसे लगता था कि आजकल द्रोण जी किसी अनजाने काम में व्यस्त हैं, इसलिए उनके कार्य में विघ्न न डालना ही अच्छा है।

कंचन की तीव्र दृष्टि से यह बात छिपी न रह सकी। उसने एक दिन पूछ ही लिया, ''मैं देखती हूँ कि आजकल तुम फिर खिंचे-खिंचे से फिरते हो।''

बृज ने जल्दी से अपने होंठों पर विस्तृत मुस्कान लाते हुए उत्तर दिया, ''नहीं तो, भला मैं खिंचा-खिंचा क्यों रहने लगा? भला किससे खिंचा-खिंचा रहता हूँ मैं?''

''किसी और से नहीं, केवल अपने-आप से।''

कभी-कभी कंचन की बात सुनकर बृज की नस-नस झनझना उठती थी। ऐसे अवसरों पर वह देर तक कुछ बोल नहीं पाता था। इसलिए नहीं कि उसे कोई उत्तर न सूझता हो, अपितु इसलिए कि वह कंचन की सूझबूझ और दूसरे के मन को पढ़ने की शक्ति से चकित-सा रह जाता। उसे लगता कि जब तक दूसरे व्यक्ति के साथ मन का गहरा लगाव न हो, तब तक किसी के मन में इतनी सरलता से उतर जाना सम्भव नहीं हो सकता। यहीं पर यह प्रश्न भी उठता था कि कंचन का उससे यह लगाव किस प्रकार का है, इसकी जड़ें कहाँ तक पहुँचती हैं और यह उन्हें किस गन्तव्य तक पहुँचा देगा?

कंचन ने उसके कन्धे पर हाथ रखकर झंझोड़ते हुए पूछा, ''मैं कहती हूँ कि आजकल तुमने द्रोण जी से मिलना-जुलना क्यों छोड़ रखा है?''

''नहीं तो—मैंने उनसे मिलना-जुलना नहीं छोड़ा है।''

''तो इसका अर्थ है कि उन्होंने ही तुम्हें छोड़ दिया है।''

यह बात बृज के हृदय पर घूँसे की तरह लगी। वह भीतर-ही-भीतर सहम गया, परन्तु वह बोल उठा, ''क्या द्रोण जी ऐसा कर सकते हैं? मेरे विचार में वे कदापि ऐसा नहीं कर सकते।''

बृज का यह कहना ऐसा ही था जैसे अँधेरी रात में किसी निर्जन मार्ग पर चलते हुए कोई पथिक अपने मन के भय पर नियन्त्रण पाने के लिए सीटी बजाने लगे या किसी गीत का बोल गुनगुनाने लगे।

बृज का भयभीत चेहरा देखकर कंचन को उस पर ऐसे प्यार आ गया जैसे वह कोई नन्हा-सा शिशु हो और वह पुचकारते हुए बोली, ''वह ऐसा नहीं भी कर सकते और कर भी सकते हैं। उनके सम्बन्ध में समझनेवाली बात यह है कि वह जान-बूझकर भी अपने परिचितों या शिष्यों से दूर हो जाते हैं। परन्तु इसका अर्थ यह नहीं है कि तुम भी पीछे हट जाओ। वे ऐसा केवल यह जानने के लिए करते हैं कि देखूँ अब मेरे पास कौन आता है। तुम्हें इतना तो समझ ही लेना चाहिए था कि वे उस प्रकार के गुरुओं में से हैं, जो किसी को बिना उसकी उत्सुकता के शिक्षा नहीं देते। ज्ञान भी एक प्रकार का धन है, इसे प्राप्त करने की चेष्टा भी होनी ही चाहिए। यदि कोई अपने ज्ञान का धन व्यर्थ ही न लुटाना चाहे तो हम उस पर दोष कैसे धर सकते हैं।''

बृज विस्फारित नेत्रों से कंचन की ओर देख रहा था। यह बात तो उसे भी अभी तक नहीं सूझी थी। उसे कंचन की बातों की सच्चाई से भी अस्वीकार नहीं था। धीरे से बोला, "तो मेरा यह संकोच व्यर्थ है।"

"नितान्त व्यर्थ है।...परन्तु इसका यह अर्थ भी नहीं है कि तुम उनके पास जाओ तो वे एकदम द्रवित ही हो जायेंगे। सम्भव है कि उनके व्यवहार से कुछ रुक्षता टपके, परन्तु तुम्हें नहीं भूलना चाहिए कि तुम्हें उनसे चिपके रहना है। मेरा तात्पर्य है कि यदि तुम्हारे लिये उनकी शिक्षा का कुछ महत्त्व है तो फिर उनके पीछे हटने से तुम्हें पीछे नहीं हटना चाहिए था। यदि उनकी शिक्षा का कोई महत्त्व न हो तो फिर तुम्हें भी कोई चिन्ता करने की आवश्यकता नहीं।"

बृज अपनी दोनों जाँघों पर हाथों से थपकी देकर उठ खड़ा हुआ और धीरे-धीरे इधर-उधर टहलते हुए बोला, "अभी मेरे लिये यह कहना तो कठिन है कि उनकी शिक्षा का वास्तव में कितना महत्त्व हो सकता है, क्योंकि इस बात का पता तो तभी चलेगा, जब मैं उनकी शिक्षा प्राप्त कर चुकूँगा।"

"तो फिर तुम इस प्रकार भी सोच सकते हो कि अभी तक तुमने जो कुछ सीखा है, उसके प्रकाश में क्या तुम यह अनुभव करते हो कि भविष्य में उनसे शिक्षा का क्रम जारी रहना चाहिए। इस बात का निर्णय करना तो तुम्हारे लिये कठिन नहीं होगा।"

"आप ठीक कहती हैं। अन्त में जो भी हो, परन्तु इस समय मैं अनुभव करता हूँ कि मुझे उनसे बहुत-कुछ सीखना है। मुझे इस बात की भी आशा है कि उनसे शिक्षा पाकर मुझे निराश नहीं होना पड़ेगा।"

"वत्स! फिर तो तुम्हारा मार्ग नितान्त स्पष्ट है।"

कंचन के मुँह से शब्द 'वत्स' सुनकर बृज के होंठों पर मुस्कराहट खेलने लगी और वह बोला, "अच्छा तो अब मैं कल ही उनके पास जाऊँगा।"

"किस समय?"

"सन्ध्या होने से पहले ही चला जाऊँगा।"

"समय तो अच्छा निश्चित किया है। इसके साथ यह भी स्मरण रखना कि जब द्रोण जी रात को रुक जाने के लिए कहें तो तुम वहीं टाँगे पसारकर पड़े रहना।"

बृज कंचन के स्वर में मिले-जुले व्यंग्य को भली-भाँति समझ गया, बोला, "कंचन जी, मैं आपको वचन देता हूँ कि चाहे कुछ भी हो जाये, मैं रात का भोजन आप ही के साथ करूँगा।"

कंचन ने हलके-हलके ताली बजाते हुए कहा, "वाह! तुमने एक बार तो मेरा मन प्रसन्न कर ही दिया, अब आगे जो हो सो हो।"

बृज ने उसके दोनों कन्धों पर हाथ रखते हुए कहा, ''कंजन जी! आप एक वीर पुरुष के वचन का विश्वास कीजिये।''

''परन्तु पहले मुझे इस बात का तो विश्वास हो जाये कि इन शब्दों को कहनेवाला वास्तव में पुरुष है।''

इतना कहकर कंचन हँसती हुई ऐसे दूर भाग गयी जैसे इस बात का भय हो कि बृज उसका पीछा करेगा।

दूसरे दिन जब कि सूर्य सिर के बल पश्चिम की अँधेरी खाईं में गिरने जा रहा था तो बृज का घोड़ा द्रोण जी के निवास-स्थान के आगे पहुँचकर रुक गया। घोड़े का दम फूला हुआ था, नथुने फड़क रहे थे और उसका सारा शरीर पसीने से तर हो रहा था।

बृज घोड़े से उतरा तो एक दास रेशमी लगाम थामकर घोड़े को एक ओर ले चला। बृज द्रोण जी के विषय में किसी से पूछने की सोच ही रहा था कि उसे सुलोचना अलिन्द में से गुज़रती दिखायी दी। दोनों की आँखों मिलीं तो सुलोचना मुस्कराकर बोली, ''द्रोण जी से मिलना है क्या?''

या तो सचमुच ही सुलोचना के चेहरे से ऐसा लग रहा था, या फिर यह केवल बृज की कल्पना ही थी––वह सोच रहा था कि इस स्त्री की आँखें होंठों का साथ नहीं दे रही हैं, अपितु ऐसी लगती हैं जैसे कह रही हों कि क्या मेरे होते हुए आप द्रोण जी से मिलना चाहते हैं?––फिर बृज ने अपने-आपको ताड़ित किया कि उसे सुलोचना जैसी स्त्री के विषय में इस ढंग से नहीं सोचना चाहिए। इसके साथ ही उसके मन में प्रश्न उठा कि आख़िर क्या कारण है कि उसके मन में ऐसे-ऐसे विचार आने लगते हैं। कम-से-कम उसे अपने-आप पर इतना विश्वास अवश्य है कि वह अपने पथ से विचलित नहीं हो सकता––तो फिर, तो फिर...बृज?––उसने अपने-आप ही से प्रश्न किया।

सुलोचना के चेहरे पर जब हलका-सा गुलाबी रंग आने लगा तो बृज चौंका। उसे अब अनुभव हुआ कि वह टकटकी बाँधें सुलोचना की ओर चुपचाप देखे जा रहा है। यदि उसे उस स्त्री की सरल सुन्दरता से प्रेम होता तो इस प्रकार टकटकी बाँधकर देखने में कोई हानि नहीं थी, परन्तु जब कि उसे...बृज ने शीघ्रता से कहा, ''जी हाँ।''

प्रश्न और उत्तर के बीच में कोसों का अन्तर पड़ गया। सुलोचना पलटकर भवन के भीतर की ओर बढ़ी तो उसकी साँस पहले से कुछ तेज़ चल रही थी; उसी हिसाब से उसके क़दम भी शीघ्रता से बढ़ने लगे। बृज नहीं, तो सम्भवत: बृज का विचार उसका पीछा कर रहा था।

बृज का स्वभाव था कि जब किसी स्त्री को उसके और अपने विषय में कोई भ्रम होने लगता, तो उसके व्यवहार में अत्यधिक रुक्षता आ जाती, जिससे उस स्त्री के हृदय में कोई ग़लत विचार न रहे। परन्तु बेचारी स्त्रियों के हृदय भंग हो जाते।

जब सुलोचना फिर उसे बुलाने आयी तो उसने जान-बूझकर उसकी ओर एक दृष्टि तक नहीं डाली और नाक ऊपर को उठाये सीधा द्रोण जी की ओर बढ़ता गया।

द्रोण जी भीतरवाले प्रांगण में घास पर ही पसरे बैठे थे। कुछ उड़ती-उड़ाती पीले रंग की छोटी-छोटी पत्तियाँ उनके सिर के चिकने तोरण पर विराजमान थीं, परन्तु द्रोण जी सम्भवत: उन्हें वहाँ से हटाना नहीं चाहते थे—बृज ने यह दृश्य देखा तो उसे मन-ही-मन हँसी आ गयी। द्रोण जी की काली आँखें उससे मिलीं, वह मुस्कराकर बोले, ''आओ बृज!''

बृज दोनों हाथ जोड़ते हुए नमस्कार करके उनके निकट ही बैठ गया और बोला, ''बहुत दिनों से आपके दर्शन नहीं कर पाया...।''

''क्यों?'' यह शब्द कहते हुए द्रोण जी की घनी मूँछें हलके से फड़फड़ायीं।

बृज बात के कट जाने से चुप हो गया। वह कहने जा रहा था कि आज मैंने सोचा कि आपके दर्शन अवश्य करूँगा—परन्तु द्रोण जी ने 'क्यों' कहकर बात का रुख़ ही पलट दिया और इस 'क्यों' का उत्तर सोचने में बृज को थोड़ा समय भी लग गया। वह सँभलकर बोला, ''मैंने सुना था कि आपने आजकल गोष्ठियाँ जमाना छोड़ दिया है।''

''परन्तु, मैं हर किसी को गोष्ठी में ही तो नहीं मिलता हूँ।''

द्रोण जी ने यह बात हँसते हुए कही, परन्तु बृज को विश्वास हो गया कि कंचन ने जो अनुमान लगाया था, वह ग़लत नहीं था।

सम्भवत: उसके चेहरे पर कुछ उलझन के चिह्न देखकर द्रोण जी बात का रुख़ पलटकर बोले, ''कहो, महानवमी का उत्सव पसन्द आया?''

''जी, बहुत।''

अभी तक बृज का ध्यान सुलोचना की ओर नहीं गया था। वह सोचे बैठा था कि उसे वहाँ छोड़कर सुलोचना चली गयी है, परन्तु वह तो पीछे की ओर खड़ी टकटकी बाँधकर उसे देख रही थी। द्रोण जी ने भी इस बात को भाँप लिया और मुस्कराकर बोले, ''बैठ जाओ सुलोचना। बैठकर देखो।''

सुलोचना तुरन्त बैठ गयी, परन्तु बृज की ओर देखने के बजाय उसने आँखें धरती पर गाड़ दीं।—बृज को द्रोण जी की बात का पूरा अर्थ समझने में एक पल लग गया; इसलिए नहीं कि उनकी बात दुरूह और समझ में न आनेवाली थी, वरन् असम्भावित थी! उसने सुलोचना पर से दृष्टि हटाकर द्रोण जी की ओर देखा तो वह बिलकुल गम्भीर बैठे थे। बातों-बातों में चुटकी लेने का उनका यही ढंग था।

तीव्र वायु के झोंके में पुष्प की पंखुड़ी की भाँति काँपते हुए इस वातवरण को बदलने के लिए बृज ने कहना आरम्भ किया, "इस छोटी-सी आयु में भी मैं पर्याप्त अनुभव प्राप्त कर चुका हूँ। इस विशाल देश के कई भागों को घूम-फिरकर अच्छी तरह देख चुका हूँ, परन्तु द्रोण जी! न तो मैंने विजयनगर जैसा नगर पहले कभी देखा था और न महानवमी जैसा उत्सव—मुझे बार-बार इस बात पर आश्चर्य होता था और अब भी होता है, कि विजयनगर में इतना धन, इतनी सम्पत्ति, इतना स्वर्ण और इतने रत्न कहाँ से आये!"

"जिस तरह कुछ व्यक्ति कई प्रकार के गुणों से समृद्ध होते हैं, इसी प्रकार विजयनगर भी इन मूल्यवान् वस्तुओं से भरपूर है।"

"आपने ठीक ही कहा।"

द्रोण जी ने इस बात को और स्पष्ट करने के लिए कहा, "वैसे तो सीधा-सीधा कारण यह है कि जब कोई नगर व्यापार का केन्द्र बन जाता है और पूँजी लगानेवालों को सुविधा एवं सुरक्षा प्राप्त होती है तो फिर ऐसे नगर को समृद्ध बनने में अधिक देर नहीं लगती।"

"ठीक है द्रोण जी, परन्तु मुझे यह बात अवश्य खलती है कि इसी नगर में ऐसे लोग भी बसते हैं, जिन्हें पेट भर अन्न भी नहीं मिलता। एक बार डॉम-गार्शिया के निवास-स्थान पर मैंने एक युवक को देखा, जो इस स्थिति से अत्यन्त असन्तुष्ट दिखायी देता था। परन्तु कुछ ही समय बाद वह बन्दी बना लिया गया और मेरे विचार में अब तक जीवित भी न बचा होगा।"

द्रोण जी बोले, "उन लोगों के लिए अवश्य कुछ काम का प्रबन्ध होना चाहिए, जो भूखे-नंगे हैं। तुम्हारे ध्यान दिलाने पर मैं सोच रहा हूँ कि महाराज के कानों तक यह बात पहुँचाऊँ। उस युवक के क्रियाकलापों से उसे देशद्रोही समझा गया होगा, परन्तु मुझे पूर्ण विश्वास है कि यदि महाराज के आगे कुछ व्यावहारिक सुझाव रखे जायें तो वे उन्हें अवश्य स्वीकार कर लेंगे। उदाहरणत: यह सुझाव भी रखा जा सकता है कि विजयनगर जैसे महान् नगर में बहुत-से सदाव्रत खुलने चाहिए, जहाँ भूखों को भोजन कराया जा सके। इसी प्रकार के अन्य सुझाव भी हो सकते हैं। जहाँ तक मुझे ज्ञात है, विजयनगर में कुछ ऐसे मन्दिर हैं, जहाँ आये-गये यात्रियों को नि:शुल्क भोजन मिल जाता है।"

"यह बात ठीक है, परन्तु ऐसा प्रबन्ध केवल कुछ यात्रियों के लिए ही नहीं, वरन् नगर के प्रत्येक उस व्यक्ति के लिए होना चाहिए, जो किसी कारण अपनी उदर-पूर्ति नहीं कर सकता।"

द्रोण जी ने सिर हिलाते हुए कहा, "अवश्य! मैं महाराज से इस बात का उल्लेख करूँगा।"

सुलोचना इस बातचीत में कुछ भाग नहीं ले रही थी। द्रोण जी भाँप गये कि मेरी बात से वह कुछ अधिक ही लजा गयी है। अत: उन्होंने उसे कोई छोटा-मोटा काम बताकर वहाँ से हटा दिया।

इसी प्रकार की बहुत-सी बातें हुईं। यहाँ तक कि पर्याप्त अन्धकार छा गया। द्रोण जी ने बृज के घुटने पर हाथ रखकर पूछा, ''कुछ हो जाये?''

इस प्रश्न का अर्थ बृज अच्छी तरह समझता था। वह बोला, ''जब मैं यहाँ आने की बात कह रहा था तो कंचन जी के रुख़ से पता चला कि वे भोजन के समय तक मेरा घर पर पहुँच जाना ही पसन्द करेंगी। मैंने भी उन्हें वचन दे दिया है कि मैं अवश्य वापस पहुँच जाऊँगा...।''

द्रोण जी चंचलता से मुस्कराते हुए बोले, ''जब पुरुष स्त्री को वचन देने लगे तो स्थिति गम्भीर ही समझनी चाहिए।''

बृज हँस दिया, ''कम-से-कम मेरे प्रसंग में इस प्रकार के वचन से स्थिति गम्भीर होने का कोई भय नहीं हो सकता।''

''सम्भवत:, परन्तु न जाने कब कौन-सा वचन देने लगो।''

चाहे द्रोण जी ने यह बात हँसी में ही कही हो, बृज को लगा कि इन शब्दों के पीछे कोई गहरा अर्थ भी है।''

द्रोण जी ने भी सम्भवत: आज इस बात का निश्चय कर रखा था कि बृज को अधिक गम्भीर नहीं होने देंगे। वे शीघ्रता से बोले, ''यदि तुम वचन दे आये हो तो मुझे तुम्हारे वापस लौट जाने पर कोई भी आपत्ति नहीं है। मेरा सुझाव केवल इतना है कि भवन के उत्तर की ओर ऊपर को उठी हुई उज्ज्वल चट्टान पर कुछ गद्दे और चादरें बिछाकर उन पर बैठा जाये। ऊपर आकाश में नक्षत्र झिलमिलायें, और नीचे इस वृद्धा धरती पर हम भी थोड़ी-सी पियें और पिलायें। फिर जब भी तुम्हारा जी चाहे तुम घोड़े पर सवार होकर वापस जा सकते हो। तुम्हारा बढ़िया घोड़ा तुम्हें कंचन के पास पहुँचाने में अधिक समय नहीं लगायेगा...क्यों?''

''आपका सुझाव शिरोधार्य है।''

यह सुनते ही द्रोण जी उठ खड़े हुए और चुटकी बजाते हुए बोले, ''बस तो ठीक है। मैं अभी आया।''

सदा की भाँति स्थूल शरीर के होते हुए भी वे बड़ी फुर्ती से चलते हुए भीतर चले गये।

बृज ने मन में सोचा कि वह व्यर्थ इतने संकोच से काम लेता रहा। अब जब कि वह द्रोण जी के पास पहुँच चुका था तो उसे पल-भर को भी यह अनुभव नहीं हुआ कि उसने उनके पास आकर भूल की है।

कुछ ही देर बाद वे दोनों उस चट्टान की ओर बढ़े, जहाँ सारा सामान तैयार था। द्रोण जी पसरकर बैठते हुए बोले, ''मुझे इस तरह बाहर बैठना बहुत अच्छा लगता है। यदि चाँदनी रात हो तो फिर क्या कहना।''

बृज ने द्रोण जी की तरह उनके आगे पसरकर बैठना उचित नहीं समझा, वह बड़े सम्भ्रम से पालथी मारकर बैठ गया। मदिरा की सुराही और पात्र उनके आगे रखे थे। बृज ने ऐसे ही बात आरम्भ करने के लिए कहा, ''द्रोण जी, मदिरा के विषय में आपके क्या विचार हैं?''

द्रोण जी ने पात्रों में मदिरा उँड़ेलते हुए पूछा, ''तुम यह प्रश्न क्यों कर रहे हो?''

''मुझे स्वयं मदिरा से घृणा नहीं है, परन्तु मैं इसका बहुत प्रेमी भी नहीं हूँ। आपके पास बैठकर पी लेता हूँ, और कुछ मित्रों के साथ भी थोड़ी-बहुत पी लेता हूँ, फिर भी मुझे कभी इसकी नितान्त आवश्यकता अनुभव नहीं होती। बैठे-बैठे ऐसे ही मेरे मन में यह जानने का विचार आया कि मदिरा के सम्बन्ध में आपका दृष्टिकोण क्या है।''

जब द्रोण जी ने पात्र मुँह से हटाया तो उनकी मूँछों पर कुछ कण मदिरा के लटकते रह गये, जिन्हें अँगोछे से पोंछते हुए उन्होंने कहा, ''मदिरा उन बहुत-सी वस्तुओं में से एक है, जिन्हें मनुष्य-जाति मादकता के लिए प्रयोग करती है। इसकी सामाजिक बुराइयाँ जो हैं सो तो हैं, परन्तु प्रश्न केवल यह है कि मनुष्य इतनी अधिक संख्या में किसी-न-किसी मादक पदार्थों का प्रयोग क्यों करते हैं। इसका मूल कारण केवल यही ज्ञात होता है कि मनुष्य जीवन की कड़वाहट को भूलने के लिए ऐसा करता है। मैं इसे सामाजिक बुराई भी नहीं समझता, इसे पाप समझने की बात तो दूर रही। यह बात अवश्य स्मरण रखने की है कि मादक पदार्थ के प्रयोग के भी कुछ नियम होते हैं। जो लोग जीवन में किसी भी नियम को नहीं अपनाते, वे मादक पदार्थों के नियमों को भी अपने सम्मुख नहीं रखते। इसके बड़े भयंकर परिणाम हो सकते हैं। नियम के अन्दर रहकर हम कुछ समय के लिए जीवन की कड़वी वास्तविकता और अपने बीच एक दीवार खड़ी कर लेते हैं। बाद में वह दीवार अपने-आप फट जाती है, परन्तु थोड़ी देर के लिए इस दीवार का स्थापित रहना हमारे लिये हानिकारक नहीं हो सकता, बल्कि उससे कुछ लाभ ही होता है—तुम भी तो पियो।''

द्रोण जी की बातों में मग्न बृज मदिरा-पात्र को अधरों से लगाना तो भूल ही गया, यद्यपि उसके हाथ में थमे हुए पात्र की मदिरा तरल अग्नि की भाँति व्याकुल हो रही थी। बृज ने तुरन्त प्याला अधरों तक ले जाते हुए कहा, ''क्षमा कीजिये मैं तो आपकी बातों में वास्तविक बात को भूल ही गया।''

''द्रोण जी हँसे तो उनकी घनी मूँछों के नीचे उनके सुदृढ़ दाँतों की झलक दिखायी दी। उन्होंने फिर कहना आरम्भ किया, ''इसका एक पक्ष और भी है; वह

यह कि थोड़ी-बहुत मादकता से हमारे मन पर सहस्रों वर्षों की सभ्यता का बोझ उतर जाता है। तुम्हें यह भी बता दूँ कि जो लोग मेरे पास आते हैं, वे चाहे पहले कुछ खिंचे हुए ही रहते हों, परन्तु थोड़ी-सी पी लेने के बाद वे उन्मुक्त हो उठते हैं। इससे उन्हें समझने में मुझे बड़ी सुविधा होती है। मन की गहराइयों में स्थित विचार अधरों तक आ जाते हैं।''

यह कहकर द्रोण जी मुस्कराये तो उनके अधरों पर नटखट बालकों की-सी चंचलता खेलने लगी। एक वृद्ध के चेहरे पर ऐसी मुद्रा आनन्द दे जाती है।

बृज को पहले से ही कुछ सन्देह था कि द्रोण जी थोड़ी-बहुत स्वयं पीते हैं, और थोड़ी-बहुत दूसरों को पिलाकर उनकी समस्याओं को और भी अच्छी तरह समझने का प्रयास करते हैं। ऐसे गुरुओं का इस प्रकार की युक्तियों के बिना भला कैसे काम चल सकता है।

बृज को मदिरा के विषय पर वार्त्तालाप करने में कोई विशेष रुचि नहीं थी, परन्तु स्वयं ही इस विषय का आरम्भ कर देने के कारण उसे अत्यन्त धैर्य से द्रोण जी की बातें सुननी पड़ीं। परन्तु, अवसर पाते ही उसने विषय बदल दिया, बोला, ''द्रोण जी, मैंने पहले भी आपसे निवेदन किया था कि आप मुझे अपने पास रहने की अनुमति दे दें। आपने उत्तर दिया था कि पहले कुछ दिनों तक इसकी कोई आवश्यकता नहीं है, फिर जब अवसर आयेगा तो यहाँ रहने की अनुमति भी मिल जायेगी। अब मैं जानना चाहता हूँ कि वह अवसर आ गया है या नहीं।''

द्रोण जी दोनों होंठ बलपूर्वक भींचकर गहन चिन्ता में डूब गये। वे अन्यमनस्कता से दूर तक छाये हुए अँधेरे को देखते रहे, फिर धीरे से बोले, ''अबकी होली के बाद से तुम मेरे पास ही रहोगे।...यदि कंचन ने कोई आपत्ति न उठायी तो।''

''जी नहीं, वे कोई आपत्ति नहीं उठायेंगी। मैंने अब तक जो शिक्षा प्राप्त की है, उससे यही लगता है कि मैं अभी केवल चौखट पर खड़ा हूँ...।''

''तुम्हारा विचार ग़लत नहीं है। वैसे तो ज्ञान का कोई अन्त नहीं है, परन्तु जो कुछ तुम अनुभव कर रहे हो वह भी ठीक है। मैं तुम्हें सबसे पहले तीन का नियम और सात का नियम समझाऊँगा। तीन के नियम में तुम्हें पता चलेगा कि सकर्मक क्रिया क्या होती है, अकर्मक क्रिया क्या होती है, और निष्क्रियता का अर्थ क्या होता है। इनके अतिरिक्त तुम्हें इस बात का ज्ञान भी हो जायेगा कि सृजन की किरण क्या होती है। सबसे बड़ी बात यह है कि कुछ ऐसी शारीरिक क्रियाएँ हैं, जिन्हें तुम मेरे पास रहकर ही सीख सकते हो।''

''आपका तात्पर्य है कि आसन आदि करने पड़ेंगे।''

''नहीं, आसन नहीं। उन्हें हम एक प्रकार की मुद्राएँ कह सकते हैं, जिनके साथ-साथ एक प्रकार का नृत्य भी करना पड़ता है। परन्तु इन नृत्य-मुद्राओं का सामान्य नृत्य-कला से कोई सम्बन्ध नहीं है।''

बृज प्रसन्न था कि अब द्रोण जी ने कम-से-कम वह समय तो निश्चित कर ही दिया है, जब वह उसे अपने पास बुला लेंगे। तब उसके अविशष्ट बन्धन भी टूट जायेंगे। वह बिलकुल नये मार्ग पर बढ़ना आरम्भ कर देगा।

इतने में कुछ हलकी-फुलकी खाद्य-सामग्री आ गयी, जिसमें से भाप ऊपर को उठ रही थी। उन दोनों ने धीरे-धीरे थोड़ा-बहुत खाना भी आरम्भ कर दिया।

एकाएक बृज को बात स्मरण आ गया तो बोला, ''द्रोण जी, कभी-कभी ऐसा भी होता है कि मेरे नेत्रों के आगे एक आवरण-सा छा जाता है। केवल मन के नेत्रों के आगे नहीं, अपितु वास्तव में मेरे नेत्रों के आगे—ऐसे अवसर पर मेरे सम्पूर्ण शरीर में एक झुरझुरी-सी उत्पन्न होती है। न जाने क्यों मेरे शरीर में हलकी-सी कँपकँपी होने लगती है। अन्त में वह आवरण अपने-आप ही हट जाता है।—मैं जानना चाहता हूँ कि यह सब क्यों होता है?''

बृज अत्यन्त उत्सुकता से अपनी बात के उत्तर की प्रतीक्षा कर रहा था। द्रोण जी की आकृति से स्पष्ट दिखायी दे रहा था कि वे उसके मन की दशा को भली-भाँति समझ रहे हैं, परन्तु वे काफ़ी देर तक कुछ नहीं बोले, केवल मुँह हिलाते रहे, अन्त में बोले तो कहा, ''वह दिन भी आयेगा जब तुम्हारे नेत्रों के आगे से यह आवरण सदा के लिए हट जायेगा।''

द्रोण जी ने यह बात कुछ ऐसे ढंग से कही कि बृज ने अनुभव किया कि अभी उसे इतने से उत्तर पर ही सन्तुष्ट होना पड़ेगा। सम्भवत: द्रोण जी के विचार के अनुसार अभी अवसर नहीं आया है कि वे उसे इस बात का उत्तर दे सकें।

द्रोण जी की रुचि इधर से हटती देखकर बृज ने नयी बात आरम्भ कर दी, ''सम्भवत: आपने भी सुना हो कि आजकल यह अफ़वाह ऊँचे स्तर पर ख़ूब घूम रही है कि उत्तर के मुसलमान राजा विजयनगर पर आक्रमण करने की सोच रहे हैं।''

यह बात सुनते ही द्रोण जी के चेहरे का रंग बहुत गहरा हो गया। वे गम्भीर स्वर में बोले, ''महाराज को इसकी कोई विशेष चिन्ता नहीं है, परन्तु मेरा अनुमान यह है कि यह आक्रमण अत्यन्त भीषण हो सकता है। स्मरण रखो कि यदि यह आक्रमण हुआ तो हमें बुरे-से-बुरे परिणामों के लिए तैयार रहना होगा। मनुष्य-जाति के ये पारस्परिक संघर्ष नितान्त व्यर्थ हैं, क्योंकि इनसे उनकी शक्ति व्यर्थ चली जाती है।''

''जहाँ तक मैंने सुना है, विजयनगर पर पहले भी कई आक्रमण हो चुके हैं।''

द्रोण जी ने गर्दन आगे बढ़ाकर, आँखें फैलाकर और एक उँगली आगे को बढ़ाकर धीरे से कहा, ''पहले की बात कुछ और थी। तनिक सोचो तो कि रामराय जी के दोनों भाई साठ वर्ष से अधिक आयु के हैं। स्वयं महाराज रामराय की आयु भी अस्सी से ऊपर है...।''

"परन्तु मैंने तो सुना है कि वे नब्बे-पंचानबे वर्ष के हैं।"

"हम उनकी आयु के विषय में निश्चित रूप से कुछ नहीं जानते, परन्तु इसमें कुछ सन्देह नहीं कि वे अस्सी वर्ष से कुछ अधिक ही हैं। तात्पर्य यह है कि हमारे सभी सेनानायक वृद्ध हो चुके हैं और उधर उत्तर के सुल्तान कम आयु के और पर्याप्त शक्तिशाली हैं। मैं अनुभव करता हूँ कि यदि वे सुल्तान संगठित होकर आक्रमण करेंगे तो विजयनगर की पूरी शक्ति को ध्यान में रखते हुए ही करेंगे। इसके साथ मेरा यह विचार भी है कि विजयनगर की सेना केवल पुराने ढंग से ही लड़ना जानती है, इन्हें नये-नये शस्त्रों तथा नये युद्ध-कौशल का कुछ भी ज्ञान नहीं है।"

"परन्तु महानवमी के अवसर पर तो जो सेना मैंने देखी, वह तो हर तरह से परिपूर्ण दिखायी देती थी।"

"बृज, प्रश्न तो यह है कि इस प्रकार की सेना विजयनगर के पास है कितनी?"

"मेरे पास इसका कोई उत्तर नहीं है।"

द्रोण जी पीछे की ओर झुक गये, फिर दोनों कोहनियाँ तकियों पर टेककर भारी स्वर में बोले, "अभी तो कोई कुछ नहीं कह सकता, परन्तु रण-क्षेत्र में इन सब प्रश्नों के उत्तर मिल जायेंगे।"

अब द्रोण जी ने मदिरा-पात्र उठाया और चुपचाप अनिमेष नेत्रों से उसकी ओर देखने लगे।

बृज के मन में कई प्रकार के सन्देह सिर उठाने लगे। वह द्रोण जी के चेहरे पर बहुत-कुछ पढ़ सकता था। द्रोण जी काफ़ी निराश दिखायी दे रहे थे। बृज का मन डोलने लगा। यदि कोई गड़बड़ हो गयी तो जो शिक्षा वह प्राप्त करना चाहता है, उसका क्या होगा। अब तक प्राप्त किया हुआ उसका ज्ञान अधूरा रह जायेगा...।

१

तेरह

इस विचार से कि द्रोण जी होली से पहले सम्भवत: ही ज्ञान-ध्यान की कोई बात करें, बृज कुछ शिथिल पड़ गया। वह कभी-कभी उनके पास थोड़ी देर के लिए चला जाता, परन्तु वास्तव में वह होली की प्रतीक्षा कर रहा था। वह अनुभव करता था कि अब उस त्योहार के बाद ही उसके जीवन का नया अध्याय आरम्भ होगा।

उसका अधिकतर समय या तो घर पर ही बीतता या वह बाज़ारों का भ्रमण करता फिरता। बीच-बीच में डॉम-गार्शिया, आह-चाँग आदि से भी छोटी-मोटी भेंटें होती रहीं, परन्तु लगता था कि वातावरण में कुछ उद्विग्नता-सी है। बृज की समझ में नहीं आता था कि यह उद्विग्नता केवल उसी के मन की है या अन्य लोग भी उसकी तरह अनुभव कर रहे हैं। जहाँ तक सामान्य नागरिकों का सम्बन्ध है, वे बिलकुल निश्चिन्त होकर अपने-अपने कामों में जुटे हुए थे। महानवमी के उत्सव पर तो एक बार बृज का मन भी प्रफुल्लित हो उठा था, हर प्रकार की चिन्ता से मुक्त हो गया था, परन्तु अब फिर धीरे-धीरे उसके मन की दबी-दबी व्याकुलता बढ़ती जा रही थी।

कंचन भी तो अत्यन्त अशान्त दिखायी देती थी। वह हर दूसरे-तीसरे दिन राजमहल से कोई ऐसा समाचार लेकर आती कि जिससे वह स्वयं भी अशान्त हो जाती और बृज की व्याकुलता भी बढ़ जाती। वैसे तो बृज जब चाहता उस नगर से निकल जाता, क्योंकि उसकी वहाँ न कोई सम्पत्ति थी, न व्यवसाय। हाँ, कंचन से उसे प्रेम अवश्य था, परन्तु वह भी तो स्त्री-पुरुष का प्रेम नहीं था। सम्भवत: इस प्रेम को पारस्परिक लगाव कहना अधिक अच्छा होगा। बृज कंचन का कृतज्ञ भी तो बहुत था। सबसे बड़ा आकर्षण द्रोण जी का था। जब कभी उसका मन डोलने लगता

तो उसे इस विचार से ही कुछ सान्त्वना मिलती कि यदि उसके भाग्य में लिखा होगा तो वह द्रोण जी से उच्च कोटि का ज्ञान प्राप्त कर सकेगा। वह इतना अवश्य अनुभव करता था कि द्रोण जी जैसा गुरु सम्भवत: ही उसे कहीं और मिल सके।

बृज के मन पर जो कुछ भी बीत रही थी, या कंचन को जो भी चिन्ता हो रही हो, परन्तु उस घर में शेष सब नितान्त निश्चिन्त दिखायी देते थे। बृज अपने कक्ष में बैठा होता तो उसे नीचे से क़हक़हों और ज़ोर-ज़ोर से बातें करने का कोलाहल सुनायी देता। कभी हास-परिहास, कभी पकड़-धकड़, कभी खी-खी, कभी चीख-चिल्लाहट, कभी नृत्य और गान—बस इस प्रकार से उन गणिकाओं के दिन व्यतीत हो रहे थे। कभी वह ऊपर से झाँकता तो नवयुवतियाँ हिरणियों की भाँति इधर-उधर अठखेलियाँ करती दिखायी देतीं। बात-बात पर उन्हें इतनी हँसी छूटती जैसे न जाने क्या देख या सुन लिया हो। बृज भली-भाँति जानता था कि इन चंचल युवतियों को हँसने के लिए केवल सामान्य-सा बहाना ही पर्याप्त है। उसे इन युवतियों की स्थिति भी अत्यन्त रोचक लगती थी। उनके सम्बन्ध में सीधी-सी बात यही कही जा सकती थी कि ये जब तक जीवित रहेंगी, प्रसन्न रहेंगी। कभी कोई विपत्ति पड़ेगी तो निस्संकोच रो देंगी। उन्हें पल-भर को भी इसका ध्यान नहीं आता था कि संसार किधर-से-किधर को जा रहा है। खा-खाकर उनके गालों पर चर्बी की तह-पर-तह चढ़ती जा रही थी। उनका अंग-प्रत्यंग लुसलुस करता था।

ले-देकर इनमें एक ही गम्भीर लड़की थी—सुप्रिया!

परन्तु, सुप्रिया की गम्भीरता का कारण और भी रोचक था। वह बृज से लौ लगा चुकी थी। उस तक पहुँच नहीं पायी, उसके मन में अपने लिये स्थान नहीं बना सकी, तो जोगिन बनकर और धूनी रमाकर बैठ गयी। बृज को अन्य नवयुवतियों की अपेक्षा उसकी स्थिति और भी विचित्र लगती थी। अन्य लड़कियाँ तो अपने-आप में मगन थीं। परन्तु कोई इस सुप्रिया से पूछे, कि तुम किस चक्कर में पड़ी हो। एकपक्षीय प्रेम बृज की समझ में आज तक नहीं आ सका। वह सोचता था कि प्रेम तो उसे भी हो सकता था, परन्तु अपने सम्बन्ध में वह पूरे विश्वास से कह सकता है कि अगर उसकी प्रेमिका उसके प्रेम का उत्तर प्रेम से न दे सकती तो वह तुरन्त ही अपना मन उसकी ओर से हटा लेता; सुप्रिया की भाँति धूनी रमाकर न बैठ जाता।

सुप्रिया के विषय में सोचते-सोचते बृज को उस पर दया आने लगी। वह सोचने लगा कि सुप्रिया को उससे और तो कुछ नहीं मिल सकता, परन्तु वह उस मूर्ख लड़की को थोड़ा-सा ज्ञान तो दे ही सकता है। भला वह अपना जीवन ऐसे व्यक्ति के लिए क्यों नष्ट कर रही है, जो किसी तरह भी उसका साथ नहीं दे सकता। बृज के मन में आया कि किसी दिन वह अत्यन्त स्नेह से, पुचकारकर सुप्रिया को जीवन का ऊँच-नीच समझा दे, ताकि उसके मन में कोई भ्रम हो तो वह दूर हो सके और वह अपने जीवन की कोई नयी दिशा या नया गन्तव्य निश्चित कर सके।

यह सब सोचने की बातें थीं। बृज अपने विषय में भली-भाँति जानता था कि कुछ ही समय बाद उसके मन पर से सुप्रिया को समझाने का भूत भी उतर जायेगा। वह सुप्रिया से बहुत कतराने लगा था। वह अनुभव करता था कि चाहे और कुछ भी हो जाये, परन्तु उसे सुप्रिया से वाद-विवाद न करना पड़े।

एक दिन तीसरे पहर, जब बृज बाहर जाने की तैयारी कर रहा था तो उसे घुँघरुओं की मद्धिम-सी ध्वनि सुनायी दी। वह इस स्वर को पहचानता था। यह कंचन की बहली में जुते हुए बैलों की घण्टियों की ध्वनि थी। बृज ने ढलती हुई परछाइयों की ओर दृष्टि डालते हुए सोचा कि ज्ञात होता है आज कंचन जी समय से कुछ पहले ही लौट आयी हैं।

थोड़ी देर बाद प्रांगण में कंचन का कण्ठ-स्वर सुनायी दिया, "चन्द्रिका! बृज जी हैं या बाहर चले गये?"

"हैं, स्वामिनी!" फिर सोपानों पर छम-छम का स्वर सुनायी दिया, जैसे नन्हें-मुन्ने घुँघरू नृत्य करते हुए ऊपर चले आ रहे हों। जब बृज ने कंचन को अपने सामने खड़ी देखा तो एक बार तो उसकी आँखें झपक गयीं—कितनी भरपूर स्त्री थी कंचन!

सुन्दर, रंग-बिरंगे रेशमी वस्त्रों में लिपटी और मूल्यवान् आभूषणों तथा हीरे-मोतियों की मालाओं से लदी कंचन बाहर चमकती हुई धूप से भीतर आनेवाले प्रतिबिम्ब में ऐसे जगमगा रही थी जैसे उसके शरीर में से हजारों चन्द्रमाओं की किरणें फूट निकली हों।—कभी-कभी ऐसा भी होता था कि कंचन की सुन्दरता को देखकर बृज का मन कई लुढ़कनियाँ खा जाता, परन्तु अचम्भे की बात यह थी कि उसका मन लड़खड़ाने पर भी अन्त में अपने पाँव पर खड़ा हो जाता।

कंचन की साँस फूली हुई थी, उसके कोमल नासिका-पुट फड़क रहे थे। मुँह अधखुला-सा था। अधरों पर प्रसन्नता छायी हुई थी। उसने अपनी छोटी-सी लाल जीभ से निचले होंठ को गीला करते हुए कहा, "अच्छा हुआ तुम घर पर ही मिल गये।"

वह ऊपर-नीचे उठते-गिरते वक्ष पर हाथ रखकर धीरे-धीरे हाँफने लगी। घबराहट में वह और भी प्यारी और भी सुन्दर तथा और भी आकर्षक दिखायी देने लगी थी। उसने बृज पर ऐसी दृष्टि डाली, जो कोई भी स्त्री पुरुष का सहारा लेने के लिए उस पर डालती है। पहले भी कभी-कभार ऐसा हो जाता था। ऐसे अवसरों पर बृज का हृदय द्रवित हो जाता। वह अनुभव करता कि वह अपना प्राण कंचन के चरणों पर न्योछावर कर दे। फिर वह समय बीत जाने के बाद, अपनी इस तीव्र इच्छा से स्वयं ही भयभीत हो जाता। वह सोचने लगता कि एकाएक उसकी विचारधारा इस प्रकार की क्यों हो जाती है। उसके लिए इस ढंग से सोचना या इस तरह अनुभव करना, कोई अच्छी बात नहीं है। परन्तु, अवसर आने पर वह सब-कुछ भूल जाता और अपने हृदय को द्रवित होने से रोक न पाता।

इस समय भी बृज को लगा जैसे सारे धन-सम्पत्ति, दास-दासियाँ और सुख के अन्य साधन होते हुए भी कंचन इस संसार में नितान्त अकेली है...नितान्त अकेली!

उसने आगे बढ़कर कंचन को अपनी बाँहों के घेरे में ले लिया फिर धीरे-धीरे उसे शय्या की ओर ले गया, और फुसफुसाकर बोला, ''आप बैठ जाइये।''

कंचन ऐसे बैठ गयी जैसे वह अब तक उसकी आज्ञा की प्रतीक्षा ही करती रही हो। बृज दो क़दम पीछे हटकर खड़ा हो गया; उसकी एक टाँग कुछ आगे और दूसरी पीछे थी और उसके दोनों हाथ उसके पेट पर ऊपर तले रखे थे। वह चुपचाप कंचन की ओर देख रहा था, और उसके अधरों पर बहुत ही हलकी मुस्कान खेल रही थी। यह मुस्कान केवल कंचन को सान्त्वना देने के लिए थी।

कंचन की अलकों की कुछ लटें उसकी बायीं आँख पर और कुछ कपोलों पर लटक आयी थीं, जिन्हें उसने शेरनी की तरह सिर झटककर पीछे की ओर फेंक दिया। वह यह क्रिया एकदम अनजाने में करती थी, परन्तु उसकी इस भंगिमा पर देखनेवाले मुग्ध हो जाते थे।

कंचन फिर बोली, ''बड़ा अच्छा हुआ जो तुम घर पर मिल गये।''

बृज की मद्धिम-सी मुस्कान अब खुलकर उसके अधरों पर नृत्य कर उठी और उसने संयत स्वर में कहा, ''भला बात क्या हुई, मुझे भी तो पता चले। मैं बाहर निकल भी जाता तो थोड़ी देर में लौट आता।''

''हाय! तुम्हारे लौटते तक न जाने मेरी क्या दशा होती। और फिर तुम्हारा क्या पता? जहाँ जाते हो, वहीं के हो रहते हो। सम्भव था कि इस समय के गये हुए कल प्रात: ही मुख आन दिखाते।''

बृज ने आगे बढ़कर कंचन के दोनों कन्धों पर हाथ रखते हुए कहा, ''कंचन जी, ऐसा सोचना आपकी भूल है। जब मैं बाहर भी जाता हूँ तो मुझे पीछे की चिन्ता लगी रहती है।''

कंचन ने उसके दोनों कपोलों पर अपने हाथ रखते हुए कहा, ''यदि यह बात है तो बृज जी, एक दिन आप गृहस्थी की दलदल में फँस सकते हैं।''

बृज ने एक उँगली कंचन की नाक पर रखते हुए धीरे से कहा, ''मुझे ऐसा आशीर्वाद न दीजिये—अब शीघ्रता से यह बताइये कि आपकी व्याकुलता का कारण क्या है?''

कंचन के अधरों से हँसी लुप्त होने लगी। उसने बोझिल स्वर में कहा, ''विजयनगर के उत्तर में कुछ मुसलमान राजा राज्य करते हैं। उनके पारस्परिक युद्ध भी होते रहते हैं। ऐसे अवसरों पर विजयनगर के शासक किसी-न-किसी मुसलमान सुल्तान की सहायता करके दूसरे को नीचा दिखा देते हैं। इस बार हुसेन निज़ामशाह

ने कुतुबशाह से समझौता करके अली आदिल पर आक्रमण कर दिया। अली आदिल ने विजयनगर की सहायता माँगी। महाराज रामराय ने पचास हज़ार घुड़सवार भेज दिये। ये सेनाएँ कल्याण के स्थान पर टकरायीं। उधर कुतुबशाह हुसेन निज़ामशाह से विश्वासघात करके अली आदिल से आन मिला। इस पर हुसेन निज़ामशाह को अपनी राजधानी अहमदनगर लौट जाना पड़ा। परन्तु अली आदिल और उसके साथियों ने अहमदनगर को भी घेरे में ले लिया...।''

बृज ने एक पाँव उठाकर चौकी पर रखते हुए कहा, ''कंचन जी, आप यह सब-कुछ मुझे इतने विस्तार से क्यों बता रही हैं?''

कंचन ने हाथ उठाकर कहा, ''तनिक धैर्य से काम लो—हाँ तो विजयनगर की सेना अहमदनगर में जा घुसी। हमारे सैनिकों ने वहाँ बड़ी मार-काट मचायी, अनेक भवन गिरा दिये या जला डाले। उन्होंने अपने अश्व मस्जिदों में जा बाँधे और मस्जिदों में ही पूजा की। मुसलमानों को ये बातें बहुत बुरी लगीं, परन्तु वे विवश थे। इसके बाद जब बड़े ज़ोर की वर्षा आरम्भ हो गयी तो खाद्य-सामग्री के अभाव के कारण कुतुबशाह और उसके साथियों को वापस लौटना पड़ा। यह सब-कुछ तो हुआ, परन्तु सभी मुसलमानों के मन में यह बात बैठ गयी कि विजयनगर के काफिरों ने उनकी मस्जिदों को अस्तबल बना डला, और ख़ुदा के घरों में मूर्ति-पूजा की। अब वे विजयनगर से बदला लेने की सोचने लगे। पारस्परिक सम्बन्ध स्थायी करने के लिए आपस में कुछ विवाह भी हुए। अब वे सब मिल-जुलकर विजयनगर पर आक्रमण करने ही वाले हैं। उनका विचार है कि वे अलग-अलग तो विजयनगर का सामना नहीं कर सकते, परन्तु सब मिलकर इस्लाम के इस शत्रु को नीचा दिखा सकते हैं।''

यह सुनकर बृज उद्विग्नता से इधर-उधर टहलने लगा, फिर एकाएक रुककर उसने कंचन की ओर देखा, ''जो बातें आपने बतायी हैं, वे मैं पहले भी किसी-न-किसी रूप में सुन चुका हूँ।—अब यह समझना चाहिए कि अफ़वाहें समाप्त हुईं और वास्तविक आक्रमण की घड़ी आ पहुँची है।''

''हाँ, अली आदिल को युद्ध के लिए बहाने की आवश्यकता भी तो थी। अत: उसने अपना दूत महाराज रामराय जी के पास भेजा और अपने राज्य के वे भाग वापस माँगे, जो विजयनगर ने छीन रखे थे। रामराय जी ने न केवल अली आदिल की माँग अस्वीकार कर दी, वरन् उसके भेजे हुए दूत का भी बहुत अपमान किया।''

बृज ने पल-भर को होंठ भींचकर और फिर ठुड्डी को उँगलियों से दबाते हुए कहा, ''तो तात्पर्य यह कि स्थिति अत्यन्त गम्भीर हो चुकी है।''

''बिलकुल!...यहाँ तक कि डॉम-गार्शिया, आह-चाँग और कुछ अन्य परदेसियों ने अपना धन विजयनगर से हटाना आरम्भ कर दिया है। जब से मैंने यह समाचार सुना है, मेरे तो हाथ-पाँव फूल गये हैं।''

"क्या आप अपना धन किसी अन्य स्थान को नहीं भिजवा सकतीं?"

"मेरे लिये ऐसा करना उचित नहीं होगा। महाराज की आज्ञा के बिना मैं कुछ नहीं कर सकती। जहाँ तक महाराज रामराय का सम्बन्ध है, वे इन मुसलमान सुल्तानों और उनकी सेना को मच्छरों की सेना से अधिक महत्त्व नहीं देते। तुम्हें ज्ञात होना चाहिए कि किसी व्यक्ति में इतना साहस नहीं कि वह महाराज के आगे बोल सके और यदि बोले भी तो वे सुनेंगे नहीं।"

अब उन दोनों ने अनुभव किया इस विषय पर और कुछ कहना-सुनना व्यर्थ है। वे एक-दूसरे के हाथ-में-हाथ दिये ऊपर के अलिन्द में जा खड़े हुए और वहाँ से कोसों दूर तक फैले हुए विजयनगर के भवनों और मन्दिरों के कलशों को खोयी-खोयी दृष्टि से देखते रहे। एक-दूसरे के हाथ की उष्णता से उनके मन की व्याकुलता बहुत-कुछ दूर हो गयी।

२

महाराज रामराय को किसी प्रकार की चिन्ता नहीं थी, परन्तु फिर भी उन्होंने अपनी तैयारियों में कोई कमी नहीं आने दी। उन्होंने आगे बढ़कर मुसलमान सुल्तानों पर आक्रमण करने की नहीं सोची। उनके मन में, केवल यही बात थी कि जब शत्रु वास्तव में विजयनगर पर आक्रमण करने के लिए आयेगा तो वे उसे मार भगायेंगे। उन्हें प्रतिदिन शत्रुओं के सम्बन्ध में सूचनाएँ प्राप्त होती रहती थीं। जब सोमवार के दिन उन सुल्तानों की भारी सेना दक्षिण की ओर बढ़ने लगी तो महाराज को इस बात की सूचना भी प्राप्ति हो गयी। शत्रु की सेनाओं ने पचीस दिसम्बर, १५६४ ई. के दिन विजयनगर की ओर बढ़ना आरम्भ किया और लगभग एक माह के बाद दोनों सेनाओं की भिड़न्त हुई।

सबसे पहले शत्रु की सेना ने तालिकोट के स्थान पर डेरा जमाया। यहाँ छोटा-सा दुर्ग भी था और नगर भी। आसपास घोड़ों के चरने के लिए घास के बड़े-बड़े मैदान थे।

इधर रामराय जी जानते थे कि जब तक शत्रु कृष्णा नदी को पार न करे, तब तक विजयनगर के लिए कोई भय की बात नहीं है। कृष्णा नदी का इंगालीगी के स्थान पर एक मोड़ था, जहाँ से शत्रु सरलता से नदी को पार कर सकता था। रामराय जी ने अपनी सेना कृष्णा नदी के उस ओर पहुँचा दी और इंगालीगी की सुरक्षा का विशेष प्रबन्ध कर दिया, जिससे मुसलमानों की सेनाएँ नदी पार न करने पायें।

इस तरह, जब कि दो बहुत बड़ी सेनाएँ युद्ध के लिए आगे-आगे बढ़ रही थीं, विजयनगर में लोग अपने-अपने कामों में ज्यों-के-त्यों व्यस्त थे। बाज़ारों में लोग

एक-दूसरे के ऊपर गिरे पड़ते थे। बैलगाड़ियाँ धूल उड़ाती हुई नगर की मण्डियों में अन्न और बाज़ारों में दूसरा सामान पहुँचा रही थीं। इन दिनों बृज जब भी नगर में घूमने के लिए निकलता तो उसे किसी भी व्यक्ति के चेहरे से चिन्ता प्रकट होती दिखायी नहीं देती थी। इतना अवश्य था कि अब नगर में सैनिकों की भीड़-भाड़ बहुत बढ़ गयी थी। विशाल गजशाला से हाथी बाहर निकल-निकलकर अपने सूँड़ हिलाते रहते थे। उन्हें युद्ध में भाग लेने के लिए तैयार किया जा रहा था। अभी तक केवल पहरे के लिए सेना नदी-तट पर भेजी गयी थी, परन्तु विजयनगर की वास्तविक सेनाएँ आगे नहीं बढ़ी थीं।

एक दिन सूचना मिली कि मुसलमानों की सेनाएँ तालिकोट से चलकर कृष्णा नदी के निकट पहुँच चुकी हैं। इस पर रामराय जी ने अपने सबसे छोटे भाई तिरुमल को बीस सहस्त्र अश्वारोहियों, पाँच सौ हाथियों और एक लाख पैदल सैनिकों के साथ नदी की ओर बढ़ने की आज्ञा दी। बाद में उन्होंने अपने छोटे भाई वेंकटपति को बहुत बड़ी सेना देकर भेजा। विजयनगर की सेना में कनारी और तेलुगू सैनिक थे और इनके अतिरिक्त मैसूर और मालाबार के भी सैनिक थे। दूर-दूर के जनपदों से तामिली भी आये हुए थे। प्रत्येक सेना का अपना ही सेनानायक था, जिसे रामराय जी नियुक्त करते थे।

बृज यह सब-कुछ देखता रहा। उसे द्रोण जी की बात पर विस्मृत नहीं हुई थी कि विजयनगर की सेना में उत्कृष्ट सैनिकों का अत्यधिक अभाव है। जब उसने लाखों व्यक्तियों को नंगे बदन, केवल कमर पर कपड़ा लपेटे और सिर पर पगड़ी बाँधे रण-क्षेत्र की ओर जाते देखा तो वह बात फिर उसके मस्तिष्क में जग उठी। कइयों के सिर पर पगड़ियाँ भी नहीं थीं, और वे केवल लंगोटियाँ बाँधे हुए थे। लड़ने के लिए उनके पास धनुष और बाण थे और ये बाण भी बहुत दूर तक मार नहीं कर सकते थे। बहुतों के पास केवल भाले या केवल खाँडे ही थे।

मुसलमान सुल्तान जानते थे कि कृष्णा नदी पर विजयनगर के सैनिकों का प्रबल पहरा है। बहुत सोच-विचार के बाद वे इसी निष्कर्ष पर पहुँचे कि वे केवल इंगालीगी के स्थान से ही नदी पार कर सकते हैं। अब प्रश्न यह था कि विजयनगर की सेना के होते हुए नदी पार कैसे की जाये। ऐसे अवसर पर कोई चाल ही चली जा सकती थी। अत: मुसलमान सेना बहुत बड़ी संख्या में उस स्थान से नीचे की ओर कूचकर गयी। विजयनगर की सेना दूसरे तट पर पर इंगालीगी से हटकर उनके बराबर-बराबर चली, जिससे वे बहुत बड़ी संख्या में कहीं से भी नदी को पार न कर सकें। मुसलमान सैनिक फिर वहीं लौट गये, जहाँ से चले थे। उन्होंने दो-तीन बार इसी तरह विजयनगर के सैनिकों को धोखा दिया और फिर एक रात, जब कि विजयनगर की सेना इंगालीगी से हटी हुई थी, मुसलमान सेना बहुत बड़ी संख्या में बिना रोक-टोक नदी पार कर गयी।

रामराय को जब इस बात की सूचना मिली तो उन्हें आश्चर्य तो हुआ, परन्तु वे भयभीत नहीं हुए। अब यह बात तो स्पष्ट हो चुकी थी कि रण-क्षेत्र में दोनों सेनाओं की भिड़न्त किसी तरह भी टल नहीं सकती।

तेईस जनवरी, १९६५ ई. को मंगलवार को दोनों सेनाएँ भोगपुर के स्थान पर एक-दूसरे के आमने-सामने खड़ी हुईं। विजयनगर की सेना में नौ लाख पैदल सैनिक थे, पैंतालीस सहस्र अश्वारोही और दो सहस्र हाथी थे। इनके अतिरिक्त पन्द्रह सहस्र सहायक भी थे। बायीं ओर तिरुमल की सेना थी; बीच में महाराज रामराय थे; और दाहिनी ओर वेंकटपति की सेना थी। तिरुमल के सामने बीजापुर के सुल्तान अली आदिल की सेना थी रामराय जी के सामने हुसेन निज़ामशाह था; और वेंकटपति के आगे अहमदाबाद और गोलकुण्डा की सेनाएँ थीं, जिनके सेनापति अली वाहिद ख़ाँ और इब्राहीम थे। बहुत लम्बी-लम्बी पंक्तियाँ बनाये दोनों सेनाएँ एक-दूसरे के आमने-सामने पहुँच गयीं। हुसेन निज़ामशाह का छह सौ तोपोंवाला प्रबल तोपखाना था, जिसे छिपाये रखने के लिए उसके आगे दो हजार धनुषधारी सैनिक खड़े थे।

दिन बहुत चढ़ आया था और सूर्य आकाश के बीचोबीच अटका हुआ था। फिर एकाएक बड़े ज़ोर के जयजयकार उठे, जिनसे कोसों तक पेड़ों पर बैठे हुए पक्षी घबराकर आकाश में उड़ निकले और फिर दोनों सेनाएँ इतनी तेज़ी से गुत्थम-गुत्था हो गयीं कि हर ओर धूल-ही-धूल उड़ती दिखायी देने लगी।

महाराज रामराय अत्यधिक वृद्ध हो चुके थे, फिर भी उनमें उत्साह की कमी नहीं थी। उन्होंने घोड़े की पीठ पर बैठने के बजाय पालकी पर बैठना अधिक अच्छा समझा। इसमें ख़राबी यह थी कि पीछे हटने की आवश्यकता पड़ने पर वे जल्दी से हट नहीं सकते थे। वास्तव में उन्हें अपनी विजय का पूर्ण विश्वास था। इसीलिए उन्होंने आज्ञा दे दी थी कि हुसेन निज़ामशाह का सिर काटकर उनके सामने लाया जाये, परन्तु अली आदिल और गोलकुण्डा के इब्राहीम को जीवित ही पकड़ लिया जाये, जिससे उन्हें आजीवन लोहे के पिंजरों में बन्द रख सकें।

अचानक घमासान युद्ध आरम्भ हो गया। विजयनगर के सैनिकों ने दायें और बायें पक्ष से इतना दबाव डाला कि दोनों ओर के सैकड़ों सैनिक हताहत हो जाने पर भी मुसलमानों को पीछे हटना पड़ा। रामराय जी ने समझा कि अब मुसलमानों को भगा देने में अधिक विलम्ब नहीं लगेगा, अतः अपने सैनिकों का साहस बढ़ाने के लिए वे पालकी से भी उतर आये, और लाल रंग के वस्त्रवाले हीरों-जड़े एक सिंहासन पर बैठ गये। उन्होंने आज्ञा दी कि उनके दोनों ओर स्वर्ण-मुद्राओं, आभूषणों और रत्नों के ढेर लगा दिये जायें, जिससे वे मुट्ठियाँ भर-भरकर अपने सैनिकों को पुरस्कार दे सकें।

जैसा दबाव दायें या बायें पार्श्व पर पड़ा था, यदि वैसा ही केन्द्र में भी पड़ जाता तो मुसलमानों के पाँव उखड़ जाते। परन्तु उसी समय वे दो सहस्र धनुषधारी

आगे से हट गये, और छह सौ तोपों में ताँबें के सिक्के भरकर तोपें छोड़ दी गयीं। उनकी दनादन के साथ एक ही बार में केन्द्र के चुने हुए पाँच सहस्र हिन्दू सैनिक हताहत हो गये। उधर विजयनगर के दो मुसलमान सेनापति लगभग डेढ़ लाख सैनिक सहित शत्रुओं से जा मिले।

विजयनगर की सेना के केन्द्र की स्थिति निर्बल पड़ गयी तो महाराज रामराय सिंहासन से उतरकर फिर पालकी में जा बैठे। इतने में ही निज़ामशाह का एक हाथी पागल-सा होकर उनकी ओर निकल आया, उसे देखकर वे दास, जो पालकी उठाये हुए थे, सब-कुछ छोड़कर वहाँ से भाग निकले। महाराज रामराय धरती पर गिर पड़े, परन्तु शीघ्रता से उठने का प्रयत्न करने लगे। पाँच हजार मुसलमान घुड़सवार केन्द्र भाग को चीरते हुए रामराय जी के सिर पर आ पहुँचे और इसके पहले कि वह सँभल पाते, उन्हें बन्दी बना लिया गया।

पाँच सहस्र घुड़सवारों का नायक सुल्तान हुसेन निज़ामशाह का आदमी था, वह रामराय जी को लेकर सीधा अपने सुल्तान के पास पहुँचा। धूल और रक्त में अटें हुए महाराज रामराय का वक्ष अब भी तना हुआ था और सिर अभिमान से उन्नत था। हुसेन निज़ामशाह घोड़े पर सवार रामराय जी के निकट पहुँचकर उन्हें ऐसे देखने लगा जैसे उसके सामने धरती पर चींटी रेंग रही हो। हुसेन की आँखों में घृणा के अंगारे दहक रहे थे। उसने लगाम खींची तो उसके घोड़े ने अगली दोनों टापें हवा में उठा दीं। हुसेन निज़ामशाह ने अपना हाथ हवा में उठाया और अपने नायक की ओर लाल-लाल आँखों से देखते हुए हाथ ऐसे हवा में लहरा दिया, जैसे तलवार से वार किया जाता है। नायक सुल्तान का तात्पर्य समझ गया और उसने एक ही वार से महाराज रामराय की गर्दन काट दी और धरती पर लुढ़कते हुए सिर में भाला खोंसकर कटा हुआ सिर ऊपर उठा लिया, जिससे विजयनगर के सैनिक उसे देख सकें।

महाराज रामराय का कटा हुआ सिर भाले पर उठाकर सुल्तान का नायक रण-क्षेत्र में घोड़ा दौड़ाने लगा। उसके साथ-साथ सहस्रों अन्य अश्वारोही थे। विजयनगर के सैनिकों ने अपने सबसे बड़े सेनापति और महाराज का कटा हुआ सिर देखा तो उनका साहस भंग हो गया। वे अस्त-व्यस्तता में इधर-उधर भागने लगे। दायें-बायें पार्श्व पर पीछे को हटती हुई शत्रु की सेनाएँ साहस बढ़ जाने के कारण राजा के सैनिकों को रोककर उन्हें ढकेलने लगीं। विजयनगर के सैनिकों और सेनानायकों ने यही समझा कि अब उनकी विजय का प्रश्न ही नहीं उठता और उनके लिए भाग जाने के अतिरिक्त और कोई उपाय नहीं रह गया। किसी ने यह नहीं सोचा कि कुछ पीछे हटकर फिर से सामना किया जा सकता है। या, कम-से-कम, नगर के प्राचीर और छोटी-छोटी पहाड़ियों की ओट से भी शत्रु का सामना हो सकता है। वास्तव में बहुत बड़ी सेना के होते हुए भी शत्रुओं की सेना के शस्त्र और

घोड़े विजयनगर से श्रेष्ठ थे। विजयनगर की सेना में कई अश्वारोही तो सामान्य टट्टुओं पर ही सवार थे। न केवल यह वरन् मुसलमान सेना का तोपखाना भी इनसे कहीं अच्छा था, और उनके तोपची भी अपनी कला में निपुण थे। विशेषत: जब एकाएक ही उन्होंने केन्द्रवाले भाग में ताँबे के लाखों सिक्के तोपों में भर-भरकर चलाये तो उनसे विजयनगर के चुने हुए सैनिक हताहत हो गये। यहीं से युद्ध का रुख़ बदल गया।

विजयनगर के भागते हुए सैनिक इतनी अधिक संख्या में मारे गये कि उनके रक्त की धारा नदी में जा मिली, जिससे नदी का जल लाल वर्ण का हो गया। सन्ध्या होते तक रण-क्षेत्र में मृत सैनिकों, अश्वों, हाथियों आदि के रुण्ड-मुण्ड हर ओर दिखायी दे रहे थे। हाथी विक्षिप्त होकर चिंघाड़ते हुए इधर-उधर दौड़ने लगे और उन्होंने विजयनगर के सैनिकों को ही रौंद डाला। जो घोड़े बच गये वे इधर-उधर भाग निकले, कुछ नदी में जा गिरे, कुछ आहत होकर जीवन की अन्तिम घड़ियाँ गिन रहे थे।

बचे हुए सैनिक जब वापस पहुँचे तो विजयनगर की गलियों में मानो सैनिकों की बाढ़ आ गयी। अब नागरिक भी घबरा उठे, परन्तु उन्हें फिर भी आशा लगी रही कि सम्भवत: शत्रुओं को हर्जाना आदि देकर वापस लौटा दिया जायेगा। परन्तु जब तिरुमल तथा महाराज के अन्य अवशिष्ट सम्बन्धी घबराये हुए नगर में आये तो जनता का साहस टूट गया। यह समाचार भी चक्कर लगाने लगा कि महाराज तिरुमल जी स्वयं धन-सम्पत्ति समेटकर विजयनगर से बाहर जाने की तैयारियाँ कर रहे हैं। अब तो प्रत्येक नागरिक के पाँव तले से धरती निकल गयी। सारे नगर में घोड़ों की बहुत कमी हो गयी थी। घोड़े तो रहे एक तरफ़, लोगों को इतने बैल भी नहीं मिल रहे थे जिन पर सामान लादकर वे वहाँ से भाग सकें।

३

एक दिन—हाँ, मंगलवार का केवल एक दिन!

इस एक दिन में विजयनगर का मध्याह्न सूर्य अस्त हो गया। प्रात:काल जिस बात की किसी एक ने भी कल्पना तक नहीं की थी, सन्ध्या होते तक वही कुछ घटित हो गया। नगर के किसी भवन में एक दीपक तक नहीं जल रहा था, केवल भीतर के कक्षों में लोगों ने प्रकाश के लिए एकाध दीपक जला रखे थे। गलियों में कुत्ते रोते फिर रहे थे। नगर-का-नगर मानो शव की भाँति निर्जीव-सा हो गया था। रण-क्षेत्र में पड़े हुए मृत व्यक्तियों और घोड़ों पर गीदड़ और जंगल के अन्य जीव पिल पड़े थे।

एक दिन विश्राम के बाद बृहस्पति के दिन शत्रु के सैनिक सहस्त्रों की संख्या में विजयनगर पर धावा बोलनेवाले थे। उन्होंने निश्चय कर रखा था कि विजयनगर की ईंट-से-ईंट बजा दी जायेगी। प्रत्येक भवन, प्रत्येक महल और प्रत्येक मन्दिर गिराकर धरती के बराबर कर दिया जायेगा। नागरिकों को मौत के घाट उतार दिया जायेगा और उनकी स्त्रियों को छीन लिया जायेगा। विजयनगर का सारा धन लूट लिया जायेगा और उसे पाँच-छह महीनों तक इस तरह ध्वस्त किया जायेगा कि वह फिर कभी अपने पाँव पर खड़ा नहीं हो सकेगा।

जब तिरुमल जी महल में पहुँचे तो कंचन भी वहीं पर थी। तिरुमल जी के चेहरे का रंग उड़ा हुआ था और उस समय उन्हें भाग जाने के अतिरिक्त और कोई बात नहीं सूझ रही थी। परन्तु यह समस्या भी इतनी सरल तो नहीं थी। सहस्त्रों रानियाँ, अनन्त धन, अगणित दासियाँ और दास...यह सब-कुछ एकदम से ले जाना बहुत कठिन काम था। फिर भी महाराज तिरुमल जी अपने विशिष्ट सम्बन्धियों तथा अधिकारियों से परामर्श करके शीघ्रातिशीघ्र भाग जाने की तैयारियाँ करने लगे।

कंचन ने पान का बीड़ा तैयार करके तिरुमल जी की ओर बढ़ाते हुए पूछा, ''महाराज! मेरे लिये क्या आज्ञा है?''

तिरुमल जी ने पान मुख में दबाकर उँगलियाँ एक रेशमी वस्त्र से पोंछते हुए कहा, 'कंचन, तुम भी वहीं चलो जहाँ हम जा रहे हैं।''

''महाराज का विचार कहाँ को जाने का है?''

''हम दक्षिण की ओर पेनुगोण्डा दुर्ग में प्रवेश करेंगे।''

''वह तो यहाँ से पचहत्तर कोस की दूरी पर है। शत्रु पीछा करते हुए वहाँ तक तो कभी नहीं आयेंगे।''

''हमारा भी यही विश्वास है। दूसरी बात यह है कि शत्रु के सैनिक नगर की लूट-मार करने में इतने तल्लीन हो जायेंगे कि हमारा पीछा करने की बात भी नहीं सोचेंगे।''

महाराज ने ये शब्द ऐसे कह दिये जैसे विजयनगर का उन पर कोई उत्तरदायित्व ही न हो।

कंचन सोच में डूब गयी कि वह भागने की तैयारियाँ कैसे करे। उसे इस बात की आशा तो नहीं थी कि एकाएक ही यह समस्या उसके सामने खड़ी हो जायेगी। बेचारी विवश थी, अन्यथा चाहती तो अन्य धनिकों की भाँति वह भी पहले से ही निकल जाती। डॉम-गार्शिया और आह-चाँग जैसे लोगों ने अपना धन तो पहले ही विजयनगर से बाहर भेज दिया था, और जब उन्हें इस बात की सूचना मिली कि शत्रु की सेना कृष्णा नदी के उस पार तक पहुँच चुकी है तो वे स्वयं भी भाग निकले। उनका कहना था कि यदि विजयनगर की विजय हो गयी तो वे फिर लौटकर आ जायेंगे, परन्तु यदि विजयनगर की पराजय हुई तो सम्भवत: वे वहाँ से भाग भी न

पायें। परन्तु कंचन तो महाराज की इच्छा के बिना एक क़दम भी इधर-से-उधर नहीं बढ़ा सकती थी।

कंचन ने प्रश्न किया, ''तो क्या महाराज आज रात ही यहाँ से निकल जायेंगे?''

''हाँ।''

''तो क्या आप यह सोचते हैं कि कल तक शत्रु की सेना नगर में प्रविष्ट हो जायेगी?''

''यह असम्भव है। वे लोग अपने सैनिकों को एकत्र करके किसी योजना के अनुसार यहाँ आयेंगे। अभी तो उन्हें निश्चित रूप से इस बात का ज्ञान नहीं है कि हम दुबारा उनका सामना करेंगे या नहीं—फिर भी हमारा आज ही यहाँ से निकल जाना अच्छा है, क्योंकि हमारे साथ इतना सामान होगा कि हम बहुत शीघ्रता से आगे नहीं बढ़ सकेंगे। हम सोचते हैं कि यदि शत्रु परसों तक भी नगर में घुसे तो उस समय तक हमारे और उनके बीच कम-से-कम डेढ़-दो दिन का अन्तर तो पड़ ही जायेगा। हमने साढ़े पाँच सौ हाथियों का प्रबन्ध किया है। उन पर सारा राजकीय कोष लाद दिया जायेगा। रानियों की बहुत बड़ी संख्या भी हमारे साथ होगी...।''

कंचन ने सिर हिला दिया, जैसे वह उनकी समस्या को अच्छी तरह समझ गयी हो। फिर उसने सहज रूप से पूछा, ''यदि मैं कल रात तक यहाँ से चल दूँ, तो इसमें कोई हानि तो नहीं होगी?''

''कोई हानि की बात नहीं है। हम तुम्हारे लिये अश्वों तथा सैनिकों का प्रबन्ध करके जायेंगे, जिससे तुम्हारी रक्षा हो सके और तुम अपनी सम्पत्ति घोड़ों पर लादकर हमें दो-चार दिन में आ मिलो।''

कंचन ने फीकी हँसी हँसते हुए कहा, ''मैं भयभीत हूँ कि कहीं शत्रु के सैनिक कल प्रात:काल ही धावा न बोल दें।''

''इस बात की आशा तो बिलकुल नहीं है। हमारे विचार में तुम लोगों को वन-जातियों और बंजारों से भय हो सकता है। उन लोगों को जब पता चलेगा कि अब विजयनगर की रक्षा करनेवाला कोई नहीं रहा, तो लूट-मार करने से नहीं चूकेंगे। हमारा अनुमान है कि वे अधिकतर अनाज की मण्डियाँ लूटने की चेष्टा करेंगे। जो कुछ भी हो, तुम्हारी रक्षा के लिए सैनिकों की इतनी टुकड़ियाँ यहाँ छोड़ दी जायेंगी कि यदि बंजारों ने तुम्हारे भवन पर या मार्ग में लूट-मार करने की चेष्टा की तो सैनिक उन्हें काटकर फेंक देंगे।—तुम हमारा आशय समझ गयीं न? तुम अपने थोड़े सामान के कारण तीव्र गति से यात्रा कर सकोगी, परन्तु हमारी गति अत्यन्त तीव्र हो ही नहीं पायेगी।''

इधर ये बातें हो रही थीं, उधर बृज घर में बैठा चिन्तित हो रहा था। नित्य नयी बातें सुनने को मिल रही थीं और वह समझ नहीं पा रहा था कि उन बातों में से कौन-सी ठीक है, और कौन-सी ग़लत। जब विजयनगर के पराजित सैनिक नगर के राजमार्गों पर भागते दिखायी दिये तो बृज को विश्वास हो गया कि विजयनगर की

पराजय हो चुकी है। उसने भी कभी इस बात की कल्पना नहीं की थी कि एक ही दिन में विजयनगर की नौ-दस लाख सेना रण-क्षेत्र से भाग निकलेगी। उसने सोचा था कि यह युद्ध कम-से-कम मास-दो-मास तो चलेगा ही।

सूर्यास्त से पूर्व बृज ने चाहा कि वह नगर में घूम-फिरकर पता लगाये कि इस समय तक लोगों में और क्या-क्या अफ़वाहें उड़ रही हैं। परन्तु चन्द्रिका तथा अन्य दासियों तथा गणिकाओं ने उसे बाहर निकलने से रोक दिया। एक तो उन्हें इस बात का भय था कि घर में सामान्य दासों के अतिरिक्त और कोई पुरुष न होने के कारण कहीं से किसी प्रकार का संकट न आ जाये; और दूसरे वे इस बात से भी डरती थीं कि अगर कहीं उसे कुछ हो गया तो कंचन जी उनके प्राण ले लेंगी।

जब अँधेरा छा गया तो दूर से घोड़ों की टापों का रोर सुनायी देने लगा। प्रतिदिन की-सी स्थिति होती तो कोई इस रोर की ओर ध्यान भी न देता, परन्तु अब सबके कान खड़े हो गये। गणिकाओं में हलचल मच गयी और वे बाल बिखराये भवन के कक्षों तथा प्रांगण में इधर-उधर भागने लगीं। बृज भवन के बाहरवाले अलिन्द में जाकर खड़ा हो गया। वह जानता था कि अब जो कुछ भी हो, उसको सामना करना ही पड़ेगा।

थोड़ी ही देर बाद अश्वारोहियों का एक दल भवन के सामने पहुँच गया। उन सबके आगे-आगे कालाफ़ाम चला आ रहा था, जिसे देखकर सब लोग कुछ आश्वस्त हुए। बृज आगे बढ़ा, वह कालाफ़ाम से कुछ पूछताछ करना चाहता था। उधर जैसे ही कालाफ़ाम घोड़े से उतरा तो वह बृज के साथ सबसे अलग जाकर खड़ा हो गया। बृज ने पूछा, ''बात क्या है?''

कालाफ़ाम के मोटे होंठों से निकला, ''सर्वनाश!''

बृज को अनुभव हुआ जैसे वातावरण का सन्नाटा और गहरा हो गया हो। कालाफ़ाम के चमकते श्याम वर्ण चेहरे से कुछ प्रकट नहीं होता था, परन्तु जिस तरह वह मौन और स्थिर खड़ा था, उसी से लग रहा था कि वह भी कुछ कम चिन्तित नहीं है।

बृज ने अपने स्वर को नियन्त्रण में रखने की चेष्टा करते हुए पूछा, ''तो जो अफ़वाहें नगर में फैली हुई हैं, वे सब ठीक हैं?''

पल-भर के लए कालाफ़ाम उसकी ओर टकटकी बाँधकर देखता रहा, फिर बोला, ''मैं नहीं जानता कि आपने किस प्रकार की अफ़वाहें सुनी हैं, परन्तु यह सच है कि विजयनगर की सेना रण-क्षेत्र में बुरी तरह पराजित हो गयी। महाराज रामराय जी का सिर काटकर शत्रुओं ने भाले पर चढ़ा दिया और सारे रण-क्षेत्र में घुमाया। अब हमारी सेना किसी प्रकार का सामना नहीं करेगी। वेंकटपति जी आहत हो चुके हैं, सम्भवत: बच जायें। महाराज तिरुमल रणक्षेत्र से लौट आये हैं, और आज रात ही को यहाँ से प्रस्थान कर देंगे...!''

कालाफ़ाम कुछ कहते-कहते रुक गया। बृज ने पूछा, "अब वे कहाँ जायेंगे?"

कालाफ़ाम ने इधर-उधर सतर्क दृष्टि से देखा और फुसफुसाकर बोला, "अब वह पचहत्तर कोस दक्षिण में पेनुगोण्डा दुर्ग की ओर जायेंगे। वैसे तो आपकी स्वामिनी सब-कुछ बता ही देंगी, परन्तु आप उनसे या किसी अन्य से न कहियेगा कि आपको यह बात मुझसे ज्ञात हुई।"

"निश्चिन्त रहो।"

औरों की भाँति कालाफ़ाम की भी समझ में नहीं आ रहा था कि क्या करें, क्या न करें। बृज ने कुछ झिझकते हुए पूछा, "कंचन जी का अब क्या विचार है?"

"वे भी पेनुगोण्डा जाने की सोच रही हैं।"

"महाराज के साथ?"

"यह कहना कठिन है। वे थोड़ी देर में यहाँ आ जायेंगी, और आपसे सारी बात का निश्चय करेंगी। उन्होंने कहलाया है कि अगर आप घर पर हों तो अब बाहर न निकलें।"

बृज ने चुपचाप सिर हिला दिया।

कालाफ़ाम कुछ और समय तक चुपचाप खड़ा सम्भवत: इस बात की प्रतीक्षा करता रहा कि बृज को कुछ और पूछना हो तो पूछ ले, परन्तु जब बृज मौन साधे रहा तो वह बोला, "अच्छा, आज्ञा चाहता हूँ। अब मुझे जल्दी-जल्दी सारा सामान इकट्ठा करना होगा।"

कालाफ़ाम क़दम बढ़ाने को ही था कि बृज ने डूबते हुए व्यक्ति की भाँति पूछा, "कालाफ़ाम! माना कि विजयनगर की सेना ने हथियार डाल दिये हैं, परन्तु क्या शत्रु को हर्जाना देकर उससे पीछा नहीं छुड़ाया जा सकता? क्या महाराज तिरुमल जी इस बात की चेष्टा नहीं करेंगे?...पहले भी तो ऐसा होता रहा है।"

कालाफ़ाम ने निराशा से सिर हिलाते हुए उत्तर दिया, "नहीं।"

अँधेरे में कालाफ़ाम के चमकते हुए श्वेत नेत्र बृज के चेहरे पर जमे हुए थे। बृज को लगा जैसे उसके नेत्र अँधेरे में भी देख सकते हों। कालाफ़ाम का भारी स्वर फिर गूँजा, "इस बार वे अहमदनगर का प्रतिशोध लेंगे। महाराज भी इस बात को जानते हैं। इस बार सन्धि की कोई सम्भावना नहीं। अब जो कुछ विजयनगर पर बीतनेवाला है, उसकी कल्पना से ही रोंगटे खड़े हो जाते हैं।"

अपनी बात समाप्त करके कालाफ़ाम ने आकाश की ओर देखा, और फिर आँखें झुकाकर वहाँ से चल दिया।

सेना की टुकड़ी ने भवन को चारों ओर से घेरकर पहरा देना आरम्भ कर दिया। कोई नहीं कह सकता था कि किस समय क्या हो जाये। बृज दोनों हाथ पीठ पर बाँधकर भवन के आगे धीरे-धीरे टहलने लगा। उसके क़दम निस्सन्देह धीरे-धीरे उठ रहे थे, परन्तु उसके मन में ज्वार-भाटा-सा आया हुआ था। मन को विश्वास नहीं हो रहा था कि आठ पहर के भीतर-भीतर ऐसा परिवर्तन हो जायेगा।

कालाफ़ाम के भीतर घुसते ही सारे भवन में हलचल-सी मच गयी। इस हलचल का कुछ धीमा रोर बृज के कानों तक पहुँच रहा था। सम्भवत: कालाफ़ाम ने सब गणिकाओं को यह समाचार सुना दिया होगा कि उन्हें विजयनगर से भागना पड़ेगा, इसलिए वे अपना-अपना आवश्यक सामान समेट लें।

बृज के मन में बार-बार यही प्रश्न उठ रहा था कि क्या कंचन इसी रात महाराज के साथ चली जायेगी? क्या यह भरा-पूरा घर सुनसान हो जायेगा...क्या अगले तीन-चार दिनों में शत्रु आकर इस सुन्दर भवन को तोड़-फोड़कर मिट्टी में मिला देंगे?''

परन्तु, उसके इन प्रश्नों का उत्तर देनेवाला वहाँ कोई नहीं था।

जब बृज टहलते-टहलते ऊब गया तो वह अपने कक्ष में जा पहुँचा। वहाँ भी उसे न लेटने से, न बैठने से और न टहलने से ही शान्ति अनुभव हुई तो वह प्रांगण में झाँककर देखने लगा। पहले सदा ही कुछ आँखें उसे ताकने लगती थीं, परन्तु आज नवयुवतियों को कुछ नहीं सूझ रहा था। वे बाल बिखराये अत्यन्त व्याकुलता से इधर-उधर भागती फिर रही थीं।

यकायक बृज अपने-आपको अत्यन्त एकाकी-सा अनुभव करने लगा। उस विशाल कक्ष में उसका दम घुटने लगा। उसे ऐसा अनुभव हुआ जैसे कक्ष की दीवारें आगे बढ़कर उसे पीस डालेंगी।—वह नीचे उतर गया। विभिन्न कक्षों में घूमता हुआ अन्दरवाले अलिन्द में पहुँचा। वहाँ कालाफ़ाम दासियों से सामान एक जगह इकट्ठा करवा रहा था। बृज को देखा तो सिर खुजाते हुए बोला, ''कुछ समझ में नहीं आता कि कौन-सा सामान अपने साथ ले जायें और कौन-सा यहाँ छोड़ जायें। यह सामान यह सोचकर तो इकट्ठा नहीं किया गया था कि किसी दिन घर छोड़कर भागना पड़ेगा।''

बृज ने उसकी बात का कुछ उत्तर नहीं दिया। वह चुपचाप एक कोने में खड़ा हो गया। दीपाधारों में दीपकों की लौ के थरथराते प्रकाश में इधर-उधर लपकती हुई दासियों और गणिकाओं की काँपती हुई परछाइयाँ ऐसी दिखायी देती थीं जैसे घर में भूत नाच रहे हों।

एक बार फिर भवन के बाहर घोड़ों की टापों का रोर सुनायी दिया। सब लोग जहाँ-के-तहाँ खड़े रह गये। सभी के हृदय धड़क रहे थे कि न जाने क्या होनेवाला है। बृज शीघ्रता से क़दम बढ़ाता हुआ बाहर के अलिन्द में पहुँचा तो देखा कि कंचन अपनी बहली से नीचे उतर रही है और राजकीय घुड़सवारों का दल उसके साथ है। बृज के पीछे-पीछे कालाफ़ाम, गणिकाएँ और दासियाँ भी बाहर निकल आयीं। उन सबको इस प्रकार बाहर खड़े देखकर कंचन को अत्यन्त आश्चर्य हुआ। उसने वहीं खड़े-खड़े पूछा, ''चन्द्रिका, तुम सब लोग बाहर क्यों खड़ी हो? क्या कोई विशेष बात हो गयी है?''

चन्द्रिका ने घबरायी दृष्टि से दायें-बायें ऐसे देखा, जैसे इस प्रश्न का उत्तर उसके बजाय कोई और देगा, परन्तु फिर उसे स्मरण आया कि कंचन ने पूछा तो उसी से है। वह हड़बड़ाकर बोली, ''सब लोग बाहर की ओर भाग पड़े तो मैं भी चली आयी।''

अब कालाफ़ाम ने क़दम आगे बढ़कर कहा, ''बात यह है स्वामिनी कि आज घबराये हुए तो सभी हैं। बाहर घोड़ों की टापों की रोर सुनकर हम सब बाहर निकल आये।''

यह सुनकर कंचन के दम-में-दम आया। फिर उसकी दृष्टि बृज पर पड़ी तो उसकी आँखें फैल गयीं, जैसे अब पहली बार उसे उसकी उपस्थिति का भान हुआ हो। शीघ्रता से उसकी ओर क़दम बढ़ाते हुए बोली, ''तुम यहीं पर हो बृज?...यह बड़ा अच्छा हुआ।''

निकट पहुँचकर उसने उसकी बाँह थामकर कहा, ''अश्वारोहियों का यह दल महाराज ने मेरे साथ भेज दिया है। अभी कुछ सैनिक और भी आयेंगे। जब तक भवन खाली न हो जाये तब तक वे भवन की रक्षा करेंगे।''

वे दोनों धीरे-धीरे उद्यान में चले गये। उन्हें उधर को जाते देखकर कालाफ़ाम और सब लोग भीतर चले गये।

कंचन ने सन्त्रस्त बालिका की भाँति बृज की बाँह थाम रखी थी और वह उसके हाथ के दबाव को पूरी तरह अनुभव कर रहा था। आज बाँह थामने का ढंग पहले से भिन्न था। वे दोनों चुप थे, परन्तु बृज ने अनुभव किया कि उसे कोई-न-कोई बात कहनी चाहिए। कुछ और नहीं सूझा तो बहुत धीमे से बोला, ''इन अश्वारोहियों को लम्बे समय तक तो पहरा नहीं देना पड़ेगा...।''

यह सुनकर कंचन भीतर-ही-भीतर काँप गयी। अन्य चिन्ताओं के अतिरिक्त वह इस विचार से भी व्याकुल थी कि बृज से उसका साथ छूट जायेगा। उसने अपने स्वर को नियन्त्रण में रखने की चेष्टा करते हुए कहा, ''किसे ज्ञात था कि इस प्रकार अचानक बिछुड़ना पड़ेगा...।''

निकलने को तो ये शब्द उसके मुँह से निकल गये, परन्तु एकदम ही उसका हाथ अ ने मुँह के आगे पहुँच गया...जैसे वह बाहर निकले हुए शब्दों को बीच में ही रोक लेना चाहती हो।

यह उसने क्या कह दिया? इन शब्दों से तो लगता है जैसे उसने स्वयं ही अलग होने का सुझाव बृज के सम्मुख रखा हो। उसे कम-से-कम बृज को कुछ कहने का अवसर तो देना चाहिए था—परन्तु ये सब अपने मन को झूठी सान्त्वना देनेवाली बातें थीं। अपने मन की गहराई में वह भी समझती थी कि बृज उसके साथ पेनुगोण्डा चलने के लिए कभी प्रस्तुत नहीं होगा।

उद्यान के निर्जन कोने में पत्थर का एक रथ ऊँची वेदी पर बना था। उसके आगे दो घोड़े जुते थे, जिनकी टाँगों की बनावट ऐसी थी मानो वे अपनी पूरी शक्ति से आगे को दौड़े चले जा रहे हों। जब वे दोनों रथ के निकट पहुँचकर रुक गये तो उन घोड़ों को देखकर बृज को अत्यन्त विचित्र-सा लगा। क्या मनुष्य-जाति भी इन घोड़ों की भाँति ही नहीं है? इतनी चेष्टा करके भी मनुष्य-जाति एक सीमित चक्कर के बाहर नहीं निकल पाती। बिलकुल ऐसे ही जैसे ये भागते हुए घोड़े वर्षों से जहाँ-के-तहाँ खड़े हैं।

इधर-उधर खड़ी झाड़ियाँ काले धब्बों की भाँति दिखायी दे रही थीं। टिड्डियों के स्वर लगातार कानों में पड़ रहे थे। धूप में जल चुकी लम्बी-लम्बी घास की गन्ध उनके नथुनों तक पहुँच रही थी।—वे दोनों रथ की ओट में वेदी पर टाँगे नीचे लटकाकर बैठ गये। कंचन का मन चाहता था कि कितना अच्छा हो कि अब भी बृज कह दे कि वह उसके साथ जाने को प्रस्तुत है। वह उस पर दबाव डालने का साहस नहीं कर सकती थी। उसे पूरा विश्वास था कि वह उसके साथ जाने पर कभी सहमत नहीं होगा? बृज ने उसके अनुरोध करने पर भी उसकी बात न मानी तो उसका हृदय चूर-चूर हो जायेगा...।

बृज ने उससे आँखें मिलाये बिना धीरे से पूछा, ''महाराज से कुछ बातें हुईं?''

''हाँ—महाराज आज रात ही पेनुगोण्डा की ओर चल देंगे।''

अब बृज ने उसके चेहरे की ओर देखा। यह जानते हुए भी कि वह भी वहीं जायेगी और अब उन दोनों का साथ छूट जायेगा, बृज अत्यन्त उदास हो गया। वैसे उसने मन को इस स्थिति के लिए तैयार कर रखा था। वह अपना पथ पहचानता था, यद्यपि नहीं जानता था कि उसका गन्तव्य क्या है? उसके भीतर इतनी संकल्प-शक्ति थी कि वह अपने गन्तव्य मार्ग में आनेवाले बड़े-से-बड़े दुःख को शान्तिपूर्वक सहन कर सके।

सन्नाटा इतना अधिक था कि उसमें कंचन के वस्त्रों की सरसराहट बिलकुल स्पष्ट सुनायी दे रही थी। इस अस्त-व्यस्त स्थिति में भी वह अत्यन्त सुन्दर लग रही थी।

मद्धिम प्रकाश में उन दोनों की आँखें मिलीं तो बृज ने अनुभव किया कि उसने इतनी उदास आँखें अब तक कभी नहीं देखी थीं। वह अपने-आपको अपराधी-सा अनुभव करने लगा। उसने अपनी उँगलियों से कंचन की उँगलियाँ स्पर्श करते हुए भारी स्वर में कहा, ''कंचन जी! यह भी तो सम्भव है कि विजयनगर का इतना ध्वंस और विनाश न हो कि जिसकी कल्पना की जा रही है। यह भी तो हो सकता है कि कुछ दिनों लूट-मार करने के बाद शत्रु की सेनाएँ वापस लौट जाये, विजयनगर फिर बस जाये, यहाँ पहले की-सी चहल-पहल हो जाये, आप भी पेनुगोण्डा से वापस लौट आयें...।''

"और तुम?"

बृज ने चौंककर एक बार फिर कंचन की ओर देखा, और मुस्कराकर बोला, "मैं?...सम्भव है कि मैं भी लौट आऊँ।"

एक ऐसा विषय, जिस पर सीधे ढंग से बातचीत करने का साहस दोनों को ही नहीं हो रहा था, अब अपने-आप स्पष्ट हो गया। अब कंचन को इस बात में कुछ भी सन्देह न रहा कि बृज न जाने कहाँ चला जायेगा...उसे छोड़कर...।

बृज ने ऐसे ढंग से कहा, जैसे कंचन नन्हीं बालिका हो, "क्यों, यह सब हो सकता है न...?"

कंचन को अपने स्वर पर कुछ भी विश्वास नहीं रहा। उसने मुँह में ओढ़नी का आँचल ठूँसकर 'हाँ' में सिर हिला दिया और मुँह दूसरी ओर फेर लिया, जिससे बृज उसकी डबडबायी हुई आँखों को देख न पाये।

बृज सब-कुछ समझता था, परन्तु वह क्या कर सकता था! कुछ भी तो नहीं हो सकता था। कंचन के प्रति इतना प्रेम और सद्भावना होते हुए भी उसका विवेक यह स्वीकार करने को प्रस्तुत नहीं था कि वह कंचन के आँचल से बँधा उसके साथ-साथ घूमता फिरे। उसने मन-ही-मन अपने-आप से भी कहा और कंचन से भी, कि अब यह कड़ुवा घूँट पीना ही पड़ेगा।

कंचन बड़ी सूझ-बूझवाली स्त्री थी। कम-से-कम वह बृज के विषय में इतना तो जानती थी कि वह क्या करेगा और क्या नहीं करेगा...चाहे उसकी अपनी सहन-शक्ति से यह सब बाहर ही था।

बृज ने धैर्यपूर्वक पूछा, "महाराज के साथ क्या बातें हुई आपकी?"

"महाराज का विचार है कि चाहे जो कुछ भी हो, शत्रु की सेना एकाध दिन और नगर में प्रवेश करने का साहस नहीं करेगी। पहले वे इस बात का पता लगायेंगे कि क्या विजयनगर की सेना फिर से उनका थोड़ा-बहुत सामना करेगी या नहीं। जब उन्हें पूरा-पूरा विश्वास हो जायेगा कि हमारा उनसे सामना करने का कोई विचार नहीं, तो वे लूटमार करने के लिए नगर पर धावा बोल देंगे। परन्तु वे स्वयं आज रात ही यहाँ से निकल जाना चाहते हैं। कारण यह है कि उनके साथ इतना सामान है कि वे बहुत द्रुत गति से यात्रा नहीं कर सकेंगे। जब तक शत्रु-सेना विजयनगर में प्रवेश करेगी तब तक महाराज यहाँ से कई योजन दूर जा चुके होंगे।"

बृज को लगा जैसे वे दोनों ही वे व्यक्ति न रहे हों, जो एक दिन पहले थे। एक नयी स्थिति में वे भी मानो बदल गये। परन्तु यह परिवर्तन वास्तव में कैसा था—बृज समझ नहीं पा रहा था।

उसने फिर पूछा, "और आपने क्या निश्चय किया है? मेरा तात्पर्य है कि आप कब तक जाने की सोच रही हैं?"

"मुझे भी लड़कियों को लेकर ठीक समय पर ही यहाँ से निकलना होगा, अन्यथा कहीं हम शत्रु के हाथों में पड़ गये तो हमारी ऐसी दुर्गति होगी कि जिसकी कल्पना नहीं की जा सकती। महाराज का कहना है कि कल रात को मैं भी यहाँ से चल दूँ तो मार्ग में ही उन्हें जा मिलूँगी।—परन्तु बृज, तुम्हारा क्या विचार है अब?"

"कंचन जी, मैं एक बार तो द्रोण जी से अवश्य मिलूँगा। सम्भव है कि वही कुछ सुझाव दें। यदि उनके साथ मेरी कोई व्यवस्था न हो सकी तो मैं जिस मार्ग से आया था, उसी से लौट जाऊँगा।"

यह सुनते ही कंचन को अनुभव हुआ जैसे कोई अदृश्य पंजा उसके हृदय को अपने चंगुल में लेकर पाताल की गहराइयों में खींच लिये जा रहा हो...उसने सोचा कि कितनी विचित्र बात है! अच्छी तरह जानती हूँ और सदा से जानती थी कि बृज एक दिन मनोरम पक्षी की भाँति फुर्र से उड़ जायेगा, फिर भी बिछोह का उल्लेख आते ही सिर से पाँव तक काँप जाती हूँ।

बृज ने उसे मौन देखकर कहा, "आपने यह बात क्यों पूछी?"

"महाराज के साथ एक और परामर्श भी हुआ था।"

"वह क्या?"

"यह भी हो सकता है कि मैं आज ही रात महाराज के साथ चली जाऊँ। अपने आभूषण, मोती, हीरे, रत्नादि...मैं अपने साथ ले जा सकती हूँ। मैं कहीं की रानी तो हूँ नहीं कि मुझे अपना राजकोष लादने के लिए हाथियों की आवश्यकता अनुभव हो...परन्तु इसमें भी एक बात है।"

बृज ने कंचन को हिचकिचाते पाकर कहा, "यदि मेरे योग्य कोई सेवा हो तो बिना संकोच कहिये।"

"क्या तुम कल के दिन यहीं पर रहोगे?"

"विचार तो यही है—भला मेरा कोई क्या बिगाड़ लेगा? मेरा कौपीन छीनकर कोई क्या करेगा? मैं तो यह भी कर सकता हूँ कि जब उत्तर की ओर से शत्रु की सेनाएँ नगर में प्रविष्ट हों तो मैं पश्चिम की ओर से यहाँ से निकल जाऊँ।"

कंचन उसे घूरकर देखती रही, फिर धीमे से बोली, "अपना ध्यान रखना बृज।"

जब मन यह अनुभव करे कि संसार में किसी को उसका भी ध्यान है तो उसे कितनी प्रसन्नता होती है!...बृज के मन का तार भी कंचन की इस बात से झनझना उठा। उसने उत्तर में केवल अपना सिर हिला दिया।

कंचन बोली, "यदि तुम्हारा कल के दिन यहीं पर रहने का विचार हो तो फिर मैं तुम्हें समझा सकती हूँ कि मेरा कौन-कौन-सा सामान ठीक से लदवाकर मेरे पीछे भिजवा देना। मैं कालाफ़ाम को यहीं छोड़ जाऊँगी। तुम्हारी देख-रेख में वह सारा काम ठीक ढंग से कर लेगा, क्योंकि अकेले यह बात उसके वश की नहीं है।"

बृज को तो पूरा विश्वास था कि कालाफ़ाम इतना मूर्ख नहीं है जो वह कंचन की इच्छा के अनुसार सारा काम ठीक ढंग से न कर सके। परन्तु इस समय यह बात उसके मुँह से सुनने पर कंचन यही समझेगी कि वह अपने सिर से विपत्ति टालना चाहता है। अतः वह तुरन्त बोला, "अगर इतना-सा ही काम है तो आप मुझ पर भरोसा कर सकती हैं। मैं सब-कुछ आपकी इच्छानुसार कर दूँगा। यह कहते हुए मेरे मन को अच्छा तो नहीं लगता, परन्तु मैं सोचता हूँ कि यदि आपको जाना ही है तो फिर आप महाराज के साथ ही चली जायें—इससे मेरे मन को भी शान्ति रहेगी कि आप ठीक समय पर यहाँ से निकल गयीं...और हर प्रकार से सुरक्षित हैं...।"

उन दोनों का आपस में प्रेम था, वे दोनों एक-दूसरे के लिए चिन्तित थे... वे दोनों एक-दूसरे के इतने निकट होते हुए भी कितने दूर थे!

कंचन ने एक युग देखा था। उसका जीवन इस प्रकार से व्यतीत हुआ था कि उसे भिन्न-भिन्न व्यक्तियों को समझने का अवसर मिला था। वह उन लोगों में से नहीं थी, जो कान होते हुए भी बहरे और आँखें होते हुए भी अन्धे बने रहते हैं। उसने सदा अपने कान और आँखें खुली रखीं। वह जीवन के उस मोड़ पर थी, जिस पर पहुँचकर यदि कोई स्त्री किसी को प्रेम करने लगे तो उसका प्रेम महासागर के ज्वार-भाटे से कम प्रबल नहीं होता। परन्तु यह कंचन ही थी, जिसने अपने भीतर इतना अच्छा सन्तुलन स्थापित कर रखा था। उसमें इतनी बुद्धि और सूझ-बूझ थी कि वह मन की किसी भी स्थित में दूसरे की बात को बड़े धैर्य से सुन सकती थी और दूसरे की स्थिति को बड़ी ही सहानुभूति से समझने की चेष्टा करती थी।

बहुत-से पुरुष उसके जीवन में आये और चले गये, परन्तु कितने आश्चर्य की बात है कि वास्तव में उसके जीवन में एक भी पुरुष नहीं आया था। जब सही अर्थ में पुरुष किसी स्त्री के जीवन में आ जाता है तो वह स्त्री भी अपने-आपको सही अर्थ में स्त्री समझने लगती है। कंचन के जीवन में भी यही कुछ हुआ। यदि कुछ वर्ष ऐसी ही डाँवाँडोल स्थिति में बीत जायें तो स्त्री की वह स्थिति भी हो जाती है जब कि सही अर्थ में पुरुष उसके जीवन में आ भी जाये तो वह उसे पकड़ नहीं पाती। या तो उसके भीतर की कोई वस्तु बिलकुल ही मर जाती है या वह गोठिल हो जाती है। उसकी वासना दो मुँहवाली नागिन बन गयी थी, जो घूम-घूमकर उसी को डँसती थी...।

कैसी उजड़ी-उजड़ी-सी रात थी। लगता था जैसे धरती से आकाश तक किसी ने मटमैली राख उड़ा दी हो।—कंचन और बृज दोनों पास-पास बिलकुल मौन बैठे थे। वे एक पल से अधिक एक-दूसरे की आँखों में आँखें नहीं डाल पाते थे...परन्तु वे एक-दूसरे के हाथों, वस्त्रों, बाँहों, टाँगों आदि को देख रहे थे।

लगता था जैसे किसी ने सन्नाटे का भी गला दबा रखा हो।

अन्ततोगत्वा बृज ने कंचन की पीठ पर हाथ रखकर पूछा, "चलें?"

कंचन ने आँखें उठाकर उसकी ओर देखा। उसके सम्पुटित अधर अधखुले से हो गये; परन्तु वह कुछ कहने नहीं जा रही थी। वह चुपचाप उठ खड़ी हुई और वे दोनों धीरे-धीरे क़दम उठाते हुए भवन के भीतर पहुँच गये।

जब कंचन ने कालाफ़ाम को अलिन्द में सामान के ऊबड़-खाबड़ ढेर लगवाते हुए देखा तो उसने सूखी हँसी हँसते हुए बृज की ओर देखा और धीरे से बोली, ''देखा तुमने?''

फिर कंचन ने कालाफ़ाम को संकेत से बुलाकर कहा, ''मैं आज ही रात महाराज के साथ यहाँ से चली जाऊँगी। परन्तु तुम्हें अभी यहीं पर रुकना होगा। कल दिन में बृज जी मेरा सामान बँधवाने में तुम्हारी सहायता करेंगे। जो आवश्यक सामान होगा, वह बृज जी तुम्हें सौंप देंगे और तुम सन्ध्या तक यहाँ से चल देना। मुझे आशा है कि तुम शीघ्र ही हमें आ मिलोगे!—इस सम्बन्ध में मुझे तुमसे और भी कुछ बातें कहनी हैं, परन्तु अभी शेष सब काम छोड़कर सीधे राजमहल चले जाओ। महाराज तक मेरा सन्देशा पहुँचा देना, जिससे उन्हें पता चल जाये कि मैं कल नहीं, वरन् आज ही रात उनके साथ जा रही हूँ।''

कंचन ने एक पत्र लिखा, जिसे लेकर कालाफ़ाम घोड़ा दौड़ाता हुआ महल की ओर चला गया।

अब कंचन बृज को पहली बार ऊपर के उस कक्ष में ले गयी, जहाँ उसने अपना छोटा-सा कोष रख छोड़ा था। उससे कहने लगी, ''मैं चाहती हूँ कि तुम भी इसमें से जो जी चाहे ले लो। तुम जहाँ कहीं भी जाओ, तुम्हें कुछ-न-कुछ व्यय करना पड़ेगा...।''

''नहीं कंचन जी, मैं इसमें से कुछ नहीं लूँगा। मैं जिस तरह रिक्त हस्त आपके यहाँ आया था, उसी तरह रिक्त-हस्त यहाँ से निकल जाऊँगा। आप इसके लिए विवश न कीजिये। वास्तव में धन मेरे पास होगा तो उससे मेरा भार बढ़ेगा! मन का बोझ बढ़ेगा। इस तरह मुझे लाभ कम होगा और असुविधा अधिक होगी।''

पल-भर को कंचन उसकी ओर टकटकी बाँधे देखती रही। वह समझ गयी कि बृज का यह दृढ़ निश्चय है, इसलिए इस सम्बन्ध में उससे कुछ कहना व्यर्थ होगा।

फिर कुछ सोचकर बोली, ''परन्तु तुम अपना घोड़ा तो अपने पास रखना। इससे तुम्हें जहाँ जाना होगा वहाँ जल्दी पहुँच सकोगे।''

बृज ने इस सुझाव को अस्वीकार नहीं किया।

फिर कंचन ने अन्य कक्षों में जाकर बृज को अपने अगणित वस्त्र और अन्य मूल्यवान् वस्तुएँ दिखायीं। उसे बताया कि कौन-कौन-सा सामान अच्छी तरह बँधवाकर भिजवाना होगा।

फिर एक बार मिलने का वचन देकर कंचन अपने कक्ष में चली गयी, और बृज ऊपर जानेवाले सोपानों की ओर बढ़ा।

४

कंचन अपने कक्ष में पहुँची तो देखा कि चन्द्रिका उसके वस्त्रों की तह जमा-जमाकर लकड़ी के एक सन्दूक में रख रही थी। सुप्रिया कोने में शय्या पर लेटी हुई थी। पहले तो कंचन ने सुप्रिया की ओर ध्यान ही नहीं दिया, फिर उसे उसका इस तरह करवट बदलकर चुपचाप लेटे रहना विचित्र-सा लगा। वह चन्द्रिका का थोड़ा-बहुत हाथ बँटाती रही, फिर सुप्रिया के निकट से गुज़रते हुए उसने पूछा, "तुम्हारा स्वास्थ्य तो ठीक है न?...इस तरह चुपचाप क्यों लेटी हो?"

सुप्रिया ने कुछ उत्तर नहीं दिया। कंचन के क़दम रुक गये। वह समझी कि सम्भवत: सुप्रिया सो रही है, परन्तु घूमकर देखा तो उसकी आँखें खुली थीं और घनी पलकें धीरे-धीरे हिल रही थीं।

कंचन समझ गयी कि इसमें कुछ भेद है। परन्तु वह चन्द्रिका के सामने कोई बात नहीं करना चाहती थी। दो घड़ी बाद चन्द्रिका अपना काम समाप्त करके चली गयी तो कंचन धीरे-धीरे क़दम उठाते हुए सुप्रिया की ओर बढ़ी। उसके निकट पहुँचकर रुक गयी। सुप्रिया रेशम की लच्छी की तरह शय्या पर पड़ी थी। नख से शिख तक उसके शरीर का अंग-अंग साँचे में ढला हुआ था। जिस ओर कंचन खड़ी थी, उधर सुप्रिया की पीठ थी और उसके चेहरे का जो भाग दिखायी दे सकता था वह भी बोझिल, सुगन्धित काली अलकों से ढँका हुआ था। कुछ देर उसे निहारने के बाद कंचन के सारे शरीर में वैसी ही ऊष्णता भर गयी, जैसी प्रेमिका को देखकर प्रेमी के शरीर में भर जाती है।

एक लम्बी साँस लेकर कंचन मानो बादल के टुकड़े की तरह नीचे को मँडराती हुई शय्या पर एक ओर बैठ गयी। उसने अपने स्वर को अधिक भावुक होने से बचाते हुए पूछा, "तुमने भोजन कर लिया?"

मौन!

कंचन को इस मौन में आकाश तक पहुँचती हुई काली-काली, पतली डरावनी-डरावनी परछाइयाँ-सी दिखने लगीं। वह फूल की डाली की तरह झुक गयी, यहाँ तक कि उसका वक्ष सुप्रिया की पीठ और बालों से छूने लगा। उसने विनय और लाड़ से भरे हुए स्वर में धीरे से कहा, "अब तुम भोजन कर लो। बाद में चाहे थोड़ा सो लेना...हमें आज ही यहाँ से चल देना है।"

घने बालों की घटा में से संगीतमय, परन्तु दृढ़ और स्पष्ट स्वर सुनायी दिया, "मुझे कहीं नहीं जाना है।"

दीपाधारों में रखे हुए दीपकों की लौ हवा के झोंके से एकदम काँप उठी। कंचन को लगा जैसे वातावरण में निस्तब्ध-सा भूचाल आ गया हो। उसके होंठों पर एकाएक पपड़ियाँ जम गयीं। उसका हृदय इतने ज़ोर-ज़ोर से धड़कने लगा कि वह तनिक-सा पीछे हट गयी, जिससे सुप्रिया अपनी पीठ पर उस धड़कन को अनुभव न कर ले...!

सुप्रिया की इस बात का आशय क्या है?

कंचन इस विषय पर बिलकुल नहीं सोचना चाहती थी। न उसके लिए यह विषय बिलकुल नया था और न उसका इससे कतराना कोई नयी बात थी। उसने संसार के बहुत-से उतार-चढ़ाव देखे थे। अनेक व्यक्तियों के हृदय की गहराई तक उतरने के उसे कई अवसर मिले थे। यह असम्भव था कि सुप्रिया या कोई और व्यक्ति उसके पास कुछ दिनों तक रह जाये और उसे उसकी भावनाओं, उसके विचारों और उसकी रुचियों के विषय में कुछ पता ही न चले। सुप्रिया को वह बहुत अधिक प्रेम करती थी और उसके उस रूप से डरती भी थी, जो इस क्षण तक भविष्य के काले आवरण में छिपा हुआ था।

कंचन ने पहले तो अपने सूखे होठों पर जीभ फेरी, फिर उसने हँसने की चेष्टा करते हुए धीरे से कहा, "उठो, बालकों का-सा आचरण नहीं किया करते—अब तो तुम वयस्क हो गयी हो।"

अपनी हँसी सुनकर कंचन घबरा गयी। यह किसकी हँसी थी? बालकों का-सा आचरण कौन कर रहा था। सुप्रिया या वह स्वयं?

वे दोनों स्त्रियाँ थीं। अगले दो-चार पलों में वे बिना एक-दूसरे से कुछ कहे एकदम ही उस विषय को समझ गयीं, जिस पर दोनों में विवाद हो सकता था—सुप्रिया यह विवाद आरम्भ करने को बिलकुल तैयार थी, वरन् इस पर तुली हुई थी...परन्तु कंचन झगड़ना नहीं चाहती थी। कम-से-कम सुप्रिया से झगड़ने का साहस उसमें नहीं था।

वह एक बार फिर सुप्रिया के निकट सरक गयी। धीरे-धीरे टाँगे सीधी करके उसके साथ सटकर लेट गयी। फिर उसने सुप्रिया को अपनी ओर घुमाने की चेष्टा की। सुप्रिया ने भी अधिक हठ नहीं दिखाया, उसने कंचन की ओर करवट बदल ली।

न केवल करवट बदली, वरन् धीरे-धीरे वह कंचन से लिपट गयी। कंचन के धैर्य का बाँध भी टूट गया और उसने सुप्रिया के चेहरे के हर भाग को कई-कई बार चूम डाला। वे दोनों एक साथ सोती थीं, कंचन इसी तरह विक्षिप्तता से प्रेम भी करती रहती थी, फिर भी उन दोनों के बीच में थोड़ी-सी दूरी ऐसी थी, जहाँ हर समय गहरी धुन्ध छायी रहती थी। कंचन किसी अनजाने भय के कारण उस धुँधले क्षेत्र में क़दम रखने से हिचकिचाती रही—इसीलिए सुप्रिया का निर्मल हृदय उस धुन्ध के दूसरे पार नहीं देख सका या उसका अनुभव नहीं कर सका।

यह सब-कुछ हो चुका तो कंचन ने अपना चेहरा एक बित्ता पीछे हटा लिया और सुप्रिया की ठुड्डी के नीचे दो उँगलियों का सहारा देकर उसके चेहरे को ऊपर को उठाया।

जैसे ओस में नहाया हुआ पाटल। जैसे अमृत से बोझिल नन्हीं-सी बदली! जैसे मदिरा से भरे चषक की तह में झलकता हुआ नन्हा-सा चन्द्रमा! कंचन ने अपने सारे प्रेम, सारी सद्भावना, सारी पीड़ा को आँखों में उतारकर कहा, "सुप्रिया, यह असम्भव है!"

सुप्रिया के अधर ऐसे हिले जैसे हवा के झोंके से गुलाब की पंखुड़ियाँ हिलती हैं, "नहीं।"

सुप्रिया की भीगी-भीगी आँखें कितनी मोहक लग रही थीं।

"तुम यह मत समझो कि मेरे कारण यह असम्भव है। नहीं, वरन् उसी को यह बात स्वीकार नहीं होगी।"

"तो मैं यह समझूँ कि आपको इस सम्बन्ध में कोई आपत्ति नहीं होगी?"

कंचन की एक-एक साँस मौन चीत्कार बनकर रह गयी।

इस विशाल, बंजर और सुनसान संसार में जिन दो व्यक्तियों के प्रेम में उसने आश्रय लिया था, वही शूल बनकर उसके हृदय में धँसते चले जा रहे थे।

पर्याप्त समय से वह इन शूलों को अपनी ओर बढ़ते देख रही थी...परन्तु उसने अपने-आपको बचाने का यत्न तक नहीं किया...।

५

वैसे तो प्रतिदिन ही काफ़ी देर तक प्रांगण में कुछ-न-कुछ कोलाहल होता रहता था, परन्तु उस रात का कोलाहल बृज को नितान्त भिन्न लग रहा था। पहले वह घोर कोलाहल में भी गहरी नींद सो जाता, परन्तु आज नींद उससे कोसों दूर थी। शरीर में थकान थी, मन बोझिल था, फिर भी नींद नहीं आ रही थी। उसने अपनी आसन्दी घसीटकर वातायान के निकट कर ली, जहाँ से वह आकाश को देख सकता था। कक्ष में दीप जल रहे थे और उसे उन्हें बुझाने का साहस नहीं हो रहा था। सम्भवतः अँधेरे से उसे घबराहट होने का भय था।

उसने अपनी बाँहें आँखों पर रख लीं। अपने मस्तिष्क को हर विचार से खाली करने की चेष्टा करने लगा, जिससे उसे निद्रा आ जाये। जब निद्रा न आ रही हो तो उसे बुलाने का कार्य भी कितना उलझन पैदा कर देनेवाला होता है!...कभी-कभी उसे लगता जैसे वह सो गया हो, फिर वह सोचता कि यदि मैं सचमुच सो गया होता तो ऐसे विचार मन में न आते।

एकाएक उसे लगा जैसे सम्भवत: कक्ष में कोई आ रहा हो। चन्द्रिका है—किसी काम से आयी होगी, चली जायेगी। वह आँखों से बाँहें हटाकर दीपकों के प्रकाश में एक बार देखना भी नहीं चाहता था, क्योंकि इस तरह निद्रा के और दूर भाग जाने का भय था—फिर उसे अनुभव हुआ कि जो कोई भी कक्ष में आया था, उसके लौट जाने की आहट सुनायी नहीं दी।

इस विचार के आते ही उसने एकदम बाँहें हटा दीं। दीपकों का प्रकाश तीव्र नहीं था, फिर भी उसकी आँखें चौंधियाँ गयीं। उसे अपने सामने एक ऐसी आकृति दिखायी दी, जैसे प्रकम्पित जल-तल पर किसी का प्रतिबिम्ब दिखायी देता है। वह कोहनियों का सहारा लेकर तनिक-सा ऊपर को उठा। सामने का दृश्य स्पष्ट होता गया। यहाँ तक कि उसे कक्ष के बीचोबीच सुप्रिया खड़ी दिखायी दी। वह बिलकुल ऐसी दिखायी दे रही थी जैसे तरल मोम की मूर्ति।

उसने बालों पर हाथ फेरा, गर्दन को धीरे-धीरे थपथपाया और फिर सिर को हलके-हलके दो-तीन झटके देकर आसन्दी पर बैठ गया।

सुप्रिया न बहुत गम्भीर थी और न उत्फुल्ल। बृज को अपनी ओर देखते पाकर उसने एक क़दम आगे बढ़ाया तो उसके नुपुरों की हलकी-सी छन्न वातावरण में सुनायी दी, परन्तु फिर शीघ्र ही जैसे सहमकर निस्तब्धता में खो गयी।

"मुझे देखकर तुम्हें आश्चर्य तो हुआ होगा?"

"नहीं।"

लगता है कि सुप्रिया इस उत्तर के लिए प्रस्तुत नहीं थी। उसे आश्चर्य हो रहा था। उसने दबे स्वर में पूछा, "क्यों?"

"मुझे ज्ञात था कि जाने से पहले तुम एक बार यहाँ आओगी।"

"इसका अर्थ तो यह हुआ कि तुम्हें मेरे आने का उद्देश्य भी ज्ञात है।"

"ज्ञात है।"

"तुमने उसका उत्तर भी सोच रखा होगा।"

"उत्तर सोचने की आवश्यकता ही क्या थी। तुम जैसी समझदार लड़की बिना बताये भी जान सकती है कि मेरा उत्तर क्या होगा।"

"तुम्हें ज्ञात होना चाहिए कि आज मैं तुम्हारा उत्तर सुनने के लिए नहीं आयी हूँ। विजयनगर की सेनाएँ पराजित हो चुकी हैं, और प्रत्येक वह व्यक्ति, जो भाग सकता है, यहाँ से भाग रहा है, तुम उनसे अलग नहीं हो। तुम भी भाग रहे हो...।"

"तुम ठीक कहती हो।"

"तुम मुझे भी साथ ले जा रहे हो—यदि तुम मुझे साथ नहीं ले जा रहे, तो मैं तुम्हारे साथ जा रही हूँ।"

यह सुनकर बृज धीरे-धीरे अपनी लम्बी टाँगों पर खड़ा हो गया। फिर पीठ पर दोनों हाथ बाँधकर वह धीरे-धीरे क़दम उठाते हुए इधर-से-उधर और उधर-से-इधर टहलने लगा। सुप्रिया की यह बात सुनकर एक बार तो उसका हृदय डुबकी-सी लगा गया और फिर वह कुछ सँभला। चलते-चलते बृज रुका। उसने एक पाँव बिछौने पर रख दिया और दोनों हाथों की उँगलियाँ एक-दूसरे से उलझाकर बोला, "सुप्रिया, न तुम मेरे साथ जा रही हो, और न मैं तुम्हें अपने साथ ले जा रहा हूँ—हम ऐसा नहीं कर सकते।"

यह कहते समय बृज की पीठ सुप्रिया की ओर थी। वह चलती हुई उसके निकट आ गयी, फिर दो क़दम दूर रुक गयी। "मैं तुम्हारा आशय समझती हूँ, तुम्हें कंचन जी का ध्यान है। परन्तु अब विजयनगर में क्या रखा है। सम्भवतः यह इतना ध्वस्त हो जाये कि यहाँ कोई पक्षी भी पर न मारे। अब कंचन जी को वास्तव में मेरी कोई आवश्यकता नहीं रही...।"

बृज ने एक बाँह उठाकर कोहनी घुटने पर रख ली और फिर माथे को उँगलियों से दबाते हुए बोला, "फिर भी...सुप्रिया....फिर भी...।"

"तुम समझते हो कि कंचन जी बुरा मानेंगी। मैं पहले से ही जानती थी कि तुम यही आपत्ति उठाओगे। इसीलिए तुम्हारे पास आने से पहले ही मैंने उनसे इस विषय पर बातचीत करके उनकी अनुमति प्राप्त कर ली है।"

यह सुनते ही बृज ने एकदम पाँव आसन्दी से हटा लिया और पलटकर सुप्रिया की ओर देखा। उसे उस लड़की की दूरदर्शिता पर आश्चर्य हो रहा था...।

न चाहते हुए भी बृज के अधरों पर मुस्कान फैल गयी। वह बोझिल स्वर में बोला, "तुम मेरे साथ जाकर करोगी क्या?"

"मैं तुम्हारे लिये भोजन बनाऊँगी, तुम्हारी गृहस्थी सजाऊँगी, तुम्हारी सन्तानों को जन्म दूँगी।"

यह कहते समय सुप्रिया के नेत्र नत थे, परन्तु उसके शब्द इतने स्पष्ट थे कि बृज को लगा जैसे किसी ने उसके सिर को सुदृढ़ बाँहों में जकड़कर उसकी दोनों आँखें चमकते हुए सूर्य के आगे खोल दी हों।—वह धीरे-धीरे कुछ पीछे हट गया। वह सुप्रिया को खोयी-खोयी आँखों से देख रहा था।

पहले तो सुप्रिया ने छिपी दृष्टि से उसकी ओर देखा, फिर आँखें उसके चेहरे पर गाड़ दीं, "तुम्हें क्या हो गया?"

बृज पहले सूखी हँसी हँसा, फिर उसने दो-तीन बार होंठों पर जीभ फेरने के बाद कहा, "मैंने सन्तानें उत्पन्न करने और गृहस्थी बसाने की बात कभी सोची भी नहीं।"

"क्यों?" सुप्रिया के स्वर में आश्चर्य था, उत्सुकता थी और उसके माथे पर नन्हें-नन्हें दो-तीन बल पड़ गये।

बृज ने अपने स्वर को दृढ़ बनाने की चेष्टा करते हुए कहा, "इसलिए कि लाखों-करोड़ों लोग यही कुछ कर रहे हैं। मुझे किसी अन्य वस्तु की अपेक्षा है।"

सुप्रिया ज्ञान-ध्यान तथा दर्शन की बातें बिलकुल नहीं समझती थी। उसकी बड़ी-बड़ी आँखें बृज के चेहरे की थाह लेने की चेष्टा कर रही थीं। उसने अपने स्वर को बिना अधिक ऊँचा उठाये कहना आरम्भ किया, "तुम जानते हो कि अब तक तुमने मेरा कितना अपमान किया है? क्या तुम समझते हो कि मेरा अपमान होना ही चाहिए?"

बृज ने धीरे से कहा, "मैंने तुम्हारा अपमान कभी नहीं किया।"

"अपमान ही नहीं, तुमने मुझे सदा ठोकरें ही लगायीं।"

"नहीं, तुम्हारा यह विचार भी ग़लत है। तुमने जो कुछ मुझसे चाहा वह तुम्हें देने की स्थिति में मैं था नहीं, इसीलिए तुमने समझा कि मैंने तुम्हारा अपमान किया है, तुम्हें सदा ठोंकरे लगायी हैं।"

यह कहते-कहते बृज को अनुभव हुआ कि सुप्रिया आख़िर स्त्री है और भगवान् के दिये हुए सभी दाँव-पेच वह स्वभावतः जानती है। सम्भवतः वह यह भी नहीं समझ पा रही है कि इस समय वह नये दाँव-पेच से काम ले रही है।

धीरे-धीरे सुप्रिया नख से शिख तक तन-सी गयी। यह भंगिमा किसी अत्यधिक रूपवती युवती की ही हो सकती थी। पलकों की घनी छाँव तले से उसने बृज को घूरते हुए पूछा, "क्या किसी के प्रेम को इस तरह पाँव से रौंदना तुम्हारी दृष्टि में बहुत अच्छी बात है?"

माना कि इस दाँव-पेच में बड़ा अल्हड़पन था, परन्तु ऐसा कौन पुरुष हो सकता था जो इस अल्हड़पन के वार से अपने-आपको साफ़ बचा जाता। इतने समय से बृज के मन में भी तो एक प्रकार का तनाव था ही।

उस समय वह शय्या के नितान्त निकट था। उसे लगा जैसे उसकी टाँगें उसके बोझ को उठा न पा रही हों—बिछौने पर बैठते हुए उसने अपनी लम्बी बाँहें आगे बढ़ायीं और पहली बार सुप्रिया के दोनों हाथ अपने हाथ में ले लिये।...किसी पुष्प की सुगन्धि की भाँति हवा की लहरों पर तैरती हुई वह उसके निकट चली आयी।

अब बृज को इस बात का भान हुआ कि उसने सुप्रिया को स्पर्श करके कितनी बड़ी भूल की है। वह बिलकुल नहीं जानता था कि ऐसी लड़की का हाथ थामने से क्या होता है, जो उसे मन के अन्तरतम से प्रेम करती हो।...और फिर इतने निकट से सुप्रिया मदिरा के तल पर बने हुए सुन्दर चित्र की भाँति दिखायी दे रही थी।

बोलने से पहले बृज ने थूक निगलकर कण्ठ को नम किया और जब वह बोला तो उसे अपना स्वर अत्यन्त विचित्र-सा लगा, "सुप्रिया! तुमने सारे विजयनगर में से केवल मुझी को अपने प्रेम के योग्य समझा। इसके लिए मैं तुम्हारा अत्यन्त आभारी हूँ। मेरी आत्मा अत्यन्त विनीत भाव से तुम्हें प्रणाम करती है—परन्तु, हम दोनों के

पथ अलग-अलग हैं। जिधर तुम्हें जाना है, उधर मुझे नहीं जाना; जिधर मुझे जाना है, उधर कोई साथी साथ नहीं दे सकता, अपितु साथी बोझ बन सकता है।...मैं साधु-संन्यासी बनने की प्रतिज्ञा नहीं किये हुए हूँ, वरन् मेरे माता-पिता ने सन्तान-कामना से जो मनौती मानी थी, उसी के कारण मैं परिव्राजक का जीवन बिताता फिर रहा हूँ। फिर भी मैं जीवन के सम्बन्ध में कुछ समझने का प्रयत्न कर रहा हूँ। तुम्हारा यह कहना भी ठीक है कि दूसरों की तरह मैं भी यहाँ से भागने की सोच रहा हूँ। परन्तु भागने से पहले मैं द्रोण जी के पास जाऊँगा। उनसे मेरी कुछ बातें होंगी, यदि उन्होंने ही कोई नया सुझाव न दे दिया, तो मैं जिस मार्ग से इस नगर में आया था, उसी मार्ग से लौट जाऊँगा।

सुप्रिया ने ऐसे झटककर अपने दोनों हाथ छुड़ा लिये जैसे उसे साँप ने डँस लिया हो। और फिर वह आठ-दस क़दम पीछे हट गयी। उसकी मुट्ठियाँ कस गयीं, दाँत भिंच गये, चेहरा लाल हो गया, वह तनिक आगे को झुक गयी, फिर उसने अपनी दोनों मुट्ठियाँ अपनी जाँघों पर मारते हुए चिल्लाकर कहा, "द्रोण जी! द्रोण जी! द्रोण जी!...भला तुम क्या समझते हो द्रोण जी को। बताओ, क्या समझते हो तुम उनको?"

सुप्रिया इतने ज़ोर से चिल्लायी कि उसका कण्ठ-स्वर सारे भवन में गूँज गया। उसके केश खुलकर इधर-उधर फैल गये और वह विक्षिप्त की भाँति आँखें निकालकर और मुँह से थूक उड़ाते हुए फिर चिल्लायी, "क्या रखा है तुम्हारे द्रोण जी में? बोलो!...बोलो!..."

इसके बाद उसका स्वर ऐसे टूट गया, जैसे दर्पण पक्के फ़र्श पर गिरकर चूर-चूर हो जाता है। शब्दों ने साथ नहीं दिया तो वह चिल्ला-चिल्लाकर रोने लगी। सुननेवाले यही समझ सकते थे जैसे कोई सुप्रिया को बुरी तरह पीट रहा हो।

बृज का अनुमान था कि सभी गणिकाएँ यह सुनकर भागती हुई ऊपर चली आयेंगी, परन्तु ऐसी कोई बात नहीं हुई। इतना अवश्य हुआ कि भवन के भिन्न-भिन्न भागों से आनेवाला कोलाहल बन्द हो गया और चारों ओर मृत्यु की-सी निस्तब्धता छा गयी... इतना चिल्लाकर सुप्रिया का गला बैठ गया और वह बाँहों में चेहरा छिपाकर सिसकियाँ भरने लगी।

अब भी बृज को क्रोध नहीं आया। उसने मन-ही-मन कहा कि यह कल की छोकरी भला द्रोण जी को समझ ही कैसे सकती है। बृज कुछ हतप्रभ-सा हो गया था, क्योंकि उसे ज्ञात नहीं था कि सुप्रिया अपने क्रोध और निराशा का प्रदर्शन इस ढंग से करेगी।

कुछ देर पहले उन दोनों का यही विचार था कि वे एक-दूसरे को अपना-अपना दृष्टिकोण समझा सकेंगे। अब इस बात की सम्भावना तो रही नहीं, परन्तु स्थिति अत्यन्त विचित्र-सी हो गयी थी—इधर वह दोनों एड़ियाँ फ़र्श पर जमाये आसन्दी के छोर पर बैठा हुआ था, उधर सुप्रिया सिसकियाँ भर रही थी।

इस निस्तब्धता में सोपानों पर से नपे-तुले छम-छम के स्वर सुनायी दिये। थोड़ी ही द्रेर में कंचन ऊपर पहुँच गयी। वह रुकी नहीं, सीधी बृज के पास चली आयी। कुछ देर तक वह चुपचाप उसे निहारती रही और फिर उसका सिर अपनी बाँहों के घेरे में लेकर धीरे से बोली, "अच्छा बृज, अब विदा की घड़ी आ पहुँची—मैं भगवान् से सदा प्रार्थना करती रहूँगी कि एक बार फिर...।"

कंचन का स्वर टूट गया, और बृज को अपने नेत्रों के आगे कंचन का वक्ष बहुत ऊपर तक उठता दिखायी दिया। गहरी साँस लेकर कंचन उन शब्दों को पी गयी, जिन्हें वह मुँह से कहना चाहती थी।

तब वह लौट पड़ी। उसने सुप्रिया के कन्धे पर हाथ रखा और उसे सहारा दिया तो वह धीरे-धीरे उठ खड़ी हुई। सोपानों से नीचे उतरने से पहले कंचन के क़दम पल-भर को रुक गये, उसने एक बार फिर बृज की ओर देखा, परन्तु सुप्रिया का चेहरा अलकों की घटाओं में छिपा रहा।

बृज शय्या पर लेट गया। घर के सभी लोग जा रहे थे। दु:ख, पीड़ा और क्लान्ति की धुन्ध उसके मस्तिष्क पर छाने लगी। बन्द होती हुई आँखें उसने आकाश की ओर उठायीं तो उसे वहाँ नक्षत्रों के स्थान पर राख-सी उड़ती दिखायी दी...।

६

बृज कब सोया, उसे स्मरण नहीं रहा। जब वह जागा तो दिन चढ़ आया था, परन्तु आकाश में कहीं-कहीं बादल होने के कारण धूप में वह चमक-दमक नहीं थी।

उसका सिर बोझिल हो रहा था, फिर भी वह उठकर शय्या पर बैठ गया। बालों में उँगलियाँ फेरते हुए उसने दूर तक दृष्टि दौड़ायी तो लगा कि रात वर्षा होती रही थी। एक टीले की ओट से इन्द्रधनुष आकाश का चक्कर काटता हुआ फिर धरती की ओर घूम गया था। वह सोचने लगा कि सात रंगों का यह फ़व्वारा धरती से निकलता है और अपनी उड़ान पूरी करके फिर धरती में ही जा घुसता है।

वह बहुत देर तक उस दृश्य को देखता रहा। फिर धीरे-धीरे उठकर खड़ा हो गया। चलते-चलते प्रांगण की ओर झाँककर देखा तो कालाफ़ाम एक लम्बी दातून से दाँत साफ़ करता दिखायी दिया। दोनों की आँखें मिलीं तो बृज ने पूछा, "चले गये सब लोग?"

कालाफ़ाम ने प्रांगण के एक कोने में ज़रा-सा थूक कर उत्तर दिया, "जी हाँ, सब चले गये।"

इधर-उधर की दो-चार बातों के बाद बृज ने कहा, "मैं थोड़ी देर में तैयार होकर नीचे आता हूँ, और फिर कंचन जी की आज्ञानुसार सारा सामान बँधवाकर तैयार कर देंगे।"

बृज अपनी शय्या की ओर लौट आया और सिर का भारीपन दूर करने के लिए वह फिर लेट गया।—कंचन का कोसों दूर चले जाना कितना विचित्र-सा लग रहा था। पहली भेंट से अन्तिम भेंट तक की कई झलकियाँ उसकी आँखों के समक्ष आयीं और फिर लुप्त हो गयीं। कभी-कभी कंचन की बातें और आचरण बिलकुल बालकों के-से हो जाते थे। उसे हजाराराम मन्दिरवाली वह रात स्मरण हो आयी, जब कंचन ने कहा था कि हम आपस में प्रेम न करने की शपथ लेंगे—ऐसी बातें तो अल्हड़ किशोरियाँ ही कह सकती हैं। अपरिपक्व आयु में सभी लोग विचित्र आचरण किया करते हैं और अत्यन्त अद्‌भुत ढंग से सोचा करते हैं।

रही सुप्रिया!—वह तो बिलकुल ही अल्हड़ छोकरी है...!

इसी ढंग से सोचते हुए वह फिर थोड़ी देर को ऊँघ गया। जब नींद खुली तो उसका सिर पहले से हलका था। उसे चन्द्रिका का बताया हुआ उपाय स्मरण हो आया, अतः उसने नीचे पहुँचकर उबलते हुए दूध में मधु मिलाकर पी लिया। इसके अतिरिक्त उसने जलपान में और कुछ नहीं खाया-पिया। दोपहर तक वह कंचन का सामान निकाल-निकालकर बड़े कक्ष में रखवाता रहा। कंचन को अपने वस्त्रों की सबसे अधिक चिन्ता थी। वह सोना, मोती और हीरे तो साथ ले गयी थी, परन्तु जो रत्न अधिक मूल्यवान् नहीं थे, उन्हें छोड़ गयी थी, जिससे सम्भव हो तो कालाफ़ाम बाद में उन्हें लेता आये। बृज ने कभी कल्पना नहीं की थी कि कंचन के पास वस्त्रों से भरे बीस-पचीस सन्दूक पड़े होंगे। ये सब भी नहीं भेजे जा सकते थे। बृज को जो वस्त्र अधिक अच्छे लगे, उन्हें उसने अलग कर दिया। दोपहर के भोजन से पूर्व ही उन्होंने वह सब सामान तैयार करके रख दिया, जो भेजा जा सकता था। शेष बचा हुआ कार्य सन्ध्या तक समाप्त हो गया। सन्ध्या होने तक दस ऊँटों पर आवश्यक सामान लद गया।

विदा होने का समय आया तो कालाफ़ाम कुछ देर तक टकटकी बाँधे बृज की ओर निहारता रहा। वह हँसमुख व्यक्ति था, परन्तु उस समय अत्यन्त उदास दिखायी दे रहा था। बृज ने हाथ बढ़ाकर उसका हाथ थाम लिया। कंचन का दास होते हुए भी बृज को सदा की भाँति कालाफ़ाम आज भी अफ्रीका के किसी क़बीले का सरदार दिखायी दे रहा था। कालाफ़ाम भारी स्वर में बोला, "फिर मिलेंगे।"

उनके स्वर के खोखलेपन से स्पष्ट था कि उसे अपने इन शब्दों में कुछ भी आस्था नहीं थी। ऊँट अपनी बेढब चाल से क़दम उठाकर बढ़ने लगे और उनके साथ-साथ राजकीय सैनिकों का दल भी चल दिया। बृज उन्हें आँखों से ओझल होते देखता रहा, फिर वह भवन के भीतर चला गया। कंचन की दो वृद्धा दासियाँ शेष

रह गयी थीं। अब घर की देखभाल का उत्तरदायित्व उन्हीं पर था। बृज हलका-सा भोजन करके सो गया। उसका विचार था कि कुछ देर विश्राम कर लेने के बाद वह द्रोण जी से मिलने के लिए चल देगा। उसने वृद्धा दासियों से कह दिया कि जब आकाश में चन्द्रमा निकले तो वे उसे जगा दें।

फीकी चाँदनी में सफ़ेद घोड़े पर सवार बृज द्रोण जी के भवन की ओर चला जा रहा था। घर से प्रस्थान करते समय जब उसने मुड़कर देखा तो कंचन का भवन कितना उदास, कितना सूना और कितना खोया-खोया-सा दिखायी दे रहा था। सारे नगर पर रहस्यमय मौन छाया हुआ था। दिन-भर वन्य जातियों के आक्रमणों के समाचार मिलते रहे। वे अधिकत दुकानों और मण्डियों को लूटते रहे। निर्जन मार्गों पर जाते हुए बृज को भय नहीं अनुभव हो रहा था। घोड़े के अतिरिक्त उसके पास कोई ऐसी वस्तु नहीं थी, जिसके छिन जाने का भय होता। घोड़ा भी हवा को चीरता हुआ चला जा रहा था यदि कोई घुड़सवार चाहता भी तो पीछा करके उसे पा नहीं सकता था।

थोड़ा-बहुत सो लेने के बाद भी बृज का शरीर और मस्तिष्क थका-थका-सा था, परन्तु उसके बलिष्ठ एवं फुर्तीले घोड़े ने शीघ्र ही उसे द्रोण जी के निवास-स्थान के निकट पहुँचा दिया। अब उसने लगाम खींचकर घोड़े की गति धीमी कर दी। जब वह भवन के सामने पहुँचा तो वहाँ भी वही सूनापन दिखायी दिया। वह घोड़े से उतरकर इधर-उधर दृष्टि दौड़ा ही रहा था कि अँधेरे कोने में से एक दास निकला और उसने लगाम उसके हाथ से ले ली।

बृज ने पूछा, "द्रोण जी भीतर हैं क्या?"

"जी नहीं।"

"कब तक लौटेंगे?"

"कुछ बताकर नहीं गये।"

"घर में कोई और है?"

"रसोइये के अतिरिक्त कोई नहीं है।"

बृज ने पल-भर रुककर कहा, "द्रोण जी आयें तो उन्हें मेरे यहाँ पहुँचने की सूचना दे देना।"

यह कहकर बृज भवन के भीतर प्रविष्ट हो गया। हर ओर अन्धकार व्याप्त था। केवल एक छोटे से कक्ष में दीपक जल रहा था। बृज को यह देखकर प्रसन्नता हुई कि वहाँ बिछौना भी बिछा हुआ है। वह उसी पर लेट गया। जीवन में आज तक उसे इतनी थकान की अनुभूति कभी नहीं हुई थी।

यह कक्ष भवन के एक सिरे पर था, इसीलिए जब हवा सीटियाँ बजाती हुई वृक्षों की शाखाओं और पत्तियों में से गुज़रती तो उसका शोर भीतर तक पहुँचता था। बृज

की नींद एकाएक ही टूट गयी। उसने आँखें नहीं खोलीं। पहले तो वृक्षों पर बसेरा करनेवाले पक्षियों के नींद में डूबे हुए स्वर थोड़ी-थोड़ी देर में सुनायी देते रहे, फिर उसे ऐसा लगा जैसे कक्ष में एकदम उजाला हो गया हो और कोई व्यक्ति भारी क़दमों से कक्ष में चला आ रहा हो। बृज ने आँखें खोल दीं तो देखा कि कुछ दूरी पर द्रोण जी हाथ में तीन दीपकोंवाला दीपाधार उठाये उसकी ओर देख रहे हैं। दीपकों का प्रकाश नीचे होने के कारण उनकी घनी मूँछों की परछाईं कपोलों पर पड़ रही थी। सिर का तोरण दमक रहा था। आँखें मिलते ही द्रोण जी मुस्कराते हुए बोले, ''मैं जलपान तैयार कर रहा हूँ। सोचा कि आज अन्तिम बार अपने हाथ का बना जलपान कर लूँ।''

बृज उठकर बैठ गया। यह बात तो स्पष्ट थी कि द्रोण जी भी कहीं जाने की तैयारी कर रहे थे, नहीं तो इतने शीघ्र जलपान करने की आवश्यकता क्या थी...और वह भी अन्तिम बार!

वह इस विषय पर बात करने से कतरा गया, ''आप रात किस समय लौटे?''

''बहुत देर से—तुम गहरी नींद में सोये पड़े थे। मैंने जगाया नहीं। अब बताओ, तुम्हारा मेरे साथ चलने का विचार है या यहीं पर लेटे रहने का मन हो रहा है?''

जब द्रोण जी सदा के लिए वहाँ से जा रहे हैं तो फिर वह वहाँ लेटकर क्या करेगा, ''आज मैं वापस लौट रहा हूँ...जिधर से आया था। कंचन जी अन्य गणिकाओं के साथ परसों रात को ही पेनुगोण्डा को चल दी थीं। कल दिन-भर मैं उनका आवश्यक सामान बँधवाता रहा, जिसे ऊँटों पर लादकर कालाफ़ाम कल सन्ध्या को अपनी स्वामिनी के पीछे प्रस्थान कर गया।''

द्रोण ने सिर हिलाते हुए कहा, ''मैं जानता हूँ।''

कैसे?—बृज ने यह जानने का प्रयास नहीं किया।

थोड़ी ही देर बाद नहा-धोकर वे दोनों जलपान करने बैठ गये। द्रोण जी अपने हाथ से तैयार किये हुए प्रत्येक व्यंजन के गुण बताते जा रहे थे। उनके खाने के ढंग में कोई हड़बड़ी नहीं थी, चेहरे पर उद्विग्नता नहीं थी, बातों में अस्त-व्यस्तता नहीं थी।

वे लोग बाहरवाले अलिन्द में पहुँचे तो उन दोनों के घोड़े तैयार खड़े थे। बृज ने धीरे-धीरे दृष्टि घुमाते हुए प्रत्येक वस्तु को देखा...सरोवर, वृक्ष, पुष्प, शिलाएँ आदि; परन्तु द्रोण जी सीधे अपने घोड़े की ओर बढ़े, हाथ से लगाम पकड़ी, रकाब में पाँव रखा और फिर उछलकर घोड़े पर सवार हो गये। वे दोनों बग़ल-बग़ल दुलकी चाल से चले जा रहे थे।

आकाश पर तारे पिघल-पिघलकर लुप्त होने लगे। वृक्षों और चट्टानों के प्रतिबिम्ब स्पष्ट रूप से दिखायी देने लगे। वे नगर की ओर बढ़ रहे थे, परन्तु नगर की ओर से कई लोग टोलियाँ बनाकर चले आ रहे थे। सिरों पर गठरियाँ रखे हुए,

या गधों, बैलों और ऊँटों पर सामान लादे वे शीघ्रता से उनके पास से गुज़र रहे थे। द्रोण जी बोले, "नगर में घोड़ों, गधों, बैलों और ऊँटों का मानो काल पड़ गया है। इसीलिए बहुत कम लोग यहाँ से निकल पा रहे हैं। जहाँ तक मैं जानता हूँ, या जहाँ तक मैंने सुना है, लगता है कि इस नगर पर बड़ी भारी विपत्ति आनेवाली है। यह इस तरह विनष्ट हो जायेगा कि फिर कभी नहीं बसाया जा सकेगा।"

द्रोण जी के स्वर में उदासी या चिन्ता नहीं थी। वे सारी बातें सहज रूप से कह रहे थे। बृज को तो उसी मार्ग से लौटना था, परन्तु द्रोण जी कहाँ जा रहे थे?

अभी उसने यह पूछना भी उचित नहीं समझा। सोचा कि वह स्वयं ही इस बात का उल्लेख करेंगे।

धूप निकल आयी थी। ऋतु सुहावनी होने पर भी वातावरण में तनाव और घुटन थी। इतने में ही सामने से एक अश्वारोही अत्यन्त वेग से आता दिखायी दिया। वह द्रोण जी को पहचानता था, इसलिए उसने उन्हें देखते ही घोड़ा रोक लिया और हाँफते हुए पूछा, "आप कहाँ जा रहे हैं द्रोण जी?"

द्रोण जी ने उसकी बात का उत्तर देने के स्थान पर प्रश्न कर डाला, "आप इतने वेग से कहाँ को जा रहे हैं?"

"सूचना मिली है कि शत्रु की सेना विजयनगर की ओर बढ़ रही है। उनके साथ केवल सेनापति हैं, परन्तु सभी सुल्तान अभी नदी-तट के शिविरों में डेरा जमाये हुए हैं। जब उन्हें विश्वास हो जायेगा कि अब मैदान बिलकुल साफ़ है तो वे नगर में प्रवेश करेंगे—मेरा सामान आगे जा चुका है, मैं भी पेनुगोण्डा ही जा रहा हूँ।"

"क्या सुल्तानों को ज्ञात नहीं कि हमारे राय महाराज नगर छोड़ चुके हैं और उनकी सेना का विजयनगर में कोई भी सामना नहीं करेगा।"

उस अश्वारोही ने मुँह बनाकर कन्धों को हिला दिया और फिर बिना कुछ कहे घोड़े को एड़ लगायी और आगे बढ़ गया।

थोड़ी देर बाद वे दोनों राजमहल के आगेवाले मैदान में पहुँच गये। किसी द्वार पर कोई द्वारपाल नहीं था। वे मुख्य द्वार के भीतर घुसे तो देखा कि जिस स्थान पर आज से कुछ मास पूर्व उत्सव के अवसर पर तिल धरने को भी स्थान नहीं था, अब वहाँ एक पक्षी तक उड़ता दिखायी नहीं दे रहा था। वे फिर सामने के मैदान में निकल आये, जहाँ से कई बाज़ार फूटते थे। टकसाल और उसके आसपास के भवन बिलकुल खाली पड़े थे। चार ही दिन पूर्व इन भवनों में गणिकाओं के हास-परिहास गूँजते थे। यहाँ तक कि पान-सुपारी बाज़ार में कुछ कुत्तों के अतिरिक्त और कोई जीव दिखायी नहीं दे रहा था। कभी-कभी कोई बैलगाड़ी चकर-चूँ करती हुई एक बाज़ार से निकलती और दूसरे बाज़ार में लुप्त हो जाती।

सूर्य के उज्ज्वल प्रकाश में सारा नगर नहाया हुआ-सा दिखायी देता था। बृज को लगा कि द्रोण जी नदी की ओर ही बढ़ रहे हैं। फिर एकाएक राजमहल के प्राचीर

की छाँव तले उन्होंने घोड़ा रोक लिया और बृज की ओर देखकर सहज रूप से बोले, ''लो बृज, अब हमारे पथ अलग-अलग होते हैं। मुझे उत्तर की ओर जाना है और तुम्हें पश्चिम की ओर...।''

बृज ने कभी सोचा भी नहीं था कि उन दोनों के पथ अलग-अलग हो जायेंगे। उसने भारी स्वर में पूछा, ''आप जा कहाँ रहे हैं?''

''जिधर से शत्रु की सेना आ रही है।''

''लेकिन...वह आपको...जीवित नहीं छोड़ेंगे।''

''मैं जानता हूँ।'' द्रोण जी ने अपनी चमकती हुई आँखें बृज के चेहरे पर गाड़ते हुए कहना आरम्भ किया, ''मैं ऐसा अनुभव कर रहा हूँ जैसे मैं विजयनगर की किसी दीवार में लगी हुई ईंट हूँ। जब इस नगर की ईंट-से-ईंट बजनेवाली है, तो फिर मैं बचकर कहाँ जा सकता हूँ। अपितु मुझे बचना अच्छा ही नहीं लगता।—मेरे सारे चेतना-केन्द्र यही अनुभव करते हैं कि मैं इस नगर की केवल एक ईंट हूँ...यहाँ का केवल एक प्रस्तर-खण्ड हूँ। तुम यहाँ के निवासी नहीं हो, इसलिए तुम मेरे दृष्टिकोण को नहीं समझ सकोगे।''

बृज चकित-सा खड़ा द्रोण जी की ओर देखता रहा। दो पल चुप रहने के बाद द्रोण जी फिर बोले, ''बृज, तुम आँधी में उड़ते, ठोकरें खाते और धूल फाँकते हुए बीज हो...इसी तरह उड़ते-उड़ाते अच्छी धरती पर गिरोगे तो वहाँ पुष्प-पादप उग आयेंगे...और मैं केवल इस नगर की ईंट हूँ।''

द्रोण जी का स्वर बिलकुल सपाट था। लगता था जैसे उनका स्वर अन्धे कुएँ की गहराई से आ रहा हो। बड़ी-बड़ी घनी मूँछों तले उनके होंठों पर एक नयी मुस्कान उत्पन्न हुई, वे बोले, ''जब कोई शिशु जन्म लेता है तो मृत्यु भी उसके शरीर में कहीं-न-कहीं छिपी बैठी होती है। जब कोई नगर बसाया जाता है, तो उसके साथ ही उसके विनाश की नींव भी रखी जाती है। सभ्यताएँ उभरती हैं, फलती-फूलती हैं, फिर मिट्टी में मिल जाती हैं। जिन सभ्यताओं को कुँआरे मस्तिष्क नहीं मिलते, या जो कुँआरे मस्तिष्कों को पनपने नहीं देतीं, वे सभ्यताएँ विनष्ट हो जाती हैं।''

बृज के बहुत रोकने पर भी उसका कण्ठ-स्वर कुछ भर आया, ''द्रोण जी, मुझे अत्यन्त तीव्र अपूर्णता की अनुभूति हो रही है।''

''इसमें उदास होने की कोई बात नहीं। आज तक न किसी मनुष्य को ज्ञात था और न उसे ज्ञात हो सकेगा कि परिपूर्णता वास्तव में है क्या। मनुष्य-जाति का यह सार्थवाह अपूर्ण था, अपूर्ण है, अपूर्ण रहेगा।''

मौन!

धीरे से, दबे स्वर में बृज ने पूछा, ''परन्तु द्रोण जी, अब मुझे क्या करना चाहिए?''

"तुम जानते ही हो कि मैं कभी किसी को परामर्श नहीं देता। यदि तुम वचन दो कि तुम मेरी बात मनोगे तो मैं तुम्हारे प्रश्न का उत्तर दे सकता हूँ।"

"मैं वचन देता हूँ।"

"लोग कहते हैं कि जीवन रूपी रथ के दो चक्र हैं—एक स्त्री, दूसरा पुरुष। परन्तु मेरा इसमें कोई विश्वास नहीं है। मैं समझता हूँ कि इस रथ का एक चक्र स्त्री और पुरुष के संयोग से ही बनता है और इसके दूसरे चक्र का किसी को कुछ ज्ञान नहीं। वह चक्र है अवश्य, किन्तु किसी ने उसे देखा नहीं। तुम अभी अपूर्णता की बात कर रहे थे, परन्तु तुम अपनी अपूर्णता में भी अभी अपूर्ण हो।"

फिर एक बार अरुचिकर-सी निस्तब्धता व्याप्त हो गयी।

बृज को कुछ और नहीं सूझा तो बोला, "यद्यपि मैं समझ नहीं पा रहा कि आप इस तरह अपने प्राणों की बलि क्यों दे रहे हैं, परन्तु इसमें सन्देह नहीं कि यह अत्यन्त वीरता का कार्य है।"

"नहीं बृज नहीं, मैं वीर नहीं हूँ। वीर होता तो शस्त्र हाथ में लेकर रण-क्षेत्र में पहुँच जाता। मेरा वीरता में कोई विश्वास नहीं हैं युद्ध में दो ही प्रकार के व्यक्ति मरते हैं एक वीर, दूसरे मूर्ख। दुःख की बात तो यह है कि वीरता भी मूर्खों का ही कार्य सिद्ध कर रही है।—मैं केवल इसलिए मर रहा हूँ, क्योंकि मुझे मरना पड़ रहा है। यदि मैं विजयनगर की ईंट न होता तो कभी न मरता—सच पूछो तो यह संसार कायरों के कन्धों पर ही खड़ा है। वे लोग जो रण-क्षेत्र से शत्रु को पीठ दिखाकर भाग निकलते हैं किसी दिन एक नया नगर भी बसा लेते हैं...।"

बृज ने चौंककर द्रोण जी की ओर देखा कि कहीं वे व्यंग्य तो नहीं कर रहे हैं।—द्रोण जी तुरन्त बोले, "तुम्हें अपना वचन स्मरण है न?"

इतना कहकर द्रोण जी ने घोड़े को एड़ लगायी और वे विट्ठल स्वामी के मन्दिर की ओर चल दिये। बृज दो घड़ी उन्हें देखता रहा, फिर उसने घोड़े को पीछे की ओर मोड़ लिया। घोड़ा एकदम ही हवा में बातें करने लगा। प्रत्येक जानी-पहचानी दीवार, प्रत्येक वृक्ष, प्रत्येक वस्तु पीछे की ओर दौड़ी जा रही थी। वह मुख्य नगर-द्वार और सरोवर के तट से मानो उड़ता हुआ निकल गया। आगे राजमार्ग ऊपर को चढ़ गया था, परन्तु उसका घोड़ा इतना बलिष्ठ था कि उसकी गति में कोई अन्तर नहीं आया।

एकाएक बृज ने घोड़े की लगाम को झटका दिया और वह मुख्य राजमार्ग छोड़कर पहाड़ी के वक्ष पर बल खाती हुई पगडण्डी पर चढ़ने लगा। बृज मन में सोचने लगा कि वह उस मार्ग को अपनाने के लिए विवश है, जो कंचन के गन्तव्य के बिलकुल विपरीत दिशा को जाता है।

थोड़ी ही देर में उसका घोड़ा पहाड़ी की ऊँची-सी चट्टान पर रुक गया, जहाँ से विजयनगर की पूरी घाटी स्पष्ट दिखायी दे रही थी। यहाँ तक कि द्रोण जी भी

दिखायी दे रहे थे और लगता था जैसे संसार में व्याप्त सारा प्रकाश उनकी चमकती हुई खोपड़ी में से ही निकल रहा है। बृज इस नगर में आया तो कैसी-कैसी आशाओं की कलियाँ उसके मन में फूट पड़ी थीं! परन्तु...।

एकाएक उसे लगा जैसे उसके आगे कोसों तक फैली हुई घाटी केवल एक दीवार हो। भवन, मन्दिर, पशु—घोड़े, गधे, हाथी, बैल, वृक्ष, पौधे, नदी, यहाँ तक कि द्रोण जी भी उस दीवार पर बने हुए चित्र मात्र हों, जो सुई की नोक बराबर इधर-से-उधर हिल नहीं सकते।

इस दीवार के ऊपर असीम सूना आसमान था। जैसे कोई विशाल मरुस्थल, जैसे कोई बहुत ही लम्बा-चौड़ा आवरण, जिसके आर-पार देखना असम्भव हो। यहाँ तक कि आकाश में उस समय एक भी पक्षी और बादलों का एक टुकड़ा तक दिखायी नहीं दे रहा था...।

चौदह

१

सुप्रिया ने कभी कल्पना भी नहीं की थी कि द्रोण जी उसके मार्ग का रोड़ा बन सकते हैं। वह कंचन के साथ चली तो गयी, परन्तु रात के अँधेरे में उसका साथ छोड़कर सीधी द्रोण जी के निवास-स्थान पर जा पहुँची।

२

इस समय वह पहाड़ी के मोड़ पर बृज की दृष्टि से ओझल, छिपी बैठी थी। उसका चेहरा धूप की ऊष्णता से तमतमा उठा था और मोटी-मोटी आँखों में लाल-लाल डोरे दिखायी दे रहे थे। वह बार-बार सिर आगे को बढ़ाकर बृज की ओर देखती। उसकी समझ में नहीं आ रहा था कि वह वहाँ पर घोड़ा रोके क्या सोच रहा है। फिर भी उसे विश्वास था कि जब वह चलेगा तो उसे उसके आगे से ही गुज़रना पड़ेगा। यह सोचकर वह चुपचाप अपनी मेंहदी लगी उँगली नाक के नथुनों में घुमाने लगती। इतने में बृज ने घोड़े की लगाम मोड़ी तो वह सँभलकर बैठ गयी।

३

सुप्रिया की आँखों के आगे कोई दीवार नहीं थी...कोई आवरण नहीं था।

●●●